भारती सुदामे

भारती सुदामे ने हिन्दी और शिक्षण-शास्त्र में पी-एच.डी. की उपाधि प्राप्त की है। उन्होंने 35 वर्ष तक अध्यापन किया है। मराठी और हिन्दी में उनकी कई पुस्तकें प्रकाशित हैं। साहित्यिक योगदान के लिए उन्हें कई सम्मान एवं पुरस्कार प्राप्त हो चुके हैं। वे नागपुर, गोवा एवं पूना के आकाशवाणी तथा नागपुर और पणजी दूरदर्शन के साहित्यिक कार्यक्रमों में भागीदारी करती रही हैं।

फिलहाल महायोगी श्री अरविन्द के दर्शन पर केन्द्रित 'श्री अरविन्द विचार मंच' द्वारा आयोजित स्वाध्याय शिविरों में प्रवक्ता के रूप में कार्यरत हैं।

प्रतिभा गुर्जर

प्रतिभा गुर्जर ने हिन्दी साहित्य में पी-एच.डी. की है। वे शासकीय हमीदिया कन्या विद्यालय, भोपाल के प्राचार्य-पद से सेवानिवृत्त हुई हैं। हिन्दी और मराठी में उनके कविता-संग्रह प्रकाशित हैं। साहित्यिक अवदान के लिए उन्हें विभिन्न साहित्यिक एवं सामाजिक संस्थाओं द्वारा सम्मानित किया गया है।

प्रणवीर महाराणा प्रताप

भारती सुदामे

अनुवाद
प्रतिभा गुर्जर

राधाकृष्ण पेपरबैक्स

मूल मराठी कृति 'प्रणवीर महाराणा प्रताप' का अनुवाद

राधाकृष्ण पेपरबैक्स में
पहला संस्करण : 2023

राधाकृष्ण पेपरबैक्स : उत्कृष्ट साहित्य के जनसुलभ संस्करण

राधाकृष्ण प्रकाशन प्रा. लि.
जी-17, जगतपुरी, दिल्ली-110 051
द्वारा प्रकाशित

शाखाएँ : अशोक राजपथ, साइंस कॉलेज के सामने, पटना-800 006
पहली मंजिल, दरबारी बिल्डिंग, महात्मा गांधी मार्ग, प्रयागराज-211 001
1, अनमोल सोराबजी सन्तुक लेन, धोबी तलाव, मरीन लाइंस, मुम्बई-400 002
वेबसाइट : www.radhakrishnaprakashan.com
ई-मेल : info@radhakrishnaprakashan.com

विकास कम्प्यूटर एंड प्रिंटर्स
ट्रॉनिका सिटी-201 102
द्वारा मुद्रित

मूल्य : ₹399

PRANVEER MAHARANA PRATAP
Novel by Bharti Sudame
Translation by Pratibha Gurjar

ISBN : 978-81-19989-79-9

तेरा तुझको अर्पण
मेरा मेरा वह क्या है!

डॉ. वि.स. जोग, सौ. शोभाताई उबगडे,
श्री मनोहर ढोक *एवं* सौ. मीना ढोक
इन सुहृदों को नम्रतापूर्वक समर्पित

अभिमत

किसी साहित्यिक कृति का अनुवाद पढ़ते हुए उसमें मौलिक कृति का आभास और आनन्द मिले तो वह एक सकल अनुवादक की क्षमता को प्रदर्शित करता है। साहित्यिक कृति का अनुवाद करने के लिए दोनों भाषाओं का ज्ञान होना ही काफी नहीं होता। मूल कृति में डूबकर लिखे हुए शब्द और वाक्य-रचना को भी उसके भावों के अनुरूप ढालना आवश्यक गुण होना चाहिए। श्रीमती प्रतिभा गुर्जर के द्वारा अनुवादित 'प्रणवीर महाराणा प्रताप' सुप्रसिद्ध मराठी उपन्यासकार डॉ. भारती सुदामे द्वारा मराठी में रचित उपन्यास का अनुवाद हिन्दी में करने के लिए श्रीमती प्रतिभा गुर्जर बधाई की पात्र हैं। वे स्वयं अच्छी लेखिका और कवयित्री हैं तथा हिन्दी और मराठी भाषाओं में निरन्तर सृजन कार्य में रत हैं। इसलिए उन्होंने मूल उपन्यास को, उसकी भावधारा को और विभिन्न प्रसंगों को आत्मसात किया है।

ऐसा लगता है मानो अनुवादिका ने लेखिका के रूप में उपन्यासकार के भीतर परकाया प्रवेश किया हो। यही कारण है कि पूरा अनुवाद पढ़ते हुए आप राणा प्रताप के जीवन-प्रसंगों को उसी भावमयता से पढ़ते हैं, जिनका रेखांकन मूल लेखिका ने अपनी कृति में किया है।

राणा प्रताप पर हिन्दी में अच्छी औपन्यासिक कृति का न होना दुर्भाग्यपूर्ण है। क्योंकि वे तो सही अर्थों में हिन्दी प्रदेश के प्रातः स्मरणीय लोकनायकों में हैं। इस अभाव की पूर्ति एक मराठीभाषी लेखिका के द्वारा किया जाना उस राष्ट्रबोध का प्रमाण है जो भारत में सदा मौजूद रहा है। राष्ट्रबोध की यह वह धारा एक बार पुनः जाग्रत होती दिखाई दे रही है।

उपन्यास का यह हिन्दी अनुवाद हिन्दी प्रदेशों को राणा प्रताप की धर्मनिष्ठा, कर्तव्यपरायणता और अनुपम शौर्य से परिचित कराती है। इसका प्रकाशन पाठकों को महाराणा के उन गुणों से परिचित कराएगा जिनकी चर्चा अभी तक बहुत कम हुई है। इसलिए हिन्दीभाषी समाज डॉ. भारती सुदामे और श्रीमती प्रतिभा गुर्जर दोनों का ऋणी है।

—कैलाशचन्द्र पन्त

मंत्री संचालक, म.प्र. राष्ट्रभाषा प्रचार समिति, हिन्दी भवन न्यास, भोपाल

अपनी बात

सूर्य झुका, झुक गए कलाधर, झुके गगन के तारे।
अखिल विश्व के शीश झुके, झुके न तुम प्रताप प्यारे।

बचपन में कभी मन में अंकित ये शब्द, बाद में 'टूटेंगे पर झुकेंगे नहीं' की प्रतिज्ञा, फिर महाराणा प्रताप के सम्बन्ध में विविध कथाएँ और अन्त में मध्ययुगीन इतिहास के अध्ययन से, महाराणा प्रताप का साक्षात्कार होता गया। पच्चीस-तीस वर्षों से वे धुँधले, और अस्पष्ट स्वरूप में मेरे मन में विचरण कर रहे थे। विविध रूप से व्यक्त भी हो रहे थे। कभी कथा-कथनों से, कभी दृष्टान्तों द्वारा, तो कभी वाचन की प्रतिक्रिया के माध्यम से।

आठ-नौ वर्षों पूर्व की घटना। नागपुर का 'पंचवटी' वृद्धाश्रम। वहाँ मैं कथा-कथन के लिए गई थी। दादा-दादियों को कथा या कहानी बतलाना एक परीक्षा ही थी। नाना-नानी की कथाओं ने व्यक्तित्व गढ़ा। उनके दिए संस्कारों को कैसे आत्मसात किया, उसकी पावती-स्वरूप हल्दीघाटी के युद्ध का कथारूप में वर्णन किया। महाराणा प्रताप का पराक्रम, चेतक की हृदयद्रावक मृत्यु और शक्ति सिंह का पुनर्मिलन, ये घटनाएँ यानी भावनाओं की नाजुक परतें। उन्हें खोलने में सफलता मिली है यह श्रोताओं की अश्रुधाराएँ बता रही थीं। कथा समाप्त हुई। चाय-पानी की औपचारिकता पूरी हुई। एक झुकी हुई, थकी हुई दादी अम्मा मेरे पास आईं। हाथ में मटमैला दो रुपये का नोट था। वह बोलीं, "बहुत अच्छी कहानी बताई तुमने। मुझे दादी कहा न तुमने। दादी का आशीर्वाद समझकर दो रुपये की चूड़ियाँ भर लेना हाथों में। यह कहानी ऐसे ही सबको बताना। देदीप्यमान महापुरुषों की कथा नई पीढ़ी को मालूम होनी चाहिए।"

राष्ट्रपुरुष किसी एक प्रान्त के नहीं होते, वे प्रत्येक के हृदय के अनभिषिक्त सम्राट होते हैं। उनका मर्त्य शरीर नष्ट होता है परन्तु यशकीर्ति और कार्य हजारों वर्षों तक जस-का-तस न रहकर वृद्धिगत होता रहता है—उस समय ऐसा तीव्रता से महसूस हुआ। (दादी अम्मा

का दिया हुआ नोट अभी सुरक्षित है। उस नोट का सिक्का बनवाकर रखना चाहिए।)

जिन्दगी में कौन-सी घटना, मन पर कब और कैसा परिणाम करेगी यह कहना बहुत कठिन है। दादी अम्मा के आशीर्वाद से मन में एक अनामिक बीजारोपण हुआ। मन में राणा प्रताप के जीवन पर उपन्यास लिखने की इच्छा अंकुरित हुई। फिर इस विषय से जुड़ी किताबों की खोज आरम्भ हुई। उनमें तीव्रता से जो महसूस हुआ वह था राणा प्रताप के प्रमाणित चरित्र का अभाव और जो मिला वह था उनके जीवन के बारे में दन्तकथाओं की भरमार। वे कहानियाँ पढ़ते-पढ़ते उपन्यास लिखने की इच्छा की कोंपले फूटीं। परन्तु इस प्रकार के लेखन का अनुभव शून्य था। पास में सम्बल था पढ़े हुए अनेक हिन्दी, मराठी उपन्यासों का। याद आई, 'मृत्युंजय', 'स्वामी', 'श्रीमान योगी', 'मानस का हंस', 'खंजन नयन' और 'ययाति' की।

हिन्दी में महाराणा प्रताप के जीवन पर बहुत सारे उपन्यास होंगे और मराठी में बहुत कम, यह सोचकर मराठी में ही लिखने की सोची। परन्तु दोनों ही भाषाओं की स्थिति एक जैसी होने का साक्षात्कार हुआ। महाराणा प्रताप के जीवन पर लिखे उपन्यास बिरले ही हैं।

हिन्दी में राणा प्रताप के कालखंड का इतिहास अलग-अलग दृष्टिकोणों से लिखा गया है ऐसा अनेक स्थानों पर प्रतीत होता है। आजकल जनमानस में स्थापित व्यक्तियों पर अलग ढंग से विचार कर उनका प्रतिमा-भंजन करने की वृत्ति मुझे स्वीकार्य नहीं। वैसे ही 'अवमूल्यन' या 'अधिमूल्यन' में से किसी एक को पूरी तरह से स्वीकार करना मुझे योग्य नहीं लगता। इस विचार-प्रणाली से महाराणा प्रताप भी नहीं छूटे हैं, यह सच है।

इतिहास संशोधकों के प्रति असीम श्रद्धा, आदर रखते हुए भी पंडित गोपीनाथ शर्मा, डॉ. रामप्रसाद त्रिपाठी, महापंडित राहुल सांकृत्यायन आदि मान्यवरों द्वारा किया गया हृदयविदारक विधान कि "महाराणा प्रताप का संघर्ष औचित्यहीन था और देश के एकीकरण के लिए बाधक था। अकबर जैसा महान सम्राट सम्पूर्ण देश को एकसूत्र में बाँधना चाहता था, परन्तु प्रताप के अड़ियल रवैये के कारण मेवाड़ की सुख-शान्ति समाप्त हो गई," मुझे बहुत मनस्ताप दे गया। उस वेदना से उपन्यास लिखने की इच्छा, 'निश्चय' में रूपान्तरित हो गई। महाराणा प्रताप के वास्तविक जीवन का अध्ययन कर उनकी विश्वसनीय प्रतिमा स्थापित करने के लिए प्राण अकुलाने लगे। सभी ने जैसे उपन्यास लिखने के कार्य में मन:पूर्वक समर्थन किया, वैसे

ही उसमें आनेवाली परेशानियों को भी इंगित किया। फिर भी मदद के लिए सभी साथ खड़े रहे।

"महाराणा प्रताप के जीवन पर उपन्यास लिखना व्यक्तिपूजन नहीं है। 'प्रतिमा भंजन' का उत्तर 'प्रतिमा पूजन' से नहीं दिया जा सकता," ऐसी समझाइश दी गई। राणा प्रताप के जीवन का अध्ययन करते समय जो दृष्टिगोचर हुआ उसे व्यक्त करने की सहज प्रक्रिया से 'प्रणवीर महाराणा प्रताप' का जन्म हुआ।

1990 से 1996, छह वर्ष मानस-प्रवास चलता रहा। साथ ही राजस्थान में उदयपुर, चित्तौड़, गोगुन्दा, हल्दी घाटी और महाराष्ट्र में पुणे, मुम्बई, कोल्हापुर आदि का भौतिक प्रवास भी हुआ। जानकारियाँ मिलती गईं, भ्रान्तियाँ दूर होती गईं, वास्तविकता सामने आती गई। मानसिक समाधान और असमाधान बढ़ता गया। चारों ओर एक नये विश्व का निर्माण होता गया। इस नये विश्व में घुलते-मिलते छह वर्ष इस विषय पर चिन्तन-मनन अखंड चलता रहा। परिश्रम साथ था ही, परन्तु लिखने का मुहूर्त नहीं हो रहा था। फरवरी 1996 में नागपुर के तात्या टोपे नगर के नागरिक मंडल की ओर से महाराणा प्रताप के जीवन पर तीन दिनों के व्याख्यानमाला का निमंत्रण था। 26 जनवरी, 1996 को छोटी-सी दुर्घटना में पैर की हड्डी टूटी और तीन महीने की अनिवार्य विश्रान्ति। यह विश्रान्ति एक इष्टापत्ति ही साबित हुई। तीन महीनों में मन में कथा-वस्तु तैयार कर ली और व्याख्यानमाला के रूप में तात्या टोपे नगर के गणेश मन्दिर में दिनांक 16,17,18 फरवरी को गणेशमूर्ति के समक्ष श्रोताओं को बताई। वही मुहूर्त मानकर दिनांक 20 फरवरी, 1996 को उपन्यास का लेखन प्रारम्भ हुआ और 30 जुलाई, 1996 को गुरुपूर्णिमा को पूर्णत्व को प्राप्त हुआ। कच्चे आलेख, पहला लेखन और परिष्करण की प्रक्रिया में खुद को कसौटी पर कसने का प्रयत्न किया। उपन्यास पूरा हुआ। 15 अगस्त, 1996 को भारतवर्ष के पचासवें स्वतंत्रता वर्ष पदार्पण दिवस पर, श्रावण शुद्ध प्रतिपदा को अनेक गण्यमान्यों के साक्षी में इस उपन्यास का डॉ. इन्द्रदेव सिंह आर्य द्वारा 'संहितापूजन' हुआ। 'महाराणा प्रताप स्मृति मन्दिर संस्था', 'राजपूत चेतना मंच', 'अखिल भारतीय राजपूत क्षत्रिय महासंघ', इन तीन हिन्दी भाषी और 'प्रास' एवं 'छत्रपति सेवा प्रतिष्ठान' इन दो मराठी भाषी सामाजिक एवं साहित्यिक संस्थाओं ने यह उपक्रम सार्वजनिक स्तर पर आयोजित कर इस उपन्यास को मानो गौरव ही प्रदान किया। नाट्य संहिता का पूजन करने की परम्परा तो प्रचलित है, परन्तु उपन्यास के 'संहिता पूजन' का नागपुर में सार्वजनिक तौर पर यह पहला ही उपक्रम होना चाहिए। इस कार्यक्रम का प्रयोजन अर्थात

प्रात:स्मरणीय महाराणा प्रताप का कृतज्ञतापूर्वक स्मरण करना ही था। 'संहिता पूजन' के कार्यक्रम को साहित्यप्रेमी रसिकों का अभूतपूर्व प्रतिसाद देखकर मेरा आत्मविश्वास बहुत बढ़ गया। ऐसे में विजय प्रकाशन के श्री जगदीश चन्द्र उपाध्याय पीठ पीछे सम्बल देकर ऐसे खड़े थे जैसे आज के भामाशाह ही हों।

इन सबकी निर्मिति आज मूर्त रूप में सुधी पाठकों के हाथों में अर्पण कर रही हूँ। इतिहास अनन्त हाथों से लेखक को देता रहता है। मेरे जैसी ललित लेखिका के आँचल में उसकी देन कितने प्रमाण में एकत्रित हुई है यह सुधी पाठक-जन ही तय करें।

—सौ. भारती सुदामे

नागपुर
मंगलवार, 14 जनवरी, 1997
मकर संक्राति
विश्व कल्याण दिवस

अनुवादकीय

अनेकानेक शुभाकांक्षियों, स्नेहियों, आत्मीय स्वजनों, विद्वानों के आग्रह से डॉ. भारती सुदामे जी ने महाराणा प्रताप जैसे तेजस्वी शौर्यवान नायक के अभूतपूर्व जीवन पर उपन्यास लिखने का संकल्प किया और सभी ने उन्हें सहयोग दिया। उनसे सम्बद्ध संस्थाओं ने लेखिका को बहुमूल्य जानकारियाँ उपलब्ध कराईं। मराठी से 36 सन्दर्भ ग्रन्थ प्राप्त हुए तो हिन्दी से 101 ग्रन्थ और अंग्रेजी से 18 ग्रन्थों का सन्दर्भ मिला। इतने अधिक सन्दर्भों से सज्जित अद्वितीय चरित्र को अपनी सशक्त लेखनी से साकार करनेवाली लेखिका की इस कृति ने मुझे इसे हिन्दी भाषा में भाषान्तरित करने के लिए प्रेरणा दी। मराठी में इसके छह संस्करणों के प्रकाशन ने हिन्दी भाषियों तक इस अनुपम प्रेरणास्पद उपन्यास को पहुँचाने का सम्बल दिया।

महाराणा के विशिष्ट व्यक्तित्व को रेखांकित करते हुए लेखिका कहती हैं—

सूर्य झुका, झुक गए कलाधर, झुके गगन के तारे।
अखिल विश्व के शीश झुके, झुके न तुम प्रताप प्यारे॥

उनके जैसा सुदृढ़ प्रतापी न कोई हुआ, न होगा। अपनी प्रतिज्ञा के वे ही धनी थे, 'मिट जाऊँगा पर झुकूँगा नहीं।' अरावली के जंगलों में निरन्तर घूमने की उनकी गाथा अजर-अमर है। वस्तुतः युद्धों में हुई हानि, जनसामान्य के कष्टों को देखते हुए उन्होंने कभी राजकीय सुखोपभोगों से स्वतः को दूर रखा। स्वेच्छा से उन्होंने कंटकाकीर्ण मार्ग को चुना इसीलिए लोकमानस में उनकी कथा चिरस्मरणीय है। चेतक की असामान्य वीरता को भला कोई भूल सकता है? लेखिका ने महाराणा प्रताप के संघर्ष की जो प्रतिमा साकार की है, वह अपने में मौलिक एवं अद्वितीय है। उनकी प्रामाणिक प्रतिमा उभारने का उनका सफल प्रयास प्रशंसनीय है। राणा जी का जनता के प्रति प्रेम, संवेदनशीलता, राष्ट्र के प्रति अनन्यतम भक्ति—सभी का चित्रण लेखिका ने प्रभावोत्पादक रूप से किया है। उनकी भाषा की काव्यात्मकता, प्रभविष्णुता स्तुत्य है। राणा जी के व्यक्तित्व का

चित्रांकन देखें, "स्निग्धता से जलनेवाला, प्रखर झंझावात में भी स्थिर रहनेवाला पूजागृह का नन्हा दीप, भारतखंड में आदर्श का जागृत साक्षात्कार यानी महाराणा प्रताप सिंह...

प्रतिदिन आग उगनेवाली सूर्य की किरणें, टिमटिमानेवाले तेजस्वी तारे, मेवाड़ का प्रसन्न मरुत, मेवाड़ के कीर्तिसूर्य की, प्रणवीर की यशोगाथा बतला रही हैं और युगों-युगों तक वह दिग्दिगन्तों में गूँजती रहेगी।"

निश्चय ही राणा जी जैसा व्यक्तित्व अप्रतिम है और उसका अनुपम चित्रण करनेवाली यह कृति भी साहित्य में अपना अलग स्थान निर्मित करेगी।

—प्रतिभा गुर्जर

प्रणवीर

महाराणा प्रताप

फागुनी दिनों की हवा में ऊष्मा जरूर बढ़ने लगी थी पर शाम पहले की ही तरह ठंडी थी। आज सुबह से आकाश खुला होने पर भी प्रसन्नता महसूस नहीं हो रही थी। खुशी की लहरों को जैसे नजर ही लग गई हो। मानसिंह के मन में यही बात आ रही थी। होली पूर्णिमा का दिन भी ऐसा उदित होगा इसकी कल्पना भी मन में झाँककर न गई थी।

सभी लोग गोगुन्दा में इकट्ठे हुए हैं पर किसी से भी कुछ बात की जाए ऐसी इच्छा नहीं हो रही थी। कुँवर प्रताप सिंह से बात करने का प्रश्न ही नहीं था क्योंकि वे बिलकुल अपरिचित से, खोए हुए से प्रतीत हो रहे थे। अकेलापन, परायापन उनके चेहरे पर झलक रहा था जबकि दूसरों को वह दृष्टिगत न हो इस बात की कुँवर जी पूरी चेष्टा कर रहे थे। राणा सांगा, राणा कृष्णदास, रामशाह तँवर सभी के मन मानसिंह की तरह उदास और सम्भ्रमित थे।

मानसिंह का ध्यान सहज ही आकाश की ओर गया। वहाँ एकत्र सफेद बादलों की भीड़ देखकर वे उनका खेल देखने में धीरे-धीरे खो से गए। कभी बादल एक दूजे के समीप आते तो कभी दूर चले जाते। उनके अनेकानेक आकार बनते-बिगड़ते जा रहे थे। एक हाथी की तरह नजर आनेवाला बड़ा-सा बादल खंड-खंड हो, छोटे-छोटे खरगोशों की तरह दिखाई देने लगा। उसे देखते ही उस गम्भीर परिस्थिति में भी उनके चेहरे पर स्मित उभर आया।

"अपने मन के विचार भी इन बादलों जैसे ही हैं" ऐसा उन्हें महसूस होने लगा। "एक निश्चित आकार इन विचारों को नहीं दिया जा सकता, परन्तु ऐसा न करके भी नहीं चलेगा। अभी ही जो कुछ है स्पष्ट बोलना ही होगा अन्यथा प्रताप सिंह का महत्त्वहीन हो जाना राजपूतों को बहुत महँगा पड़ेगा।"

मन में विचार कर वे बोले, "कुँवर जी जब अपनी नजरों में अपना महत्त्व कम होने लगता है तभी औरों की दृष्टि में वह बढ़ने लगता है।"

उनके इस वाक्य का प्रताप सिंह पर कोई प्रभाव नहीं पड़ा वे अपने ही विचारों में पूर्णतः डूबे हुए थे।

"अपनी नजरों में जब अपना महत्त्व कम होने लगता है तभी औरों की दृष्टि में वह बढ़ने लगता है" मानसिंह ने पुनश्च यही वाक्य दुहराया तभी प्रताप सिंह का ध्यान उनकी ओर गया। पर वे कुछ बोले नहीं।

"क्या कहा हमने?"

"मामा सा आपकी बात हमने सुनी पर उसका अर्थ हमें समझ में नहीं आया।"

"समझ में आया नहीं या समझना चाहा ही नहीं।" मामा सा की आवाज कुछ तेज-सी लगी। उनके शब्द मानो हृदय की परख कर रहे थे।

प्रताप सिंह मामा सा ने आगे कहा, "आप वर्तमान परिस्थिति का विचार करें। आप स्वयं कौन हैं ये सोचिए? इस पल आप..."

"इस क्षण हम स्वयं को महाराणा उदय सिंह का पुत्र ही समझते हैं और..."

"मात्र पुत्र नहीं, ज्येष्ठ पुत्र" उनका वाक्य बीच में ही तोड़ते हुए मामा सा ने कहा।

"ठीक है, ज्येष्ठ पुत्र।"

"फिर उस पुत्र का कर्तव्य?"

"पिता की आज्ञा का पालन करना यही है न?"

"हाँ, अवश्य है पर कभी-कभी हम भ्रामक कल्पनाओं के जाल में फँस जाते हैं और अपने साथ ही औरों को भी नुकसान पहुँचाते हैं, ऐसा आपको प्रतीत नहीं होता?"

"मामा सा यह सारा प्रकरण हमारी समझ के बाहर हो चला है। एक ओर पिता का वचन है, दूसरी ओर सामन्तों, सरदारों का आग्रह है और अब आपके ये विचार! घटित होनेवाला प्रसंग भी कितना विचित्र है। मेवाड़ के महाराणा वैकुंठ सिधार गए और राज्य का वारिस कौन—यह प्रश्न अनुत्तरित छोड़ गए। इसके पहले कभी ऐसा कुछ घटित हुआ हो, ऐसा सुनने में नहीं आया।"

"इसका कारण यही कि इसके पहले मेवाड़ के अधिपति ने अपने ज्येष्ठ और सुयोग्य पुत्र का राजतिलक करने की गलती नहीं की थी।"

"मामा सा...आप..."

"नहीं हम राणा जी को दोष नहीं दे रहे हैं, सिर्फ वास्तविक परिस्थिति का वर्णन कर रहे हैं। आज मेवाड़ को सशक्त और योग्य नेतृत्व की आवश्यकता है। अत: वैसा ही नेतृत्व मिलना चाहिए, जो यह देने में समर्थ है उसका ही राजतिलक होना चाहिए। आप क्या सोचते हैं—रावत जी?" मामा सा ने रावत जी को सम्बोधित करते हुए सभी सामन्तों, सरदारों की ओर दृष्टिक्षेप करते हुए पूछा। "सही है, अत्यन्त उपयुक्त है आपका कहना," रावत सांगा ने कहा, "रावत कृष्णदास जी, आप निर्णय लें। आप महाराणा चुंडा जी के वंशज हैं, मेवाड़ के वारिस का निर्णय करने का वास्तविक अधिकार आपका ही है।"

सांगा जी का कथन सच था। महाराणा चुंडा जी का कुँवर प्रताप जी को स्मरण हो आया। अपने पिता श्री की इच्छा के लिए उन्होंने राज्य पर का अपना उत्तराधिकार छोड़ा और 'राजपूतों के भीष्म' की उपाधि प्राप्त की। तभी से जिस-जिस समय मेवाड़ के वारिस के सन्दर्भ में प्रश्न उपस्थित हुए तब इस प्रश्न पर अधिकार वाणी से निर्णय देने का अधिकार और मेवाड़ के महाराणा की ओर से जारी की गई आज्ञा पर भाले की राजमुद्रा अंकित करने का अधिकार महाराणा चुंडा जी के प्रमुख वंशजों को ही दिया गया है, इस बात की जानकारी सभी उपस्थित सामन्तों, सरदारों को थी। इसीलिए प्रताप सिंह के मामा मानसिंह सोनगरा फिर से एक बार बोले, "कृष्णदास

जी, महाराणा उदय सिंह ने अपने वारिस के रूप में जगमाल को नियुक्त किया है, यह यद्यपि सच है परन्तु राज्य के कल्याण की दृष्टि से योग्य वारिस की नियुक्ति आपके द्वारा ही होनी चाहिए। स्वयं को राज्य का उत्तराधिकारी मानकर आज जगमाल यहाँ उपस्थित नहीं है।"

मानसिंह के इस कथन पर सभी सामन्तों की एक राय एक स्वर से ध्वनित हुई, "उचित है।"

"आपका अभिमत अत्यन्त उपयुक्त है। मानसिंह हमें भी यही कहना था।"

सभी सामन्त, सरदार अपना अपना निर्णय घोषित करने लगे। इस पर रावत कृष्णदास और रावत सांगा ने एकमत से निर्णय उद्घोषित किया कि, "कुँवर प्रताप सिंह, महाराणा उदय सिंह के ज्येष्ठ पुत्र हैं और राज्य के लिए सर्वथा उपयुक्त हैं, अत: उत्तराधिकारी के रूप में उनका ही राजतिलक होगा।"

"यह ठीक है।" कुँवर प्रताप सिंह ने कहा, "पर हमारे पिताश्री की इच्छा और उनका दिया हुआ वचन, उसकी रक्षा का क्या? आप जैसा कह रहे हैं वैसा क्या राज्य के नेतृत्व का विचार पिताजी ने नहीं किया होगा? अगर आज हमने पिताजी की इच्छा पूरी नहीं की तो स्वर्गस्थ हमारे पूर्वज क्या कहेंगे? हम श्रीराम के वंशज, 'प्राण जाए पर वचन न जाए' यह हमारी कुल रीति है। बड़ी ही सहजता से सब कुछ त्यागकर हम मेवाड़ छोड़कर चले जाएँगे।"

"कहाँ?"

"कहीं भी...कहीं भी। इतनी बड़ी धरती है, हमारी भुजाओं में बल है और हमारे लिए जान की बाजी लगानेवाले संगी-साथी हैं। एक राजपूत को इससे बढ़कर और क्या चाहिए? इतनी ही जमापूँजी पर बप्पाजी ने इस राज्य को स्थापित किया और हमारे पिताजी ने विद्रोही बनवीर से युद्ध कर चित्तौड़ पर अपना अधिकार स्थापित किया।" कुँवर प्रताप सिंह उत्तेजित होकर अपनी बात कह रहे थे।

"इसके अतिरिक्त एक बात और भी थी कुँवर जी," एक वृद्ध स्वर गूँजा, सभी की नजरें उस ओर मुड़ीं।

"काका साहब, हम नहीं समझे।"

"आपके पिताजी के पास बप्पा रावल का पुण्य-प्रताप होने के साथ एकलिंगी जी के शुभाशीर्वाद भी साथ थे कुँवर जी।" वृद्ध बृजेश्वर जी ने शान्तिपूर्वक कहा।

"क्या हमारे पास वे नहीं हैं काका सा?" व्याकुल स्वर में प्रताप सिंह ने कहा।

"है, आपके पास भी है इसीलिए तो हमें डर लग रहा है।"

"डर? किसका? साफ-साफ कहें काका सा।"

"कुँवर प्रताप सिंह सारा पुण्य-प्रताप, आशीर्वाद, पौरुष, साहस, धैर्य और आत्मविश्वास आपके रूप में यहाँ से निकल जाने पर मेवाड़ के पास बचेगा ही क्या? फिर इस सत्त्वहीन, मेरुदंड विहीन राज्य को हस्तगत करने में अकबर को कितना समय लगेगा? कुँवर जी छोटे मुँह बड़ी बात कह रहा हूँ, माफ कीजिएगा पर बिना बोले रहा नहीं जा रहा है इसीलिए कह रहा हूँ—आज अपनी सारी परम्पराएँ मरणासन्न

स्थिति में हैं, राष्ट्र की संस्कृति मृतप्राय-सी हो चली है। जिन पर शस्त्रों से वार किया जाना चाहिए उन्हीं के चरणों तले उन्हें रखा जा रहा है। स्वार्थ ने स्वतंत्रता को ग्रस लिया है। हमारी अस्मिता आक्रोश कर रही है। उसका यह आक्रोश, परम्पराओं की विह्वलता, संस्कृति की कराह आपको सुनाई नहीं दे रही है क्या? उस ओर क्या आप ध्यान नहीं देंगे?"

क्षण-भर रुककर बृजेश्वर जी ने कहा, "कुँवर जी संकटकाल में मेवाड़ छोड़कर चले गए ऐसा आनेवाली पीढ़ी जब कहेगी तब आप क्या जवाब देंगे? प्रताप जी के निकल जाने से बप्पा रावल जी की पुण्याई खत्म हो गई, ऐसा यदि किसी ने कहा तो उसका जवाब क्या देंगे? कुँवर जी बतलाइए, कुँवर जी कहिए...आपके जाने से मेवाड़ पर जजिया कर लगाया गया, अश्वों पर तुर्की सत्ता की मोहरें लगीं, माँ-बहनों को हरम में जाना पड़ा, राजघराने की स्त्रियाँ मीना बाजारों में..."

"बस कीजिए, बस कीजिए काका सा। सुना नहीं जाता। हमारे शरीर में प्राणों के रहते ऐसा होना सम्भव नहीं। मेवाड़ का यह कुँवर टूट जाएगा, नष्ट हो जाएगा और समय आने पर उखड़ भी जाएगा। परन्तु तुर्कों के सामने कभी झुकेगा नहीं। पराधीनता स्वीकार करेगा नहीं। आप हमारे बड़े-बुजुर्ग हैं, हम आप सभी को और एकलिंगी जी को साक्ष्य में रखकर वचन देते हैं कि इस पल से मेवाड़ की रक्षा यही हमारा लक्ष्य है, ध्येय है...पर...पर काका सा हमारे पिताजी ने धीरबाई माताजी को दिया हुआ वचन...हमें राज्य स्वीकार करते हुए रह-रहकर अपराधी-सा प्रतीत होता है, अपराधबोध-सा लगता है।"

"ऐसा महसूस करने की आवश्यकता नहीं है," मामा सा ने उत्साह से कहा, "आपके आचरण में वचन भंगता नहीं है। जब आपके पिताजी ने महारानी धीरबाई को उनके पुत्र को राज्य देने का वचन दिया होगा, तब उनके मन में कोई दूसरी योजना होगी या कोई मजबूरी रही होगी, परन्तु आपको अपना भूतकाल नहीं भूलना चाहिए। महाराणा संग्राम सिंह द्वारा की हुई गलती आपके पिता के हाथों न हो और राज्य का विनाश करने का कलंक उनके माथे पर न लगे, ऐसा यदि आपको महसूस हो रहा हो तो आपको अवश्य ही राज्य स्वीकार करना होगा।"

मामा सा बोल रहे थे परन्तु कुँवर प्रताप सिंह खोए हुए थे चित्तौड़गढ़ के किले में। उनका मन व्याकुल होकर, हृदय में एक हूक-सी उठी। जब-जब महाराणा संग्राम सिंह का नामोल्लेख होता तब ऐसी ही हृदय को भेद देनेवाली पीड़ा की लहर उठती और आँखों के सामने खड़ी होती मीरा काकी सा की मूर्ति। फिर कानों में गूँजने लगते आर्त स्वर—

घायल की गति घायल जाणी, कि जिण बिधणा होई

एक गहरा निःश्वास छोड़ते हुए प्रताप सिंह ने मन-ही-मन कहा, "जिसको आँच जलाती है वही उस दर्द को समझ सकता है। भोजराज काका सा के साथ ही पिता, ससुर एवं पितामह की मृत्यु, उस पर देवर जी राणा विक्रमजित सिंह द्वारा

दिया गया मानसिक त्रास, रानी कर्मवती बाई सा के वाक्बाण, कैसे सब सहन किया होगा काकी सा ने यह सारा असह्य जीवन? मीराबाई सा की याद आते ही वे मन-ही-मन नतमस्तक हो जाते। अपने काका सा महाराणा विक्रमजित सिंह की क्रूरता याद कर उनकी काया थर्रा उठती, मुट्ठियाँ सहज ही बँधने लगतीं, नेत्रों में लाली उतरने लगती, साँसें तेजी से चलने लगतीं और भव्य भाल की नसें तनने लगतीं। आज भी ऐसा ही हुआ पर क्षण-भर में स्वयं कहाँ पर हैं इसका एहसास कर उन्होंने खुद को सँभाला। उनकी इस अस्वस्थता की ओर किसी का भी ध्यान नहीं गया। सब निश्चिन्त नजर आ रहे थे।

सामने पिता की चिता धू-धू कर जल रही थी। मानसिंह कुँवर प्रताप सिंह का हाथ पकड़कर अन्त्यसंस्कार मंडप से दूर ले जाने लगे। प्रताप सिंह मुड़-मुड़कर देख रहे थे, आँखों के आगे धुएँ का विशाल गुबार था, धीरे-धीरे वह भी अस्पष्ट होने लगा और उस क्षण में नजर आ रही थी पिता की मूर्ति, तो दूसरे ही क्षण मीराबाई की।

धुएँ का पटल विरल होने लगा। सामने का रास्ता नजर आने लगा।

मानसिंह मन में सब तय करके ही आए थे, यह गोगुन्दा के दूसरी ओर पहुँचते ही महसूस हुआ। महादेव की बावड़ी के पास के वृक्ष के नीचे प्रताप सिंह के लिए तात्कालिक सिंहासन की व्यवस्था की गई थी। राजतिलक की पूरी तैयारी थी। एकलिंग जी के मन्दिर के पुजारी हाथों में पवित्र जल के कलश लेकर खड़े थे। वहाँ इकट्ठे हुए सभी लोगों के चेहरे पर आनन्द की छटा परिलक्षित हो रही थी। अपने नये राजा के स्वागत के लिए सभी सामन्त, सरदार एवं जगमाल को छोड़कर प्रताप सिंह के सभी बन्धु उपस्थित थे। अपनी शाखाओं और पत्तों से सरसराता पीपल भी प्रताप सिंह को सिंहासन की ओर बुला रहा था।

"अपना महत्त्व अपनी दृष्टि से कम होते ही औरों की दृष्टि में बढ़ जाता है" मामा सा का कहा हुआ वाक्य आसन की ओर देखते-देखते कुँवर जी के मन में रेखांकित होने लगा।

"अलौकिक अद्वितीय अद्वैत का तत्त्वज्ञान जैसे मेवाड़ की माटी में ही समाया हुआ है।" महाराणा प्रताप सिंह ने कहा, "हमारी काकी सा ही इसका मूर्त रूप हैं। काकी सा का कृष्णमय अस्तित्व इसका प्रमाण है। मीरा और कृष्ण ये दो नाम नहीं थे। इस अद्वैत को साधने के लिए उस साध्वी को कितने कष्ट उठाने पड़े, कितनी यातनाएँ झेलनी पड़ीं, यह आप हमसे अच्छी तरह जानते हैं। बप्पा रावल के पुण्य पराक्रम से उत्तराधिकार के रूप में प्राप्त राज्य सत्ता की धुरी आपने आज हमें सौंपी इसीलिए इस अलौकिक अद्वैत का विशेष रूप से हमने उल्लेख किया। अब हम ही मेवाड़, हम ही यह धरती, हम ही यह राज्य हैं। हम आज मेवाड़ की माटी का तिलक अपने माथे पर धारण करते हैं और अब अद्वैत प्रताप मेवाड़ के ही हैं, हमारा महत्त्व कुछ नहीं, मेवाड़ का ही है। आपने हमारे हाथों में मेवाड़ को नहीं सौंपा बल्कि हमें मेवाड़ के

हाथों में सौंपा है। राणा जी के ज्येष्ठ पुत्र के रूप में मेवाड़ पर हमारा जो अधिकार है उससे कहीं अधिक मेवाड़ का अधिकार हम पर है। अब यह देह केवल मेवाड़ की ही है मामा सा। आपने यह राजपद हमें दिया इसीलिए हमारी जनता हम पर अपना अधिकार जता सकी। हम आपके ऋणी हैं मामा सा, अत्यन्त ऋणी हैं। आप आश्वस्त रहें। राणा जी की बुलन्द वाणी से सारा आकाश गूँज उठा।

राजतिलक समारोह के उपरान्त राणा जी अपनी जनता को सम्बोधित कर रहे थे और सारी जनता अपने प्रिय नेता के शब्दों को पूरे जी-जान से सुन रही थी। अपनी आँखों में उनके तेजस्वी रूप को समाकर रख रही थी। सामन्त, सरदार सभी अत्यन्त भक्तिभाव से अपने नेता की ओर निहार रहे थे। उनकी नस-नस से जैसे उत्साह प्रवाहित हो रहा था। अंग-अंग से पौरुष उछलता-सा प्रतीत हो रहा था। मन में वीरता की लहरें उठ रही थीं। राणा जी के इस पुलकित स्वरूप ने उनके शास्त्रों को भी आनन्दित कर दिया था। क्षण में सम्पूर्ण सृष्टि की नसों में दौड़नेवाली जीवनी शक्ति जैसे महाराणा प्रताप की आँखों में समा गई। अपनी अमूल्य वक्तृत्व क्षमता से राणा जी ने सबको मानो मंत्रमुग्ध-सा कर दिया। अपने स्वयं का, अपने स्वयं के राज्य के लिए एक नया शास्त्रीय दृष्टिकोण सुनाकर एक अलग ही साक्षात्कार प्रत्यक्ष कर लिया, राणा जी के कानों में दूर कहीं के आर्त स्वर गूँज रहे थे—

घायल की गति घायल जाणी, कि जिन बिधणा होई

आँखों के सामने खड़ा था चित्तौड़—अकबर की भारी सेना। रणांगण की भागदौड़। जयमल राठौड़ और पत्ता सिसोदिया का गुप्त मार्ग से प्रस्थान। तीस हजार निष्पाप नागरिकों का कत्लेआम। खून की बहती नदियाँ, उद्ध्वस्त मन्दिर, मीरा मन्दिर, विजय स्तम्भ, महारानी पद्मिनी सा का जौहर, क्रूर बलवीर, अपने स्वयं के पुत्र की बलि देकर कल के साम्राज्य की रक्षा करनेवाली पन्नाधाय। देखते-देखते राणा जी की मुट्ठियाँ एक बार फिर तन गईं, नेत्रों में लाली दृष्टिगत होने लगी और माथे की नसें तड़कने लगीं। मन में एक निश्चय-सा आकार लेने लगा।

सहज ही प्रताप सिंह की नजर सामने गई—रक्तवर्णी सूर्य अस्ताचल में विश्राम ले रहा था। रक्तवर्ण का प्रताप सिहं से परिचय बाल्यावस्था से ही था और यह उनका प्रिय रंग भी था। मेवाड़ की ध्वजा का भी वही रंग था।

रक्तवर्णी आदित्य चिह्नांकित ध्वज चित्तौड़ के सभी राजभवनों पर बड़ी शान से लहरा रहा था। उसका अभिवादन कर कुँवर प्रताप और कुँवर शक्ति अपने-अपने घोड़े लेकर गढ़ उतरने लगे। दोनों के ही घोड़े दमदार थे और अपने-अपने स्वामीयों को लेकर शान से दौड़ रहे थे। ये राजपुरुष बीच में ही उनकी गति पर रोक लगाते, तो कभी ढील दे देते। उनकी केसरिया लगाम हवा के साथ-साथ उड़ती सी नजर आ रही थी।

अचानक ही दोनों सवार रुक गए। एक अजनबी अपरिचित चेहरे ने उनका रास्ता रोक लिया था।

"आदाब जनाब...राणा जी से मिलना था।"

बड़े ही विनम्र स्वर में, अदब के साथ बोलनेवाले ने अर्ज किया।

"कौन हो? क्या चाहते हो?"

"सौदागर हूँ। राणा जी से मिलने की तमन्ना है।"

"सौदागर? क्या बेचने आए हो?"

"घोड़े लाया हूँ हुजूर।"

"अच्छा!" कुँवर प्रताप सिंह की भृकुटि आनन्दमिश्रित स्वर में ऊपर उठी।

"शक्ति।"

"हाँ, दादा सा...अवश्य देखेंगे अश्व"...प्रताप सिंह का अभिप्राय समझकर अपनी भी राय शक्ति ने व्यक्त की।

चलो—आदेश देकर दोनों ही राजकुँवर महल की दिशा में बढ़ चले।

अश्व परीक्षण का मैदान लोगों की उपस्थिति से शोभायमान हो रहा था। ऊँचे आसन पर महाराणा उदय सिंह विराजमान थे। मैदान में दो घोड़े खड़े थे। सुन्दर गाढ़े नीले रंग का, चमकीला पारदर्शी देह और देखते ही पीठ पर हाथ फेरने की बलवती इच्छा हो ऐसा ही था, रंग-रूप। घने बालों की झबरी पूँछ, फड़कते हुए नथुने।

"जानवर भी इतने सुन्दर होते हैं?"

हर देखनेवाले की नजरों में यही प्रश्न बिन कहे दिखाई दे रहा था। अनिमेष नजरों से राजपुत्र कुँवर प्रताप सिंह और कुँवर शक्ति सिंह उन्हें निहार रहे थे।

इसके पहले भी अनेक बार ऐसे दृश्य जनसमुदाय ने देखे थे। घोड़ों के सौदागर घोड़े लेकर आते, प्रताप सिंह अश्वों की परीक्षा करते। शक्ति सिंह साये की तरह प्रताप सिंह के साथ रहते, ऐसा लगता मानो नकुल सहदेव की जोड़ी ही अश्वों की परख कर रही है।

एक बार एक सौदागर को प्रताप सिंह ने घोड़े को चलाने के लिए कहा।

सौदागर ने कहा, "अन्नदाता घोड़े दौड़नेवाले हैं, युद्ध के लिए हैं, चलाना किसलिए?"

"यह हमारी आज्ञा है," प्रताप सिंह ने दृढ़तापूर्वक कहा। उस आवाज में इतनी बुलन्दी थी कि सौदागर काँपने लगा।

"तुम अपने घोड़े चलाओ," हुकुम दिया गया और घोड़े चलने लगे, घसीटते हुए से, सामने के पैर मोड़ते हुए, लचकते, रुकते, थिरकते हुए से।

खबरदार! चाबुक की आवाज की तरह शब्द फटकारते हुए हवा में गूँजे।

"रहम...अन्नदाता"...रहम कहता हुआ सौदागर प्रताप सिंह के पैरों पर लोटता हुआ-सा विनम्रता से कहने लगा।

प्रताप सिंह के माथे की नसें तड़कने लगीं, हाथों की मुट्ठियाँ भिंचने लगीं।

'गद्दारी'। प्रताप सिंह क्रोध से लाल होते हुए बोले, शादी में नाचनेवाली घोड़ी

आप हमें युद्ध के लिए बेच रहे हैं। चित्तौड़ से गद्दारी।

प्रताप सिंह का गुस्सा थम नहीं रहा था। सौदागर का झूठ बोलना सामने आ गया और उसके पीछे की साजिश का भी पर्दाफाश हो गया। युद्ध के समय ऐसे डरपोक घोड़ों के कारण होनेवाली हार की कल्पना भी सबको आ गई। ऐसे सौदागर कम कीमत में घोड़े देकर हमारी सेना के प्राणों का मोल कम करते हैं। उसे ले जाओ और कोड़े मार-मारकर पता लगाओ कि वह किसका गुप्तचर है? प्रताप सिंह की आज्ञा हुई और सौदागर रहम...अन्नदाता...रहम चिल्लाता हुआ सैनिकों के साथ सजा भुगतने गया।

महाराणा उदय सिंह के साथ ही सभी सामन्तों, सरदारों के ही नहीं, बल्कि प्रजा की आँखों के भी सामने वह प्रसंग जस-का-तस प्रत्यक्ष खड़ा हो गया। आज क्या होगा?

इस उत्सुकता से वे इन नये घोड़ों की ओर देखने लगे।

प्रताप सिंह सामने आए। सर झुकाकर उन्होंने पिता की अनुमति ली और प्रताप तथा शक्ति घोड़ों के पास खड़े हुए।

"इनके नाम क्या हैं?" प्रताप सिंह ने सौदागर से कुतूहल से पूछा।

"हुजूर, एक का नाम चेतक और दूसरे का नाटक" बड़े अदब से झुककर सौदागर ने उत्तर दिया।

इनमें से एक को इस घेरे में लेकर आओ। हाथ के भाले से धरती पर एक गोला खींचते हुए प्रताप सिंह ने कहा। सौदागर घोड़े को घेरे में लाया। वह उम्दा, नीलवर्णी, सुलक्षणी, खूबसूरत, रुआबदार, शानदार घोड़ा पूँछ उठाते हुए खड़ा था। फैले हुए, सजग कान उसके सावधान होने की गवाही दे रहे थे।

प्रताप सिंह ने सेवक को इशारा किया, वह सामने आया। उसके पास बड़ी-बड़ी कीलें और उन्हें ठोंकने के औजार थे। प्रताप सिंह को अभिवादन कर सेवक अपने औजारों सहित घोड़ों के पास गया।

सभी लोग कुतूहल से देख रहे थे। अश्वों की परीक्षा करने का यह कौन-सा नया तरीका है? उनके चेहरों पर आश्चर्य परिलक्षित होता न होता तभी यह घटना घटी। किसी को कुछ भी समझ में नहीं आया और जब मालूम हुआ तभी दिखाई दिया कि प्रताप सिंह ने आगे बढ़कर उस शानदार घोड़े के चारों खुरों के बीच में बड़ी-बड़ी लोहे की कीलें ठोंक दी हैं।

एक जगह पर जकड़ गया वह घोड़ा फुरफुर तो कर रहा था, पूँछ उठा रहा था, पर उसकी काली आँखों में अश्रुबिन्दु थे या नहीं मालूम नहीं, मगर उसके मुँह से दुख का चीत्कार कतई नहीं सुनाई दे रही थी।

देखते-देखते प्रताप सिंह घोड़े पर सवार हुए, हाथों में ली गति और एड़ पर जोर दिया। घोड़ा अपनी जगह पर ही लड़खड़ाया। प्रताप सिंह ने फिर से एड़ लगाई, घोड़े ने ताकत लगाई। सभी साँस रोककर टकटकी लगाए देख रहे थे। प्रताप सिंह ने फिर लगाम खींची, गति ढीली छोड़ी, लोगों की साँसें रुकी हुई थीं। वे आश्चर्यचकित होकर दिग्भ्रमित से सामने का दृश्य देख रहे थे। अपने अस्तित्व की भी सुध-बुध

उन्हें नहीं थी। घोड़े ने उड़ान ली फिर भी उसके चारों खुर जमीन पर ही ठुँके हुए रह गए थे और लहूलुहान पाँवों से वह अपने सवार को लेकर दौड़ रहा था। घोड़ा विजयी स्वर से हिनहिनाते शान से छलाँगें भरता हुआ हवा की गति को भी लजाता हुआ दौड़ रहा था। अपनी गति से बिना टापों की आवाज के होनेवाली इस अद्‌भुत, बेमिसाल दौड़ को देखने मानो पल-भर वायु भी थम-सी गई थी।

जरा-सी देर में प्रताप सिंह के उतरते ही घोड़ा धरती पर गिर पड़ा, कभी भी न उठने के लिए।

"शक्ति...कुँवर प्रताप सिंह की आवाज घोड़े की प्रशंसा में डूबी हुई-सी, भीगी हुई-सी आ रही थी।"

"जी दादा साहब..."

महाराणा जी से आज्ञा लेकर दोनों घोड़ों की सौदागर जो कीमत बतलाए, उससे दुगुनी कीमत अदा करें और दूसरे घोड़े को हमारे लिए घुड़शाला में रखने के लिए कहें।

"दादा सा, जो घोड़ा गिरा..."

शक्ति, गम्भीर स्वर में प्रताप सिंह ने कहा, "अपने वंश के असली होने का प्रमाण, सच्चे होने की कीमत प्राणों का मोल देकर ही चुकाई जाती है मेरे भाई।"

अश्व परीक्षा देखकर घर लौटनेवाले हर किसी की जबान पर सिर्फ एक ही चर्चा थी और वह थी कुँवर प्रताप सिंह के चातुर्य, कौशल्य और औदार्य की और शक्ति सिंह के मन में बार-बार एक ही वाक्य उमड़-घुमड़ रहा था, "अपने वंश के असली होने का प्रमाण प्राणों का मोल देकर ही प्रमाणित किया जाता है।"

संस्कारों और परम्पराओं की श्रृंखला मनुष्य को स्थानबद्ध करती है। इस अलौकिक कृत्य से पार लगने पर आगे के कदम उठाने होंगे इस विचार में निमग्न राणा जी गवाक्ष से दूर तक फैले हुए निर्मल बादलों से रहित आकाश की ओर देखते खड़े थे। उनके मन में आया कि दूर जानेवाले इस क्षितिज की तरह ही शक्ति भी दूर चला गया है। दूर बहुत दूर। कितने दिन हो गए।

महाराणा प्रताप सिंह ने परसों शक्ति सिंह को गोगुन्दा में दूर से जब देखा तभी से उन्हें शक्ति सिंह का स्मरण होने लगा। आज जैसे ही थोड़ा एकान्त मिला यादों के पंछी पंख फड़फड़ाने लगे। उनकी फड़फड़ाहट मस्तिष्क में हलचल मचाकर पुरानी स्मृतियों को प्रकाशित करने लगीं...उस दिन भी ऐसा ही पक्षियों का कलरव गूँज रहा था।

प्रात:काल का प्रसन्न समय था, दिन धरती की ओर जरा-सा झाँककर निहार रहा था। प्रथम किरण के आगमन का आनन्दोत्सव पक्षी मधुर स्वर में गुंजन कर मना रहे थे। वातावरण में निहित प्रसन्नता अखिल सृष्टि को प्राणदान दे रही थी। ऐसे मनोहारी समय को घोड़ों की टापें लयबद्धता से उत्साह, आनन्द की लहरियों और शौर्य से अनुपम बना रही थीं। इस समय को मानो सुन्दर किनारा-सा मिल गया था।

शक्ति सिंह और प्रताप सिंह आज बड़े दिनों के बाद शिकार करने निकले हैं, यह अरावली के सघन प्रदेश ने पहचान लिया था। सरदार पुत्रों को एक दूजे के साथ रहने से सहवास का आनन्द मिल रहा था, आपस में हँसी-मजाक-मस्ती से मन खिलखिला रहा था। पेड़ों पर खिले फूलों की प्रसन्नता अधिक है या इन मुखकमलों की, ऐसा सन्देह मन में हो रहा था। उत्साह से भरा हुआ यह समूह अरावली के जंगलों में मनमाना घूम रहा था, शिकार तो एक बहाना था। वस्तुत: एक-दूसरे के सहवास में वे आकंठ डूबे हुए थे। साहस और शौर्य सम्भवत: आनन्द के ही दूसरे नाम हैं। अन्यथा इन शूरवीरों को देखकर सृष्टि का भी उत्साह न उफनता।

"अब यहाँ से हम अलग-अलग मार्गों से जाएँगे," शक्ति सिंह ने सामने के अनेक रास्तों-मोड़ों को देखते हुए कहा।

"बन्धु अपने रास्ते कभी बदलेंगे नहीं, अलग होंगे नहीं, क्योंकि हमारे ध्येय एक ही हैं," प्रताप सिंह ने गम्भीरता से कहा।

"अलग-अलग रास्तों से एक ही लक्ष्य तक क्या पहुँचा नहीं जा सकता दादा सा?"

शक्ति का भोला प्रश्न सम्भवत: सभी सजीव प्राणियों को भी त्रस्त कर रहा होगा। जंगल के पक्षियों का एक झुंड चहचहाते हुए सर के ऊपर से तभी गुजरा।

"निश्चित ही पहुँचा जा सकता है" पर वह अधिक कष्टमय, परेशानीवाला और प्रयत्नसाध्य होता है। यदि मार्ग थोड़ा भी गलत हुआ तो भटकाव होता है। इस मार्ग में सहायता करनेवाले कम और दिग्भ्रमित करनेवाले अधिक होते हैं। शक्ति! कुछ देर पहले उड़कर गए जंगली पक्षियों का झुंड देखा ना?"

"हाँ दादा सा वह हमेशा ही ऐसा सूर्योदय के समय जाता है, परन्तु वनपक्षी ही क्यों? बगुले, हंस आदि कितने ही पक्षी समूह में पूर्व की ओर उड़ते हुए जाते हैं और संध्या समय लौटकर आते हैं।" शक्ति सिंह ने सहज कहा और प्रताप सिंह का उत्तर सुनने के लिए क्षण-भर को घोड़े की गति रोकी।

उनके घोड़े के करीब ही अपना चेतक रोकते प्रताप सिंह ने कहा, "शक्ति सिंह रोज वे पक्षी एक ही समय एक ही स्थान को जाते हैं। उन्हें अपना मार्ग मालूम है और गन्तव्य लक्ष्य भी। फिर भी अकेले-अकेले भला क्यों नहीं जाते? कोई भी समूह से अलग क्यों नहीं होता?"

प्रताप सिंह के उत्तर में निहित प्रश्न से शक्ति सिंह की विचार शक्ति अचानक अवरुद्ध हो गई। न जाने किस बात का खटका मन में रह-रह कर उठ रहा था। एक अनजानी सी हूक हृदय में उठी।

"इसका उत्तर आप ही दीजिए कुँवर जी," शक्ति सिंह ने कम्पित स्वर में कहा।

"एकजुट होकर, एकत्रित ढंग से बँधकर रहने की और एक-दूसरे की सहायता से आगे बढ़ने का अनुशासन सभी को सीखने की आज आवश्यकता है शक्ति। आपके मन को यह जवाब यद्यपि उचित नहीं लगा तो भी कोई बात नहीं।"

"हमें तो आपकी बात समझ में ही नहीं आई।"

"जाने दो शक्ति बहुत-सी बातें कहकर स्पष्ट नहीं की जा सकतीं, अनुभव से ही जानी जाती हैं," कुँवर प्रताप सिंह बोले और अपने घोड़े को गति दी।

सवार चारों दिशाओं में बढ़े, शक्ति सिंह और प्रताप सिंह दोनों अलग मार्गों से आगे बढ़े।

जंगल में जानवर अपने-अपने आश्रय स्थलों पर सुबह की नींद ले रहे थे। हॉका डालकर सैनिकों ने शोर-शराबा मचा दिया।

अचानक हुए इस हो-हल्ले से सभी जानवर हड़बड़ाकर जाग गए, चिढ़ गए और चीत्कार करने लगे। असमय में जगना पड़ा इसी कारण सभी निशाचर अस्त-व्यस्त हो, जिस दिशा में राह मिली उसी ओर दौड़ते-भागते नजर आए। गिरते-पड़ते, फिर उठ खड़े होते, बाणों और भालों की बलि पड़ने लगे।

एक तेजी से भागनेवाले जंगली सूअर को देखते ही शक्ति सिंह ने पूरी ताकत से अपना भाला फेंका। जंगली सूअर गिर पड़ा। शक्ति सिंह दौड़ते हुए अपने शिकार के समीप जाने लगे। उसी दिशा से आते हुए प्रताप सिंह की ओर उन्होंने बड़े अभिमान से देखा। प्रताप सिंह ने भी प्रशंसा करते हुए हास्य प्रकट किया। बड़े बन्धु द्वारा की गई प्रशंसात्मक प्रक्रिया से वे मोहित एवं प्रफुल्लित हो गए। दोनों भाई जंगली सूअर के धड़ के समीप झुके और क्षण में सीधे खड़े हो गए। दोनों ने ही अचरज से एक-दूसरे की ओर देखा।

"दादा सा हमारे भाले से ही आज यह भला तगड़ा मोटा सूअर..."

शक्ति सिंह की बात बीच में ही रोकते हुए प्रताप सिंह ने कहा—

"नहीं बन्धु, इस सूअर के शरीर में घुसा हुआ निर्णायक भाला हमारा है। हमारे भाले से ही इसका वध हुआ है।"

"नहीं, पहले हमने भाला मारा।"

"शक्ति जी यह शिकार हमारा है। पहले भाला किसने मारा इससे किसका भाला मर्मस्थान पर लगा यह अधिक महत्त्वपूर्ण है। प्रताप सिंह उन्हें समझाने लगे।"

"उनकी बहस सुनने सभी सवार, सैनिक, योद्धा एकत्र होने लगे। परन्तु दोनों के कलह में सम्मिलित होने का धैर्य किसी के पास नहीं था।"

"जिस भाले ने सूअर के प्राण लिये वह भाला हमारा ही था।" एक-एक शब्द बड़ी दृढ़ता से उच्चरित करते हुए शक्ति सिंह ने द्वेषपूर्ण कहा। उनके बोलने का अभिनिवेष और द्वेष भाव देखकर कुँवर प्रताप सिंह को क्रोध हो आया। वे बोले, "शक्ति सिंह सूअर का प्राण लेनेवाला भाला हमारा है। आप व्यर्थ में जिद न करें। शिकार पर अपना अधिकार छोड़ दें। झूठा दावा करके..."

दादा सा...! शक्ति सिंह ने करीब-करीब चिल्लाकर कहा, "हम झूठे दावे नहीं करते, जो सच है वही कह रहे हैं। सूअर को लगा हुआ भाला हमारा ही है। आप बड़े हैं, इस बात का फायदा लेकर आप हम पर अन्याय करना चाहें तो यह हम सहन नहीं करेंगे।"

"शक्ति आप न्याय-अन्याय का निर्णय विचार देनेवाले कौन?" प्रताप सिंह की

भी आवाज ऊँची हो गई और वे बोले न्याय देनेवाला सच्चा न्यायाधीश एकलिंग जी हैं, वे ही योग्य न्याय देंगे।"

"ठीक है। चलिए फैसला करें। निकालिए अपनी तलवार। एक बार का फैसला हो ही जाए। हमारा द्वंद्व युद्ध ही इस शिकार का निर्णय करेगा। देखने दें सबको, कि किसकी कलाइयों में कितना जोर है!" शक्ति सिंह की आवाज भावातिरेक से थरथरा रही थी। चेहरा भी क्रोध से रक्तवर्ण हो चला था। दाहिने हाथ की पकड़ तलवार की मूठ पर सख्त हो चली थी।

अब प्रताप सिंह भी चिढ़ गए। उन्होंने भी तलवार निकाली और नीचे उतरे। शक्ति सिंह मानो राह ही देख रहे थे। दोनों ने भी पैंतरे लिये। एक ही राजवंश के, राम और लक्ष्मण के आदर्श की रक्षा करनेवाले बन्धु आज एक-दूसरे के प्रतिस्पर्धी बन गए। दोनों की ही तलवारें खनकने लगीं। सब अवाक् होकर यह अद्भुत द्वंद्व देख रहे थे। दोनों ही भाई समान रूप से बलशाली होने के कारण कोई किसी को हरा नहीं रहा था, सिर्फ दोनों की तलवारें आ-जा रही थीं और एक-दूसरे को परख रही थीं।

"ठहरो!" अचानक ही आदेशात्मक स्वर गूँजा। दोनों ही तलवारें एक-दूसरे को टकराते हुए दृढ़ता से खड़ी रहीं। आवाज की दिशा में उन्होंने मुड़कर देखा और दोनों के ही मुँह से एक साथ उद्गार निकले—

"पुरोहित जी आप?"

"हाँ हम ही!" उनकी तलवारें परे हटाते पुरोहित जी ने कहा, "यह आप लोगों ने क्या चला रखा है? छोटे कुँवर जी आपने बड़े भैया की तलवार से तलवार लड़ाई? उनके शस्त्र पर शस्त्र उठाया? ये अघटित कैसा?"

"पुरोहित जी आप बीच में न पड़ें, यह हमारा निजी मामला है, शक्ति सिंह ने चढ़े हुए स्वर में कहा।"

"शक्ति आप मर्यादा का उल्लंघन कर रहे हैं। पुरोहित जी को चढ़ते स्वर में जवाब दे रहे हैं? आपकी इस तरह से बात करने की हिम्मत ही कैसे हुई। वे अपने बड़े हैं, सम्माननीय हैं, शिकार के दौरान ही स्वस्ति चिन्तन के लिए आए हुए हैं। हमारे कल्याण के लिए बोलने का अधिकार उनको ही है।" प्रताप सिंह ने शक्ति सिंह को डाँटा और फिर पुरोहित जी को प्रणाम कर नम्रतापूर्वक बोले, "पुरोहित जी आप बुरा न मानें और सचमुच ही इस विवाद में न पड़ें, हम हमारी लड़ाई सुलझा लेंगे।"

"कुँवर जी आप हमारे राज्य के आधार स्तम्भ हैं। राम-लक्ष्मण की तरह आप दोनों भाई अगर युद्ध पर उतर आए तो अपने प्राणों की बाजी लगाकर भी हम आप दोनों को रोकेंगे। शक्ति सिंह अभी छोटे हैं। उनकी ओर से यदि कोई धृष्टता हुई हो तो बड़े भाई के नाते उन्हें उदार अन्त:करण से क्षमा करें।"

"नहीं पुरोहित जी, हमें कोई क्षमा करे ऐसी कोई धृष्टता हमसे नहीं हुई है। हमें किसी के उपकार नहीं चाहिए, बदलाव भी नहीं चाहिए और क्षमा भी नहीं चाहिए। हम स्वयं ही हमारा न्याय करेंगे, चलिए दादा सा—अपने प्रश्नों का निर्णय हम खुद करेंगे। देखें तो सही कि हम केवल नाम के शक्ति हैं या सच्चे अर्थों में शक्तिवान हैं।"

शक्ति सिंह के गर्वोक्ति पर प्रताप सिंह ने भी उन्हें आवाहन देते हुए कहा, "ठीक है, हो ही जाने दीजिए फैसला। चलिए उस सामने के पठार पर। उठाइए भाला और फेंकिए हमारी दिशा में। आपकी भुजाओं में कितना बल है देखने दीजिए।"

दोनों बन्धु पुरोहित जी से दूर हो गए। पठार पर दो अलग-अलग दिशाओं में खड़े हो गए। शक्ति सिंह अपना भाला उठाकर दाहिने हाथ की हथेली में रखकर तौलने लगे। उनकी नजर चारों ओर घूमी। सभी सैनिक और सरदारपुत्र उनके इर्द-गिर्द घेरा बनाकर खड़े थे। सभी के चेहरे पर भय, कुतूहल और आश्चर्यमिश्रित भाव परिलक्षित हो रहे थे। वे सभी उत्तेजित होकर थर्रा देनेवाला यह दृश्य देख रहे थे। शक्ति सिंह को अधिक ही जोश आया दिखाई दे रहा था। "अब हम श्रेष्ठ प्रमाणित होंगे" इस भावना से वे रोमांचित हो गए थे, उन्होंने विजयी मुद्रा से प्रताप सिंह की ओर देखा और बोले—

"कुँवर जी हमें प्राणों की भीख नहीं चाहिए। आप भी भाला तौलें। नि:शस्त्रों पर वार नहीं करना चाहिए यह आपने ही हमें सिखाया था। आज योद्धा के रूप में यह शक्ति आपके सामने खड़ा है वह आपके ही कारण। इस सारे ऋण को हम स्वीकार करते हैं। अर्जुन ने द्रोणाचार्य जी को जितना मान दिया था उतना ही सम्मान हम आपको देते हैं, यह आप जानते हैं। आप भी भाला उठाएँ।"

"उसकी क्या आवश्यकता है? हमने ही आपको अचूक भाला फेंकने का ज्ञान दिया है तो हमारे हाथों में भाला होने पर भी आपका भाला हमारा हृदय निश्चित छलनी करेगा। अब परीक्षा आपकी ही है। यदि आपका भाला चूका तो आपके प्राणों की हानि होगी यह निश्चित जानिए। आपके भाला फेंकते ही हम अपना भाला उठाएँगे," प्रताप सिंह ने गम्भीरता से कहा।

शक्ति सिंह जोश में आ गए। उन्होंने पूरी ताकत से हाथ के भाले को प्रताप सिंह की दिशा में फेंका। किसी को भी ऐसा कुछ घटित होगा यह उम्मीद नहीं थी। सभी की साँसें रुक गईं और नजरें तेजी से फेंके जानेवाले भाले की दिशा में, प्रताप सिंह की ओर मुड़ गईं। शक्ति सिंह के भाले की अचूक फेंक सभी को मालूम थी, फलत: वातावरण में इतना भय संचारित हो गया कि लगा मानो जंगल का अस्तित्व, गति ही जैसे थम गई हो। पशु-पक्षियों की आवाज, पत्तों की सरसराहट तक कानों में नहीं पहुँच रही थी। वे कानों तक पहुँच नहीं पा रही थीं या अनजाने में सारी आवाज, सारी ध्वनियाँ ही थम गई थीं। सिर्फ एक ही आवाज सू...सू...करते हुए, हवा को चीरते हुए तेज गति से प्रताप सिंह की दिशा में आ रही थी। अचानक 'खच्च' जैसी आवाज आई जो शरीर में भाला प्रविष्ट हुआ है इसका प्रमाण था। सभी की आँखें थम गईं। क्या हुआ? क्षण-भर उसका एहसास किसी को भी नहीं हुआ। शक्ति सिंह और प्रताप सिंह दोनों एक ही दिशा में दौड़ने लगे, बीच से जैसे वृक्ष को छाँट दिया जाए ऐसे ही वृक्ष की तरह नीचे धराशायी होते पुरोहित जी को दोनों भाइयों ने सँभाला। दोनों की जबान से एक शब्द भी नहीं निकला।

पुरोहित जी यह क्या किया? हमारे हाथों यह क्या हो गया? शक्ति सिंह के

दुख-भरे शब्दों से सभी को परिस्थिति का, वस्तुस्थिति का अन्दाजा हुआ और वे दौड़ते हुए सामने आए। शक्ति सिंह का चेहरा लज्जा और दुख से काला नजर आ रहा था और प्रताप सिंह का मुख क्रोधाभिभूत हो गया था। वीरासन डालकर, गर्दन को सहारा देते हुए उन्होंने बाएँ हाथ का आधार दे पुरोहित जी को सँभाला। हृदय में चुभे हुए भाले के साथ महात्मा की ओर देखते हुए प्रताप सिंह ने कहा—

"पुरोहित जी यह आपने क्या किया? हमारी गलतियों की सजा आपने क्यों भोगी?"

प्रताप सिंह के शब्द-शब्द से करुणा और प्रायश्चित्त की भावना झलक रही थी। उस करुणा ने समूचे चराचर को व्याप्त कर लिया था। हर किसी को मानो यही कहना था यहाँ तक कि हवा में भी वही नि:श्वास प्रवाहित हो रहा था। सभी लोग आपस में बातें करने लगे। प्रताप सिंह ने अपना हाथ ऊँचा कर बोलनेवालों को रोका। वे पुरोहित जी के कानों के पास झुके। उन्होंने कहा—

"पुरोहित जी, अन्तिम इच्छा बतलाइए। कम-से-कम इतना समाधान हमें मिलने दीजिए।"

पुरोहित जी के वेदनाग्रस्त चेहरे पर हल्की-सी हँसी दिखाई दी और क्षीण स्वर में उन्होंने कहा—

"प्रताप, शक्ति आप दोनों ही मेरे पुत्र हैं, आपस में लड़ने से जो प्रश्न खड़े होते हैं उन्हें प्रत्यक्ष ब्रह्मदेव भी हल नहीं कर सकते। उससे कुल का क्षय...नाश...ही होता है। बप्पा रावल की निष्ठा की शपथ लेकर मैंने अपना कर्तव्य पूरा किया। कुँवर शक्ति सिंह को कोई छोटी-सी सजा देकर बड़ी शिद्दत से पूर्वजों से विरासत में मिले राज्य की रक्षा करें। कुँवर अब यह भाला निकालें दर्द सहन नहीं हो रहा, पानी..."

पुरोहित जी का श्वास, शब्द, जिह्वा सभी रुक-सी रही थी। प्रताप सिंह के कुछ कहने के पूर्व ही एक सरदार ने जलपात्र आगे किया। पुरोहित जी ने दो घूँट पानी पिया। प्रताप सिंह ने आँखें बन्द कर होंठ भींचकर, श्वास रोकते हुए, कठोर मन से भाले को खींचकर निकाला, पुरोहित जी को समाधान महसूस हुआ, वे हँसे। प्रताप सिंह ने उनका मस्तक अपनी गोद में रखा। पुरोहित जी के चेहरे पर अत्यन्त प्रसन्नता दिखाई दी। रुकते-रुकते वे बोलने लगे—

"देखिए, देखिए कुँवर जी, समूची सृष्टि मुझसे होड़ कर रही है। मृत्यु के समय अपने राजा की अंकशैया नसीब से प्राप्त होती है। शक्ति जी मैं आभारी हूँ, पानी...!"

प्रताप सिंह ने तत्काल झुककर पुरोहित जी के मुख में जल डाला। फिर से एक बार सबकी ओर देखते हुए हाथ जोड़ने का प्रसास करते हुए पुरोहित जी ने कहा, "प्रणाम, मेवाड़ के भावी महाराजा मेरा प्रणाम स्वीकार करें..."

"प्रताप सिंह की विजय हो।"

सभी ने ऐसी ही घोषणा की। इस जय-जयकार की ध्वनि पर आरूढ़ हो पुरोहित जी के प्राण स्वर्ग के अतिथि बने।

'शक्ति' कह अपने लाड़ले भाई के लिए भीगी आँखों को रोकते हुए प्रताप सिंह ने

कुँवर शक्ति सिंह की ओर देखा और करुण स्वर में बोले, "शक्ति यह क्या किया?"

"दादा सा! सचमुच यह हमने क्या कर डाला?" हमारे हाथों से ब्रह्महत्या। अब हम क्या करें दादा सा? शक्ति सिंह भीगे हुए कंठ से कहा। उनके आँखों की वेदना बहुत कुछ कह गई। हमें सजा दीजिए दादा सा "अब मृत्यु ही हमारी सजा है।"

"सच कहें तो अब वही सजा शक्ति जी आपके लिए है," प्रताप सिंह ने गम्भीरता से कहा।

पुरोहित जी को हमने वचन दिया है, आपको सामान्य-सी सजा देने की इसीलिए आपकी सजा...यानी आप मेवाड़ से दूर जाएँ, तत्काल अभी के अभी। हम आपको राज्य से निष्कासित करते हैं।

"नहीं दादा सा, नहीं, इसके स्थान पर आप हमें प्राणदंड दें। आप हमें आपसे दूर न करें दादा सा" शक्ति सिंह की आँखों से आँसू गालों पर से बहते हुए अँगरखे को भिगोने लगे। उनकी सुन्दर नीली आँखों से व्याकुलता स्पष्ट झलकती नजर आ रही थी। आकुल, व्याकुल होकर उन्होंने प्रताप सिंह से कहा,

"दादा सा हम तो कब से ही परित्यक्त थे, अनाथ थे। आपने ही हमें वापस लाया, आप ही हमारे पिताश्री बने, हमें शक्ति दी, प्रेम दिया, अपनापन दिया, पराक्रम दिया। दादा सा आप ही हमारे स्नेही, साथी, बन्धु और गुरु तथा आप ही माता-पिता हैं। यदि आपने हमें छोड़ दिया तो हमें कौन स्वीकारेगा? भगवान राम का छोड़ा हुआ पत्थर समुद्र में तैर नहीं पाया, आपके सिवाय हम इस भवसागर को कैसे पार कर पाएँगे? कहते-कहते शक्ति सिंह की आवाज भर्रा गई, कंठ अवरुद्ध हो गया, आँखें बरसने लगीं और चेहरे पर पश्चात्ताप झलकने लगा।

क्षण-भर को प्रताप सिंह भी विचलित हो गए। उनका कर्तव्यनिष्ठ कठोर मन भी करुणा से द्रवित होने लगा पर दूसरे ही क्षण उन्होंने अपने को सँभाला, मन कड़ा किया और शक्ति सिंह को दोनों हाथों पकड़कर उठाया।

दोनों भुजाओं ने एक-दूसरे को आलिंगन दिया। दूर जानेवाले मोहपाश में और भी अधिक जकड़ गए। बड़ी देर शक्ति जी, प्रताप सिंह का स्नेहिल स्पर्श अनुभव करते रहे। उस स्पर्श ने शक्ति जी को उनके मन की सारी बातें स्पष्ट कर दीं। प्रताप सिंह अपनी आज्ञा वापस लेंगे नहीं यह भी महसूस किया। उनके आलिंगन से मुक्त होकर शक्ति सिंह प्रताप सिंह के पैरों पर झुके और प्रणाम करके निश्चयपूर्वक खड़े रहे।

"बन्धु हम आपको सजा दे रहे हैं परन्तु उससे भी अधिक सजा हम आपके बिना भोगनेवाले हैं।"

"आप योग्य ही कर रहे हैं दादा सा," प्रताप सिंह का अधूरा वाक्य रोकते हुए शक्ति सिंह ने अवरुद्ध कंठ से कहा, "जो निर्णय आपने लिया है, उसके बारे में आपके कर्तव्य कठोर मन की प्रशंसा की जाए कि आपके बन्धु प्रेम व्याकुलता का बखान किया जाए यही हमें समझ में नहीं आ रहा है। दादा सा, आप हमारे पिताश्री के स्थान पर हैं। पिताजी ने जब हमारा त्याग किया उस समय नासमझ थे। अब महसूस हो रहा है। आपका आशीर्वाद लिये बिना हम जाएँगे नहीं। आप आशीर्वाद दीजिए

कुँवर जी यह हमारी देह मेवाड़ के लिए ही धरातीर्थ पर समर्पित हो।"

शक्ति सिंह त्वरा से मुड़े और अपने घोड़े पर सवार होकर क्षण-भर भी पीछे मुड़कर न देखते हुए दौड़ते हुए निकले। प्रताप सिंह के नेत्रों का संकेत होते ही शक्ति सिंह के साथ आए हुए उनके चाहनेवाले और सैनिक उनसे भी ज्यादा गति से उन्हें साथ में लेने तेजी से बढ़े। पीछे रह गया धूल का गुबार और टापों की लयबद्ध ध्वनि टप्...टप्...टप्...टप्...।

प्रताप सिंह ने खुद को सँभाला। उपस्थित लोगों की सहायता से पुरोहित जी का अन्तिम संस्कार सम्पन्न किया। उनकी समाधि का निर्माण करने की व्यवस्था की और उनके वारिसों को अधिकार पत्र बनवाकर दिए।

करीब आती टापों की आवाज से राणा जी सजग हुए, क्षण में सोचा कि क्या शक्ति सिंह लौटकर आ गए? नहीं अब कैसे लौटकर आएगा? उन्होंने अपने राजतिलक समारोह के कितने सपने सँजोए थे।

एक दीर्घ नि:श्वास छोड़ते हुए राणा जी ने सामने खड़े हुए रणबहादुर सिंह का अभिवादन स्वीकार किया।

"भामाशाह जी आपकी आज्ञा की प्रतीक्षा कर रहे हैं।"

"अरे! भामाशाह जी को हमारी आज्ञा के लिए रुकने की जरूरत कब से प्रतीत होने लगी। उन्हें भीतर आने दीजिए," महाराणा प्रताप सिंह ने कहा।

महाराणा प्रताप सिंह के मन में आया, अभी ही हमें शक्ति जी की स्मृति हो आई थी। भामाशाह जी यानी शक्ति का ही दूसरा रूप, नाम लेते ही सेवा को तत्काल उपस्थित।

"प्रणाम राणा जी," बड़े अदब से झुककर भामाशाह ने कहा।

"ये क्या भामाशाह जी? आप हमारे स्नेही हैं। आपने ऐसा झुककर प्रणाम।"

"अब आप हमारे केवल स्नेही नहीं हैं...उनकी बात अधूरी रोकते हुए भामाशाह जी ने कहा, "आप अब मेवाड़ाधिपति हैं, यह प्रणाम स्नेही जी को न होकर मेवाड़ के राज सिंहासन को है। इसे आपको स्वीकार करना ही होगा।"

"मेवाड़ाधिपति होने से अब हम क्या आपके स्नेह से वंचित हो गए? नहीं राणा जी उलटे और पास आ गए। हमारे हृदय में स्नेह के साथ ही श्रद्धा का भी नाता निर्मित हो गया है। हम प्रणाम न करें ऐसा आपका कहना आपके बड़प्पन का सूचक है और उसे हमें बनाए रखना है। अपने आत्मीयों का आदर हमें रखना ही चाहिए।"

"भामाशाह जी आपका स्नेह ही हमारी शक्ति है और राज्य का समग्र कार्यभार आपकी ही सलाह से चलेगा," राणा जी ने हँसकर कहा।

"राणा जी राजतिलक होकर आप मेवाड़ाधिपति हो गए हैं। अब मंत्रिमंडल का गठन, अधिकारों का बँटवारा आदि के लिए प्रजा आपके निर्णय और नये अधिकारियों की राह देख रही है। साथ ही राजतिलकोत्सव भी सम्पन्न होना है।"

"उत्सव के सम्बन्ध में निर्णय बाद में होगा। आज कुछ प्रमुखों की नियुक्ति स्थायी करना, परिवर्तन करना एवं राज्य की व्यवस्था से सम्बन्धित नीति निर्धारण के लिए आपसे विचार-विनिमय करना चाहते हैं।"

बातें करते-करते महाराणा प्रताप सिंह महल के खास दालान की ओर निकले। अब स्वयं को अधिक जिम्मेदारी और सजगता से निर्णय लेने चाहिए। अत्यन्त सावधानी से राज्य का और प्रजा का रक्षण करना होगा। इस एहसास के होते ही राणा जी गम्भीर हो गए।

पालकत्व आदमी को बाल्यावस्था में ही प्रौढ़त्व प्रदान कर देता है। राज्य सत्ता हासिल करने में हमें बत्तीस वर्ष लग गए जबकि अकबर ने अल्पायु में ही राज्य पर अधिकार स्थापित कर लिया था। राणा जी ने मन में यह सोचा और अकबर की स्मृति से उनके हृदय में मानो विष बुझे भाले की नोक चुभने की प्रतीति हुई।

बीता हुआ दिन क्षण-क्षण पीछे रखता हुआ आगे बढ़ रहा था। कुछेक क्षण ही सुख के थे और बाकी सब कष्टों से भविष्य की चिन्ता से भरे हुए थे। किसी को शायद शारीरिक, मानसिक दृष्टि से आराम मिलना सम्भव नहीं होता। विचारों से प्रत्येक क्षण भरा हुआ ही होता है। अब वे क्षण राणा जी की नजरों के सामने रुई की तरह उड़ते-से दिखाई दे रहे थे। कुछ पास तो कुछ दूर, कुछ स्पष्ट, कुछ धुँधले से, कुछ पास आनेवाले थे तो कुछ दूर जानेवाले थे। प्रताप सिंह की आँखों के सामने पुरानी घटनाएँ साकार होकर धीरे-धीरे स्पष्ट होने लगीं।

अपने आत्मीयों, स्वजनों का दूर जाना और नवीन स्नेह सम्बन्धों का निर्माण होना यह सब नियति का ही खेल है। हमारे माथे पर विधि ने ही उन्हें अंकित किया है। नहीं तो शक्ति सिंह, नानाजी ये सब हमसे दूर न गए होते। बिछड़ने की पीड़ा हमने अनुभूत की है। कितने वर्षों से हम पिताजी से दूर रहे हैं। इतना शक्तिमान, शूर-वीर, निर्भय अनुज पिता के प्रेम से वंचित हो गया। पूर्व स्मृतियों में राणा जी खो गए थे।

ठाकुर जी के मन्दिर में प्रार्थना होने के बाद एक बार प्रताप सिंह को उनकी माताश्री ने कहा—

"बेटा, आपके एक और बन्धु हैं आपके जितने ही बड़े।"

"कहाँ हैं माँ जी वे, नानाजी के यहाँ?"

"नहीं बेटा, इसकी एक बड़ी कहानी है।"

"हमें बतलाइए न माताजी। हमें सुननी है वह कहानी," कुँवर प्रताप सिंह ने उत्सुकता से कहा।

"आज वह कहानी बतलाने का निश्चय हमने किया है," महारानी जैवन्तीबाई ने अपने प्रिय पुत्र से कहा। कहानी बतलानी तो है पर कैसे बतलाई जाए? कैसे शुरुआत की जाए यह समझ में नहीं आ रहा था। वह प्रसंग ही आँखों के सामने आ गया...

छोटे प्रताप सिंह को उस दिन महारानी जैवन्तीबाई अपनी गोद में दुलार रही थीं। उनके भविष्य का सुन्दर सपना सँवार रही थीं। आज मेरी गोद में सुख से सोनेवाला यह नन्हा बालक कल इस राज्य का आधार स्तम्भ बनेगा। महाराणा उदय सिंह की

यही इच्छा थी। अपने पुत्र ने राणा कुम्भा की तरह अपने पराक्रम की ख्याति विकीर्ण करनी चाहिए, मातृभूमि से तुर्कों को नष्ट कर बप्पा रावल का राज्य भारत भूमि पर स्थापित करना चाहिए। भगवान राम का रत्नों से जड़ित स्वर्ण सिंहासन पुनः स्थापित कर, प्रजा को सुख-समृद्धि से पूर्ण कर देना चाहिए। इसी उद्‌देश्य से उन्होंने प्रथम पुत्र का नाम 'प्रताप सिंह' रखा। नामकरण समारोह के उपरान्त जैवन्तीबाई सा से उन्होंने कहा था—

"महारानी हमारा पुत्र अत्यन्त पराक्रमी हो। पीढ़ी-दर-पीढ़ी उनकी वीरता का कोई पर्याय न हो, ऐसी हमारी अभिलाषा है। हमारे पिता भी प्रचंड पराक्रमी थे उनके सम्मुख हम सामान्य ही रहे। पुत्र के पराक्रम के सामने हम सामान्य ही रहे तो भी हमें चलेगा पर हमारा पुत्र भारत सम्राट बने और जनता को तुर्कों के जुल्मों से मुक्ति दिलाने में समर्थ होकर हमारी इच्छा के अनुसार महाप्रतापी बने।"

बैठे-बैठे जैवन्तीबाई के स्मृति पटल पर उन स्मृतियों की रेखाएँ परिलक्षित होने लगीं। इतने में ही एक दासी उदय सिंह की द्वितीय पत्नी को पुत्ररत्न प्राप्ति की शुभ सूचना लेकर आई और साथ ही दरबार में बुलावे का सन्देश भी। अपने लाड़ले पुत्र को जावराबाई को सौंपते हुए वे राजदरबार की ओर निकलीं।

द्वितीय पुत्र की जन्मकुंडली के पठन हेतु रानी सा को निमंत्रण था। यह भी एक अनुपम समारोह है ऐसी अनुभूति उन्हें हुई। मेवाड़ के महाराणा सम्पूर्ण राजस्थान के आदर के पात्र हैं।

राजदरबार हमेशा की तरह जगमगा रहा था। जगह-जगह वैभव की निशानियाँ बिखरी हुई थीं। अन्त:पुर के मध्यभाग में जैवन्तीबाई के लिए विशेष आसन रखा गया था। राणा जी के बाईं ओर संध्याबाई सोलंकिनी विराजमान थीं। आज उनका विशेष मान था, क्योंकि उनके पुत्र की, राणा जी के दूसरे पुत्र की जन्मकुंडली तैयार होनेवाली थी। राज ज्योतिषी नवजात बालक की कुंडली तैयार कर अंकों की जोड़-तोड़ कर रहे थे। सभी सरदारों, सामन्तों एवं दरबारियों और आत्मीय जनों के चेहरे पर उत्सुकता परिलक्षित हो रही थी। सभी की नजरें राज ज्योतिषी जगन्नाथ शास्त्री पर स्थिर हो गईं।

अपना कुंडली वाचन समाप्त कर शास्त्री जी ने जैसे ही नजर उठाई, उनके गम्भीर चेहरे को देखते ही महारानी संध्याबाई के दिल की धड़कनें ही रुक गईं—ऐसा क्या गम्भीर इस कुंडली में है? दरबारियों के मन में भी शंकाएँ उठने लगीं। क्षण-भर में ही समूचा वातावरण गम्भीर हो गया। शास्त्री जी ने समूचे दरबार की ओर एक नजर दौड़ाई और बड़ी ही शालीनता से महाराणा उदय सिंह की आज्ञा लेकर दुख का घूँट निगलते हुए बोलने लगे,

"श्री जी आपके ये कुँवर अत्यन्त शूरवीर, स्वाभिमानी, जुझारू वृत्ति के हैं पर स्वभाव से थोड़े उग्र, स्वतंत्र वृत्ति के होंगे। वस्तुत: ये कुँवर यानी पराक्रम की प्रत्यक्ष मूर्ति ही हैं। परन्तु..."

"परन्तु क्या शास्त्री जी," उन्हें बीच में ही रुका हुआ देखकर राणा जी ने कहा।

"श्री जी जो बतलाना है उसे बतलाने की अनुमति चाहिए क्योंकि कठोर है तथापि सत्य बतलाना अपरिहार्य है।"

"आप नि:संकोच रूप से सत्य उद्‌घाटित करें। सच सुनकर दुखी होना सिसोदिया कुल की रीति नहीं है। हमारे ज्येष्ठ पुत्र की कुंडली देख उनका सहवास हमें लम्बे समय तक नहीं मिल पाएगा, यह आपका बताया हुआ भविष्य हमने स्वीकार किया ही है?"

"श्री जी यह सब नियति का खेल है चित्तौड़ाधिपति, आपके इस पुत्र से मेवाड़ को खतरा है।"

"क्या कहा शास्त्री जी? हमारे पुत्र से राज्य को खतरा है? यह कैसे सम्भव है?"

"क्या, कैसे घटित होगा यह तो हम बतला नहीं सकते श्री जी। ग्रह सिर्फ इतना ही कह रहे हैं। प्रत्येक शास्त्र के अपने बन्धन और अपनी मर्यादाएँ होती हैं।"

बोलते-बोलते शास्त्री जी ने राणा जी की ओर देखा। उनकी मुद्रा कठोर परिलक्षित हो रही थी। हाथों की मुट्ठियाँ तन गई थीं। माथे पर स्पष्ट रूप से दिखाई दे रही थीं। इस क्षण राणा जी क्या बोलेंगे इसका किसी को भी अन्दाजा नहीं था।

"प्रधान जी,"...राणा जी का कठोर स्वर उभरा।

"आज्ञा श्री जी..." प्रधान मेहसाण जी ने झुककर प्रणाम किया।

"इस पुत्र को अभी-के-अभी मृत्युदंड दें," दृढ़ कठोर स्वर में राणा जी ने कहा, "यह हमारी आज्ञा है।"

"श्री जी!" प्रधान जी आश्चर्य से राणा जी की ओर देखते हुए बोले। तभी एक रुदन का स्वर...सुनाई दिया और सभी की नजरें उस दिशा में मुड़ीं। संध्याबाई रानी जी धराशायी हो गईं। राणा जी ने उन्हें सँभाला। सेविकाएँ तत्परता से आगे आईं और उन्हें अन्त:पुर में ले गईं। राणा जी ने कहा, "इस आज्ञा में थोड़ा-सा भी परिवर्तन नहीं होगा यह निश्चित है।"

पूरे दरबार में स्तब्धता छा गई। इस जानलेवा शान्ति को भेदते हुए एक स्वर गूँजा, श्री जी अनुमति हो तो चरणों में एक विनती है।"

"बोलें, गोविन्द सिंह आपको जो लग रहा है नि:संकोच कहें।"

"श्री जी आप हमारे ज्येष्ठ हैं, आपके सामने हम क्या कहें? परन्तु फिर भी एक प्रार्थना है कि छोटे कुँवर जी को आप मेवाड़ से अन्यत्र भेज दें पर मृत्युदंड न दें।"

"मतलब?" राणा जी की भृकुटी चढ़ी।

"श्री जी, हम सलुम्बर के अधिपति..."

"फिर?"

"श्री जी हमारे इस सारे वैभव का कोई उत्तराधिकारी नहीं है। हमें पुत्रलाभ नहीं हुआ। आपके इस कुँवर जी का हम अपने जीवित रहते तक पुत्रवत पालन करेंगे। उन्हें निपुण, सुयोग्य और पराक्रमी बनाएँगे।"

"और फिर उनके हाथों मेवाड़ का विध्वंस करवाएँगे।"

नहीं श्री जी, हमारे ईमान पर आप संशय न करें। चित्तौड़ के सेवक कभी भी

मेवाड़ का विध्वंस होने नहीं देंगे। हम उन्हें मेवाड़ के एकनिष्ठ सेवक बनाएँगे, उनके मन में मेवाड़ के प्रति गहरी निष्ठा निर्मित करेंगे, आप हम पर विश्वास रखें।"

गोविन्द सिंह के बोल मन की गहराई से निकले हुए थे अत: अत्यन्त प्रामाणिक लग रहे थे। सभी सुननेवाले सुनकर मंत्रमुग्ध हो गए। नन्हे बालक की हत्या की जाए ऐसी किसी की भी अपेक्षा नहीं थी।

राणा जी ने अभिप्राय जानने हेतु सबकी ओर देखा। उनके चेहरे पर सामन्ती का भाव देखकर स्वीकृति सूचक गर्दन हिला दी। दरबार खुश हो गया और एक अनिष्ट टल गया। दरबार पर छाई मृत्यु की छाया खामोशी से दूर हो गई। गोविन्द सिंह आगे बढ़े। छोटे-से बालक को उन्होंने उठाया।

"हृदय से लगाया और इतने भाव-विह्वल हो गए कि उनका मौन वात्सल्य आँसुओं के रूप में बालक का मस्तकाभिषेक करने लगा मानो निरपराध के माथे पर का देशद्रोह का कलंक धोने का प्रयत्न कर रहे हों।"

दरबार अनिमेष नेत्रों से, दुख-भरे हृदय से यह दृश्य देख रहा था। राणा जी ने वात्सल्य से उमड़ते हुए अपने हृदय पर अत्यन्त संयम रखते हुए कठोर अन्त:करण से दरबार भंग किया। जैवन्तीबाई बतला रही थीं—कितने दिनों तक महारानी संध्याबाई सा खुद को खो बैठी थीं पर उस वीर क्षत्राणी ने कभी अपनी आँखों से एक बिन्दु भी आँसू नहीं बहाया।

"माताजी अब हमारे बन्धु कहाँ हैं? अभी भी गोविन्द सिंह के यहाँ सलुम्बरा में ही हैं?" अपनी माँ के मुँह से सारी हकीकत सुननेवाले छोटे से प्रताप सिंह ने पूछा।

"हाँ, कुँवर जी वहीं हैं। परन्तु..."

"परन्तु क्या माताजी?"

कुछ वर्षों पहले सलुम्बरा को वारिस मिल चुका है। गोविन्द सिंह को पुत्ररत्न की प्राप्ति हो गई है। यूँ ही मन में आता है कि आपके बन्धु वहाँ कैसे होंगे? उनकी पूर्ववत देखभाल होती होगी या उनकी उपेक्षा होती होगी?

"माताजी आप चिन्ता न करें," उनके मन पर का बोझ दूर करते हुए प्रताप सिंह ने कहा, "हम रानी जी की आज्ञा लेकर अपने छोटे बन्धु को लेकर आएँगे।"

कुँवर प्रताप सिंह का उत्साह देखकर जैवन्तीबाई सा को बड़ा दिलासा मिला।

"हम योजना क्या बनाते हैं और घटित होता है क्या? एक दीर्घ उसाँस लेते हुए महाराणा प्रताप सिंह ने स्वयं से पूछा, "आखिरकार हमारा यह प्रिय बन्धु हमसे दूर चला गया और हमें माताजी के साथ चित्तौड़ से दूर छोटे से गाँव में रहना पड़ा। इसके बाद भी हमारे लिए जीवन में एकलिंग जी ने क्या परोस रखा है वे ही जानें। दिन बड़ी ही तेजी से गरुड़ के पंख लगाकर उड़ गए और शेष रह गई हैं सिर्फ यादें, पंखों के छोटे-छोटे टुकड़ों की तरह। उस दिन पिताजी के अन्तिम दर्शनों के लिए आए हुए शक्ति सिंह ने हमसे बात नहीं की और हमने भी उन्हें रोकने का

प्रयत्न नहीं किया। मन-ही-मन में कई बार आवाज दी पर प्रत्यक्ष में एक शब्द भी मुँह से नहीं निकला।"

"राणा जी आप कौन से विचारों में डूब गए हैं?" भामाशाह जी ने उनकी एकाग्रता भंग करते हुए कहा।

"आइए भामाशाह जी अच्छा हुआ आप आए। आपसे भला क्या छिपाकर रखना। आज सारी पुरानी यादों ने मन में कोलाहल मचाया है। बचपन से लेकर अब तक का हमारा जीवन आँखों के सामने बार-बार आता है और मन व्याकुल होता है। उस दिन शक्ति सिंह आकर भी मिले नहीं, भोजन के लिए भी रुके नहीं।"

"हाँ राणा जी! वैसा घटित हुआ अवश्य परन्तु इसमें कुँवर शक्ति सिंह का बहुत अंशों में दोष नहीं था। अपनी मजबूरी के कारण ही वे आपसे भेंट नहीं कर पाए।"

"मजबूरी? ऐसी कौन सी मजबूरी है जो छोटे भाई को बड़े भाई के गले मिलने से रोकती है। बिना बात किए निकल जाने को मजबूर करती है।" राणा जी ने थोड़ी कठोरता से कहा।

"राणा जी वैसी ही मजबूरी थी और उपयुक्त भी थी।"

"भामाशाह जी स्पष्टता से जो है वही कहें।"

"राणा जी महाराणा उदय सिंह के अन्तिम संस्कार के समय कुँवर शक्ति सिंह अकेले ही खड़े थे। आपने उन्हें निष्कासित किया था। अकबर की सेवा में लग जाने के कारण सब उनकी ओर तिरस्कार की दृष्टि से देख रहे थे। हमसे रहा नहीं गया, हम उनके पास गए। उनके कन्धों को हमने मात्र स्पर्श किया इतने में ही जैसे उनका दुख उफन आया।" वे बोले—

"भामाशाह जी दादा सा से मिलना था।"

"फिर? उन्हें हमारे पास क्यों नहीं लेकर आए?" राणा जी ने बड़ी अधीरता से पूछा।

"हमने भी यही कहा और उन्हें आपके पास लेकर भी आनेवाले थे पर उन्होंने ही नकार दिया।"

"नकार? भला क्यों?"

उन्होंने कहा, "भामाशाह जी हमें दादा सा के पास न ले चलें। दादा सा हमारे लिए प्राण न्योछावर करते हैं। हम उनके समीप जाते ही वे हमें अपने करीब ले लेंगे इस बारे में कोई शंका ही नहीं है, पर हम ही उनसे दूर रहना चाहते हैं।"

उनकी बात न समझ पाने के कारण हमने पूछा...

"ऐसा क्यों कह रहे हैं कुँवर जी? अभी आपने कहा..."

"हाँ, यह भी हम ही कह रहे हैं।" हमें रोकते हुए शक्ति सिंह ने कहा, "हमारी भेंट होने पर राणा जी हमें क्षमा करेंगे, मेवाड़ के सरदार, सामन्त भी क्षमा करेंगे। हमारा अपराध बहुत अधिक महत्त्व का प्रमाणित नहीं होगा और हम फिर से मेवाड़ में अधिकारपूर्वक रह सकेंगे।"

"फिर तो यह अच्छा ही है," हमने कहा परन्तु आगे कुछ बोलने के पूर्व ही

यह शूरवीर, निर्भय पराक्रमी मेवाड़पुत्र जो कुछ बोला उसे बतलाते हुए हमारा हृदय अभिमान से भर उठा है। शक्ति सिंह ने कहा था कि "एक बार मेवाड़ के भावी महाराणा और मेवाड़ के रक्षक सरदार, सामन्तों ने हमें क्षमा कर दी तो यह परम्परा ही बन जाएगी। कोई भी सामन्त अपने स्वार्थपूर्ति के लिए शाही चाकरी करेगा और वहाँ कोई अपमान होने पर या मतभेद होने पर फिर से राणा जी के यहाँ आकर मेवाड़ में स्थिर होने की भाषा बोलने लगेगा। अस्थिर लोगों का क्या भरोसा? इसी से विद्रोह आरम्भ होगा।

इसके विपरीत हम ही अभी सबको बताएँगे कि राणा जी ने हमारा बहिष्कार किया है तो कोई भी शत्रु से जाकर मिलेगा नहीं। राणा जी के द्वारा किए गए बहिष्कार का लोगों को भय प्रतीत होगा और राणा जी के लिए जान न्योछावर करनेवाले लोग बहिष्कार की अपेक्षा मर जाना ज्यादा श्रेयस्कर समझेंगे। राणा जी का साथ देनेवालों में निष्ठावान एवं श्रद्धाभक्ति युक्त लोगों की ही अधिकता होगी और इस कारण राणा जी को विश्वासघात का सामना नहीं करना पड़ेगा।

भामाशाह जी ने अपनी बात समाप्त कर राणा जी की ओर देखा। राणा जी की मुद्रा व्यथित दिखाई दे रही थी पर उनकी आँखों में स्वाभिमान की चमक स्पष्ट थी। अपने स्वामी का यह आकर्षक रूप देखते ही रहने की इच्छा भामाशाह जी के मन में उठी। वे लगातार टकटकी लगाए उनकी ओर देख रहे थे। उनके चेहरे पर राणा जी के प्रति आदर का भाव द्विगुणित परिलक्षित हो रहा था।

"भामाशाह जी, शक्ति सिंह सचमुच सिसोदिया वंश की, बप्पा रावल जी की परम्पराओं की रक्षा करनेवाले हैं। जाते-जाते कितना परिवर्तनकारी विचार वे अपने को देकर गए हैं।"

"वह कौन-सा राणा जी?" भामाशाह जी ने उत्सुकता से पूछा।

"वर्तमान परिस्थिति में हमारे सम्मुख कई प्रश्न हैं। इनमें सबसे महत्त्वपूर्ण प्रश्न अधिक-से-अधिक लोगों को अपने पास बनाए रखने का है," राणा जी ने क्षण-भर रुकते हुए कहा। उनका भाव पहचानकर भामाशाह जी ने कहा—

"हाँ राणा जी, यह बहुत बड़ा प्रश्न हमारे सामने है। चित्तौड़ के पतन के कारण आसपास के छोटे-बड़े शासकों का धैर्य डगमगा रहा है। वे वैसा प्रकट नहीं कर रहे हैं परन्तु वस्तुस्थिति यही है। उन्हें देश का कार्य करने के लिए एकत्रित करना आवश्यक है, अन्यथा तुर्कों से सामना करना कठिन होगा।"

"इसीलिए हम अभी ही एक आज्ञापत्र जारी करना चाह रहे हैं। उसका क्रियान्वयन तत्काल हो इसकी आप व्यवस्था करें। मंत्रियों को बुलाएँ।" राणा जी ने कहा।

भामाशाह जी तत्काल वहाँ से निकले और उलटे पाँव वापस लौट आए, उनके साथ मंत्रीगण लेखन सामग्री लेकर ही आए थे। दूसरे ही दिन सम्पूर्ण मेवाड़ प्रदेश में राणा जी का आदेश गूँजने लगा—

"मेवाड़वासियों को, मेवाड़ के सरदार सामन्तों एवं सभी आत्मीयजनों को स्वयं महाराणा प्रताप सिंह सूचित करते हैं—

"मैं स्वयं महाराणा प्रताप सिंह सूचित करता हूँ कि राजपूत राजाओं में से जिन्होंने अकबर के दरबार का आश्रय ग्रहण किया है या जिन्होंने अकबर का आधिपत्य स्वीकार किया है, अथवा अपनी बहन-बेटी देकर शरीर सम्बन्ध के माध्यम से रिश्तेदारी स्थापित की है, ऐसे सभी सम्बन्धियों से हमारा कोई भी सम्बन्ध या व्यवहार नहीं रहेगा। ये सारे सम्बन्ध हमने तोड़ दिए हैं।"

आदेश निकलने की ही देरी थी कि शीघ्रता से सभी सरदार और सामन्तों ने राणा जी का अनुकरण किया। सामान्य जनता के बारे में कोई प्रश्न ही नहीं था। सारी प्रथाएँ, परम्पराएँ सामान्य जनता द्वारा ही रक्षित की जाती हैं। बहिष्कार के इस तंत्र का राणा जी को बहुत उपयोग हुआ। एक अलग विचार प्रवाह मेवाड़ प्रदेश में प्रवाहित होने लगा। अकबर के स्नेही...होने में बहादुरी, धन्यता या बड़प्पन...न होकर कुछ गलत है, अपमानास्पद है, गैर-वाजिब है या अपनी अस्मिता कम कर लेना है, ऐसा अन्य राजकर्ताओं को महसूस होने लगा। वे राणा जी की ओर मुड़े और राणा जी का सामर्थ्य और अधिक बढ़ गया।

वैशाख मास की तेज गर्मी चारों ओर आग-सी बरसा रही थी। थोड़े समय के लिए भी धूप में खड़े रहने पर शरीर जल-सा रहा था। अंग-अंग दाह से व्याकुल हो रहा था। छाया को भी धूप लग गई थी और वह स्वयं छुपकर कहीं जा बैठी थी। पूरे पठार पर कहीं भी विश्राम की जगह नहीं थी। मात्र पर्वत की तराई में उतरने पर कुछ आम्रवृक्षों की छाँव में थोड़ा विश्राम किया जा सकेगा इस आशा में दो व्यक्ति तेजी से कदम बढ़ाते हुए रास्ता पार कर रहे थे। एक-दूसरे से कुछ भी न बोलनेवाले व्यक्ति एक-दूसरे के सम्बन्धी हैं, यह एहसास हो रहा था मात्र इसी आधार पर कि उनके कदम एक जैसे ही पड़ रहे थे। उनकी वेशभूषा सादी ही थी, सिर पर पगड़ी, हाथ में शक्तिशाली दंड लिये हुए ऊँचे पूरे सशक्त पुरुष अरावली के पठार से नीचे उतरकर एक घने वृक्ष के नीचे विश्राम करने लगे।

"आपको क्या लगता है जैत्र सिंह, राणा जी इस बात के लिए तैयार होंगे?" बलदेव जी ने पूछा।

"राणा जी ने सभी बातों का पहले ही पूरी तरह विचार कर लिया होता है। राणा जी की दूरदृष्टि की अभी आपको कल्पना नहीं है, धीरे-धीरे ये सारी बातें समझ में आएँगी।"

"राणा जी आश्रय देंगे क्या? मैं एक भटकता हुआ मुसाफिर हूँ। मन में कहीं डर-सा लगता है जैत्र सिंह।"

"बलदेव जी राणा जी का डर सिर्फ अपराधियों, देशद्रोहियों को ही महसूस करना चाहिए अन्य किसी भी व्यक्ति को उनसे डरने की आवश्यकता नहीं है। राणा जी राजा हैं और प्रजा का पितृवत पालन करनेवाले हैं, इस बात की सत्यता आपको अवश्य ही महसूस होगी।"

"परन्तु मैंने तो राणा जी एक कठोर शासक हैं—ऐसा ही सुना है।"

"शासक को हमेशा कठोर ही होना चाहिए इसलिए कठोर और राणा के रूप में उनका स्नेहिल व्यक्तित्व है।"

जैत्र सिंह, "राणा जी को देखने की बड़ी इच्छा है। कैसे दिखते हैं महाराणा प्रताप सिंह?"

"यह प्रत्यक्षतः ही देखें, अब हमें यहाँ से निकलना चाहिए, नहीं तो पहुँचते तक दुर्ग के दरवाजे बन्द हो जाएँगे।"

"जैत्र सिंह आप तो राणा जी के अन्तरंग स्नेही हैं, आपके लिए भी दुर्ग के दरवाजे बन्द हो जाएँगे?"

"होंगे! हमारे लिए भी दरवाजे बन्द होंगे। स्नेही हो या बन्धु राणा जी का आदेश सबके लिए समान है।"

जैत्र सिंह और बलदेव दोनों ही तेजी से चलने लगे। एक पर्वत के समीप छोटी पगडंडी से निकले तो सामने कुम्भलगढ़ का दुर्ग सामने खड़ा था। मानो जमीन से ही उग आया हो। बलदेव जी आश्चर्यचकित होकर उस विशाल, विस्तृत, सुदृढ़ गढ़ की ओर देखने लगे। चारों ओर से तटबन्द किए गए थे, बड़े-बड़े विशाल बुर्ज बने हुए थे, चौकियाँ बनी थीं, पहरेदारों की व्यवस्था थी। किले का दर्शन होते ही बलदेव जी सारा श्रम भूल गए। एक महाप्रतापी पुरुष का दर्शन लेने की इच्छा ने उनके कदमों को अधिक उत्साह दिया और वे शीघ्रता से गतिमान हो उठे।

चौकी पर पहरे पर कड़ी पूछताछ के पश्चात् बलदेव जी आखिरकार महाराणा प्रताप के महल तक जा पहुँचे। राणा जी सायंकालीन पूजा में लगे थे अतः दोनों ही बाहर के दालान में विश्राम करने लगे।

'ॐ नमः शिवाय' इस मंत्र जाप के पश्चात् धीर-गम्भीर स्वर में शिवस्तोत्र के मंत्र कानों में पड़ने लगे। उस पवित्र शुभ उच्चारण से वातावरण शुचि एवं प्रसन्न हो गया था। राणा जी गम्भीरता से उच्चरित कर रहे थे—

शिवस्याभ्यन्तरे शक्तिः शक्तेरभ्यन्तरे शिवः।
अन्तरं नैव जानीयाच्चन्द्रचन्द्रिकयोरिवः॥

दालान में कदमों की आवाज आई। अपने विचारों में डूबे हुए बलदेव जी ने नजर उठाकर देखा तो अवाक् होकर देखते ही रह गए। राणा जी के आगमन पर खड़े होने और सम्मान देने का भी भान उन्हें नहीं रहा। इस रूप, पौरुष और व्यक्तित्व की कल्पना वे कर ही नहीं सकते थे। कोई एक आकर्षक दृश्य देखने के सदृश वे उस योद्धा को पलकें बिना झपकाए देखते ही रहे। सामने जो खड़ा है वह शिव का पूजक है, शासक है या प्रजा का प्रतिपालक है, इसका विचार वे कर रहे थे। आकर्षक चेहरा, बड़ी आँखें, सुदृढ़ शरीर, साँचे में ढाली गई हो ऐसी तराशी हुई दमदार मूर्ति देखकर सोचना पड़ा कि क्या पुरुष भी इतना सुन्दर और आकर्षक हो सकता है? देखते ही जिनके चरणों पर अपना जीवन अर्पित करें ऐसी इच्छा होकर

शीघ्र नतमस्तक हों, ऐसा ही था चलता-फिरता जीवन्त पौरुष।

सम्मोहित से बलदेव जी उठे और एक भी शब्द न बोलते हुए राणा जी के चरणों में झुक गए। राणा जी ने हँसते हुए उन्हें बीच में से ही उठा लिया और प्रश्नवाचक नजरों से जैत्र सिंह की ओर देखा।

"राणा जी, यही हैं बलदेव जी," जैत्र सिंह ने प्रस्तावना व्यक्त की, "हमारे घर अतिथि बनकर आए और यहीं के होकर रह गए। आपका पराक्रम और स्वातंत्र्य-प्रेम ही उन्हें मेवाड़ की भूमि से जोड़े हुए है। आपके चरणों में आश्रय मिलेगा इसी आशा से वे यहाँ आए हैं।"

"कहाँ से आए हैं आप बलदेव जी?" राणा जी ने धीमे स्वर में जब प्रश्न किया तभी बलदेव जी राणा जी के व्यक्तित्व के प्रभाव से बाहर आए।

"प्रणाम राणा जी, आपके चरणों में सादर प्रणाम। हमारे बड़े-बूढ़े कहते थे—राजा श्रीविष्णु का अवतार होता है। आपको देखकर इस सत्य की प्रतीति हुई। आपके भीतर निहित पालनकर्ता का दर्शन पाकर हम धन्य हो गए।" फिर से एक बार राणा जी के चरणों में झुकते हुए बलदेव जी ने मन से ये उद्गार व्यक्त किए। राणा जी ने उन्हें बीच में ही रोककर दृढ़ आलिंगनबद्ध किया और बलदेव जी अन्तर्बाह्य पुलकित हो गए। एक सामान्य आदमी के लिए महाराणा प्रताप सिंह जैसे देवोपम सुन्दर आदर्श राजपुरुष द्वारा दिया आलिंगन यानी जीवन की सार्थक, स्वर्गतुल्य अनुपम आनन्दानुभूति ही थी। उनके मुख से कोई भी शब्द नहीं निकल पा रहा था।

"कैसे आना हुआ बलदेव जी? आप कहाँ से आए हैं?" अपने प्रश्न का पुनरुच्चार किया।

फिर तो बलदेव जी का बाँध फूट पड़ा हो, इसी तरह बोलने लगे। देश का यह व्यापारी अपनी पत्नी व पुत्र समेत गुजरात आया और तुर्कों ने सर्वस्व लूट लिया। किसी तरह अपनी पत्नी और पुत्र की जान बचाकर नाम मात्र से पहचाननेवाले जैत्र सिंह के घर पहुँचे। उनकी सहायता से राणा जी के समीप आश्रय के लिए आए।

"आप हमारे घर रह सकेंगे बलदेव जी? हम जंगलों में घूमनेवाले मानव हैं, आप ऐसा जीवन स्वीकार कर सकेंगे?"

"हाँ राणा जी! हमने यह जीवन मन-ही-मन में कब से स्वीकार कर लिया है। अपना सत्त्व, स्वतंत्रता और स्वधर्म के रास्ते पर कदम रख चलनेवालों की अग्नि परीक्षा से हम अवगत हैं। सूर्यवंश का दिव्य तेजस्वी व्यक्तित्व आपका है। हे अग्निगर्भा, आपके तेज में हम स्वाहा हो गए तो भी चलेगा पर अब डर से जिन्दगी जीना स्वीकार नहीं। आप जो भी कार्य देंगे हम प्राणपण से पूरा करेंगे।" बलदेव जी ने गवाही दी।

"ठीक है बलदेव जी, हम आपकी व्यवस्था करेंगे।"

"जैत्र सिंह..."

"आज्ञा राणा जी।"

"हमारे गुप्तचर विभाग में बलदेव जी को स्थापित करें और उनके परिवारजनों की व्यवस्था रानी जी के परिसर में करें।"

"राणा जी, सीधे गुप्तचर विभाग में"...जैत्र सिंह ने कुछ सकुचाते हुए पूछा, "बिलकुल नये व्यक्ति को...।"

उनका वाक्य बीच में ही काटते हुए राणा जी ने कहा, "जैत्र सिंह, आप पर हमारा विश्वास है ही पर उससे भी ज्यादा विश्वास हमारी नजरों पर है। राजपूत के गुणों से युक्त, परन्तु राजपूत नहीं हों ऐसे ही व्यक्ति की तलाश हमें थी। बलदेव जी अब आप विश्राम करें। एकलिंग जी आपका कल्याण करेंगे।"

"हम कृतज्ञ हैं राणा जी," बलदेव जी का वाक्य सुनने राणा जी वहाँ थे कहाँ? राणा जी की लोकसंग्रही शक्ति अलौकिक है। वे जहाँ भी जाएँगे वहाँ से सर्वोत्तम लोगों को इकट्ठा करते हैं जैत्र सिंह ने कहा।

"उन्होंने परखे हुए व्यक्ति उन्हें कभी भी धोखा नहीं देंगे जैत्र सिंह।" राणा जी के व्यक्तित्व से अब तक प्रभावित बलदेव जी ने जैत्र सिंह की बात काटते हुए कहा, "उनकी नजरों का अलौकिक तेज और उसके पीछे की सुदृढ़ता यदि किसी ने एक बार भी देखी तो कोई भी मानव उसे जीवन-पर्यन्त भूल नहीं सकता। उन पर अपने प्राण सात जन्मों तक न्योछावर करने के लिए हम तैयार हैं।"

"बलदेव सिंह, यह कहना इतना आसान नहीं है। समय पर इन आदर्शों की अपेक्षा प्राणों का मोल अधिक लगने लगता है।" जैत्र सिंह और बलदेव सिंह भोजन के समय ये बातें कर रहे थे।

"सम्मुख रखे अन्न की साक्ष्य रखकर कहे हैं जैत्र सिंह," बलदेव सिंह गम्भीरता से बोले, "जहाँ प्राण और निष्ठा इस सेनानायक के चरणों पर अर्पित किए हैं वहाँ शरीर को कौन-सा डर? जैत्र सिंह आपके इस महान ऋण से हम कैसे मुक्त होंगे, यह हमें समझ में नहीं आता। आपने हमें जीवनदान दिया और जीने का उद्‌देश्य भी दिया। अब एक उपकार और करें। हमें राणा जी का बड़प्पन और शौर्यगाथा भी बतलाएँ। वह सुनकर हम धन्य हो जाएँगे।"

"राणा जी का पराक्रम बतलाकर हम धन्य हो जाएँगे बलदेव सिंह, वह कितनी भी बार बतलाएँ, मन तृप्त नहीं होता। हर बार राणा जी का नया रूप देखने को मिलता है। यह यशोगाथा बखान करते वर्तमान आयुष समाप्त हो भी जाए तो भी आनेवाली पीढ़ी को बार-बार बतलाने के लिए हम बारम्बार जन्म लेंगे और अपने राणा जी का गुणगान करते रहेंगे। आप अपना कार्य-भार स्वीकार करें। उसके बाद हम इस पराक्रमी चमकते हुए सूर्य की यशोगाथा सुनाएँगे। श्री जी के गुणों का संकीर्तन करेंगे।"

सूर्योदय होकर कुछेक घड़ियाँ व्यतीत हुई होंगी, जैत्र सिंह और बलदेव जी अपने-अपने अश्वों के साथ अरावली के पठार से नीचे उतर रहे थे। पर्वतों के शिखर, जंगल और गिरि-कन्दराएँ पीछे छूटती जा रही थीं। जिस गति से दोनों के अश्व दौड़ रहे थे उसी वेग से जैत्र सिंह की विगत स्मृतियों के पंछी करीब आ रहे थे। उन पक्षियों ने

वर्तमान का आकाश ढाँक लिया था, मुग्ध हुए सवार दौड़ रहे थे और आवाज आ रही थी सिर्फ घोड़ों के टापों की और चित्तौड़ के उल्लास भरी हवा की। दोनों सवारों के चेहरे प्रफुल्लित हो गए। चित्तौड़ के फिर दर्शन होंगे इसलिए जैत्र सिंह और एक गौरवशाली परम्परा का साक्षीदार प्रत्यक्ष मिलेगा इसलिए बलदेव जी का।

"बलदेव जी, वह सामने दिखाई दे रहा है चित्तौड़गढ़। हम राजपूतों का तीर्थस्थान। हमारे राणा जी का प्रिय दुर्ग सिसोदियों का चित्तौड़गढ़।"

वह महान, विस्तृत सुदृढ़ गढ़ सामने खड़ा था। आँखों की सार्थकता प्रमाणित हो रही थी, ऐसा विहंगम दृश्य देखकर। एक के पीछे एक दिखाई देनेवाले सात तटबन्द मजबूत बुर्ज दिखाई दे रहे थे। देखते-देखते जैत्र सिंह की आँखों के सामने चित्तौड़ का इतिहास साकार होने लगा।

गढ़ पर आज कोई विशेष आयोजन है। दूर-दूर से लोग यहाँ आ रहे हैं। सरदार, दरकदार, राव, रावत, राजे, सामन्त सभी अभ्यागतों के स्वागतार्थ गढ़ के सुशोभित द्वार सजे हुए थे। मंगलवाद्य वातावरण को मधुर बना रहे थे। तुलजाभवानी के मन्दिर में भजन-पूजन, कीर्तन चल रहा था। नववधू को भी लज्जित करनेवाली पोशाक और श्रृंगार में सजी युवतियाँ शीघ्रता से इधर-उधर आ-जा रही थीं। कोई मेहमानों के स्वागत के लिए तो कोई उनकी आरती उतारने के लिए, तो कोई सन्देश पहुँचाने के लिए।

ज्येष्ठ मास की दोपहरी। सूर्य मध्याह्न में तप रहा था, हवा में भी प्रचंड ऊष्मा प्रतीत हो रही थी पर किसी को भी इसका एहसास नहीं था। सभी के पैरों को हिरण की गति प्राप्त हो गई थी। हरेक की जुबाँ पर एक ही बात थी, "महारानी जैवन्तीबाई सा को पुत्ररत्न की प्राप्ति हुई थी।" चित्तौड़ को वारिस मिला। चित्तौड़ का भावी राणा, उदय सिंह महाराजा के ज्येष्ठ पुत्र का जन्म हुआ। सूर्य जैसे-जैसे तपने लगा वैसे-वैसे सभी लोग राजमहल की ओर एकत्रित होने लगे। दरबार सजा, महाराणा उदय सिंह रत्नजटित सिंहासन पर विराजमान हुए, अन्य सभी अपने-अपने पद व सम्मानानुरूप आसनस्थ हुए। मेवाड़ की भव्यता, सिसोदिया वंश का वैभव ठौर-ठौर पर बिखरा हुआ था। सुन्दर कालीन, भव्य आसन, हीरे-जड़ी कमानियाँ, रत्नजड़ित आभूषणों से सुसज्जित राजपुरुष और परदे की ओट में बैठी राजवंशों की रानियाँ, सामन्तों, सरदारों की स्त्रियाँ इन सभी में खिलकर दिखाई देनेवाली महारानी जैवन्तीबाई। महाराणा उदय सिंह के श्वसुर और शासक दरबार में उपस्थित थे। शास्त्री जी का सुवर्ण आसन और उसके सम्मुख स्वर्ण चौकी पर रखी थी। राणा जी के प्रथम पुत्र के जन्म कुंडली की तिथि लिखी जा रही थी—

"ज्येष्ठ शुद्ध तृतीया सूर्योदय के पश्चात् सैंतालीस घड़ी, तेरह पल, विक्रम संवत् पन्द्रह सौ सत्तावन।"

"महाराणा उदय सिंह महाराज की विजय हो। आपकी अनुमति होगी तो आपके पुत्र की जन्मकुंडली देखकर आपके पुत्र से सम्बन्धित ग्रहों का भाष्य बतलाना चाहते

हैं।" राज ज्योतिषी ने शान्तता भंग करते हुए आज्ञा माँगी। राणा जी ने गर्दन हिलाकर अनुमति दी। शास्त्री जी खड़े स्वर में बोलने लगे, "महाराणा उदय सिंह आपके ज्येष्ठ पुत्र अत्यन्त बुद्धिमान, चतुर संयोजक, उत्कृष्ट नायक, सूर्य की तरह तेजस्वी और भीम की तरह पराक्रमी होंगे। पुत्र की कुंडली में राजयोग है। वे चक्रवर्ती सम्राट भी हो सकते हैं परन्तु राहु की दृष्टि वक्र होने से राजयोग सन्दिग्ध है। चमकती सूर्य की प्रखर किरणों की तरह उनका जीवन तेजमय रहेगा। मृदुभाषी, सत्त्वगुण युक्त, प्रभावशाली व्यक्तित्व के धनी आपके ये पुत्र हैं। ये कुँवर सतशीलों के सान्निध्य में रहेंगे परन्तु उनके भाल पर काफी लम्बे समय का कष्टमय जीवन लिखा हुआ है। इसी प्रकार पिता के वियोग का योग भी लिखा हुआ है। आपके ये कुँवर अत्यन्त प्रतापी हैं और अपने पराक्रम से वे अपना नाम अजर-अमर करेंगे। महाराणा हम्मीर और राणा कुम्भा की तरह वे सिसोदिया वंश का नाम उज्ज्वल करेंगे, वे अभिजित हैं।" पंडित जी दरबारियों की प्रतिक्रिया लेने क्षण-भर को रुके।

पूरा दरबार श्वास रोके नवाज कुँवर का भविष्य सुन रहा था। प्रत्येक के चेहरे का तनाव भविष्य कथन का एक-एक वाक्य सुन-सुनकर कम हो रहा था और चेहरे पर कौतुक मिश्रित आनन्द झलक रहा था। अन्त में तो सबके सब उत्साह, खुशी और समाधान से स्नात से दिखाई दे रहे थे। अपने भावी नेता के पराक्रम की घोषणा सुनकर वे खिल गए थे। सबको अपना और अपने राज्य का भविष्य उदयकालीन रवि की तरह आशादायी प्रतीत हुआ।

शास्त्री जी बतलाने लगे, इसके अतिरिक्त भी कुछ बातें और भी हैं। राणा जी, आपका यह पुत्र कलाकार, कलाकारों को चाहनेवाला, प्रशंसक और साहित्य का सर्जक होगा। अपने इतर पूर्वजों की तरह कट्टर धार्मिक न होकर क्षत्रिय धर्म की रक्षा करनेवाला होगा। दान-धर्म करते हुए भी वे विवेक के अनुसार ही चलेंगे। आप अपने पुत्र के लिए कोई उपयुक्त नाम सुझाएँ ताकि हम कुँवर जी का नामकरण कर आपकी आज्ञा लेंगे।

महाराणा उदय सिंह का ध्यान उस मोहक, सुदृढ़, स्वस्थ बालक की ओर गया और उसके असाधारण बड़ी-बड़ी तेजपूर्ण आँखों की ओर देखते-देखते सहज उद्गार के रूप में निकला प्रताप सिंह।

नाम सुनते ही दरबार में आनन्द की लहर और उल्लास छा गया। राज ज्योतिषी ने स्वर्ण की कलम को रक्तचन्दन में डुबाकर बड़े सुडौल सुवाच्य अक्षरों में पट्ट पर नाम लिखा—

'कुँवर प्रताप सिंह'

कुँवर प्रताप सिंह की जय-जयकार हो, इस घोषणा का स्वर चित्तौड़ की तटबन्दी को तोड़कर उत्तर की ओर दौड़ने लगा। कुँवर प्रताप सिंह की बाल-लीलाओं से राज प्रसाद आनन्दित होने लगा। हरेक की जबान पर छोटे कुँवर जी की ही बातें होती थीं। आज उन्होंने करवट ली, कल पलटे, परसों उठकर बैठे। कभी ये किया कभी

वो किया, चित्तौड़-भर उनकी बाल-लीलाओं का कौतुक होता रहता। बालक का स्वास्थ्य नजर लगने योग्य ही था। दिन-दिन बढ़नेवाला यह बालक हरेक के कौतुक का विषय बना हुआ था।

पाली के शासक आखेराज जी अचानक चित्तौड़गढ़ पहुँचे। काफी दिनों से अपनी पुत्री और पौत्र को उन्होंने देखा नहीं था। अपने पौत्र के लिए भरपूर खिलौने, विविध नजराने, वस्त्रालंकार सहित वे अपने लश्कर लवाजमे के साथ आए थे। उन्हें भी नजराने दिए जा रहे थे। बालक को सभी से आशीर्वाद मिल रहे थे। आपने भावी राणा जी की प्रशंसा देखकर प्रत्येक व्यक्ति का चेहरा उल्लासयुक्त परिलक्षित हो रहा था और खुशी प्राणों में समा नहीं रही थी।

न जाने कितने दिन तेजी से आनन्द के पंख लगाकर उड़ गए। इसी बीच महाराणा उदय सिंह का संध्याबाई सोलंकिनी, जैवन्तीबाई मोदडेची, लालबाई परमार, धीरबाई भट्यानी, गणेशदे चौहान, वीरबाई झाली, लखाबाई राठौड़, कनकबाई महेची इत्यादि से विवाह सम्पन्न हुए। इन महारानियों के राजकुँवरों की बाल-लीलाओं से राजमहल के हर दालान गूँज उठे। सभी राजकुँवरों को आवश्यक शिक्षा-दीक्षा दी जाने लगी। उनके विद्या अध्ययन के लिए आचार्यों की नियुक्ति की गई। सभी बालक तेजी से पढ़ने-लिखने लगे, विद्यार्जन करने लगे।

जैवन्तीबाई इन सारी घटनाओं का स्वयं से ही मन्थन कर रही थीं। उनकी नजरों के सामने जिन्दगी की कई घटनाएँ किसी वस्त्र की तहों की तरह एक-एक कर खुलने लगीं। कुम्भलनेर में बिताई हुई जिन्दगी, राणा जी के साथ हुआ विवाह और कुँवर प्रताप का जन्म। कुम्भलनेर में रहते हुए बणवीर से हुआ राणा जी का युद्ध। केवल सत्रह-अठारह की आयु में राणा जी ने अत्यन्त पराक्रम का प्रदर्शन करते हुए चित्तौड़गढ़ पर पुन: अधिकार प्राप्त कर लिया था। यह युद्ध राणा जी के लिए एक आवाहन था। सिसोदिया वंश की अस्मिता और अस्तित्व का प्रश्न था। राणा जी ने स्वयं के पुरुषार्थ से सामन्तों-सरदारों की सहायता से और पूर्वजों के पुण्य-प्रताप से विद्रोही बणवीर से युद्ध जीता। चित्तौड़गढ़ पर एक बार फिर से सिसोदिया वंश का आदित्य-चिह्नांकित लाल रंग का ध्वज बड़ी शान से फहराने लगा और उसी वर्ष कुँवर प्रताप सिंह का जन्म हुआ। इस कारण महाराणा उदय सिंह को कुँवर प्रताप यानी इस ध्वज का सम्मान आसमान तक पहुँचानेवाले पूर्वजों के प्रतिरूप प्रतीत होते थे। उनकी उन्नति में राणा जी की इसीलिए विशेष रुचि थी।

आनन्द में डूबे हुए चित्तौड़गढ़ पर उस दिन का सूर्य एक अघटित वार्ता लेकर आया। महाराणा उदय सिंह के श्वसुर, महारानी जैवन्तीबाई के पिताश्री आखेराज जी सोनगरा ने सुमेरगिरी के संग्राम में वीरगति प्राप्त की। प्रताप सिंह अपने ननिहाल से वंचित हो गए। उस दिन वे अपने मन्दिर में ठाकुर जी के सामने के सभामंडप में धरती पर ही बैठे थे। उनकी माताश्री ने उन्हें अनेक बातें बतलाई थीं जो चित्तौड़गढ़

की, सिसोदिया वंश की, महाराणा हम्मीर, महाराजा कुम्भा से सम्बद्ध थीं। इतनी अपरिपक्व आयु में भी वे सारी बातें उनके मन पर पूर्णत: प्रतिबिम्बित हुईं। सर्वाधिक अंकित हुई काकी सा मीराबाई की कथा। वे अभी भी जीवित हैं और श्रीकृष्ण के भजन गाती हुई गाँवों में घूमती हैं, यह सुनकर तो उनके मन में कभी भी न देखी हुई मातृतुल्य स्त्री से भेंट करने की बलवती इच्छा होने लगी। मीरा काकी सा के बारे में प्रताप सिंह के मन में श्रद्धा-स्थान निर्मित हो गया।

उसके बाद मन्दिर में प्रतिदिन आने का दिनक्रम निश्चित हो गया। कभी भी उदासी या एकाकीपन घेरता तो वे इस मन्दिर में आ बैठते। न जाने कितने संगी-साथी, बन्धु उनके आसपास मँडराते रहते, उनके समूह में खेलते-खेलते, कुछ-कुछ सीखते, हँसी-मजाक करते कुँवर प्रताप सिंह कभी-कभी एकदम खामोश हो जाते, चुप्पी साध लेते, अन्तर्मुख हो जाते। यहाँ आने पर उन्हें मन:शान्ति प्राप्त होती और सुरक्षितता महसूस होती। ऐसे ही दिन के पीछे दिन भागते जा रहे थे। इसी बीच उदय सिंह का विवाह सम्पन्न होकर बन्धुओं का वर्तुल बढ़ जाता। मीरा काकी को बीच में ही प्रताप सिंह की खूब याद आती, उनसे मिलने की इच्छा बड़ी प्रबलता से उठती।

महाराणा उदय सिंह को दो-तीन दिनों से उदासीनता ने ग्रसित कर लिया था। अनेकानेक चिन्ताओं की सिलवटें उनके मुखारविन्द पर छाई थीं। दरबार में भी उनका मन नहीं लग रहा था, भोजन के वक़्त भी अन्न का अपमान न हो इसलिए थोड़ा-सा अन्न ग्रहण कर रहे थे। किसी भी तरह चित्त, मन रम नहीं रहा था।

जैवन्तीबाई सा की नजरों से यह बात छुपी नहीं थी परन्तु इस सम्बन्ध में बोलने के लिए वे योग्य समय और मौके की तलाश करती प्रतीक्षारत थीं। आज राणा जी भोजनोपरान्त अपने आसन पर शान्तचित्त बैठे देखकर उन्होंने सन्धि का लाभ उठाया और बोल पड़ीं, "आज आराम के लिए अवसर मिल गया। हाँ, इसमें हम बाधा नहीं डालेंगे।"

"महारानी यह दूरी क्यों भला? हमारे हाथों कुछ अलग घटित हो गया है क्या?"

"नहीं। पर हम आपसे नाराज हैं।"

"नाराजी भला किसलिए? कोई कमी हो तो स्पष्ट कहें।"

"कुछ माँगना था।"

"सम्भव होगा तो अवश्य ही देंगे। आप नि:संकोच माँगें।"

"श्री जी आपके दुख में हम सहभागी होना चाहते हैं।"

"अवश्य महारानी, आपने स्वयं उपस्थित होकर हमारी राय जानी आप सचमुच...।"

"प्रशंसा करने के स्थान पर हमारी इच्छा पूरी करें तो हमें अधिक अच्छा लगेगा।"

"आप बोलने में बड़ी चतुर हैं और मन पहचाननेवाली भी हैं। आपसे हमें कुछ छिपाकर भी रखना नहीं है, परन्तु आप अपने पिताजी के स्वर्गवासी होने के कारण पहले ही दुखी हैं। अत: हम आपको और अधिक दुख देना नहीं चाह रहे थे। आज आपसे खुले दिल से बोलकर अपना भार हल्का करनेवाले हैं।"

महाराणा उदय सिंह ने अपने मन का शल्य महारानी के सम्मुख रखा। बणवीर का पराभव कर उदय सिंह मेवाड़ाधिपति बने, पर हाथ में आई सत्ता का छह-सात वर्ष व्यतीत होने पर भी कोई उपयोग करना सम्भव हुआ नहीं। सम्भव होने पर भी, तुर्कों को सबक सिखाने के लिए कुछ भी करना नहीं हो पाया। राज्य के अन्तर्गत आनेवाली समस्याएँ सुलझाने में ही समय और सम्पत्ति का व्यय होता रहा।

"महारानी, आज भी हम हमारी माताजी का पन्द्रह सौ स्त्रियों सहित किया हुआ जौहर भूल नहीं पाते। अभी भी हमारी आँखों के सामने सामन्तों की जलती हुई चिताएँ दिख रही हैं। हमारी रक्षा के लिए पन्ना माँ का पुत्र याद आता है। इन सब घटनाओं के पीछे जिनका हाथ है उन तुर्कों को हमारी इस पवित्र भूमि से हद्द पार कर दें। परन्तु अभी उससे भी अधिक महत्त्वपूर्ण एवं समीपस्थ मोर्चों को सँभालना आवश्यक है। भौमट के राठौड़ बगावत करेंगे, ऐसी सूचना आई है। उन्हें समय पर सबक सिखाना चाहिए। हाजी खाँ पठान भी सर उठा रहा है, उसकी भी खबर लेनी होगी। ओगना और पानखा ये दोनों प्रान्त मेवाड़ में जोड़ना चाहिए। सिरोही मान सिंह देवड़ा ने सहायता के लिए समाचार भेजा है उनकी सहायता करनी चाहिए। बूँदी के राव सुरजन हाड़ा जी से मैत्रीपूर्ण सम्बन्ध स्थापित करना आवश्यक है। ये सारी चिन्ताएँ हमें दिन-रात त्रस्त करती रहती हैं। सबसे महत्त्वपूर्ण और शीघ्रता से जो काम सम्पन्न करना है वह है हमारी मीराबाई भाभी सा को लौटाकर लाना। चित्तौड़गढ़ हमारे अधीन होते ही हमने उनकी खोज करने के लिए दूत भेजे थे। महारानी जी, भाभी सा ने चित्तौड़गढ़ छोड़ा और चित्तौड़गढ़ के विनाश का आरम्भ हो गया। हमारे बन्धु राणा विक्रमजित सिंह ने उनको लगातार छला, मानसिक क्लेश दिया, सर्पदंश करवाया, विष प्राशन करवाया, यह सब याद करके हम अपनी स्वत: की भर्त्सना करते हैं।

"दो दिनों पहले आए हुए दूतों ने भाभी सा के काका साहब, राव बीरमदेव जी स्वर्गवासी होने की खबर लाई। इस कारण उन्हें गढ़ पर लाना चाहिए, हम यही बात सोच रहे हैं। भाभी सा को लौटाकर लाने के लिए प्रधान जी को भेजेंगे ऐसा हमने तय किया है।"

"आपका निर्णय उपयुक्त है। मीराबाई जीजी का आगमन हुआ तो हमें भी आधार मिलेगा। उनकी देख-रेख में कुँवर जी की शिक्षा एवं राजघराने के रीति-रिवाजों की अधिक रक्षा होगी।" महारानी जैवन्तीबाई ने कहा।

"आपका कहना सच है पर पहले महत्त्वपूर्ण है उनका चित्तौड़ में आगमन। उनके आगमन से हमें नैतिक बल मिलेगा। वे हमारे लिए मातृतुल्य हैं, माता के स्थान पर ही हैं। हमसे बीस-बाईस वर्ष बड़ी हैं।" राणा जी मीराबाई की स्मृतियों में खो से गए। मीराबाई जी को निश्चय ही लौटकर आना चाहिए ऐसा अन्त:करण से जैवन्तीबाई भी चाह रही थीं।

कोई एक बात तय करना और वैसे ही घटित होना बड़ा दुष्कर कार्य होता है। मीराबाई

सा की और प्रधान जी की मुलाकात नहीं हो पाई। सन्त मंडली के साथ वे तीर्थयात्रा पर निकल गई थीं। राणा जी इस संयोग से बड़े दुखी हुए पर कोई उपाय नहीं था।

"चित्तौड़ के नसीब में अभ्युदय लिखा है या नहीं कौन जाने?" व्यथित अन्त:करण से राणा जी ने कहा। आज महारानी जैवन्तीबाई को अपने दालान में विशेषत: आमंत्रित किया था। उनकी ओर मुड़ते हुए बोले—

"बीते सात वर्षों में यह तीसरी बार अनुभूत हुआ। हर बार वही अनुभव।"

"हमें भी आपके मन की पीड़ा, शूल महसूस होता है। आपके इतनी ही दुखानुभूति हमें भी होती है।" महारानी जी ने कष्टपूर्वक कहा।

"महारानी! इससे भी अधिक दुख सहन करने की आपकी तैयारी है?" राणा जी ने अचानक पूछा।

"हम समझ नहीं पाए श्री जी।" महारानी जी ने विस्मित होकर पूछा।

"इसी कारण आज हमने आपको आमंत्रित किया है। मन कड़ा करके हमारी विनती स्वीकार करें।"

"आपके शब्द हमारे लिए सर माथे पर रख शिरोधार्य हैं, आप आज्ञा दें।"

"आजकल हमारे अन्त:पुर में काफी विवाद चलते रहते हैं, इस बात का अनुभव आपको होता ही होगा," बिना किसी पूर्व प्रस्तावना के महाराणा उदय सिंह ने कहा।

"रनिवास में चल रहे सौतियाडाह की ऊष्मा प्रताप सिंह को भी कहीं प्रभावित न करे, हमें इसका भय प्रतीत होने लगा है।"

महारानी जैवन्तीबाई कुछ भी नहीं बोलीं। भटियाणी रानी धीरबाई ने आने के बाद से उदय सिंह की विशेष कृपा बड़ी कुशलता से अर्जित कर ली थी। उनके व्यवहार, बातचीत आदि की पद्धति से रनिवास की सभी स्त्रियों का मानसिक स्वास्थ्य खो गया था।

पर इस सत्य को कौन किससे कैसे कहे? महाराणा उदय सिंह को बतलाना मतलब चुगली करना होगा। इस तरह की बातें हमारे घराने में किसी ने की नहीं है, जैवन्तीबाई के मन में आया, पर खामोश बैठी रहीं।

"आपने जवाब नहीं दिया महारानी जी पर आपके मौन का अर्थ हम समझ गए। इसकी उष्णता कुँवर प्रताप सिंह को न लगे ऐसा हमें प्रतीत होता है। आपकी भी आन्तरिक इच्छा हमारी ही तरह होगी।"

"इस दृष्टि से हमने अधिक विचार किया नहीं है। आप जो सोचेंगे वह उपयुक्त ही होगा।"

"हमारे द्वारा सुझाया मार्ग आपको उचित प्रतीत होगा या नहीं हमें इस बारे में शंका प्रतीत होती है।"

"आप नि:शंक होकर कहें, आपके शब्दों के बाहर हम नहीं हैं," महारानी जी ने विनम्रता से कहा।

"आपको यह बतलाते हुए हमें बड़े खेद का अनुभव हो रहा है महारानी! पर

कुछ बातें कर्तव्य के नाते कठोरता से करनी ही होती हैं। हमें ऐसा लगता है..." राणा जी थम से गए।

"श्री जी हम बुरा नहीं मानेंगे। आप अपनी योजना सम्मुख रखें।"

"हमें ऐसा लगता है महारानी! आप कुँवर जी को लेकर गढ़ के नीचे हमारे स्नेही जी के गाँव में रहें। प्रताप सिंह अब छह साल के हो रहे हैं, उनकी शैतानियाँ कम हो चली हैं, काफी कुछ समझदार हो चले हैं। आपको कोई तकलीफ नहीं होगी इस बात की हम पूरी जिम्मेदारी लेते हैं। हमारा आशय समझकर मजबूरी का भी ध्यान रखें।"

राणा जी जो बोल रहे थे उसका महारानी जी के मन पर गहरा आघात हुआ। उनके श्रवणयंत्र ही मानो बधिर हो गए। राणा जी से दूर रहने की कल्पना से ही वे कम्पित हो गईं। हृदय में पीड़ा की लहर-सी उठी पर उन्होंने स्वयं को सँभालकर एक गहरा नि:श्वास छोड़ा।

"हमारी भी मजबूरी ध्यान में रखें," राणा जी के शब्द उनके कानों में गूँज रहे थे। सिसकी रोकते हुए वे बोलीं—

"जैसी आपकी मर्जी श्री जी। आप जो भी आज्ञा देंगे वह हमें मान्य होगी।"

"आप गुस्से में तो नहीं कह रही हैं? हम आपको मर्जी के खिलाफ जाने को नहीं कहेंगे। यह न तो सजा है और न ही आज्ञा। कुँवर जी को घर के बखेड़ों से दूर रखना ही हमारा उद्देश्य है।"

"नाराजी कैसी श्री जी। दुख इसी बात का है हम आपके दर्शन, आपके सहवास से वंचित हो जाएँगे। इस विरह के दुख को हम निश्चित ही सहन कर लेंगे, कहिए कब प्रस्थान करना होगा?"

"आपसे हमें यही उम्मीद थी। आपका हमें अभिमान महसूस होता है महारानी जी। प्रस्थान के लिए भी कोई अच्छा मुहूर्त देखकर तय कर लेंगे।"

"अब हमें आज्ञा दीजिए," मन का दुखावेग सँभालते हुए महारानी जी ने कहा।

महारानी जी आज अपने स्वयं के राजमहल में नहीं गईं तो चलेगा नहीं क्या?

कान की ओर मोरपंख घूमा और महारानी जी ने हथेलियों में अपना चेहरा छिपा लिया।

महाराणा उदय सिंह अपने दालान में अकेले ही बैठे थे। इस दालान में बैठने में हमेशा ही उन्हें अस्वस्थता महसूस होती थी। गवाक्ष में खड़े हुए कि चित्तौड़गढ़ के आसपास कई कोसों तक का प्रदेश दृष्टिक्षेप में आता था। आज प्रात:काल से ही चित्तौड़गढ़ में मूसलाधार बारिश हो रही थी। वातावरण में गीलापन और ठंडक थी। पानी की बौछारों से एक फुरहरी-सी ठंडक दौड़ रही थी। पूरा परिसर धूमिल और अस्पष्ट-सा दिखाई दे रहा था।

कितनी देर से राणा जी ऐसे ही बैठे थे। शाम होकर दालान के दीप कब जल उठे उन्हें इसका एहसास भी नहीं हुआ। सृष्टि का एक रूप वे निहार रहे थे। अँधेरे

में मानो उलझते जा रहे थे। दूर कहीं मन्दिर में भक्तों के आगमन का निनाद घंटानाद के रूप में गूँजा। अनजाने में राणा जी के हाथ जुड़ गए, आँखें मुँद गईं और उनकी आँखों के सामने उनके पिताजी ने अपने स्नुषा मीराबाई के लिए निर्मित किया हुआ छोटा-सा कृष्ण मन्दिर खड़ा हो गया।

मन्दिर की स्मृति से महाराणा उदय सिंह व्याकुल हो गए उनकी आँखों के सामने खड़ी हुई भाभी सा मीराबाई की थकी हुई, दूर गई हुई, अपने में खोई हुई मूर्ति।

पूरे आठ वर्षों बाद चित्तौड़गढ़ से पालकी आई हुई देखकर महारानी जैवन्तीबाई आश्चर्यचकित हो गईं।

इतनी लम्बी अवधि में अपनी एक बार भी खबर न लेने के कारण वे अपने को हमेशा के लिए ही वनवासी ही मान रही थीं। आज पालकी आते ही सुखानुभव हुआ परन्तु क्षण में ही उनका स्वाभिमानी मन विद्रोह कर बोल उठा, "इतने साल हमारी याद राणा जी को नहीं आई तो अब भला हम क्यों जाएँ?"

"महारानी आप अकेली थीं, सिर्फ एक पुत्र की चिन्ता में थीं, फिर भी आठ वर्ष बीत गए इसकी अनुभूति आज आपको हुई न! राणा जी पर तो सारे मेवाड़ का भार था, उनके तो ध्यान में ही न आया होगा कि आप से दूर हुए आठ वर्ष बीत गए," महारानी के समझदार मन ने उनसे कहा।

पर इतनी कालावधि में एक बार तो सन्देश भेजना ही चाहिए था! स्वाभिमानी मन ने अपनी शिकायत दर्ज की।

"आपने भी भला कहाँ सन्देश भिजवाया! बस कुँवर जी के खुशहाल होने का सन्देश भिजवाती रहीं और क्यों महारानी जी राणा जी के घर से डोली आते ही गालों पर कैसी लाली छा गई। जाना नहीं हो तो न जाएँ पर यह श्रृंगार क्यों?"

दर्पण में अपने प्रतिबिम्ब को देखकर जैवन्ती जी हँसीं, लज्जा की लाली भी दृष्टिगत हुई। अपने ही मन की युक्तियों के सम्मुख पराजित भी हुईं। चित्तौड़ जाने की इच्छा तन-मन को रोमांचित कर रही थी।

महारानी जी की पालकी के साथ प्रताप सिंह का अश्व भी दौड़ रहा था। चौदह वर्ष के अपने राजकुमार का सुन्दर रूप वे बड़े ध्यान से निहार रही थीं। ऊँची-पूरी देहयष्टि, चौड़े कन्धे, तेजस्वी आँखें और मुख पर पौरुष की उभरती निशानियाँ। महारानी जी ने मन-ही-मन उनकी नजर उतारी।

पालकी राणा जी के महल में पहुँची। अपने खास दालान में राणा जी, जैवन्तीबाई और प्रताप सिंह की राह देख रहे थे। प्रताप सिंह पहली बार ही पिता के खासगी दालान में प्रवेश कर रहे थे। पिताजी से एकान्त में शान्तिपूर्वक भेंट पहली बार ही हो रही थी। जो कुछ सिखाया, बताया वह माताजी, आचार्य और मामा सा मानसिंह ने ही। मामा सा ने तो अत्यन्त प्रेम किया।

"प्रताप सिंह आपके अध्ययन की प्रगति कहाँ तक पहुँची?" राणा जी का प्रश्न

सुनकर प्रताप सिंह की विचार शृंखला टूटी। पिताश्री को अभिवादन कर नम्रतापूर्वक बोले, "हम आपको पुत्र के नाते उत्तर दें या कुँवर जी के रिश्ते से?"

"हमें समझ में नहीं आया, आप दोनों ही नातों से उत्तर दें। देखें उत्तरों में क्या फर्क नजर आता है।"

"पहले पुत्र का जवाब सुनिए पिताजी। बीते आठ वर्षों में हमने मेवाड़ का इतिहास जान लिया। घोड़े पर सवार हो, साथियों के साथ राज्य-भर में भ्रमण किया। जनता की स्थिति की जानकारी ली। महाराणा उदय सिंह के प्रति मेवाड़वासियों की आदरमिश्रित श्रद्धा देखी। रामकृष्ण की कथाएँ तो हमें घुट्टी के रूप में ही प्राप्त हुईं। मेवाड़वासियों से अपने पूर्वजों की शौर्य गाथाएँ सुनीं। श्रद्धा-भक्ति में डूबी हुई उन कथाओं के कहनेवालों के मुख पर प्रतिबिम्बित आनन्द और अभिमान शब्दों में अभिव्यक्त होना असम्भव है। यही आदर्श हम भी बनाए रखेंगे पिताश्री और अब कुँवर के रूप में आपको बतलाते हैं कि आपके ज्येष्ठ पुत्र ने राज्य के कार्यों के लिए आवश्यक सभी विद्याएँ, कलाएँ आत्मसात् कर ली हैं। किसी भी क्षण आप हमारी परीक्षा ले सकते हैं।"

"वाह! प्रताप सिंह आपने अपने उत्तर से हमें मुग्ध कर दिया। और एक बात कहनी है कि राज्य-कार्य से सम्बन्धित सारी विद्याएँ यद्यपि आपने नियमानुसार आत्मसात् कर ली हैं तथापि जीवन की पाठशाला का अध्ययन जीवन के अन्त तक समाप्त नहीं होता। हमेशा अनुभवों से वह ज्ञान बढ़ता ही जाता है। हम प्रसन्न हैं पुत्र।" राणा जी ने समाधानपूर्वक उद्गार व्यक्त किए।

"फिर हमें पुरस्कार देंगे?" आश्चर्यजनक रूप से प्रताप सिंह ने कहा। राणा जी को भी अचरज प्रतीत हुआ, पर आनन्द से वे बोले—

"अवश्य! आप कुछ भी माँगें—हाथी, घोड़ा, ऊँट, हीरे-जवाहरात, महल, शस्त्र..."

"ये सब लेकर हम क्या करेंगे पिताजी! आपका ज्येष्ठ पुत्र होने के नाते हमारे पास यह सब तो है ही। हमें हमारे बन्धु शक्ति सिंह पुरस्कार के रूप में चाहिए।"

महाराणा उदय सिंह के चेहरे पर भावनाओं का संभ्रम देखकर प्रताप सिंह ने कहा, "हमें यह घटना हमारी माताजी ने पहले ही बतलाई थी। शक्ति सिंह को वापस लाने की अनुमति माँगने हम आपके पास आने ही वाले थे। इतने में ही आपकी ओर से सन्देशा आया।

महाराणा जी स्तब्ध हो गए। उनके मन के भाव उनकी मुद्रा को देखते हुए स्पष्ट रूप से पढ़े नहीं जा रहे थे। जैवन्तीबाई भी आश्चर्यचकित हो गईं। प्रताप सिंह अचानक कोई ऐसी माँग कर बैठेंगे, ऐसा उन्हें कभी प्रतीत ही नहीं हुआ था। अपने पिताश्री का गम्भीर मौन देखकर क्षण-भर प्रताप सिंह को अपराध-सा लगा।"

"हम आपको क्लेश देना नहीं चाहते पिताजी," प्रताप सिंह धीमे स्वर में बोले, "बन्धु को वापस लाना चाहिए ऐसा हमें कब से ही लग रहा था पर यदि आपको यह कठिन लगता हो तो हमारा आग्रह नहीं है।"

"वैसी बात नहीं है कुँवर, आप कुछ ऐसा माँगेंगे और शक्ति सिंह के बारे में आपको जानकारी होगी ऐसा हमें नहीं मालूम था। इसीलिए क्षण-भर हम स्तब्ध रह गए। सच पूछें तो आज आपको हमने इसीलिए बुलवाया था कि किसी को वापस लेकर आएँ। वह कार्य पूरा होने पर आप आनन्द से अपने बन्धु को लेकर आएँ।"

महारानी जी और प्रताप सिंह दोनों के ही मन का बोझ हल्का हो गया। बड़े अदब से प्रताप जी ने पूछा—

"किसे वापस लाना है राणा जी?"

"आपकी काकी सा मीराबाई सा को।" उनकी कथा आपको मालूम ही होगी।"

"हाँ पिताश्री, माताजी ने वह कथा तो बतलाई ही थी। इससे भी ज्यादा मेवाड़ के कोने-कोने से वह हमने जानी थी। हमें काकी सा के कई भजन स्मरण हैं।" प्रताप सिंह का स्वर आनन्द से भीगा था। उन्होंने कहा, "आपकी आज्ञा शिरोधार्य है। यह भी बिन माँगे मिला हुआ पुरस्कार ही है। कब निकलना होगा?"

"कल सुबह। अभी आप आराम करें। कल की योजना बनानी होगी।"

"जी पिताश्री आज्ञा दें," झुककर अभिवादन करते हुए प्रताप सिंह ने कहा।

"हमें भी आज्ञा दें श्री जी," महारानी जैवन्तीबाई ने कहा। यह शुभ वार्ता संध्याबाई को कब बतलाती हूँ ऐसा महसूस हो रहा है। राणा जी ने अनुमति दी। अपनी रानी की परावर्ती छवि निहारते हुए उनके मन में विचार आया, "इतने साल दूर रखने के सम्बन्ध में कोई शिकायत नहीं, नाराजी नहीं, उलटे अपनी सौत के साथ आनन्द मनाने लौट रही हैं महारानी जी। ऐसी समझदारी यदि सभी रानियों में होती तो..."

दिन के प्रथम प्रहर में दस-बारह घोड़े चित्तौड़गढ़ से उतर रहे थे। कुमार अवस्था के प्रताप सिंह अब किसी वीर की तरह दमदार प्रतीत हो रहे थे। अश्व पर की गई सुन्दर सजावट उनकी शान में वृद्धि कर रही थी। मस्तक पर बाँधा गया केसरिया साफा दिग्विजय प्राप्त कर ली हो, इस शान से हवा में फड़क रहा था। किशोरावस्था और यौवन का अतिशय मोहक सम्मिश्रण इस वीर के व्यक्तित्व में परिलक्षित हो रहा था।

जासूदा द्वारा लाई खबर के अनुसार मीराबाई चारों धाम की यात्रा पर गई थीं। इस वक़्त उनके द्वारका में होने की सम्भावना थी। अन्य स्थानों की अपेक्षा द्वारका में लम्बे समय रुकने की इच्छा से भी इनकार नहीं किया जा सकता है।

मेड़ता जाकर व्यर्थ में ही अपना श्रम और समय खर्च करने के स्थान पर सीधे द्वारका ही जाने का सुझाव महाराणा उदय सिंह ने दिया था। राणा जी की आज्ञा के अनुरूप ही प्रात:काल कुँवर प्रताप सिंह ने साथियों सहित चित्तौड़गढ़ से कूच किया। सुबह के इस प्रसन्न वातावरण में अश्वारोहियों का मन भी प्रफुल्लित हो गया। मनोरंजन के लिए भ्रमण करना अलग बात होती है, पर जिम्मेदारी से किसी

काम के लिए कुँवर प्रताप सिंह पहली बार ही चित्तौड़ से दूर, मेवाड़ की सीमाओं को लाँघकर निकले थे।

समतल भूमि से मार्ग तय होता गया और मेवाड़ की सीमाएँ समाप्त हुईं। ईडर प्रदेश पार कर गुजरात की सीमा में प्रवेश किया और प्रताप सिंह अचानक जैत्र सिंह से बोले, "जैत्र सिंह, गुजरात प्रदेश से एक यात्री चित्तौड़ आया था। उसने हमें इस प्रदेश के बारे में बहुत-सी जानकारियाँ दी थीं।"

"हाँ कुँवर जी, हमें भी उसका विस्मरण नहीं हुआ है। उस मुसाफिर द्वारा वर्णित किया गया यह प्रदेश है। प्रशस्त मार्ग हैं और आतिथ्य प्रवीण लोग हैं, इसका अनुभव आपको भी आया है। यदि प्यास बुझाने के लिए भी हम रुकते हैं तो लोग बड़े प्रेम से हमारी पूछताछ करते हैं। परन्तु हमें सावधान रहने की आवश्यकता है। मेवाड़ के कुँवर सामान्य वेशभूषा में सरदारपुत्र की तरह भ्रमण करते हुए नजर आए तो शत्रु..."

शत्रुओं की चिन्ता न करें जैत्र सिंह। राजस्थान में अब हमारे कोई शत्रु नहीं हैं। हमारे पिताजी ने जितना सम्भव था, मित्रता स्थापित कर और आवश्यकतानुरूप बलप्रयोग कर शत्रुओं की सम्भावना को समाप्त ही कर दिया है। अब सिर्फ तुर्क ही शत्रु हैं, उनसे जब भी सामना होगा, जहाँ भी होगा, वहीं युद्ध निश्चित है।

"कुँवर जी," उनकी बात सुनकर रतन सा बोले, "एक बात की और हमें स्मृति हो आई कि उस यात्री ने यहाँ के अश्वों की काफी प्रशंसा की थी। काठियावाड़ी अश्व इसी प्रदेश के हैं।"

"आपने स्मरण दिलाया यह बड़ी अच्छी बात हुई। यहाँ के अश्वों के बाजार से हम अश्व खरीदेंगे, इसमें कोई आपत्ति नहीं।" कुँवर प्रताप सिंह ने कहा।

काठियावाड़ का अश्व बाजार वस्तुतः अवर्णनीय था। वहाँ के घोड़े देखकर मानो आँखें तृप्त हो गईं। गाढ़े, फीके, ताँबे के रंग के, भूरे-मटमैले रंग के अश्व तथा भूरे रंग पर सफेद बिन्दुओं वाले अश्व।

ये अश्व मेहनती, सुदृढ़, सुन्दर और सहनशील हैं। ये जल्द ही हमें शीघ्र सवारी करने के लिए उपयोगी होंगे। धूप में, ठंड में ये स्थिर रहनेवाली प्रजाति के घोड़े हैं। बेचनेवाला व्यवसायी उनकी प्रशंसा कर रहा था।

प्रताप सिंह ने देखते-देखते सौ घोड़ों की खरीदी की और कुछ सैनिकों के साथ उन्हें चित्तौड़ की ओर रवाना किया। पिताश्री की अनुमति लिये बिना यह पहली बार लिया गया निर्णय था। अचानक प्रौढ़ता का अनुभव उन्हें हुआ।

मीराबाई के दर्शनों के लिए उत्सुक ये सवार शीघ्रता से आगे बढ़ रहे थे। वनमार्ग से जाते हुए उन्हें अनेक गाँवों के भीतर से भी जाना पड़ा। समीप के मार्ग की जानकारी देने के लिए उनके साथ जानेवाला पथ प्रदर्शक उन्हें प्रदेश से सम्बन्धित बातों से अवगत करा रहा था। कृष्णमन्दिर की तरह जैनमन्दिर और बौद्ध मठ भी रास्ते में विद्यमान थे। यहाँ थोड़ा विश्राम कर वे मुसाफिर आगे बढ़ रहे थे।

मंजिल-दर-मंजिल नापते हुए आखिरकार प्रताप साथियों सहित द्वारका आ पहुँचे। सागर तट पर बसी हुई द्वारका नगरी। "मूल नगरी तो रत्नाकर द्वारा समुद्र तल

में ले जाई गई थी और नगरी बसाने हेतु जितनी भूमि सागर ने दी थी उतनी वापस ले ली। बची हुई तट पर की भूमि में ही द्वारका आज भी विद्यमान है"—प्रताप सिंह को माताजी की बतलाई हुई कथा याद आई।

जासूदा मार्गदर्शन कर रहा था। द्वारकाधीश के मन्दिर में सभी सवार पहुँचे पर उन्हें थोड़ा विलम्ब हो गया था। मीराबाई द्वारका से निकलकर सन्त मंडली के साथ वृन्दावन की ओर आठ दिनों पहले ही निकल गई थीं। "आपने चित्तौड़ से और मीराबाई जी ने द्वारका से करीब-करीब एक ही समय प्रस्थान किया," जैत्र सिंह ने कहा।

आपका आगमन हुआ है तो एक रात्रि आप यहाँ वास्तव्य करें और कल प्रात: आगे के मार्ग की ओर प्रस्थान करें, द्वारकाधीश के पुजारी जी ने कहा। कुँवर जी ने वह आमंत्रण स्वीकार कर लिया।

थोड़ा विश्राम करने के बाद द्वारका नगरी घूमने-फिरने के उद्देश्य से प्रताप सिंह अपने प्रिय घोड़े पर सवार हो सबकी आँखों से बचकर अकेले ही निकल पड़े। नगर के घर, गोपुर सभी विकसित शिल्पकला की साक्षी दे रहे थे। प्रताप सिंह को द्वारका आते वक़्त मुख्यत: सागर के प्रति अत्यन्त आकर्षण प्रतीत हो रहा था, अन्तत: वे सागर तट पर पहुँचे।

अपने सामने फैले हुए अथाह सागर को देखते-देखते जैसे वे अपनी सुध-बुध खो बैठे। अपना अस्तित्व ही स्मरण न रहा। माथे पर विशाल आकाश और भूमि पर यह विराट जलविस्तार। सम्पूर्ण गगनमंडल इस विशाल जलराशि में प्रतिबिम्बित हो रहा था। कुँवर जी का मन भी ऊँची लहरों के साथ आन्दोलित हो रहा था। गगन में चमकनेवाले तेजोदीप्त आदित्य का प्रतिबिम्ब इस स्थान पर पड़ने से जहाँ तक दृष्टि जा रही थी वहाँ तक शुभ्रता ही परिलक्षित हो रही थी। पानी इस शुभ्रता से रुपहला नजर आ रहा था। "केशर मिले, पानी में चमकनेवाले इन मखमली पाँवड़ों पर कदम रखते हुए यदि चलें तो सहज ही गगन सम्राट के महल में पहुँच जाएँगे," कुँवर जी के मन में आया।

लहरों की तरंगें इतनी सजीव प्रतीत हो रही थीं कि मानो कोई बड़ी ही सावधानी से चल रहा हो और उन नाजुक कदमों के स्पर्श से तरंगों के नूपुर बज रहे हों, ऐसा भी आभास कुँवर जी को हो रहा था।

इस पृष्ठभूमि पर सूरज का बड़ा लाल गोला हल्के से पानी पर टिका हुआ-सा प्रतीत हो रहा था। कोई नर्तकी कोमल पदन्यास करती हुई अचानक चक्कर लेकर नीचे बैठ गई हो और जरीदार घाघरा चारों ओर बिखरकर सुन्दर छटा निर्मित कर रहा हो, ऐसी ही सूर्य के चारों ओर जाती हुई किरणें सागर के पृष्ठ भाग पर बिखर गई थीं। धीरे-धीरे किरणें अदृश्य हो रही थीं और धीमी गति से अन्धकार सुदृढ़ कदमों से चला आ रहा था।

प्रकृति के इस मनोहारी आकर्षक परिवर्तन को प्रताप सिंह निर्निमेष दृष्टि से निहार रहे थे और सृष्टि के निर्माता द्वारा चित्रित इस चित्र का वास्तविक अर्थ लगाने का प्रयास कर रहे थे।

राणा जी को सहज ही प्रतीत हुआ कि "सृष्टि के निर्माण में बहुत बड़ा योगदान देनेवाला यह व्योमराज स्वत: ही मन से स्वीकार कर रहा है कि जाने-अनजाने मुझसे कई अपराध हुए हैं। अपनी तेज दाहकता से कोमल कोंपलों को, अंकुरों को कष्ट दिया है, उन पर अन्याय किया है। इसकी पीड़ा उनके हृदय को कचोटती होगी। निर्माण की प्रचंड प्रक्रिया के दौरान अपरिहार्य रूप से नन्हे-नन्हे जीव उद्ध्वस्त हुए होंगे, उनके प्रति अनुकम्पा मन में घनीभूत हुई होगी। सुबह-शाम अर्घ्य देनेवाले मानव के भले-बुरे व्यवहार का साक्षी होने की पीड़ा उसके अन्त:करण को चुभती होगी। सत्य का साक्षी होने पर भी वह सत्य की दुर्गति को रोकने में असमर्थ था। इसी प्रकार उसकी उपस्थिति में होनेवाले अपराधों को रोकना भी उसके लिए सम्भव नहीं था। मन में चुभनेवाले इन काँटों की चुभन, पीड़ा की छाया रात्रि के अन्धकार के रूप में पृथ्वी पर छा जाती होगी।"

"कुँवर जी," जैत्र सिंह की पुकार कानों में पड़ी और प्रताप सिंह जागृत हुए। "आप यहाँ हैं और हम आपको नगरी में ढूँढ़ रहे थे। चलें, सायंकालीन पूजा की व्यवस्था हो गई है।"

खामोशी से प्रताप सिंह जैत्र सिंह के साथ निकले। बीच में उन्होंने पीछे मुड़कर देखा। सूर्य पूरी तरह डूब चुका था और आकाश में अस्त होते हुए सूर्य की कुछ निशानियाँ पानी में प्रतिबिम्बित हो रही थीं।

"जैत्र सिंह," प्रताप सिंह ने कहा, "प्रखर तेजस्वी आदित्य का मन हमें आज ज्ञात हुआ, अब आपको भी जानना है।"

"कुँवर जी!" हँसते-हँसते जैत्र सिंह ने कहा, "हमारे लिए तो आप ही मेवाड़ के उदय होनेवाले सूर्य हैं," इस मित्र के मन को जानने की क्षमता हममें नहीं है। अब बतलाइए मन कैसे जानेंगे।

पन्द्रह दिनों की दौड़-भाग आखिर सार्थक हुई। मीराबाई अपनी सखी ललिता के पास वृन्दावन में आई हुई थीं। प्रताप सिंह जब वहाँ पहुँचे तब मीराबाई ललिता के घर में देवालय में रखी हुई छोटी-सी राधाकृष्ण की मूर्ति के सम्मुख तल्लीन होकर आर्त मधुर स्वर में भजन गा रही थीं—

मैं तो गिरधर के घर जाऊँ।
गिरधर म्हारो साँचो प्रीतम, देखत रूप लुभाऊँ॥
रैंण पड़ैं तब ही उठ जाऊँ, भोर भये उठि आऊँ।
रैंण दिना वाके सँग खेलूँ, ज्यूँ त्यूँ ताहि रिझाऊँ॥
जो पहिरावै सोई पहिरूँ, जो दे सोई खाऊँ।
मेरी उणकी प्रीति पुराणी, उण बिन पल न रहाऊँ॥
जहाँ बैठावे तित ही बैठूँ, बेचे तो बिक जाऊँ।
मीरा के प्रभु गिरधर नागर, बार-बार बलि जाऊँ॥

मीराबाई समाधिस्थ-सी गान में तल्लीन थीं, गान समाप्त हो गया तो भी प्रताप सिंह की एकाग्रता भंग नहीं हुई। वे अभी भी आर्त स्वरालाप में खोए हुए थे। जैत्र सिंह ने उन्हें ध्यान दिलाया और वे दोनों ही मन्दिर के सभामंडप की ओर गए। मीराबाई सा को प्रताप सिंह देखते ही रह गए। आर्त स्वरों की वर्षा करनेवाले कंठ में रुद्राक्ष की माला सुशोभित थी। धवल वस्त्रों पर श्रीहरि की वैजयन्तीमाला झूल रही थी, पानीदार आँखें, खुली केशराशि, रुद्राक्ष के अलंकार और बाएँ हाथ में एक तारा, दाहिने हाथ में करताली और भाल पर चन्दन का तिलक और मुख पर समर्पण का भाव।

हल्का-सा स्मित करते हुए मीराबाई ने सामने खड़े हुए जैत्र सिंह से पूछा, "आज हमारे घर आए हुए ये राजपुरुष कौन हैं?"

उनके चरणों पर झुकते हुए प्रताप सिंह ने कहा—

"हम प्रताप सिंह, आपके पुत्र। हमारा प्रणाम स्वीकारें काकी सा। आपकी खोज करते हुए हम चित्तौड़ से यहाँ आए हैं।"

"सुखीभव, महाराणा उदय सिंह के आप कुँवर हैं?" उन्हें उठाते हुए मीराबाई ने कहा। थोड़ा आराम कीजिए। हम आपके लिए गोरस मँगवाने की व्यवस्था करते हैं।

चित्तौड़ की वह महारानी, मेड़ता की राजकुमारी, कृष्ण की प्रिय सखी नंगे पैरों से सखी ललिता के घर गई। कुँवर जी के लिए जैत्र सिंह ने एक अच्छा आसन मँगवाया उस पर बैठने से इनकार करते हुए कुँवर प्रताप सिंह ने कहा, "जैत्र सिंह, भगवान के दरबार में सब समान हैं, उच्च आसन पर सिर्फ ठाकुर जी। हम धरती पर ही बैठेंगे। उतना ही हमारा कुँवर पद का बोझ कम होगा।"

चित्तौड़ के कुँवर के आने की खबर सुनते ही उन्हें देखने सभी नागरिक अपने-अपने कामकाज छोड़कर ठाकुर जी के मन्दिर के सामने आ गए और अच्छा जनसमुदाय एकत्र हो गया। शोरगुल और हलचल मच गई।

"वो देखो, वो देखो कुँवर जी।"

"कितने सुन्दर हैं न।"

"और अपनी तरह ही धरती पर बैठे हैं।"

"उनकी माला तो देखो।"

"उनके अलंकार देखो।"

आए हुए सभी नागरिक कुतूहल से उनकी ओर देखते हुए अपने-अपने विचार व्यक्त कर रहे थे। छोटे बच्चे घोड़े के समीप जाकर उसके गहनों से खेल रहे थे।

सभागृह में ठाकुर जी की ओर ही दृष्टिपात करते हुए, निहारते हुए, पद्मासन में बैठे हुए कुँवर इस वातावरण से कई योजन दूर चले गए थे और शान्ति, सुखद-अनुभूति एवं प्रसन्नता का अनुभव कर रहे थे। बाह्य संसार से उनका सम्बन्ध टूट चुका था। एक अलौकिक सुगन्ध, दिव्य-प्रकाश और शान्त-स्वच्छ, स्फटिकवत पारदर्शी वातावरण लक्षित हो रहा था। यहाँ तक कि अत्यन्त धीमी गति से चलनेवाला श्वासोच्छ्वास भी नागवार गुजर रहा था। ऐसी ही नीरव शान्ति की अनुभूति हो यही वे चाह रहे थे। शान्ति...असीम शान्ति।

अपनी सखी के साथ गोरस का पात्र लेकर आई हुई मीराबाई को कुँवर जी की भावसमाधि भंग करने की इच्छा नहीं हो रही थी। साक्षात् ठाकुर जी अपना आसन छोड़कर सभामंडप में बिराजे हों, ऐसी अनुभूति उन्हें हो रही थी। भावविभोर होकर यह मंगल दृश्य वे निहारती रहीं। सभी लोग बिलकुल स्तब्ध और शान्त हो गए थे। ध्यानस्थ इस राजपुरुष की ओर देखकर अनेकों के नेत्र अश्रुसिक्त हो चले थे।

देखते-देखते दो घड़ियाँ बीत गईं और प्रताप सिंह जागृत हुए। मन्दिर में, मैदान में, सभामंडप में जहाँ जगह मिली वहीं लोग बैठे थे। सबकी नजरें अपनी ओर लगी देखकर उन्हें संकोच का अनुभव हुआ। प्रश्नवाचक मुद्रा से उन्होंने जैत्र सिंह को देखा।

"मेवाड़ के कुँवर जी को देखने आए हुए हैं ये लोग।"

सभी ने जैत्र सिंह के इस उद्गार पर हाथ जोड़कर अभिवादन किया। प्रताप सिंह ने यह अभिवादन स्वीकार किया। उनकी दृष्टि मीराबाई की ओर गई। उनके समीप गोरस पात्र लिये खड़ी स्त्री की ओर देखकर उन्हें अपराधी-सा प्रतीत हुआ।

"काकी सा हमने आपको प्रतीक्षारत रखा," मीराबाई की चरणधूलि मस्तक पर धारण करते हुए व्यथित स्वर में प्रताप सिंह ने कहा।

"नहीं कुँवर! हमने आपके रूप में अपने गिरिधर को ही प्रत्यक्ष देखा। आपका वह दिव्य रूप देखने ही सारे नागरिक एकत्र हुए हैं।"

प्रताप सिंह ने मुड़कर सभी प्रजाजनों की ओर क्षण-भर देखा। सबके ही मन में जैसे बिजली-सी कौंध गई। रोमांचित होकर स्वयमेव सभी जय-जयकार करने लगे।

"कुँवर प्रताप सिंह विजयी हों।"

"महाराणा उदय सिंह विजयी हों।"

कुंवर प्रताप सिंह, चित्तौड़गढ़ चलने का आपका आग्रह हम जानते हैं। हमें आपकी सब बातें मान्य हैं, हमारी किसी पर भी नाराजी नहीं। मीराबाई सा समझाते हुए कह रही थीं कि "एक बात आप ध्यान में लें कि एक बार संन्यास धर्म की दीक्षा लेने पर किसी भी नगर अथवा भवन में आकर रह नहीं सकते और न ही फिर से गृहस्थधर्म स्वीकार कर सकते हैं। गृहस्थधर्मी होना सम्भव नहीं है।"

"आप अपना संन्यास धर्म छोड़ दें ऐसा हम कदापि नहीं कहेंगे। चित्तौड़ जाकर भी आप संन्यस्त वृत्ति से रह सकेंगी। हमारे पिताजी आपको यत्किंचित भी क्लेश नहीं होने देंगे।"

"हम भी यह बात जानते हैं। अपने देवर जी को हम पहचानते हैं। यदि हमारे प्रति उनके मन में आदरभाव नहीं होता तो उन्होंने आपको इधर भेजा ही नहीं होता। इसके पहले भी आए हुए व्यक्ति की हमसे भेंट नहीं हो पाई थी, आपसे भेंट हो गई।"

"आपसे भेंट हुए बिना हम लौटते ही नहीं। अभी भी खाली हाथ लौटने पर राणा जी हमें क्या कहेंगे? उन्हें लगेगा हमने आपसे लौटकर आने का विशेष आग्रह नहीं किया।" प्रताप सिंह ने सबकी ओर देखते हुए अपने भाव व्यक्त किए।

"ऐसा कुछ उन्हें लगेगा नहीं कुँवर जी। आपके पिताजी बड़े समझदार और विचार करनेवाले व्यक्ति हैं। वे हमारी स्थिति समझ सकते हैं। फिर अब हमारा क्या भरोसा? आज यहाँ तो कल वहाँ। हमारे गिरिधर गोपाल का बुलावा आया कि उनके चरणों में उपस्थित होना ही है।" मीराबाई ने अत्यन्त समाधान से अपनी बात कही। ऐसा प्रतीत हुआ कि मानो वे प्रताप सिंह की भेंट के लिए ही रुकी हुई थीं।

"ऐसा बोलकर आप हमें अनाथ न करें काकी सा। आप ही हमारी श्रद्धा स्थान हैं। चित्तौड़ में ही नहीं सम्पूर्ण मेवाड़ के प्रत्येक व्यक्ति के मन में आपके प्रति श्रद्धा है और होंठों पर आपके भजन हैं। केवल भावनाएँ ही नहीं तो प्राण भी आपके चरणों में अवस्थित हैं।"

"कुँवर हम कौन? एक सामान्य नारी। उस गिरिधर गोपाल की दासी। लोग हम पर प्रेम करते हैं, श्रद्धा रखते हैं, यह पागलपन ही है। उनका प्रेम हममें निहित परमात्मस्वरूप ही है। परमात्मा का अंश ही प्रत्येक के हृदय में निहित है, बस उसे जानना जरूरी है। इस पर फिर कभी चर्चा होगी। आप अपने बारे में बताइए।"

"बताने लायक अभी कुछ कार्य हुआ ही नहीं। आपका दर्शन लाभ ही अब हमारे पास दूसरों को बतलाने योग्य बात है। सिर्फ एक बात ही मन में चुभ रही है कि खाली हाथ लौटना होगा। सिर्फ देश के लिए लड़ना ही जिसे मालूम है ऐसे गँवार सैनिक को आपसे तर्क करना कैसे सम्भव हो सकता है?"

"यह चुभन मन से निकाल दीजिए प्रताप सिंह, हम आपको खाली हाथ नहीं भेजेंगे। देवर जी को भी हम नाराज नहीं करना चाहते। हम स्वयं यदि चित्तौड़ न आ सके तो भी हमारी याद, श्रद्धा और हमारे हृदय की शान्ति आपको अवश्य देंगे। मीराबाई ने अत्यन्त ममता से बोलीं, "आपके समान निर्मल मनवाले पुत्र को परमेश्वर भी रिक्त हस्त नहीं भेजेगा इसीलिए तो इतने अलौकिक गुण लेकर आप हमारे वंश में आए हैं।"

"काकी सा आपके वंश में हमने जन्म पाया इसका अभिमान है हमें। आप कौन-सी सौगात हमें देनेवाली हैं," प्रताप सिंह ने बालसुलभ उतावली से कहा।

उनके भोले प्रश्न पर हँसते हुए मीराबाई मन्दिर के गर्भगृह में गईं और लौटीं तो उनकी अंजलि में गिरिधर गोपाल की मूर्ति थी जो आधे खिले हुए कमल पुष्प में रखी हुई-सी प्रतीत हो रही थी। हृदय के समीप पकड़ी हुई मूर्ति की छवि अत्यन्त प्रसन्न एवं पावन दिखाई दे रही थी। प्रताप सिंह उठकर खड़े हो गए। मीराबाई ने सर्वप्रथम वह मूर्ति अपने माथे से लगाई और फिर सावधानी से अपने भतीजे के हाथों में दी। प्रताप सिंह के नेत्रों में आँसू उमड़ आए। मूर्ति को माथे से लगाते हुए बोले, "काकी सा...यह...मूर्ति..." कंठ गद्गद हो चला था और शब्द उच्चरित नहीं हो रहे थे।

"हाँ प्रताप सिंह, यह हमारे गिरिधर गोपाल की मूर्ति। बचपन में हमें एक बैरागी बाबा ने दी थी। जीवन-भर हमने इसकी जतन की। चित्तौड़ से आते समय साथ लाई थी। हमारे बाद आप ही इस मूर्ति की आराधना कीजिए।"

"हम इस मूर्ति की प्राणों से बढ़कर जतन करेंगे काकी सा," प्रताप सिंह ने

भीगे हुए स्वर में कहा। मूर्ति के स्पर्श से उनका रोम-रोम पुलकित हो रहा था और काया में जैसे हल्का कम्पन-सा हो रहा था। अकल्पनीय सुख का यह साधन हाथों में आते ही उन्हें कुछ समझ में नहीं आ रहा था। कम्पित स्वर में वे बोले, "आपने हमें जन्मों-जन्मों का संचित हासिल करवा दिया काकी सा। हम आपके ऋण से कैसे मुक्त हो पाएँगे। हमारा जीवन कृतार्थ हो, ऐसा ज्ञान आप हमें दीजिए।"

"हम क्या ज्ञान देंगे? इस व्यावहारिक जगत के गई गुना आगे हम बढ़ गए हैं। व्यवहार ज्ञान हमें करीब-करीब नहीं है। जन की रीति हमने छोड़ दी, इसीलिए तो चित्तौड़गढ़ में रह नहीं सके पर उसी कारण सम्पूर्ण संसार अपना-सा करना सम्भव हुआ। सामान्य लोगों के बीच हम उठ-बैठ सके, विचरण कर सके, व्यवहार कर सके। इसीलिए हमारा कहना है कि सामान्य लोगों के मध्य विचरण करो, उनके दुख-सुख बाँट लो। जब राजा जनता के हृदय सिंहासन पर विराजमान होता है तभी विश्वरूपी मानस राज्य का चिरस्थायी सम्राट होता है। सोने, रुपयों के सिंहासन पर आरूढ़ रहनेवाले का साम्राज्य सत्ता एवं अधिकार के रहते तक ही बना रहता है। प्रेम की पद्धति यह नहीं है। प्रेम असीम होता है। अपना हृदय मात्र उस प्रेम को स्वीकारने के लिए विशाल होना चाहिए। बदली हुई परिस्थिति के अनुरूप अपने जीवन-मूल्य निश्चित करनेवाला विजयी होता है, क्योंकि काल किसी के लिए भी रुकता नहीं है। हमें स्वयं ही काल की गति से सामंजस्य करना होता है परन्तु सत्य कभी भी काल एवं परिस्थिति के अनुसार परिवर्तित नहीं होता, इस बात की जानकारी अवश्य रखनी चाहिए। सत्य के लिए कुछ भी दाँव पर लगाया जा सकता है पर सत्य को कभी भी दाँव पर नहीं लगाना चाहिए। विपत्तियों से जो सीखता है वही सच्चा ज्ञानी होता है। विपदाओं के बारे में हमेशा ध्यान में रखना चाहिए कि संकट हमेशा अचानक ही पूर्वसूचना दिए बिना अकेले ही न आकर असावधान व्यक्ति पर एक साथ हमला करते हैं। पराक्रमी व्यक्ति से वे स्वयं घबराते हैं। सामने से आनेवाली हवा और शत्रु दोनों समान ही होते हैं, गति को रोकनेवाले। इसलिए हमेशा जागरूक रहिए, मित्र को समीप रखें और शत्रु का सामना करें। आप विजयी होंगे यह हमारा विश्वास है और हमारा आशीर्वाद साथ है। हमारे गिरिधर गोपाल आपका मार्ग प्रशस्त करेंगे।"

मीराबाई ने बोलना रोका और कुँवर प्रताप सिंह, जैत्र सिंह तथा उनके सभी साथी मंत्रमुग्ध अवस्था से बाहर आए। प्रताप सिंह ने उस साध्वी के चरणों में दंडवत किया।

"लगातार अपनी खुशहाली हमें सूचित करते रहिए" बारम्बार ऐसी विनती करते हुए रतन सिंह को काकी सा की देख-रेख के लिए छोड़कर प्रताप सिंह एक अनोखे भक्तिभाव से सबके साथ चित्तौड़ की ओर लौटने लगे।

चित्तौड़ आज उत्साह-उल्लास की प्रतिमूर्ति दिखाई दे रहा था। अपनी सारी खुशियाँ लौट आई हों, ऐसे ही प्रजाजन आनन्दित प्रतीत हो रहे थे। आज मीरामन्दिर का शिखर पूरा हो गया था। अब मन्दिर में मीराबाई की दी गिरिधर गोपाल की मूर्ति की

प्राण-प्रतिष्ठा होगी। उनके प्रति अथाह आदर और प्रगाढ़ श्रद्धा रखनेवाले अगणित लोग थे। मन्दिर के सम्मुख रँगोली बनाई थी, द्वारों पर पताका, तोरण सजाए गए थे पर आदित्य चिह्नांकित रक्तवर्णी ध्वज फहरा रहा था। वातावरण में केशर, कस्तूरी, धूप, अगरु, चन्दन मिश्रित गन्ध बिखरी हुई थी। मंगलवाद्यों और गीतों के स्वर परिसर को सुमधुर बना रहे थे। रंग-बिरंगी परिधानों, अलंकारों से सजे-धजे असंख्य लोगों से चित्तौड़ सुशोभित हो रहा था।

महाराणा उदय सिंह रेशमी काषायवस्त्र धारण कर मन्दिर की ओर निकले। उनके पीछे-पीछे प्रताप सिंह, शक्ति सिंह, अगर, सगर, जगमाल, बीरमदेव इत्यादि कुँवर और पूजा सामग्री लेकर चलनेवाले सेवक, सेविकाओं के सहित जैत्र सिंह भी थे।

राजपुरोहित जी ने स्वस्ति वाचन, अभिषेक आदि सभी कुलाचार राणा जी से सम्पन्न करवा लिये और उन्हीं के हाथों श्रीकृष्णजी की मूर्ति की प्राण-प्रतिष्ठा भी करवा ली। सम्पूर्ण वातावरण चैतन्यमय हो गया और लोग स्वयमेव मीराबाई के भजन गाने लगे। राणा जी और उनका परिवार कब इस भजन-गायन में सहभागी हो गया किसी को भी यह ज्ञात ही नहीं हुआ। धीरे-धीरे सूर्य मध्याह्न बेला में आने लगा और भजन की आवाज कम-कम आने लगी। मीराबाई, महाराणा उदय सिंह, प्रताप सिंह की जय-जयकार से आसमान गूँजने लगा। यह गर्जना समाप्त होती न होती, महाराणा उदय सिंह ने घोषणा की, "आज से इस मन्दिर में अखंड रूप से दिन-रात मीराबाई के भजन गाये जाते रहेंगे।"

यह सुनते ही लोगों के आनन्द को, उत्साह को उफान-सा आ गया। इस कार्य के लिए राणा जी ने कई लोगों की नियुक्ति कर दी।

घड़ियाँ, पल, प्रहर, दिन हिरन की गति से दौड़ रहे थे। प्रताप सिंह की आज्ञा से निष्कासित हुए शक्ति सिंह अकबर के दरबार की शाही सेना में सम्मिलित हुए। इस कारण चित्तौड़ का राजकीय वातावरण अस्वस्थ हो गया था। सिंह के शावक के भेड़ियों के समूह में सम्मिलित हो जाने की कल्पना किसी को भी सहन नहीं हुई। सभी ओर निषेधात्मक स्वर उठे और क्रोध मिश्रित चिन्ता व्याप्त हो गई।

प्रताप सिंह शान्त थे अपना क्षोभ दबाकर उन्होंने अपने खास दूत के हाथों शक्ति सिंह को सन्देश भिजवाया।

"कुँवर शक्ति सिंह आप राजपूत हैं, रेगिस्तान का समीपस्थ अनुभव रखनेवाले हैं, इससे कुछ सीखनेवाले नहीं हैं क्या? मृगजाल का पानी और शत्रु के मित्र होने का आभास क्या सच होता है? आप इसे भूलिए नहीं, भाई सावधान रहें।"

आज अचानक ही महाराणा उदय सिंह ने किसलिए बुलाया है इसका विचार करते हुए प्रताप सिंह राणा जी के खास बरामदे की ओर जाने लगे और उनके साथ साये की तरह जैत्र सिंह भी जा रहे थे। बरामदे में छोटा दरबार ही लगा हुआ था। मामा मानसिंह, रावत सांगा, रावत कृष्णदास जी, जयमल राठौड़, झाला नरेश मान सिंह,

ग्वालियर के शासक रामशाह जी तँवर और इनके साथ अन्य कई अपरिचित भी थे। महारानी जैवन्तीबाई को भी वहाँ देखकर भीतर जाएँ या नहीं इस भ्रम में जैत्र सिंह को रुका हुआ देखकर राणा जी ने कहा, "आइए जैत्र सिंह आप प्रताप सिंह के निकटस्थ हैं, आपके सिवा भला हम कैसे निर्णय ले सकते हैं?"

दोनों ही स्नेही बड़े अदब के साथ दालान में पहुँचे, राणा जी को अभिवादन कर आसन ग्रहण करते हुए प्रताप सिंह ने कहा, "हमारे लिए क्या आज्ञा है?"

"इस समय आज्ञा नहीं कुँवर जी अब आपकी परीक्षा है। कभी भी परीक्षा के लिए प्रस्तुत हैं ऐसा कहा था न आपने! अब तैयारी है?" राणा जी के स्वर में कुछ शरारत-सी है यह प्रताप सिंह को नहीं परन्तु जैत्र सिंह को महसूस हुआ।

"हाँ राणा जी हम तैयार हैं," प्रताप सिंह गम्भीरता एवं दृढ़ता से बोले और अनजाने में उनका हाथ कमर के खड्ग की ओर गया। उन्मुक्त हास्य हँसते हुए महाराणा उदय सिंह ने कहा—

"पँवार घराने की राजकुमारी अजवन्देबाई के साथ आपके विवाह सम्बन्ध का प्रस्ताव आया है।" अचानक आए हुए इस प्रसंग का सामना कैसे किया जाए इस बात को प्रताप सिंह समझ नहीं पा रहे थे। सभी की नजरें उनकी ओर ही लगी हुई थीं और हरेक के चेहरे पर हास्य की छटा दिखाई दे रही थी। यहाँ तक कि माताजी भी इसमें सम्मिलित थीं।

प्रताप सिंह ने जैत्र सिंह की ओर देखा। उन्होंने कन्धे उचकाकर, होंठ सिकोड़ते हुए दोनों हाथों से अपनी असमर्थता जाहिर की। उनके चेहरे पर भी शरारती हँसी भरी हुई दिखाई दे रही थी।

आखिरकार प्रताप सिंह उठे, पिताजी को वन्दन करते हुए कहा, "आपकी आज्ञा हमारे लिए पूजनीय है पिताश्री। हम आपकी आज्ञा से बाहर नहीं हैं।"

आनन्द से मिष्टान्नयुक्त भोजन कर सभी लोग लौटे। जैसे ही थोड़ा एकान्त मिला प्रताप सिंह ने माँ से कहा, "माताजी अभी हमने विवाह का विचार नहीं किया था। इतनी जल्दी..."

"जल्दी नहीं कुँवर! यही उपयुक्त समय है। आनेवाले बैशाख में आपके सत्रह साल पूरे होंगे।"

"आप नाराज न हों तो एक प्रश्न पूछूँ?"

निश्चित रूप से पूछें कुँवर। पुत्र के सोलह वर्ष होते ही जैसे पिता मित्रवत हो जाते हैं वैसे ही माता के भी सखी होने में कोई आपत्ति नहीं, जैवन्तीबाई ने कहा। आज तो वे अत्यन्त आनन्द में थीं।

"माताजी! राज्य संकट में होते हुए, राज्य का पूरा विस्तार होने के पूर्व हमारे विवाह का क्या प्रयोजन? फिर एक विवाह होकर ही कार्य खत्म नहीं होगा। जहाँ से प्रस्ताव का नारियल आया है वहाँ से अनेक रानियाँ आएँगी, अनेक पुत्र होंगे फिर उनमें गृहकलह होगा। कितनी रानियों की तो अपने पति से पहचान तक नहीं हो पाती। हम भगवान राम के वंशज हैं, उनका एक पत्नी व्रत क्यों न स्वीकार करें?"

यह प्रश्न अनोखा है कुँवर! पर एक बात ध्यान में लीजिए कि राजघराने के स्त्री-पुरुष राज्य की राजनीति के शतरंज के मोहरे होते हैं। जो भी निर्णय लेने होते हैं वे राष्ट्रहित को ही सम्मुख रखकर लेने होते हैं। हम लड़नेवाले हैं, कटु होने पर भी सत्य स्वीकार करना होगा कि हमारे पुत्र अधिकांशतः वीरगति ही प्राप्त करते हैं। पुत्रों के बिना लगातार होनेवाले समरों की यज्ञवेदी पर अर्पित समिधाएँ कौन सी होंगी। जहाँ से नारियल भेजकर विवाह का प्रस्ताव आता है वहाँ यदि सम्बन्ध नहीं बनाया तो वह घराना अपना अपमान समझता है, फिर युद्ध होते हैं, उनमें जो हानि होती है वह अलग। ऐसे अनेक घरानों से दूरियाँ बढ़ती हैं। इसके बदले में विवाह किया जाए तो सैन्यबल की वृद्धि होती है। अलग-अलग वंशों की विशिष्टताएँ लेकर पुत्र जन्म लेते हैं। आगे आनेवाली पीढ़ी अधिक गुण-सम्पन्न होती है, वंश का विस्तार होता है।

अपनी माताश्री की विचारधारा और समर्थन सुनकर प्रताप सिंह आश्चर्यचकित हो गए और उनके मन का सन्देह, किन्तु-परन्तु की ऊहापोह दूर हो गई।

प्रताप सिंह का विवाह मतलब आनन्दोत्सव। इस उत्सव में सम्पूर्ण मेवाड़ मानो आनन्द में डूब-सा रहा था। इस बीच उदय सिंह के अन्य कुँवरों के भी विवाह सम्पन्न हुए। काफी अन्तराल तक चित्तौड़ वैभव के आनन्द का उपभोक्ता रहा। इस आनन्द को शिखर प्राप्त हुआ प्रताप सिंह के पितृपद पर आसीन होने से। इस आनन्दोत्सव में शक्ति सिंह की अनुपस्थिति प्रताप सिंह के मन में खल रही थी।

पौत्र के जन्मोपरान्त एकलिंग के दर्शनों के लिए गए महाराणा उदय सिंह और उनके सैनिकों की टुकड़ी बहुत दिनों के बाद भी न लौटने से दुर्ग पर चिन्ता की छाया फैली दिखाई देने लगी।

किसी दुर्भाग्यपूर्ण घटना का अन्देसा मनुष्य को मन से अस्वस्थ बना देता है और कुछ अकल्पित न घटित हो यही विचार करने लगता है। क्या होगा, यह स्पष्ट न होने के कारण इसे टालने के लिए क्या किया जाए यह भी तय करना असम्भव-सा लग रहा था। अघटित की तीव्रता मन पर बहुत दबाव बना रही थी और मन में निहित आत्मविश्वास को भी कम कर रही थी।

बीते चार दिनों से प्रताप सिंह इसी अस्वस्थता से घिरे हुए थे। न अस्वस्थता दूर हो रही थी और न ही कारण ज्ञात हो रहा था। कुँवर जी के मन की यह स्थिति माताजी और अजवन्देरानी की नजरों से छुपी न थी। वे अपने मन की ऊहापोह और अस्वस्थता को व्यक्त नहीं कर पा रहे थे। वैद्यराज जी भी आकर देख गए पर कुँवर जी की अस्वस्थता का निदान नहीं कर पाए। उन्होंने कहा—

"कुँवर जी आपकी आयु पच्चीस वर्ष की हो गई, अब तक किसी व्याधि की हवा भी आपको स्पर्श न कर पाई। व्याधि आपको देख घबराती है। यदि पास आनेवाली व्याधि पर आपने भाले से वार किया तो वह हमेशा के लिए संसार से विदा ले लेगी तथा सभी रोगमुक्त हो जाएँगे। ऐसी स्थिति में हमारे लिए कौन सा कार्य शेष रहेगा?

इसी कारण कोई बीमारी आपके पास भी न आए ऐसी एकलिंगी जी के चरणों में हम प्रार्थना करते हैं।"

कुँवर जी ने हल्का स्मित किया। उनके हल्के विनोद को दाद नहीं दी। वैद्यराज जी को आश्चर्य लगा पर अधिक सोच-विचार न कर वे कुँवर जी के महल से दुग्धपान कर चले गए। निरामय प्रकृति के इस पुरुष को आज क्या हो गया है, किस कारण उनका मुख म्लान हो गया है यह हमारी पटु नजरों को भी समझ में नहीं आया यह अचरज ही है।

सूर्यास्त हुआ। सायंकालीन पूजा-प्रार्थना समाप्त कर कुँवर जी अनजाने में मीराबाई के मन्दिर में आकर बैठे। रोज की तरह भजन-गायन जारी था। प्रताप सिंह को आज काकी सा की तीव्रता से याद आ रही थी। उनकी सात्त्विक, सोज्ज्वल मूर्ति आँखों के सामने आ गई। वे गर्भगृह में गए। दीप के शान्त आलोक में जगत के पालनहार का शान्त सुन्दर लुभावना रूप बड़ा उजला दिखाई दे रहा था। प्रताप सिंह वहीं धरती पर बैठ गए। बाकी के लोग सम्मान से उठकर जाने लगे वैसे ही इशारे से उन्होंने भजन जारी रखने का सन्देश दिया। स्वयं पद्मासन की मुद्रा में आँखें बन्द कर ली...भजन के शब्द कानों में गूँज रहे थे...

हे री मैं तो प्रेम-दिवानी, मेरो दरद न जाणै कोय।

भजन का ताल शरीर में रमने लगा, शिथिलता आ गई। श्वासों की गति धीमी हो गई। धीमी...और धीमी...धीरे-धीरे मन स्थिर होने लगा। संसार का अस्तित्व शेष न रहा ऐसा प्रतीत होने लगा, शब्द अस्पष्ट सुनाई देने लगे। एक अलग ही अनुभूति होने लगी। ओस की फुहार मानो शरीर पर पड़ रही हो ऐसी फुरहरी-सी महसूस होने लगी। धीरे-धीरे उनका मन ब्रह्म स्वरूप में स्थिर हो गया। मस्तक में सहस्रदल कमल खिलने लगे। आँखों के सामने नीला प्रकाश छा गया। उस प्रकाश में कुछ आते हुए दृष्टिगत हुआ, प्रकाश के मानो पाँवड़े से बिछ गए। क्षितिज की सीमा पर शुभ्रवसना, अद्वितीय तेज से जगमगाती मीरा काकी सा खड़ी थीं। हाथों में न तो इकतारा था न मँजीरे। सिर्फ शब्द गूँज रहे थे वातावरण में—

हे री मैं तो प्रेम-दिवानी, मेरो दरद न जाणै कोय।

शब्द समाप्त हो गए, स्वर धीमे होने लगे पर वही अनुपम नाद कानों के सम्पुट में संचित हो गया।

प्रताप सिंह ने आश्चर्यचकित हो आँखें खोलीं। गर्भगृह में ज्योति धीमी-धीमी प्रकाशित हो रही थी। क्षीण प्रकाश फैला हुआ था। झन्न ऐसी ध्वनि हुई, कुँवर जी ने पलटकर देखा, गानेवाले एक भक्त के इकतारे की तार टूट गई थी। उनके मन को अशुभ सूचक आशंका झकझोरने लगी। अचानक गर्भगृह के दीप की ज्योत बुझी परन्तु गिरिधर गोपाल का मुख दीप्तिमन्त दिखाई दे रहा था। उत्तर दिशा में क्षितिज पर एक तारा टूटकर गिरा।

दमघोंटू वातावरण चारों ओर व्याप्त था। प्रताप सिंह की रात्रिकालीन उदास अवस्था यथावत बनी हुई थी। वे अस्वस्थ से महल में फेरियाँ लगा रहे थे। इतने में रत्नसिंह महल में आए। कुँवर जी के सामने खड़े हुए रत्नसिंह उनकी नजरों से नजरें न मिलाते हुए धरती की ओर देखते हुए थरथराते हुए बोलने लगे—

"कुँवर जी राजरानी मीराबाई सा कल रात्रि कृष्णलीन हो गईं। उन्होंने आपके लिए सन्देश दिया है।"

रत्नसिंह ने आगे किए हुए रेशमी कपड़े में लिपटी हुई वस्तुएँ—बाँसुरी, करताल, रजनीगन्धा के फूल आदि प्रताप सिंह ने हाथों में अत्यन्त श्रद्धा के साथ लीं। वातावरण में शब्द गूँजने लगे—

हे री मैं तो प्रेम-दिवानी, मेरो दरद न जाणै कोय।

द्वारका से रत्नसिंह के आने की खबर शीघ्रता से ही गढ़ में फैली। राजपरिवार के प्रत्येक व्यक्ति के साथ-साथ प्रजाजन प्रताप सिंह के महल की ओर दौड़े। स्वयं महारानी जैवन्तीबाई भी आईं। तब तक रत्नसिंह थोड़े-बहुत शान्त हुए थे। जलपान करके उन्होंने अपनी थकान दूर की।

"क्या हुआ रत्नसिंह, कैसे क्या हुआ? सारा विस्तारपूर्वक हमें बतलाएँ।"

माताजी की उपस्थिति में इतनी अधीरता दिखानी नहीं थी, यह बात प्रताप सिंह के ध्यान में आई।

महारानी जैवन्तीबाई सा ने उनकी भावना समझी और मृदु स्वर में वे बोलीं, "रत्नसिंह हमारी जीजी सा की महायात्रा का प्रसंग आप हमें भी बताएँ।"

रत्नसिंह सँभलकर बैठ गए और सभी को अभिवादन कर बतलाने लगे—

"कुछ दिनों पूर्व ही राजरानी मीराबाई सा अपनी सखियों सहित वृन्दावन से द्वारका गई हैं, यह समाचार हमने आपको सूचित किया था। इन दिनों वे बड़ी उल्लसित दिखाई दे रही थीं। रोज सुबह-शाम सत्संग, पूजन, भजन, कीर्तन इसमें ही उनका समय व्यतीत होता। उनका कीर्तन सुनने समूचा गाँव एकत्र होता था। कल शाम राजरानी जी हमेशा की तरह हरिकीर्तन कर रही थीं। द्वारका के कृष्णमन्दिर का सभागृह भक्तों से सजा हुआ था, कीर्तन अपने रंग में सभी को तल्लीन कर रहा था। मीरा के गिरिधर गोपाल के साथ भक्तजन वृन्दावन से मथुरा की यात्रा पूरी कर फिर से द्वारका पहुँच गए थे। कथा लगातार आगे बढ़ रही थी।

"द्वारका के राजा अपनी रानियों, स्वजनों, आत्मीयजनों, पुत्र, पौत्रादि के साथ अत्यन्त आनन्द में दिन बिता रहे थे। सुख-समृद्धि की नदियाँ बह रही थीं। विलास के इस प्रवाह में नैतिक मूल्यों का ह्रास हो रहा है यह अनुभव द्वारका के लोगों को हो रहा था। कृष्ण के पुत्र-पौत्र बड़े ही उद्दाम हो गए थे।" मीराबाई बतला रही थीं और श्रोता समुदाय तल्लीन हो सुन रहा था।

वर्षा ऋतु के दिन अभी ही बीते थे। कृष्ण के सम्बन्धियों के साथ राजपुत्र भी

द्वारका के मार्गों पर घूमकर अपना आनन्दोत्सव मना रहे थे। इस आनन्दोत्सव में सभी समवयस्क, मनचाहा विहार कर उन्मत्त से, मतवाले से होकर मानो बावरे से भटक रहे थे। घूमते-घूमते सबके सब गाँव के बाहर आ गए। जंगल में पहुँच गए। वहाँ दुर्वासा का आश्रम दिखाई दिया। इन अविवेकी युवकों को ऋषि का मजाक करने की सूझी, 'विनाश काले विपरीत बुद्धि' इसे ही कहेंगे।

यदुपुत्रों ने सुन्दर राजपुत्र साम्ब को साड़ी लपेटकर गर्भिणी स्त्री के रूप में ऋषि के सम्मुख खड़ा कर दिया और मजाकिया स्वर में पूछा, "ऋषिवर आप अन्तर्यामी हैं, भूत-भविष्य, वर्तमान सब जानते हैं। इस हमारी आसन्नप्रसवा बहन को पुत्र होगा या पुत्री, कृपा करके बताएँ? इस घृणित चेष्टा से क्रोधित होकर दुर्वासा ने शापवाणी का घोष किया और कहा, "मूसल होगा जो तुम्हारे कुल के नाश का कारण बनेगा।" ऋषि के शाप से डरे हुए यदुपुत्र राजमहल में लौटे। साम्ब के स्त्रीवेश उतारते ही साड़ी के आवरण से मूसल गिरा, वे सब कृष्ण की ओर दौड़े। भगवान को ध्यान में आया, माँ गान्धारी का शाप फलित होगा। अपनी आँखों के सामने यादवों का, अपने पुत्र-पौत्रादि, सम्बन्धियों का विनाश देखना होगा। द्वारका को विनाश से बचाने के लिए मूसल का चूर्ण बनाकर श्रीकृष्ण ने समुद्र में डाल दिया, परन्तु ज्वार की लहरों के साथ वह चूर्ण फिर से किनारों पर फैलकर, जमीन में धँस गया। समुद्र के किनारों पर मोटी-मोटी झाड़ियाँ उग आईं।

ऐसा ही एक और घटनाक्रम घटित हुआ। सागर तट पर बेहोशी की अवस्था में कृष्ण के सम्बन्धी किसी क्षुद्र कारण को लेकर आपस में कहर ढाने लगे और समय पर जो भी मिल जाए उसे ही शस्त्र मानने के न्याय के आधार पर पटेर लेकर ही एक-दूसरे पर टूट पड़े। श्रीकृष्ण की दृष्टि के सम्मुख यदुवंश का विनाश स्पष्ट नजर आने लगा। बलराम ने समुद्र के तट पर देह विसर्जित की और अपना भी अवतार कार्य समाप्त हो गया यह ध्यान में आते ही जगज्जेता द्वारका छोड़कर निकला। अपने बाद द्वारका का क्या होगा, इसकी चिन्ता न करते हुए द्वारका का राजा, जगदीश्वर संन्यासवृत्ति के अनुरूप अरण्य की ओर निकला।

मीराबाई क्षण-भर रुकीं। कृष्ण के जाने का दुख उनके चेहरे पर और नेत्रों में व्याप्त हो गया। होंठों से शब्द रूप लेने लगे, एक दीर्घ निःश्वास छोड़ते हुए अपने दुखी नेत्रों को बन्द कर कातर स्वर में वे बोलने लगीं—

"ऐसे ही ठंड के दिन थे, हवा अनार्द्र पर आह्लाददायक थी। प्रातःकालीन रवि की किरणें सुख दे रही थीं। ऐसे ही समय में गोपिकावल्लभ, राधारमण निकला, द्वारका से दूर घने जंगल की ओर जाने के लिए। कर्तव्यमुक्त, द्वारकाधीश इस असार संसार को मुक्ति देनेवाला देवाधिदेव एक अश्वत्थ वृक्ष के नीचे तपस्यारत हो गया। दाहिनी जंघा पर बायाँ पैर रखकर बैठने से सिर्फ रक्तवर्णी तलवे दिखाई दे रहे थे। जिन कदमों का ध्यान सम्पूर्ण विश्व करता है वह भला किसके ध्यान में निमग्न था? सम्भवतः मूल रूप के।"

मीराबाई पल-भर स्तब्ध हो गईं, दृष्टि दूर कहीं खोई हुई थी। वे मानो अपने

ही विश्व में खो गई थीं, थोड़ी ही देर में चैतन्य होकर कहने लगीं, "कितना समय ऐसा ही निकल गया पता नहीं? वह शिकारी अपना शिकार ढूँढ़ने निकला था कि सहज ही उसका ध्यान कृष्ण के उन रक्तिम, कोमल, मृदु तलवों की ओर गया। मृगशावक के कोमल चेहरे का आभास उन तलवों में हुआ और 'जरा' नामक उस शिकारी ने शरसन्धान किया। तेजी से बाण निकला और श्रीकृष्ण के बाएँ अँगूठे में कालरूप में चुभ गया।"

वेदना से मीराबाई सा ने आँखें बन्द कर लीं, नेत्रों से अश्रु बिन्दु गालों पर प्रवाहित होने लगे और दुखोद्गार स्स...स्स के रूप में व्यक्त होने लगे। चेहरा पीला पड़ गया, अपना दाहिना हाथ हृदय के समीप दबाकर रखा और वेदना की तीव्रता सहन की।

"क्या हुआ राजरानी?" उनकी सखी ललिता ने पूछा।

"कुछ नहीं सखी। कब से हृदय में स्थापित चरण युगलों को आज बाणों से बिंधते देख हमारे हृदय को पीड़ा अनुभूत हुई। हमारे हृदय को जब इतनी अपार वेदना का अनुभव हो रहा है तो रुक्मिणी के स्वामी के कदमों को कितनी पीड़ा हो रही होगी? आप रुको, हम कृष्ण-कन्हैया के पैरों पर चन्दन का लेप कर आते हैं।"

ऐसा हमेशा ही होता है। कृष्ण को नहलाती हूँ, खाना खिलाती हूँ, वस्त्रालंकार चढ़ाती हूँ, फूलों का श्रृंगार करती हूँ कहकर कथा-प्रसंगों के अनुरूप वे उठकर मन्दिर के गर्भगृह में जाती थीं, कृष्ण से संवाद करतीं और थोड़ी ही देर में मेरे गिरिधर के मन के अनुसार हो गया कहते हुए लौटकर फिर से कथानक को आगे बढ़ाती थीं। आज काफी देर हो जाने पर भी हमेशा की तरह मीराबाई हँसते हुए लौटकर नहीं आईं। कहाँ रम गई मेरी यह कृष्ण सखी? ऐसा विचार करते हुए चिन्ता से ललिता उठीं। आज मीरा का कथन भी मन को व्याकुल कर देनेवाला ही था।

गर्भगृह का दरवाजा ढकेलते हुए ललिता जब भीतर गईं तब कृष्ण-चरणों पर माथा टिकाकर बैठी हुई मीराबाई उन्हें दिखीं। 'सखी' ललिता ने पुकार लगाई।

'राजरानी' उनके पीछे से गर्भगृह में प्रवेश करते हुए पुजारी जी ने कातर स्वर में पुकारा।

मीराबाई जी की कोई भी हलचल न देखकर ललिता ने कन्धों को स्पर्श किया, तत्क्षण मीराबाई कृष्ण-चरणों में लोट गईं। उनके भाल का चन्दन-तिलक श्रीकृष्ण की मूर्ति के बाएँ अँगूठे पर लगा हुआ था।

कुछ देर भावावस्था में ही विह्वलता से समय बीता। अचानक कहीं से वेणु का मोहक स्वर और शीतल चन्दन की मन्द-मन्द सुगन्ध आने लगी। रन्ध्र-रन्ध्र में वह समा गई और ललिता को यह एहसास हुआ कि मीराबाई कृष्णलीन हो गई हैं। चित्तौड़ की राजरानी का महानिर्वाण हो गया। श्रीकृष्ण के महानिर्वाण का कथानक मीराबाई ने पहली बार ही मानो अन्तिम बार सुनाया।

रत्नसिंह रुके समस्त राजपरिवार तटस्थ बैठा हुआ था और सभी के नेत्रों से

अश्रु धाराएँ बह रही थीं। सम्बन्धियों के उठकर जाने का एहसास प्रताप सिंह को हुआ ही नहीं।

महारानी जैवन्तीबाई सा ने कुँवर प्रताप सिंह के कन्धों को आश्वासक हस्तस्पर्श किया। हल्के हाथों से जैसे थपथपाया। प्रताप सिंह को लगा माँ के वत्सल हाथों में विश्राम लेकर मस्तक में संचित संवेदनाओं को मुक्त कर लें परन्तु वे सुन्न से बैठे हुए थे। उनके कानों में स्वर गूँज रहे थे—

मैं तो गिरिधर के घर जाऊँ

इस अनपेक्षित दुखद घटना से चित्तौड़गढ़ का व्यवहार पूर्ववत होने में काफी समय लगा।

"माताजी, हमने स्वयं राणा जी से भेंट की," कुँवर प्रताप सिंह बतला रहे थे, "हमारे चिरंजीव अब छह मास के होने को हैं तथापि आप लौटे नहीं अत: चिन्ता महसूस हो रही थी।" ऐसा हमारे कहते ही उन्होंने कहा, "अब हमारी चिन्ता नहीं करनी है। यदि करनी ही है तो चित्तौड़ की चिन्ता करनी है। चित्तौड़ चहुँदिशाओं से अनेक संकटों से घिरा हुआ है, ऐसा हमको प्रतीत होता है। आप लौटकर उपयुक्त व्यवस्था कीजिए। राणा जी ने यही आज्ञा देकर हमें वापस भेजा है।"

"उन्होंने जो योग्य था वही किया है कुँवर। अब आप राज्य की व्यवस्था देखने में समर्थ हैं। फिर भी यदि कोई अड़चनें आती ही हैं तो सहायता के लिए मामा सा हैं ही।"

जैवन्तीबाई ने कहा जरूर पर अन्तर्मन में उन्हें स्वस्थता कदापि महसूस नहीं हो रही थी। पुत्र को चिन्ता न प्रतीत हो यह सोचकर माता ने समाधान की शाल लपेट ली थी। माँ को चिन्तामग्न नहीं करना इसीलिए प्रताप सिंह ने बेफिक्री का कवच ओढ़ लिया। पत्नी से भेंट होते ही वह कवच गिर गया। अजवन्देबाई सा को किसी तरह उनके बोलने से निश्चिन्तता महसूस नहीं हो रही थी। वे बार-बार जैत्र सिंह को पूछने लगीं पर वे कुछ भी एहसास नहीं होने दे रहे थे। अन्त में उन्होंने अपना ब्रह्मास्त्र निकाला और कहा, "आपको हमारे पुत्र की शपथ है देवर जी! जो कुछ घटित हुआ है हमें विस्तारपूर्वक बताइए।"

शपथरूपी अस्त्र के सामने कोई भी कारण ढाल नहीं बन सकता था। जैत्र सिंह के सम्मुख कोई पर्याय नहीं था। सम्पूर्ण घटनाक्रम क्रमश: बताने का निश्चय कर वे बोले, "हम जब राणा जी के चरणों के समीप पहुँचे तब सूर्यास्त के पश्चात् थोड़ा समय बीता था। हम उनके आसपास ही बैठे थे। हमारे चेहरों पर चिन्ता की रेखाएँ थीं, पर राणा जी के चेहरे पर चिन्ता का नामोनिशान नहीं था। वे और उनका सैन्यदल उत्साह से लबरेज था।"

राणा जी ने प्रताप सिंह को कहा, "हमारी चिन्ता न करें। हम लौटे नहीं इसका कारण किसी की शत्रुता या बैर नहीं। अरावली के इस प्रदेश में आते ही हमें जासूसों

ने शत्रु की गतिविधियों की जानकारी दी। शत्रु का ध्यान चित्तौड़ और मेवाड़ की तरफ है। वैसे ही अकबर ने चित्तौड़ विजय हेतु जोश से तैयारी आरम्भ कर दी है। यह हमारे ध्यान में आते ही हम यहीं रुक गए। इसके अतिरिक्त भी दो कारण हमारे यहाँ रुकने के हैं। पहला हमारे चित्तौड़गढ़ में न होने के कारण अकबर की सेना तत्काल आक्रमण करेगी नहीं। दूसरे, आवश्यकता होने पर कोई आश्रय स्थल तैयार रहना अत्यावश्यक है।

शेरशाह के आक्रमण से चित्तौड़ असुरक्षित लगने लगा है। गिरिप्रदेश के घने जंगल में अरावली की गोद में अपनी राजधानी स्थापित की जाए ऐसा हमें तीव्रता से महसूस हो रहा है। देश में दुर्भाग्य से अपराधी वृत्ति के लोग संघटित रहते हैं और समर्थ तथा सत्यनिष्ठ एकाकी रहते हैं और इसीलिए सामर्थ्यहीन होते हैं। अपराध हमेशा ही सत्य की अपेक्षा सामर्थ्य से घबराता है। सभी ओर यही दृष्टिगत होता है। हमें अपना सामर्थ्य बढ़ाना चाहिए।"

"परन्तु पिताजी," राणा जी को थोड़ा विश्राम करते हुए देख प्रताप सिंह ने कहा, "मान लो शत्रु का इरादा बदल गया तो यह सारी तैयारी..." "व्यर्थ नहीं जाएगी। हमें सुरक्षित राजधानी प्राप्त होगी, अपनी सैनिक ताकत बढ़ेगी और वक़्त मिलते ही तुर्कों पर हम आक्रमण कर सकेंगे। अभी आप चित्तौड़ लौट जाइए। वहाँ की राजकीय गतिविधियों पर ध्यान दीजिए। प्रत्यक्ष व्यवहार में राजनीति के पाठ पढ़ें। एक कार्य और कीजिए। जैत्र सिंह आप कुँवर जी के स्नेही हैं, आप पर यह भार हम सौंपते हैं।" राणा जी के अचानक ऐसा कहते ही हमारे आनन्द की कोई सीमा ही नहीं रही। लगा जीवन सार्थक हो गया। इतना अपार विश्वास राणा जी ने हम पर दिखलाया। हमने कहा, "आपकी आज्ञा शिरोधार्य महाराणा जी सिर्फ आप इशारा करें। विजय हुई ही समझें। आपकी आज्ञा हम जी-जान से पूरी करेंगे।"

"हाँ! हाँ! इतने उतावले न हों जैत्र सिंह। हमारी अधीरता पर किंचित् स्मित करते हुए राणा जी ने कहा, "इस कार्य को प्राणपण से पूरा करने की जरूरत नहीं है बल्कि मन लगाकर करने की जरूरत है।" हमारा चेहरा प्रश्नार्थ होता देखकर उन्होंने कहा, "धैर्य से सुनिए हमारी एक योजना है।"

"कहिए पिताजी, हम ध्यान से सुन रहे हैं।"

"युद्ध की पूर्व तैयारी की दृष्टि से चित्तौड़ के आसपास एक उपजाऊ प्रदेश उजाड़ दें। वहाँ रहनेवाली जनता को गिर्वा प्रदेश की ओर भेज दें। वहाँ कृषि के लिए भरपूर पानी और अनुकूल मौसम है। हम इस प्रदेश में उत्पादन बढ़ाएँगे।" "क्या इस योजना से हमें कुछ लाभ होगा, ऐसा आपको प्रतीत होता है?" सभी की ओर नजर डालते हुए राणा जी ने पूछा। चतुर प्रताप सिंह को...पूरी योजना अच्छी तरह समझ में आ गई और वे बोले, "पिताजी इस तरह चित्तौड़ के आसपास घेरा डालकर शत्रु बैठा हुआ हो तो भी आसपास की जनता से उसे कुछ भी प्राप्त नहीं होगा। ऐसी ही योजना महाराणा कुम्भा जी ने भी अमल में लाई थी। अब तुर्की सेना को अपने स्वयं के खर्च के लिए भी अजमेर से धन और रसद लानी होगी।"

"वह हमारे भील सरदार मार्ग में ही लूट लेंगे," उत्साह से राणा जी ने कहा और उस कालावधि में चित्तौड़ पर रसद और बम-गोले आदि इकट्ठा कर लें। अकबर के पास नये-से-नये शस्त्र हैं यह भूलना नहीं होगा। अभी जाते-जाते कालपी जाएँ, वहाँ हमारे स्नेही हैं। उन्हें हमारा सन्देश बतलाकर एक हजार बन्दूकों की व्यवस्था करने के लिए कहें। हम आते समय उन्हें अपने साथ ही लाएँगे। अकबर आक्रमण करेगा यह निश्चित है।

"पिताजी आसपास के शासकों और अपने सरदार, सामन्तों को भी तैयारी करने के सन्देश भेजे जाने चाहिए।"

"उसकी अभी जरूरत नहीं है। ये हलचलें शत्रु का आक्रमण निश्चित होने पर करेंगे। तत्काल युद्ध सामग्री और रसद जमा करें। वैसे ही एक और कार्य योजना आरम्भ करें।"

"कौन सी राणा जी?" हमने बीच में ही पूछ लिया और एकदम शरमा गए।

"क्षमा करें राणा जी, हम जरा ज्यादा ही उतावले हो गए...।"

"युद्ध की राह देखनेवाले योद्धा ऐसे ही उतावले होते हैं जैत्र सिंह।" राणा जी ने हँसते हुए कहा, "यह कार्यभार हम आपको ही सौंपनेवाले हैं। चित्तौड़ से खास दूर नहीं भेजेंगे। गिरी जंगल के समीप का कोई स्थान ढूँढ़कर रखिए।"

"वह किसलिए?" कुँवर बीरमदेव जी ने पूछा।

"वह इसलिए कि उस स्थान से गढ़ पर रसद और शस्त्रों की पूर्ति बाहर से की जा सके। हाथी भी जा सके ऐसी सुरंगोंवाला मार्ग तैयार कर अत्यन्त गुप्त रखें। कल सूर्योदय के पूर्व ही कूच करना होगा। चित्तौड़ आपकी प्रतीक्षा कर रहा है।"

राणा जी ने अपने मन की बात भले ही कह ली पर युद्ध के स्वप्नों से पुलकित हो जाने के कारण रात-भर हमें नींद नहीं आई। जैत्र सिंह ने अपनी बात पूरी कर प्रतिक्रिया जानने के लिए अजवन्देबाई सा की ओर देखा, वे तल्लीन हो पिता-पुत्र की खास बातें सुन रही थीं।

कुँवर जी, कुँवर जी...कुँवर जी...अत्यन्त हल्के स्वर में पुकार जब तीसरी बार सुनाई दी तब कुँवर प्रताप सिंह शैया से उठ बैठे। हवा में ठंडक महसूस हुई और खिड़की से आनेवाले चन्द्रमा के प्रकाश में उन्हें खड़े हुए जैत्र सिंह दिखाई दिए।

"आप! इस असमय में? कुछ अघटित? विपरीत? आपके निद्रामुख में व्यवधान के लिए क्षमा कुँवर जी पर काम वैसा ही महत्त्वपूर्ण है।"

"क्षमा कैसी माँगते हैं जैत्र सिंह? राज्य की चिन्ता करनेवाले को नींद कैसी? सुख की बातें कैसी? जो समय पर जगाता है वही तो सच्चा मित्र कहलाता है। बताएँ क्या घटित हुआ है इस असमय में?"

"कुँवर जी गढ़ के नीचे शक्ति सिंह प्रतीक्षा में हैं।"

"शक्ति? इस समय? गढ़ पर आए क्यों नहीं?"

"उन्हें आपसे मिलना है, पहरेदार ने हमें हमारे गुप्तचर के द्वारा यह सूचना दी है।"

"ठीक है चलिए," अपने पैरों में मोजे चढ़ाते हुए कुँवर प्रताप सिंह बोले। महल से निकलकर घोड़े पर सवार हो द्रुतगति से गुप्त मार्ग से वे गढ़ से उतरे। शक्ति सिंह गढ़ से काफी दूर स्थित पुराने हेमाड पन्थी देवालय में उनकी राह देख रहे थे। बचपन में योजना बनाने की उनकी यही जगह थी।

"बन्धु, ऐसे असमय में? सब कुशल-मंगल है न?" अनेक दिनों बाद मिले हुए अपने बन्धु को दृढ़ आलिंगनबद्ध करते हुए कुँवर जी बोले।

"नहीं दादा सा, कुछ भी कुशल नहीं। आज अपराह्न में हम अकबर बादशाह के साथ धौलपुर में थे। सहज बात कर रहे हैं ऐसा दिखलाते हुए व्यंग्यात्मक ढंग से अकबर ने हमसे कहा, "शक्ति सिंह सारे राजस्थान से हमारी तरफ डोलियाँ आईं, अब सिर्फ आपके पिता उदय सिंह रह गए।"

हमने उस क्षण कुछ भी नहीं कहा, परन्तु हमें सावधान रहने का इशारा मिल गया। समय मिलते ही हम आपको यह सूचना देने आए।

"शक्ति!...लगातार घुड़दौड़ करते हुए यहाँ तक आए, चलिए गढ़ पर चलें... थोड़ा विश्राम करें...।"

विश्राम की अब बात ही नहीं दादा सा अकबर का इशारा ध्यान में रखें, हम चलते हैं।"

"पर..."

"अब पर-परन्तु नहीं। हम अत्यन्त गुप्त ढंग से आए हैं। किसी ने हमारा पीछा किया होगा तो वह ढूँढ़ रहा होगा। उसे इस गुप्त स्थान की खबर नहीं मिलनी चाहिए। सूर्योदय के पहले हमें हमारे ठिकाने पर जाना ही चाहिए।" कुँवर प्रताप सिंह के कुछ बोलने के पहले ही शक्ति सिंह की भव्य आकृति अन्धकार में लुप्त हो गई। उनके साहस का बखान करते हुए कुँवर जी और जैत्र सिंह अपने महल में पहुँच गए। बची रात दोनों मित्रों के वार्तालाप में बीत गई।

राणा जी का सौंपा हुआ कार्य जैत्र सिंह ने आधे से अधिक पूरा कर लिया था। आसपास के गाँवों को उजाड़ने में उन्हें सफलता मिली थी। महाराणा उदय सिंह के आदेशानुरूप गुप्त मार्ग का काम भी पूरा होने लगा। शक्ति सिंह का सन्देश तत्काल उनकी ओर भिजवाया गया। गिरी वन की बस्ती बढ़ने लगी, और चित्तौड़ के आसपास की बिरली होती गई। एक दिन चित्तौड़ में यह वार्ता पहुँची कि आज मध्याह्न में महाराणा उदय सिंह गढ़ पर पहुँचेंगे।

ध्वज, पताकाएँ सजाई गईं, राजपथ पर कुमकुम-केसर छिड़का गया। काफी दिनों बाद लौटनेवाले श्री जी के स्वागत के लिए चित्तौड़गढ़ सज गया।

महाराणा उदय सिंह ने गढ़ की समग्र व्यवस्था, शस्त्र सामग्री, रसद आदि के बारे में समाधान व्यक्त किया। चित्तौड़ के सामन्त-सरदारों को गुप्त सन्देश भेजे गए। कालपी

के बन्दूकधारी सैनिकों की एक टुकड़ी गुप्तमार्ग से चित्तौड़गढ़ में दाखिल हो गई।

इस सारे हलचलयुक्त काल में एक समाचार अचानक चित्तौड़गढ़ में आया, उसे सुनते ही जैसे राजपूतों के हाथ-पैर ढीले हो गए।

आमेर के शूर, आदर्श राज्यकर्ता, राजा भगवानदास कछवाह ने अकबर से समझौता कर लिया। उनकी बहन राजकुमारी जोधाबाई अकबर की पत्नी के रूप में आगरा गईं और पुत्र कुँवर मानसिंह शाही सेना में सम्मिलित हो गए।

अकबर के सम्भावित आक्रमण की सूचना से चित्तौड़ का छोटा-सा पत्थर भी अपनी जगह से हिला नहीं था। पर इस समाचार से पूरा गढ़ जैसे थर्रा गया। मिट्टी का कण-कण कम्पित हो गया, एक-एक पत्थर आश्चर्यचकित हो गया। हर व्यक्ति चिन्तामग्न हो गया।

राजस्थान के इतिहास ने पहली बार यह अपमानास्पद सुलह देखी। यहाँ की हवा ने फैलाई यह लज्जास्पद वार्ता। आबाल-वृद्ध सभी ने धिक्कारा।

राजस्थान की भूमि ने युद्ध देखे, ईमानदारी, गद्दारी देखी। पृथ्वीराज का अतुलनीय पराक्रम देखा। उदयराणा का भयग्रस्तता भी पचाया। राणा कुम्भा जैसे वैभवशाली सम्राट देखे। राणा संग्राम सिंह का वनवास भी देखा। राजपूत रमणियों के जौहर से लपलपाती हुई स्वर्ग तक पहुँचनेवाली आग की लपटें देखीं। मीराबाई के भजनों का चन्दन से शीतल स्पर्श का अनुभव किया। विक्रमजीत सिंह की उद्दंडता सहन की और महाराणा उदय सिंह की सन्तुलन नीति का अनुभव किया था परन्तु सम्पूर्ण राजस्थान को शर्म से सर झुकाने को विवश करनेवाला व्यवहार नहीं देखा था। यह तो तर्क से परे की घटना ही थी। क्या धन और सत्ता की लालसा मनुष्य का इतना पतन करा सकती है? हरेक के मन में यह प्रश्न था। कुँवर प्रताप सिंह उलझे हुए थे एक अलग ही प्रश्न को सुलझाने में—

"यह घटित कैसे हुआ? ऐसी कौन सी बेड़ियाँ पैरों में जकड़ी हुई थीं कि भगवानदास जी जैसे कट्टर स्वाभिमानी व्यक्ति को तुर्कों से हाथ मिलाने की इच्छा हुई?"

तर्कशक्ति का सम्पूर्ण उपयोग करने पर भी इस घटना का औचित्य प्रमाणित नहीं हो रहा था। यह एक ही घटना नहीं बल्कि लगातार एक के बाद दूसरी घटना का क्रम चल रहा था। अकबर ने मेड़ता पर कब्जा किया। जोधपुर, बीकानेर, रणथम्भौर और जैसलमेर पर भी उसकी वक्रदृष्टि पड़ने लगी।

"इसका स्पष्ट अर्थ है कि चित्तौड़ की ओर अकबर की वक्र दृष्टि तत्काल ही पड़ेगी," प्रताप सिंह ने जैत्र सिंह से कहा।

"आप किस आधार पर ऐसा कह रहे हैं कुँवर जी?"

"मित्र, अकबर हमारी कल्पना से भी अधिक धूर्त है। राजस्थान के सभी शासक मेवाड़ को पहले स्थान पर मानते हैं, वह यह जानता है। इसीलिए एक बार चित्तौड़ पर कब्जा कर लिया तो बाकी लोगों की युद्ध किए बिना ही शरणागति निश्चित है, वह यह समझे हुए है।"

"बिलकुल सही बोले कुँवर जी आप!" महाराणा उदय सिंह बोले।

"संकटकाल में तत्काल सहायता का हाथ आगे बढ़ाने की मेवाड़ के महाराणाओं की परम्परा है। चित्तौड़ का यदि पतन हुआ तो उनका आधार ही समाप्त हो जाएगा, ऐसी यदि अकबर की धारणा हो, तो भी वह गलत नहीं कही जा सकती।"

"अकबर को चित्तौड़ पर आक्रमण करने का सशक्त कारण कौन-सा मिलेगा।" जैत्र सिंह ने पूछा।

राज्यतृष्णा के लिए युद्ध करनेवालों को कारणों की जरूरत नहीं होती। कोई भी छोटा-सा कारण भी पर्याप्त होता है। इस क्षण हम ऐसे अनेक कारण बतला सकते हैं जिस कारण अकबर चित्तौड़ पर आक्रमण कर सकता है। हमें इसकी कल्पना थी इसीलिए हमने उदयपुर बसाया," राणा जी ने कहा।

"पिताजी! बन्धु शक्ति सिंह यहाँ आकर गए हैं यह भी कारण युद्ध के लिए पर्याप्त है," कुँवर प्रताप सिंह ने कहा।

"निश्चित ही यह कारण हो सकता है। फिर अकबर हमारा वंश परम्परागत शत्रु है, इस सत्य से आँखें मूँदने से नहीं चलेगा। अकबर के पितामह और हमारे पिताजी के बीच वैमनस्य था। हमारे पिताजी को कुछ समय अधिक मिलता या पराक्रम प्रदर्शित करने के वश में पड़कर बाबर को युद्ध की तैयारी का अवसर देने का प्रमाद उनके द्वारा न हुआ होता, तो उसी समय हम इस देश के अभिषिक्त सम्राट बन गए होते, यह जानकर ही अकबर हमारा राज्य नष्ट करने का प्रयत्न कर रहा है," अत्यन्त दुखी होकर राणा जी ने कहा।

अपने पिताजी का खुले दिल से बोलना सुनकर प्रताप सिंह क्षण-भर विस्मित हो गए। उन्हें हमेशा प्रतीत होता था कि—पिताजी हमें पसन्द नहीं करते इसी कारण उन्होंने हमें स्वयं से दूर रखा है। परन्तु यह सच नहीं है अब हमें इसका एहसास हो रहा है। "संकट ही सच्चा गुरु है" यह मीरा काकी सा का कथन अत्यन्त उपयुक्त है," कुँवर जी के मन में यह बात आई।

महाराणा उदय सिंह का युद्ध के सम्बन्ध का अनुमान सच निकला। आठों दिशाओं से दूत एक ही वार्ता लेकर आए कि "अकबर द्वारा युद्ध की जोरदार तैयारी की जा रही है और उसके गुप्तचर सम्पूर्ण मेवाड़ में फैले हुए हैं।"

अकबर के दरबार में सीधे पहुँचनेवाला अत्यन्त विश्वासपात्र गुप्तचर रणमर्दन सिंह जब महाराणा जी के खाजगी दालान में पहुँचा, वहाँ मेवाड़ के गिने-चुने व्यक्ति ही उपस्थित थे। महाराणा उदय सिंह, कुँवर प्रताप सिंह, जैत्र सिंह और राणा जी के साले मानसिंह सोनगर, रणमर्दन सिंह के आते ही दालान बन्द कर दिया गया।

अकबर के दरबार में वैभव पानी की तरह बहता हुआ दिखाई देता है। रणमर्दन सिंह बतलाने लगे, "जगह-जगह कीमती कालीन, शमादान, पीकदान, हँड़िया, झूमर सजे हुए हैं। अकबर का दरबार लगा हुआ था। उपस्थित सरदार-उमराव

चिन्तित बैठे हुए थे।" इतने में एक गुप्तचर ने आकर सलाम किया और अपनी खबर बतलाने लगा—

"खाविन्द, चित्तौड़ का दुर्ग बहुत ही मजबूत है। अनेक दुर्गम पहाड़ियाँ और पत्थरों की अभेद्य दीवारें खड़ी हैं। सशक्त बुर्ज हैं। हम दुर्ग के भीतर नहीं प्रविष्ट हो पाए परन्तु आने-जानेवाले लोगों को देखकर युद्ध का कोई संकेत नजर नहीं आता, कोई दौड़-भाग नहीं। राजपूत अपने ही पराक्रम के बल के भरोसे पर हैं। वे भाले, तलवार और धनुष-बाण लेकर ही लड़ेंगे। उनकी दृष्टि से गढ़ कितना ही मजबूत क्यों न हो, हम सहज ही उस पर कब्जा कर सकेंगे। अपने पास तोपें हैं, प्रचंड हाथियों का समूह है, भरपूर सेना है। दुर्ग के समीप कुछ कोस पर ही हमें अपना पड़ाव डालना सम्भव होगा। गढ़ के आसपास जंगल होने के कारण पड़ाव अनेक कोसों तक सहज ही फैलाया जा सकेगा। चित्तौड़गढ़ का दुर्ग सुन्दर, सुदृढ़ और भव्य है तथा गम्भीरी नदी के तट पर स्थित है, इतनी ही जानकारी हम प्राप्त कर सके हैं।"

"मतलब सैनिकों की संख्या, मनुष्य बल और शस्त्रों की जानकारी मिली नहीं?" बहराम खान ने पूछा।

"नहीं हुजूर, इससे ज्यादा जानकारी हम हासिल नहीं कर पाए। उनकी सुरक्षा-व्यवस्था बहुत ही ज्यादा मजबूत है और स्थानीय लोग कितनी ही रिश्वत देने पर भी गढ़ के सम्बन्ध में जानकारी देने को तैयार नहीं थे। या तो उन्हें हमारी भाषा समझ में नहीं आ रही थी या वे जान-बूझकर वैसा व्यवहार कर रहे थे। हाँ, वस्तुस्थिति यही है कि उन्होंने हमारी दाल गलने नहीं दी।"

'हँ...' अपनी दाढ़ी पर हाथ घुमाते हुए विचारमग्न अकबर ने पूछा, "कुछ स्थानीय लोग युद्ध के लिए खरीदे जा सके?"

"नहीं हुजूर, उन्हें हम खरीद नहीं सकते। वे बड़े कठोर प्राणी हैं, किसी को कोई लालच नहीं है और न ही मौत का डर। काटकर फेंक भी दो तो जुबान नहीं खुलती।"

"ठीक है, अब तुम जा सकते हो। कोई और जानकारी हासिल करने की कोशिश करो।"

"अकबर ने अपना दरबार बरखास्त किया और उसके बाद तत्काल ही हम कूच कर आपको सूचना देने दौड़ते हुए आए," रणमर्दन सिंह ने कहा, "अब हमें अनुमति दीजिए। नये सैनिकों को हम निगरानी करने के लिए रखकर आए हैं।"

"ठीक है," राणा जी ने अनुमति दी और रणमर्दन सिंह शीघ्रगति से निकल गए।

चित्तौड़ में युद्ध की तैयारी जोरदार ढंग से पर अत्यन्त गुप्त तरीके से हो रही थी। अकबर की तैयारी जिस गति से चल रही थी उसको देखते हुए दस-बारह महीने युद्ध का सामना करना नहीं पड़ेगा, ऐसा उदय सिंह का अनुमान था। यह अनुमान सही निकला। प्राणों को अपनी तल्खी से तिलमिला देनेवाला ग्रीष्मकाल समाप्त हो गया। वर्षाऋतु ने जीवन को नया रंग-रूप दिया। राखी पूर्णिमा आ गई तो भी अकबर

की ओर से कोई हलचल नजर नहीं आई। इससे ज्यादा समय रुककर चलेगा नहीं अत: विजयादशमी का उत्सव समाप्त होते ही युद्ध की निश्चित रूपरेखा तय करने के लिए बैठक लेने का निर्णय राणा जी ने लिया।

रात-ही-रात महाराणा उदय सिंह के दूत रवाना हुए। जयमल राठौड़, विक्रमदेवोत, रावत साईदास चूड़ावत, ईसरदास चौहान, राव बल्लू सोलंकी, राव संग्राम सिंह, राव साहिब खान, रावत पन्त, रावत नैनसी और कुँवर शक्ति सिंह को तत्काल आपातकालीन बैठक के लिए बुलाया गया।

महाराणा उदय सिंह के निजी एवं गुप्त दालान में सभा तय की गई। सभा अत्यन्त गुप्त स्वरूप की थी। महाराणा उदय सिंह के महल का यह विशेष दालान इस सभा के लिए निश्चित किया गया था। यह उदय सिंह का अत्यन्त प्रिय दालान था। पन्नादाई ने कुँवर उदय सिंह के प्राण जहाँ बचाए थे, यह वही दालान था। यहाँ से कभी भी शत्रु को चकमा देकर निकल जाना सहज सम्भव था। यह मार्ग सिर्फ महाराणा उदय सिंह, कुँवर प्रताप सिंह, मुख्य प्रधान रामा मेहसाण जी और जैत्र सिंह को ही मालूम था।

तय किए हुए अनुसार उदय सिंह के आमंत्रण पर सामन्त-सरदार चित्तौड़ पहुँचे। राणा जी ने सबको अलग-अलग समय पर अलग-अलग दिन बुलाया था और आया हुआ प्रत्येक व्यक्ति उसी समय वापस लौटे इस बात की पुष्टि कर ली गई। प्रताप सिंह महाराणा उदय सिंह के साथ शिकार पर गए हैं यह जानकारी जान-बूझकर फैलाई गई।

महाराणा उदय सिंह का आगमन होते ही अपने-अपने आसन पर आसीन आमंत्रितों ने खड़े होकर उन्हें सम्मान दिया। सभा के गम्भीर वातावरण का तनाव कम करने की दृष्टि से महाराणा उदय सिंह ने सभी की आस्थापूर्वक कुशल-क्षेम की जानकारी हासिल की। परन्तु इतने से ही गाम्भीर्य कम नहीं हुआ। स्वयं महाराणा उदय सिंह, कुँवर प्रताप सिंह और कुँवर शक्ति सिंह की भी मन:स्थिति ठीक नहीं थी। मीराबाई के निधन के कारण आई दुख की छाया अब तक विद्यमान थी। राज्य करनेवाले के अनेक कर्तव्यों में से दुख पचा लेना भी अत्यन्त महत्त्वपूर्ण कर्तव्य होता है यह वे तीनों ही जानते थे।

शान्तता भंग करते हुए शक्ति सिंह ने कहा—

"राणा जी अपने दुर्ग पर अकबर का आक्रमण वर्षा ऋतु के आखिर में होने की गहरी सम्भावना है।"

"अर्थात हमें तैयारी करने के लिए आठ-नौ महीने की अवधि है। राणा जी ने जो अन्दाज लगाया था वह सही है।" राव संग्राम सिंह ने कहा।

"हाँ" शक्ति सिंह ने उत्तर दिया, "अकबर के पास प्रचंड सैन्यशक्ति तो है ही, इसके अतिरिक्त पाँच वर्षों पहले राजा भगवानदास जी, कुँवर मानसिंह अपने राजपूत लड़कों के साथ उनके साथ सम्मिलित हुए थे, उनकी भी युद्ध में शामिल होने की सम्भावना है।"

"मतलब दूसरों के साथ जाकर अपने ही लोगों के विरुद्ध शस्त्र उठाएँगे।" राजा साईदास निराशा भरे स्वर में उदासी से बोले, "यह परम्परा, यह वृत्ति, यह भूमिका

परकीय सत्ता के विरुद्ध आरम्भ किए गए संग्राम के लिए घातक सिद्ध होगी।"

"न जाने कितने शासक उनका अनुकरण करेंगे। अपना और अपने सैनिकों का ईमान अकबर के चरणों में समर्पित कर उनकी बलवृद्धि करेंगे। राजपूतों का बलिदान व्यर्थ ही साबित होगा।" जयमल राठौड़ ने कहा।

"इन सबका अर्थ ही समझ में नहीं आ रहा है। इस चाटुकारिता को कैसे रोका जाए? कहाँ तक ये ऐसा चलेगा?" अल्पवयीन रावल ने कहा।

"अकबर की साम्राज्य लालसा जब तक पूरी नहीं होगी और लड़ते-लड़ते राजपूतों के रक्त की आखिरी बूँद खत्म नहीं होती तब तक ऐसा ही चलेगा," राणा जी ने उदास स्वर में कहा, "अपने पुरखों का यह साम्राज्य। हमारे पिताजी की मृत्यु हमारा राज्यारोहण इसके बीच का समय व्यर्थ नहीं गया होता, चित्तौड़ का आधिपत्य उपयुक्त हाथों में होता, गृहकलह हुआ ही नहीं होता तो आज ऐसी गम्भीर बैठक लेने की बारी अकबर पर आई होती, हमारे आक्रमण से खुद को बचाने के लिए। खैर जो हो न सका उसके बारे में सोचकर दुखी होने में क्या रखा है? कभी-कभी हम भूतकाल के दुखों को सहलाने में हाथों में विद्यमान स्वर्णिम वर्तमान काल का मूल्य भूलकर, उत्तम सन्धि गँवाकर उज्ज्वल भविष्य काल को भी धूमिल कर देते हैं। क्या घटित हुआ या क्या हो सकता है इसका विचार करने की अपेक्षा अपने सामने की परिस्थिति को देखते हुए विपरीत कुछ न हो इसके लिए जो किया जा सकता है उसे देखना है।"

"आपका कहना सच है राणा जी," विक्रमदेवोत ने कहा, "वर्तमान के दर्पण में भूतकाल का प्रतिबिम्ब देखना गलत न भी हो तो भी योग्य भी नहीं कहा जा सकता। अब हमें सम्मुख आनेवाले युद्ध में व्यूह रचना की योजना करनी चाहिए।"

"हाँ, आपस में मशवरा करने के पूर्व हमें अपना विचार व्यक्त करने की अनुमति होनी चाहिए," ईसरदास चौहान ने कहा। राणा जी की दी हुई मूक अनुमति स्वीकारते हुए उन्होंने कहा, "हमारी सलाह सम्भवत: आपको उपयुक्त नहीं लगेगी तथापि हम जो दलील देना चाहते हैं उस पर गम्भीरता से विचार किया जाए ऐसा हमारा आग्रह है। महाराणा उदय सिंह कुछ चुने हुए सरदारों के साथ राजकोष और परिवार को लेकर चित्तौड़ के दुर्ग से गुप्त मार्ग द्वारा सुरक्षित स्थान पर चले जाएँ ऐसी हमारी राय है।"

अचानक जैसे विस्फोट हो वैसे राणा जी ने भौचक्के होकर कहा, "क्या? आप ये क्या कह रहे हैं ईसरदास जी। हम...मेवाड़ के महाराणा...डरपोकों की तरह शत्रु को पीठ दिखाकर दुर्ग से भाग जाएँ? हम राणा सांगा के पुत्र, बप्पा रावल के वंशज, एक सिसोदिया, एकलिंग जी के दीवान ने पूर्वजों के पुण्य को नष्ट करना? एकलिंगी के दरबार में हम पूर्वजों को मुँह दिखलाने के काबिल भी रहेंगे? भविष्य में आनेवाली सात पीढ़ियों को नरक में ले जाने की व्यवस्था हम कदापि नहीं करेंगे। आपने ऐसी सलाह देने का साहस कैसे दिखलाया?"

"हमें आपके रोष की कल्पना थी राणा जी, चाहें तो हमारा सिर कलम करवा

दें, पहाड़ की चोटी से फिंकवा दें, हाथी के पैरों तले कुचलवा दें तो भी हम अपनी बात आपके समक्ष रखे बिना नहीं रहेंगे। हमें हमारे राणा जी, हमारे कुँवर सुरक्षित चाहिए। हम नहीं भी रहें तो भी सिसोदिया वंश अनवरत बना रहना चाहिए। मेवाड़ का राणा होना ही चाहिए। हम जब तक परम्परागत पद्धति से युद्ध करते रहेंगे तब तक देश के सारे वीर वीरगति को प्राप्त कर चुके होंगे यह निश्चित है, फिर आगे क्या होगा? राणा जी, हर किसी को अपनी स्वत: की भूमि, उसकी स्वतंत्रता हमेशा ही प्रिय होती है और वह होनी ही चाहिए परन्तु यदि हर व्यक्ति स्वतंत्रता के लिए प्राण समर्पित करने लगा तो स्वतंत्रता की रक्षा करने को कौन बचेगा? जो बचेंगे वे सारे शत्रु ही होंगे और हमारी स्वतंत्रता का ग्रास ग्रहण करने के लिए ही तत्पर होंगे। उनका उद्‌देश्य सफल होगा पर अपनी भूमि, अपने वीरों को गँवा बैठेगी।"

ईसरदास जी का मन्तव्य सुनकर सभी आश्चर्यचकित हो गए। उनके शब्दों में सच्चाई निहित थी। उनकी युक्तियाँ प्रमाणित थीं, निर्विवाद थीं।

"आपका कहना हमें पूरी तरह उपयुक्त लग रहा है ईसरदास जी," कुँवर प्रताप सिंह ने दृढ़ता से कहा, "पिताजी, आप इस पर गम्भीरता से विचार करें। चित्तौड़ के अन्य हितचिन्तकों को भी अपना विचार व्यक्त करना चाहिए ऐसी हमारी प्रार्थना है।"

"पिताजी, दादा सा सही कह रहे हैं," कुँवर शक्ति सिंह ने भी प्रताप सिंह की बात को समर्थन देते हुए कहा।

ईसरदास जी के विचार पर गम्भीर चर्चा होकर सर्वसम्मति से मान्य हुआ। तब निर्णायक स्वर में कुँवर प्रताप सिंह ने कहा, "पिताजी, आप राजकोष, शस्त्र, राजपरिवार और चुने हुए योद्धाओं के साथ गुप्त मार्ग से, गढ़ से प्रस्थान करें। मैं और शक्ति सिंह चित्तौड़गढ़ के दुर्ग पर लड़ेंगे और यदि पराजित हुए तो वीरगति प्राप्त करेंगे और क्या बन्धु?"

"दादा सा...आपने हमें अपने साथ लिया है, हम आपकी कसौटी पर पूरी तरह खरे उतरेंगे। आपके साथ जब तक प्राण है दुर्ग पर लड़ेंगे और विजय प्राप्त करेंगे।"

"कुँवर प्रताप सिंह," ईसरदास जी ने कहा, "राणा जी के साथ उनके कुँवर और उनके भी कुँवर सुरक्षित रहेंगे, ऐसा हमारा निर्णय था। चुंडावत जी यही निर्णय था ना?"

"हाँ कुँवर जी, चित्तौड़ के भावी वारिसों को अपने साथ रखकर हम उनका जीवन धोखे में कतई नहीं डालेंगे। महाराणा चुंडा जी के वंशज होने के नाते आधिकारिक वाणी से आपको यह बतलाना चाहते हैं कि आप सभी यहाँ से प्रस्थान करनेवाले हैं।" चुंडावत जी ने कहा।

"पर...पर...रावत जी हम...कुँवर प्रताप और कुँवर शक्ति को किसी ने भी कुछ भी बोलने नहीं दिया।"

राणा संग्राम सिंह ने अन्तिम निर्णय सुनाया, "महाराणा उदय सिंह! आप चित्तौड़ के स्वामी और सिसोदिया वंश के वारिस हैं। आज तक एक भी महाराणा जी ने कोई भी निर्णय स्वतंत्र रूप से नहीं लिया है। जो भी निर्णय लिये जाते हैं वह हम सब सामन्तों-सरदारों के निर्णय से सामुदायिक रूप से लिये जाते हैं। यह मेवाड़ की

परम्परा है। आप इस परम्परा को बन्द न करें। वर्तमान परिस्थिति भी यही कह रही है। इस समय शान्तिपूर्वक एक राय से लिये गए दृढ़ निश्चय की आवश्यकता है। यदि अब मतभेद होते हैं तो सर्वनाश ही हिस्से में आएगा। इस वक़्त आप सभी लोगों ने दुर्ग के बाहर से और हमने दुर्ग के भीतर से एकतापूर्वक युद्ध किया तभी विजय की आशा की जा सकती है।"

"अपने सबकी एक सम्मति से लिये गए निर्णय का पूरी तरह से पालन होगा। अब युद्ध की व्यवस्था के सम्बन्ध में मशवरा करेंगे," उदय सिंह ने कहा।

"दुर्ग की जिम्मेदारी जयमल राठौड़ और पत्ता सिसोदिया पर सौंपे, हम उनके साथ हैं। रावत नैणसी ने कहा तथा राय दी कि चित्तौड़ में तत्काल शस्त्रों को एकत्रित करना आवश्यक है।"

"उसकी योजना तैयार है," राणा जी ने प्रफुल्लित होकर कहा, "दुर्ग की रक्षा के लिए आठ सहस्त्र वीर जयमल जी के साथ होंगे। युद्ध सामग्री, शस्त्रों का एकत्रीकरण, अनाज की भरपूर सामग्री और छोटे-बड़े पत्थर बुर्ज पर इकट्ठे करके रखे हैं। कालपी से आए हुए एक हजार बन्दूकधारी सैनिक मुख्य चौक पर तैनात किए गए हैं। यह सारी व्यवस्था चाक-चौबन्द होते तक हम दुर्ग पर ही रहेंगे।"

"पिताजी हमारे मन में एक योजना है, यदि आपकी अनुमति हो तो...," प्रताप सिंह ने कहा। सभी की प्रश्नवाची नजरें उनकी ओर मुड़ीं। राणा जी ने नजरों से ही अनुमति दी और प्रताप सिंह अपनी योजना बतलाने लगे, "हम सब दुर्ग छोड़कर जाने के पहले कारीगर, वणिक, कृषक आदि सबको उदयपुर की ओर रवाना करेंगे। ताकि उनकी रक्षा हो सके और हमारी दैनन्दिन की जरूरतें भी पूरी होती रहें।"

राणा जी के बराबरी की ही चतुराई एवं दूरदर्शिता कुँवर जी में भी है, चित्तौड़ का वारिस पूर्णत: योग्य है यही बात सबके मन में आ रही थी। उनकी नजरों में आदरमिश्रित प्रशंसा स्पष्ट झलक रही थी। थोड़ी ही देर में युद्ध की रूपरेखा निश्चित हो गई।

प्रताप सिंह और शक्ति सिंह के हर प्रकार से आग्रह करने पर भी कोई उन्हें दुर्ग में रखने को तैयार नहीं हुआ। आखिरकार वे दुर्ग से बाहर निकलने को तैयार हुए। प्रताप सिंह महाराणा के साथ और शक्ति सिंह फिर से डूँगरपुर के महारावल आसकरण जी के साथ उनके घर जाएँगे, ऐसा तय हुआ। सभा बरखास्त हुई।

कानोंकान बात फैलने लगी, कोई भी दो व्यक्ति आपस में मिलते तो यही बात करते कि चित्तौड़ पर अकबर का आक्रमण होगा। सच पूछें तो लगातार आक्रमण की बात सुन, मृत्यु का तांडव देख चित्तौड़ वासियों को आक्रमण की वार्ता से नफरत होनी चाहिए थी। युद्ध के बारे में दहशत की भावना महसूस होनी चाहिए थी, परन्तु वस्तुस्थिति इसके ठीक विपरीत थी। आक्रमण होनेवाला है सुनकर चित्तौड़ का प्रत्येक व्यक्ति पर्वों, त्योहारों की तरह हर्ष का अनुभव कर रहा था।

चट्टानों-पत्थरों तक को उत्साह का उबाल-सा आ रहा था। तलवार की धार

और धारदार हो रही थी और पागल हवा यह वार्ता समूचे दुर्ग में फैलाती बह रही थी। मृत्यु को आलिंगन देने का यह प्रसंग आनन्दोत्सव की तरह मनानेवाले यहाँ के लोग जाने किस मिट्टी के बने थे।

प्रमुख प्रधान रामा मेहसाण जी, सेनापति और सेनानायक इनके निवास पर युवकों की पंक्तियाँ नजर आने लगीं। प्रत्येक 'सैनिक' के रूप में चुने जाने की तीव्र इच्छा लिये हुए थे। जो चुना जाता था उसका चेहरा आनन्द से चमकने लगता और उसके माता-पिता उसका अभिनन्दन करने लगते। इस दृश्य को देखना भी आनन्द का पर्व मनाने जैसा ही था।

आज के इस आनन्दोत्सव में उदासीनता की झलक थी। बहुत ही कम युवकों का सैनिक के रूप में चयन हो रहा था। बाकी लोगों का चयन अन्य कार्यों के लिए हो रहा था। चित्तौड़ से जानेवाले लौटकर नहीं आते थे। इस समय की युद्धनीति बड़ी ही चमत्कारिक प्रतीत हो रही थी।

जल्द ही इसकी वास्तविकता उजागर हुई। चारण केशव और शास्त्रकार रामा गम्भीरी नदी के तट पर मिले। दोनों एक-दूसरे को टालने लगे परन्तु रामा ने केशव को पकड़ ही लिया।

इतने दिन कहाँ थे? यह प्रश्न किसी ने किसी से पूछा नहीं। इसका आशय ही यह था कि दोनों ही चित्तौड़ के बाहर थे। दोनों को यह बात ध्यान में आते ही रामा ने पूछा—

"किस काम पर तुम लगे हुए हो?"

"हमारा हमेशा का ही काम पुरानी वंशावलियाँ निकालकर दस्तावेज पढ़कर पूर्वजों की पराक्रम गाथा तैयार कर नई रचनाएँ लिखना और बच्चों द्वारा गवाकर युद्ध भूमि पर जाने के लिए प्रेरणा देना और तुम्हारा?"

"मैं भी अपने बाप-दादाओं के काम पर ही हूँ। लोहा शुद्ध करना, नये शस्त्रों का निर्माण करना, पुरानों को इस्तेमाल योग्य बनाना," रामा ने कहा। "पर हम यह सब काम दुर्ग के बाहर रहकर क्यों कर रहे हैं यह समझ में नहीं आ रहा है। बड़े लोगों के काम हमें क्या? जैसा करने को कहा वैसा ही करते हैं। बनाने को कहा बना दिया, तोड़ने को कहा तोड़ दिया और क्या?"

ऐसा मत बोल रामा! इसमें बड़ा रहस्य है, तरकीब है।

"रहस्य, तरकीब, कैसी?"

"तुझे मालूम नहीं पर मुझे मालूम है। तुर्कों का आक्रमण चित्तौड़ पर होनेवाला है। मुझे मालूम है रे, इसीलिए तो गया था मैं सेना में भरती होने के लिए। सेनापति ने इधर भेज दिया, लड़ने का मौका गया।"

"अरे पागल! मौका गया नहीं बल्कि ज्यादा मिला।"

"मतलब?"

"युद्ध दोनों तरफ होगा। गढ़ पर रहनेवाले सैनिक गढ़ से लड़ेंगे और हम पिछवाड़े से युद्ध करके शत्रुओं को तंग करेंगे।"

"अरे वाह! यह योजना तो बहुत अच्छी है पर क्यों रे अपने घर-द्वार तो गढ़ पर हैं और हम दूसरी तरफ रहेंगे।"

"अपने घर-द्वार भी उधर ही जाएँगे। हम गढ़ छोड़कर राणा जी के साथ गिर्वा के जंगलों में जाएँगे और लड़ाकू चित्तौड़ में रहेंगे।"

"और कुँवर जी?"

"कुँवर जी भी वहीं रहेंगे, अपने साथ।"

"सच में ऐसा ही होगा क्या? प्रताप सिंह, बीरमदेव सभी?"

हाँ सभी, पर कुछ भी बोलो मत, किसी से भी कुछ कहो मत। अकबर के गुप्तचर चारों तरफ घूमते रहते हैं। जाकर बताएँगे और राणा जी की योजना असफल हो जाएगी।

इस योजना का उल्लेख किसी से भी करना नहीं यह तय कर दोनों ही अपने-अपने रास्तों पर निकल गए।

करीब-करीब छह महीनों बाद हवा के साथ यह खबर आई कि अकबर की फौज चित्तौड़ की दिशा में कूच करने लगी है। फिर तो यह क्रम ही बन गया। खबरों का जैसा प्रवाह बहने लगा। कभी पता लगता कि अकबर मांडलगढ़ में है, कभी पता लगता चित्तौड़ के पास आ गया है। कोई झूठी अफवाह फैलाता कि राणा जी से डरकर अजमेर चला गया। कोई कुछ, कोई कुछ फैलाता। कुछ ही खबरें सच होतीं। अफवाहों का जैसे सैलाब आ गया हो।

विजयादशमी का उत्सव चित्तौड़गढ़ पर इतने आनन्द और उत्साह से मनाया गया कि युद्ध की घनी छाया गढ़ पर फैली हुई है ऐसा किसी को बताने पर भी सच नहीं लगता।

अलग-अलग व्यवसाय के लोग आते, आवश्यक उतने ही गढ़ पर रुकते, बाकी राणा जी की तरफ जाते। यह अत्यन्त गुप्त रीति से चल रहा था। चार-चार, छह-छह परिवार विविध कारणों से जाते और लौटकर नहीं आते। यह बात गढ़ के निवासियों को छोड़कर किसी अन्य को मालूम नहीं थी। गढ़ छोड़ते समय हरेक की आँखों के सामने वैभवशाली चित्तौड़, पन्नादाई और राजरानी मीराबाई ही होतीं।

गढ़ के लोहार उस दिन चित्तौड़ जाने को निकले क्योंकि ज्यादा-से-ज्यादा लोग राणा जी की ओर भेजने थे। नये प्रदेश में कुशल शस्त्र निर्माता कैसे मिल पाते? बाहर के लाते तो संशय को जगह मिलती। गढ़ पर शस्त्रों का एकत्रीकरण हो चुका था। लोहारों का सामान प्रचंड मात्रा में था बाहर उसे कैसे ले जाया जाए? अकबर की सेना दुर्ग की तरफ बढ़ने लगी थी। बढ़इयों ने रास्ता ढूँढ़ निकाला। जल्दी-जल्दी मजबूत गाड़ियों का निर्माण किया, उनमें खंड बनाए। सबसे नीचे के खंड में लोहे से सम्बन्धित सामान रखा, बीच में बरतन-भाँड़े, गाड़ी पर कच्चे बच्चों को बिठाया। एक परिवार की दो-तीन गाड़ियाँ थीं। किले से उतरने का वक़्त आते ही मुखिया प्रताप सिंह के पास गया।

"मुखिया जी कब निकल रहे हैं?" कुँवर जी ने पूछा।

"थोड़ा अँधेरा होते ही निकलेंगे। कुँवर जी एक माँग थी," कुछ सकुचाते हुए मुखिया जी ने विनती की।

"क्या चाहिए मुखिया जी नि:संकोच कहिए।"

कुँवर जी गढ़ छोड़कर जा रहे हैं, फिर लौटकर आएँ न आएँ। चित्तौड़ की खूब याद आएगी। चित्तौड़ का भगवान ले जाऊँ?

"चित्तौड़ का भगवान?" कुँवर जी ने आश्चर्य से पूछा।

कुँवर जी हम लोहार, आग ही हमारा भगवान है। महारानी पद्मिनी बाई सा और महारानी कर्मवती बाई सा ने जौहर किया। वे ईश्वर बन गईं। उस जगह की राख ले जाकर हम अपने भगवान की मूर्तियों के साथ रखेंगे। रोज उनकी पूजा करेंगे। शपथ लेंगे जहाँ राणा जी वहीं हम, जहाँ राष्ट्र के वीर हैं, वहीं हम रहेंगे। यह गाड़ियाँ ही अब हमारा घर-द्वार हैं। चित्तौड़ की हमेशा याद बनी रहेगी। अपनी आगे आनेवाली पीढ़ी को हम स्वाभिमान की विरासत देंगे। राणा जी जब लौटेंगे तभी हम चित्तौड़ लौटेंगे। मुखिया बड़े ही आन्तरिक निष्ठा से अपने भाव व्यक्त कर रहा था। उसके शब्द-शब्द में चित्तौड़ का अभिमान और राजघराने की अस्मिता अभिव्यक्त हो रही थी।

कुँवर प्रताप सिंह इस जनसमुदाय को बस देखते ही रह गए। उन्हें चित्तौड़ छोड़ने की, घर-द्वार से बिछड़ने की कोई पीड़ा नहीं थी, बल्कि अपने राणा के साथ ही अपना जीना-मरना है इसी बात की खुशी थी। देश के लिए प्राणों की बाजी लगाने को वे तत्पर थे। तुर्की साम्राज्य पिपासा को, सत्ता की लालसा को, धर्मान्धता को यह सामान्य जनता द्वारा दी गई शह थी।

मुखिया आशा से देख रहा था। प्रताप सिंह पिताश्री से आज्ञा लेकर अनुमति दी—मुखिया के नेत्रों से आनन्दाश्रु बहने लगे।

चित्तौड़ का कीर्तिस्तम्भ आज भी बतला रहा है—

"जीवन को संजीवन देनेवाला अमृत जैसे जीवन की रक्षा करता है, वैसे ही उस लोहार ने जौहर की रक्षा प्राणों से बढ़कर की। वह राख नहीं थी बल्कि पावन विभूति थी, अस्मिता का अंगारा था। वह मानबिन्दु था राजपूतों के भगवान और धर्मप्रेम का और क्षत्राणी के अभिमान का।"

जैत्र सिंह सुना रहे थे और बलदेव जी सुध-बुध भूलकर इस शौर्यगाथा को सुन रहे थे। बीते चार दिनों से स्यान, काल, समय किसी की भी उन्हें प्रतीति नहीं थी।

स्थल था संग्राम का, समय बलिदान का, काल वीरश्री का और ध्यान था वह अस्मिता का। ऊँचे-ऊँचे बुर्जोंवाला, मजबूत तटबन्धों वाला, वीर-शूर, उदार, पराक्रमी, तेजस्वी स्वामी की यशोगाथा हृदय में समाए रखनेवाला, स्वर्णिम इतिहास का मूक गवाह प्राचीन पुरातन चित्तौड़गढ़ ही उनके सम्मुख था।

वहाँ से आप कहाँ गए जैत्र सिंह? बलदेव जी ने जैत्र सिंह का ध्यान भंग किया। चित्तौड़ के दर्शन से मूक होकर वे स्वयं को भूल गए थे।

"कहाँ जाएँगे बलदेव जी? जहाँ हमारे श्री जी वहीं हम भी। गिर्वा के पहाड़ में।

उदयपुर में कुछ समय के लिए बनाए गए मोती नगरी के मोतीमहल में स्त्रियाँ, बच्चे और राजकोष एकलिंग जी के पहाड़ में सुरक्षित रखे गए। स्वयं महाराणा उदय सिंह, कुँवर प्रताप सिंह, बीरम देव, अगर, सगर, जगमाल, कान्ह, रुद्र सिंह, साह, पंचायत, सुरताण आदि सभी कुँवर और अनेक लड़वैये मिलकर हम पिपलिया, कुम्भलनेर, देलवाड़ा, गोगुन्दा, उभयेश्वर पहाड़ी भाग में घूमकर लोगों को संघटित कर रहे थे। उनसे दोस्ती कर रहे थे। गाँव बसा रहे थे, शस्त्र इकट्ठे कर रहे थे। जब सम्भव होता तुर्कों के थाने और रसद लूटकर शस्त्र, अश्व, धन आदि का संचय करते थे। हमारा धैर्य बढ़ रहा था और शत्रु का कम हो रहा था। चित्तौड़ से काफी दूर पूर्व के जंगल में पांडेली, काबरा और नगरी इन गाँवों के बीच फैले हुए क्षेत्र को चित्तौड़ के पास घेरने की तैयारी में अकबर था। महाराणा उदय सिंह, कुँवर प्रताप सिंह, अगर, सगर, जगमाल और बीरमदेव के साथ कुछ योद्धाओं को लेकर फिर से चित्तौड़गढ़ में दाखिल हुए। हम सब साथ में थे ही। युद्ध व्यवस्था पर अन्तिम नजर डालना आवश्यक था। जनता से मिलकर उनकी कठिनाइयाँ दूर करनी थीं। युद्ध की योजनाओं में सुधार हो रहा था तथा आवश्यकतानुसार योजना में बदलाव भी हो रहा था। युद्ध की तैयारियाँ देख चित्तौड़गढ़ का प्रत्येक व्यक्ति उत्साहित, आनन्दित और प्रसन्न परिलक्षित हो रहा था। बहुत पराक्रम प्रदर्शित किया हो ऐसे रुआब में चित्तौड़वासी इधर से उधर आ-जा रहे थे। जिससे गढ़ रौनक भरा दिखाई दे रहा था। मीराबाई के मन्दिर में आज भी मृदंग, मँजीरे, एकतारा के ताल पर भजन-कीर्तन चल रहा था—

मेरे तो गिरिधर गोपाल दूसरो न कोई।

तीनों दिशाओं में घना जंगल और एक ओर नदी ऐसी सुरक्षित जगह देखकर ही अकबर ने अपनी छावनी पाँच कोस तक लम्बाई-चौड़ाई में फैलाकर रखी थी। दूर तक फैली हुई सेना शत्रु का पीछा करने में समर्थ होती है ऐसा अकबर का विश्वास था।

"चित्तौड़ दुर्ग पर महाराणा उदय सिंह, उनके कुँवर, सरदार-सामन्त सभी हैं। दुर्ग के चारों ओर का घेरा कड़ा कर उनके लिए गतिरोध उत्पन्न कर एक-एक कर सबको मार सकते हैं।" अकबर अपने सम्मानित लोगों से चर्चा कर रहा था। चित्तौड़ को जीतना अत्यन्त आवश्यक है। हमारा शत्रु मेवाड़ का जयमल चित्तौड़ के ही आश्रय में है। हमारे शत्रु को आश्रय देनेवाले की स्थिति कैसी होती है यह राजस्थान को मालूम होना चाहिए। राजा जी अब आक्रमण की दिशा में कैसे कदम उठाने हैं यह आप बतलाएँ" राजा भगवानदास जी की ओर दृष्टिक्षेप करते हुए कुँवर मानसिंह पर नजर टिकाते हुए अकबर ने कहा।

वे शूर राजपूत इस वाक् प्रहार को झेल नहीं सके। अपने पूर्वजों ने जिनकी सेवा में अपनी जिन्दगी लगा दी उन्हीं के वंशजों पर शस्त्र उठाना कितना कष्टकर है। पर क्या किया जाए? स्वयं ही अपने जाल में हम फँस गए हैं, मन-ही-मन विचार करते हुए भगवानदास ने कहा—

"हुजूर, युद्धनीति हमेशा की ही तरह रहने दें। उदय सिंह दुर्ग पर, आप बाहर

रहें। बाहर से आपको चाहिए जितनी मदद मिल सकती है। गढ़ पर कोई परिन्दा भी न झाँक सके इस बात का उपाय करें। आज नहीं तो कल वे शरण में आएँगे ही।"

शरण में कैसे आएँगे? वे तो बड़े गैरतवाले हैं। अकबर ने भगवानदास के मर्म पर उँगली रखी। भगवानदास कुछ भी नहीं बोले।

"हाँ, शायद तुमसे सीख ले लें तो बात अलग है।" अकबर ने तंज करते हुए कहा।

अपमान का वह जहर पचाकर भगवानदास चुप ही रहे, कुँवर मानसिंह की मुट्ठियाँ जरूर तन गईं। नजरों से ही भगवानदास ने उन्हें संकेत दिया कि "यह समय गुस्सा व्यक्त करने का नहीं है।"

मानसिंह खामोश बैठे। कुछ भी घटित हुआ ही नहीं ऐसे सहज स्वर में अकबर ने कहा, "अपनी युद्ध सामग्री, रसद आदि के लिए जगह तय कर सामान की व्यवस्था कर लें, तब तक हमारे गुप्तचर आएँगे ही।" अकबर की बात पूरी भी न हो पाई इतने में ही इजाजत लेकर गुप्तचर भीतर आया।

"क्या खबर लाए हो?" मुश्किल से पच्चीसी के दहलीज पर खड़े जोशीले राजा ने बड़े रुआब से पूछा।

"खबर अच्छी नहीं है जहाँपनाह," अभिवादन कर गुप्तचर खड़ा रहा, अपनी योजना में बदलाव लाना होगा।

"वह किसलिए?"

"बादशाह सलामत," वह बतलाने लगा, "दुर्ग के आसपास कहीं भी बस्ती नहीं, खेती, व्यापार कुछ भी नहीं। रसद, शस्त्र, धन, जानवर कुछ भी लूटकर लाया नहीं जा सकता। मैंने पूरे इलाके की छानबीन की। छोटे-बड़े गाँव उद्ध्वस्त कर दिए गए हैं। फसल जला दी गई हैं या काट दी गई हैं। पास में नदी है इसलिए अच्छा है नहीं तो पीने को पानी भी नसीब नहीं होता।"

"ओह...ये बात है। आपका राणा तो बड़ा चालाक निकला राजा जी," भगवानदास की ओर कटाक्ष करते हुए अकबर ने कहा। थोड़ी देर शान्ति बनी रही। अकबर यह कैसे हुआ सोचकर हैरान था तो भगवानदास, महाराणा कुम्भा के द्वारा सोची गई तरकीब पर इस समय राणा उदय सिंह अवलम्बित हैं इसका विचार करते हुए, स्वयं को दिलासा देते हुए और उदय सिंह की मन-ही-मन में प्रशंसा कर रहे थे।

"हमारे पास पर्याप्त सैन्यबल है इनमें से कुछ को हम सामग्री लाने को भेजेंगे तब तक राजपूत लड़ेंगे। ठीक है ना राजा जी।" मौका मिलते ही भगवानदास को क्लेश देते हुए अकबर बोला। भगवानदास कुछ भी नहीं बोले।

"आप जा सकते हैं अली खाँ।"

सभा बरखास्त करते हुए अकबर ने कहा और वह गुप्तचर उठकर दूसरे दालान में चला गया क्योंकि चित्तौड़दुर्ग और आसपास की जानकारी लेकर आनेवाले दूसरे गुप्तचर की प्रतीक्षा उसे थी। उसे एकान्त चाहिए था।

महाराणा उदय सिंह के खास कमरे में उपस्थितों के सामने राणा जी का विश्वासपात्र गुप्तचर रणजीत सिंह बतला रहा था। अत्यन्त गुप्त रीति से अकबर के समीप डाली गई कनात तक जाकर शत्रु के हृदय में निहित समाचार भी निकाल लाने में वह सिद्धहस्त था।

रणजीत सिंह ने आसन ग्रहण करने पर आगे की योजना के विचारार्थ सरदार-सामन्तों की सभा लेने का निर्णय लिया।

"अकबर का गुप्तचर वहाँ कब तक पहुँचेगा?" प्रताप सिंह ने पूछा।

"शाम तक वह गुप्तचर वहाँ पहुँचेगा। हमारे आदमी उसके पीछे हैं ही।"

"उसके पहुँचने तक आप अकबर की छावनी से जानकारी निकालने की व्यवस्था करेंगे क्या?" जयमल ने पूछा।

"हाँ काका सा, देर रात तक समाचार अवश्य पहुँचेगा और अकबर की योजना हमें ज्ञात होगी।"

"ठीक है। उनकी योजना ज्ञात होने तक हम युद्ध की रूपरेखा स्थगित करेंगे। सिर्फ क्रम तय कर लेंगे। राणा जी कहने लगे—सौ योद्धा, कुछ सेनानी और कुँवर के साथ हम रात के समय निकलेंगे। नदी पार करके गुप्त मार्ग से, अकबर की छावनी पार करके गिर्वा के जंगलों में पहुँचेंगे।"

"राणा जी आपकी अनुमति हो तो हम कुछ सुझाव देना चाहेंगे।"

"अवश्य कहें कुँवर प्रताप सिंह, जो योजना अनेक पारखी नजरों से गुजरती है वह हमेशा ही निर्दोष रहती है।"

"पिताजी, हमें लगता है सबने एक साथ जाने की अपेक्षा दो अलग-अलग रास्तों से जाएँ, तभी अकबर की फौज को चकमा देना आसान होगा।" प्रताप क्षण-भर अभिप्राय जानने रुके।

सबके उत्सुक चेहरे देखकर उन्हें धीरज आया। "हममें से कुछ, नये मार्ग से जाएँगे और राणा जी गिनती के लोगों के साथ हमेशा के मार्ग से गिर्वा के जंगल में पहुँचेंगे। अकबर का दिशा भ्रम करने के लिए हमारा जाना हम उनके ध्यान में ला देंगे। जिसके कारण राणा जी के प्राणों का कोई खतरा नहीं रहेगा। यदि वक़्त आया ही तो लौटकर राणा जी हमें भी मदद कर सकेंगे।"

कुँवर प्रताप सिंह का विचार सबको उपयुक्त लगा और उनकी दूरदर्शिता का भी प्रमाण मिल गया।

दस-बारह दिनों बाद तय योजनानुसार एक प्रहर रात्रि के बीत जाने पर महाराणा उदय सिंह कुछ ही व्यक्तियों को लेकर अपने दालान के गुप्त मार्ग से बाहर निकले। इसी मार्ग से पन्नादाई ने उन्हें क्रूर बणवीर के चंगुल से बचाया था। वह स्मृति आते ही राणा जी व्याकुल हो गए पर इस वक़्त भावनाओं का उफान रोकना आवश्यक था।

कुँवर प्रताप सिंह के नेतृत्व में काफी सामन्त, सरदार, मंत्री नये तैयार किए सुरंग

मार्ग से गम्भीरा नदी के तट पर पहुँचे। काले घोड़ों पर काला पहनावा पहने ये योद्धा रात्रि के अन्धकार में छाया की तरह मिल गए। नदी के तट का यह उथला हिस्सा पहले ही देख रखा था। महाराणा उदय सिंह के साथ आए वीरों के अतिरिक्त बाका चौहान, वैणा साँखला, राऊ झाला, कामा गौड़, सिंहा सिसोद और विक्रम दुलहर ये सेनानायक अपने-अपने सैनिकों के जत्थे लेकर जा रहे थे। कदमों की भी ध्वनि न हो इस बात का खयाल रखा जा रहा था। नदी पार करने तक इसका खयाल आवश्यक था। कुशल अश्व सवारों को सँभालकर ले जा रहे थे।

किसी को भी कानोंकान खबर न होते हुए भी सेना नदी के उस पार पहुँचने के उपरान्त किसी को आहट लगी। अकबर के चतुर गुप्तचरों ने छावनी में जाकर अकबर को जगाया।

"दुश्मन भाग गया।"

"नदी के पार गया।"

"गढ़ से उतरकर गया।"

इस कोलाहल से वह खामोश रात गूँज उठी।

अकबर ने स्वप्न में भी कल्पना नहीं की होगी। वह प्रसंग अचानक सामने आते ही अकबर भौचक रह गया, पसोपेश में पड़ गया। प्राणान्त तक राजपूत लड़ते हैं, प्रसंग पड़ने पर प्राण देते हैं परन्तु गढ़ छोड़कर जाते नहीं, दुश्मन को पीठ नहीं दिखाते। ऐसी जिनकी प्रसिद्धि रही हो वे राजपूत और वह भी चित्तौड़ के सिसोदिया ऐसा करेंगे, ऐसा अकबर को क्या, कुँवर मानसिंह और भगवानदास ने भी सोचा नहीं था। इस खबर की वास्तविकता परखने को, सजग होने को अकबर को भी काफी समय लगा।

तत्काल अकबर की सेना पीछा करने के लिए रवाना हुई। राणा जी की सेना दौड़ते-दौड़ते पीछे मुड़कर शत्रुओं का मुकाबला करते हुए घने जंगल में उन्हें गलत दिशा की ओर ले जाती हुई आगे बढ़ रही थी। अन्धकार से परिचित राजपूत शत्रु की सेना को देखते-देखते अपना निशाना बना लेते पर रात के काले रंग में घुले-मिले राजपूत अकबर की सेना को नजर न आते। शस्त्र सँभालने और अचानक ही सामने आए इस युद्ध के लिए मन की तैयारी करने की फुरसत उन्हें मिली नहीं थी तथापि अनेक सैनिकों को मारकर, सेनानायकों को यमद्वार भेजकर तुर्की सैनिक लौट गए, अपना भयंकर नुकसान उठाते हुए ही उनकी वापसी हुई।

अकबर की बहुत बड़ी सेना, दो दिनों पहले हुसैन कुली खान के नेतृत्व में अरावली के पर्वत प्रदेश में, कुम्भलगढ़ के पहाड़ी प्रदेश में महाराणा उदय सिंह को जीवित या मृत पकड़ने के लिए निकली।

अपने सैनिकों को दर्रा घाटियों में युद्ध लड़ना पड़ेगा ऐसा अकबर ने कभी सोचा भी नहीं था। चित्तौड़ के आसपास के मैदानी प्रदेश में सहज ही युद्ध हो सकेगा और सेना की विजय निश्चित है। चित्तौड़ का राणा या तो लड़कर मरेगा या उसे हम गिरफ्तार कर लेंगे ऐसा मन में सोचनेवाले अकबर को लड़ाई के इस तकनीक

को देखते हुए बड़ा ही धक्का लगा। उसकी सारी योजनाएँ चित्तौड़ के आसपास के उद्ध्वस्त प्रदेश के कारण असफल हुई और लड़ाई के इस तरीके ने बहुत अधिक नुकसान पहुँचाया।

"जब तक महाराणा उदय सिंह पकड़े नहीं जाते तब तक यहाँ हमारा समय व्यर्थ जाएगा।" राणा टोडरमल जी से बोलते हुए अकबर ने कहा।

"किसलिए रुकें? हमला करके गढ़ जीत लें।"

"उसका कोई उपयोग नहीं है टोडरमल जी। खाली गढ़ जीतकर हमारा उद्देश्य पूरा नहीं होगा। राजा को जीते बिना राज्य को जीतना जीतना नहीं कहलाता।"

थोड़ा समय शान्ति से बीता। कुँवर मानसिंह की ओर ध्यान जाते ही अकबर ने कहा, "कुँवर जी गुप्तचर द्वारा लाई हुई चित्तौड़ के आसपास के प्रदेश की और गढ़ की जानकारी आपको बतलाकर हमने चित्तौड़ का नक्शा और अपने सैनिकों को व्यूह रचना करने का आदेश दिया था, वह काम हो ही गया होगा।"

"हाँ जहाँपनाह, ये रहे दोनों नक्शे," अपने कमरबन्द से रेशमी कपड़े की पोटली निकालकर उन्होंने चन्दन की मेज पर रखी। अकबर ने उत्सुकतावश झुककर उनका निरीक्षण करना आरम्भ कर दिया।

"हुजूर यह रहा चित्तौड़ का दुर्ग। हम अभी जहाँ हैं इस जगह से पाँच कोस की दूरी पर है। जमीन से करीब तीन सौ गज की ऊँचाई पर है। जमीन पर गढ़ का घेरा फैला हुआ है। गढ़ का विस्तार डेढ़ कोस लम्बा और बारह सौ गज चौड़ा है। इसके सात तट हैं और इसमें प्रवेश के लिए तीन दिशाओं से द्वार हैं। यह पश्चिम की तरफ का 'रामपोल', उत्तर की ओर का 'लखौतापोल' और भीतर का 'किशनपोल'। वहाँ एक देवी का मन्दिर है—अम्बा मन्दिर। चित्तौड़ का महाद्वार यानी महत्त्वपूर्ण 'सूरजपोल' बुर्ज तक पहुँचने में सहायक है। हम तटबन्दी से ज्यादा-से-ज्यादा दो गज तक जा सकते हैं। तट के पास गए तो उनके शस्त्र हम तक पहुँच सकते हैं।

"ठीक है," नक्शे से नजर उठाकर दृढ़ता से अकबर ने कहा, "मानसिंह, कुछ दिन राणा की राह देखेंगे नहीं तो गढ़ पर आक्रमण करेंगे।"

राणा जी की राह देखना अकबर को अत्यन्त कष्टकर साबित हुआ। इसके कारण गढ़ को घेरने में नजरअन्दाजी हुई। गढ़ पर महाराणा के सैनिक, शस्त्र, सामग्री सभी पहुँच गए। आठ हजार सैनिक और सौ बन्दूकों के अतिरिक्त करीब-करीब 30 हजार लोग गढ़ पर निवास कर रहे थे। उनकी सुरक्षा की चिन्ता महाराणा को सता रही थी। बलदेव से वार्ता करते जैत्र सिंह थोड़ी देर रुक गए।

शौर्य और पराक्रम से भरा हुआ यह इतिहास बलदेव स्वयं अनुभव कर रहे थे। जल पीकर जैत्र सिंह आगे निवेदन करने लगे, "काफी दिनों तक गिर्वा के जंगलों और आसपास के पहाड़ों में हुसैन कुली खाँ घूमा, चप्पा-चप्पा भटका और थक-हारकर खाली हाथों अकबर के पास लौट गया। हम चित्तौड़ से गिर्वा के जंगलों में पहुँचे

पर सिर्फ दो-चार जगहों पर दुश्मनों से सामना हुआ। कई सैनिक, सेनानायक इस युद्ध में काम आए। जब हम महाराणा उदय सिंह के पास पहुँचे तो वे गाँव-गाँव में घूमकर लोगों को तुर्कों का विरोध करने की प्रेरणा दे रहे थे। उन्हें मिलकर बतलाया, "राणा जी सभी कुँवर और सरदार पहुँच गए हैं।"

"बहुत अच्छा। आज रात्रि को भोजनोपरान्त हम सब गिर्वा के मैदान में इकट्ठे होंगे।"

गिर्वा के जंगल में पहुँचते ही क्या होगा इसकी कल्पना हमें थी ही। वैसा ही हुआ। पहला प्रश्न राणा जी ने उपस्थित किया—

"वेणा, राऊ, सिंहा कहीं दिखाई नहीं दे रहे?"

सबकी नजरें झुक गईं। प्रताप सिंह ने नजर दूसरी ओर घुमा ली। राणा जी समझ गए, "हमें बचाने के कार्य में हमारे सेनानायकों ने प्राणों की आहुति दे दी।" राणा जी का श्वास तेजी से बढ़ने लगा, माथे पर सिलवटें उभर आईं। अकबर के लिए उपजे क्रोध के कारण मुट्ठियाँ तन गईं, परन्तु स्वयं को सँभालकर राणा जी ने कहा, "हमारे पीछे आई हुई सेना और हुसैन कुली खाँ के अकबर के पास लौटकर जाते ही युद्ध करना होगा। प्रतिदिन युद्ध की खबरें हमें पहुँचाए ऐसे खबरियों की आवश्यकता होगी। एक पूरा दस्ता तैयार करें और प्रत्येक की निश्चित समय के लिए युद्धभूमि पर नियुक्ति करें। दस खबरियों की व्यवस्था करें। एक समय पर तीन लोगों को भेजें। जगह निश्चित कर दें, अत्यन्त तेज गतिवाले अश्व उन्हें दें। सारी सुविधाएँ प्रदान करें। किसी भी परिस्थिति में युद्धकाल की एक-एक घटना की खबर हम तक पहुँचे ऐसी व्यवस्था करें प्रधान जी..."

"जैसी आज्ञा राणा जी" प्रधान मेहसाण जी राणा जी का संकेत समझकर बोले, "हम तत्काल व्यवस्था करते हैं।"

इस योजना में जैत्र सिंह को शामिल कर लें राणा जी ने आदेश दिया।

हुसैन खाँ के खाली हाथ लौट आने के कारण अकबर का पारा और भी अधिक चढ़ गया, पर जन्मजात धूर्त इस सेनानी ने अपनी सारी भावनाएँ छिपा लीं और शान्तिपूर्वक युद्ध के मोर्चेबन्दी की तैयारियों में जुट गया।

गढ़ के पूर्वी छोर पर सूरजपोल के सामने जो मोर्चा खोला गया था उसकी जिम्मेदारी राजा टोडरमल, शुजात खाँ और कासिम खाँ को सौंपी। वहाँ बड़ा सा तोपखाना तैयार रखा।

लखौटाबारी के मोर्चे की जिम्मेदारी जरी हसन खाँ चगताई, रायपरतदास काजी अली और कबीर खाँ को सौंपी गई थी। स्वयं अकबर भी वहाँ रहकर जयमल से युद्ध करनेवाला था।

तीसरा मोर्चा दुर्ग के दक्षिण की ओर चित्तौड़ के सामने संगठित किया गया। अब्दुल मजित और आसफ खाँ पर इस मोर्चे की जिम्मेदारी सौंपी गई।

दूसरे ही दिन एक सेवक दौड़ते हुए आया, "जहाँपनाह एक बड़ी अड़चन निर्मित हो गई है।"

"क्या हुआ?" छोटी-मोटी बातों के लिए हमें तकलीफ न दिया करें।

"क्या दिक्कत है?"

"हुजूर पूरब की ओर तोपखाने का मोर्चा खोला गया तो तोपों के वार दुर्ग के तट तक नहीं पहुँच पाएँगे।"

"उसमें कौन सी दिक्कत है? तोपखाने की जगह ऊँचाई पर ले लो।"

"हुजूर वैसा टीला भी आसपास नहीं है।"

"नहीं है तो बनवा लो। लोगों को बुलाओ, पत्थर-मिट्टी इकट्ठा कर ऊँचा टीला बनवा लो। उसके लिए हमारे पास आने की क्या आवश्यकता थी? गाँव में जाओ और मजदूर इकट्ठे करो," अकबर ने गुस्से से कहा।

"वह सब करके देख लिया हुजूर। टीला तैयार करने को लोग मिल ही नहीं रहे हैं।"

"लोग मिलते नहीं? ऐसा कैसे सम्भव है? आसपास के गाँवों में जाओ। मजदूर, नौकर, किसान किसी को भी बुलाओ।"

"अलिजाँ आसपास के गाँव खाली पड़े हैं, इसीलिए लोग नहीं हैं। जो हैं भी वे आने को तैयार नहीं हैं। रोजगार मिला नहीं तो भी चलेगा पर राणा जी के शत्रु को सहायता नहीं करेंगे ऐसा उनका उसूल है।"

"मजदूरी ज्यादा दो तो वे आएँगे।"

"नहीं हुजूर, कितनी भी मजदूरी दी तो भी वे आने को राजी नहीं हैं।"

"डर दिखाओ, प्राणों के भय से आएँगे।"

"जहाँपनाह, वे कहते हैं मार डालेंगे तो भी नहीं आएँगे।"

"उफ क्या दिक्कत है? एक टोकनी-भर मिट्टी या पत्थर लाने के लिए एक सोने की मुहर दो।"

"सोने की मुहर! एक टोकनी-भर मिट्टी के लिए...! हुजूर..."

"हम जो कह रहे हैं वह करो," जाओ, चिढ़कर अकबर ने कहा।

दूसरे दिन एक सेवक आया और बोला—

"एक-एक मुहर देने पर भी कोई काम करने को तैयार नहीं।"

अकबर पल-भर को आश्चर्यचकित हुआ बाद में हुकुम जारी हुआ—

"अपने ही सैनिकों से काम करा लें। उन्हें भी ऐसा ही मुआवजा दिया जाए।"

काम इसी तरह से हो रहे थे और सैनिकों से करवा लिये जा रहे थे।

"राणा जी अभी भी युद्ध प्रारम्भ नहीं हो पाया," जैत्र सिंह बतला रहे थे। उनके तीनों ही महत्त्वपूर्ण मोर्चे बँधकर तैयार हैं फिर भी गढ़ के तटवर्ती किनारे तक शत्रु पहुँच नहीं पाया है।"

"आज नहीं तो कल पहुँचेंगे। दो महीने हो गए हैं, अब बहुत समय तक वे प्रतीक्षा नहीं करेंगे। अत: आँखों में तेल डालकर सावधान रहें। उनकी ज्यादा-से-ज्यादा खबरें दुर्ग में पहुँचाई जा सकती हैं, पहुँचाने की व्यवस्था करें। जितनी गुप्तता रखना सम्भव है उतनी अवश्य रखें। हम खुद दुर्ग में आएँगे।"

"राणा जी आज से अकबर के सैनिकों ने बड़ी-बड़ी दीवारें बनाने की शुरुआत कर दी है," दूत ने खबर लाई।

"वह किसलिए?" कुँवर बीरमदेव ने पूछा।

"वह साबाती हैं," महाराणा उदय सिंह ने जानकारी दी। शत्रु गढ़ के किनारों पर आने लगा तब अपने शस्त्रों के सामने वह टिक न सकेगा, परन्तु भूमि पर सुरंगों के मार्ग से साबातियों के द्वारा उस मार्ग से तटबन्दी को क्षति पहुँचाना उन्हें सम्भव होगा।"

"फिर इससे बचने का क्या उपाय है?" जैत्र सिंह ने पूछा।

"जयमल राठौड़ जानते हैं कि जिन ठिकानों पर साबाती पहुँचती है उनसे दूर रहना चाहिए। तट के समीप के गड्ढों को बन्द कर देना चाहिए। इसके पहले उसमें से जलते हुए पलीते, बड़े-बड़े पत्थर, विस्फोटक डालकर शत्रु के आने का मार्ग बन्द कर देना चाहिए।" राणा जी ने सविस्तार सूचनाएँ दीं।

इन साबातियों में रोज न जाने कितने शत्रु मृत्यु के मुख में समा जाते थे। अकबर का अत्यधिक नुकसान हो रहा था पर उसे इसका दुख नहीं था। अजमेर, दिल्ली से सहायता मिल रही थी। अपनी साम्राज्य लिप्सा के कारण वह और कितनों की बलि लेनेवाला था क्या पता?

जासूस आ रहे थे, सन्देश ला रहे थे, सलाह दे रहे थे। दुर्ग पर भी गुप्त मार्ग से पहुँच रहे थे। दुर्ग की खबरें पंखों से न सही पैरों से ही सम्भवत: अकबर के शिविर में पहुँच रही थीं। इस लुका-छिपी में और दो महीने निकल गए। बारूद के गोले तट पर दागे जा रहे थे, किनारे टूट रहे थे, रातोंरात उन्हें भरा भी जाता था। लगातार तीन महीनों तक यत्न करके भी अकबर का एक भी सैनिक दुर्ग में प्रवेश नहीं कर सका। एक तो गड्ढे भरे जाते थे या फिर उन मार्गों पर पत्थर, जलते पलीते डालकर आनेवालों का मार्ग रोक दिया जाता था।

अकबर का भी प्रचंड मात्रा में नुकसान हो रहा था। रोज दीवारें खड़ी करते-करते दो सौ सैनिक बारूद के कारण या राजपूतों के हमले से मारे जाते थे। बाहर से आई हुई सहायता भी उन्हें नहीं मिल पाती थी। अजमेर से आई हुई सहायता और रसद बीच में भीलों और शिकारियों द्वारा लूट ली जाती। सभी मोर्चों पर अकबर कमजोर पड़ रहा था। घेरा मजबूत करने पर भी कोई फायदा नहीं था। उस घेरे से राजपूतों को किसी भी तरह की क्षति नहीं हो रही थी।

साबाती या सुरंगें खोदने का काम तुर्कों को अत्यन्त गुप्त रीति से करना पड़ता था अन्यथा जिन्दा लौटकर आने की निश्चिन्तता नहीं थी। साबाती का काम रात्रि में ही करना होता था। उस वक़्त उजाला देखते ही सन्देह हो सकता था। अँधेरे में बाँधे गए तम्बू ठीक से बाँधे नहीं जाते थे। आखिर एक उपाय सूझा। जंगली गायों को

मारकर उनका चमड़ा ओढ़कर उन्होंने हलचल करनी आरम्भ कर दी। यह चालाकी गढ़ के निवासियों के ध्यान में नहीं आई। गढ़ के पास तीन सौ गज तक साबाती बनाई गईं। एक महीना बीत जाने पर दुर्ग में यक्ष प्रश्न था—कि लड़ाई कैसे लड़ी जाए? खत्म हो रही सामग्री कैसे पूरी की जाए? यह वार्ता सुनते ही अकबर अत्यन्त आनन्दित हुआ। उसके सामने यह प्रश्न नहीं था। उसकी हर हानि पूरी हो जाती थी। उसकी दृष्टि से सामग्री और मानव-जीवन बड़ा ही सस्ता था।

चित्तौड़ के बारे में वैसा नहीं था। जो भी कमी निर्मित होती थी वह फिर से किसी भी परिस्थिति में पूरी नहीं हो पाती थी। एक राजपूत की मृत्यु से एक हजार योद्धाओं की जगह खाली हो जाती थी। जबकि अकबर का एक भी सैनिक मरा तो उसकी पूर्ति के लिए चार-चार सैनिक नये जोश से आते थे।

आखिर में वह अशुभ दिन उदित हुआ। चित्तौड़ को घेरे हुए चार महीने पूरे हो गए। कल के युद्ध में बन्दूक की गोली से जयमल काका के दोनों पैर घायल हो गए। सारी रात इलाज होता रहा।

"आप हमें मार्गदर्शन करते रहें काका सा," पत्ता सिसोदिया ने कहा।

"नहीं पत्ता! यह युद्ध है। युद्ध में मन की या शरीर की तकलीफों की ओर ध्यान देकर नहीं चलता। यहाँ शस्त्र उठाना ही पड़ता है, उसी से जख्म अपने-आप ठीक हो जाते हैं," जयमल राठौड़ बोले।

"उसकी चिन्ता न करें," पत्ता को आश्वस्त करते हुए कल्ला ने कहा, "स्वामी को मैं काँधे पर बिठा लूँगा जैसे राम-लक्ष्मण को हनुमान ने बिठाया था। मेरे कन्धों पर से वे युद्ध करेंगे।"

कल्ला की युक्ति सुन सभी दंग रह गए। जयमल काका खुश हो गए और पत्ता को भी धन्यता महसूस हुई।

हमेशा की तरह रातोंरात तटबन्धों की मरम्मत की गई। बड़े गड्ढों और दरारों को पाट दिया गया। सारी व्यवस्था देखकर सभी निश्चिन्त हो गए। प्रात:काल जयमल काका कल्ला के काँधे पर बैठकर निकले। उन्हें शस्त्रों से सजा हुआ देखकर पत्ता ने कहा—

"काका सा! ऐसा लगता है कि आपके जैसे क्षत्रियों के जीवन में आदि से लेकर अन्त तक केवल शस्त्रों का ही साथ होता है।"

"सच है बेटा! शस्त्र विरहित क्षत्रिय, प्राणों के बिना शरीर जैसा है। शस्त्र ही क्षत्रियों का प्राण, वही सर्वस्व है।"

योद्धाओं ने अपनी-अपनी जगहें लीं। रात-भर जो मोर्चे पर योद्धा थे उन्हें विश्राम दिया गया। मध्याह्न के उपरान्त दूसरे योद्धा आकर सुबह के योद्धाओं को विश्राम देते थे।

यह युद्ध न होकर प्राणों की बाजी है ऐसा मन में सोचकर जयमल जी ने कहा—

"पत्ता कभी-कभी लगता है हम आदमी न होकर युद्ध के औजार ही बन गए हैं।" किंचित् हँसकर पत्ता आगे बढ़ा क्योंकि महत्त्वपूर्ण मोर्चा उसे सँभालना था।

सूर्य मध्याह्न में आया और अकबर अपने 'मधुकर' नामक हाथी पर बैठकर युद्ध की स्थिति का अवलोकन कर रहा था। उसकी पसन्द की बन्दूक 'सम्राट' उसके पास थी। तट के समीप से कोई जा रहा है ऐसा आभास होते ही क्षण में पास की बन्दूक उठाई और हाथी के हौद में खड़े होकर निशाना साधकर चला दी। गोली हवा काटते हुए निकली और उस परछाईं को जा लगी। परछाईं तत्क्षण नीचे बैठ गई।

अचानक ही दुर्ग पर श्मशान जैसी खामोशी छा गई। सारे सैनिक मोर्चा छोड़कर दुर्ग के मैदान में इकट्ठे हुए। सिर्फ बन्दूकची मोर्चे पर डटे रहे। जरा सी देर में दुर्ग से खबर आई—जयमल राठौड़ गिर गए। अकबर की गोली ने उनके हृदय को छलनी किया और वे धराशायी हो गए। जयमल काका के गिरने का समाचार चित्तौड़ के मर्म पर जबरदस्त मर्माघात था। दुर्ग पर निष्प्रभता, निस्तेजता छा गई। थोड़ी देर युद्ध थमा।

सरदार, सामन्त, सैनिक राणा जी के दालान में एकत्र थे। सबके चेहरे दुख से धुँधला गए थे। वीर सिंह, पत्ता सिसोदिया, कामा गौड़, ऋणोचा ईसरदास, वेणा साखला, खेतसी सब इकट्ठे होने पर भी दालान में जानलेवा शान्ति विद्यमान थी।

"बेटा क्या हुआ?" पूछते हुए पत्ता सिसोदिया की माताजी वहाँ आईं।

जयमल काका की निश्चेष्ट देह देखकर वे थरथरा गईं। अपने काँधे का रेशमी वस्त्र उतार कर उस वीर माता ने वीर बेटे को आखिरी चादर चढ़ाई।

"कर्तव्य पालन के मार्ग पर जाते हुए मृत्यु भी शुभ होती है, उसका दुख नहीं करते। अब आगे का निर्णय लें," वीरमाता ने कहा।

"स्त्री अबला होती है ऐसा कहनेवालों को मेरी माँ की ओर देखना चाहिए। उसके नेत्रों से बहनेवाला सामर्थ्य लेकर बलवान होना चाहिए," पत्ता ने कहा।

तत्काल सभी सेनानायक आगे के विचार विनिमय के लिए दरबार के विशेष दालान की ओर निकले। योद्धा अपने-अपने मोर्चे पर लौट गए परन्तु मन जयमल काका के पास ही मँडराता रहा।

सभा खत्म हुई एक ठोस निर्णय लेकर कि अब युद्ध के सेनापति की जिम्मेदारी सोलह वर्ष के कोमल पत्ता को सँभालनी होगी। वह मेवाड़ का शूर आगे बढ़ा।

पत्ता की माँ और किशोरवय की पत्नी ने नेतृत्व सँभाला। दुर्ग की सभी राजघराने की स्त्रियाँ, सरदार पत्नियाँ और असंख्य महिलाएँ एकत्र हुईं। प्रसंग की गम्भीरता उन्होंने जान ली। कल केसरिया अर्थात प्राणों की बाजी लगाने की तैयारी। दुर्ग का महाद्वार खोलकर एक बार वारा-न्यारा। सभी को युद्ध में उतरना। पत्ता की माँ, पत्नी भी युद्ध करेंगी। उनके नेतृत्व में जिनको युद्ध करते हुए वीरगति स्वीकारनी है उन्हें शस्त्र उठा लेना चाहिए और जो शस्त्र उठा नहीं सकतीं उन्होंने जौहर कर अपने देह की समिधा स्वतंत्रता-प्राप्ति के महायज्ञ में अर्पित कर देनी चाहिए।

दुर्ग की प्रजा मीरा मन्दिर के प्रांगण में पहुँच गई थी। उन्हें क्या करना है यह निर्णय प्रत्येक ने पहले ही ले लिया था। जौहर स्थल, सिद्ध होने लगा। चन्दन की लकड़ी का दालान बनाया गया उसमें चारों ओर से उद, रोली, अगरु, चन्दन, घी आदि ज्वाला ग्राही पदार्थ भरकर स्थान सुसज्जित किया गया। रात्रि में ही पूरी तैयारी

कर सभी वीर एवं वीरांगनाएँ बेखौफ निद्रालीन हो गईं। उदित भास्कर के तेज में अपनी भी जीवन-ज्योति विलीन करने के लिए, राजपूतों के संस्कारों की रक्षा करने के लिए ही निद्रस्थ हो गई थीं।

प्रात:काल त्योहारों के उत्साह के साथ दुर्ग जागा। शहनाई-ढोल आदि वाद्यों की ध्वनि वातावरण को शुचि बना रही थी। पुरुषों ने नित्यकर्म पूरे कर केसरिया बाना परिधान किया। मस्तक पर मंगल तिलक लगाया। शरीर में रक्त की आखिरी बूँद और आखिरी साँस बनी रहने तक दुर्ग में लड़ेंगे यह प्रतिज्ञा वीर पुरुषों की वीर स्त्रियों ने ही नहीं, पहले ही वीरगति प्राप्त किए वीरों की विधवा स्त्रियों ने भी की और मंगल स्नान कर नववधू का साज-शृंगार किया।

जौहर के लिए सजी हुई ललनाएँ एकलिंग की पूजा-अर्चना कर आनन्द के साथ जौहर स्थल की ओर निकलीं। गणगौर पूजन के लिए जाते हुए उत्साह से शीघ्रता से पति और सम्बन्धियों से विदा लेकर, एक-दूसरे को स्वर्ग में मिलने का अभिवचन देकर, मायके से डोली में आई दुल्हन जिस प्रेम से आनन्द से बैठती है उसी आनन्द से उन्होंने जौहर दालान में प्रवेश किया। उन स्त्रियों की यह उदात्त वृत्ति लड़नेवालों की शक्ति बनी।

पत्ता ने हृदय पर पत्थर रख प्रफुल्लित मन से अपने हाथों से जौहर स्थल को अग्नि दी।

मंगल गीतों के स्वर में, ढोलक की ताल, लय का साथ देती अग्नि ज्वालाएँ चट्चट् की ध्वनि के साथ जीवन की भैरवी शीलवतियों द्वारा गाई जा रही थी।

अनेक पवित्र आहुतियाँ पाकर प्रसन्न वैश्वानर अपने सहस्रकरों से स्वर्ग का दरवाजा खटखटा रहा था। स्वदेश, स्वाभिमान, स्वधर्म और सतीत्व की रक्षा करने के लिए जिन्होंने नश्वर शरीर की आहुति दी उन वीरांगनाओं के लिए स्वर्ग के दरवाजे मुक्त हो गए।

स्वर्ग के द्वार पर ये ललनाएँ पंचारती सजाकर अपने पश्चात् आनेवाले सम्बन्धियों के स्वागतार्थ तैयार हो गईं।

चित्तौड़गढ़ से प्रात:कालीन उठती हुई लपलपाती ज्वालाओं को देखकर अकबर और उसकी सेना आश्चर्यचकित हो गई।

"हुजूर! दुर्ग पर 'जौहर' हुआ। अब प्राणों की खैर चाहते हैं तो खुदा की इबादत कीजिए। इस परिस्थिति में एक-एक राजपूत एक-एक लाख लोगों के लिए भारी पड़ेगा।" राजा भगवानदास ने कहा।

सुबह दुर्ग का महाद्वार खोलकर हजारों योद्धा अनाज का गोदाम फूटा हो ऐसे बाहर निकले और जूझ पड़े। हरेक ने वीरता की पराकाष्ठा प्राप्त कर ली थी।

अकबर ने अपने गजदल को आगे किया तो चित्तौड़गढ़ और तुर्की सैनिकों के मध्य एक बड़ी काली दीवार ही खड़ी हो गई हो ऐसा प्रतीत हो रहा था। तुर्की सैनिकों द्वारा किए हुए आक्रमण का राजपूतों को जवाब देने में कठिनाई आ रही थी। यदि आगे बढ़ते तो हाथी के पैरों तले रौंदे जाते अन्यथा हाथियों ने अपनी सूँड़ों

में पकड़ी हुई तलवारों के बलि जाते। यदि आगे नहीं गए तो हाथी पर से लड़नेवाले योद्धा हैरान-परेशान करते।

फिर भी राणा जी की सेना ने पराक्रम की पराकाष्ठा की। अनेक हाथियों की सूँड़ें छाँट डाली, महावतों को यम सदन दिखलाया, सैनिकों को धरातीर्थ पर गिरा दिया। जान की बाजी लगाकर लड़नेवाले पत्ता ने अकबर के एक भी सैनिक को दुर्ग में प्रवेश नहीं करने दिया और न जीते-जी किसी को प्रविष्ट होने देता।

पत्ता सिसोदिया का इरादा और पराक्रम दूर से अकबर देख रहा था। इस बच्चे को मार्ग से हटाए बिना दुर्ग में प्रवेश कराना सम्भव नहीं है यह जानकर उसने हुसैन कुली खाँ को अपने बलशाली गजदल सहित पत्ता की दिशा में भेजा। घोड़े पर सवार इस अकेले सेनानायक पर आठ-दस सेनानी अपने-अपने हाथी लेकर टूट पड़े। पत्ता की वीरता अवर्णनीय थी। पत्ता का शौर्य, पराक्रम और अकेले ही अभिमन्यु की शैलीवाली ही टक्कर है यह दूर से युद्ध देख रहे राजा भगवानदास जी के मन में आया।

पत्ता की माँ का अपने पुत्र की ओर ध्यान जाते ही वह उसकी सहायतार्थ दौड़ी, पर देर हो गई थी। एक हाथी ने सूँड़ फटकारते हुए उसे धरती पर गिराया और पैरों तले रौंद डाला। कोमल सिर का स्वरूप ही नष्ट हो गया।

पुत्र की ऐसी हृदय-विदारक मृत्यु देख माँ को चक्कर आया परन्तु पल-भर में ही अपने को सँभाल वह क्रुद्ध सिंहनी की तरह शत्रुदल पर टूट पड़ी। युद्ध करती हुई चंडिका की तरह जो भी सामने आता उसे काट फेंकती। विद्युत की गति से उसकी तलवार चमक रही थी। रणरागिनी अनेक हाथों से अपने पर वार कर रही है ऐसा हर शत्रु सैनिक को लगने लगा। प्राणों का भय उन्हें हिमवत जमा-सा दे रहा था, इसी कारण उनकी आँखों के सामने पराक्रमी माता द्वारा अपने पुत्र की क्षत-विक्षत देह कब उठा ली गई किसी को भी ज्ञात नहीं हुआ।

पत्ता के गिर जाने पर शत्रु को जोश आया। पहले अकबर आगे आया। पीछे-पीछे प्रचंड सेना। दीन-दीन गर्जना करती हुई आ रही सागर-सी विराट सेना को रोकने बहुत ही कम योद्धा शेष रहे थे। चित्तौड़ के आखिरी वीरांगना वीर पत्ता की किशोरवय पत्नी धरातीर्थ पर गिरने के बाद ही अकबर को दुर्ग में प्रवेश मिला।

अकबर के 'मधुकर' का पहला कदम दुर्ग के महाद्वार से भीतर आया और ईसरदास चौहान कूदकर उसके दाँत पकड़कर लटक गए। अपनी तलवार से कुशलतापूर्वक उसकी सूँड़ पर वार करते हुए उन्होंने दुर्ग के योद्धाओं से दी जानेवाली टक्कर की प्रथम सलामी दी।

"बाद की घटनाओं का वर्णन करने के लिए रौद्र भयानक के पास धीरज और शब्द नहीं थे। क्रूरता, बेरहमी कभी भी वर्णनीय नहीं होती। राजा भगवानदास और कुँवर मानसिंह के चेहरे उस क्रूरता के सम्मुख काले पड़ गए। चैत्र की त्रयोदशी के दिन घृणित नरसंहार हुआ। अकबर को चित्तौड़गढ़ मिला पर उसके माथे पर इस घटना

ने अमानुषिकता का कलंक हमेशा के लिए लगा दिया।"

जैत्र सिंह ने राणा जी की पराक्रम गाथा खत्म की। बलदेवी अवाक् होकर सुन रहे थे।

कोई चित्तवेधक घटना देखी जाने पर जैसे दिङ्मूढ़ हो जाते हैं वैसे ही वे हो गए थे। सुनते समय भी न जाने कितनी बार उनकी आँखें डबडबाईं, कितनी बार हृदय भर आया, कितनी बार सन्तोष अनुभव हुआ और कितनी बार गुस्सा आया इसकी कोई गिनती ही नहीं थी। वे उस कथा में प्रवाहित से हो गए थे।

"फिर आप सब कुम्भलगढ़ पर रहे क्या?" बलदेव ने पूछा।

"नहीं," जैत्र सिंह बोले, "हम सब उदयपुर में थे। उदयपुर के महलों में रहते थे। आसपास का प्रदेश अपने अधीन कर रहे थे। अकबर ने चित्तौड़ विजय के लिए अजमेर के ख्वाजा के सामने मनौती मानी थी कि 'अगर चित्तौड़ मिला तो तेरे दर्शनों के लिए पैदल-पैदल आऊँगा।' इस मनौती को पूरा करने चित्तौड़ से सब पैदल निकले। कुछ अजमेर पहुँचे, कुछ बीच में ही बीमार पड़े। जैसे-जैसे धूप बढ़ने लगी वैसे सब बेचैन होने लगे फिर भी अकबर ने रणथम्भौर का सुन्दर, सुदृढ़ गढ़ जीता। धीरे-धीरे बूँदी, जैसलमेर, जोधपुर, बीकानेर के शासकों ने युद्ध में पराजित होकर शरणागति स्वीकार ली। जोधपुर के राव चन्द्रसेन ने काफी विरोध किया। अभी भी वे जोधपुर के बाहर रहकर अकबर से भिड़न्त कर रहे हैं। सिर्फ उदयपुर और गिर्वा का प्रदेश ही स्वतंत्र बचा है। उनकी स्वतंत्रता अबाधित बनाए रखने के लिए और गँवाया हुआ प्रदेश वापस प्राप्त करने के लिए हम अभी भी प्रयत्नों की पराकाष्ठा कर रहे हैं। चित्तौड़ के पतन का शल्य महाराणा उदय सिंह के मन में भीतर तक चुभा है। कुँवर प्रताप सिंह तो कितने दिन मौन थे। कोई सा दृढ़ निश्चय उनके मन में जड़ जमा रहा था और नेत्रों में दृढ़विश्वास आकार ले रहा था।"

थके हुए चेहरे से, अनमने से अपने ही विचारों में खोए हुए महाराणा उदय सिंह को एक दिन कुँवर प्रताप सिंह ने धीमे स्वर में कहा—

"पिताजी!"

"कहिए प्रताप सिंह! आसनस्थ होवें।" सामने के आसन की ओर राणा जी ने उँगली से निर्देश करते हुए कहा। "अब कौन-सी नई योजना आपके मन में है?"

"पिताजी, अब जरा स्वास्थ्य लाभ के लक्षण दिखाई दे रहे हैं अत: राज्य की सीमाओं के विस्तार का प्रयत्न किया जाना चाहिए। अकबर इन दिनों दूसरी अनेक योजनाओं में लगा हुआ है तथापि मेवाड़ को भूलेगा नहीं। तब तक हम ही कुछ कर लें।"

"फिर कुछ योजना बनाई क्या?" राणा जी ने थोड़े उत्साह से पूछा।

"हाँ पिताजी, बागड़िया चौहानों पर आक्रमण कर वह राज्य अपने राज्य में शामिल कर सकते हैं।"

"अभियान कब आरम्भ करेंगे?"

"एकाध महीने में।"

"ठीक है, तैयारी कीजिए, हम तो बहुत हताश हो चले हैं।"

"पिताजी ऐसे निराशा के उद्‌गार क्यों? आप शीघ्र ही पूर्ववत होंगे। तब तक हम सेना की व्यवस्था करते हैं। आपके ध्वज के नीचे इकट्‌ठे होने के लिए कई शासक तैयार हैं। इसके अतिरिक्त आपने इतने दिनों से प्रदेश की जनता से सम्पर्क साधकर भील, मीणा, पारधी, बीर, गुर्जर, जाट इन सबको अपना बना लिया है। इन सबकी सहायता से हम चित्तौड़गढ़ वापस लेंगे।"

"आप युवा हैं कुँवर, आप ये सब जरूर करें, हमारा आशीष आपके साथ है। हाँ, पर अब हमारा कुछ भरोसा नहीं।"

"ऐसे निराशाजनक उद्‌गार आप व्यक्त न करें पिताजी। मेवाड़ को आपके कृतित्व की बहुत आवश्यकता है। अभी हमें आपकी बहुत जरूरत है पिताजी।"

"कुँवर अब आप बड़े हो गए हैं। कभी आपसे बात करनी ही थी। आज आराम से भेंट हो गई। जिन्दगी-भर हमारे मन में बेचैनी, अकुलाहट बनी रही। हम लगातार तो नहीं फिर भी बहुत अर्थों में अन्त:पुर में उलझे रहे। आपकी धीर माताजी के अधिक वशीभूत हुए। आपको भी कितने दिनों तक दूर रखा। कुँवर हमारी मजबूरी आप समझ लें।"

"पर ये हमारे भले के लिए ही..."

"हाँ, सच में आपके भले के लिए ही था पर इस कारण बचपन में आप पितृप्रेम से वंचित रहे और बाद में भी..."

"पिताजी जाने दीजिए वे पुरानी कड़वी यादें। हमारे मन में कोई किन्तु-परन्तु नहीं है। अगर हमारे नसीब में पितृप्रेम ही नहीं लिखा तो आप क्या करेंगे? उन बातों को याद करके आप दुखी न हों। हम आपके साथ हैं ही, अपने प्रयत्नों से चित्तौड़ निश्चित वापस लेंगे।"

"कुँवर आप पर हमारा विश्वास है, आप जरूर चित्तौड़ वापस लेंगे, अब निकलिए। जैत्र सिंह बाहर आपके लिए रुके हुए हैं।"

"हम दालान के बाहर खड़े हैं यह बात राणा जी के ध्यान में कैसे आई मालूम नहीं। कुछ ही दिनों में हम इस अभियान पर निकले। बागड़िया चौहानों से मुकाबला था। उनकी तैयारी गजब की थी। राणा जी की जिद्‌द उससे भी प्रबल थी। चौहानों के पास सेना का बल था और राणा जी के पास दृढ़ आत्मविश्वास। ओम नदी के तट पर हुआ युद्ध अविस्मरणीय था। पराक्रम की पराकाष्ठा कर प्रताप सिंह की सेना ने बागड़ियों का पराभव किया और विजय प्राप्त की। मेवाड़ राज्य में बागड़ प्रान्त जोड़ा गया। भाई करमसी के बलिदान से इस कीर्ति को थोड़ा दिठौना जरूर लग गया।

दिन पर दिन जा रहे थे। महाराणा उदय सिंह और कुँवर प्रताप सिंह ने गहन विचार-विमर्श कर अपनी राजधानी कुम्भलमेर से गोगुन्दा ले जाने का निश्चय किया और वहाँ सेना तथा युद्ध सामग्री एकत्र करना आरम्भ कर दिया।

"अपना पुत्र राज्य की सत्ता सँभालने में समर्थ है, दृढ़-निश्चयी, पराक्रमी और शीलवान है, इसका समाधान महाराणा उदय सिंह को था।" कुँवर जी भी मिली हुई

कामयाबी से उत्साहित हो गए थे। परन्तु नियति को अलग ही खेल खेलने की उमंग आई थी। थोड़ी-सी बीमारी का कारण बनकर महाराणा उदय सिंह ने देह त्याग दी। उसी समय मेवाड़ के वारिस का प्रश्न उपस्थित होने से प्रताप सिंह का मन अस्वस्थ हो गया।

महाराणा प्रताप सिंह चौंककर जागृत हुए। स्वयं को गहरी नींद नहीं लगी थी इसकी उन्हें जानकारी थी। अर्ध जागृत अवस्था में मन की स्थिति वे अनुभव कर रहे थे।

अभी जो देखा वह स्वप्न था या आभास, अनुभव था या सच में जाग्रतावस्था में मन की जानकारी यह उन्हें स्पष्ट नहीं हो रहा था। पर जो कुछ भी था वह अत्यन्त सुखद था। बार-बार अनुभव करने लायक था।

राणा जी ने क्रमशः घटनाओं को क्रमवार याद करने की शुरुआत की। घुड़साल से लौटने पर हमेशा की तरह संध्या-पूजन समाप्त कर एकलिंग जी का स्मरण करते हुए वे पलंग पर पद्मासन अवस्था में बैठे। मेरुदंड सीध में था। अधखुली आँखों से भृकुटी के मध्य में नजर स्थिर कर वे शिव को देखने लगे। धीरे-धीरे चित्त स्थिर होने लगा साँसों की गति धीमी हो गई। उन्हें पंखों की तरह हल्का ऊर्ध्वगामी होने जैसा अनुभूत होने लगा। मन-ही-मन कहे जानेवाले शिवमहिम्न स्तोत्र के श्लोकों, की आवाज बढ़ने लगी। दूर से आनेवाले ढोल के स्वरों जैसे आह्लाददायक थे।

मन्द-मन्द बहनेवाले समीर ने कहीं से अपरिचित गन्ध बिखेरा। अलौकिक सुगन्ध परिचित होने पर भी अनजानी थी, अनुभूत थी पर फिर भी अनुभूति से परे थे।

नजरों के सामने थी अरावली पर्वत की ऊँची-ऊँची चोटियाँ, शिखर। एकलिंग जी का मन्दिर और आसपास संगमरमर के कठोर पाषाण, जहाँ तक नजर जाती वहाँ तक शुभ्रता, शिवम् सत्यम् की सुन्दरता। शुभ्रता के कारण चारों ओर आह्लाद देनेवाली प्रभा दृष्टिगत हो रही थी। दूर एक पाषाण पर मूर्ति की तरह खड़ा हुआ मयूर, उसकी नीली आँखें और नीलकंठ शम्भू की तरह।

नजर शिव के कंठ पर ही स्थित हो गई और वहाँ नजर आई एकलिंग जी की मूर्ति, अभिषेकपात्र और उससे होनेवाला शिवाभिषेक। उस पवित्र जल का एक तुषारकण प्रताप सिंह के मुख पर पड़ा और पूरे शरीर में सिहरन-सी दौड़ गई। वे देख रहे थे, पास में महाराणा उदय सिंह एकलिंग जी के सम्मुख घुटने मोड़कर वज्रासन में बैठे थे। दंडवत करने के लिए राणा जी नतमस्तक हुए, उनका माथा जमीन से टिका और गर्भगृह से धीर-गम्भीर स्वर में आवाज आई।

"राजन अरावली की ऊँची चोटियाँ, मेवाड़ की मिट्टी, राजस्थान की संस्कृति और अस्मिता तुम्हारे ज्येष्ठ पुत्र की माँग कर रही हैं। तेरा पुत्र इस मिट्टी को अर्पण कर...अर्पण कर...अर्पण कर।" ये धीर-गम्भीर शब्द और उनकी प्रतिध्वनि सिर्फ एकलिंग जी के मन्दिर में ही नहीं तो आसपास के जंगलों में भी गूँजने लगे। कोमल हाथों का स्पर्श प्रताप सिंह के मस्तक को हुआ और उन्हें प्रतीति हुई। जब ध्यान में

आया तो मुख से शिवमहिम्न स्तोत्र बोलते हुए अपने पलंग पर पद्मासन डालकर बैठे हुए थे। आसपास दीपदान में जलती ज्योति का मन्द-मन्द प्रकाश फैला हुआ था। धूपदान से अगरु मिश्रित चन्दनी गन्ध बिखर रही थी। रात्रि के दो प्रहर व्यतीत हो गए थे। हवा में निहित ठंडक आह्लाद दे रही थी। सम्पूर्ण वातावरण में एक अनामिक गूढ़ता समाई हुई थी।

महाराणा प्रताप सिंह उठे, पास ही में रखे हुए जलपात्र से उन्होंने जलप्राशन किया। गीला हाथ चेहरे पर घुमाया और अनुभव की हुई घटना का मन में सन्दर्भ जोड़ते हुए पलंग पर लेट गए।

कुछ समय बाद उनकी आँख लगी। उस समय आकाश ने रंग नहीं बदला था, पर उषःकाल का दूत प्रातःकाल की पवन वातावरण में ठंडक फैला रही थी। ज्योतियों का तेज क्षीण हो रहा था। महारानी रत्नावली जब पति के प्रातःदर्शनों के लिए आईं तो उस वक़्त महाराणा प्रताप सिंह अबोध, भोले-भाले, निष्पाप बालक की तरह शान्त लेटे हुए थे। भाल पर घुँघराले बाल शोभा पा रहे थे। घनी पलकें मयूर पंखों की तरह कपोलों पर विश्राम कर रही थीं। शान्त लय में हो रहे श्वासोच्छ्वास के कारण वक्षस्थल की मोतियों की माला धीरे-धीरे ऊपर-नीचे हो रही थी। चेहरे पर आश्वासन देनेवाला स्मित परिलक्षित हो रहा था।

प्रातःकालीन नित्यकर्म, दैनिक उपासना सम्पन्न कर प्रताप सिंह अपने दालान में जब आए तब जैत्र सिंह और बलदेव उनकी प्रतीक्षा में थे। कल रात्रि की सुखद अनुभूति के कारण राणा जी का चित्त प्रसन्न था। अपनी प्रसन्नता इन दोनों को भी ज्ञात हो ऐसा राणा जी को तीव्रता से महसूस हो रहा था।

"बलदेव आप हमारे परिवार में सन्तुष्ट हैं न?" राणा जी ने स्नेह भरे स्वर में बलदेव से पूछताछ की।

बलदेव सन्तुष्ट थे। राणा जी के आश्रय में आने के बाद से वे अलग ही वातावरण में, अलग मनोवृत्ति में ही विचरण कर रहे थे। जैत्र सिंह के द्वारा बतलाई गई आज तक की राणा जी की यशोगाथा श्रवण करके वे इतने अधिक प्रभावित थे कि स्वयं का स्वतंत्र अस्तित्व लेकर यहाँ आए हैं यह भूल ही गए। जैसे वे यहीं के हैं, इसी मिट्टी के हैं, उनकी जड़ें यहीं बहुत गहरी जुड़ी हैं, इस राजघराने से जन्म-जन्म के रिश्ते हैं। महाराणा प्रताप सिंह का प्रभाव उन पर इतना था कि उनके सिवाय कोई दूसरा विचार ही बलदेव के मन में नहीं आता था। राणा जी के आज के अपनत्व भरे प्रश्न से वे और भी अधिक भाव-विभोर हो गए। राणा जी के प्रश्न का उत्तर देते हुए बोले—

"महाराणा जी, आपकी कृपा रहने पर काहे की कमी? आपने आश्रय दिया हम कृतार्थ हो गए। अब हमारी सेवा आपके चरणों में।"

महाराणा प्रताप सिंह प्रसन्नता से स्मित करते हुए बोले, "बलदेव ऐसी गुलामी की भाषा न बोलें, हमारे स्नेही बनकर रहें। स्नेहीजनों की जगह हृदय में होती है, चरणों में नहीं।"

"आपकी पहली जिन्दगी का चमकता वस्त्र जैत्र सिंह ने हमें खोलकर दिखलाया।

उसकी झलक देखकर हम स्वयं को भूल ही गए थे। आज आपके अन्त:करण की भी विराटता देख ली। अब आपके सान्निध्य का मोह छूटेगा नहीं। अभी भी हम आपको अपने साथ ले चलने के लिए ही आए हुए हैं।"

"कहाँ?"

जैत्र सिंह बोले, "राणा जी! बलदेव पर आपने जो जिम्मेदारी सौंपी थी, उसके अनुसार उन्होंने अरावली की कुछ पर्वतीय गुफाएँ देख रखी हैं। आप प्रत्यक्ष देखकर उनकी उपयुक्तता परख लें और उसी स्थान से कुम्भलगढ़ के लिए गुप्त मार्ग तैयार करने की अनुमति दें।"

"ठीक है, निकलेंगे। आज हम भी आप दोनों से कुछ खास बात करनेवाले हैं," महाराणा प्रताप सिंह ने सेवक को संकेत किया। सेवक उनके प्रस्थान की व्यवस्था करने लगा।

गोरस प्राशन कर दोनों स्नेही बाहर निकले।

तीनों अश्व धीमे-धीमे मार्ग तय कर रहे थे। महाराणा प्रताप सिंह के चेतक के साथ जैत्र सिंह और बलदेव जी के अश्व समान्तर चल रहे थे। टापों की लयबद्ध आवाज आ रही थी। एक विशाल पेड़ के नीचे अश्व रुके। वृक्ष की छाया में एक प्रस्तर पर प्रताप सिंह आसनस्थ हुए।

"सोने, रुपये के आसन पर हमें कठिनाई ही महसूस होती है," राणा जी ने हँसते हुए कहा, "यहाँ कैसे माँ की गोद में विश्राम का-सा सुख प्राप्त हो रहा है।"

"आपकी ऐसी भावनाओं के कारण ही हम सब इस राज्य में समाधान महसूस करते हैं।" जैत्र सिंह ने व्याकुलता से कहा, "अन्यथा राज्य-पद मिलने पर भी सुखोपभोग नसीब में नहीं है सोचकर दुखी होनेवाले राजपुरुष कम नहीं हैं।"

"ऐसे दुखी होनेवाले शासकों के समक्ष सुखोपभोग प्राप्त करने का सीधा रास्ता हाथ पसारे खड़ा था ही।" मौका मिलते ही बलदेव ने अपना क्रोध व्यक्त किया। तुर्कों के चरणों में अपने शस्त्र और अस्मिता गिरवी रखकर जो चाहिए वह सुख प्राप्त करनेवाले कितने लाचार, लालची शासक हमारे देश में हैं ही। उत्तर की ओर, पंजाब प्रान्त में, बंगाल में यह लगातार सुनाई देता है। हमारा अनुभव भी इससे अलग नहीं है। राणा जी, उत्तर में एक युवा स्वामी जी ने अत्यन्त रसपूर्ण रामकथा का गायन किया तो उन्हें भी अत्यधिक कष्ट मिले। अकबर का गुणगान किया होता तो उनकी भी वाहवाही होती।"

"आपकी बेचैनी और आकुलता हम समझ सकते हैं बलदेव जी।" राणा जी ने समझाने के से स्वर में कहा, "कभी-कभी सत्ता का पलड़ा किस ओर झुक रहा है देखकर अपने को अवसर प्राप्त होते तक शान्त बैठना पड़ता है, यह सच नहीं है क्या? अकबर के दरबारी हमारे सगे मौसेरे भाई हैं पृथ्वीराज राठौड़, वे भी खामोशी से चुप्पी साध बैठे हैं। प्रत्येक व्यक्ति को अन्याय का प्रतिकार करने की उचित सन्धि, वातावरण, क्षमता और साथ देनेवाले मिलेंगे ही ऐसा नहीं है। बहुत सी बातें अपरिहार्य रूप में स्वीकार करनी ही होती हैं।"

"राणा जी, आप जो कह रहे हैं उन सब कारणों से आई अड़चनें आपके सामने थीं ही और परिस्थिति भी वैसी ही थी पर आपने वह अपरिहार्य स्थिति कहाँ स्वीकार की? प्रतिकूल परिस्थिति में ही आपने सत्ता का पलड़ा उलटा दिया?" बलदेव ने तत्काल प्रमाण दिया।

"हमारे पास आप जैसे साथी हैं," वातावरण को थोड़ा तनावरहित करते हुए बोले, "बलदेव जी, आपके समान जैत्र सिंह, भामाशाह, ताराचन्द, हमारे मामा सा, झाला नरेश, मानसिंह, रावत सांगा, कृष्णदास, रामदास राठौड़, पूंजा जी ऐसे कितने ही लोग हमारे साथ हैं। नेतृत्व जितना आवश्यक है उतने ही साथी भी आवश्यक हैं। अनेक बार साथियों के अभाव में इच्छाएँ अधूरी ही रह जाती हैं। जोधपुर के राव चन्द्रसेन जी का उदाहरण लें, वे कितने एकाकी हो गए हैं।"

"पर राणा जी," जैत्र सिंह भी अब इस विवाद में रस लेने लगे, "राजपूतों के पूर्वजों ने पराक्रम की पराकाष्ठा प्रमाणित की है। पृथ्वीराज चौहान, रणथम्भौर के राणा हम्मीर, जोधपुर के संस्थापक जोधा जी और सिसोदिया वंश के सभी पूर्वज याद आते हैं। इतने वीर पुरुषों के वंशजों ने शरणागति क्यों स्वीकार की? अस्मिता क्यों गिरवी रख दी?"

महाराणा प्रताप सिंह ने कहा, "प्रत्येक काल में व्यक्ति के जीवित रहने और मृत्यु को अंगीकार करने के मानदंड निश्चित होते हैं। कोई स्वाभिमान से जीना सिखाता है तो कोई देदीप्यमान मृत्यु को स्वीकार करना सिखाता है। हमारी आज की कसौटी पर विगतकाल का मूल्यांकन करने का हमारा प्रयास उचित नहीं है। वैसे ही विगत काल के निष्कर्षों को स्वीकार कर आत्मघात करने की मूर्खता करना उपयुक्त नहीं है। प्रत्येक व्यक्ति को प्राप्त परिस्थिति का विचार कर अपना रास्ता चुनना चाहिए। यह ज्ञान जिसने भी आत्मसात् कर लिया वे ही यशस्वी होते हैं, जो इस बात की उपेक्षा करते हैं उनकी जिन्दगी उनके ही ऊपर निर्भर होती है।"

सम्भाषण को गम्भीरता की ओर मुड़ते देख बलदेव जी ने कहा, "आप भी हमें कुछ बतानेवाले थे।"

"हाँ बलदेव जी, सच देखा जाए तो जो बतलाना था उसमें से काफी कुछ बातों के प्रवाह में आ ही गया है। हमारा राजतिलक होकर काफी वर्ष बीत गए हैं। राज्य की व्यवस्था जैसे-तैसे चल ही रही है पर मन अस्वस्थ ही बना हुआ है।" राणा जी ने बड़ी ही गम्भीरता से कहा।

"तुर्कों की बढ़ती हुई शक्ति ही तो इस अस्वस्थता का कारण नहीं?"

"बिलकुल हमारे मन की बात कही आपने जैत्र सिंह। तुर्कों की बढ़ती शक्ति समूचे भारत को हड़प करना चाह रही है। बीते पाँच वर्षों में अकबर ने मेवाड़ की तरफ मोर्चा नहीं खोला है फिर भी वह खामोश बैठेगा ऐसा प्रतीत नहीं होता। अकबर का सेनानी जलाल खाँ कोरची मेवाड़ में सेना सहित आ चुका है। उसका इरादा समझ में नहीं आया परन्तु यह लक्षण कुछ अच्छे नहीं हैं। यदि हमने थोड़ा भी विवाद किया होता या नाराजी व्यक्त की होती तो उसी क्षण युद्ध करना पड़ता। सम्भवत:

वैसा मौका ढूँढ़ने ही वह आया होगा पर वह न मिल पाने के कारण आदर-आतिथ्य स्वीकार कर उसे वापस लौट जाने से वह निराश ही हो गया था। यह भेंट मात्र औपचारिक ही कही जा सकती है।"

"सम्भवत: इस भेंट की वजह स्थिति का मूल्यांकन और अपने सैन्यबल को आजमाने की भी योजना हो सकती है," बलदेव जी ने कहा।

"निश्चित ही हो सकती है। अत: अब हमें अत्यधिक सावधान रहने की आवश्यकता है। चित्तौड़गढ़ जीतने के बाद अकबर मेवाड़ को भूल जाए इसकी सम्भावना किंचित् मात्र भी नहीं लगती।"

बात करते-करते प्रताप सिंह उठे और अपने चेतक की ओर जाते हुए बोले, "कल रात्रि हमें एक अनोखा स्वप्न आया। इससे यह निश्चित हो गया है कि हमें देश के लिए अपना सर्वस्व समर्पित करने का अवसर शीघ्र ही मिलने जा रहा है।"

"कैसा स्वप्न राणा जी?" जैत्र सिंह ने उत्सुकता से पूछा।

"यहाँ से हम एकलिंग जी के पर्वत पर जाएँगे, वहीं शान्तिपूर्वक बैठकर उन्हीं की साक्षी में अपना अद्‌भुत स्वप्न सुनाएँगे।"

तीनों ही अश्व अब फिर से धीमे-धीमे टापों की लयबद्ध आवाज के साथ एकलिंग जी के पर्वत का मार्ग चढ़ने लगे।

कुँवर मानसिंह गुजरात से अकबर के दरबार में लौटकर जाते-जाते उदयपुर में रुककर महाराणा प्रताप की भेंट लेनेवाले हैं यह खबर जब बलदेव जी को अपने विश्वासपात्र गुप्तचर से मिली तभी उन्हें आगे होनेवाली अनेक घटनाओं की आहट मिल गई। राणा जी द्वारा व्यक्त की गई आशंका सच हो सकती है। अकबर का मेवाड़ की तरफ पूरा ध्यान था, अब सिर्फ अनुकूल मौके की और कुछ बनावटी कारणों की ही प्रतीक्षा थी।

आखिरकार आज राणा प्रताप से भेंट का संयोग आ ही गया। कुँवर मानसिंह स्वगत ही बोले, "सारा कौशलबाजी में लगाकर यदि हमने राणा प्रताप को अकबर का सन्धिपत्र स्वीकार करने को राजी कर लिया तो अकबर के दरबार में हमारा सम्मान अत्यधिक बढ़ जाएगा।

"यह सम्मान क्या आपको पसन्द आएगा?" सच पूछें तो अकबर का दरबारी बनना स्वयं को भी क्या रुचिकर लग रहा है?" मानसिंह के सदसद्विवेक बुद्धि ने पूछा।

"प्राप्त परिस्थिति ही वैसी थी। परिस्थिति के कारण..."

"आप जैसी कह रहे हैं वैसी परिस्थिति क्या राणा प्रताप के सामने नहीं है?" मन में विचारों का द्वंद्व चल ही रहा था, "जिसे अपनी अस्मिता बनाई रखनी होती है वह परिस्थिति की शरण नहीं जाता। जिन मार्गों पर संकट, आवाहन, कष्ट नहीं होते वे श्रेयस्कर नहीं होते ये शायद आप विस्मृत कर रहे हैं।"

"बहुत हो गए ये विचार।" सदसद्विवेक बुद्धि के सामने पराजित हुए मानसिंह ने अपने मन को समझाया और चक्कर लगाने के बजाय वे पलंग पर लेट गए। बायाँ हाथ सिर के नीचे और दाहिना हाथ आँखों पर रखकर उन्होंने मन के विचारों के द्वंद्व को रोकने के लिए विचारों की दिशा बदल दी।

महाराणा प्रताप सिंह मानसिंह की भेंट लेने के लिए उनकी रावटी में आएँगे यह निश्चित होने के कारण कुँवर मानसिंह का पड़ाव चार दिनों से उदयसागर पर ही था। यहाँ थोड़ा मशवरा करके राणा जी मानसिंह को भोजन के लिए आमंत्रित करनेवाले थे। कैसी होगी यह भेंट! कुँवर मानसिंह के मन में विचारों का मन्थन चल रहा था।

सूर्य धीरे-धीरे चढ़ने लगा था। उदयसागर का पानी चन्देरी होने लगा था। रावटी के दरवाजे पर घोड़े के रुकने का एहसास जब हुआ तब मानसिंह विचारों की तल्लीनता से बाहर निकलकर दरवाजे पर आए। रावटी के दाहिनी ओर खड़े नीलवर्णी अश्व को देखते ही उन्होंने पहचाना—'चेतक' उनका ध्यान उतरनेवाले सवार की ओर गया।

महाराणा प्रताप सिंह के बलिष्ठ शरीर-सौष्ठव को देखकर कुँवर मानसिंह को आनन्दानुभूति हुई। राणा जी ने स्मित करते हुए उनकी तरफ देखा और नजरें मिलीं। प्रखर और तेजस्वी प्रकाश देखकर जैसी नजर चकाचौंध हो जाए ऐसी ही मानसिंह को अनुभूति हुई। क्षण-भर को मानसिंह प्रताप सिंह की नजरों से सम्मोहित हो गए और दूसरे ही क्षण स्थिति का आभास होकर, महाराणा प्रताप सिंह को योग्य सम्मान के साथ अपनी रावटी में लेकर आए। अभिवादन की औपचारिकता सम्पन्न हुई तथापि मानसिंह प्रताप सिंह की दृष्टि में ही उलझे हुए थे। "राणा जी यदि कुछ देर इन्हीं सौम्य स्निग्ध नजरों से देखते रहे तो अकबर ही उनकी अधीनता स्वकार कर लेगा," यह विचार मन में आते ही मानसिंह होश में आए और उन्होंने राणा जी के सरदार, सैनिकों की पूछताछ की। अश्वों की व्यवस्था करने की सेवकों को आज्ञा दी।

बलदेव जी और जैत्र सिंह को छोड़कर बाकी सरदार और सैनिक मानसिंह के सरदारों के साथ गए। रावटी में अब महाराणा प्रताप, कुँवर मानसिंह, जैत्र सिंह, बलदेव जी, कुँवर मानसिंह के बन्धु माधो सिंह तथा स्नेही राज सिंह उपस्थित थे।

विषयारम्भ कहाँ से करें यह न समझ पाने के कारण मानसिंह ने औपचारिकता का आधार लेते हुए कहा, "राणा जी आपके पिताश्री के निधन की वार्ता ज्ञात हुई, हम आपके दुख में सहभागी हैं।"

"आनेवाला प्रत्येक जीवन जाने ही वाला है, यह तो नियति का क्रम है कुँवर जी, ईश्वरेच्छा सर्वोपरि है।" राणा जी ने सहज स्वर में अत्यन्त मर्यादा से कहा।

"राणा जी," अपनी साँस रोकते हुए कुँवर मानसिंह ने कहा, "हम आज आपसे मिलनेवाले हैं वह..."

"तुर्कों का सन्धिपत्र लेकर," राणा जी ने वाक्य पूरा किया।

"हाँ राणा जी," मानसिंह को अब अपनी बात करना आसान हुआ। वे आगे बोले, "आप शाही दरबार में उपस्थित रहें ऐसी हमारे सम्राट की इच्छा है।"

"आपके सम्राट की इच्छा हम क्योंकर स्वीकार करें?"

"मित्रता के लिए। करीब-करीब सभी राजपूतों ने सम्राट से मैत्री की है। मांडलिकत्व यानी मैत्री ऐसी व्याख्या सम्भवत: आपके पिताश्री ने ही रूढ़ की होगी," महाराणा प्रताप सिंह ने व्यंग्य से कहा। उनकी तीक्ष्ण नजर मानसिंह पर टिकी हुई थी।

मानसिंह ने अन्त:करण को बेधनेवाली नजर बचाते हुए कहा, "राणा जी उन पुरानी घटनाओं को जाने दें।"

"यह कैसे सम्भव है?" बड़े लोगों द्वारा निर्मित की हुई पगडंडी का अनुसरण सामान्य मनुष्य करते हैं। जिनके पास सत्ता है, यदि वे ही राष्ट्रीय चरित्र भूल जाएँ, तो जनता क्या करेगी?"

"राणा जी आप यह सब भूल जाएँ।"

"भूलने के लिए हमने कभी स्मरण भी नहीं किया था। आपने ही हमसे मिलकर पुराने जख्मों को कुरेदा है।"

"राणा जी, हम आपके भले के लिए ही कह रहे हैं।"

"हमारा भला? इसका विचार करने की जिम्मेदारी आपको किसने सौंपी?" राणा जी ने दृढ़ता से कहा।

"गलतफहमी न रखें राणा जी," मानसिंह ने खुशामद भरे स्वर में कहा।

"आपके पिताश्री की मृत्यु के उपरान्त साल-भर तक सम्राट ने आपके अभिवादन की राह देखी।"

"किसलिए? हम उन्हें अभिवादन क्यों करें?"

"वे भारत के सम्राट हैं इसलिए। वे महान और बड़े व्यक्ति हैं इसलिए।"

"बड़े भारत सम्राट? ऐसा कौन मानता है?"

राजस्थान के सभी शासक, सरदार, मनसबदार और उनके मातहत। उनकी बातें सुनकर महाराणा प्रताप सिंह व्यथित स्वर में बोले, "आपसे ऐसी अपेक्षा नहीं थी कुँवर जी। मातहतों और खुशामद करनेवालों ने किसी को सम्राट कहने से भला वह सम्राट होता है? जनता स्वत: होकर जिस पर विश्वास रखती है वही राजा। राजस्थान की जनता को पूछें क्या अकबर को वे सम्राट तो क्या, राजा भी मानती है क्या? फिर अकबर भी स्वयं..."

"एक तुर्क ही न! इसीलिए आपका उन पर क्रोध है न?"

"कुँवर जी आप कितने दिनों तक अपनी स्वयं की दिशाभ्रम करते रहेंगे? राजपूतों ने युद्ध के लिए कभी धर्मभेद की बैसाखियाँ इस्तेमाल की हैं? धर्म प्रत्येक की व्यक्तिगत श्रद्धा का प्रश्न है और जिसकी जैसी श्रद्धा है वैसी उसको उसकी रक्षा करनी चाहिए। हमारा मतलब इस भूमि पर हुए आक्रमणों से है। अकबर का जन्म भारत में हुआ परन्तु जो यहाँ सिर्फ जन्म लेता है और उसकी मूल जड़ें इस राष्ट्र की जमीन में गहरे तक जमी नहीं होतीं, जो इस देश की मिट्टी का गीलापन ढूँढ़ने का कभी भी प्रयत्न नहीं करता, उलटे जिस देश की हवा, अन्न, पानी पर पलता है उसी भूमि को पदाक्रान्त करना चाहता है, जो यहाँ की जनता के विश्वास पर ही हमला करना चाहता हो, वह हमारा राजा कैसे हो सकता है। यहाँ सवाल धर्म का

न होकर अस्तित्व का है। जो जहाँ जन्म लेता है और जिनके पूर्वजों ने इस भूमि के लिए अपना सर्वस्व बाजी पर लगाया होता है या जिनके पूर्वजों का और जनता के मन पर प्रेम की सत्ता होती है वही उस प्रान्त का सम्राट होता है, भले ही अभिषिक्त क्यों न हो। जिसे जनता ने और सरदारों ने नियुक्त किया होता है उसे राज सिंहासन या राजमुकुट की भी आवश्यकता नहीं होती।"

राणा जी के इस कथन पर, कौन सा तर्क दिया जाए यह मानसिंह को समझ में नहीं आ रहा था। फिर भी उधार की हिम्मत लाकर उन्होंने अपनी बात आगे बढ़ाई...

"राणा जी, सम्राट अकबर ने धार्मिक सहिष्णुता की नीति का अवलम्बन किया है। वे सबको एकत्र करना चाहते हैं। एक ही देश में बँटे हुए रहने की अपेक्षा किसी के आधिपत्य में सुरक्षित रहकर एक ध्वज के नीचे रहने से अनेक प्रश्न हल हो जाएँगे और संकटों का सामना इकट्ठे होकर, सभी की सहायता से किया जा सकेगा।"

"अकबर स्वयं ही देश पर संकट हो तो वहाँ अन्य संकटों की क्या बिसात? कुँवर जी आप इन शब्दजाल के छल में फँसते जा रहे हैं। अपनी स्वयं की साम्राज्य लिप्सा दूसरे के बल पर पूरी करने का यह दाँव है। हींग लगे न फिटकरी रंग रहे चोखा। यही न्याय है अकबर का। आप जैसे बुद्धिमान लोगों को इसे पहचानना चाहिए। आपके बादशाह ने एकता सम्मोहनास्त्र इस्तेमाल कर आपमें निहित सत्य के स्वर को दबा दिया है। उसे इस भारतभूमि पर तुर्कों का साम्राज्य स्थापित करना है।"

"हमें आपका तर्क उचित नहीं लगता," मानसिंह ने जरा चढ़े से स्वर में कहा।

"आपको वह जँचेगा ही नहीं क्योंकि आपने अपनी सद्विवेक बुद्धि ही गिरवी रख दी है। इस सम्पूर्ण प्रदेश को एकसूत्रता के धागे से बाँधकर रखने का ही उदात्त हेतु होगा तो उसके लिए तुर्कों का ही ध्वज क्यों? हमारा क्यों नहीं? आपका क्यों नहीं? मानसिंह आप अपने पिताजी के हाथों में कछवाहों का ध्वज दें। देश के एकीकरण और सुदृढ़ीकरण के लिए उस ध्वज के नीचे आनेवाले पहले मांडलिक राजपूत हम होंगे। एकलिंग जी की शपथ लेकर कहते हैं—आप आगे हों या कोई राठौड़, चौहान, हाड़ा, भाटी किसी को भी आगे आने दीजिए, बिना बुलाए हम आकर उन्हें अभिवादन करेंगे क्योंकि वे यहाँ के, इसी मिट्टी के हैं। इस देश को लूटकर यहाँ की सम्पत्ति कहीं ले नहीं जाना है। वे प्रजा पर जुल्म नहीं करेंगे, यदि किया भी तो हम सब मिलकर एक साथ विरोध करेंगे, नियंत्रण करेंगे, दंड देंगे। आपके बादशाह को पूछिए कि देश को एकत्रित कर बाँधने के लिए हम तैयार हैं। शर्त केवल एक ही है कि जिस ध्वज के नीचे हम आएँगे वह ध्वज इस देश का पारम्परिक, सरदार नियुक्त और लोकनियुक्त राजा का होना चाहिए। यदि ऐसा होता है तब हम तत्काल उनकी मित्रता स्वीकार कर लेंगे।"

राणा जी का आवेशयुक्त वक्तव्य कुँवर मानसिंह सहित सभी लोगों को देशभक्ति की भावना से भिगो गया।

"आनेवाली पीढ़ी और स्वर्गस्थ पूर्वज ऐसे अनेक प्रश्न पूछ सकते हैं जिनका उत्तर देने का सामर्थ्य आपमें नहीं होगा तब क्या जवाब देंगे मानसिंह?"

राणा जी ने समझाने के स्वर में कहा।

कुछ समय रावटी में गजब की शान्ति व्याप्त हो गई। राणा जी का वक़्तव्य सुनने बाहर गए हुए सारे सरदार रावटी में आ गए हैं इसकी भी किसी को खबर नहीं हुई। कोई भी बोलने की मन:स्थिति में नहीं था। "नाराज न होवें कुँवर मान सिंह" राणा जी ने अत्यन्त मृदुल स्वर में चुभनेवाली उस शान्ति को भंग किया और बोले, इस पूरे घटनाक्रम में सिर्फ आपका ही दोष नहीं है, यह हम समझ सकते हैं। हमने भी मजबूरी में यह रास्ता स्वीकार किया है। हम उस सम्बन्ध में पूछताछ करके कड़वी स्मृतियों के खंदक में ले जाना नहीं चाहते। हम जो कुछ अभी अन्तस की टीस, कसक से बोले, वह आप जैसे शूर और पराक्रमी व्यक्तियों की आकुलता देखकर ही बोले। दुश्मन पर प्रहार करना आसान होता है पर अपने ही लोगों पर अपने द्वारा किए गए प्रहार मन पर दुगुने आघात करते हैं और उनकी चुभन ताजिन्दगी बनी रहती है, यह सत्य चतुर अकबर ने जान लिया है। आपने नहीं जाना कुँवर मानसिंह। राजपूतों को राजपूतों से लड़ने को प्रेरित करने में जी-जान से लड़कर काफी मात्रा में योद्धा युद्ध में ही मारे जाते हैं और बचे हुए योद्धा हृदय के जख्मों से, अपराधीपन की भावना से और मन की चुभन से, कसक से हिम्मत हार जाते हैं, निराश हो जाते हैं। यह तुम्हारे बादशाह की कुटिल युद्धनीति है।

कुँवर मानसिंह राणा जी के बोलने पर विचार करते रहे। कब उन्होंने राणा जी को अभिवादन किया और कब वे निकल गए यह मानसिंह के ध्यान में ही नहीं आया। वे सम्भ्रमित से भोजन का आमंत्रण की बाट जोहते बैठे थे।

भोजन की शान अवर्णनीय थी। चाँदी के आसन, सोने के भोजनपात्र। दालान की मोहक साज-सज्जा, मखमल के कालीन, कीमती हाँड़ियाँ, झूमर और जगह-जगह पर शिल्पकला की सुसज्जित कलाकृतियाँ। केसर और इलायची की खुशबू बिखेरते पकवानों की क्षुधा बढ़ानेवाली गन्ध। भोजन की थाली के बाईं ओर घी के सुवर्णपात्र और सुवर्ण के ही जलपात्र सुशोभित थे।

राज्य खो दिया है फिर भी इस राजा के पास कितना ऐश्वर्य है। मन का भी ऐश्वर्य है, कितनी बार कितने साथी जमाए, कितनों को स्नेह रज्जुओं के दृढ़ बन्धनों में बाँधकर रखा। कुँवर मानसिंह फिर से एक बार इस वीर के प्रेम में पड़ गए।

"चित्तौड़ हाथ से जाने पर यह स्थिति है तो चित्तौड़ के रहते में क्या होती"... सुखद मखमली बिछायत पर कोई कँटीला कुश चुभे या मुलायम मखमली हरियाली पर बिच्छू का दंश हो वैसे वह कटु स्मृति कुँवर मानसिंह के मन में चुभने लगी। सामने का सुन्दर मंगलमय वातावरण दृष्टि से ओझल हो गया और वहाँ दिखने लगा चित्तौड़ का युद्धक्षेत्र, जौहर की गगन को छूनेवाली अग्निशलाकाएँ, राणा उदय सिंह के प्रत्येक योद्धा द्वारा प्राणों की बाजी लगा दी गई टक्कर। राणा जी ने जो भी कहा वह सच है। "जो प्रजा के मन पर अपना अधिकार जमाता है वही सच्चा राजा है।" मानसिंह के विचारचक्र गतिमान थे।

अकबर ने चित्तौड़ पर आक्रमण करनेवालों की सूची में जब अग्र क्रम में राजा

भगवानदास और कुँवर मानसिंह को रखा था, तभी उन पिता-पुत्र के हृदय में पीड़ा की टीस उठी थी।

राजा भगवानदास ने कहा था, "सिसोदिया वंश के रक्तवर्णी आदित्य चिह्नांकित ध्वज के नीचे सम्पूर्ण राजस्थान वक़्त-जरूरत पर एक होता था वही ध्वज पैरों तले रौंदने का प्रसंग हम पर आया।"

"हाँ पिताजी, यह अनिष्ट हमने ही अपने पर ओढ़ लिया है। अभी भी हम पीछे हट नहीं सकते क्या?"

"वह मार्ग अब हमारे लिए बन्द हो गया है। समय रहते तक ही किसी भी समस्या को हल करने के लिए रास्ता ढूँढ़ा जा सकता है। समय निकल जाने पर संकट से मार्ग निकालने का रास्ता भी अवरुद्ध हो जाता है। पीछे बचती है तो केवल नियति, अपरिहार्य नियति।"

"अपने भाई-बन्धुओं पर शस्त्र उठाना अत्यन्त क्लेशकारी है। अपनी सेना भी यह युद्ध कर पाती है या नहीं कौन जाने?"

"कुँवर ऐसे भावविह्वल न हों। हर किसी की जिन्दगी में किसी-न-किसी रूप में संघर्ष तो होता ही है। युद्ध कभी भी व्यक्ति का नहीं होता, युद्ध होता है सिर्फ प्रतिस्पर्धियों में। अब जिस दिशा में कदम उठाया है उसी दिशा में चलते रहना आपद्धर्म है। जो नहीं होनी चाहिए थी वही गलती हमारे हाथों हो गई है, अब उसका सुधार करना असम्भव है। सिर्फ गलती की तीव्रता कम कैसे हो सकती है इसी का केवल विचार हम कर सकते हैं। हमने अपने सामने ये दुर्भाग्य के भोग परोस लिये हैं, उन्हें भोगना ही होगा।"

पिता-पुत्र का सम्भाषण इसी बात पर रुका था पर उसका परिणाम दोनों के ही मनों पर गहरा हुआ था। चित्तौड़ के घमासान युद्ध में वे मन से उद्ध्वस्त ही थे। शस्त्र उठाकर वार करने का नैतिक बल उनके पास नहीं था।

आज के राणा जी के ओजस्वी वक़्तव्य से मानसिंह को और भी अधिक अपराधीत्व प्रतीत होने लगा। 'सर्वनाशे समुत्पन्ने हि अर्ध्यं त्यजति पंडित:' अर्थात् सर्वनाश उत्पन्न होने पर बुद्धिमान आधे का त्याग कर देते हैं। इस न्याय के अनुसार कार्य किया पर इसकी इतनी जबरदस्त कीमत चुकानी पड़ी कि इसकी अपेक्षा सर्वनाश ही ठीक था।

एक नि:श्वास छोड़ जब उन्होंने सामने देखा तभी उन्हें स्थान, समय का भान हुआ। कुँवर अमर सिंह अदब के साथ खड़े थे।

"आप भोजन की शुरुआत करें मानसिंह," कुँवर नम्रता से बोले।

कुँवर मानसिंह ने चारों ओर देखा, उनके साथी भोजन के लिए रुके हुए थे पर जिनके साथ भोजन करने का लाभ होनेवाला था वे महाराणा प्रताप सिंह कहीं भी दिखाई नहीं दे रहे थे।

"राणा जी कहीं दिखाई नहीं दे रहे?" मानसिंह ने पूछा।

"पिताजी को सिरदर्द हो रहा है वे विश्राम कर रहे हैं," कुँवर अमर सिंह ने नम्रता से उत्तर दिया।

अत्यधिक विचारों के बादलों में घिर जाने के कारण राणा जी को यह तकलीफ हो रही होगी ऐसा विचार कर मानसिंह ने भोजनारम्भ किया। उसी क्षण उनके मन में बिजली कौंधी। अत्यधिक क्रोध के कारण उनकी भौंहें तन गईं और शरीर थरथराने लगा।

"अपमान! घोर अपमान!" मानसिंह ऊँचे स्वर में बोले, "कुँवर, आपके पिताजी और उनकी प्रकृति ये दोनों ही बातें हम अच्छी तरह जानते हैं। आज तक उनका स्वास्थ्य कुछ बिगड़ा नहीं था। कुछ देर पहले भी वे बिलकुल स्वस्थ थे फिर ये अस्वस्थता कैसी? हमारा अपमान करने के लिए यह सारा..."

"आपका अपमान करने के लिए नहीं कुँवर जी," महाराणा प्रताप सिंह ने प्रवेश करते हुए कहा, "हमारा निश्चय पालने के लिए। जो राजपूत अकबर के दरबार में किसी भी कारणवश हाजिर होते हैं, या अपनी कन्या या भगिनी का विवाह अकबर से कर शरीर सम्बन्ध से जुड़े होंगे, उनसे हमारा रोटी-बेटी का व्यवहार बन्द है यह आप जानते ही होंगे।"

"हाँ ज्ञात है, कानोंकान होती हुई यह वार्ता हम तक पहुँची है। आपके बन्धु शक्ति सिंह भी इससे बचे नहीं हैं यह हम जानते हैं। भोजन का यह दिखावा केवल हमारा अपमान करने के लिए और आपकी प्रतिज्ञा हमारे सम्मुख उच्चारित कर हमें नीचा दिखाने के लिए किया गया है यह हम जानते हैं," गुस्से से काँपते हुए मान सिंह ने कहा।

"ऐसा कोई भी कुत्सित हेतु हमारे मन में नहीं था यह आप जान लीजिए। भोजन यह कर्तव्य और औपचारिकता का हिस्सा है। आप अकबर के दूत हैं और राजदूत का सम्मान कैसे करना होता है यह शासक होने के नाते आप भी जानते हैं। इसमें हमारी ओर से आपके मान-सम्मान में कोई कमी रह गई होगी तो उसके लिए हम आपके क्षमाप्रार्थी हैं।" वस्तुतः हाथ जोड़कर राणा जी ने कहा।

कुँवर मानसिंह क्षण-भर असमंजस में पड़े पर फिर बोले, "इस औपचारिकता की आवश्यकता नहीं थी। इस औपचारिकता से ही आप मीठे शब्दों में कड़वाहट निर्माण कर रहे हैं।"

"औपचारिकता का निर्वहन करना कैसे सम्भव होता? अगर आप हमारे स्नेही होते तो यह औपचारिकता स्नेह में आड़े नहीं आती। शत्रु होते तो उसका भी प्रयोजन नहीं था, पर आप राजदूत हैं। औपचारिकता केवल आपके पद के लिए है।" राणा जी शान्ति से आगे बोले, "कटुता की बात कहें तो कटुता किसी भी शब्द या स्वर में नहीं होती। वह एक तो बोलनेवाले के हृदय में होती है या सुननेवाले के मन में होती है। हमारे हृदय को कटुता का यत्किंचित भी स्पर्श नहीं हुआ है, आप भी कटुता मन में न लाएँ।"

राणा जी के इस युक्तिवाद पर मानसिंह कुछ भी नहीं बोल सके। इसीलिए बात का बतंगड़ बनाते हुए बोले, "वक्तव्य अच्छा हुआ तो हरेक मनुष्य हरेक बात अपने मनमाफिक घुमा लेता है। आपने हमारा अपमान किया है यह निश्चित। जहाँ हमारा

अपमान होता है वहाँ हम भोजन नहीं करते यह हमारी भी प्रतिज्ञा है। हम युद्धभूमि पर ससैन्य ही इस अपमान का बदला लेंगे।"

क्रोधित होकर मानसिंह आसन से उठे। अन्न का अपमान न हो अत: पात्र से कुछ अन्नकण उठाकर उन्होंने अपने साफे में खोंस लिये और हस्त प्रक्षालन कर चलने लगे। उनके सैनिकों ने भी उनका अनुसरण किया और अपने-अपने घोड़ों पर सवार हो धूल उड़ाते हुए दृष्टि से ओझल हो गए।

यह स्थान साफ कर गंगाजल से शुद्ध कर लें, सारे सोने-चाँदी के पात्र उदयसागर में विसर्जित करें ऐसा आदेश राणा जी ने मन्दस्मित करते हुए दिया। कुँवर अमर सिंह अपने पिता की पृष्ठ भाग की आकृति देखते हुए बोले, "राणा जी के मन की थाह लगा पाना दुश्वार ही है।"

आठ दिनों में ही गोगुन्दा के किले में कुँवर अमर सिंह, जैत्र सिंह, बलदेव, भामाशाह, ताराचन्द, मेहसाणा, रामशाह तँवर, मानसिंह सोनगरा, रामदास राठौड़, झाला बीदा, झाला मानसिंह और पुरोहित गोपीनाथ राणा जी के खासगी दालान में आयोजित सभा के लिए आए हुए थे। सभा में किस प्रश्न पर चर्चा सम्भावित है इसका किसी को भी अन्दाजा नहीं था।

"आज आप सब लोगों को तकलीफ देने के पीछे खास कारण है। अब हमें युद्ध की तैयारी करनी चाहिए।" कोई भी प्रस्तावना न करते हुए महाराणा प्रताप सिंह के ऐसा कहते ही सबको बड़ा आश्चर्य हुआ।

"राणा जी, एकदम युद्ध का विचार है?" प्रधान मेहसाणा ने आश्चर्य से पूछा, "अभी अपने राज्य की व्यवस्था भी करनी है। अभी ही युद्ध का क्या प्रयोजन?"

"इन दोनों की तैयारी एक ही साथ करनी चाहिए प्रधान जी। युद्ध किससे यह प्रश्न उठता ही नहीं। फिलहाल राजपूतों का युद्ध तुर्कों से ही है।"

"पर राणा जी," जैत्र सिंह ने कहा, "अकबर की ओर से आक्रमण का एक भी चिह्न दिखाई नहीं दे रहा। वह अन्य अनेक युद्धों में उलझा हुआ है।"

"अकबर कोई सामान्य शासक नहीं। भारत सम्राट होने की उसकी महत्त्वाकांक्षा है जो कोई गैर-वाजिब नहीं कही जा सकती। उसका युद्धों में लगे रहने का यह अर्थ नहीं कि उसके मन में कोई अन्य योजना नहीं है। हमारी तैयारी होनी ही चाहिए। अकबर से एक-दो साल में मुकाबला करना ही होगा, ऐसा हमें निश्चित लगता है।"

"राणा जी मन में एक शंका थी," जैत्र सिंह ने कहा।

"जरूर पूछें जैत्र सिंह।"

"आपने कहा अकबर की आकांक्षा गलत नहीं है, कैसे?"

"जैत्र सिंह कोई व्यक्ति शत्रुपक्ष में है इसलिए उसकी योग्यता कम नहीं हो जाती। हम भी अगर अकबर की जगह पर होते तो यही हमारा भी विचार होता। हमारी भी भारत सम्राट होने की आकांक्षा है। पर इस आकांक्षा में और अकबर की

आकांक्षा में जमीन आसमान का अन्तर है। हम इस देश के परम्परागत, अभिषिक्त और आधिकारिक वारिस हैं। यह हमारा ईश्वर नियोजित कर्तव्य है। अकबर की आकांक्षा केवल लड़नेवाले के रूप में है। उसका इस धरती पर किसी भी नाते नैतिक अधिकार नहीं है, यह भूमि हमारी है, हमारे पूर्वजों की है। हम पराये हाथों में अपनी भूमि जाने नहीं देंगे। अकबर की आकांक्षा आक्रामक होने के कारण गलत नहीं तो उचित भी कदापि नहीं। शत्रु की राजनीति उचित न भी हो तो भी कुछ अंशों में अनुकरणीय निश्चित होता है। दुर्योधन ने जिस कुशलता से मद्रराज शल्य को अपना-सा बना लिया वह कुशलता ही सच्ची राजनीति है।" राणा जी ने जैत्र सिंह की शंका का निराकरण किया।

विषय को पुनः मूल अभिप्राय की ओर मोड़ते हुए बलदेव जी ने कहा, "राणा जी कुँवर मानसिंह द्वारा दी हुई युद्ध की धमकी केवल धमकी मात्र नहीं थी, हमें भी इस प्रकार के संकेत मिल रहे हैं। बिलकुल स्पष्ट न भी हो फिर भी इशारा युद्ध की ओर ही है।"

बलदेव जी के कथन से सभी गम्भीर हो गए 'अचानक युद्ध का सामना करना पड़ा तो राज्य की सारी व्यवस्था चरमरा जाएगी' यह विचार प्रत्येक के मन में आया।

"हमें युद्ध की तैयारी की शुरुआत कहाँ से करनी है यह तय होने पर योजना बनाना सम्भव होगा," ग्वालियर नरेश रामशाह तँवर ने कहा।

"सर्वप्रथम हमें तुर्कों के मेवाड़ में प्रवेश के मार्ग रोकने चाहिए। जगह-जगह पर चौकियाँ बनाकर इत्मीनान होने पर ही किसी को भी मेवाड़ में प्रवेश देने की व्यवस्था करनी होगी। पूंजा जी आप इस कार्य को स्वयं सँभालिए।" राणा जी ने योजना बतलाई। "जैसी आज्ञा राणा जी, हमारी प्रजा यह काम करेगी।" पूंजा जी ने आश्वासन दिया।

"ठीक है, अब आगे की योजना। हम अपने सैनिकों का बँटवारा करेंगे। कुछ सैनिक कोल्यारी में रहेंगे, कुछ केलवाड़ी में और बचे हुए गोगुन्दा में। सेनापति, गोगुन्दा की सेना अपनी देख-रेख में रहने दें। केलवाड़ी के सैनिकों की व्यवस्था मामा सा देखेंगे। बीदा जी कोल्यारी में रहेंगे। जैत्र सिंह आप सैनिकों का प्रबन्धन करेंगे। अधिक-से-अधिक सेना एकत्र करें। भामाशाह आप अपने आसपास के शासकों से अधिक-से-अधिक सहायता प्राप्त करने का प्रयास करें। रामशाह और बलदेव जी गुप्त शासनतंत्र सँभालेंगे। रामदास जी आप शस्त्रों का प्रबन्ध देखें। ताराचन्द जी आप हमारे साथ होंगे, हम घर-घर जाएँगे। प्रजा को इस युद्ध के लिए प्रेरित करना होगा। सम्पूर्ण मेवाड़ घूम-घूमकर क्यों न छान मारना पड़े। प्रजा का सहयोग अत्यन्त महत्त्व का है। प्रजा का सहकार्य यही शासक के विजय की गवाही है।"

राणा जी जल्दी-जल्दी अपनी योजनाएँ बतलाते जा रहे थे। क्रमशः इतनी सुव्यवस्थित योजना उन्होंने कब बनाई होगी? उसकी बारीकियाँ कब ध्यान में ली होंगी? बिना चूके कैसे ब्योरा तैयार किया होगा, सोचकर ही कुँवर अमर सिंह का हृदय पिता के प्रति अभिमान से भर उठा। सामन्तों, सरदारों की भी यही अवस्था थी।

अपने नेता की चारों दिशाओं में की गई योजनाओं-व्यवस्थाओं को देखकर वे भी दंग रह गए। उत्तम सेनापति, उदार नायक और द्रष्टा संयोजक के रूप में उनके मन में समाई हुई दृढ़ प्रतिमा और भी अधिक देदीप्यमान हो उठी।

थोड़ी देर रुककर प्रतापसिंह बोले, "पूंजा जी आप बीरमदेव जी के साथ जाएँ। परिवार, राजकोष और शस्त्रों को रखने के लिए गिरि-कन्दराओं में गुफाएँ ढूँढ़ निकालें। शत्रु को उनका ठिकाना पता न लग पाए। हमें उस जगह पर निगरानी करना, टोह लेना, जगह बदलना, रसद पहुँचाना, खबरें पहुँचाना, लाना सहज सम्भव होना चाहिए। राणा जी ने आगे की योजना सामने रखी। बीरमदेव जी के चेहरे का आनन्द और आत्मविश्वास सहज ही पढ़ा जा सकता था। वे बोले, "राणा जी आपने हम पर आकाश-सा विश्वास रखा। इतनी महत्त्वपूर्ण जिम्मेदारी सौंपी, हम धन्य हो गए। हम यह कार्य पूरी सतर्कता से करेंगे, आप निश्चिन्त रहें।"

राणा जी के चेहरे पर समाधान झलकने लगा। योजना बना ली गई मतलब ही वह क्रियान्वित हो गई। प्रताप सिंह जैसे सुदृढ़ नेतृत्व और जान की बाजी लगानेवाले साथी होने पर विजय की चिन्ता क्यों?

महाराणा प्रताप सिंह को प्रत्यक्ष अपने दरवाजे पर देखकर रत्नाबाई की भागदौड़ शुरू हो गई। इतना बड़ा राजा अपने घर आया, जैसे प्रत्यक्ष ईश्वर ही दरवाजे पर आ गया हो। इस परमेश्वर को कहाँ बैठाऊँ, कैसे उसकी आवभगत करूँ? यह विचार मन में आ ही रहा था कि उसी समय महान पुरुष का घर में आगमन हो गया और दूसरा कोई आसन ढूँढ़ने तक साधारण से आसन पर ही वे विराजमान भी हो गए। रत्नाबाई की आँखें आनन्दाश्रुओं से डबडबा गईं।

आज राणा जी ने दूसरी बार उन्हें ऐसा आश्चर्य का धक्का दिया। इसके पहले एक बार ऐसे ही प्रताप सिंह आए थे। रत्नाबाई का पुत्र चित्तौड़ के युद्ध के काम आ गया तब। वह प्रसंग रत्नाबाई की नजरों के सामने आ गया। उस समय वे कुँवर प्रताप सिंह थे, महाराणा नहीं थे। अपने यहाँ कोई राजपुरुष आया है यह भी उस बिचारी को मालूम नहीं था। कुँवर प्रताप सिंह ने स्वयं की पहचान कर दी, "माई मैं आपका अपराधी हूँ, आपके पुत्र की मृत्यु का उत्तरदायी।"

"उत्तरदायी, मेरे पुत्र की मृत्यु का? अरे बाबा तुम्हें कोई गलतफहमी हो गई है। मेरे पुत्र करण सिंह को वीरमरण प्राप्त हुआ है। उसने चित्तौड़ की रक्षा के लिए मृत्यु स्वीकार की है। अब वह आकाश का तारा बन गया। रोज रात्रि में वह मुझे चित्तौड़ के वीरों की, जयमल काका और पुत्र पत्ता के पराक्रम की गाथा सुनाता रहता है। वह अमर है फिर तुम कैसे उसकी मृत्यु के उत्तरदायी?"

"माई हमारे लिए वह लड़ा, हमारे लिए ही उसने युद्धक्षेत्र में देह रखी, हमारे प्राणों की रक्षा के लिए ऐसे कितने वीर धरातीर्थ पर समर्पित हुए। इन सबकी मृत्यु के उत्तरदायी हम नहीं हैं क्या? हम कुँवर प्रताप सिंह, कल के राजा को बचाने

के लिए करण सिंह जैसे अनेक लोगों के प्राण लेने के अपराधी नहीं हैं क्या?" प्रताप सिंह ने कहा।

रत्नाबाई की आँखों से धारा प्रवाह आँसू बहने लगे। वे प्रताप सिंह के पैरों पर झुकीं, प्रताप जी ने उन्हें जल्दी से उठाया और उनकी आँखों से बहनेवाले आँसू पोंछते हुए बोले, "ये क्या माई?"

रत्नाबाई ने कहा, "आप हमारे राजा, हमारे परमेश्वर हैं। मेरा पुत्र युद्ध में काम आया इसीलिए आप मेरे पास आए। मेरे करण ने ही मुझे आपके दर्शन करवाए। देखा कितना मातृभक्त था वह?"

कुँवर प्रताप सिंह स्त्री का, वीरजननी का यह रूप देखकर अभिभूत हो गए।

"माई, तुम्हारा पुत्र करण तुम्हारे सामने खड़ा है। गया वह कुँवर था। राणा जी के अनेक पुत्र हैं पर इस माता के एक ही पुत्र था—वह लौट आया है माई। भूख लगी है, कुछ खाने को दोगी?"

रत्नाबाई धन्य हो गईं। देश के भावी राणा ने उस माँ के घर भोजन किया। मक्के की रोटी और बथुआ का साग। दुखी माता को सान्त्वना प्रदान करने गए कुँवर स्वयं ही संवेदना और धैर्य प्राप्त कर लौटे। महाराणा प्रताप और रत्नाबाई दोनों के ही आँखों के सामने वह प्रसंग वैसे का वैसा स्थिर हो गया।

"अरे राजा होने के बाद भी, मुझ नाचीज को भूले नहीं बेटा," आँखें पोंछती हुई रत्नाबाई ने कहा।

"माँ! पुत्र कभी माँ को भूलता है क्या? आज हमें फिर से भूख लगी है इसलिए आए हैं।"

रत्नाबाई खुशी से खाना बनाने लगी। उनके पति जय सिंह बाहर से आए तो घर में साक्षात् देश के पालनकर्ता को देखकर भाव-विह्वल हो उठे। उनकी आँखें आनन्दाश्रुओं से भर उठीं। उन्हीं आँसुओं से उन्होंने राणा जी के चरणों का प्रक्षालन किया। उन्हें आलिंगन में बाँधते हुए प्रताप सिंह ने कहा, "जय सिंह, शक्ति माँगने आए हैं। मेवाड़ की रक्षा के लिए कवच-कुंडल माँगने आए हैं।"

"राणा जी हम सौभाग्यशाली हैं जो आपके चरण हमारे घर पड़े। वक़्त आया तो आपके और शत्रु के बीच यह जय सिंह लोहार ढाल बनकर खड़ा होगा। किसी भी लौह कवच से अधिक मजबूत है यह छाती।"

"यह हम जानते हैं जय सिंह। जब तक एकलिंग जी की कृपा से मेवाड़ के पास ऐसे सुपुत्र हैं तब तक एक भी विदेशी मेवाड़ का बाल भी बाँका नहीं कर सकेगा।" राणा जी ने भावुक स्वर में कहा।

रत्नाबाई के बनाए खाने में गजब का स्वाद था। वंश की श्रेष्ठता और खून की पवित्रता का आग्रह रखनेवाले सिसोदिया कुल के प्रताप छोटा-बड़ा, जात-पाँत, गरीब-अमीर सारे भेदभाव भूलकर एक सामान्य लोहार के घर तृप्ति से भोजन कर रहे थे।

ऐसी कितनी ही रत्नाबाई और जय सिंह मेवाड़ में फैले हुए थे और महाराणा उदय सिंह के काल में कुँवर प्रताप सिंह ने उन सबसे भेंट की थी। पिता ने आरम्भ की हुई यह जनजागरण और प्रजा से अपनत्व बढ़ाने की मुहिम का प्रताप सिंह ने अनुसरण किया। अनेकानेक नये-नये रत्नाबाई और जय सिंह मिल रहे थे। करण सिंह पास आ रहे थे। शस्त्र निर्माता एकत्र हो रहे थे, दूत इकट्ठे हो रहे थे। चारण-भाट सारे राणा जी की पुकार की राह देख रहे थे। अदम्य उत्साह लेकर वे जमा होने लगे। मेवाड़ का कार्य यानी जीवन का सार्थकत्व, यही भावना हर किसी के मन में विद्यमान थी। महाराणा उदय सिंह द्वारा निर्मित इस नये रिश्ते की भावना ने राजा और प्रजा में एकता बढ़ाई। प्रेम का यह बन्धन देश-रक्षा का माध्यम बना। प्रजा की प्रगाढ़ श्रद्धा राणा जी के लिए आशीर्वचन साबित हुई। इसी दृढ़विश्वास से राणा जी के मन में सफलता की आशा पल्लवित हुई और जनमानस देश-रक्षा के लिए कटिबद्ध हुआ।

युद्ध की घोषणा होने के अनेक वर्षों पहले आरम्भ हुई युद्ध की ऐसी अभूतपूर्व तैयारी अरावली के शिखर, दुर्ग के बुर्ज और देवालयों के कलश कुतूहल से निहार रहे थे।

अचानक समाचार आया कि 'राजा भगवानदास महाराणा प्रताप सिंह से भेंट करनेवाले हैं।' किसलिए यह प्रत्येक व्यक्ति जानता था। कुँवर मानसिंह द्वारा जो सम्भव नहीं हो सकी वह सन्धि अकबर को करवानी थी। महाराणा प्रताप सिंह बड़े-बुजुर्गों का आदर करते हैं, उनका मान-सम्मान बनाए रखते हैं, इसका फायदा उठाया जाए ऐसा अकबर को लगा होगा तो कोई आश्चर्य नहीं। कुँवर मानसिंह की भेंट हुए मुश्किल से दो-तीन महीने हुए होंगे। इतने में ही फिर से शाही दरबार से दूसरा दूत आया है ऐसा ज्ञात होते ही प्रताप सिंह ने अपने विचार व्यक्त किए—

"हमारी मैत्री के लिए सम्भवत: अकबर बहुत उतावले हो रहे हैं।"

"लग रहा है वास्तव में ऐसा ही है," भामाशाह ने कहा। अब बड़े व्यक्ति द्वारा सन्देश आया है। इसका कारण क्या होगा?

"मेवाड़ का कीका राणा अत्यन्त उद्दंड प्रवृत्ति का है, वह बराबरी के लोगों की सुनता ही नहीं, सम्राट अकबर की ओर से आए मैत्री के प्रस्ताव को भी उसने मंजूर नहीं किया। बल्कि उलटे वह आसपास के छोटे-छोटे राजाओं को बहकाकर सम्राट के विरुद्ध भड़काता है और अपना खुद का संगठन बनाना चाहता है। ऐसे अनुशासनहीन, अव्यवहारी व्यक्ति को बड़प्पन के नाते चार बातें समझाने के लिए सही व्यक्ति की तलाश अकबर ने की है।" महाराणा प्रताप सिंह ने कहा।

अच्छी बातों की परख प्रताप सिंह को है। यदि आवश्यकता पड़ी तो छोटे बालकों से भी वे योग्य सबक ले लेंगे, पर यदि रास्ता सही नहीं हुआ तो प्रत्यक्ष ब्रह्मा भी उन्हें निश्चय से डिगा नहीं सकते यह अकबर को मालूम नहीं था।

"आप भगवानदास से क्या बातचीत और किसलिए बात करेंगे राणा जी?"

जैत्र सिंह ने कहा, "जो कहना था वह तो कुँवर मानसिंह से कह चुके हैं।"

"यह सच है फिर भी राजदूत से भेंट करनी ही चाहिए। उनका कहना सुनना भी चाहिए। राजदूत का अपमान कोई भी राजा नहीं करता, फिर वे बड़े हैं। बड़ों से बात करना कभी भी अच्छा ही होता है।"

"उनकी और आपकी भेंट कहाँ करवाई जाए?" प्रधान जी ने पूछा।

"यहीं गोगुन्दा में। हमारे महल में खास भेंट के लिए दालान सजाएँ। शाही राजदूत के सम्मान के अनुरूप सजावट करें। नजराना, सम्मान, वस्त्र सब कुछ तैयार रखें।"

"भोजन व्यवस्था?" बलदेव जी ने पूछा।

"राणा जी बुजुर्ग हैं। दो दिनों बाद महाशिवरात्रि का उपवास है। फलाहार की व्यवस्था करें, हम उनके साथ फलाहार करेंगे।" राणा प्रताप सिंह ने सहज स्वर में कहा और सबके मन का तनाव एकदम दूर हो गया।

"महाराणा जी एक प्रश्न पूछना चाहता हूँ।"

"अवश्य पूछें बलदेव जी! कभी भी सम्भ्रमावस्था में नहीं रहना चाहिए।"

"आप अकेले ही भगवानदास से मिलनेवाले हैं—या कुछ अंगरक्षकों के साथ?"

"बलदेव जी अंगरक्षकों की क्या जरूरत है? हम जैसे कुँवर मानसिंह से मिले वैसे ही भगवानदास से भी मिलेंगे। पर इस प्रश्न का प्रयोजन हमें समझ में नहीं आया।"

"क्षमा करें राणा जी, हमारे मन में अकारण ही कुशंका आई कि कहीं कोई धोखाधड़ी हुई तो..."

"क्या मतलब? ऐसी बेबात की शंका क्यों...?" ताराचन्द जी बीच में ही बोलने लगे।

संकेत से उन्हें रोकते हुए राणा जी ने कहा, "बलदेव जी ऐसी सामान्य शंका भी आप मन में न लाएँ। हम आपकी भावना समझ सकते हैं। ताराचन्द जी किसी व्यक्ति के बारे में मन में प्रेम हो तो उस व्यक्ति की सुरक्षा और हित की चिन्ता इतनी रहती है कि सबसे पहले बुरी बात ही मन में आती है 'मन जो सोचता है वह तो शत्रु भी नहीं सोचता' ऐसी स्थिति होती है, इसीलिए बलदेव जी के मन में पहले अनिष्ट की आशंका जगी। बलदेव जी, राजा भगवानदास की बात छोड़ें, पर कोई भी राजपूत ऐसा विश्वासघात करेगा नहीं। सिसोदिया वंश के हम पैंतीसवें वारिस हैं। विश्वासघाती उदा राणा और विद्रोही बणवीर ही अपवाद कहे जा सकते हैं, अन्यथा ऐसे उदाहरण नहीं हैं। भगवानदास के पूर्वज सिसोदियों की सेवा में थे। हमारे बारे में भगवानदास जी के मन में स्नेह होगा ही ऐसा हमारा विश्वास है।"

"क्षमा कीजिए राणा जी...हम..."

"क्षमा काहे की? उलटे हमें आज आपके उत्कट प्रेम की प्रतीति हुई प्रधान जी। राजा जी गोगुन्दा कब पहुँचनेवाले हैं?"

"दो दिनों में पहुँचना चाहिए।"

"ठीक है।"

उस दिन की सभा समाप्त कर राणा जी कुँवर अमर सिंह के महल की ओर

जाने के लिए अग्रसर हुए।

दो दिनों में गोगुन्दा में काफी हलचल मच गई। अकबर की सेना के ज्येष्ठ सेनानी आनेवाले थे। उनके आदरातिथ्य में कोई कमी न रह जाए इसलिए जैत्र सिंह स्वयं सारी व्यवस्था देख रहे थे। काफी दिनों में गोगुन्दा में अतिथि का आगमन हो रहा था।

भगवानदास आए ही देर से। उनकी कल्पना की अपेक्षा स्वागत बहुत ही भव्य हुआ। राजा जी से इतने अपनेपन की अपेक्षा नहीं की थी। महाराणा प्रताप की उदारता एवं वैभव की चर्चा उन्होंने सुनी थी और तदनुसार आतिथ्य की कल्पना भी की थी, परन्तु प्रत्यक्ष के समक्ष कल्पना फीकी ही थी।

राजा जी को लाने के लिए प्रताप सिंह स्वयं पैदल चलकर महाद्वार तक गए। सम्मानपूर्वक उन्हें हाथ पकड़कर प्रताप सिंह महल में लेकर आए। सुहागिनों ने उनके भाल पर मंगल तिलक लगाया। उनकी आरती उतारी, मंगल वाद्यों की ध्वनि और केसर, कस्तूरी, चन्दन मिश्रित सुगन्ध से वातावरण आह्लाददायक हो गया था। राजा जी वस्तुतः प्रसन्न हो गए। उनका मन काफी दिनों में इतना प्रफुल्लित हुआ। राजा जी के सामने नम्रता से झुककर उनका अभिवादन कर प्रताप सिंह ने उन्हें उच्च आसन पर बिठाया और स्वतः विनयपूर्वक खड़े रहे। राजा जी दिलेर राजपूत का रूप जी भरकर निहारते रहे। पुरुष का सौन्दर्य और राजवंश का तेज, स्वाभिमान उनके सामने प्रत्यक्ष खड़ा था।

"आपका प्रताप यह नाम कितना अर्थवान है, यह आज हमें ज्ञात हुआ प्रताप सिंह।" उनकी ओर कुतूहल से देखते हुए भगवानदास बोले, संस्कृत भाषा में प्रताप शब्द का अर्थ 'शौर्य का प्रभाव' है। आप जिसकी ओर देखेंगे वह आपके प्रभाव के नीचे अपने-आप आ जाता है, यह कुँवर मानसिंह का कहना गलत नहीं है।

"राणा जी आपकी प्रशंसा से हमें स्वयं को संकोच का अनुभव हो रहा है," प्रताप सिंह ने सकुचाते हुए कहा।

"मैं प्रशंसा नहीं करता पर आप आसनस्थ तो हों।"

राजा जी के अनुरोध पर राणा प्रताप उनके सामने ही आसन पर बैठे। दोनों ही आसनों के आसपास प्रताप सिंह के निष्ठावान सेवक बैठे थे। क्षण-भर गम्भीर शान्ति प्रतीत हो रही थी फिर राजा जी ने स्वयं ही कहा—

"राणा जी हमारे आने का प्रयोजन आपको विदित ही है। हम अकबर बादशाह की ओर से मित्रता का सन्देश लेकर आए हैं, आप उनकी मैत्री स्वीकार करें।"

"राजा जी, हमारी ओर से किसी की भी मैत्री को कभी भी न नहीं है। सिर्फ मित्रता के नाम पर गुलामी हम स्वीकार नहीं करते।"

"आपके वक़्तव्य का अर्थ हमें समझ में आया पर यह गुलामी है ऐसा आप क्यों समझते हैं? मैत्री यह मैत्री ही होती है।"

"क्षमा करें राजा जी, पर कोई भी मित्र अपने किसी भी मित्र से प्रतिवर्ष कर नहीं वसूल सकता और दोस्त की वस्तुओं पर इनका मालिक मेरा मातहत है ऐसा सिक्का भी नहीं जड़ता" प्रताप सिंह के मन की कटुता उनके स्वर में स्पष्ट झलक रही थी।

प्रताप सिंह आपने अब तक सम्राट के दुर्गुण ही देखे हैं, उनके अच्छे गुणों का अनुभव आपने लिया नहीं। अकबर अत्यन्त शूर, अच्छा योद्धा, कुशल राजनीतिज्ञ, कूटनीतिज्ञ, योग्य शासक, चतुर संयोजक और सहिष्णु राजा हैं। उनके बारे में आपको कोई गलतफहमी हुई है। भगवानदास ने अपने हुजूर की बड़ी ईमानदारी और निष्ठा से सेवा की है।

थोड़ा हँसकर राणा प्रताप सिंह बोले, "राजा जी यह सारे देवोपम गुण अकबर के पास ही हैं ऐसा आप बतलाना क्यों चाहते हैं? क्षमा करें, छोटे मुँह बड़ी बात हो रही है पर कोई और पर्याय नहीं इसलिए कह रहा हूँ—शत्रु के गुणों से परिचित जरूर होना चाहिए, उन गुणों का आदर्श भी मानना चाहिए पर उन गुणों पर मोहित होकर, भले ही वह गुण कितना ही अलौकिक क्यों न हो—फिर भी अपनी सारी निष्ठा उनके चरणों में अर्पित करना और इतना ही नहीं, दूसरों को भी इसके लिए प्रवृत्त करने में कौन सी होशियारी है यह हम नहीं समझ पाए।"

प्रताप सिंह के मुखारविन्द से निकलनेवाले एक-एक शब्द का प्रभाव इतना अधिक था कि भगवानदास भी पसोपेश में पड़ गए। इस युवा के पास इतनी बुद्धिमत्ता है यह देख मन-ही-मन उन्हें गर्व प्रतीत हुआ। मन में गहरे कहीं समाधान भी महसूस हुआ पर उनकी दृष्टि में अपने स्वामी के प्रति कर्तव्य ही सर्वस्व था। इस कर्तव्यपालन में उन्हें अपनी मातृभूमि के कर्तव्य निर्वहन के प्रति गलती कर रहे हैं इसका एहसास नहीं हो रहा था। आज स्पष्टत: नजर आ रहा था फिर भी अपना पक्ष रखते हुए उन्होंने कहा—

"प्रताप सिंह, अकबर के पास गुलामी नहीं है। उन्होंने प्रत्येक व्यक्ति को उनके धर्म के अनुसार आचरण करने की सुविधा दी है। वे स्वयं भी शाही महल में हिन्दू पुजारी के द्वारा भगवान की पूजा करवाते हैं, मन्दिरों को दान देते हैं, किसी भी व्यक्ति पर धर्म सम्बन्धी कोई ज्यादती नहीं करते। वे अत्यन्त सहिष्णु, धर्मपालक हैं। उन्हें सम्पूर्ण भारतवर्ष एकसूत्र में बाँधकर रखना है..."

"और इस देश के चक्रवर्ती सम्राट के रूप में स्वत: को घोषित करना है, सम्पूर्ण भारतवर्ष में तुर्कों के धर्म की स्थापना करना है ताकि इस देश का मूल रहवासी अकबर के रंग में रँग जाए। राजा जी क्षण-भर के लिए हम यह मानकर चलें कि अकबर अत्यन्त सहिष्णु, धर्मपालक, प्रजावत्सल राजा है, इस देश के लोगों के प्रति उसे अत्यन्त प्रेम है आदि-आदि। वास्तविक सत्य यह नहीं है यह हम पूरी तरह, स्पष्ट रूप से जानते हैं, परन्तु अपने समाधान के लिए हम अवास्तविकता को सही मानकर चल रहे हैं। किसी राजवंश के सन्दर्भ में धर्मपालन और सहिष्णुता यह उस राजवंश की परम्परागत वृत्ति है क्या? आगे भी यथावत चलती रहेगी क्या? इसका विचार करना अधिक महत्त्वपूर्ण है, क्या यह बात हमें आपसे कहनी चाहिए?" प्रताप सिंह एक श्वास में बोल गए। उनका श्वास तीव्र चलने लगा, कपाल पर नसें उभरने लगीं।

अपने सम्मुख खड़े इस युवा के विचार कितने प्रगल्भ हैं, उसके पास जीवन का मूलभूत तत्त्वज्ञान विद्यमान है, इसका राजा जी को स्पष्ट संज्ञान हो गया। यह पानी

कुछ और ही है, यह उन्होंने पहचान लिया। विचारों की प्रगल्भता और प्रगल्भता से मिला प्रौढ़त्व भी उनके ध्यान में आ गया। परिपक्व, प्रगल्भ और परिपूर्ण व्यक्तित्व के सामने क्या बोला जाए उन्हें कुछ समझ में नहीं आ रहा था। आखिर में उन्होंने कहा, "प्रताप सिंह आपके विचार एवं व्यक्तित्व यद्यपि प्रभावशाली हैं तो भी उसके आधार पर आप जो मार्ग स्वीकार करनेवाले हैं उसका मार्गदर्शन कौन करनेवाला है?"

"हम अपना मार्ग स्वत: ही ढूँढ़नेवाले हैं, वही मार्ग हमारा पथ प्रदर्शन करेगा। नदी को कब निर्देशित किया हुआ मार्ग होता है? उसका प्रवाह ही उसका मार्ग और उसकी गति ही उसकी पथ प्रदर्शक होती है। वह कहाँ पथभ्रष्ट होती है? हमारे लिए यही एक आदर्श है।"

इस बुद्धिमान, चतुर और हाजिर जवाब नेता के सामने क्या बोला जाए, राजा जी को यही सम्भ्रम होने लगा। वैसे ही अपने श्री जी की प्रशंसा कैसे करें यह उपस्थितों को समझ में नहीं आ रहा था। फिर भी राजा जी ने समझाने के बहाने अपनी बात आगे बढ़ाते हुए उस निश्चयी वीर को कहा, "जिस मार्ग की बात कह रहे हैं वह अत्यन्त कठिन है। उसमें अनेक धोखे हैं प्रताप सिंह। जंगल वन का राज्य प्राप्त करके भी इसका उपभोग करना सम्भव होगा या नहीं कुछ कहा नहीं जा सकता और युद्ध में वीरगति प्राप्त कर मोक्ष-मुक्ति मिल जाएगी इस बात की भी कोई निश्चितता नहीं है। इसकी अपेक्षा प्रताप सिंह आपके जैसे शूर, चतुर और न्यायप्रिय व्यक्ति ने राज्य का शासन ही करना चाहिए। अनेक वर्षों तक अपने ज्ञान की सहायता से जनता का मार्गदर्शन करना क्या अधिक उचित नहीं है? आप अभी अल्पवयी हैं ऐसे दुस्तर कठिन मार्ग पर चलकर आयुष व्यर्थ ही व्यतीत करने की जिद क्यों?"

"राजा जी आप बड़े हैं, आपके सामने क्या बोलें? किसी भी योद्धा को कभी जीवन का मोह हुआ है और उसमें राजपूत को? आपने जो मार्ग हमें सुझाया है क्या उसमें धोखा नहीं है? मृत्यु की बात कहें तो वही सच, शाश्वत है। जीवन की निरन्तरता की, शाश्वतता की निश्चितता कौन कह सकता है? हमें मृत्यु का भय नहीं लगता। उलटे मृत्यु हमारे पदचिह्नों को देखकर चलती है, ऐसा हमें लगता है। रही बात मोक्ष-मुक्ति की, तो उसकी हमें कोई परवाह नहीं है। भगवान रामचन्द्र का स्वर्ण सिंहासन जब फिर से इस भूमि में प्रतिष्ठित होगा तभी हमें मुक्ति मिलेगी। हमारे इस स्वप्न की पूर्ति से ही हमें मोक्ष मिलेगा, वह मिलते तक हमें फिर-फिर जन्म लेना होगा तो भी, अनेक बार मृत्यु को स्वीकार करना पड़ेगा तो भी चलेगा। पुनर्जन्म पर विश्वास रखनेवाले हमारे जैसे लोगों को जन्म-मरण के फेर से मुक्ति मिलने का प्रलोभन किसी उपयोग का नहीं है राजा जी। हमारा आचरण, व्यवहार कल्पों तक दृष्टान्त के रूप में देखा जाए यही हमारी इच्छा है।"

कुछ भी नतीजा निकले बिना भगवानदास की मुलाकात सम्पन्न हुई। उत्तम आदरातिथ्य का आस्वाद लेकर राजा जी लौट गए। निकलते समय राणा जी ने भगवानदास को प्रणाम किया। भगवानदास द्वारा दिए हुए आशीर्वाद 'विजयी हो' को सुनकर सभी को आश्चर्य हुआ। राणा जी द्वारा रहा न गया और उन्होंने कहा, "राणा जी

आपने...आपने हमें विजयी होने का आशीर्वाद दिया, हम शत्रु होने के बाद भी!"

"प्रताप सिंह, आशीर्वाद या सदिच्छाओं पर सिर्फ देनेवाले का ही अधिकार होता है।"

सेनासहित होने पर भी राजा जी को अकेलापन महसूस हो रहा था। मन पीछे की ओर जा रहा था। उपदेश देने के लिए गए हुए राजा जी को एक दिव्य तेज का साक्षात्कार हुआ और लौटते हुए वे मन-ही-मन सोच रहे थे कि अकबर की कृपा से एक ही बात बड़ी अच्छी हुई कि एक देदीप्यमान अटल तारे का दर्शन हुआ। बच्चा पहले क्योंकर नहीं मिला...।

राजा भगवानदास की भेंट से युद्ध अटल है यह बात निश्चित हो गई और युद्ध की साज-सज्जा को गति मिली। बीच में दीवाली मनाई गई परन्तु वह भी युद्ध की छाया में ही। यह दीवाली सभी ने मनाई। मिलना-जुलना, मिठाई, कपड़े, नजराने सबने भरपूर मजे लूटे। अनाज के कोठार भरे गए। आबालवृद्ध सभी युद्ध की कल्पना से हर्षित हो गए। नये सैनिकों को भी प्रशिक्षण देते वक़्त उत्साह और आनन्द देखते ही बनता था। किसी के भी मन में युद्ध का डर, उदासीनता, दुख किसी का भी स्पर्श नहीं दिखाई दे रहा था। लोग इकट्ठे हो रहे थे, आश्रय ले रहे थे, आनन्द से रह रहे थे। प्रताप सिंह का सैन्यबल बढ़ता जा रहा था। उम्मीद, उत्साह, आशा से भावनाएँ पराकाष्ठा पर पहुँची थीं।

सारे काम शुरू हुए करीब एक महीना हुआ था कि बलदेव जी ने खबर लाई, अकबर की ओर से एक और दूत भेजा जानेवाला है।

बातें करने आनेवाला दूत मेवाड़ में अब चर्चा का विषय बना था।

"अब कौन आएगा?" कोई पूछता।

"राजा टोडरमल," दूसरा जानकारी देता।

"वे क्या बोलेंगे और?" तीसरा पूछता।

"क्या पता?" कोई उत्तर देता।

बाल-बच्चे सब इकट्ठे होकर ऊँची चोटी पर चढ़ते या ऊँचे पेड़ पर चढ़ते और निगरानी करते, टोह लेते गाँव से लौटते। यह उनका खेल ही हो गया था। गोगुन्दा के आसपास ठंड बढ़ने लगी थी। विवाह के मुहूर्त पास आ रहे थे अतः नारियलों का आदान-प्रदान करने का सिलसिला शुरू हो गया था। स्वच्छ चाँदनी खिल रही थी, त्योहार, पर्व, उत्सव, धूम-धड़ाके से मनाए जा रहे थे और एक दिन राणा जी का खास दूत खबर लेकर आया—

"टोडरमल जी की सेना गोगुन्दा के पास पहुँच गई है।"

फिर से प्रताप सिंह का खास दालान टोडरमल जी की भेंट के लिए सज्ज हुआ। उनके निवास के लिए एक अलग महल सजाया गया, अनेक लोगों को उनकी खिदमत के लिए नियुक्त किया, सेना के लिए जगह दी गई, जानवरों के लिए नये

अस्तबल की व्यवस्था की गई।

कड़ाके की ठंड में ही टोडरमल जी गोगुन्दा पहुँचे। प्रताप सिंह की हुई व्यवस्था देख वे बहुत खुश हुए। सम्मान से सुखानुभव हुआ। दूसरे दिन भोजनोपरान्त भेंट तय हुई।

राजा टोडरमल अत्यन्त चतुर और निर्भय मंत्री थे। अकबर के दरबार में उनका महत्त्वपूर्ण स्थान था। वे अकबर के दरबार के प्रभावशाली व्यक्ति थे। महाराणा प्रताप और टोडरमल दोनों ही अत्यन्त शिवभक्त थे।

शिव की पार्थिव प्रतिमा बनाकर यथाविधि पूजा, नैवेद्य, विसर्जनोपरान्त ही जल ग्रहण करने का व्रत निर्वहन करनेवाले राजा टोडरमल जी थे, तो प्रातः शिवपूजा और शिवमहिम्न स्तोत्र का पाठ किए बिना अन्य कोई भी कार्य आरम्भ न करनेवाले श्रद्धालु थे राणा जी। सूर्य और शिव अर्थात तेज एवं पवित्रता, इन दोनों ही तत्त्वों का समन्वय राणा जी के दृढ़-निश्चयी चेहरे पर स्पष्ट झलकता था। एकलिंग जी के ये दीवान पूरी ईमानदारी से, निष्ठा से, इस भूमि की सेवा करने को तत्पर थे। दोनों ही एक दूसरे की टक्कर के थे, जोड़ का तोड़ थे। जुगलबन्दी की तरह उनके संवाद थे—

"प्रताप सिंह आपने आखिर क्या करने का तय किया है?"

"टोडरमल जी आखिर में हो या आरम्भ में, हम जो तय करते हैं वह पत्थर की लकीर होती है।"

"और यदि वह ललाट रेखा सिद्ध हुई तो?"

"ललाट रेखाएँ तो जन्मतः ही खींची जा चुकी हैं टोडरमल जी पर आपके लिए ललाट रेखा बदली हुई जान पड़ती है।"

"वह कैसे?"

"टोडरमल जी, पहले आप स्वयं अपने भविष्य के स्वामी थे। एक बार अकबर के अधीन हो जाने पर उनके मन के अनुसार आपके ललाट की रेखाएँ बदलेंगी।"

"ऐसा कैसे सम्भव है राणा जी? ललाट रेखाएँ तो पहले ही निश्चित होती हैं।"

"तब फिर जन्मतः ही आपके भाल पर दासता लिखी गई होगी।"

"राणा जी आप हमारा अपमान कर रहे हैं। हम दास नहीं, अकबर के दीवान हैं।"

एक मानव ने दूसरे मानव पर स्वामित्व जताने की शुरुआत करने के बाद से ही प्रत्येक समाज में मानवता का बाजार परिलक्षित होने लगा। इस बात का हमें बड़ा दुख है। एक व्यक्ति दूसरे व्यक्ति की दासता क्यों स्वीकार करे?

"राणा जी, क्या आप किसी के भी स्वामी नहीं हैं? क्या आपने किसी को भी अपने अधीन नहीं रखा है?"

"टोडरमल जी हम भी आपकी ही तरह दीवान हैं घर एकलिंग जी के। इसी कारण हमारे यहाँ के सभी सरदार एकलिंग जी के अधीन हैं, हमारे नहीं। स्वामी वे अकेले ही हैं। सब कुछ करनेवाले और करवानेवाले वहीं पेड़ के नीचे ही बैठे हैं। उन्हें ताज और तख्त नहीं चाहिए। हम आपका समय बचाना चाहते हैं दीवान जी। किसी भी

प्रकार से, कितनी भी बार आप समझाएँ तो भी हम अपने निश्चय से विचलित नहीं होंगे। टूट जाएँगे पर आपके 'पातशाह' के सम्मुख नतमस्तक नहीं होंगे।"

"और इसका परिणाम?"

"टोडरमल जी, जब हम कोई कदम उठाते हैं तभी उसका परिणाम निश्चित होता है। अपने जीवन के सभी परिणामों की जानकारी हमें है। हमने अपना ध्येय निर्धारित कर लिया है और उसके लिए होनेवाली तकलीफों को झेलने की जिम्मेदारी भी उठाने को हम तैयार हैं।"

"प्रताप सिंह आपके और हमारे विचार जब मिलेंगे तब मिलेंगे परन्तु आप गलती पर हैं ऐसा हमें लगता है। आप सम्राट अकबर का आक्रोश स्वयं और प्रजा पर संकट आमंत्रित कर रहे हैं। आपके इस दुराग्रह से ही मेवाड़ का विध्वंस होगा। मेवाड़ की जनता को सर्वनाश सहन करना होगा यह निश्चित है। वंश, धर्म और जमीन के छोटे से टुकड़े के लिए औरों के मन में स्वदेश स्वाभिमान की भव्य कल्पना का आधार ले असंख्य लोगों को यमसदन भेजने का निर्णय ले रहे हैं। बड़े होने के नाते, अपने अनुभव के आधार पर हम आपको सुझाव देते हैं कि भारत सम्राट अकबर की छत्रच्छाया में रहने में, उनसे मैत्रीपूर्ण समझौता करने में और विनम्रता से पेश आने में ही आपका और आपकी जनता का भला है। मेवाड़ के सामान्य नागरिकों का सुख से जीने का अधिकार सिर्फ अपनी प्रतिष्ठा के लिए छीन लेने का आपको क्या अधिकार है? हमारे प्रस्ताव पर आप विचार करें।"

क्षण-भर विश्राम लेकर टोडरमल जी ने अपने स्वर में मृदुता लाते हुए कहा, "आप जैसे शूरवीर, गुणवान, कलासक्त व्यक्ति की परख करनेवाला अकबर जैसा दूसरा सुयोग्य जौहरी कोई मिलेगा नहीं। सम्राट अकबर गुणग्राहक हैं, वे अपने दरबार में आपको सर्वोच्च स्थान प्रदान करेंगे। आपके जैसे गुणवान व्यक्ति का जनता की समृद्धि के लिए निश्चित ही उपयोग होगा, अन्यथा स्वदेश-स्वदेश करते हुए आप प्राणों से वंचित हो जाएँगे और देश आपको खो देगा। इसीलिए हम बार-बार आपसे निवेदन कर रहे हैं कि अपनी अनमोल जिन्दगी और मेवाड़ का सुन्दर प्रदेश इन दोनों का ही विनाश टालें।"

टोडरमल जी का वक़्तव्य सुननेवालों की अस्वस्थता बढ़ रही थी। महाराणा प्रताप सिंह अत्यन्त शान्त थे। अपने सम्मानित की ओर देखते हुए एक आश्वस्त स्मित करते हुए उन्होंने कहा—

"टोडरमल जी आप बड़े हैं और अकबर के दूत हैं। राजदूत हमेशा ही सम्माननीय और क्षमापात्र होते हैं इसीलिए आज आपकी सारी बातें हमने शान्तिपूर्वक सुन लीं। अब आपको भी हमारा शब्द-शब्द शान्तिपूर्ण ढंग से सुनना होगा। हम आपके बड़प्पन का और राजदूत पद का यत्किंचित् भी अपमान होने नहीं देंगे पर कुछ बातें स्पष्ट करने की इच्छा है, वे आप अपने बादशाह हुजूर तक जाकर बतलाएँ।"

राणा जी अपने शब्दों का प्रयोग नाप-तौलकर कर रहे थे। उनका संयम केवल राजा टोडरमल जी को ही नहीं, सभी स्वकीयों को आश्चर्यचकित कर रहा था। एक

राजदूत को कैसे उत्तर दिया जाना चाहिए इसका शिष्टाचार गोगुन्दा के राजभवन के दालान में साकार हो रहा था—

"टोडरमल जी जीऊँगा तो स्वदेश के लिए और मरूँगा तो भी स्वदेश के लिए, ऐसा जब हम कहते हैं तब स्वदेश मतलब किसी प्रान्त या जमीन का छोटा-बड़ा टुकड़ा अपेक्षित है, ऐसा आप समझते हैं क्या? वैसा होता तो शरणागति स्वीकार कर अभी जितना है उससे कहीं और अधिक भूभाग, बड़ा प्रदेश और राज्यपद प्राप्त कर सकते थे—जो आपने कहा वह बिलकुल सही है, पर हमारी कल्पना के अनुरूप स्वदेश, स्वधर्म और स्वभाषा की समझी-बूझी स्वीकृति ही स्वतंत्रता है। यह स्वतंत्रता अकबर की मांडलिकता बनाम अधीनता स्वीकार करने में है क्या? वैसे देखें तो हमारे सैनिकों की मृत्यु या मेवाड़ के विध्वंस के बारे में कहेंगे तो अपने प्राण कैसे बचाएँ यह प्रश्न राजपूतों के सम्मुख कभी भी नहीं था—न आज है और आगे भी नहीं रहेगा। मान लीजिए यह प्रश्न हो तो उसके उत्तर के रूप में आपकी सलाह उपयुक्त है। शरणागति का सफेद झंडा फहराते ही जीवन और धन दोनों का विनाश टलेगा, पर टोडरमल जी हमारा ध्येय है आखिरी साँस तक लड़ना और अपने रक्त का सिंचन कर इस भूमि को स्वतंत्र रखना। मृत्यु को आलिंगन देना यही हमारा श्रेय और प्रेय है। मेवाड़ के विध्वंस के बाद बचेंगे छिन्न-भिन्न अवशेष और अन्य राज्यों में होगी समृद्धि, यह हम जानते हैं। अपने शरीर पर लाचारी की सम्पन्नता प्रदर्शित करने की अपेक्षा स्वाभिमान के टूटे-फूटे, छिन्न-भिन्न अवशेषों की शान दिखाने में ही इस भूमि का वैभव है। अत: जीवित रहने या धन बचाने के लिए लड़ना छोड़कर हम शरणागति स्वीकार करेंगे यह असम्भव-सी कल्पना व्यक्त कर आप अपना समय व्यर्थ गँवा रहे हैं। अब आपका दूसरा प्रस्ताव। हम आपके सम्राट की छत्रच्छाया में रहने का और हमारी संकुचित वृत्ति का। अस्मिता की रक्षा करने का मतलब ही है जीवित रहना। उसके बिना जीना यानी मृत्यु। हम क्योंकर परायों की छत्रच्छाया में रहें? वह भी हमारी भूमि, हमारे स्वयं की, हमारे पुरखों की होते हुए भी? टोडरमल जी अकबर विदेशी आक्रामक है इस बात को ध्यान में लें। उसने सैन्य बल के आधार पर जुल्म से भारत की भूमि हथियाकर अपने को इस भूमि का राजा घोषित किया है। जनता स्वयं अपनी खुशी से उन्हें राजा के रूप में स्वीकार नहीं किया है। टोडरमल जी, आप एक चतुर शासक हैं। राज्य शासन के नियम आप अच्छी तरह जानते हैं। आपके हुजूर भी एक चतुर और बुद्धिमान शासक हैं। हम आपसे कुछ प्रश्न पूछते हैं। आप अपनी सदसद्विवेक-बुद्धि का स्मरण करते हुए उत्तर दें। अनेक प्रश्नों के उत्तर आपको स्वयं ही मालूम होंगे। आपकी जानकारी के अनुसार हमारे पास आज की वर्तमान स्थिति में कितना भूभाग होगा?"

"होगा सौ-डेढ़ सौ कोस का।"

"आपने बिलकुल सही बताया। अब आपके बादशाह के पास कितना भूभाग होगा, कृपा कर यह भी बतलाएँ?"

"अमाप! सम्पूर्ण उत्तर भारत उनके आधिपत्य में है।" टोडरमल जी अभिभूत

से प्रताप सिंह के प्रश्नों के उत्तर दे रहे थे।

"फिर हमारे पास की केवल सौ-डेढ़ सौ कोस भूमि की ओर आपके सम्राट की इतनी कुदृष्टि क्यों? हमारी इतनी-सी भूमि को वे नजरअन्दाज क्यों नहीं करते। इतनी-सी भूमि के बिना उनके साम्राज्य के वैभव में कौन सी कमी पड़नेवाली है? फिर वह भूभाग युद्ध में जीतकर प्राप्त करना अधिक श्रेयस्कर है। हम स्वयं आपकी छत्रच्छाया में आएँ इसके लिए उनका आग्रह क्यों है? हमारे आसपास के सब राजाओं को सन्धि करने का अवसर न देकर सैन्यबल के आधार पर जीतकर वे प्रान्त अकबर ने अपने साम्राज्य में शामिल किए हैं, फिर केवल हम ही क्यों उनका मांडलिकत्व स्वीकार करें, इस बात का आग्रह क्यों?"

पल-भर टोडरमल जी को उत्तर सूझा नहीं लेकिन तत्काल ही अपने को सँभालकर वे प्रताप सिंह को जवाब देने आगे बढ़े।

"यही तो अकबर के स्वभाव का और अच्छेपन का लक्षण है। यही उनका वैशिष्ट्य है। हमारे सम्राट रक्तपात के, हिंसा के पुरस्कर्ता नहीं हैं। वे समझा-बुझाकर, सहिष्णुता के, दोस्ती के मार्ग से आपसे मैत्री करना चाहते हैं।"

"टोडरमल जी आपके हुजूर जी का कहना कितना सच है यह चित्तौड़ के पाषाणों से पूछें। वहाँ की मिट्टी में उगनेवाले तृणों से पूछिए। छोटे बालक, अपंग, वृद्ध और स्त्रियों पर चित्तौड़ विजय के पश्चात् अकबर के किए अत्याचारों की कथा वे पाषाण कहेंगे। उस मिट्टी में उगनेवाला प्रत्येक तृण, प्रत्येक पत्ता हृदय में जख्म और आँखों में आसुँओं का सैलाब लेकर ही आता है। इसे बीते बहुत समय नहीं हुआ है। मुश्किल से पाँच वर्षों की कालावधि बीती है। इन सब अत्याचारों के समय वह सहिष्णुता कहाँ गई थी? आप भी उस समय रणक्षेत्र में थे। असंख्य सैनिकों को हाथियों के पैरों तले कुचलवाते समय आपके राजा की अहिंसावृत्ति कहाँ लुप्त हो गई थी? हमारे पिताश्री पर अकारण आक्रमण करते वक़्त समझा-बुझाकर कहने की वृत्ति कहाँ छिपकर बैठी थी? आप रक्तपात के पुरस्कर्ता नहीं हैं यह बात निरपराध जनता का कत्लेआम करते वक़्त आपके हुजूर भूल गए थे क्या? यह सब कुछ आपकी अनुभूति के परे की बात है टोडरमल जी, सत्य झेल नहीं पाएँगे अतः जाने दें। कुछ और आप अकबर के बारे में कहना चाहते हैं?"

"बहुत कुछ! महाराणा आप अभी अज्ञानी हैं, भ्रम में हैं इसीलिए अकेले खड़े हुए हैं और अपना राज्य आपने खड़ा किया है। अनेक छोटे-छोटे शासक ऐसा करेंगे। अकबर जैसे महान पुरुष सम्पूर्ण देश को एकत्रित करने का प्रयत्न कर रहा है और आप देश को छोटे-छोटे स्वतंत्र टुकड़ों में बाँटने का उपक्रम कर रहे हैं। आप अत्यन्त अहंकारी, उजड्ड, अशिष्ट एवं मुँहजोर प्रवृत्ति के हैं। वह महान सम्राट राजपूत-मुस्लिम संस्कृति का एकीकरण कर संस्कृति समन्वयक की भूमिका का निर्वहन कर रहा है और आप केवल संकुचित हिन्दू धर्म का ढिंढोरा पीटकर संस्कृति के एकीकरण का स्पष्टतः विरोध कर रहे हैं। भारत सम्राट महान अकबर हमें आधुनिकता की ओर ले जा रहा है और आप पुरानी काल बाह्य साबित हुई संस्कृति से चिपककर ही नहीं तो

उन प्रथा परम्पराओं का पुनरुज्जीवन करने का बीड़ा उठाए हुए परिलक्षित हो रहे हैं।"

राजा टोडरमल जी बोल रहे थे और सुननेवालों का पारा शब्द के साथ बढ़ता जा रहा था। जैत्र सिंह की मुट्ठियाँ तन गईं, बलदेव के माथे पर सिलवटें पड़ गईं, अमर सिंह के हाथों की पकड़ तलवार पर कस गई, भामाशाह का दिल क्रोधातिरेक के कारण तेजी से धड़कने लगा, बीरमदेव की काया काँप रही थी। पूंजा जी तो निगल जानेवाली नजरों से टोडरमल जी को देख रहे थे। महाराणा प्रताप सिंह के क्रोध का ज्वालामुखी कितना तीव्र होगा इसकी कल्पना से ही सब अस्वस्थ हो रहे थे। परन्तु वह धैर्यमेरु अविचल भाव से अपने लोगों को निहार रहा था। लोगों की क्रुद्ध नजरों को अपने स्निग्ध नेत्रों और सरल स्मित से आश्वस्त कर रहा था।

राणा जी एकटक राजा टोडरमल की ओर देखने लगे। टोडरमल जी का प्रदीर्घ वक्तव्य खत्म होने पर दालान में जानलेवा शान्ति व्याप्त थी। साँस रोककर हरेक राणा जी की प्रतिक्रिया उद्रेक की कल्पना से सिहर रहा था।

घटित जो हुआ वह बिलकुल अलग। अपने आसन पर बैठे-बैठे राणा जी ने प्रशंसा की तालियाँ बजाईं और टोडरमल जी की ओर देखते हुए शान्त स्वर में बोले, "वाह! वजीर साहब वाह! हमारी आपके बारे में कल्पना बिलकुल ही अलग थी। हम आपको बुद्धिमान समझ रहे थे पर आप मात्र एक पढ़ाया हुआ तोता ही निकले। बोलने के लिए प्रेरित करनेवाला स्वामी कोई और ही है। अब हमसे सारे प्रश्नों के उत्तर सुनिए—

अपने बादशाह को जाकर बताएँ, आपके परदादा ने हमारे देश पर आक्रमण किया उसके काफी पहले से हमारे बप्पा रावल का यहाँ राज्य स्थापित था। आपके परदादा ने स्वतः हमारे पितामह के लिए, "उत्तर भारत के सबसे शक्तिशाली शासक संग्राम सिंह उर्फ महाराणा संग्राम उर्फ महाराणा सांगा थे। हिन्दुओं के सूर्य के रूप में सम्पूर्ण भारतवर्ष में उनकी मान्यता थी।" ऐसा लिखकर रखा है। आप किसी से वह पढ़वा लें।

टोडरमल जी, आपके हुजूर की चतुरता पर हमारा पूरा विश्वास है। यह जो सत्य अभी हमने आपको बताया है वह आपके हुजूर जानते हैं, इसीलिए वे हमें परास्त करने के लिए—हम स्वयं आधिपत्य स्वीकार करें इसलिए आप जैसे विश्वसनीय दूत भेजते हैं। अकबर जानते हैं कि प्रत्येक देश का एक सार्वभौम सम्राट होता है। वह उस देश की जनता का नेता होता है। किसी पराये ने यद्यपि उसका राज्य छीन लिया तो भी वह राज्य उस समय तक उसका नहीं माना जाता, जब तक कि पहले का राजा स्वयं समर्पण नहीं करता या उसका आधिपत्य स्वीकार नहीं करता। पहले का राजा आक्रामक के आधिपत्य में अपनी खुशी से आए तभी आक्रामक को उस राज्य पर अपने स्वयं का अधिकार बतलाना सम्भव होता है। इसीलिए, टोडरमल जी, आपका अकबर हमारे मांडलिकत्व बनाम मित्रता नामक गुलामगिरी की इच्छा सँजोए हुए है। हमें मैत्री का प्रलोभन दिखला रहा है। आपके हुजूर को निश्चित यह जानकारी है कि इस प्रदेश का सार्वभौम, लोकमान्य और आधिकारिक सम्राट प्रताप सिंह ही हैं,

जलालुद्दीन मुहम्मद अकबर नहीं।

यद्यपि हमारा राज्य अकबर ने जुल्म-जबरदस्ती से या हमें पराजित करके छीन भी लिया तो भी हमारी भूमि पर या भूमि के बाहर किसी भी जगह खड़े रहकर जूझने की हमारी स्वतंत्रता वह छीन नहीं सकता। यह भी आपके हुजूर जानते हैं। इसीलिए आपके हुजूर के सम्राट होने की महत्त्वाकांक्षा में एक हम ही बाधा हैं। वस्तुतः आपके हुजूर हमें झुकाना चाहते हैं। महाराणा प्रताप यहाँ के सभी राजाओं का नेता है, जनता का नेता है। नेता की शरणागति स्वीकारने से पूरा प्रदेश शरण आने के समान है। हमारा समर्पण एक व्यक्ति का या किसी भूमि के छोटे से टुकड़े का समर्पण न होकर सम्पूर्ण भारतवर्ष की अस्मिता का, स्वातंत्र्य का, चैतन्य का और स्वातंत्र्य संग्राम का समर्पण है, इसीलिए महत्त्वपूर्ण है। ऐसा यदि नहीं होता तो आपके राजा ने हमें एक धूलिकण जितना भी महत्त्व नहीं दिया होता, यह संघर्ष ही नहीं हुआ होता।

संस्कृति-समन्वय की बात आपके अकबर द्वारा क्यों कही जा रही है। जिसे समन्वय साधना होता है वह स्वयं का ढिंढोरा नहीं पीटता, जो कुछ करना है वह करके दिखाता है। हम संकुचित नहीं उलटे समन्वय का खून हमारे वंश में न जाने कितनी पीढ़ियों से है। सिसोदिया कुल में, बप्पा रावल के वंश में प्रत्येक का धर्मश्रेष्ठ मानने की शिक्षा बचपन से ही मिली है। आप जाकर देखिए चित्तौड़ के परिसर में राणा कुम्भा का जयस्तम्भ इस समन्वय का ही साक्षी देता खड़ा है। हिन्दू, जैन, बौद्ध, इस्लाम सभी पन्थों के पवित्र शिल्प भी वहाँ आपको दिखेंगे। कितने वर्षों पहले समन्वय होकर एक और फिर भी स्वतंत्र, ऐसी संस्कृति वहाँ नजर आती है। संस्कृति समन्वय यह अन्तःकरण द्वारा निर्मित की जानेवाली प्रक्रिया है केवल लोगों के साथ की जानेवाली ठगी या धोखा नहीं है और न ही शिकार के लिए रखा गया प्रलोभन ही है।

टोडरमल जी हमने काफी देर तक बातें कीं। यह सब कहकर आपको कष्ट देना या आपका अपमान करना हमारा उद्देश्य नहीं था। फिर भी अनजाने में आपका मन आहत हुआ हो तो हम माफी चाहते हैं। जब मूल्यों के लिए युद्ध होता है तब व्यक्तिगत मान-अपमान की कल्पना उपस्थित न हो, इस मान्यता को हम स्थान देते हैं। सत्य के लिए बहस करना आवश्यक होता है यह आप भी जानते हैं। आप थक गए हैं, विश्राम की आपको आवश्यकता है, आप विश्राम करें। हम पुनः आपकी भेंट लेने उपस्थित होंगे।

अपनी बात समाप्त कर महाराणा प्रताप दालान में निकल गए। सिर्फ टोडरमल जी को ही नहीं, वहाँ उपस्थित प्रत्येक व्यक्ति को होश में आने के लिए काफी समय लगा।

अब पूरी तरह से युद्ध की तैयारी में जुट जाना चाहिए। सूक्ष्मता से और सजगता से युद्ध की तैयारी करनी चाहिए। मेवाड़ के हरेक व्यक्ति के मन में यही विचार था। अलग-अलग योजनाएँ बनाई जा रही थीं, क्रियान्वित हो रही थीं। अलग-अलग

शिक्षा, प्रशिक्षण दिया जा रहा था। कोई भी, कभी भी, राणा जी से मिलकर युद्ध-क्षेत्र में अपना सहभाग योगदान करने का विचार सामने रख रहा था।

स्वयं राणा जी भी अधिक-से-अधिक समय प्रजाजनों के बीच रहते। कुम्भलमेर के महल में रहने की अपेक्षा अपना चेतक लेकर जंगलों में भ्रमण करने, अपने प्रजाजनों के बीच मिल-जुलकर रहना उन्हें अधिक अच्छा लगता था। प्रजाजनों को भी सहज उन तक पहुँचना सम्भव था। एक दिन पारूबाई अपने चौदह-पन्द्रह वर्ष के लड़के को लेकर आई।

"बोलिए माई कोई शिकायत लाई हैं क्या?" राणा जी ने बड़ी आत्मीयता से पूछा।

"शिकायत नहीं अन्नदाता। राणा जी के राज्य से शिकायत नाम की लड़नेवाली महिला कभी की सीमा पार कर चुकी है।"

"फिर क्या कहना है? यह लड़का लगता है आपका?"

"हाँ अन्नदाता, मैं पारूबाई, यह कान्हा है। इसे कोई काम दीजिए। अपने पैरों के पास रख लीजिए।"

"यह क्या करेगा माई? अब युद्ध करना है। क्यों इसकी जिन्दगी धोखे में डालती हो?"

"अन्नदाता, जिन्दगी का भला कोई ठिकाना होता है? आज है, कल नहीं। राजपूतों के सारे बच्चे लड़ाई में ही मरने चाहिए ऐसा इसके पिताजी कहते थे। वे लड़ते-लड़ते ही...।"

"माई आपका पुत्र छोटा है..."

"छोटा नहीं अन्नदाता, परसों ही तेरह साल का हुआ है। वीरगति के लिए आयु का बन्धन होता है क्या? इसकी शादी हम करनेवाले थे पर अब युद्ध आया है तो पहले युद्ध। यदि जीवित रहा तो शादी। इसके छोटेपन पर न जाइए अन्नदाता। यह अच्छा तीरन्दाज है। तेजी से पेड़ पर चढ़ता है, दौड़ते-दौड़ते तीर चलाता है। घोड़ी पर से बाण मारता है। पक्षियों की आवाज निकालता है, गुलेल से दूर तक पत्थर मारता है।"

गोगुन्दा और उदयपुर परिसर में ऐसे कई बाल-गोपाल थे। चातुर्य, साहस, पराक्रम, जिद्द, चपलता आदि गुणों के और प्रामाणिकता के वे मानो जीवन्त आदर्श थे। इस बालक के पास पक्षियों की आवाज निकालने की कला है। राणा जी के मन में एक कल्पना कौंधी।

"कान्हा तुम युद्ध में शामिल होगे?"

"हाँ मैं लड़नेवाला हूँ," कान्हा ने दृढ़ता से कहा।

"तुम्हें कौन-कौन से पक्षियों की आवाज निकालने आते हैं?"

मोर, हंस, बगुला, कौआ, कबूतर, तीतर, अपनी कला की प्रशंसा होती देख कान्हा बहुत खुश हुआ।

"दूसरे लड़कों को ऐसी आवाज निकालना सिखा सकते हो?"

"हाँ सिखा सकता हूँ। मेरे एक दोस्त को जानवरों की आवाज निकालना आता

है। वह मुझे सिखलानेवाला है।"

"तू अपने भरोसे के सभी दोस्तों को लेकर आओ। कल तुम सबको हम काम देंगे।"

कान्हा और पारूबाई की खुशी आसमान में नहीं समा रही थी। राजमहल से बाहर निकलते ही कान्हा हवा की गति से दौड़ता हुआ अपने दोस्तों को इकट्‌ठा करने चल पड़ा।

इन सब लड़कों को राणा जी ने बलदेव जी को सुपुर्द किया। उनकी देख-रेख में पशु-पक्षियों की आवाज में सांकेतिक सन्देश देनेवाले अलग गुप्तचरों का शासन तंत्र तैयार हुआ।

"अपने आसपास रहनेवाले लोग, सहज ही उपलब्ध होनेवाली साधन सामग्री और क्षमताओं का अधिकाधिक उपयोग करवा लेनेवाला व्यक्ति हमेशा ही उत्तम प्रशासक होता है। अपने आसपास रहनेवाले व्यक्तियों को दुख न देते हुए, धीमे से उनके दोष दूर करने और गुण परखकर उनकी कदर करने, उन गुणों को योग्य प्रोत्साहन देकर, उन गुणों का अपने कार्यों में सहयोग प्राप्त करना, उनकी क्षमता पहचानकर प्रशासन में उपयोग करने के लिए उनके हाथों में अधिकार देना और सबसे महत्त्वपूर्ण बात कि सहयोगियों पर नि:स्वार्थ प्रेम करना, उनकी चिन्ता कर उन्हें हमेशा के लिए अपना बना लेना यह महाराजा प्रताप सिंह का मानो स्वभावधर्म ही था। उनके समीप आनेवाले व्यक्ति उनके ही हो जाते और अपनी निष्ठा केवल मेवाड़ के लिए ही समर्पित करते।" बलदेव जी बड़े अभियामान से अपनी पत्नी पार्वतीबाई को बतला रहे थे।

आज काफी दिनों बाद वे पति-पत्नी एक-दूसरे से मिले। युद्ध की तैयारी में किसी को भी वक़्त नहीं था। दोनों के ही मन में इस राजा के प्रति असीम अभिमान था। यहाँ आने का अपना निर्णय बिलकुल सही था यह बात उन्हें क्षण-क्षण महसूस हो रही थी। पार्वतीबाई तो रनिवास में अत्यन्त प्रसन्न और समाधानी थीं।

"राणा जी की सभी महारानियों को अपने पति का बड़ा अभिमान है। उन्हें मिलने का अवसर कभी-कभी ही मिलता है पर उनके नाम का सौभाग्य प्राप्त कर ही वे स्वत: को धन्य मानती हैं। पार्वतीबाई कोई अनोखी अपूर्व घटना की तरह बतला रही थी कि राणा जी की माताजी और उनकी रानियाँ अरावली के कानन में रहकर भी नन्दनवन का सुख-सौख्य अनुभव करती हैं। कुछ ही समय में उदयपुर, गिर्वा, एकलिंग जी के पहाड़, छप्पय, मोती मगरी, गोगुन्दा, कुम्भलगढ़ आदि अनेक जगहों पर कितनी ही बार स्थानान्तरण हुआ परन्तु उनकी इस सम्बन्ध में कोई शिकायत नहीं है। सुख-सुविधाओं के अभावों के बारे में दुख नहीं और न ही रिश्तेदारों से करीबी के टूटे हुए सम्बन्धों के लिए ही दुख है।"

"सचमुच वे धन्य हैं," बलदेव जी ने विह्वलता से कहा।

पार्वतीबाई आगे बतलाने लगी, "मैंने महारानी साहिबा से एक बार सहज कहा कि 'पीहर की याद से आपका मन बेचैन नहीं होता क्या?'"

इस पर उन्होंने कहा, "हम भी स्त्री हैं, यह सब याद आएगा ही परन्तु सबसे पहले हम श्री जी की पत्नी हैं। हमारे जैसा भाग्य सभी स्त्रियों का नहीं होता। एक बार राजकर्ता पुरुष की पत्नी का नाता स्वीकार कर लेने पर अन्य कोई रिश्ता बचता ही कहाँ है? राजनीति के चौपड़ के हम प्यादे मात्र होकर रह जाते हैं। न ससुराल के करीब होते हैं और न पीहर का प्रेम बना रहता है। नाते-रिश्ते, इन शब्दों का प्रयोग सिर्फ जख्मी करने के लिए ही कभी-कभी इस्तेमाल किए जाते हैं।"

सभी रानियों का समझदार होना और किसी भी एक रानी का राजा जी का विशेष कृपापात्र न होना यही अन्त:पुर में महत्त्वपूर्ण होता है! महारानी चम्पा देवी बाई सा ने कहा, "हमारे श्री जी का व्यवहार सबके लिए समान है।"

"राणा जी ने कुँवर अमर सिंह का जन्म होते ही उन्हें उत्तराधिकारी घोषित कर आगे आनेवाले सारे प्रश्नों को अपने-आप ही सुलझा दिया," रतनबाई साहिबा ने कहा। अपने पितामह और पिताजी द्वारा की हुई गलतियों के कारण ही गृहकलह निर्मित हुआ और यह एकान्तवास हमें भोगना पड़ रहा है ऐसा राणा जी को लगता है। एक बार उन्होंने कहा था, "हमें अपना इतिहास भूलना नहीं चाहिए। यदि वह भूलने की गलती की तो सजा के रूप में वही इतिहास फिर से जीना होता है। यदि हम कुरुक्षेत्र भूले न होते तो अपने पर आज का यह समय कभी नहीं आता।" हमारे मन में राणा जी का यह वाक्य लगातार गूँजता रहता है और हमें लगता है कि अपनी इस भूल का, आपस की अनबन का फायदा लेकर तुर्कों ने सिसोदिया को पराजित किया है।

राणा जी की सभी रानियों में रतनावती बाई साहिबा राजनीति की अच्छी जानकार हैं। जब भी वक़्त मिलता है राणा जी रतनावती बाई साहिबा से राजनीति पर चर्चा करते हैं। महारानी माधोबाई साहिबा किसी से भी ज्यादा बोलतीं नहीं पर बाकी सभी राणा जी के कथनों को ईश्वर की कथा की तरह श्रद्धापूर्वक शब्द-शब्द सुनती हैं। कभी भाव-विह्वल होकर, तो कभी व्याकुल होकर, तो कभी सुध-बुध खोकर।

बोलते-बोलते पार्वतीबाई के शब्द भीग उठे। महादेव के दर्शन पाकर पति-पत्नी अपने-अपने काम में लग गए।

महाराणा प्रताप सिंह के लिए जीना, लड़ना, मरना और इसके साथ ही तन-मन- धन अर्पित कर मनसा-वाचा-कर्मणा देश की सेवा करना ही था। उनके जीवन का आदर्श लक्ष्य यही था और ऐसे कितने ही लोग उनके साथ अनेक गतिविधियों में लगे रहते हैं। राणा जी को जहाँ से जितनी सहायता मिल सके उतनी सहायता करने के लिए प्रयत्नशील रहते हैं।

मेवाड़ के कोने-कोने से हजारों हाथ-पाँव, आँखें, कान, मेवाड़ की रक्षा करने

के लिए तैयार हो गए।

"बड़ी देर से सन्देश भेजे जाने के बाद भी भामाशाह आए क्यों नहीं?" राणा जी के मन में यह बात आई नहीं कि भामाशाह ने आकर अभिवादन किया।

"भामाशाह जी, आज हमने आपको एक महत्त्वपूर्ण काम के बारे में सलाह लेने के लिए बुलाया है।"

"आज्ञा राणा जी, हम तत्काल काम आरम्भ करते हैं।"

"बहुत से काम आरम्भ हो चुके हैं फिर भी जो शेष करना है उन्हें तत्काल आरम्भ करें।" राणा जी ने भामाशाह जी से कहा, "बचे हुए सारे काम पूर्णत्व की ओर ले जाना चाहिए।"

बोलते-बोलते दोनों ही खाजगी दालान की ओर मुड़े।

उद्योग, व्यापार, खेती, वित्त, शस्त्र-सामग्री आदि की व्यवस्था और आसपास के शासकों से मैत्रीपूर्ण सम्बन्ध प्रस्थापित करने के लिए मेहसाण जी को मुख्य प्रधान नियुक्त किया गया। उनके साथ विचार विनिमय कर राणा जी ने तत्परता से सभी अधिकारियों को अधूरे कार्यों को पूरा करने के लिए आदेश जारी कर दिए। सम्पूर्ण कार्यों का लेखा-जोखा लेकर बाधाओं का निवारण करने की दृष्टि से एक सभा का भी आयोजन किया गया।

"तुर्कों के आक्रमण से मेवाड़ प्रान्त के मार्ग छिन्न-भिन्न हो गए हैं। आवागमन में बाधाएँ निर्माण होने से व्यापार, उद्योग-धन्धे मन्द गति में चल रहे हैं। गुजरात और मालवा प्रान्त से व्यापार करने के लिए निकट का मार्ग ढूँढ़ना आवश्यक है। इस दृष्टि से आप अधिक प्रयत्न करें शार्दूल सिंह।"

राणा जी सभा को सम्बोधित करते हुए कह रहे थे, "यद्यपि हम युद्ध की छाया में विचरण कर रहे हैं तथापि केवल युद्ध की तैयारी करने से ही काम नहीं चलेगा। प्रजा का संरक्षण करना भी महत्त्वपूर्ण है। भीतरी व्यवस्था देखना अधिक महत्त्व रखता है। इसके लिए हमारी पूंजा जी सहायता करेंगे। उनकी सहायता से निकटवर्ती मार्ग मिलेंगे। इसके साथ ही कई नवीन आपातकालीन गुप्त मार्ग ढूँढ़ने होंगे, तभी उस मार्ग से जनता को तत्काल पर्वतीय प्रदेश में लौटने में सहायता मिलेगी। इस मार्ग पर चौकियाँ और पहरे की व्यवस्था करें। शत्रु के आगमन की सूचना अलग-अलग माध्यम से, युक्तियों से शत्रु के बीस-पच्चीस कोस तक आते ही मिल सके ऐसी व्यवस्था करें।"

"राणा जी, अपने आसपास के थानों पर तुर्कों ने कब्जा कर लिया है। उन थानों के बारे में क्या निर्णय लेना है यह अभी आपने तय नहीं किया है।" राय सिंह ने नम्रता से प्रश्न किया।

"राय सिंह, इस सम्पूर्ण व्यवस्था की जिम्मेदारी आप पर ही है। आप अपने सहकारियों की सहायता से योग्य निर्णय लें। जब सम्भव हो तुर्कों के थाने लूटकर,

उन्हें दहशत से प्रभावित कर, उनके अधिकार क्षेत्र में निहित अपना भूभाग अपने अधिकार में लेने का प्रयत्न करें।"

राणा जी प्रत्येक को एक-एक जिम्मेदारी समझाकर बतला रहे थे—

"एक बात आप सभी साथियों को ध्यान में रखनी चाहिए," राणा जी ने अपने सभी अधिकारियों को सम्बोधित करते हुए कहा, "अकबर चतुर नायक, कुशल कूटनीतिज्ञ, सेना और द्रव्य बल से हमारी अपेक्षा बलशाली है और वर्तमान सत्ताधारी है। उसकी हरेक हलचल के पीछे कोई-न-कोई सोची-समझी योजना, दाँव, रहता है। हमें उस दाँव में फँसना नहीं चाहिए, बलि नहीं बनना चाहिए। अपने आसपास के सब राजाओं को जीतने के लिए अकबर ने करीब-करीब दो वर्ष लगाए हैं। हर बार मैत्री का प्रस्ताव लेकर अपने यहाँ आनेवाला राजदूत अपने तक पहुँचने के पहले ही वह आसपास का कुछ प्रदेश जीतकर ही आया हुआ होता है। इसलिए राज्य की कोई भी व्यवस्था देखने के पहले उस व्यवस्था का आपातकालीन परिस्थिति से सम्बन्ध जोड़कर देखना होगा। सिर्फ सुविधा देखने की अपेक्षा सुरक्षा पर बल देना होगा। परिणामों को ध्यान में रखकर ही कदम उठाने होंगे।"

"राणा जी हमारे मन में एक शंका थी।"

बोलिए कुँवर अमर सिंह! निःशंक होकर बोलिए। शंका का निराकरण उसी समय करना चाहिए अन्यथा अकारण ही दुष्परिणाम झेलने पड़ते हैं।

"राणा जी अकबर के प्रत्येक राजदूत ने आते समय अपना प्रभाव दिखाने के लिए आसपास का प्रदेश जीतकर कब्जा किया, उस प्रान्त के शासकों को मित्रता की सन्धि भी नहीं दी। मेवाड़ पर आक्रमण न कर अकबर ने साल-भर केवल सन्धि प्रस्ताव भेजे। इसके पीछे की राजनीति क्या होगी?"

"इसके अनेक कारण हो सकते हैं।" कुँवर राणा जी ने कहा, "एक कारण यह हो सकता है कि हम स्वयं होकर उनका मांडलिकत्व स्वीकार करें ऐसी अकबर की इच्छा हो। दूसरे आसपास का प्रदेश जीतकर जितना भी सम्भव हो उतना राजस्थान अपने आधिपत्य में लेकर मेवाड़ को अकेला कर दें ताकि आक्रमण करने के समय कहीं से भी हमें सहायता न मिलने से सैनिकों का मनोबल कम होगा ऐसा भी विचार उसने किया होगा।"

"राणा जी," बलदेव जी अचानक बोले, "इसमें अकबर एक और चाल चलने के लिए प्रयत्नशील है।"

सबने उत्सुकता से बलदेव जी की ओर देखा। कौन सी? यह हरेक की नजर में निहित प्रश्न समझकर बलदेव जी बोले—

"इस सारे प्रकरण में अकबर को एक और मौका हासिल करने की सुविधा है कि हमने सदैव मित्रता का हाथ आगे बढ़ाया है; क्योंकि हम शान्ति के समर्थक हैं और समझा-बुझाकर सारे प्रश्न हल करना चाहते हैं; परन्तु मेवाड़ का राजा ही कलहप्रिय होने के कारण मित्रता स्वीकार नहीं करता। अकारण जिद करके मेवाड़ पर संकट आमंत्रित करता है। ऐसी राणा जी की उद्दंड प्रतिमा सम्मुख रखकर अपनी

स्वयं की उजली प्रतिमा दर्शाना चाहता है।"

बलदेव जी की बात सभी को उचित जान पड़ी। उनकी प्रशंसक नजरों में बलदेव जी को संकोच अनुभव हुआ।

"राणा जी आप हमें कुछ आदेश देनेवाले थे?" भामाशाह ने सभा का ध्यान आकर्षित करते हुए कहा।

"अच्छी याद दिलाई, भामाशाह जी! हम आपको एक महत्त्वपूर्ण काम सौंपनेवाले हैं।" राणा जी ने कहा, "हमने काका सा करम सिंह से अनुरोध किया था कि वे गीतों के माध्यम से हमारे वंश की यशोगाथा तैयार कर दें। युद्ध के प्रसंग पर हमारे चरणों को उसकी आवश्यकता होगी।"

"राणा जी, कुँवर अमर सिंह ने उत्सुकता से पूछा, करम सिंह काका सा को हम मिले थे, वे लगातार लेखन में लगे थे, उसका कारण यही है क्या?"

नहीं, अमर सिंह, वे इतिहास-लेखन के कार्य में लगे हुए हैं। कवनों (गीतों) की जिम्मेदारी हमने उन्हें अभी-अभी ही सौंपी है। बलदेव जी आपकी हमारे काका सा से मुलाकात हुई नहीं ऐसा लगता है। आप उनसे जरूर मिलें।

"राणा जी, वे आपके काका सा?" बलदेव जी ने जानने की दृष्टि से पूछा। नहीं बलदेव जी, वे हमारे काका सा नहीं हैं। हमारी माताजी के साथ वे पाली से यहाँ आए। इतिहासप्रेमी करम सिंह ने चित्तौड़ आते ही मेवाड़ के बिखरे हुए इतिहास को क्रमवार लिखने का कार्य हाथ में लिया। हमारी माताजी उन्हें काका सा कहती थीं। वे सारे चित्तौड़ के काका सा हो गए। प्रकांड पंडित और मूर्धन्य साहित्यकार के गुणों से वे विभूषित हैं। आप उनके कवन (गीत) जब सुनेंगे तो इस बात की प्रतीति होगी।"

'राणा जी' बीरमदेव जी ने प्रश्न किया, "इतिहास-लेखन उपलब्ध प्रमाणों की सहायता से किया जाता है पर अनेक बार साहित्यिकों की प्रतिभा भी उस इतिहास में आविष्कृत होती नजर आती है।"

"आपका कहना उपयुक्त है। कभी-कभी ऐतिहासिक प्रमाण समय के साथ-साथ नष्ट होते हैं तो कभी-कभी विदेशी आक्रमणों के परिणामस्वरूप भी नष्ट हो जाते हैं। अनेक बार विजेता, पराजितों की अस्मिता के ऐतिहासिक प्रमाण जान-बूझकर नष्ट कर देते हैं ताकि आगे आनेवाली पीढ़ी को उनका पूर्व पराक्रम विस्मृत होकर वे नपुंसक बन जाएँ। देशप्रेम की भावना समूल नष्ट करना ही लक्ष्य होता है।"

"फिर ऐसे समय में इतिहास-लेखन की अपूर्णता...?" बलदेव जी का प्रश्न समझकर राणा जी ने कहा।

"यह अपूर्णता साहित्यिक पूर्ण करता है। जहाँ इतिहास मौन होता है वहाँ साहित्यिक की अलौकिक प्रतिभा जो कुछ छूट गया है उसे साधने का कार्य करती है। साहित्यिक की इस दैवी प्रतिमा पर विश्वास रखना नई पीढ़ी के लिए आवश्यक है। इसके अतिरिक्त हरेक बात को प्रमाणों द्वारा परखना, कसौटी पर कसना सम्भव नहीं होता। कितनी सारी बातें ऐसी भी होती हैं जो अन्त:करण की भावनाओं से ही अपने-आप जन्म लेती हैं और सत्य के समीप होती हैं, अर्थात साहित्यिक का स्वयं

की भावनाओं से, इतिहास से प्रामाणिक होना आवश्यक होता है।"

सभी आश्चर्यचकित हो राणा जी की व्याख्या सुन रहे थे। प्रताप सिंह के मामा मानसिंह को सहज स्मरण हो आया कि राज्य ज्योतिषी ने कहा था, "राणा जी आपके ये कुँवर साहित्य की अच्छी समझ रखनेवाले हैं।"

राणा जी को उम्मीद से अधिक समय युद्ध की तैयारी के लिए मिल गया। अकबर को कल्पना से अधिक समय बंगाल पर विजय प्राप्त करने में लग गया और उसकी काफी सेना राव चन्द्रसेन के बार-बार किए जा रहे विद्रोह को दबाने में उलझने के कारण भी अकबर महाराणा प्रताप की ओर लक्ष्य केन्द्रित नहीं कर पाया।

दो वर्ष राणा प्रताप को विचार विनिमय के लिए देने पर भी उन्होंने अकबर की मित्रता स्वीकार नहीं की थी, उलटे मेवाड़ में अलग-अलग राजाओं, रावों को एकत्र कर राजपूतों का एक संघटन तैयार करना चाह रहे थे। तुर्की के शत्रु पठान भी राणा जी के मित्र बन गए थे। इस प्रकार की संघटना का जड़ें जमाते जाना और बढ़ना अकबर को महँगा पड़ेगा, यह दोनों ही जानते थे। प्रताप सिंह जिद्दी तो थे ही, कोई एक बात करना तय कर लिया तो प्राणों की बाजी लगाकर निश्चित रूप से करते ही थे। ग्वालियर, सिरोही, बूँदी, डूँगरपुर, बाँसवाड़ा, रणथम्भौर, ईडर, देवड़ा इत्यादि जगहों के अधिपतियों ने प्रताप सिंह को सहायता करने की मनोभूमि बना ली थी। अनेक पदच्युत राजाओं ने मेवाड़ के महाराणा का आश्रय स्वीकार कर लिया था। यह स्थिति समाधानकारक नहीं है यह अकबर को लगातार महसूस हो रहा था।

राणा प्रताप सिंह का सैन्यबल और शस्त्रबल बढ़ ही रहा है। इसके अतिरिक्त सम्पूर्ण राजस्थान में उनके बारे में प्रगाढ़ श्रद्धा की लहर उठ रही है। अब राणा प्रताप का दमन करना अत्यन्त आवश्यक है एवं शीघ्रता से करना चाहिए यह अकबर के समझ में आ गया था। युद्ध की तैयारी के लिए सभा लेने का उसका निर्णय हुआ; और सब जगह खबर देनेवाले पहुँचे। गुप्तचरों का जाल और गहरा हो गया।

अब वार्ताओं की झंड़ी-सी लग गई थी। रोज कोई-न-कोई गुप्तचर विशेष खबर लेकर आता और उसके अनुसार योजनाएँ बनतीं या फिर रद्द की जातीं। युद्ध की इस लगातार तैयारी से मेवाड़ का प्रत्येक सैनिक सामन्त, सरदार उत्सुकता से युद्ध की राह देखने लगा।

अश्वों का चयन, हाथियों की व्यवस्था, सैनिकों का पूर्वाभ्यास, शस्त्रों का निर्माण, राज्य की व्यवस्था और कुम्भलमेर का शासन इन सब कार्यों की बहुलता में राणा जी के दर्शन दुर्लभ हो गए।

महता नरबन्द को कुम्भलमेर का प्रशासन सौंपकर राणा जी निश्चिन्त हो गए। इस जिम्मेदारी से मुक्त होकर राणा जी आज ही जैत्र सिंह के साथ कुम्भलमेर से लौटे और गोगुन्दा की व्यवस्था देखकर कुछ समय के लिए मांडलगढ जाने की योजना तैयार करने में व्यस्त हो गए। काफी देर तक उनके कमरे का दरवाजा खोला नहीं

गया तब बलदेव जी को धीरज नहीं रहा। उन्होंने तत्काल राणा जी के खास कमरे के द्वार पर अपने आगमन की सूचना दी। स्वयं को ज्ञात हुई वार्ता राणा जी को कब बतलाता हूँ ऐसा उन्हें महसूस हो रहा था।

बलदेव जी का अभिवादन राणा जी ने स्वीकार किया। "आज कोई विशेष वार्ता है यह आपका चेहरा ही बतला रहा है बलदेव जी! हम ही सामने हैं इसलिए ठीक है। ऐसा यदि हमारे शत्रु को आपका चेहरा पढ़ना आता तो हमारी गुप्तचर योजना की कोई खैर न होती।" राणा जी ने कहा।

"ऐसा कदापि घटित नहीं होता राणा जी। हमारा चेहरा पढ़ सकना आपको भी सम्भव इसलिए हुआ कि हमने विशेष एहतियात का ध्यान नहीं रखा। जो सन्देश आपके लिए है वह शीघ्रातिशीघ्र पहुँचे इस भावना के वशीभूत होकर ऐसा घटित हुआ।"

"हम भी सहज ही बोले, बलदेव जी खबर दीजिए।"

"राणा जी, अकबर अजमेर पहुँच गया है।"

"बहुत अच्छा! हमारी भी यही अपेक्षा थी। आगे कहें!"

"मेवाड़ के ज्यादा पास रहकर अपने को सेना और युद्ध का निरीक्षण करना आसान होगा यही इसका रहस्य है यह बात तो सहज ही ध्यान में आ रही है। एक बात जरूर हमें समझ में नहीं आ रही है और उस पर विश्वास भी नहीं हो रहा है, परन्तु खबर पूरी तरह सत्य है।"

"बोलें..."

"राणा जी, बीते पन्द्रह दिनों से अकबर के खलबतखाने में विचार-विमर्श चल रहा था। लगातार सरदार-दरकदार-अमीर-उमराव-मांडलिक इन सबकी भीड़-भाड़ थी और आज प्रातःकाल हमें यह ज्ञात हुआ कि मेवाड़ पर आक्रमण करने की अकबर की योजना क्रियान्वित होने लगी है और इस योजना के प्रमुख सेनापति कुँवर मानसिंह हैं।"

"क्या? कुँवर मानसिंह सेनापति? अकबर के?"

"हाँ! राणा जी कुँवर मानसिंह।"

"खबर की अच्छी तरह जाँच-पड़ताल कर ली है?"

"पूरी जाँच-पड़ताल करके ही हम आपके पास पहुँचे हैं राणा जी।"

"ऐसा इसके पहले कभी घटित हुआ नहीं।"

"हाँ, पर अनेक विश्वासपात्र गुप्तचरों से हमने इस खबर के सच्चे होने की गवाही ले ली है।"

बड़ी देर दालान में शान्ति बनी रही। राणा जी विचारमग्न अवस्था में चहलकदमी कर रहे थे।

दालान में प्रताप सिंह और बलदेव जी दोनों ही थे। महाराणा प्रताप के मन में चल रहे विचारों का पता उनकी दृढ़ और शान्त मुद्रा से नहीं लग रहा था। चहलकदमी करनेवाले राणा जी पीछे हाथ बाँधे हुए गवाक्ष से बाहर कुछ देखते हुए खड़े थे। उनकी नजर कितनी दूर गई है यह ज्ञात नहीं हो रहा था। कुछ दृढ़ता से निश्चय कर

रहे थे यह उनके चौड़े कन्धों से प्रदर्शित हो रहा था।

"तुर्कों के दरबार में क्या प्रतिक्रिया?" अचानक मुड़कर राणा जी ने पूछा। उनके चेहरे पर हँसी और नेत्रों की मृदुता उलझन सुलझने की गवाही दे रही थी।

"उनके सरदारों में तत्काल कलह शुरू हो गया है।" बलदेव जी बोले, "एक दल तो पूरी तरह से विरोध में है। मुख्य सेनापति पद का भार कुँवर मानसिंह को दिया जाए यह उन्हें कतई मंजूर नहीं।"

"सेनापति, उपसेनापति इनके नाम मालूम हुए," महाराणा ने पूछा।

"अभी नहीं पर एक-दो दिन में ज्ञात होंगे।"

"ठीक," राणा प्रताप आगे बोले, "आज फाल्गुन शुद्ध एकादशी। हुताशती पूर्णिमा होने पर आठ दिनों के बाद चैत की अष्टमी को युद्ध सम्बन्धी सभा के लिए सभी सम्बन्धितों को बुलाएँ। तब तक जितनी मिल सकें अधिकाधिक खबरें प्राप्त करें। अभी थोड़े दिन हमसे कोई न मिले ऐसा आदेश जारी करें।"

"जैसी आज्ञा राणा जी ।"

प्रताप सिंह को अभिवादन कर, उनकी अनुमति लेकर बलदेव जी दालान से बाहर निकले।

पिछले तीन दिनों से राणा जी से शान्ति से मुलाकात न हो पाई थी। एक तो वे स्वयं के दालान में किन्हीं योजनाओं की रूपरेखा बनाते रहे या अपने प्रिय चेतक पर सवार होकर अलग-अलग मार्गों से अरावली के पहाड़ों पर घूमते रहते। इन तीन दिनों में वे जिनको भी नजर आए उन्हें गम्भीर, खामोश और कठोर निर्णय वाले राणा जी के ही दर्शन हुए।

होलिकोत्सव में राणा जी सहभागी हुए थे। परन्तु उनका मन कहीं और खो गया है ऐसा बलदेव जी को लगातार महसूस हो रहा था। अपने प्रिय गजराज 'रामप्रसाद' और लाड़ले अश्व 'चेतक' से जरूर कुछ बोलते होंगे।

होली खेलने के बाद काफी देर तक रामप्रसाद की सूँड़ हाथों में लेकर वे उससे खेल रहे थे, थपकियाँ दे रहे थे। वह भी खुशी से कान हिलाकर, सूँड़ हिलाकर अपने स्वामी से लाड़ करवा रहा था। सभी बड़े मजे से उनका यह खेल देख रहे थे। बीच में ही राणा जी दालान में चले गए।

चेतक को तो राणा जी ने काफी दिनों से दूर ही नहीं किया था। खरहरे से चेतक के गर्दन की सफाई और सारी देखभाल, दाना-पानी सब कई बार राणा जी ने स्वयं ही की। चेतक को उनके गाल चाटते हुए कितनी बार अनेक लोगों ने देखा था।

सभा का दिन जैसे ही पास आया वैसे ही बलदेव जी के हृदय की धड़कनें बढ़ गईं और चिन्ता होने लगी। जैत्र सिंह और भामाशाह भी चिन्तित थे। फिर भी सबके मन

में अनाम उत्साह समाया हुआ था। 'युद्ध' यह शब्द ही सबको रोमांचित कर रहा था। जिस चीज के लिए अत्यधिक परिश्रम किया, जिस ध्येय के लिए खुद को समर्पित कर दिया, आज तक आतुरता से प्रतीक्षा की वह बात जैसे-जैसे पास आने लगती है, पूर्णत्व की ओर जाने लगती है तो मन की उत्सुकता बढ़ने लगती है; परिणामों पर अपना अधिकार नहीं होता यह विदित होने पर भी मन अस्वस्थ होता है। अपनी ओर से बड़ी कोशिश करके कार्य पूरा करने पर भी परिणाम की व्याकुलता अपने को बेचैन करती है। कार्य पूर्ण करने का आनन्द और परिणाम की चिन्ता ऐसी सम्मिलित भावनाएँ हृदय को व्याकुल कर देती हैं। यही अनुभव इस समय सबको हो रहा था। महाराणा प्रताप सिंह के खास दालान का वातावरण बाहर से यद्यपि शान्त परिलक्षित हो रहा था फिर भी अन्तरंग बड़ा अशान्त-सा था। देखते-देखते सभा का दिन उदित हुआ। आज की सभा अत्यन्त महत्त्व की और निर्णायक सभा थी। फिर से एक बार मेवाड़ के आदित्य चिह्नांकित लाल रंग के ध्वज के नीचे मेवाड़ के सुपुत्र एकत्र हुए थे। इसमें राजपूतों के साथ ही ब्राह्मण, चारण, भाट, भिल्ल, मुस्लिम, शूद्र, पठान, मीणा, वीर वैश्य सभी जातियों के बन्धुत्व का प्रतिनिधित्व था।

सभा के लिए इकट्ठे हुए अपने प्रियजनों को सम्बोधित करते हुए राणा जी ने कहा, "कर्तव्य के मार्ग पर चलनेवाला आदमी हमेशा अकेला होता है। इस मार्ग पर नाते-रिश्ते नहीं होते, यह हम आज तक सुनते आए हैं। पर इस उक्ति का कभी हमें अनुभव नहीं आया, यह भी उक्ति इतना ही सच है और यह हमारा सौभाग्य है। हम जब कर्तव्य के मार्ग पर निकले तब आप सब लोग अनेक रिश्ते-नातों से हमारे साथ-साथ चलते रहे, हमें साथ दिया, रास्ता दिखलाया, उपदेश दिया, वक्त पर अनेक लोगों ने इस मार्ग पर प्राण भी अर्पण किए। हमारे जैसे भाग्यवान और साथ ही अभागा भी इस भूमि पर कोई दूसरा नहीं होगा। भाग्यवान इसलिए कि ऐसा साथ बहुत कम लोगों को प्राप्त होता है। कितने अच्छे रास्ते से व्यक्ति जा रहा होता है, कितना भी अच्छा काम करता रहता है तो भी स्वयं कष्ट सहकर उसके साथ जानेवाले, साथ देनेवाले लोग अपवाद के रूप में मिले हैं। आप हमारे साथ हैं इसी कारण हम भाग्यवान हैं और आप जैसे लोगों को हमें युद्धभूमि पर गँवाना होगा इसलिए हम दुर्भागी। कभी-कभी हमको प्रतीत होता है कि यह हठधर्मिता व्यर्थ है क्या? अपने जन्मसिद्ध अधिकार के लिए हम अकारण ही आप जैसे हीरे-जवाहरातों को दाँव पर लगाते हैं क्या? कभी-कभी तो हम स्वयं को भी क्षमा नहीं कर पाते। ईश्वरदास, विक्रम सिंह, दूदा जी, जयमल काका, पत्ता इनकी याद से अभी भी अपराधी होने का एहसास होता है। आज फिर वही समय आ गया है। अकबर द्वारा की गई आक्रमण की तैयारी देखकर एक-दो महीने युद्ध का सामना करना ही होगा इसका विश्वास है। युद्ध के सम्बन्ध में निश्चित योजना आज हमको पूरी करनी है। काफी काम इसके पहले ही आरम्भ हो चुका है। अब विचार करना है तो प्रत्यक्ष युद्ध का ही करना है।"

महाराणा प्रताप सिंह बोलते हुए रुक गए। उनकी करुणा भरी नजर सभी सुहृदों पर घूमी। इस युद्ध के बाद इनमें से कितने मिलेंगे और कितने नहीं राणा जी के मन

में विचार आया। "राजकर्ताओं को किसी भी परिस्थिति में भाव-विह्वल होना नहीं चाहिए," तत्काल उनके कर्तव्य कठोर मन ने उन्हें सचेत किया।

'राणा जी' प्रथम जैत सिंह ने बोलना आरम्भ किया, "हमारे गुप्तचरों और बलदेव जी के खबरियों द्वारा लाई हुई जानकारी यदि आपकी अनुमति हो तो..."

"जैत्र सिंह, शुरुआत हमेशा शत्रुपक्ष की ही वार्ता से करनी चाहिए।"

"अकबर की ओर से इस युद्ध में कुँवर मानसिंह प्रमुख सेनापति हैं। उपसेनापति आसफ खाँ, मीर बक्षी, सैयद कमीम बरहा, सैयद अशमद खाँ, मिहत्तर खाँ, ख्वाजा मुहम्मद रफी, महाबले खान और मुजाहित खान की नियुक्ति हुई है।"

"राणा जी, कुँवर मानसिंह को प्रमुख सेनापति नियुक्त करने का कारण क्या होगा?" अमर सिंह ने प्रश्न किया।

"वह अकबर की कूटनीति होगी ऐसा हमको लग रहा है।" राणा जी ने कहा, "राजपूत राजाओं के साथ हम कितने सम्मान से व्यवहार करते हैं, उन्हें अपने प्रमुख सेनापति पद पर भी आसीन करते हैं शायद यह दर्शाकर हम अपने सहिष्णु वृत्ति का प्रचार करने का उद्‌देश्य रखते हैं। परन्तु सिर्फ एक कारण के लिए अकबर मानसिंह को सेनापति नहीं बनाएँगे। योग्य सेनापति के अनेक गुण-शौर्य-पराक्रम-वीरता-बुद्धिमत्ता और अत्यन्त महत्त्वपूर्ण स्वामीनिष्ठा आदि सभी गुण मानसिंह के पास हैं।"

"इन सब बातों को देखते हुए युद्ध की सम्पूर्ण योजना आज की इस सभा में बना लेना अत्यन्त आवश्यक है," रावत सांगा ने कहा।

"राणा जी अपनी काफी सेना तय योजनानुसार कुम्भलमेर और कोल्यारी में है," सेनापति ने कहा।

"वह सेना वहीं तैनात रहने दें। राणा जी बोले, "कुम्भलमेर की सेना किसी भी क्षण सहायता के लिए तत्पर रहने दें। कोल्यारी में तैनात सैनिकों के साथ राजवैद्य, औषधोपचार सामग्री और जख्मी सैनिकों के विश्राम की व्यवस्था करें।"

"राणा जी," रामशाह जी ने कहा, "आपकी अनुमति हो तो इस समय की युद्धनीति के सम्बन्ध में हम कुछ सुझाव देना चाहते हैं।"

"अवश्य आप अपनी सूचना स्पष्टत: से सामने रखें रामशाह जी!" राणा जी ने अनुमति दी।

"इस बार आप हमेशा की तरह युद्ध के मैदान में शत्रु पर टूट पड़ने की अपेक्षा उन्हें घेरकर युद्ध करें।"

"क्या? छुपकर युद्ध करना? रामशाह जी, आज तक राजपूत सैनिकों ने किसी से भी छिपकर युद्ध नहीं किया है। रणांगण के आमने-सामने आवाहन देकर, शत्रु को ललकार कर हम युद्ध करते आए हैं। एक बार युद्धक्षेत्र में उतरने पर लौटना नहीं। विजयी होना या मृत्यु का वरण करना।" रामदास राठौड़ ने स्पष्टत: अपना विचार रखा।

"ठीक है, आज तक ऐसा ही हुआ है पर उससे क्या परिणाम निकला? केवल इसमें युद्ध करते-करते वीर मरण प्राप्त किया, यह आनेवाली पीढ़ी को पहुँचा हुआ है हमारा इतिहास? वीरों की समाधियाँ और वीर रमणियों के जौहर की राख? माफ

कीजिए रामदास जी, कभी-कभी शक्ति प्रदर्शन की अपेक्षा शक्ति के साथ-साथ युक्ति, तरकीब से शत्रु को जीत लेने में अधिक बुद्धिमानी होती है।"

उपस्थित सरदारों में आपस में कानाफूसी होने लगी, धीरे-धीरे बातचीत और चर्चा होने लगी। जैत्र सिंह ने सरदारों को शान्त करते हुए कहा, "चित्तौड़गढ़ छोड़ते समय भी ऐसी ही परिस्थिति निर्मित हो गई थी। उस समय दिए गए ईसरदास जी के वक़्तव्य का मुझे आज भी स्मरण है। मैं इस जगह पर पुन: उसे दुहराना चाहता हूँ। उन्होंने कहा था, "हरेक मनुष्य को अपना देश और उसकी स्वतंत्रता हमेशा ही प्रिय होती है, होनी भी चाहिए पर यदि प्रत्येक व्यक्ति स्वतंत्रता के लिए प्राण देने लगे तो स्वतंत्रता की रक्षा करने बचेगा कौन? हम शान्तिपूर्वक इस प्रस्ताव पर विचार करेंगे।"

"आप सभी मेवाड़ के शूर एवं वन्दनीय साथी हैं।" जैत्र सिंह क्षण-भर रुके और अन्य लोगों की भावनाओं का अन्दाज लेते हुए फिर सभा को सम्बोधित करते हुए कहने लगे, "हमें इस युद्ध प्रसंग पर महत्त्व का जो विचार करना है वह है निश्चित रूप से क्या हासिल करना है, यह तय करना होगा। युद्ध में वीरता प्रदर्शित करना, परम्पराओं का पालन करना, वीरगति प्राप्त करना और तुर्कों को इस भूमि से खदेड़ना—इसमें आपका क्या उद्दिष्ट है? आप किसको महत्त्व देनेवाले हैं? आप युद्ध में तलवार का डंका बजानेवाले हैं—तुर्कों को इस भूमि से भाग जाने के लिए, या वीरगति प्राप्त करने के लिए। अपनी वीरता, पराक्रम, युद्ध कौशल, शस्त्रास्त्रविद्या, देशभक्ति ये सारी बातें केवल प्रदर्शन कर संसार को चकित करने के लिए नहीं, केवल युद्धक्षेत्र में मृत्यु ही एकमेव ध्येय नहीं; तो ध्येय केवल विजय है। तुर्कों को नेस्तनाबूद करने का है। पराजित हुए तो भी फिर से विजय प्राप्त करने तक प्रयत्नों की पराकाष्ठा करना है।"

जैत्र सिंह के बोलने में उनकी टीस-पीड़ा, देशभक्ति और स्वामी-निष्ठा स्पष्ट हो रही थी। सभी पर इसका अनुकूल प्रभाव पड़ा और क्षण-भर दालान में शान्ति व्याप्त हो गई।

"राणा जी," उस शान्तता को भंग करते हुए रामदास जी बोले, "हमने आज तक युद्धभूमि से पीछे लौटना स्वीकार नहीं किया। मरते तक लड़ना ही हमारा धर्म है। यदि हम बिना जीते लौटे तो हमारे गढ़ में हमें प्रवेश मिलना सम्भव नहीं है।"

"हमें मालूम है रामदास जी। आपके पिताजी की चित्तौड़गढ़ की लड़ाई में दिखाई कर्तबगारी, वीरता-मर्दानगी हम कतई नहीं भूल सकते। जयमल काका का भी उदाहरण शत्रु के लिए भी एक आदर्श है। ऐसे समय में आमने-सामने युद्ध करना गलत है ऐसा हम कतई नहीं कहेंगे। इस क्षण तो शत्रु सेना अपार रेगिस्तान की तरह फैली हुई है," राणा जी ने कहा।

"एक-एक राजपूत सौ तुर्कों पर भारी है," रामदास जी ने कहा।

"राजपूत जीवित रहा तो कल और सौ को मार सकेगा यह हमें भूलना नहीं चाहिए। राजपूतों का पराक्रम, शौर्य कसौटी पर लगनेवाला है।" राणा जी मृदु शब्दों में पर दृढ़ता से बोले।

"मतलब आपके भी मतानुसार युद्ध पहाड़ों में छिपकर करना चाहिए? हमारे पूर्वज स्वर्ग में हमें क्या कहेंगे?"

"सारा युद्ध छिपकर नहीं करना है। मैदानी युद्ध और छापामार युद्ध। ऐसे दोनों ही प्रकारों से यह युद्ध होगा। इसमें दो महत्त्वपूर्ण फायदे हैं। एक तो तुर्कों को पर्वतीय युद्ध की आदत नहीं है सो वे ज्यादा देर तक टिक नहीं पाएँगे। दूसरे, हमारे सम्पूर्ण सैन्यबल की उन्हें कल्पना न आने से शत्रु को अपनी योजना बनाना कठिन होगा। आप सभी को ये सारी बातें समझ लेनी चाहिए।"

काफी देर हाँ-ना, हाँ-ना करते आखिर में योजना बनी। तुर्कों के आने के सम्भावित मार्ग ढूँढ़कर उन मार्गों पर जगह-जगह मेवाड़ी सैनिकों की चौकियाँ स्थापित करना तय हुआ। इससे थोड़े से सैनिक ही अनेक सैनिकों का सामना कर सकेंगे और वक़्त पर सुरक्षित स्थानों पर जा सकेंगे। युद्ध-सामग्री और सैनिक शक्ति का व्यय इससे कम होगा।

प्रत्यक्ष युद्ध क्षेत्र में अकबर की अपेक्षा के अनुरूप परम्परागत व्यूह रचना की हुई होगी। सेना का केन्द्रबिन्दु चुंडावत, कृष्णदास, भीम सिंह, रावत सांगा, रामदास राठौड़ को हकीम खाँ सूर के प्रमुख नेतृत्व में सँभालना होगा। प्रत्येक का सैन्य ध्वज, चारण उनके साथ ही होंगे।

युद्ध क्षेत्र के पीछे भाग में पूंजा जी के नेतृत्व में पुरोहित गोपीनाथ, पुरोहित जगन्नाथ, महता रत्नचन्द, जगन्नाथ मेहसाण जी, चारण केशव और चारण जैसा रहेंगे।

युद्धभूमि की दक्षिण दिशा और मुख्य सेना के पिछले हिस्से में ग्वालियर नरेश रामशाह तँवर उनके शालिवाहन, भगवान सिंह और प्रताप सिंह ये तीन पराक्रमी पुत्र होंगे।

उत्तर की ओर झालाधिपति मानसिंह, बीदा झाला और मानसिंह सोनगरा अपनी-अपनी सेना सहित तैनात होकर रक्षा करनेवाले हैं। युद्ध के प्रमुख सेनापति हकीम खाँ सूर को नियुक्त किया गया है। महाराणा प्रताप सिंह व्यूह के मध्यभाग में रहेंगे। बलदेव जी और जैत्र सिंह युद्ध सामग्री, जख्मी सैनिक और आपातकालीन मदद की व्यवस्था देखेंगे।

युद्धक्षेत्र के अतिरिक्त आसपास के जंगलों में, पेड़ों पर, वृक्षों के कोटरों में, पर्वत की गुफाओं में, पत्थरों के पीछे, दो शिलाखंडों के बीच जहाँ भी जगह मिलेगी भील सैनिक अपने हथियार लेकर सुसज्जित रहेंगे। किसी भी क्षण छोटे से इशारे के आधार पर प्राणों की बाजी लगाकर लड़ेंगे। अपने शस्त्रों से शत्रुओं को वे कमजोर बनाएँगे, हैरान-परेशान करेंगे। अब युद्ध की तैयारी सबके मन के अनुरूप हो गई।

नित्य के नियम की तरह आज भी प्रसन्न सुबह का आगमन हुआ, पक्षियों के झुंड-के-झुंड पूर्व की ओर जा रहे थे। अपने दैनन्दिन के कार्यों में मग्न रहनेवाली प्रकृति बिना किसी आडम्बर के अपना कार्य धीमी गति से पूरा करती रहती है। बलदेव जी के मन में आया। सुबह गुलाल छिड़कते हुए आया सहस्त्र रश्मियोंवाला

सूर्य जैसे आज थोड़ी ज्यादा देर तक क्षितिज पर थमा हुआ है। रात और दिन की सीमा रेखा अधिक अस्पष्ट होते ही बलदेव राणा जी से मिलने के लिए उनके विश्राम-कक्ष की ओर चल पड़े। यद्यपि यह कक्ष विश्राम-कक्ष था तथापि वहाँ राणा जी के अविश्रान्त विचार चलते रहते थे, और किसी-न-किसी कारण से हमेशा चहल-पहल बनी रहती थी।

"आइए बलदेव जी! हम आपकी ही प्रतीक्षा कर रहे थे।" कक्ष में बलदेव जी के कदम रखते ही राणा जी ने कहा।

"राणा जी, आपको थोड़ा विश्राम लेना आवश्यक है। बीते चार दिन से आपने क्षण-भर भी विश्राम नहीं किया है।"

"बलदेव जी विश्रान्ति के लिए समय नहीं है। आज तो पल-पल जागरूकता और सजगता का है। बोलिए, क्या खबर लेकर आए हैं। हम तक पहुँची हुई वार्ता सच है?"

"हाँ राणा जी, आप तक पहुँची हुई खबर दुर्दैव से सच है। दो दिनों पूर्व ही कुँवर शक्ति सिंह अकबर के यहाँ डेरे सहित दाखिल हुए हैं और अकबर ने उन्हें मानसिंह के साथ युद्ध में उतरने की अनुमति दी है।"

"हुँ..." एक विश्वास डालते हुए राणा जी ने कहा, "आखिर जो घटित नहीं होना था वही घटित हो गया। शक्ति सिंह को शत्रुपक्ष में देखकर अपने सैनिकों के मन में उनके बारे में नाराजगी और बढ़ेगी। हमारे इस भाई के नसीब में जिन्दगी-भर उपेक्षा ही सहन करना ही लिखा है क्या? हो सकता है इसमें भी कोई ईश्वरीय संकेत हो। एकलिंग जी के मन में जो होगा वही घटित होगा। हमारा सारा दारोमदार आखिरकार उस पर ही है।" राणा जी अपने से ही वार्तालाप कर रहे हों ऐसा बोले। क्षण-भर में बलदेव जी की ओर मुड़कर बोले—

"बलदेव जी, अकबर ने शक्ति सिंह को आसानी से अपनी सेना में कैसे समाविष्ट कर लिया। चित्तौड़ के आक्रमण के समय वे हमें सूचना देने आए इसलिए अकबर उन पर नाराज था। जो घटित हुआ विस्तारपूर्वक हमें बताएँ।"

"अकबर के नाराजी की कल्पना शक्ति सिंह को थी, इसलिए वे अकबर की ओर जाते वक़्त अपने पाँच हजार मनसबदारों के साथ गए थे।"

बलदेव जी बतलाने लगे, "बादशाह सलामत; वजीर खाँ आपसे भेंट की इजाजत माँग रहे हैं।" कनीज भीतर आकर बोली।

उसके मुजरे को स्वीकार कर अकबर ने अनुमतिदर्शक गर्दन हिलाई।

वजीर खाँ के साथ भीतर आए शक्ति सिंह को देख अकबर के माथे पर शिकन नजर आई पर उसे बड़ी चतुराई से छिपाकर अकबर ने दोनों का औपचारिक स्वागत कर मेहमाननवाजी के लिए दासी को संकेत किया।

'तशरीफ रखिए' इन शब्दों से अकबर ने स्वागत किया और चेहरे पर मन में होनेवाली हलचल कहीं परिलक्षित नहीं हो रही थी। शक्ति सिंह धौलपुर से चित्तौड़ जाने पर, चित्तौड़गढ़ के दरवाजे उनके लिए खुले नहीं थे। वैसे ही जयमल और पत्ता शक्ति सिंह को चित्तौड़ की ओर से युद्ध में भाग लेने से नकार दिया था, इतनी

ही जानकारी अकबर के दूत ने उन तक पहुँचाई थी। बाद में शक्ति सिंह के सम्बन्ध में विचार करने की आवश्यकता अकबर को महसूस नहीं हुई थी। आज अचानक शक्ति सिंह अजमेर में और वह भी वजीर खाँ के साथ! यद्यपि अकबर विचारमग्न था तो भी चेहरे पर सामान्य भाव ही नजर आ रहा था।

कनीज सोने के पात्र में शरबत लेकर आई। शरबत खामोशी से ही लिया गया। वातावरण में थोड़ा तनाव नजर आते ही अकबर ने परिस्थिति को अपने हाथों लेते हुए प्रश्न किया—

"कहिए शक्ति सिंह खैरियत तो है?

"आपकी दुआ है हुजूर," शक्ति सिंह ने नम्रता से उत्तर दिया।

"आज कैसे आपको हमारी याद आई?"

"आपकी ही सेवा में आए थे हुजूर।"

"हमारी सेवा में? आप तो हम पर नाराज होकर धौलपुर से निकल जाने के बाद कोई खबर ही नहीं...।"

"क्षमा करें बादशाह सलामत, उस समय हम आपकी इजाजत न लेते निकल गए थे, आप नाराज हो गए होंगे यह सोच आए नहीं। आज अपने साथियों के साथ फिर से सेवा में हाजिर हो गए हैं।"

"आज का प्रसंग आपको मालूम ही होगा। कीका राणा से युद्ध सम्मुख है। दो-चार दिनों में ही युद्ध में सामना करना होगा। ऐसी स्थिति में आपको अपने भाई से युद्ध करना होगा, इसके लिए आपकी तैयारी है शक्ति सिंह?"

"एक बार आपकी सेवा में आने पर आपकी आज्ञा शिरोधार्य है, जहाँपनाह। आप बतलाएँगे उनके आधिपत्य में हम युद्धभूमि पर सशस्त्र उपस्थित रहेंगे।"

"क्यों वजीर खाँ, आप क्या कहते हैं?" अकबर ने वजीर खाँ की ओर देखते हुए कहा।

"शक्ति सिंह हमारे मित्र हैं जहाँपनाह।" वजीर खाँ ने सिफारिश की। "आप उन्हें अपनी सेवा में स्वीकार कर लें।"

"भाई के लिए जासूसी तो नहीं करेंगे?" अकबर ने पूछा।

"नहीं हुजूर। राजपूत मुखबिरी नहीं करते। खुले-खुले दुश्मनी करते हैं। यदि कभी युद्ध के प्रसंग में हमसे कोई गलती हो गई तो आप जो सजा देंगे हमें मंजूर होगी।"

"ठीक है वजीर खाँ, शक्ति जी को मानसिंह के पास ले चलें— "

"अकबर का शक्ति सिंह के कहने पर विश्वास हुआ या नहीं क्या पता? पर उसने शक्ति सिंह को स्वयं की सेना में शामिल कर लिया यह निश्चित है।" बलदेव जी यह कहते हुए अपनी बात खत्म की।

बलदेव जी ने बताई हुई छोटी-मोटी घटनाओं का सिलसिलेवार लेखा-जोखा राणा जी के मन में व्यवस्थित अंकित हो रहा था। मतलब यह कि अब युद्ध में मानसिंह के साथ शक्ति सिंह के भी विरोध में शस्त्र उठाना होगा! राणा जी के मन में आया पर ऊपर से कुछ भी न दर्शाते हुए उन्होंने बलदेव जी को विश्राम करने भेज दिया

और स्वयं स्नानादि नित्यकर्मों से निवृत्त होकर शिवोपासना में बैठ गए। महिम्नस्तोत्र के स्वर दालान में गूँजने लगे—

महिम्नः पारं परमविदुषो यद्यसदृशी।
स्तुतिब्रह्मा दीनामपि तद्वसन्नास्त्वयि गिरः॥

उस समय अकबर अजमेर में था। अपने डेरे में कुछ मनसबदारों के साथ उसकी चर्चा चल रही थी। अपनी विजय के लिए प्रार्थना करना, सेनाएँ जमाना और युद्ध की योजना बनाना ये महत्त्वपूर्ण काम अकबर के हाथों में थे। चार दिनों पहले ही युद्ध की योजना बना ली गई थी।

आसफ खाँ, मीरबख्शी, मुजाहित खाँ, ख्वाजा मुहम्मद सब इकट्ठे हुए। युद्ध की योजना में कोई कमी न रह जाए इसलिए योग्य एवं आवश्यक चिन्ता की जानी आवश्यक है, हरेक को यह बात ज्ञात थी। सेना, बारूद, गोले, शस्त्र इन सबकी भरपूर मात्रा संचित की गई थी। प्रश्न अब केवल एक था वह यह कि दरबार में विद्यमान राजपूतों के मन में राणा प्रताप से युद्ध अनिवार्य है यह भावना जगाना, प्रतिबिम्बित करना। इसमें अकबर को जीत मिलना आवश्यक थी। वैसे भी राणा प्रताप के विरोध में शस्त्र उठाने के लिए राजपूत नाराज थे। चित्तौड़ विजय के पश्चात् अकबर का व्यवहार उन्हें पग-पग पर अपमानित कर रहा था। जो हो गया था वह अब लौटाया नहीं जा सकता था। राजपूतों की बड़े कष्ट से निर्मित की गई सहिष्णुता की प्रतिभा यदि टूट गई तो टूट ही जाएगी, फिर से उसका निर्माण सम्भव नहीं था। ऐसे में राणा के विरुद्ध कदम उठाते वक़्त अत्यन्त सावधानी अत्यावश्यक थी।

एक ऊँचे चबूतरे पर पैर नीचे डालकर बैठे चाँदी की तश्तरी में से एक-एक अंगूर मुँह में डालते हुए अकबर अपनी योजना की पुनः जाँच-पड़ताल कर रहा था।

"कीका राणा के विरोध में युद्ध पुकारना अब आवश्यक हो गया है क्या भगवानदास जी?" उन्होंने भगवानदास जी की तरफ देखते हुए सभी को उद्देश्य करते हुए अपना प्रश्न रखा।

भगवानदास जी कुछ भी नहीं बोले। अपनी रीति-नीति सफल न होने के कारण अकबर का अपने पर रोष है यह वे जानते थे। केवल उन्होंने नजरें झुका लीं।

'भगवानदास जी'! आसपास बैठे हुए माननीयों की ओर दृष्टिक्षेप कर भगवानदास जी को सम्बोधित कर अकबर ने मीठे स्वर में कहा, "आपके मन का दुख हम जानते हैं। बड़े होने के नाते समझाने पर भी उद्दंड राणा ने आपका कहा माना नहीं इसका दुख होना बड़ा ही स्वाभाविक है। वजीर टोडरमल जी का भी मुलहिजा उन्होंने नहीं किया।

हमारी ही गलती हो गई। हमें आप लोगों को मेवाड़ भेजकर आपका मन नहीं दुखाना चाहिए था। आपको मनस्ताप हुआ होगा। हमें लगा था कि आप उनसे आयु में बड़े हैं और आपके पूर्वजों ने उनके पूर्वजों की मदद की थी इस कारण आपके सामने अदब से पेश आएँगे पर वो मगरूर, बेमुरौवत, बेगैरत राणा..."

"जहाँपनाह..." राजा जी ने बोलना आरम्भ किया, ऐसा देखते ही अकबर ने अपनी बात आगे बढ़ाते हुए कहा, "नहीं, नहीं, राजा जी हम आपको दोष नहीं देते। गुस्ताखी करनेवाला दूसरा ही है। आप क्यों शर्मिन्दा होते हो? अब आप ही अपने जातभाइयों को बतावें। हमको बिना कारण इस युवा, तेजस्वी राणा पर शस्त्र उठाने को बाध्य होना पड़ रहा है। हमारी इच्छा उससे दोस्ती करने की है। जाने दें, युद्ध तो निश्चित है अत: योजना बनाना महत्त्व का काम है।"

अकबर के सामने कोई भी कुछ बोला नहीं पर मेवाड़ के विरोध में शस्त्र उठाना हरेक राजपूत को कठिन जानेवाला था। स्वयं होकर चुने हुए रास्ते पर चलते रहने के अतिरिक्त कोई मार्ग नहीं है, यही बात सबके मन में आई।

"योजना तैयार है ही" अकबर ने सुननेवालों का अन्दाज लेते हुए बोलना आरम्भ किया। "हमारे सारे सरदार, मनसबदार अपनी-अपनी सेनाएँ लेकर आगे बढ़ें। युद्ध में मुख्य सेनापति पद का भार इस बार हम कुँवर मानसिंह को सौंपना चाहते हैं।" अकबर के इस आकस्मिक निर्णय से सभा को बड़ा धक्का लगा।

पहले तो अकबर के वक्तव्य पर किसी को भी विश्वास नहीं हुआ।

बख्शी ने पूछा—

"खता माफ हो हुजूर क्या तुमने ठीक सुना? आपने मानसिंह को प्रमुख सेनापति नियुक्त किया है?"

"हाँ बख्शी, आपने बिलकुल दुरुस्त सुना। हमने मानसिंह को इस युद्ध का प्रमुख सेनापति मुकर्रर किया है।"

"जहाँपनाह, आज तक किसी भी मुहिम में आपने उन्हें सेनापति के पद पर नियुक्त नहीं किया है, उनका अनुभव..." मिहत्तर खाँ बोलने के लिए प्रयत्न करते हुए बोले।

"हर किसी को कोई सा भी अनुभव पहली बार लेना ही होता है! अभी ही क्यों नहीं?" अकबर ने अपनी बात दृढ़ता से रखी।

"गरीब परवर यह अभियान बड़ा है..."

"दुरुस्त है" अकबर सबको समझने की पद्धति को अपनाते हुए बोला, "यह अभियान और इस अभियान का खतरा बड़ा है, इसीलिए हम मानसिंह को सेनापति पद दे रहे हैं। यह अभियान मेवाड़ का है। इस प्रान्त की खूबियाँ उन्हें औरों की अपेक्षा ज्यादा मालूम है। सेनापति पद के गुण भी उनमें मौजूद हैं। और वैसे भी लड़ाई उनकी ही है। अपमान भी उन्हीं का हुआ है। इस युद्ध के सेनापति फर्जद मानसिंह ही रहेंगे यह हमारी आज्ञा है, ठीक?"

"जी हुजूर।"

उस समय सभी ने गर्दन हिलाई पर मन से सभी नाराज ही थे। अकबर ने इस नाराजी को नजरअन्दाज किया।

अकबर के इस निर्णय से कइयों के मन दुखी हुए। स्वयं मानसिंह भी बादशाह के

निर्णय से नाराज ही थे। सच तो यह युद्ध ही न हो ऐसा उन्हें लग रहा था। वह तो रह ही गया उलटे सेनापति पद का भार उनके ही कन्धों पर आ गया। उन्होंने अपने पिता की ओर देखा, उन्होंने नकार देते हुए गर्दन हिलाकर अपनी असमर्थता व्यक्त की। वे पिता-पुत्र अकबर की अनुमति लेकर बाहर जाते ही बचे हुए मनसबदार अकबर के इर्द-गिर्द इकट्‌ठे हुए। हरेक के मन में यही प्रश्न था कि अनेक कर्तव्य- निष्ठ सरदार होते हुए भी कुँवर मानसिंह प्रमुख सेनापति क्यों?

मुल्ला बदायूँनी को लेकर नकीब खाँ अकबर से मिलने आए।

उनके भी मन में यही प्रश्न घुमड़ रहा था युद्ध का सेनापति हिन्दू क्यों?

बदायूँनी इमाम होने के बावजूद युद्ध में शामिल होना चाह रहा था और नकीब खाँ अपनी भूमिका पर दृढ़ था।

"इस युद्ध का सेनापति हिन्दू न होता तो हम सबसे पहले निश्चित युद्धभूमि पर पहुँचे होते।"

"नकीब साहब अब हमें क्या करना है? हम अपना सेनापति बादशाह सलामत को मानें। हमें मानसिंह से क्या लेना-देना? बदायूँनी की सिफारिश करने वह आया था।"

"जहाँपनाह ऊँचे चबूतरे पर बैठ मिर्जा मुबारक जी से बातचीत कर रहे अकबर को लक्ष्य करते हुए नकीब खाँ ने कहा—

"इस युद्ध का सेनापति हिन्दू क्यों?"

"अच्छा...!" उसका आपादमस्तक निरीक्षण करते हुए अकबर ने कहा, "तो आपको भी यह सवाल परेशान कर रहा है! नकीब खाँ युद्ध के दाँव-पेच और योग्य जगह पर प्यादों की योजना करने का हुनर हम माँ के पेट से ही सीखकर आए हैं। हमसे गलती होगी नहीं।"

"गलती नहीं हुजूर पर अनेक लोगों की नाराजी लेकर यह निर्णय लेने की जरूरत ध्यान में आई नहीं।"

"इस निर्णय की नितान्त आवश्यकता थी नकीब खाँ अत्यन्त जरूरत थी। मान सिंह के सेनापतित्व में अपनी तरफ से राजपूत लड़ेंगे नहीं तो वे उस कीका राणा पर शस्त्र उठाने को तैयार नहीं होंगे। राणा के द्वारा अपमानित होने के कारण मानसिंह आवेश से लड़ेंगे, अन्यथा उसका भी कोई भरोसा नहीं। तीसरी बात ऐसी कि मानसिंह और उसके वीर अत्यन्त स्वामीभक्त हैं। एक बार कसम खाने पर मरते दम तक नमक अदा करेंगे।"

क्षण-भर रुककर अकबर ने आगे कहा, "इन सबसे बढ़कर सर्वाधिक महत्त्वपूर्ण फायदा यह कि प्रताप का मानसिंह पर क्रोध है। मानसिंह के पूर्वज राणा के पूर्वजों की चाकरी में थे, इसलिए राणा की दृष्टि से मानसिंह की हैसियत एक बागी सरदार की है। मानसिंह के बाद में ही अन्य राजपूतों ने हमारे सामने समर्पण करना आरम्भ किया। यह सारा गुस्सा युद्धभूमि पर निकालने के लिए प्रताप उनसे जिद से निर्णायक युद्ध

करेगा। युद्ध में राणा मारा गया तो अच्छा और यदि मानसिंह मारा गया तो भी उत्तम।"

"जहाँपनाह..."

"मानसिंह का महत्त्व दरबार में बढ़ते ही तुम्हारी तरह हमारे सरदार भी हम पर नाराज होते हैं। युद्ध में सहायता नहीं करते। यदि काँटे से काँटा निकला तो प्रश्न हल हो जाएगा; और हल नहीं निकला तो भी मानसिंह के वंशज पीढ़ी-दर-पीढ़ी हमारी चाकरी करते रहेंगे।"

बादशाह के इस कुटिलपूर्ण जवाब के सामने नकीब खाँ ही क्या, मुल्ला बदायूँनी भी चकित हो गया। कट्टर धर्माभिमानी और काफिरों का अस्तित्व इस संसार में न रहे कहनेवाले बदायूँनी को भी इतना बढ़िया खेल खेलते नहीं बनता।

"हुजूर की ये मीठा जहर देने की अदा हमें बहुत पसन्द आई।" अकबर की प्रशंसा करते हुए मुल्ला ने कहा।

"वैसे आज क्या खास बात है? आपने नकीब खाँ के साथ आने की सोची।" अकबर ने उसकी प्रशंसा को नजरअन्दाज करते हुए कहा।

"जहाँपनाह एक महत्त्वपूर्ण अर्जी लेकर आया था।"

"काहे की अर्जी?"

"हुजूर हम प्रताप के साथ होनेवाले युद्ध में तलवार आजमाना चाहते हैं।"

"कारण?"

"गाजी बनने की तमन्ना है।" नकीब खाँ बीच में ही बोले, "हमारी ओर कब से तगादा लगा है कि काम से छुट्टी लेकर कुम्भलमेर भेजा जाए।"

"पर खाँ साहब! मुल्ला जी का ओहदा तो इमाम का है, वे कैसे युद्ध में शामिल हो सकते हैं?"

"हुजूर आप सर्वश्रेष्ठ हैं। आप कुछ भी कर सकते हैं? हमारी विनती मान्य करें गरीबपरवर।" बड़ी अजीजी से मुल्ला ने कहा।

"अच्छा? बहुत जी चाहता है।"

"बहुत।"

"क्या कारण है?"

कारे—तू बखतिर स्त ख्वाहम कर्दन।
या सुर्ख कुत्तम रूयं ज-तुप्या गर्दन।

धर्मवीर बनने की मन में बड़ी इच्छा है। इस्लाम की ओर से तलवार का डंका बजाया तो गाजी बनेंगे पर जहाँपनाह—तवारीख भी लिखनी होगी, आपको जैसा चाहिए वैसा, आँखों देखा हाल हम वर्णन करेंगे या फिर अपनी गर्दन लाल करेंगे।

"ठीक है मुल्ला, आपकी इतनी तमन्ना है तो युद्ध पर जरूर जाएँ।"

"गाजी बनने का शौक पैदा हुआ है," उन दोनों के जाते ही अकबर ने खुद से ही कहा। नमाज का वक़्त होते ही तख्त से नीचे उतरकर अकबर ने जमीन पर आसन बिछाया।

अकबर की प्रचंड सेना सहित मानसिंह ने मांडलगढ़ पर धावा बोलने की वार्ता पहुँची और महाराणा प्रताप की सेना को उत्साह आया। बड़ी चतुराई से सन्देश भेजे जाने लगे। अजमेर से शीघ्रता से निकली सेना मांडलगढ़ में स्वस्थता से विद्यमान थी। महीना होने पर भी सेना के हिलने के कोई चिह्न दिखाई नहीं दे रहे थे। ऐसी परिस्थिति में निश्चित क्या होगा इसका अन्दाज नहीं लग रहा था। एक दिन खबर आती कि सेना कूच कर रही है और उसके बाद दूसरी खबर आती कि सेना उसी जगह पर है, कुछ सेनाधिकारी जंगल में शिकार करने जाने की तैयारी में हैं।

पन्द्रह दिन और बीत गए परन्तु मानसिंह की सेना जहाँ की तहाँ। हम यहाँ क्यों रुके हैं इसका रहस्य सेना को भी मालूम नहीं था? सभी सैनिक मनोरंजन के लिए आए हों ऐसे सहज थे। कभी-कभी शिकार, कभी नाच-गाने, तो कभी आपस में बखेड़े, वाद-विवाद इसके अतिरिक्त और कुछ घटित ही नहीं होता था। इतना बड़ा युद्ध क्षेत्र युद्ध के लिए है यह बताना पड़ता था—इतना सामान्य जीवन वहाँ का था।

नहीं कहने को इधर कुछ दिनों से छावनी में कुछ हलचल शुरू हुई पर किस चीज की तैयारी हो रही थी कुछ समझ में नहीं आ रहा था। पूंजा जी के साथी जंगल में घूम आए। हाथ में दिखाने को काम था पर उसमें न ध्यान था और न मन। मन राणा जी के विचारों में, कान शत्रुओं की हलचल सुनने में और आँखें शत्रु की गतिविधियों को देखने में लगी थीं। जरा-सी भी हलचल दिखी कि ढोल पर थाप पड़ती। किसी की चीख-पुकार, चिल्लाहट सुनाई पड़ती या किसी जाने-अनजाने पक्षी की असमय तान सुनाई देती, कभी भी कोई भी जानवर चिल्लाता। इन सबका तुर्कों को बड़ा अचम्भा लगता और मेवाड़वासियों को दिलासा लगता।

आज सबेरे से ढुम-ढुमक ऐसी द्रुतलय की ध्वनि ढोलक पर बज रही थी। लय बीच-बीच में कम-ज्यादा हो रही थी। कभी-कभी ढोल सिर्फ पीटने जैसे बज रहे थे। बलदेव जी ने सन्देश लाया—शत्रुओं की हलचल शुरू हो गई है। एक दस्ता अरावली के तलहटी से नीचे के मार्ग से गोगुन्दा की ओर और दूसरा दस्ता केलवाड़ी की तरफ निकला है। सम्पूर्ण भू-भाग उन्होंने छान मारा और "कहीं भी लोगों की बस्ती नहीं है" ऐसा बतलाते हुए वे सेनानायक लौट गए। पाँच बार मोर की ध्वनि सुनकर सेना के दस्तों की वापसी का सन्देश राणा जी को मिल गया। दूसरे दिन भी वैसा ही घटित हुआ। शत्रु की टुकड़ी जंगल में गई पर दो दिनों के बाद भी मोर की केका ध्वनि सुनाई नहीं दी। मतलब शत्रु अभी भी जंगल में ही है। खबरिया खबरें लेने गए और उलटे पैर लौट आए साथ में सन्देश लाए कि जो भूभाग राणा जी ने निर्जन किया था वहाँ थोड़े-थोड़े अन्तर पर तुर्कों की चौकियाँ स्थापित हुई थीं।

राणा जी अपनी सेना को योग्य प्रशिक्षण दे रहे थे। अचानक ही बड़ी भली सेना कुँवर मानसिंह की सेना में आकर सम्मिलित होने की खबर आई। मांडलगढ़ रुकने का उद्देश्य एकमात्र यही था। राणा जी के मन में आया और तत्काल आदेश जारी

हुए। तुर्की सेनाओं की छोटी-से-छोटी गतिविधियों पर सूक्ष्म नजर रखी गई। अब किसी भी क्षण युद्ध के लिए कूच करने की सम्भावना थी।

कुछ ही दिनों में राणा जी का अन्दाज सही निकला। मांडलगढ़ आकर करीब-करीब दो महीने हो जाने पर मानसिंह ने अपनी सेना सहित खमणपुर की दिशा में प्रस्थान किया।

राणा जी ने सेना को आदेश दिया। सम्पूर्ण सेना गिर्वा की पहाड़ियों, जंगलों में बिखर गई और कुम्भलगढ़ के पास के लोशिंग गाँव में पहुँचने के लिए आगे बढ़ गए।

राणा जी की सेना के पहुँचते-पहुँचते ही मानसिंह की सेना मोलेला गाँव तक पहुँचने की खबर आ गई। यहीं मानसिंह ने पड़ाव डाला था। अब दोनों पड़ावों में केवल पाँच कोस का अन्तर था। दोनों ही सेनाएँ एक-दूसरे के आक्रमण की राह देख रही थीं। मानसिंह के पड़ाव में बेचैनी और अस्वस्थता फैली हुई थी। वहीं राणा प्रताप के पड़ाव में युद्ध की कल्पना से रोमांचित सेना युद्ध के क्षणों की उत्कंठा से राह देख रही थी।

भामाशाह जी के साथ सम्पूर्ण युद्ध व्यवस्था पर एक बार प्रत्यक्ष नजर डालकर अभी-अभी लौटे हुए राणा जी अपनी रावटी के पलंग पर विश्राम लेने के उद्देश्य से लेटे थे। मन में विचार युद्ध परिणामों के चल रहे थे। परम्परागत युद्धनीति से अलग युद्ध की रचना उन्होंने पहली बार ही की थी। रामशाह जी के विचार बार-बार उनके मन में झाँक रहे थे, "युद्ध छोटा-सा। उसका मूल अगणित प्राणों का। युद्ध आवश्यक हो तो भी क्या उसमें सर्वनाश आमंत्रित कर लेना क्या आवश्यक है? रामशाह कहते हैं उस तरह का मैदानी युद्ध न करते हुए छापामार युद्ध करना अच्छा है, पर उसमें अपना शौर्य और पराक्रम का प्रदर्शन करने की इच्छा रखनेवाले राजपूत वीरों का समाधान कैसे होगा? इस युद्ध में भीलों की सेना का मूल्यवान साथ भी मिलनेवाला है।"

अनन्त विचारों के झंझावात में राणा जी का मन हिलोरें ले रहा था। आखिरकार वे पलंग पर उठकर बैठ गए।

"थोड़ी देर विश्राम लेना चाहिए, बीच-बीच में शरीर को उसकी भी आवश्यकता होती है" राणा जी को उठते देख महारानी रतनाबाई सा ने कहा, "बीते कितने दिनों में हम देख रहे हैं, क्षण-भर को भी विश्राम नहीं हो रहा है, युद्ध की तैयारी के शोरगुल में जैसे अपने को खो दिया है।"

"आप कब आईं महारानी?" राणा जी ने पूछा। अपनी बात को यूँ ही पलट दिया जाएगा और आराम की बात सहज ही नजरअन्दाज कर दी जाएगी यह रतनाबाई सा जानती थीं। हल्की-सी हँसी बिखेरते उन्होंने कहा—

"आज श्री जी से कितने दिनों बाद बात करने का मौका मिला—आपने हमारे प्रश्न का उत्तर नहीं दिया—न विश्राम न अच्छे से भोजन।"

"महारानी! भोजन और आराम का विचार हमारे जैसे सैनिक के पास कहाँ? मन में विचार आता है कि युद्ध जिसके बहिश्वर प्राण हैं, उस वीर ने विवाह बन्धन में फँसना ही नहीं चाहिए।"

"वो भला किसलिए?" रतनाबाई सा ने मजाक से प्रश्न किया।

राणा जी ने कहा, "आप हमारी अर्धांगी। कुछ देर सही अपने पति के पास बैठें, सुख-दुख की बातें करें, अपने रूप, गुण का कौतुक पति से करना चाहिए, मन की बातें पति को बताएँ ऐसा आपको हमेशा लगता होगा, नहीं?"

"हाँ लगता है न! थोड़ा सलज्ज होते हुए रतनाबाई ने कहा, पर आज इस असमय में यह क्या? हमें ही क्या, आपकी सभी रानियों को लगता है। पर राजपूत राजाओं से विवाह करते समय ये सारे सुख मन में ही दबाकर रखते हैं।"

"यही हम कहते हैं पति का साथ मिलना, वैभव मिलना और सुख-समाधान में जिन्दगी बिताने मिलना, ये हर किसी स्त्री की विवाह से उम्मीद होती है। यह सामान्य और छोटे-मोटे सुख मिलने की आपकी स्वाभाविक भावना भी हम पूरी नहीं कर सकते हमें इसका बड़ा दुख होता है। कई बार मन में आता है हम आपके अपराधी हैं..."

"आप ऐसा मन में भी न लाएँ श्री जी। आपने जिन सुखों का उल्लेख किया उस पर हर स्त्री का अधिकार होता है यह सच है फिर भी उस समय वह स्त्री और उसका पति सामान्य ही होते हैं। असामान्य व्यक्ति की पत्नी, सामान्य सुख मिलता नहीं इसलिए शिकायत नहीं करतीं।"

"आपने बहुत बड़ा आदर्श आज सामने रखा।"

"हम ही नहीं, आपकी सभी पत्नियाँ भी ऐसा ही विचार करती हैं। हम लगातार आपके यश की ही कामना करती हैं। आपके और आपके पूर्वजों के पराक्रम का गुणगान करके ही हम अपने बच्चों को छोटे से बड़ा करते हैं।"

"युद्ध में लड़नेवाले हमारे वीरों की इतनी ही आप भी शूरवीर हैं महारानी।" राणा जी ने गम्भीरता से कहा।

"हमें एक शंका का निराकरण करना था।"

"जरूर पूछिए, कैसी शंका है आपके मन में?"

"श्री जी, इस बार का युद्ध, और समय के युद्धों की अपेक्षा अलग है। इस बार जोहार न सही, केसरिया भी नहीं। मन में शंका-कुशंकाओं के बादल उठते हैं। नकारात्मक झंझावात मन में उठते हैं और हम अस्वस्थ हो जाते हैं। पहले के युद्धों में युद्धोत्तर विडम्बनाओं की चिन्ता नहीं थी। विजयश्री मिली तो राजभोग अन्यथा मृत्यु यही राजपूत स्त्रियों का भाग्य था। जो राजस्त्रियाँ पति के बाद जीवित रहतीं वे बड़ी पुरुषार्थी एवं महान होती थीं। सामान्य सामर्थ्य की स्त्रियाँ मृत्यु का वरण कर लेतीं। अभी रनिवास में सब सरदार पत्नियाँ, कुँवर पत्नियाँ इसी बात की चर्चा करती रहती हैं।"

"महारानी हमें भी रनिवास की चर्चाओं से अवगत होने दीजिए। इससे कम-से-कम स्वयं के बारे में वास्तविक राय पता लगेगी। युद्ध के नशे में हम स्त्रियों के बारे में सोच भी नहीं पाते इस बात का दुख हमारे मन में है पर यह हम व्यक्त नहीं कर पाते। बार-बार हमारे मन में आता है कि एक तरफ मेवाड़ के स्वतंत्रता की और प्रत्येक व्यक्ति के अधिकार की रक्षा करते हुए हम रनिवास पर अन्याय करते

हैं उनके न्यायसम्मत अधिकार उन्हें नहीं दे सकते। पति के सहवास का न्याय और धर्म द्वारा दिया हुआ उनका अधिकार हम छीन ले रहे हैं।"

"श्री जी, हमारे अधिकार की इतनी व्यस्तता के बीच आपने याद रखी, हमारे लिए दुखी हुए, यही हमारे लिए महत्त्वपूर्ण है। इसी में ही हमने बहुत कुछ पा लिया। इससे कुछ अधिक प्राप्त करना है तो उसकी कीमत चुकानी होगी। आप जैसे नरश्रेष्ठ की पत्नी का पद प्राप्त करना आसान नहीं है। इसके सामने जो थोड़ा-सा सुख हम आपको देते हैं उसकी कीमत कुछ भी नहीं। आपने हाथ में लिया हुआ कार्य इतना महत्त्वपूर्ण है कि उसमें अप्रत्यक्ष रूप से क्यों न सही हम आपको सहायता कर पा रहे हैं इसी का हमें अभिमान है। किसी बड़े कार्य के रास्ते में छोटी-मोटी अड़चनों की ओर ध्यान न देना ही उचित है, फिर जिस व्यक्ति पर अपना सर्वाधिक भरोसा होता है उसी व्यक्ति की उपेक्षा हो जाती है। हमें यह ज्ञात होता है कि यह व्यक्ति हमारी कठिनाई समझ सकता है, हमारे स्वप्नों में सहभागी हो सकता है, हमारी भावनाओं की उर्मियों की रक्षा कर सकता है। आपने जो हम पर विश्वास प्रदर्शित किया है वह अभूतपूर्व है। यह विश्वास हमारा मानबिन्दु है, अभियान है। यह हम बड़ी निष्ठा से प्राणों से बढ़कर सहेजनेवाले हैं।"

बोलते-बोलते रतनाबाई का चेहरा अभिमान से खिल गया, माथे पर धर्म बिन्दु चमकने लगे, कपोलों पर श्रम की लाली फैल गई और तेजी से बोलने के कारण दिल धड़कने लगा।

अपनी रानी के सुन्दर और अभिमान से खिले चेहरे को राणा जी सुध खोकर देखते रहे। सुकुमारता की पृष्ठभूमि पर वीरता की श्री और अधिक ही भास्वर प्रतीत हो रही थी। उनके इस तरह के देखने से रतनाबाई चौंक-सी गईं।

किंचित् संकोच से बोलीं, "हमारे प्रश्न का उत्तर नहीं दिया आपने!"

"इस बार युद्ध में जौहर नहीं। यदि युद्ध से हम वापस नहीं आ सके और पराजय के चिह्न दिखे तब राणी सा आप आगे बढ़कर सेना एकत्रित करें, इष्ट-मित्रों की सहायता के लिए पुकारकर नेतृत्व स्वीकार कर लड़ें। पराजय धो डालें और कुँवर अमर सिंह का राज्याभिषेक कर सिसोदिया वंश का ध्वज आसमान में फड़कते हुए रहने दें।"

बोलते-बोलते राणा जी ने मुड़कर देखा। रतनाबाई के चेहरे पर व्याकुलता छाई थी, आँखों का पानी गालों पर नजर आ रहा था। किसी भी क्षण वे हिचकी दे रो पड़ेंगी। ऐसा लग रहा था। राणा जी उनके पास गए, उनके दाहिने कन्धे पर अपना बायाँ हाथ रखकर, दाहिने हाथ से प्रेम से मुखारविन्द ऊपर उठाते हुए बोले, "यह क्या राणी सा, आपकी आँखों में पानी। ये वीर क्षत्राणी पति के मृत्यु की कल्पना मात्र से कब से आँसू बहाने लगी?"

"आपको मजाक सूझ रहा है पर हमारे प्राण अकुलाते हैं। कुछ नाराजी दर्शाते हुए स्वर में रतनाबाई बोलीं, "मृत्यु की कल्पना से कोई भी व्याकुल होगा ही। हम पति का वीरमरण पहले ही स्वीकार कर लेती हैं, हमारे भी मन की तैयारी होती है,

तो भी कठोर सत्य सामने आया कि मन पसीज उठता है।" रतनाबाई अब तक कुछ सँभल गई थीं। राणा जी की ओर अभिमान से देखते हुए बोलने लगीं—

"हमारे ये अश्रु केवल मृत्यु के भय के दुर्बल अश्रु नहीं हैं। दुख की कल्पना के साथ ही समाधान और ध्येय भी आपने हमें दिया, इस आनन्द की प्राप्ति भी इसमें निहित है। आपके साथ बराबरी से युद्ध में ही हम स्त्रियाँ अपने शस्त्रास्त्र अध्ययन का उपयोग करके दिखाएँ।"

"महारानी आपके मन की दृढ़ता देखकर हम नि:शंक हो गए। व्यक्ति की अपेक्षा कार्य महत्त्वपूर्ण होता है रानी सा। व्यक्ति नश्वर है, यह शरीर नष्ट होगा पर इसके साथ हमने बोया हुआ स्वतंत्रता का बीज सहेजकर आगे आनेवाली पीढ़ी के लिए उसका वृक्ष तैयार करती है इसकी चिन्ता में हम थे। अब हमें इसकी चिन्ता नहीं, मेवाड़ की भी नहीं। जिस राज्य में शक्ति रूप में स्त्री विचरण करती है वह राज्य कभी भी पराजित नहीं होता। जिस राज्य की सभी सीमाओं का रक्षण स्त्री करती है वह राज्य प्रलय तक संसार में आदर्श के रूप में जाने जाते हैं। इसीलिए रानी सा, राज्यों की सीमा प्रदेश पर देवी के मन्दिरों की स्थापना की जाती है। प्रत्येक राज्य की ही नहीं प्रत्येक ग्राम की रक्षा भी देवी ही करती है, देवता नहीं। वही देवी घर शस्त्र लेकर हाथों में खड़ी हुई तो देश को किसी भी प्रकार का खतरा सम्भव नहीं है। रानी सा आपने हमारे मन का बहुत बड़ा बोझ हल्का कर दिया।"

रतनाबाई इस पर कुछ बोलने ही वाली थीं कि बलदेव जी के आने की सूचना मिली। वे शीघ्रता से अन्त:पुर में गईं और बलदेव जी ने दालान में प्रवेश किया।

राणा जी ने शीघ्रता से खाजगी कक्ष में क्यों बुलाया है यह रामशाह तँवर और उनके पुत्र समझ नहीं पाए। युद्ध की योजना बदलने की सम्भावना नहीं थी। सारी सेना और सेनानायक सावधान थे। किसी भी समय युद्ध की रणभेरी फूँकी जा सकती थी, अचानक कौन-सा मशवरा करने का वक़्त आ गया यही विचार उनके मन में घुमड़ रहा था।

तीन बार विशिष्ट पद्धति से कोयल की कूक और उसके ठीक बाद दो बार घोड़े का हिनहिनाना सुनकर प्रत्येक सेनानायक के मन में रामशाह जी जैसा ही प्रश्नचिह्न था।

सादे पोशाक में जल्दी से सभी सेनानायक राणा जी के खास कक्ष की ओर चल पड़े। किसी भी भेष में कहीं भी अकबर के गुप्तचर हो सकते हैं, उन्हें अपने गुप्त गतिविधियों की थोड़ी भी आहट न लगे इसलिए राणा जी ने यह सावधानी बरती थी। सांकेतिक भाषा और अत्यन्त ग्रामीण पोशाक सेनानायकों के वास्तविक रूप को छिपा रहा था।

"यह मौका वाकई बहुत अच्छा है।" बलदेव जी की बात पूरी होते ही रामशाह ने कहा—इसका फायदा उठा लिया तो हमने आधा युद्ध जीत ही लिया समझो!"

आपका कहना उचित है रामशाह जी पर इस प्रकार पीठ पीछे से वार कर शत्रु को मारना हमारी परम्परा में बैठता नहीं। कोई भी राजपूत वीर ऐसा कर अपना नाम

कलंकित नहीं करेगा। सादड़ी नरेश बीदा ने कहा, "कुँवर मानसिंह चुनिन्दा सैनिकों को लेकर जंगल में शिकार के लिए गए हैं यह सच है पर हम उनके पीछे जाकर हत्यारों की तरह उनका वध करें यह ठीक नहीं, हमें यह मंजूर नहीं। राणा जी आपकी क्या राय है?

"मानसिंह के उद्दंडता का दंड कहकर यदि हमने उनकी ऐसी हत्या की तो उसके लिए हमें कोई दोषी नहीं ठहराएगा।" राणा जी क्षण-भर रुके, अपने बोलने की प्रतिक्रिया का अन्दाज उन्होंने लिया और वे आगे बोले, "तो भी हम बिदा जी की राय से सहमत हैं। मानसिंह की ऐसी अधर्म से हत्या की जाए यह हमें उचित नहीं प्रतीत होता। राजपूत लड़नेवाले के रूप में प्रसिद्ध हैं, उन्होंने हत्यारा होना हमें भी अच्छा नहीं लगेगा।"

रामशाह जी ने कहा, "मानसिंह और अन्य सरदारों को हम खमणपूर आ गए हैं इसकी खबर नहीं है। युद्ध में ये सब दाँव-पेच माफ रहते हैं। श्रीराम ने पेड़ की आड़ ले बालि का वध किया, कृष्ण ने निःशस्त्र कर्ण पर अर्जुन को शस्त्र उठाने को कहा था न? राणा जी युद्ध में आप कहते हैं वैसे आत्मघाती आदर्शों को बिलकुल भी स्थान नहीं होता। मानसिंह पर आक्रमण करके उनका वध करना चाहिए ऐसा हमें निश्चित रूप से लगता है। इसमें कोई दुराचार नहीं है। अपने पितामह ने उदारता से छोड़ दिए बहादुरशाह ने कैसा बदला चुकाया और उस कारण आपके पिताजी को कितनी यातनाएँ भोगनी पड़ीं, कम-से-कम आपको इस बात को नहीं भूलना चाहिए। धर्म के मार्ग में आनेवाले को अधर्म से दूर करना भी धर्म ही है, ऐसा शास्त्रों में भी कहा गया है। अपने देशरक्षा के धर्म कार्य आनेवाले मानसिंह का आप बिना किसी भ्रम के वध करें।"

रामशाह के बोलने का अनेक लोगों पर अनुकूल परिणाम हुआ। राणा जी को भी क्षण-भर लगा "कोई आपत्ति नहीं है मानसिंह का वध करने में।" आखिर शत्रु के शत्रु ही हैं, साम-दाम-दंड-भेद यह अच्छे राज्यकर्ता के लक्षण, गुण माने जाते हैं। युद्धनीति भी यही कहती है। परन्तु राणा जी की यह द्विधा मनःस्थिति बहुत समय तक नहीं टिकी। सभाजनों की चर्चा और बिदा जी का रामशाह जी के प्रस्ताव का कड़ा विरोध सुनकर मानसिंह का वध न करने का विचार राणा जी ने पक्का कर लिया था।

अनेक दृष्टियों से विचार-विमर्श होकर, बहुमत का समर्थन लेकर राणा जी ने अपना निर्णायक मत व्यक्त किया।

"रामशाह जी, आपका कहना युद्धनीति के अनुसार ठीक है। आज हमारे में से कोई भी अचानक आक्रमण कर कुँवर मानसिंह को जीत ले सकता है। उनकी हत्या करना या उन्हें अपने थाने पर बन्दी बनाकर रखना, इनमें से कोई भी बात असम्भव नहीं है। पर रामशाह जी हमें माफ करें आपकी सलाह हम व्यवहार में ला नहीं सकते। बिदा जी की बड़े होने के नाते दी गई सलाह, अपने लोगों में से कइयों का उनको मिलनेवाला समर्थन यह महत्त्वपूर्ण कारण हैं इसमें कोई सन्देह नहीं है। परन्तु इससे भी ज्यादा महत्त्वपूर्ण है हमारा अन्तर्मन। हमारा मन इस कृत्य को करने की मान्यता

नहीं देता। मन से हमें लगता है कि मानसिंह को ऐसा धोखा नहीं देना चाहिए। इसलिए इस बहस को यहीं समाप्त करना उपयुक्त होगा। सम्भवत: मान सिंह की मृत्यु की अपेक्षा उनके जीवित रहने से ही मेवाड़ का अधिक लाभ होगा।"

रामशाह जी से क्षमा माँगकर राणा जी ने आपातकालीन बुलाई सभा बरखास्त की।

दुरसा पुरबिया और नेता सिसोदिया ये महाराणा प्रताप सिंह के खास दूत थे। मान सिंह पर आक्रमण करना नहीं यह महत्त्वपूर्ण निर्णय लेकर राणा जी निश्चिन्त हुए न हुए कि इन दूतों के आने की खबर उन्हें मिली। बिना भोजन किए राणा जी ने तत्काल उनसे भेंट की। दोनों कक्ष में आए।

"बोलिए क्या खबर है दुरसा जी?" उनका अभिवादन स्वीकार कर उन्हें आसन ग्रहण करने का संकेत करते हुए राणा जी ने कहा, "क्या कह रहे हैं हमारे दुश्मन?" किसी निकटस्थ, सम्बन्धित व्यक्ति की खुशहाली की, आस्था से जानकारी लेते समय जैसा स्वर होता है वैसे ही राणा जी का स्वर था।

"दुश्मन पूरी तैयारी के साथ वनास नदी के पार आकर ठहरा है श्री जी" दुरसा जी गम्भीरता से बोले। अब किसी भी क्षण युद्ध का सामना करना पड़ेगा। "शत्रु की सैन्य शक्ति की आजमाइश की है ना?"

"हाँ श्री जी उसमें और वृद्धि नहीं हुई है। सेना का, सेना नायकों का स्थान निश्चित हो गया है," दुरसा जी बोले।

"चुने हुए अस्सी सैनिकों के साथ हाशिम बारहा नामक अधिकारी ने अपनी जगह प्रथम आक्रमण करने के लिए निश्चित की हुई है। इन युवकों के पीछे राजा जगन्नाथ और आसफ खाँ अपनी सेनाओं सहित रहेंगे। युद्ध क्षेत्र में दाहिनी ओर सैयद अहमद खाँ और बाईं ओर राजा लूणकरण और जागी खाँ बख्शी रहेंगे। समय पर काम आए इसलिए कुछ सेना मानसिंह के भाई-बन्धु माधो सिंह और मिहत्तर खाँ के आधिपत्य में तैयार रखी है। कुँवर मानसिंह हाथी पर से युद्ध करनेवाले हैं। इतिहासप्रेमी अलबदायूँनी अपने अंगरक्षकों के साथ अन्यत्र तैनात रहेंगे। उनका और शक्ति सिंह का स्थान पता नहीं लग सका।" स्पष्ट रूप से नेता सिसोदिया ने मिली हुई जानकारी राणा जी के सामने रखी। इससे युद्ध की स्थिति का स्पष्ट चित्र सामने आया। अब रातोंरात हलचल करना आवश्यक है यह जानकर राणा जी ने तत्काल आदेश दिए।

महाराणा प्रताप सिंह पहले से तय किए अनुसार पारम्परिक पद्धति से सेना की व्यूह रचना की थी। जब तक मानसिंह की सेना की व्यूह रचना की जानकारी मिलती नहीं तब तक आक्रमण नहीं, यह उन्होंने निश्चित किया था। बलदेव जी शत्रु सेना की हलचलों की जासूसी करने गए थे। वे आए कि अपने सैनिकों को आज्ञा देना सम्भव होगा।

प्रात:काल होते ही मुर्गे ने पहली बाँग दी और दोनों ओर की सेनाएँ तैयार हो गईं। सेना के मन में युद्ध की खुमारी थी, सिर्फ प्रतीक्षा थी इशारे की।

सूर्योदय हुए दो घड़ियाँ बीत गईं फिर भी युद्धक्षेत्र में शान्ति ही थी। सेना की हलचल आरम्भ हो गई। युद्ध की प्रतीक्षा में कितनी देर रुकना। शस्त्र पकड़े हुए हाथ परेशान होने लगे। मोर्चा सँभाले बैठे हुए सभी सेनानायक अपनी-अपनी सेना लेकर लैस थे। हरेक सेना के साथ उनकी यशोगाथा गानेवाले चारण भाट उनके पूर्वजों की कीर्ति का गान कर रहे थे। इस गायन से मन का उत्साह शतगुना बढ़ रहा था; वीरश्री उमंगें ले रही थीं पर कृति कुछ घटित नहीं हो रही थी। रणसिंघा फूँका नहीं जा रहा था, युद्धारम्भ नहीं हो रहा था।

अलग-अलग पशु-पक्षियों की आवाज। 'आगे जाना क्या? अभी भी युद्ध क्यों कर नहीं हो रहा है? कितनी देर शत्रुओं के आक्रमण की राह देखनी है?' ऐसे अनेक प्रश्नों का लेन-देन चल रहा था। सभी अत्यन्त अस्वस्थता का अनुभव कर रहे थे। दूर परिचित ढोल बजा और बलदेव जी के आने का संकेत मिला, राणा जी के मन का बोझ हल्का हुआ।

राणा जी को अभिवादन कर बलदेव जी ने सूचना दी "दुरसा जी द्वारा लाई हुई जानकारी के अनुसार ही अकबर की व्यूह रचना है, उनमें कोई परिवर्तन नहीं है।"

खबर सुनते ही राणा जी अपनी सेना को सम्बोधित करने के लिए चेतक पर सवार हो सेना के मध्यभाग में पहुँचे।

राणा जी की युद्ध की वेशभूषा में सजी तेजस्वी मूर्ति देखते ही सेनानायकों और सेना की भुजाएँ फड़कने लगीं। साक्षात् महातेजस्वी रुद्र ही युद्धभूमि पर खड़े हों ऐसा योद्धाओं को अनुभूत हुआ। राणा जी अपने चेतक पर रुआब से आरूढ़ थे। चेतक भी युद्धवेश में सजा हुआ था। मस्तक पर जरीकाम किया मखमली आभूषण, गले में रत्नों-मोतियों से गूँथी पदकों वाली मालाएँ, जरीवाली खोगीर, उस पर रकीब में पैर डाले हुए महाराणा प्रताप सिंह।

राणा जी की रणबाँकुरी मूर्ति नेत्रों को सार्थकता प्रदान कर रही थी। मस्तक पर ऊपर की ओर झुका हुआ शिरस्त्राण धारण किया था, उसके कन्धों तक लटकनेवाले फौलादी जालीवाले हिस्से बाणों के अग्रभाग की तरह शोभायमान हो रहे थे। मस्तक को स्पर्श करनेवाले शिरस्त्राण को जरीबूटे वाले साफे से लपेटा हुआ था। जगमगाती किनारी से शोभायमान जरीवाला केसरिया रंग का साफा, भाल पर चन्दन, तीखी धारदार नासिका, कानों तक अकड़ी हुई मूँछें, काले चौड़े कल्ले, कानों में हिलनेवाले कुंडल, वक्षस्थल पर लौह कवच युक्त अँगरखा, चूड़ीदार पाजामा, पैरों में पीठ पर ढाल, कटि के समीप कटार, खंजर के अतिरिक्त पवित्र तलवार। दाहिने हाथ में वैशिष्ट्यपूर्ण भाला जिसके दोनों सिरे बारीक और धारदार थे, पकड़ पक्की हो इसलिए बीच में साटन से लिपटे थे और झूलनेवाले गोंडों से सुसज्जित थे। बाहु पर मुक्तामणि सुशोभित हो रहे थे, अँगरखे पर भी बहुमूल्य किमखाबी रेशमी आवरण डला हुआ था। बाएँ हाथ में चेतक की गति को नियंत्रित

करने हेतु लगाम पकड़ी हुई राणा जी की अश्वारूढ़ मूर्ति जैसे प्रत्यक्ष मूर्तिमन्त पुरुषार्थ ही परिलक्षित हो रही थी।

सेना का अवलोकन सुविधा से करने के लिए घोड़े से नीचे नहीं उतरे थे परन्तु उनकी धारदार नजर चारों तरफ गतिमान थी। जिधर भी नजर जाती, उस तरफ के योद्धाओं के नेत्र श्रद्धा से झुक रहे थे, शरीर रोमांचित हो रहे थे, मन में आत्मविश्वास बढ़ रहा था और राणा जी के प्रति आदर का भाव शतगुना बढ़ रहा था।

अपनी सेना को सम्बोधित करते हुए राणा जी ने कहा, "केवल मेवाड़ के लिए ही नहीं, अखिल विश्व के शोभादायक वीर योद्धाओ आज का दिन अपने लिए परम आनन्द का दिन है। इसी दिन की प्रत्येक वीर पुरुष आतुरता से राह देखता है। अपना जन्म इसी के लिए होता है। शस्त्र विद्या और युद्ध कौशल भी इसी दिन के लिए होता है। मातृभूमि के कर्ज से अल्प परिमार्जन का दिन है।

वीरो, आज तुर्कों पर अही-मही के समवेत बल से टूट पड़ो। अपने अपमान को उनके रक्त से धो डालो। माता-बहनों के शील रक्षण के लिए, गर्व से उद्धत इन तुर्कों को इस भूमि पर से खदेड़ दो। बप्पा रावल की पुण्याई से स्थापित, राणा हम्मीर की प्रखर देशभक्ति से खिला हुआ, लाखा राणा के पुण्य कार्यों से विकसित हुए, महाराणा चूड़ा के अपरिमित त्याग से स्थिर हुए, महाराणा कुम्भा की विद्वत्ता से सजे हुए, राणा सांगा के शौर्य से रक्षित, महारानी पद्मिनी के तेज से जगमगाते, क्षत्राणियों के जौहर से दीप्तिमान हुए 'मेदपाट', इस मेवाड़ के राज्य और राजपूतों की अस्मिता सबको आज जतन करनी है।

हमारे आत्मीय वीर साथियो, अपनी इस भूमि पर आज हमें रुधिर से इतिहास लिखना है। फाग सजाना है—प्राणों की ज्वालाओं से और रक्त के रंग से ही। इस भूमि के रजकण भाल से लगाकर हम अपने शत्रुओं को शह देंगे, भगवान एकलिंग जी के चरणों में नम्र होनेवाले हमारे मित्रो, पराक्रम यही पुरुषार्थ जानो।

यह युद्ध आप पर जुल्म से लादा नहीं गया है यह बात हम पहले स्पष्ट करना चाहते हैं। जिन्हें यह नहीं चाहिए वे इसी क्षण युद्धभूमि का त्याग करें उन्हें कोई भी रोकेगा नहीं, दुखी करेगा नहीं, उनका मानभंग भी नहीं होगा। युद्धशास्त्र के नियम के अनुसार हम आपको यह अवसर दे रहे हैं।"

राणा जी रुके। उत्तेजित होने के कारण उनका दिल तेजी से धड़क रहा था। उन्होंने स्थिर नजरों से एक बार सेना की ओर देखा। उनकी उम्मीद के ही अनुसार हुआ, एक भी योद्धा युद्धभूमि की ओर पीठ नहीं दिखाई। मेवाड़वासियों ने अपने देशप्रेम की गवाही दी। दिल की सच्चाई सामने आई। युद्ध ही उनका ध्येय था। पराक्रम दिखाने के लिए, जीतने के लिए या मृत्यु के लिए। यदि जीते तो भूमि का स्वामीत्व और वीरगति को प्राप्त हुए तो स्वर्ग का आतिथ्य। दोनों ही बातों के सामने प्राण क:पदार्थच।

'जय एकलिंग जी, हर हर महादेव, महाराणा प्रताप की जय' इन घोषों से पूरा आसमान गूँज रहा था। वीर योद्धाओं के हाथों की तलवारें सूर्य किरणों में चमक रही थीं...बहुत देर...तक!

राणा जी के सम्बोधन के उपरान्त उत्तेजित हुए ये युयुत्सु वीर सिर्फ राणा जी के आदेश की प्रतीक्षा कर रहे थे। राणा जी ने सेना की भावना जानकर युद्ध प्रारम्भ करने के लिए राजचिह्नांकित गजराज हमीम खाँ सूर के नेतृत्व में सेना के सम्मुख लाने का आदेश दिया।

मंगलकारी, शुभ, सुलक्षणी महाकाय गजराज का आगमन ही विजय का मंगलश्लोक था। युद्धभूमि पर आते ही उसने सूँड़ ऊँची उठाकर जयनाद किया। सुदृढ़ और सुडौल शरीरवाले उस हाथी के दाँत शुभ्र थे और दाँतों पर स्वर्ण की परत चढ़ी हुई थी। गले में मणियों और घंटों की मालाएँ झूल रही थीं। सोने की साँकल में, सोने के घुंघरू गुँथे थे और पैरों में सोने के कड़े शोभायमान हो रहे थे। सूप जैसे बड़े-बड़े कानों में मोती व प्रवाल की मालाएँ झूल रही थीं। पीठ से पूँछ तक जड़ाऊ चौड़ी पाट को कंठ आभूषण की तरह मेहराब बनी हुई थी। पीठ पर शाही कालीन झूल रही थी। किनारों पर जरी की बेलबूटियाँ कढ़ी थीं और बीच में पारम्परिक कशीदाकारी खिलकर नजर आ रही थी। पीठ पर चाँदी के मन्दिराकार हौदे पर मोर और कमल के पुष्प की मीनाकारी दूर से बेहद खूबसूरत नजर आ रही थी। हवा के साथ हलके से हिलनेवाले परदों से हौदे में रखे मखमली तकिए ध्यान आकर्षित कर रहे थे। हौदे के कलश पर सिसोदिया वंश की शान आदित्य चिह्नांकित रक्तध्वज शान से फड़क रहा था। हाथी का महावत हाथ में अंकुश लेकर मस्तक पर आरूढ़ था। राजकीय पोशाक में सज्जित उस वीर ने राणा जी का अभिवादन किया। उस सुलक्षणी हाथी ने भी सूँड़ ऊँची कर राणा जी के अभिवादनार्थ फिर से एक बार जयनाद किया। हौदे में बैठे हकीम खाँ सूर ने प्रतिज्ञा का उच्चारण किया और सेना ने भी प्राणपण से उस प्रतिज्ञा का पुनरुच्चार किया, "हमने हाथ में ली हुई यह शमशीर हमारे साथ ही धरतीर्थ पर गिरेगी।"

"औक्रम!" शब्द सुनते ही महाराणा प्रताप की सेना मदोन्मत्त गजराज जैसी गर्जना करने लगी। एकलिंग जी के नाम का घोष होते ही रणभेरी, तुतारी, ढोल-ताशे, सभी रणवाद्य एक साथ ही बजने लगे। जान की बाजी लगाकर सेना तुर्की सेना पर टूट पड़ी। अचानक हुए इस आक्रमण से तुर्की सेना घबरा गई। अरावली की तलहटी में ऊँचे-नीचे भूभाग पर सैनिकों को नहीं अश्वों को भी कठिनाई हो रही थी। तलवारें खनखना रही थीं भाले तौले जा रहे थे, ढालों पर वार झेले जा रहे थे, लौह कवचों पर टकराकर तलवारों की खनखनाहट बढ़ रही थी। घमासान युद्ध मचा हुआ था, अश्वों के टापों से उड़ी धूल से दिशाएँ भी अँधेरे में खो गई थीं।

राजपूतों का त्वेषभरा आक्रमण इतना आघात करनेवाला था कि तुर्की सेना को भागने के लिए जमीन भी कम पड़ रही थी। राणा जी के वीर तुर्की सेना पर इतने वेग से टूट पड़े कि उस सेना को बनास नदी पार कर उस पार का आश्रय लेना पड़ा।

अपनी इस पहली विजय से राणा जी की सेना को और भी अधिक बल मिला। हर किसी की भुजाएँ फड़कने लगीं। उनके घोड़े और हाथियों के पाँवों को वायुवेग प्राप्त हो गया। वे जिद से शत्रु का पीछा करने लगे।

पीछा करने की धुन में अरावली पर्वत में स्थित पूरी सेना ही बाहर निकलकर शत्रुओं के पीछे लग गई। शत्रु मूलत: घबरा गया। तुर्की सेना में भगदड़ मच गई, कोई भी विचार न कर सेना दुम दबाकर भागने लगी। 'हर हर महादेव, महाराणा प्रताप की जय' यही स्वर गूँजने लगे। जख्मी सैनिकों की कराहें, हाथियों की चीखें, घोड़ों का हिनहनाना, तलवारों की खनखनाहट, धनुषों की टकराहट और इन सबको भेदकर राणा प्रताप की जय-जयकार से आकाश गूँज रहा था। राणा जी के सैनिकों को विजय के चिह्न दीख रहे थे।

जिन्हें दौड़ने के लिए जमीन कम पड़ रही थी ऐसी तुर्की सेना को दौड़ते हुए देखकर उनके विश्वसनीय सेनानी चिन्ताग्रस्त हो गए 'यह युद्ध यदि हम जीत नहीं पाए तो' यह मन में आते ही भीषण भविष्य उनकी नजरों के सामने तैर गया। उन्हें यह महसूस होने लगा कि "यदि आज पराजित हो गए तो दिल्ली का तख्त इन नापाक काफिरों के हाथों में चल जाएगा।" संकट में फँसे सेनानायक मन-ही-मन में अल्ला को याद करने लगे। तभी अचानक युद्धक्षेत्र में पीछे से आवाजें आईं, "शहंशाह अकबर युद्ध क्षेत्र में आ रहे हैं।"

"हुजूर खुद लड़ने आ रहे हैं!"

"बहुत बड़ी सेना लेकर जहाँपनाह खुद आ रहे हैं। भागते कहाँ हो? बादशाह सलामत पधारे हैं।"

एक सैनिक दूसरे को, दूसरे ने तीसरे को, यह सब दूसरे को बतलाने लगे 'पीछे लौटो मत', हुजूर खुद रणभूमि पर हैं, भागते कहाँ हो?

अचानक सेना की हलचल रुक गई। तुर्की सेना भागते-भागते रुक गई। रुककर लड़ने लगी। उनका धीरज बढ़ गया। अपनी सहायता के लिए आए हुए स्वामी को हमारी वीरता पराक्रम देखना चाहिए इस जिद्द से वे लड़ने की शर्त लगाने लगे। पहले ही आक्रामक हमले में मिली विजय के जोश में राजपूत सेना आगे बढ़ी। समतल भूमि पर पहुँची। अकबर के युद्धक्षेत्र में आने की सूचना से भागनेवाली सेना के लौटनेवाले सैनिकों के आक्रमण का जवाब देने लगी। अकबर के आने की सूचना से तुर्की सेना को धैर्य मिला तो राणा जी की सेना को स्फूर्ति मिली। दोनों सेनाएँ एक दूजे पर जोश से दाँव लगाकर टूट पड़े।

"हस्ति प्रधानो विजयो राज्ञाम" कौटिल्य के इस वचन का स्मरण कर राणा जी ने गज युद्ध आरम्भ किया। राणा जी के दल का 'लूणा' और तुर्की सेना का 'गजमुख' एक-दूसरे पर टूट पड़े। लूणा का आक्रमण गजमुख को झेला नहीं जा रहा था। पराजित होकर लौटनेवाले उस गज को देखकर तुर्की सेना के एक सैनिक ने 'लूणा' के महावत पर आक्रमण किया। महावत जख्मी हो गया फिर भी गजमुख को उसकी छावनी में लौटाकर ही 'लूणा' अपने जख्मी महावत के साथ वापस लौटा।

'रामप्रसाद' राणा जी का अत्यन्त कुशल, श्रेष्ठ, प्रशिक्षित, माहिर गज था। उसकी प्रशंसा सुनकर इससे पहले अकबर ने उसकी माँग महाराणा प्रताप से की थी। प्रताप जी पर आक्रमण करने के पीछे 'रामप्रसाद भेजा नहीं गया' यह भी एक कारण अनेक

कारणों में से था। 'लूणा' के लौट जाने के कारण 'रामप्रसाद' ने हैरान-परेशान कर डाला। अपनी सेना का विनाश देखकर आसद खाँ सहित सभी सेनानायक भयभीत हो गए। 'रामप्रसाद' से लड़ने के लिए कमाल खान 'गजराज' नामक बलवान हाथी को लेकर बड़ी शान से युद्धभूमि पर आया। 'रामप्रसाद' ने कुछ ही क्षणों में उसे हतोत्साहित कर दिया और कमाल खान धरती माँ से जगह की माँग करते हुए घूमने लगा यह अप्रत्याशित घटना देखकर हुसैन कुली खाँ ने निर्णय लेकर क्षण में 'रणमन्दर' नाम का दूसरा महाकाय हाथी युद्धक्षेत्र में भेजा। 'रामप्रसाद' अब उसका मुकाबला कर रहा था। कमाल खान को मदद मिलने से 'गजराज' भी अब 'रामप्रसाद' पर टूट पड़ा। 'रामप्रसाद' जब इन दोनों महाकाय गजों से सँभालते नहीं बना, तब तुर्की सेना ने रामप्रसाद के बदले प्रताप सिंह तँवर पर आक्रमण किया। अनेक सैनिकों ने एक ही समय उन पर बाणों की वर्षा आरम्भ की। काफी देर तक अकेले झगड़ कर प्रताप सिंह वीरगति को प्राप्त हुए। मातृभूमि के अंक में वे चिरनिद्रालीन हो गए। गजराज ने उन्हें पाँवों तले रौंद डाला। यह अवसर साधकर तुर्की सेना ने 'रामप्रसाद' पर आक्रमण किया। दोनों हाथियों का उपयोग कर 'रामप्रसाद' को फँसाकर अपनी सेना में ले जाने में तुर्क सफल हो गए।

दोनों ही सेनाएँ नये जोश से फिर से एक-दूसरे पर टूट पड़ीं। तुर्की की सेना में राजपूत ज्यादा होने से रणक्षेत्र में राजपूत ही दिखाई देने लगे। पसोपेश में पड़े मुल्ला बदायूँनी ने आसफ खाँ को बड़ी जोर से चिल्लाकर पूछा—खाँ साहब, जिधर देखो उधर राजपूत-ही-राजपूत दिखाई दे रहे हैं। अपनी सेना के राजपूत और कीका राणा की सेना के राजपूत इनमें अन्तर कैसे पहचानना? सामने दिखाई दे रहे राजपूत पर घातक वार करते हुए खाँ साहब ने चिल्लाकर ही जवाब दिया—जो भी राजपूत सामने आए, काट डालो, किसी भी पक्ष का हो, मरेगा तो राजपूत ही! इस्लाम को तो हानि नहीं पहुँचेगी! पहचानने की क्या जरूरत है मियाँ?

मुल्ला बदायूँनी की खुशी गगन में नहीं समा रही थी। अपनी तलवार लेकर वह द्वेष से सामने दिख रहे राजपूतों पर टूट पड़ा। युद्ध का रागरंग ही बदल गया। घमासान लड़ाई होने लगी, दोनों तरफ की सेना मृत्यून्मुखी होने लगीं। मरने-मारने लगीं, शस्त्रों को बली पड़ने लगी। हाथी-घोड़ों के पैरों तले रौंदी जाने लगीं। मारो काटो, छोड़ो मत, डटे रहो, भागो ऐसी चीख-पुकार, चिल्लाहट, शोरगुल से हल्दी घाटी के परिसर में कुहराम मचा था, रक्त और मांस की वर्षा दिखाई दे रही थी।

महाराणा प्रताप सिंह अपने अंगरक्षकों के साथ युद्धभूमि पर घूम रहे थे। युद्ध का अवलोकन कर रहे थे और स्वयं युद्ध कर रहे थे। औरों को अलग-अलग आज्ञा दे रहे थे। जी-जान से लड़नेवालों की हौसला अफजाई भी कर रहे थे। युद्धभूमि पर तुर्की सेना के मध्यभाग में हाथी पर आरूढ़ कुँवर मानसिंह की ओर ध्यान जाते ही राणा जी ने चेतक को संकेत किया, दिशा दी। उस उम्दा जानवर ने संकेत समझा और वायु की गति से शत्रुओं को लाँघता हुआ सेना के मध्यभाग में जा पहुँचा और अपने स्वामी को ठीक मानसिंह के सामने ला खड़ा किया। उसकी गति देखकर आज

प्रत्यक्ष मारुत भी क्षण-भर को विस्मित हो रुक गया।

युद्ध में शूर योद्धाओं के साथ वीर अश्व भी अपने प्राणों की बाजी लगा रहे थे। 'अचभ', 'सवालक्खा', 'जगपेठ', 'उच्चैश्रवा', 'धनराज', 'तुर्की', 'वाल्हा' आदि अश्व अपने स्वामियों को लेकर रणभूमि पर विद्युत वेग से हलचल मचा रहे थे। अपने धनी को बचाते हुए कुछ जख्मी हो रहे थे, कुछ लँगड़ा रहे थे, किसी के मुख से झाग निकलने के कारण हैरान-परेशान थे तो अनेक धराशायी हो रहे थे।

महाराणा प्रताप सिंह ने मानसिंह को युद्ध का आवाहन दिया। अपना भाला तलवे में पकड़ा और चेतक को एड़ लगाई। चेतक जो उछला तो उसने अपने सामने के दोनों पैर मानसिंह के हाथी के मस्तक पर रख दिए। प्रताप सिंह ने अपना अचूक भाला फेंका, उसने महावत की बलि ली और हौदे से टकराया। हाथी के हौदे में जल्दी से छिपकर मानसिंह ने अपनी जान बचा ली पर अचूक भाला कैसे लक्ष्य चूका इसका उस स्थिति में भी राणा जी को महान आश्चर्य लगा। भाला फिर से आगे बढ़ाकर हमला करने का अवसर राणा जी को नहीं मिला...क्योंकि हाथी की सूँड़ में निहित तलवार के वार से चेतक का पीछे का दाहिना पैर टूट गया था।

इतनी-सी देर में तुर्की सेना ने महाराणा प्रताप सिंह को घेर लिया, अब तुर्कों की विजय निश्चित थी। महाराणा प्रताप सिंह एक तो बन्दी बनते या मृत्युमुखी होते। केवल कुछ पलों की अवधि शेष थी। प्रचंड गति से राणा प्रताप सिंह पर टूट पड़ा। शत्रुबल अकबर को प्रताप का मस्तक 'नजर' करने को तत्पर था।

तेजी से नीचे गिरते जलप्रपात की तरह महाराणा प्रताप पर टूट पड़नेवाले शत्रु सेना की ओर झालाधिपति मानसिंह का ध्यान गया। क्षण में उन्हें महसूस हुआ—राजपूतों का 'प्रताप' संकट में है। राजस्थान का सूर्य ग्रास बन रहा है, प्रकाश को अन्धकार निगल रहा है, सत्य को असत्य नेस्तनाबूद करने जा रहा है, अस्मिता को गुलामी हड़पना चाह रही है, स्वतंत्रता पर स्वार्थ हमला कर रहा है; आदर्श को व्यवहार शह दे रहा है।

झाला मानसिंह बौखलाए हुए भूखे सिंह की तरह अपने हाथ में दुधारू तलवार लेकर महाराणा प्रताप सिंह की दिशा में दौड़े। उनके पीछे-पीछे झंझावात की तरह उनके साथी। झाला मानसिंह शत्रु सेना पर बिजली की तरह भहराकर गिर पड़े। उनके हाथ की चारों तरफ घूमनेवाली चमकती तलवार देखकर साक्षात् परशुराम ही अपने परशु सहित राणा जी की सहायता के लिए आ गए ऐसा लग रहा था? खड़ी फसल काटी जाए ऐसी ही शत्रुसेना को काटते हुए वे महाराणा प्रताप सिंह के पास पहुँचे। उनके साथियों ने राणा के इर्द-गिर्द पकड़ और कड़ी की और आनेवाले शत्रुओं पर वे हस्तनक्षत्र की जलधाराओं की तरह बरस पड़े।

राणा जी के शरीर पर, चेहरे से रक्त प्रवाहित हो रहा था, वे अत्यन्त दुर्बल दिखाई दे रहे थे फिर भी शत्रु पर वार करने की ऊर्मि दबा नहीं पा रहे थे। पल-भर की भी देरी अनर्थ का कारण बन सकती थी। झाला मानसिंह ने प्रताप सिंह को सँभाला। शत्रु से प्राणान्तक लड़ाई करते मानसिंह को देखकर राणा जी को इस स्थिति में भी

अच्छा लगा। "कम-से-कम मस्तक तो शत्रु के हाथों में नहीं पड़ेगा।" उनके मन में आया। जागृति और मूर्च्छा इनकी सीमा रेखा में अवस्थित राणा जी ने मानसिंह की ओर देखकर हल्का स्मित किया। मानसिंह ने गर्दन झुकाकर उन्हें अभिवादन किया और अविलम्ब वे प्रताप सिंह के शरीर पर से राजचिह्न उतारने लगे। पहले शिरस्त्राण, मोतियों की माला, बाहु पर वे मुक्तामणि सबसे आखिर में चेतक के मस्तक पर से ध्वज उन्होंने उतारा।

"ठाकरां...ये क्या..." राणा जी ने किसी तरह कहा।

"कुछ घड़ियों का महाराणा होने की इच्छा हुई राणा जी," प्रताप जी के मस्तक पर सामान्य-सा रूमाल कसकर बाँध, जख्मों से बहकर आए रुधिर की धाराएँ पोंछकर मानसिंह ने अश्व का वेग सँभालते हुए राणा जी के शेष आभूषण स्वयं के शरीर पर चढ़ाए और बोले, "राणा जी लाखों के पालन-पोषणहार आप हैं। आप जीवित रहे तो फिर से राज्य स्थापित किया जा सकेगा। हमारे जैसे असंख्य सेवक आपके चरणों में समर्पित।"

राणा जी को कुछ भी बोलने का अवसर न देते हुए मानसिंह ने चेतक को थपथपाया और उसके मस्तक पर हाथ फेरते हुए कहा, "जा बेटा चेतक जा! चित्तौड़ के धनी को, देश के अस्मिता को, वीरों के श्रद्धास्थान को, इस स्वातंत्र्य-सूर्य को ग्रहण से मुक्त कर सुरक्षित जा, प्राणपण से रक्षा करते, सहेजते हुए ले जा।"

राणा जी के प्रिय चेतक को यह संकेत समझ में आ गया। अर्धचेतनावस्था में गर्दन पर सर रखकर बैठे हुए अपने स्वामी को लेकर वह निकला सुरक्षित स्थान ले जाने के लिए, अपने तीन पैरों से, जख्मी पैरों से बहनेवाली रुधिर धारा से एक अमिट रेखा खींचते हुए।

मेवाड़ का ध्वज अश्व पर फड़क रहा था। लड़नेवाले के बाहु पर मुक्तामणि शोभायमान हो रहा था। मस्तक पर महाराणा प्रताप का शिरस्त्राण था। रिपुदल फिर से कीका राणा पर टूट पड़ा; जिन पर हम पूरे आवेश से टूट पड़े हैं वो राणा न होकर झाला मानसिंह हैं यह किसी को समझ में नहीं आया, इतनी जल्दी यह घटनाक्रम घटित हुआ। हाथी के हौद से घटना देखनेवाले मानसिंह के मन में आया यदि यह पौराणिक काल होता तो इस दृश्य को देखने आकाश में देवों की भी स्पर्धा होती।

सुरासाण और सुलतान खाँ इन दो तुर्की सैनिकों को यह अदला-बदल ध्यान में आते ही वे दोनों जख्मी राणा प्रताप के पीछे अपने घोड़े दौड़ाने लगे। जख्मी अश्व और मूर्च्छित सवार हासिल कर अकबर के सामने खड़ा कर अपना फर्ज अदा करने का स्वप्न वे खुली आँखों से अश्वारूढ़ दौड़ते हुए देखने लगे।

तेज गति से दौड़ते हुए चेतक की गर्दन पर सिर टिकाकर आराम करते हुए राणा प्रताप सिंह ठंडी हवा के स्पर्श से कुछ जागृत हुए। निकलते-निकलते मन्ना जी झाला मानसिंह द्वारा चटाया हुआ लेह जीभ पर तल्ख लग रहा था। हल्की-सी कड़ुवाहट भी

महसूस हो रही थी। उसका प्रभाव या खुली हवा का परिणाम राणा जी मूर्च्छावस्था से किंचित् बाहर आए। मन जागृत हुआ पर आँखें बन्द थीं। पलकें भारी थीं। जिह्वा भी भारी पड़ गई थी। शरीर को कम्प प्रतीत हो रहा था। अपने भारी शरीर से स्वयं अलिप्त बाहर निकल पड़े हैं ऐसा उन्हें लगा। मगर सुषुप्तावस्था की देह में निहित मन जागृत था। उनका स्थूल शरीर सूक्ष्म, तरल और वजन रहित होकर चेतक के साथ दौड़ रहा था। अर्ध जागृति और सुषुप्ति की सीमा रेखा पर महाराणा प्रताप की अचेतन देह, आगे दौड़नेवाला चेतक और पीछे खींची जा रही थी रुधिर की एक जमनेवाली रेखा।

जागृत मन विभ्रम में खोया हुआ सोच रहा था कि "यह अपना अर्ध-जीवित कलेवर कहाँ जा रहा है?" क्षण-भर में ही महसूस हुआ कि चेतक अपने को लेकर जा रहा है। चेतक मेरे मित्र, मेरे प्रिय घनिष्ठ कहाँ ले जा रहा है तू हमें? अरे यह तो रणभूमि के बाहर जानेवाला रास्ता है। 'रुक चेतक रुक' राणा जी की देह सूक्ष्म मन से कहने लगी। चेतक की गति मन्द हो गई और मूर्च्छित राणा जी का अन्तर्मन अत्यधिक जागरूक हो गया।

चेतक वेग से दौड़ रहा था पर उससे भी ज्यादा गति से दौड़ रहा था राणा जी का मन। हम रणांगण से भागनेवाले? हम? बप्पा रावल के वंशज? जिस वंश में पवित्र और आदर्श चरित्र के तेजस्वी अग्रणी महिपति, विषम घाटी पंचानन राणा हम्मीर हो गए उस वंश के हम कुलदीपक, हम रणांगण से निकलकर जा रहे हैं? महाराणा लाखा, भीष्म प्रतिज्ञ चुंडा, महाराणा मोकल, राणा कुम्भा, पितामह राणा सांगा, पिताजी, जयमल काका, पत्ता सिसोदिया सब स्वर्ग से हमारे कृत्य को धिक्कारेंगे। राणा जी को आत्मग्लानि ने घेरना आरम्भ किया। चेतक की गति तीव्र हो गई। नासिकारन्ध्र फड़कने लगे, कान खड़े हो गए और पूँछ से वह राणा जी पर चँवर ही झलने लगा।

हवा के झोंकों से राणा जी को थोड़ा अच्छा लगने लगा। उनका मन फिर विचार करने लगा, "यह धरती हमारी जन्मभूमि, मेवाड़ की मिट्टी इस भूमि का कण-कण यहाँ की प्रत्येक स्त्री को सचेत करता है—

जननी जणेतो अहडा जण-कै दाता कै शूर।
ना तर रहजे बाँझडी, मती गमाजे नूर॥

दाता या वीर को ही हे जननी जन्म देना अन्यथा तू बाँझ ही रहना पर स्वतंत्रता गँवाकर अपनी जान बचानेवाले पुत्र को जन्म मत देना।

राणा जी के कानों में बड़े जोर-जोर से शब्द टकराने लगे। उनकी आवाज उनसे सही नहीं जा रही थी। महारानी जैवन्तीबाई सा को घेरकर बार-बार यही शब्द उच्चारे जा रहे हैं और वे लज्जा से गर्दन नीची कर बैठी हैं। अपने को जन्म देने के पश्चात्ताप में झुलस-सी गई हैं और अपना मुख भी देखने को तैयार नहीं हैं ऐसा आभास राणा

जी को होने लगा। उनके प्राण छटपटाने-से लगे, सामने का दृश्य उनसे देखते नहीं बन रहा था अतः गर्दन घुमा ली। तीव्र वेदना मस्तक में उठी और वे कराहने लगे "अं...माँ सा..."

चेतक के आगे बढ़ते पाँव रुक गए, अटक गए। उसने गर्दन पीछे मोड़ी और राणा जी की तरफ मुड़ने, उनके कपोल चाटने का प्रयास जी-जान से वह अश्व करने लगा। अपने मरणासन्न स्वामी के मुख पर प्रेमभरा स्पर्श करने के लिए या फिर अपनी साँसें समेटकर उस वीर को प्रदान करने के लिए? उसे क्या लग रहा था? वह एकाकी अश्व अपनी तहत जो सम्भव था वह भरसक प्रयत्न कर रहा था। युद्धक्षेत्र से दूर जाने की दौड़धूप, कोशिश कर रहा था।

दूर से आती अश्वों के टापों की ध्वनि स्वाभाविक जन्मजात बुद्धि से चेतक को महसूस हुई और धनी को सचेत करने का प्रयास छोड़कर उसने अपनी गति बढ़ा ली।

महाराणा प्रताप को और भी ज्यादा ग्लानि आ गई और उनका विचार चक्र फिर से आरम्भ हो गया। यह हमारी देह को होनेवाला गीला-सा स्पर्श काहे का? लहू का? नहीं—लहू तो रणक्षेत्र में गिरा होगा। देह को तो चिपकनी चाहिए रणक्षेत्र की लहू से सिक्त मेवाड़ की मिट्‌टी। इसी भूमि के अंक पर हम बढ़े, पले, रमे, इस मिट्‌टी की गन्ध कहाँ गई? जिसकी हवा, अन्न-पानी पर हमारा यह शरीर पोषित हुआ, जिसकी संस्कृति का जीवनरस पान कर हम बने, जिस मिट्‌टी की कोख से ऊपर आए वृक्षों ने हम पर छत्रच्छाया की, जिसके पर्वतों की पंक्ति ने आश्रय दिया, जिसकी नदियों ने मधुर जीवन दिया वह धरती छोड़कर हम कहाँ जा रहे हैं?

राणा जी के मन में विचारों की भीड़ होने लगी। अनेकानेक प्रसंग आँखों के सामने साकार होने लगे। शक्ति सिंह, पुरोहित जी, राजतिलक, मृत्तिका का तिलक और यह युद्ध, रामशाह जी तँवर, मामा सा, हकीम खाँ सूर, मन्ना झाला...मन्ना जी की याद आते ही राणा जी को स्मरण हो आया—

मन्ना जी ने राणा जी के शरीर के सारे राजचिह्न उतारकर स्वयं धारण किए और राणा जी को चेतक के सुपुर्द कर अपने पर शत्रुओं की तोहमत ओढ़ ली। किसलिए तो सिर्फ जन्मभूमि के लिए, मेवाड़ की पवित्र जीवनदायिनी मिट्‌टी के लिए। इस जीवन का पहला कदम इसी मिट्‌टी पर रखा और आखिरी कदम उठाना भी इसी मिट्‌टी से। इसी मिट्‌टी में समाया है हमारा स्वाभिमान, अस्मिता। यह धरती ही हमारा मानबिन्दु है। हमारे पूर्वजों के रुधिर से सिक्त हुई इस पवित्र धरती से महाराणा हम्मीर के रण कौशल का, महाराणा लाखा के पुण्य-प्रताप का, महाराणा चुंडा की पितृभक्ति का, महाराणा मोकल के कृतित्व का, महाराणा कुम्भा की विद्वत्ता का, महाराणा सांगा की न्यायपरायणता का, महाराणा उदय सिंह की दूरदृष्टि का प्रस्फुटित स्फुलिंग ही जाज्वल्य देशाभिमान दायक है। इस मिट्‌टी की रक्षा के लिए अपने प्राणों की बाजी लगाने के लिए हमें युद्धभूमि पर लौटकर जाना ही चाहिए। चल बेटा चेतक लौट चल। हमें युद्धभूमि पर लेकर चल। हम मातृभूमि के ऋण से मुक्त होना चाहते हैं।

अर्धमूर्च्छित अवस्था में ही राणा जी ने चेतक को एड़ी लगाने का प्रयत्न किया

और इस प्रयास में वे चेतक की पीठ से फिसल गए। उनकी गर्दन लुढ़क गई, एक पैर रिकाब में अटक गया और लटकते हुए राणा जी को लेकर चेतक की प्राणपण की दौड़ शुरू हुई। नीचे लटकता हुआ राणा जी का हाथ बीच-बीच में मेवाड़ की मिट्टी को स्पर्श करने लगा। वैसे ही उनकी चेतना जागृत होने लगी। चेतक की पीठ पर उनकी पकड़ मजबूत हो गई वे और नीचे झुके और महत प्रयास से उन्होंने चलते अश्व पर से ही मेवाड़ की मिट्टी उठाने का प्रयत्न किया। दो-तीन बार उनका बायाँ हाथ जमीन को छूकर छिल गया और उस हाथ की उँगली से रुधिर का अर्घ्य भूमाता को दिया गया। चेतक के वेग के साथ बड़ी मजबूत पकड़वाले हाथ से बहनेवाले रक्त के कण धरती पर टपकने लगे। माता भूमि के भाल पर उनके रक्त का कुमकुम तिलक क्षण-क्षण अंकित होने लगा।

चेतक के ध्यान में अपने स्वामी की यह स्थिति आते ही उसकी गति धीमी हुई, किसी तरह वह रुका। उसी क्षण राणा जी को थोड़ी थकान आई और उन्होंने मेवाड़ की पुण्यपावन भूमि की मिट्टी उठाई। मेवाड़ की मानो अस्मिता उठाई। मेवाड़ का पराक्रम, मेवाड़ का पुण्य अपनी मुट्ठी में कसकर पकड़ रखा। यह मिट्टी नहीं राणा जी की मुट्ठी में थी बल्कि वह उनका हृदय था। मुट्ठी के आकार का, मेवाड़ के प्रत्येक व्यक्ति का, युद्धक्षेत्र में जान की बाजी लगाकर लड़नेवाले योद्धा का, जौहर की ज्वाला में जलानेवाली माता, भगिनी का और अमृत के बोल सुनानेवाली मीरा काकी सा का।

क्षण-भर रुके हुए चेतक का आधार लेकर महाराणा प्रताप सिंह बड़े महत् प्रयास से वेदना सहन करते हुए चेतक के पीठ की शैया कर उसकी गर्दन पर अपना मस्तक वैसे ही रखा मानो माँ के कन्धे पर किसी बालक के मस्तक हों। हाथ में ली मिट्टी माथे पर लगाई। इतने ही श्रम से उन्हें फिर थकान आ गई, आँखें मूँदने लगीं, बन्द होने लगीं। चेतक को अपने स्वामी के सुरक्षित होने की गवाही मिली और वह दौड़ने लगा।

महाराणा प्रताप सिंह के मन में फिर से विचार चक्र आरम्भ हो गया। चेतक रणभूमि की विरुद्ध दिशा में दौड़ रहा था। उन्हें कुछ समझ में नहीं आ रहा था। जानने के प्रयत्न में उनका बायाँ हाथ स्वयं के कान के पास आया और उन्होंने दाहिने हाथ से चेतक की गर्दन को आलिंगन में बाँध लिया। उस मुट्ठी पर मिट्टी ने ही जैसे राणा जी के कानों में प्रेम की बात करना आरम्भ कर दिया और वैसे ही आचार्य के शब्द उनके कानों में गूँजने लगे—

एकं हन्यान्न वा हन्यादिषुः क्षिप्तो धनुष्मता।
प्राज्ञा न तु मतिः क्षिप्ता हन्सादगर्भगतानपि॥

आचार्य अपने शिष्य को चाणक्य नीति स्पष्ट कर बतला रहे थे कि "धनुर्धारी योद्धा द्वारा छोड़ा हुआ बाण अधिक-से-अधिक एक ही मनुष्य को बेध सकता है। कदाचित् यह सधेगा भी नहीं पर धैर्ययुक्त पुरुष की युक्ति..."

राणा जी के मन में बिजली की तरह एक विचार कौंधा 'युक्ति' से ही अनेकों को शह देना योग्य है, सम्भव है, व्यवहारी भी है। मिट्टी द्वारा दी हुई यह सीख ही अब मेवाड़ की इस मातृरूपिणी पुनीत पवित्र धरती का रक्षण करेगी। अब इसके आगे का युद्ध युक्ति और बुद्धि से ही। वीरगति और शुद्धमति की सहायता से ही युद्ध लड़ा जाएगा।

'इस संसार में घटित होनेवाली घटनाओं की योजना नियति पहले से ही तय करके रखती है।' अपने घोड़े को एड़ देते-देते शक्ति सिंह के मन में आया, "नहीं तो अपने को डूँगरपुर छोड़कर अकबर की सेवा में आने की बुद्धि क्यों कर हुई होती?"

शक्ति सिंह का अश्व चारों पाँवों से दौड़ रहा था क्योंकि आगे बढ़े हुए सवारों तक पहुँचना आवश्यक था। वायुवेग से दौड़नेवाले अश्व से भी उनका मन अधिक वेग से दौड़ रहा था। सुरासाण और सुलतान खाँ को युद्धभूमि से निकले हुए काफी समय हो चला था। सेना की टुकड़ी तोड़कर बिना किसी के ध्यान में आए, रणक्षेत्र से निकलना कठिन था। मध्याह्न का सूर्य अपने सम्पूर्ण तेज के साथ चमक रहा था। कवच और शिरस्त्राण तप गए थे, ऊष्मा शरीर को जला रही थी। अश्व की गति के कारण गरम हवा के झोंके कोड़े के आघातों की तरह प्रतीत हो रहे थे।

शक्ति सिंह को इन सब बातों की कोई फिक्र नहीं थी। वे चिन्तित थे केवल राणा जी की सुरक्षा के लिए। रणक्षेत्र में शत्रुओं के मध्य फँसे हुए अपने ज्येष्ठ भ्राता को देखते ही जैसे उनका खून खौल गया और वही राणा जी का कवच बन गया। इतने में ही झाला नरेश मानसिंह ने राणा जी के इर्द-गिर्द अभेद्य सैन्य रचना की हुई देखकर वे निश्चिन्त हुए। युद्धक्षेत्र के घमासान में कान में पड़े हुए आसफ खाँ के वाक्य "मरेंगे तो राजपूत ही, इस्लाम को तो हानि नहीं होगी" की प्रतिध्वनि उन्हें किसी ढोल की तेज ध्वनि-सी सुनाई दे रही थी। यदि वह वाक्य कुँवर मानसिंह के कानों में पड़ा होता तो? शक्ति सिंह के मन में आया।

घोड़ों की टाप सुनाई दी और शक्ति सिंह के जागृत हुए विचारों के प्रवाह में वे सुलतान खाँ के काफी करीब आ गए थे। उनके घोड़े की टाप सुनकर सुलतान खाँ ने पीछे मुड़कर देखा। 'शक्ति सिंह अपने ही ओर का' सोचकर समीप आते तक अपने घोड़े की गति रोककर उनके लिए रुका। "भाई की गिरफ्तारी में साझेदार बनना चाहते हो?" शक्ति सिंह के पास आते ही सुलतान खाँ ने कहा, पर उसका वाक्य पूरा होते-होते ही शक्ति सिंह ने तलवार घुमाई और एक ही वार में सुलतान खाँ का मस्तक धड़ से अलग हो गया। अपने पीछे टापों की आवाज आने से सुरासाण खाँ भी रुका हुआ था। शक्ति सिंह को देखकर वह आगे दौड़ने लगा। सुलतान खाँ के घोड़े की हिनहिनाहट सुन सुरासाण खाँ ने पीछे मुड़कर देखा। तब तक शक्ति सिंह उसके पास आ पहुँचे। उनके हाथ की रक्तरंजित तलवार और सुलतान का खाली घोड़ा सच्चाई बतला गया।

सुरासाण ने तलवार खींचकर शक्ति सिंह पर वार किया। तीनों सवार एक-दूसरे से भिड़ गए। सुरासाण का जबरदस्त वार शक्ति सिंह को लगा। उनकी आँखों के सामने अँधेरा छा गया और तिलमिलाकर उन्होंने बड़े भाई को आवाज दी।

"रे नीला घोड़ा री असवार...हे नीले घोड़े के सवार" यह पुकार राणा जी तक पहुँचकर वे अपनी सहायता के लिए आ गए हैं इस कल्पना से वे नये जोश से सुरासाण की ओर दौड़ गए। सुरासाण को सँभालना कठिन था, बड़ी देर तक तलवारें खनखनाती रहीं। दोनों के दिल तेजी से धड़क रहे थे। अन्त में शक्ति सिंह की तलवार का वार मर्म पर जा लगा और सुरासाण धराशायी हो गया। उसकी ओर मुड़कर न देखते शक्ति सिंह तेजी से आगे बढ़े।

भूमि पर रक्तरेखा अभी भी राणा जी का पता बता रही थी। अब वह टूटी-टूटी-सी नजर आ रही थी। अधिक खून बह जाने के कारण चेतक कितनी देर टिक सकेगा यह कहना कठिन था। सुरासाण और सुलतान की तरह किसी और को भी राणा जी के रणक्षेत्र से निकल जाने का संशय आ जाने पर सैनिकों की एक पूरी टुकड़ी राणा जी की खोज में निकल पड़ती इस बात को नकारा नहीं जा सकता। चेतक की रक्तरेखा के आधार पर रास्ता ढूँढ़ सकना बहुत ही आसान था, यह विचार मन में आते ही शक्ति सिंह और भी अधिक चिन्तित हो गए। उन्होंने अपना घोड़ा तेज गति से दौड़ाया।

अपने मरणासन्न स्वामी को पीठ पर लेकर दौड़ता हुआ चेतक अपने जख्मी पैरों की परवाह न करते हुए रास्ता पार कर रहा था। पैरों की वेदना और खून बहने से थका हुआ वह जानवर अभी भी बड़ी शान से दौड़ रहा था। अपने स्वामी को युद्ध के हो-हल्ले से दूर सुरक्षित स्थान पर कोस-भर दूर बलिया गाँव के पास पहुँचा और थोड़ा आगे जाते ही रुक गया, उसका पैर लूला पड़ने लगा और बाकी के पैरों की शक्ति से नाले को पार करना जरूरी है, समझकर अपनी समूची शक्ति एकत्र कर चेतक ने उस पार छलाँग लगाई पर इस कारण सामने के दोनों पैर मुड़ गए और पीछे के एक ही पैर पर भार आ जाने से वह गिर गया। इस झटके के साथ ही उसकी पीठ पर टिके हुए अर्धमूर्च्छित महाराणा प्रताप सिंह धराशायी होकर निश्चेष्ट हो गए।

प्रताप सिंह की चेतना जागृत होते ही, उन्हें यह एहसास हुआ कि वे धरती पर पड़े हुए हैं तत्काल ही वे उठकर बैठे। सम्पूर्ण शरीर में वेदना की अनेक लहरें उफनने लगीं। उनकी ओर ध्यान न देकर वे उठे। पास ही चेतक तड़प रहा था, उसकी काली आँखों से वेदना झलक रही थी। प्रताप सिंह अपना दुख भूल गए और अपने लाड़ले चेतक के पास आए। चेतक की आँखें आनन्द से चमक उठीं, वे भी खुशी से हँसे, क्षण-भर की तड़प शान्त हुई।

एक नजर डालते ही राणा जी ने चेतक की अवस्था जान ली और तत्काल ही पास में बहनेवाले नाले के समीप जाकर उन्होंने अपना दुशाला भिगोया और उसके समीप आए। उतने ही कष्ट से उनका चेहरा वेदना से भर उठा परन्तु उसकी चिन्ता

न करते हुए वे जमीन पर वीरासन में बैठे। चेतक का मस्तक अपनी गोद में लेकर गीले दुशाले को निचोड़कर उसके मुँह में दो घूँट पानी डाला।

चेतक स्थिर नजरों से महाराणा प्रताप सिंह को देख रहा था। इतने वर्षों का साथ, प्रगाढ़ स्नेह, आत्मीयता और सुख-दुखों का पूर्व जन्म सम्बन्ध छोड़कर उसे दूर जाना था। उस मूक जानवर की भावना उसकी व्याकुल नजरों से व्यक्त हो रही थी। राणा जी ने उसका माथा ऊँचा किया, हृदय से लगा लिया। यह मित्र खामोश अपनी आखिरी दौड़ खत्म कर दूर की यात्रा पर निकल रहा था। थका हुआ श्रान्त-क्लान्त यह जीव अपने कर्तव्यपूर्ति के समाधान के साथ आखिरी घड़ियाँ गिन रहा था। अपने स्वामी के लिए समर्पित हो, उसका जीवन सार्थक हो गया था। राणा जी के हृदय के पास विश्राम कर रहे चेतक की साँसें मन्दगति से चल रही थीं। राणा जी का हृदय फिर भर आया था, यह घनिष्ठ सखा मुझे एकाकी छोड़कर चला जा रहा है, यह सोचकर ही उनकी आँखें भर आईं। हृदय दुख से आप्लावित होने लगा। उसके साथ अपने भी प्राण कोई खींचकर ले जा रहा है ऐसी प्रतीति राणा जी को हो रही थी। राणा जी की नजर चेतक की नजरों में समा गई। एक ज्योति प्रकाशित हुई हल्के से हँसी और क्षण में ही विलीन हो गई। चेतक की चेतना चैतन्य में समा गई। बाएँ हाथ से टिका हुआ चेतक का मस्तक पार्थिव होने का एहसास होते ही प्रताप सिंह ने उसकी ओर देखा और थमी हुई उन आँखों में उन्हें अपना ही प्रतिबिम्ब परिलक्षित हुआ।

राणा जी के हृदय का बाँध फूट पड़ा; आँखों से मानो आँसुओं की झड़ी बरसने लगी। पर्वत जैसे सुदृढ़ अचलवीर फूट-फूटकर छोटे बच्चे की तरह रोने लगा।

करुणा के अन्तःकरण को पिघला देनेवाला वह विलाप शक्ति सिंह देख रहे थे दिङ्मूढ़ होकर। मीरा काकी सा के महानिर्वाण पर भी सिर्फ आँखों की कोरें नम ही हुई थीं। चित्तौड़ का विध्वंस हुआ, तब अनन्त करुण कथा जासूदा ने बतलाई, जयमल काका सा की मृत्यु, पत्ता का बलिदान, महाराणा उदय सिंह को भी हिला गया परन्तु तब भी प्रताप सिंह की आँखें सूखी ही थीं। चित्तौड़ के पड़ाव के बाद के अमानुष नरसंहार, तीस हजार व्यक्तियों के मृतदेह की विडम्बना सुन पाषाण भी हिल गए थे। अरावली की पर्वत श्रृंखलाएँ भी काँप उठी थीं, मेवाड़ के नहीं पूरे राजस्थान के प्रत्येक व्यक्ति की आँखें डबडबा गई थीं, पर उस वक़्त भी राणा जी के नेत्र शुष्क थे, उसमें पानी की बूँद भी नहीं थी। जौहर की ज्वालाओं से रक्तवर्ण हुए नेत्रों में था केवल दृढ़-निश्चय।

आज चेतक का मस्तक हृदय से लगाकर धैर्य का यह सुमेरु सिसकियाँ भर-भर कर रो रहा था। आँसुओं की निरन्तर धार से चेतक का मस्तकाभिषेक कर रहा था।

मधु और कैटभ इन दो असुरों का वध करनेवाले हयग्रीव पर भी ऐसा अभिषेक न हुआ होगा।

"राजकर्ता को इतना समय शोकमग्न होकर चलता नहीं राणा जी," ये शब्द कानों में पड़ते ही राणा जी ने चमककर ऊपर देखा तो सामने शक्ति सिंह, हाथों में चमकती तलवार।

कुँवर शक्ति तुम? उस परिस्थिति में भी राणा जी को सुखद आश्चर्य का धक्का लगा।

हाँ राणा जी मैं ही! चेतक को युद्धक्षेत्र से बाहर निकलते देखा इसीलिए उसका पीछा करते हुए आ गया।

योग्य वही किया, रणांगण से पीठ फेरनेवाले को सजा मिलनी ही चाहिए। फिर वह मेवाड़ का राणा ही क्यों न हो? राणा जी उदास, उखड़े हुए स्वर में, चेतक के निर्जीव नेत्रों में अपना प्रतिबिम्ब देखते हुए बोले, शक्ति सिंह आप अकबर की ओर से युद्ध कर रहे थे। हुजूर का शत्रु निकलकर जा रहा है, यह देखते ही किसी भी सैनिक ने जो किया होता वही आपने किया। 'जो दृढ़ राखे धर्म को तिहि राखै करतार' इस आदर्श वाक्य पर विश्वास करके हम निश्चिन्त थे। आपको यहाँ देखकर हमें लगा कि...जाने दो। आपने हमें युद्ध का आवाहन दिया है, क्षण-भर रुकिए हम चेतक की देह वृक्ष की छाया में ले जाकर रखते हैं फिर आपसे द्वंद्व करते हैं। इसके पहले बन्धु नहीं राजपूत के रूप में एक वचन दीजिए। हम इस द्वंद्व में हारे भी तो हमारी ही तरह हमारे चेतक का भी अग्निसंस्कार करें या फिर उसकी मृतदेह हमारी छावनी पर भेजकर वहीं उसकी समाधि बनाने की आज्ञा भामाशाह जी को बतलावें," कहते-कहते उनकी आँखें भर आईं।

शोकमग्न अवस्था में बोलनेवाले राणा जी का ध्यान जब शक्ति सिंह की ओर गया तब वे आश्चर्यचकित हो गए। शक्ति जी के हाथों की तलवार नीचे गिर गई थी और उनकी सुन्दर नीली आँखों से अविरत अश्रुधाराएँ बह रही थीं। शक्ति जी ने सजल नेत्रों से राणा जी की ओर देखा। विदीर्ण नजरों ने राणा जी के अन्त:करण की परख ली।

थोड़ी दूर जाकर शक्ति सिंह ने नाले के किनारे पर का एक तृण उखाड़ा, कमर में लपेटा दुशाला दोनों हाथों में लपेटा, हाथ बाँधकर दाँतों से तृण पकड़कर वे राणा जी की दिशा में आने लगे। अपने लाड़ले शक्ति को शरणागत की अवस्था में देखकर राणा जी का हृदय उद्विग्न हो उठा। "दादा सा...दादा सा" कहते हुए अपने साथ जंगलों में भटकनेवाला छोटा शक्ति उन्हें दिखाई देने लगा। चेतक का मस्तक जमीन पर रखकर वे उठे। शक्ति सिंह राणा जी के चरणों पर लोट गए।

"यह क्या भाई?" कहते हुए राणा जी ने उन्हें उठाया। उनके हाथों का दुशाला निकाल लिया। दोनों भाई दृढ़ आलिंगनबद्ध हो गए। दोनों की आँखों से बहनेवाली अश्रुधाराओं को मेवाड़ की भूमि हृदय में सँजोने लगी। जेठ की कड़क धूप में तपी हुई मेवाड़ की पवित्र मिट्टी अश्रुसम्पृक्त हो गई। यह भ्रातृ मिलन देखकर अरावली की चोटियाँ भी गद्गद होकर देखने लगीं। इस दुखातिरेक को देखकर आसपास के सूखे ठूँठों में भी नये पल्लव आ गए। ग्रीष्म में मानो बसन्त खिल गया हो।

कुछ ही क्षणों में दोनों को परिस्थिति का भान हुआ, और वे एक-दूसरे से दूर हुए।

"हम पर विश्वास रखें दादा सा...हम आपकी सहायता के लिए आए थे, आप पर आक्रमण करनेवाले तुर्की सैनिकों का शिरच्छेदन हमने ही किया। आप अर्धमूर्च्छित

अवस्था में थे, सहायता की आवश्यकता होगी यही सोच हम आए, अकबर के प्रति ईमानदारी दिखाने, चाकरी निबाहने के लिए नहीं।" शक्ति सिंह ने दुखी होकर कहा।

"हमें क्षमा करें शक्ति सिंह, हमें गलतफहमी हो गई, लगा जैसे नसीब बदल गया है वैसे ही स्वजन-आत्मीय भी...चेतक भी थोड़े समय पूर्व ही हमें छोड़ गया। इस दुखातिरेक में हमने आपको भी व्यर्थ में दोष दिया।

इतना दिल को न लगा लें दादा सा, आपकी जगह कोई दूसरा भी होता तो उसने भी यही विचार किया होता। अब ज्यादा वक़्त नहीं है। हम रणक्षेत्र से बाहर हैं यह सेना को ज्ञात हुआ तो हल्ला मच जाएगा, कोई ढूँढ़ते हुए आया तो हम कठिनाई में पड़ जाएँगे। जल्दी से हमारा घोड़ा लेकर आप सुरक्षित स्थान पर पहुँचें।

"और आप?"

"रणभूमि पर लौटते हैं।"

"बन्धु अब फिर मुलाकात कब?

"एकलिंग जी की इच्छा!"

राणा जी को वन्दन कर सुलतान खाँ के अश्व पर सवार होकर शक्ति सिंह लौट गए। घोड़े का वेग अपने हाथों में थामे काफी देर तक शक्ति सिंह की पृष्ठभाग की आकृति की ओर देखते रहे।

शक्ति सिंह बादशाह बाग तक पहुँचे। चारों ओर घमासान लड़ाई मची हुई थी। जिधर देखो हाहाकार मचा हुआ था। बादशाह बाग में घोड़े को पैर रखने की भी जगह नहीं थी। जिधर देखो उधर रक्त और मांस का कीचड़ दिखाई दे रहा था। घोड़े का एक नीले रंग का पैर टूटकर गिरा हुआ दिखाई दिया और शक्ति सिंह घोड़े पर से उतरे। सामने से आ रहे हाथी की परवाह न करते हुए उसके पैरों तले रौंदा जानेवाला वह पैर उन्होंने शीघ्रता से उठाया। उसका अन्दाज सही था वह पैर चेतक का ही था। कुँवर अमर सिंह की माताजी अजवन्दे बाई सा चेतक को स्नेह से अपना भाई मानती थीं। 'तू म्हारो किशन कन्हैया' ऐसा सम्बोधन कितनी बार शक्ति सिंह के कानों में पड़ा था। शक्ति सिंह के हाथों में रखे अश्वखुर पर सोने के कड़े के पास ही कलात्मक सुन्दर रेशमी राखी बँधी हुई थी। भाभी सा के मूक इस बन्धु ने भी कर्तव्य पूरा किया, प्राणों का बलिदान देकर, अपनी बहन के सौभाग्य की रक्षा की। 'हम...राणा जी के प्रिय बन्धु होकर भी'...शक्ति सिंह आगे की सोच भी नहीं पा रहे थे। वह निर्जीव पैर अपने कमरबन्द में खोंसते हुए वे पुनः युद्ध की ओर मुड़ गए।

जमीन पर जिधर नजर जाती उधर टूटे हुए शरीर के अंग, घोड़ों के सिर, हाथियों के मुंड और नरमुंड बिखरे हुए थे। जख्मी व्यक्ति हाथी के पाँवों के नीचे, घोड़ों की टापों के नीचे रौंदे जा रहे थे। सूर्य माथे पर से झुकता जा रहा था। सभी वीर प्राणपण से लड़ रहे थे। रणभूमि के पीछे के भाग में रामशाह तँवर और उनके दोनों वीरपुत्र लड़ रहे थे।

सिसोदिया का ध्वज दूर से देखते ही शक्ति सिंह सैनिकों के घेरे में प्रविष्ट हो गए। झाला मानसिंह भूमाता के अंक पर आखिरी घड़ियाँ गिन रहे हैं यह उन्हें नजर आया। शक्ति सिंह को देखते ही मानसिंह आनन्द से हँसे। बड़े प्रयास से संकेत कर उन्होंने शक्ति सिंह को समीप बुलाया। शक्ति सिंह उनके पास पहुँचे, पास बैठे। उनका मस्तक गोद में लिया। मन्ना जी के चेहरे पर समाधान दिखाई दिया। उन्होंने अपने दाहिनी भुजा पर का मुक्तामणि बाएँ हाथ से निकालकर श्रद्धा से माथे पर लगाया, उसे शक्ति सिंह के हाथों में देते हुए गद्गद स्वर में उन्होंने कहा—

"कुँवर जी आप आए। अब हम सुख से एकलिंगी के चरणों में हाजिर होंगे। राणा जी को हमारा प्रणाम कहिए। मेवाड़ के इस योद्धा ने अपना कर्तव्य...। मान सिंह को क्षण-भर मूर्च्छा आ गई, आँखें मुँदने लगीं। जीभ भीतर खिंची जाने लगी। श्वास भी धीमा पड़ने लगा और वे व्याकुल होने लगे। पास में खड़े वैद्यराज जी ने जल्दी से मानसिंह की जिह्वा पर औषधि रखी। कुछ ही क्षणों में उन्होंने फिर से आँखें खोलीं। शक्ति सिंह ने उनके कानों के पास झुककर, किसी को भी सुनाई न दे इतने हल्के स्वर में कहा, "मानसिंह सूर्य अभी भी चमक रहा है।" सुनते ही मानसिंह के मुख पर अत्यन्त समाधान परिलक्षित हुआ और सन्तोषपूर्वक रुकते-रुकते बोलने लगे, राणा जी का यह मुक्तामणि, उनकी अमानत आपको सौंपते हैं। मेवाड़ की यह विरासत सँभालकर रखिएगा। उसी के चरणों में अपनी देह समर्पित कीजिएगा, "जो दृढ़ राखै धरम को ताहि राखै करतार जय एकलिंग जी जय..."

मानसिंह की गर्दन झुक गई। शक्ति सिंह ने धीमे से उनकी आँखें बन्द कीं और उनके वक्षस्थल पर मस्तक रखकर वे सिसकी लेने लगे। सामने खड़े सैनिकों के नेत्रों से भी अश्रु प्रवाहित होने लगे। समर सिंह सामने आए और शक्ति सिंह के कन्धे पर ममता से थपकी देकर उन्हें उठाया। मानसिंह का पार्थिव शरीर उठाने की आज्ञा देकर वे शक्ति सिंह की भावनाएँ और भी उफन पड़ीं। सैनिकों ने राणा जी का शिरस्त्राण और उनकी मोती की माला भी लाकर दी। मन को थोड़ी स्थिरता प्राप्त होते ही शक्ति जी का ध्यान फिर से युद्धभूमि की ओर गया। राणा जी का रण में लड़नेवाला प्रत्येक सैनिक जान की बाजी लगाकर लड़ रहा था। शक्ति सिंह को अब शस्त्र भी उठाने की इच्छा नहीं हो रही थी। एक दर्शक की भूमिका से वे युद्ध की ओर देख रहे थे। यह प्रचंड नरसंहार, मृत्यु के तांडव, कालजयी विजयश्री और स्वतंत्रता की चाहत सब एक ही चौखटे में आबद्ध हो गया था। उनके जीवन की यही इतिश्री थी।

यह सब अनिवार्य है क्या? शक्ति सिंह के मन में विचारों के बाद उठ रहे थे। यह राज्यतृष्णा, साम्राज्य की लिप्सा, दूसरे पर अधिकार स्थापित करने की प्रवृत्ति, अपना हक अबाधित रखने की इच्छा यह सारा ही कितना विचित्र है। मोह, निर्मोह, आसक्ति, विरक्ति इन पर विजय प्राप्त करने पर भी दृढ़ निष्ठा। आगे की पीढ़ी ने यह आदर्श सहेजकर रखा तो ठीक अन्यथा किया हुआ बलिदान व्यर्थ ही जाएगा, ऐसा विचार लड़नेवालों में से किसी एक के भी मन में क्या आता नहीं होगा? समर्पण यही जीवन की सार्थकता इसी भावना से यहाँ का प्रत्येक वीर लड़ रहा है।

शस्त्रों की खनखनाहट, लड़नेवालों के आवेशयुक्त उद्‌गार, हाथियों की चिंघाड़, अश्वों की हिनहिनाहट, जख्मियों की कराहें, कुछ भी उनके कानों में नहीं सुनाई दे रही थीं। इन सब वीरों का प्राणों की परवाह न करते हुए, हँसते-खेलते स्वतंत्रता के यज्ञ में स्वयं की समिधा अर्पण करना देख शक्ति सिंह का मन आर्द्र हो उठा।

'ये शूरवीर धरती पुत्र और ज्ञान-प्राप्ति के लिए आत्मलीन समाधिस्थ योगी दोनों ही वीतरागी' शक्ति सिंह के मन में विचार उठा। एक व्यक्ति ने सहेजा हुआ स्वतंत्रता का भव्य आदर्श उदात्त स्वप्न और उस आदर्श की रक्षा के लिए हजारों व्यक्तियों के प्राण हथेलियों पर। कर्तव्यनिष्ठा का यह सदेह रूप देखकर शक्ति सिंह का हृदय भर आया। राणा जी के संघर्ष के पीछे की प्रेरणा की अनुभूति शक्ति सिंह ने हृदय की गहराई से महसूस की।

शक्ति सिंह ने इसके पहले भी अनेक युद्ध देखे थे। मूलत: गरममिजाज होने के कारण वे स्वत: शत्रु पर अनेक बार जी-जान से टूट पड़े थे पर ऐसे विचार इसके पहले उनके मन में आए नहीं थे। आज का यह युद्ध 'न भूतो न भविष्यति' ऐसा ही था। इस युद्ध के माध्यम से अपने ज्येष्ठ भ्राता के मन की थाह मिली थी। योद्धा के जीवन का तत्त्वज्ञान अवगत हुआ था। अब आगे का सम्पूर्ण जीवन अधिक आसान और ध्येय, लक्ष्य के प्रति समर्पित होनेवाला था।

युद्धभूमि पर अनेक वीर धरातीर्थ होने पर भी युद्ध जारी ही था। मध्याह्न के बाद चार घटिका खत्म हो चली थीं। राजपूतों के जबरदस्त आक्रमण से, भीम पराक्रम से और युद्ध कौशल से हतोत्साहित हुई बादशाह की सेना लड़ जरूर रही थी पर उनमें जोश नहीं था। सैनिक क्षीण हो चले थे काफी कुछ काम आ चुके थे। मेवाड़ की सेना जब अरावली के अपने ठिकानों की ओर लौट रही थी तब उनका पीछा करने की भी शक्ति तुर्की सेना में नहीं थी।

दिन डूबने में अभी दो-ढाई घड़ी का समय शेष था। आकाश के बड़े-बड़े सफेद बादलों ने पर्वतों का आकार ग्रहण कर लिया था और उन पर बिखरी हुई सुनहरी किरणें हिमाच्छादित पर्वत शिखरों का आभास निर्मित कर रही थीं। कोल्यारी पहुँची हुई प्रताप सिंह की सेना अब थोड़ा विश्राम कर रही थी। सैनिकों के जख्मों पर औषधोपचार चल रहे थे। युद्ध में जो काम आ गए थे उनकी धन्यता का गुणगान किया जा रहा था। उनके पूर्वजों के पराक्रम की याद की जा रही थी। महाराणा प्रताप सिंह के जख्मों का भी औषधोपचार हो रहा था। उन्हें दो-तीन घटिका आराम करना आवश्यक था। राजवैद्य राणा जी की चिन्ता कर रहे थे और राणा जी अपने सैनिकों की चिन्ता कर रहे थे। अपने सैनिकों की चिकित्सा सम्बन्धी सारी जानकारी ले राणा जी दूसरे दिन कोल्यारी से निकल गए। थोड़ी देर गोगुन्दा में रुककर मझेरा गाँव जाकर उन्होंने भीलों की सेना तैयार करने की शुरुआत भी कर दी। जिसके मुँह में देखो युद्ध की ही बातें थीं। इस युद्ध ने जबरदस्त आघात किए। श्रीकृष्ण जैसे रक्षा

करनेवाले मामा मानसिंह को इस युद्ध ने छीन लिया। फिर भी अकबर को विजय नहीं मिली तो नहीं ही मिली। उसकी सेना राणा प्रताप को पराजित नहीं कर सकी, न ही बन्दी बना सकी। जय-पराजय के बिना समाप्त हुए इस युद्ध के समान और कोई युद्ध अकबर के जीवन में कभी घटित नहीं हुआ था।

युद्धभूमि पर से आनेवाली खबरें अकबर को अस्वस्थ बना रही थीं। उसे केवल महाराणा प्रताप चाहिए था, जीवित या मृत। पर सब उलटा ही घटित हुआ।

मिहत्तर खाँ ने स्वयं अकबर के आने की अफवाह नहीं उड़ाई होती तो शायद बची-खुची इज्जत शेष न रहती और सेनापति मानसिंह को कैदी बनना पड़ता। सम्भवत: राणा जी की सेना अपनी सेना की धज्जियाँ उड़ाकर विजयी हो गई होती। अपने दालान में चहलकदमी करते-करते अकबर के मन में विचार आ रहे थे और वह मन-ही-मन में तिलमिला रहा था। मानसिंह को प्रमुख सेनापति बनाने में कहीं हमारी गलती तो नहीं हुई, यह विचार मन में आया।

युद्धवार्ता की प्रतीक्षा में अकबर अस्वस्थता का बड़ी देर से अनुभव कर रहा था। आखिरकार 'महमूद खाँ' अपने इस विश्वासपात्र अधिकारी को, उसने गोगुन्दा जाकर युद्ध वृत्तान्त लाने के लिए रवाना किया।

गोगुन्दा से लौटकर महमूद खाँ ने युद्ध वृत्तान्त अकबर को सुनाया। युद्ध हमने ही जीता है इस वार्ता ने जहाँ अकबर को प्रफुल्लित किया वहीं राणा प्रताप सिंह पकड़े नहीं गए और न ही काम आए इस खबर ने उसके रंग में भंग कर दिया; फिर भी विजय का उत्सव फतेहपुर में मनाया गया था।

थोड़े ही दिनों में इस उत्सव का आनन्द समाप्त हो गया। एक अधिकारी ने खबर लाई—

"कुँवर मानसिंह, आसफ खाँ, मुल्ला बदायूँनी ये काफी सेना लेकर राणा प्रताप का पीछा करने गए थे। राणा प्रताप के न मिलने के कारण उन्होंने प्रताप की राजधानी गोगुन्दा की ओर मोर्चा मोड़ा। गोगुन्दा पर कब्जा कर कुँवर मानसिंह और अन्य गोगुन्दा में ही रुके हैं पर इतने घबराए हुए हैं कि उन्होंने गोगुन्दा के आसपास बड़ी-बड़ी खाइयाँ खोदकर, घोड़े भी लाँघ न सकें ऐसी ऊँची-ऊँची दीवारें बनवाई हैं। उन्हें राणा प्रताप कभी भी आक्रमण करेंगे इस बात का डर बना रहता है। अपने सैनिकों के वहाँ अत्यन्त बुरे हाल हो रहे हैं। मांस और आम के सिवाय वहाँ कुछ भी उपलब्ध नहीं है। अनेक सैनिक बीमार पड़ रहे हैं। वहाँ कोई न वणिक आता है और न अनाज ही मिलता है। सैनिकों का जीवन गोगुन्दा में कैदियों जैसा हो गया है।" इस सविस्तृत वार्ता से अकबर और अधिक हैरान हो गया।

युद्ध के तीसरे दिन मानसिंह ने गोगुन्दा पर अधिकार कर लिया। युद्ध की सविस्तार वार्ता अकबर तक पहुँचाने की व्यवस्था करना आवश्यक था। इन खबरों से अकबर गुस्से से उबल न पड़ें इसके लिए भी कोई उपाय करना आवश्यक था।

आसफ खाँ ने परामर्श दिया, "महाराणा प्रताप का 'रामप्रसाद' हाथी हुजूर को बहुत पसन्द आया था। रामप्रसाद की माँग भी अकबर ने की थी। अब यह हाथी यदि हमने फतेहपुर भेजा तो बादशाह सलामत का गुस्सा ठंडा हो जाएगा," आसफ खाँ की यह सलाह सभी को पसन्द आई। मुल्ला बदायूँनी का तीन सौ अंगरक्षकों के साथ जाना तय किया गया।

योजना के अनुसार मुल्ला बदायूँनी निकला, उसके साथ कुँवर मानसिंह भी मोही गाँव तक शिकार के निमित्त से गए। जाते-जाते जहाँ सम्भव था वहाँ तुर्कों के थाने स्थापित करते हुए यह दल आगे जा रहा था।

बाकौर और मांडलगढ़ के रास्ते बदायूँनी अजमेर पहुँचा। रास्ते में वह अकबर के विजय की वार्ता का प्रसार कर रहा था, पर कोई उस पर विश्वास नहीं कर रहा था। मेवाड़ की ही विजय का प्रजा को विश्वास था।

हल्दी घाटी के युद्ध की समाप्ति के चार दिनों बाद मुल्ला बदायूँनी शाही दरबार में पहुँचा। उसके साथ लाए हुए 'रामप्रसाद' को देखने सारा दरबार बाहर आया। अकबर तो उसकी तरफ देखते ही रहा। भद्रवर्ग का यह हाथी सुदृढ़ डीलडौलवाला शानदार, ऊँचा और विशालकाय था। उसके काले रंग पर जरा ताँबे के रंग की झलक थी। मुख बड़ा-सा था और नेत्र पक्षियों जैसे थे। दाँत उन्नत थे और पृष्ठभाग धनुष की तरह तथा सूँड़ गोल थी। सारे अंग रेखांकित से और दमदार थे। उसकी छवि मन को आकर्षित कर रही थी। वह मस्ती में था, उसके समीप गए अकबर के ध्यान में आया क्योंकि मद की मृदु सुगन्ध बिखर रही थी।

अकबर का आनन्द उसके चेहरे पर झलकता देखकर मुल्ला बदायूँनी को अपनी जिन्दगी की सार्थकता, धन्यता, प्रतीत हो रही थी।

"आपने हमारे लिए यह सुन्दर तोहफा लाया, हम आप पर खुश हुए, इसका नाम क्या?"

'रामप्रसाद' अकबर को झुककर सलाम करते हुए मुल्ला ने बतलाया।

अकबर ने प्रसन्नता से कहा, मुल्ला जी यह नाम बदलकर 'पीर प्रसाद' रख दो। पीर की कृपा से ही हम विजयी हुए हैं। यह हाथी उनका प्रतीक है। "जैसी आज्ञा आलमपनाह," मुल्ला ने आनन्दित होकर कहा।

युद्ध खत्म होने पर चार दिन में कुम्भलगढ़ पर महाराणा प्रताप सिंह के सभी साथीदार एकत्र हुए। युद्ध लड़नेवालों के जख्म अभी हरे ही थे। इस युद्ध में कितने हीरे-माणिक गँवाए इसकी गणना ही सम्भव नहीं थी। हरेक की जबाँ पर शूरवीरों की शौर्यगाथाएँ थीं। युद्ध में वीरगति प्राप्त किए गए वीरों की कथाओं में आवेश था। शब्द काँप रहे थे पर चेहरा अभिमान से दीप्त हो रहा था। समरभूमि में, मैदाने-जंग में जो शहीद हो गए थे उनके वियोग और दुख के साथ किंचित् ईर्ष्या की एक अलग ही किनार थी। इनकी कथा बतलाते वक्त जो असूया और दुख था वह यह

कि हम भी ऐसी किसी कथा का नायक क्यों नहीं बन पाए। अगर हम भी रणांगण में मारे जाते तो हमारी भी कथा दूसरों ने संसार को बतलाई होती, ऐसा प्रत्येक को लग रहा था। किस मिट्टी से उनका निर्माण हुआ था? रणांगण से जीवित लौट आने के कारण नाराजी!

इतने में प्रवरसेन जी ने प्रवेश किया और सबके चेहरे प्रसन्नता से खिल गए परन्तु उनके चेहरों का गाम्भीर्य कुछ अलग ही बोल रहा था। आते ही राणा जी को अभिवादन कर वे हाथ बाँधकर खड़े हो गए।

क्या खबर है प्रवरसेन जी? आपको दिया गया काम पूरा हो गया न? राणा जी ने पूछा।

"हाँ श्री जी, आपके बतलाए अनुसार हमने युद्धभूमि और आसपास के जंगल का कोना-कोना ढूँढ़ डाला। आपका अन्दाज खरा निकला। राणा जी अपने को जो व्यक्ति चाहिए था उसका पता लग गया है।"

"मतलब अपने सेनापति..."

"हाँ राणा जी—अपने सेनापति हमीम खाँ सूर..." आगे उनसे बोला नहीं गया।

जल्दी से बीरमदेव जी उठे उन्होंने प्रवरसेन जी को धीरे से आसन पर बिठाया। जलग्रहण कर क्षण-भर विश्राम करने के बाद प्रवरसेन जी अपनी हकीकत बतलाने लगे—

"राणा जी, आपकी आज्ञा के अनुसार हम रणभूमि पर घूम रहे थे। सेनापति जी की खोज कर रहे थे। युद्ध खत्म होने के पहले हमने उन्हें युद्धभूमि पर शत्रुओं से टक्कर लेते देखा था। 'रामप्रसाद' जब तुर्की सैनिकों का बन्दी हो गया तब एक अश्व पर सवार होकर वे बिजली की तरह शत्रुओं पर टूट पड़े थे। इस कारण वे जख्मी या मृत अवस्था में कहीं यहीं होंगे ऐसा विचारकर हमने बादशाह बाग में खूब ढूँढ़ा पर कोई फायदा नहीं हुआ। तब शायद पास के जंगल में शत्रु का पीछा करते हुए गए हों, ऐसा सोचकर हम जंगल में प्रविष्ट हुए। हमारे सैनिक हमारे साथ थे ही। काफी भीतर जाने पर कराहने की आवाज आई तो खोजने पर अपना ही एक सैनिक जख्मी अवस्था में एक पेड़ के तने का आधार लेकर किसी तरह बैठा हुआ नजर आया। उसके समीप जाकर हमने उसकी पूछताछ की, उपचार किया तब कहीं वह थोड़ा जागरूक हुआ। थोड़ी देर में उसने आँखें खोलीं। हमें देखकर वह खुश हुआ। जैसे वह किसी की राह देख रहा था। उसने बड़े कष्ट से वृक्ष की तरफ उँगली से निर्देश किया। हमने एक सैनिक को पेड़ पर चढ़ने की आज्ञा दी, वह ऊपर गया और आश्चर्यचकित रह गया। उसने एक-दो लोगों को वृक्ष पर बुलाया फिर तीनों ने मिलकर वृक्ष पर से सेनापति का पार्थिव शरीर नीचे उतारा। जंगली जानवरों या शत्रुओं के आक्रमण से शरीर विद्रूप न हो इसलिए उस सैनिक ने बड़े प्रयास से सघन वृक्ष की शाखाओं के बीच में छुपाकर रखा था। औषधि, वनस्पति का रस लगाकर उसकी रक्षा करता हुआ वह वृक्ष के तने के पास किसी के आने की राह देख रहा था। जख्मी अवस्था में अन्न-पानी के बिना हम सेनापति

का पार्थिव शरीर और उस घायल योद्धा को लेकर आए हैं।"

सभी अवाक् होकर प्रवरसेन जी द्वारा वर्णित वास्तविकता सुन रहे थे। राणा जी के अनुमति देते ही हकीम खाँ जी के पार्थिव शरीर का ताबूत सम्मानपूर्वक लाया गया। उसका आच्छादन दूर किया गया और फिर से एक बार वातावरण में बिजली कौंध गई, हरेक का शरीर रोमांचित हो गया, आँखें विस्मय में फैल गईं क्योंकि... हकीम खाँ सूर ने मुट्ठी में शमशीर दृढ़ता से पकड़ी हुई थी।

"राणा जी," प्रवरसेन जी ने कहा, इस शमशीर को सेनापति जी के हाथों से छुड़ाने का बहुत प्रयत्न किया परन्तु इस पर से उनकी पकड़ छूटी नहीं।

"और छूटेगी भी नहीं," राणा जी ने गम्भीरतापूर्वक अपने से ही उद्‌गार व्यक्त किए। सेनापति ने युद्धारम्भ के समय ही सभी सैनिकों को प्रतिज्ञा दी थी कि प्राण गए तो भी हाथ की शमशीर छूटने नहीं देना—यह प्रतिज्ञा सब सैनिकों की ओर से पूरी की।

"पर अब उनके...?"

"सेनापति के गौरव, पद-मर्यादा के अनुरूप सम्मानपूर्वक उनकी शमशीर के साथ उन्हें दफन करें।" राणा जी ने अभिमान से कहा और खामोश हो गए—उस महान सेनानायक को मूक श्रद्धांजलि देने के लिए।

अत्यन्त आदर के साथ हकीम खाँ सूर की दफन विधि सम्पन्न हुई। कब्र की व्यवस्था देखने के लिए अधिकारी की नियुक्ति की गई। उनकी शौर्यगाथाएँ और अभूतपूर्व मृत्यु की स्मृतियों को दिल में सँजोए सब फिर से एकत्रित हुए।

विध्वंस के निशान पीछे रखकर युद्ध की लहर शान्त हो गई। उसने अनेक लोगों को निगल लिया। अपने पैरों के नीचे की भूमि भी ले गई। ऐसी कई लहरें आती-जाती रहती हैं। वे अपने साथ किनारे के बालू के किले बहाकर ले जाते हैं। परन्तु फिर से किला बनाने का दृढ़-निश्चय कभी भी नष्ट नहीं होता यह निश्चित है। उलटे लहरों का सामर्थ्य और उनका फासला जान लेने से निर्णय लेने में आसानी होगी।

जैत्र सिंह ने अपना बोलना रोककर अभिप्राय जानने के लिए सबकी ओर देखा। अपने बोलने का अनुकूल प्रभाव देखते ही जैत्र सिंह का उत्साह बढ़ा।

"अब अपना अगला इरादा क्या होगा?" पूंजा जी ने पूछा। "पहले गोगुन्दा अपने अधिकार में लेंगे," राणा जी ने कहा। "अभी भी अपने कई वीर जख्मी हैं। जो युद्ध पर जा सकते हैं उन पर गोगुन्दा हस्तगत करने का बीड़ा हम सौंपेंगे। भामाशाह जी आपका क्या विचार है?"

राणा जी आपका इरादा योग्य ही है। हम इस योजना को सफल बनाएँगे।

"हाँ पिताजी, कुँवर अमर सिंह भामाशाह जी को समर्थन देते हुए बोले। गोगुन्दा के बाहर मानसिंह ने जो चौकियाँ बिठाई हैं, उनमें से कुछ हिस्से पर हमने कब्जा किया ही है। पूंजा जी जैसे योद्धाओं ने यह विशेष कार्य किया।"

"बहुत ही अच्छा, अब गोगुन्दा के सेना को भी दहशत प्रतीत होगी!" राणा जी ने कहा।

"दहशत तो उन्हें पहले ही महसूस हुई है और वह इतनी जबरदस्त है कि वे महल से बाहर निकलने को भी तैयार नहीं हैं। बलदेव जी ने जानकारी दी। वे आगे बताने लगे कि उनका गोगुन्दा के बाहर रहनेवालों से सम्बन्ध टूट ही गया है। उन्हें बाहर से सहायता मिल पाना बड़ा ही कठिन है, वे घेरे में बँध से गए हैं।"

"इसका मतलब यह कि गोगुन्दा वापस मिलने के लिए बहुत देर रुकना नहीं पड़ेगा। शक्ति सिंह की क्या खबर है?"

"शक्ति सिंह अभी गोगुन्दा में ही हैं, कुँवर मानसिंह के साथ।"

महाराणा प्रताप सिंह को दिलासा मिला। शक्ति सिंह का युद्धभूमि पर न आना किसी के भी ध्यान में नहीं आया था! राणा जी फिर से शक्ति सिंह के बारे में सोचने लगे।

खतरा उठाकर शक्ति सिंह ने हमें उस दिन बचाया! राणा जी अपने साथियों से नये सिरे से शक्ति जी की सराहना करते हुए उन पर नाज करने लगे। कितनी भी बार उस प्रसंग की चर्चा कर लें तो भी उनका समाधान नहीं होता था। बीरम देव जी मगर पहली बार ही यह घटना सुन रहे थे। उसका मन अपने सगे भाई के लिए अभिमान से भर उठा। वहाँ से निकलकर राणा जी सीधे अन्तःपुर में पहुँचे। युद्धवार्ता सुनने को रनिवास भी उत्सुक था।

सात बार मोर की केका ध्वनि सुनते ही महाराणा प्रताप सिंह अपने अश्व पर सवार हो तत्काल बाहर निकले। गोगुन्दा के पूर्व में स्थित पहाड़ के एक दर्रे में पहुँचे। इस वक़्त वे सामान्य व्यक्ति की वेशभूषा में थे। आँखों के नीचे से ठुड्डी तक का हिस्सा उन्होंने साफे से ढक रखा था।

अपना अश्व पेड़ की छाँव में खड़ा कर राणा जी ने मोटी रस्सी से बाँधा और भीतर गए। बलदेव जी उनकी प्रतीक्षा में ही थे।

राणा जी आप ऐसे अकेले ही आए? उन्हें अभिवादन कर बलदेव जी ने चिन्ता से कहा, "यह धोखे का नहीं है क्या?" यदि शत्रु को पता चला तो हम उनके चंगुल में फँस जाएँगे। इसकी अपेक्षा गुप्त भेंट के लिए महल का कोई दालान निश्चित करना उपयुक्त नहीं था?

"चिन्ता न करें। हम अपनी फिक्र व्यवस्थित ढंग से करते हैं, देखना है? हमारे बाल को भी धक्का नहीं लगेगा।"

बलदेव जी का कुतूहल देख राणा जी उनके साथ बाहर आए और उन्होंने अपने कमरबन्द से बाँस का टुकड़ा निकालकर फूँका उससे विशिष्ट ध्वनि निकली। उस ध्वनि के हवा में विलीन होने के पूर्व ही आसपास के वृक्षों से और बड़ी-बड़ी शिलाओं के पीछे से हाथों में शस्त्र लिये हुए कई भील बिजली की-सी फुर्ती से राणा जी के इर्द-गिर्द आकर खड़े हो गए। उनमें से कइयों ने अपने समूचे बदन पर पेड़ों के पत्ते लपेटे हुए थे तो कुछ की देह बिलकुल अरावली के पाषाणों जैसी थी।

राणा जी का इशारा मिलते ही वे अपनी-अपनी जगह चले गए। राणा जी ने

बलदेव जी की ओर देखकर स्मित किया। बलदेव जी लज्जित हो बोले, "क्षमा करें महाराज हमने अकारण ही...।"

"अकारण नहीं बलदेव जी हमारी चिन्ता के कारण ही आप ये सब कह रहे हैं यह हम जानते हैं। जैत्र सिंह ने यह अभिनव व्यवस्था हमारे लिए की है।"

"बोलते-बोलते वे फिर भीतर उसी दर्रे में चले गए। बलदेव जी बताने लगे, पिछले दस दिनों से मानसिंह की सेना गोगुन्दा में है। अब उनके सामने रसद की समस्या खड़ी है।"

"उन्होंने गोगुन्दा की प्रजा को..."

"नहीं, थोड़ी भी तकलीफ नहीं दी। न लूटपाट की न आगजनी की। मानसिंह अकबर और खुद अपनी फौज को आम्रफल या शिकार कर मिले हुए प्राणियों के मांस से भूख मिटाने की प्रेरणा दे रहे हैं, अपनी प्रजा का बाल बाँका भी नहीं होने दे रहे हैं।"

"और कोई विशेष?"

"हाँ राणा जी, अभी जो बताई वह वस्तुस्थिति थी। इससे अलग खबर बड़े महत्त्व की है।" बलदेव जी सावधानी से बतलाने लगे,"अकबर ने मानसिंह को अजमेर लौट जाने की आज्ञा दी है, उनके स्थान पर कुतुबुद्दीन महमूद खाँ और हुसैन कुला खाँ को तैनात किया है और...।"

"और क्या?" बलदेव जी को बीच में ही रुका हुआ देखकर राणा जी ने प्रश्न किया, "राणा जी, अकबर के उन्हें कड़े आदेश हैं।"

"कौन से?"

"सम्पूर्ण मेवाड़ उलटा-पुलटा कर दो, कीका राणा जिस भी जगह दिखे उसे मार डालें," बलदेव जी एक साँस में बोल गए। उनके माथे पर पसीने की बूँदें एकत्र हो गईं। काया काँपने लगी।

राणा जी ने क्षण-भर बलदेव जी की ओर देखा। बलदेव जी की नजर झुकी। उनके कन्धे पकड़कर राणा जी बोले—

"बलदेव जी, इसीलिए आप उस समय इतनी चिन्ता में पड़ गए थे।"

बलदेव जी ने नजर उठाई, उनकी आँखों में तैरते अश्रु बिन्दु राणा जी की नजरों से छूटे नहीं।

"झालाधिपति ने प्राणों का मोल देकर आपको बचाया इसीलिए ये चरण हम देख पाए। विपरीत का केवल विचार ही हमारे कलेजे को कँपा दे रहा है," डबडबाई आँखों से बलदेव जी बोले।

राणा ज़ी ने बलदेव जी को दृढ़ आलिंगन में बाँध लिया। उनके कलेजे का कम्पन राणा जी ने अनुभव किया।

"किस जन्म का कौन-सा रिश्ता निबाहने आप आए बलदेव जी! आप जैसे लोगों के लिए ही यह आयुष एकलिंग जी ने हमें दिया है।"

राणा जी का स्वर चन्दन बन गया।

जेठ की ऊष्मा जितनी तल्खी प्राणों को दे रही थी उससे भी कहीं अधिक गरम वातावरण आज अकबर के खेमे में था। दुरसा पुरबिया अकबर के खेमे की खबर लेकर अभी ही लौटे थे।

मेवाड़ के हितचिन्तकों की, राणा जी के साथियों की, खमणपुर-हल्दी घाटी के युद्ध के बाद यह दूसरी सभा थी। इस युद्ध की छाया अकबर की तरफ कैसी पड़ी इसकी किसी को विशेष कल्पना नहीं थी। दुरसा पुरबिया और नेता सिसोदिया अकबर के खेमे की घटना का निवेदन कर रहे थे—

"फतेहपुर सीकरी में जब मुल्ला बदायूँनी पहुँचा, तब अकबर खुश हुआ था। उन्हें राणा जी का हाथी 'रामप्रसाद' मिला था, पर जब गोगुन्दा की वार्ता ज्ञात हुई तब अकबर की बेचैनी बहुत बढ़ गई। उसका दरबार हमेशा की तरह सजा हुआ था। उसके खुशामदी मसखरे अबुल फजल का आसन अकबर के बहुत करीब था। उस हिसाब से मुल्ला बदायूँनी का आसन काफी दूर था। कुँवर मानसिंह को अजमेर लौटने का हुकुम देकर भी काफी समय बीत गया था। वे अब तक नहीं लौटे थे।

अकबर को फतेहपुर सीकरी से अजमेर आए दो दिन हो गए थे। ये दोनों दिन अकबर ने ख्वाजा मोईनुद्दीन चिश्ती की दरगाह में बिताए थे। यह दरगाह यानी हिन्दू-तुर्कों दोनों को समान रूप से मान्य राजस्थान का, मनोकामना पूर्ण करनेवाला तीर्थस्थान। यहाँ आकर दूर-दूर के लोग मन्नत माँगते हैं और पूरी होगी इस पर प्रजा का विश्वास है। हल्दी घाटी के युद्ध में विजय की मन्नत माँगी नहीं गई थी। गजराज 'रामप्रसाद' के साथ आए हुए बदायूँनी ने अकबर को विजय का विश्वास दिलाया वह भी कुछ समय के लिए। बाद में आनेवाले सेनानायकों ने अकबर को निराशा ही दी। महज संयोग से और मिहत्तर खाँ की समय सूचकता ने थोड़ी-बहुत इज्जत और सेना बचा ली थी। युद्ध का परिणाम निकला शून्य ही। महाराणा प्रताप सिंह को कोई भी बन्दी न बना सका, न मार सका और लड़ते लड़ते शहीद न होकर वे युद्धभूमि से खामोशी से गुप्त रीति से सहज ही निकल गए थे। अगणित सैन्य बरबाद हुआ वह अलग। बदायूँनी के अनुसार गोगुन्दा में भी सेना सुरक्षित नहीं थी।

इसी जय-पराजय पर चर्चा करने के लिए आज की सभा का आयोजन था। सरदार, सेनानायक, मांडलिक सभी अधीर हो रहे थे। दुखी अकबर हाथ पीछे बाँधे, अनमने भाव से, बन्धन में जकड़े अस्वस्थ सिंह की तरह चक्कर लगा रहा था। उसके गुस्से का पारा चढ़ रहा था, भीतर-ही-भीतर वह सुलग रहा था और कब विस्फोट होगा कुछ कहा नहीं जा सकता था। माथे पर पड़े बल, एक दूजे में गुँथी अँगुलियाँ, उसकी अस्वस्थ हलचल, चक्कर मारने की जलद गति, होंठों-ही-होंठों में बुदबुदाना, बार-बार दाहिने हाथ की मुट्ठी माथे पर, ठुड्डी पर पटकना, नीचे का होंठ बाहर की ओर मोड़कर कन्धों को उचकाना ये सारी बातें अस्वस्थता की चरम सीमा को दर्शा रही थीं। प्रयत्नपूर्वक अकबर अपने भाव छिपा नहीं पा रहा था।

“खता माफ हुजूर,” उस भयानक अस्वस्थता को भंग करते हुए अबुल फजल ने कहा, “सभी मनसबदार हाजिर हैं।”

हाँ-हाँ...ठीक है ! ऐसा ही कुछ बुदबुदाते हुए अकबर आसनस्थ हुआ। उसकी स्थिर, भेदक, जहरीली नजर मनसबदारों पर से गुजरते ही हर कोई काँप गया। उस नजर का सामना करते हुए हृदय की धड़कन बढ़ गई। दरबार में घूमने और चुभनेवाली नजर मिहत्तर खाँ के समीप आकर रुक गई। अब अकबर ने खुद को पूरी तरह सँभाल लिया था।

‘मिहत्तर खाँ!’ हमेशा के सहज स्वर में अकबर ने कहा, “आप से हम बहुत खुश हैं। आपने इस युद्ध में विशेष कार्य किया है, ऐन वक़्त पर हमारी सेना में जोश निर्माण किया, हम इसका इनाम जरूर देंगे।

सेवक ने तश्तरी सामने की। अकबर ने खिलाअत, खिताबत, स्वर्णमुद्रा मिहत्तर खाँ को बहाल कीं। कुली खाँ, जलाल खाँ, कोरची, महावत खाँ, मीरबख्शी, मुहम्मद रफी हरेक के कार्यानुरूप खिलअत (पुरस्कार) दी गईं। आज की सभा में नबी खाँ उपस्थित थे उन्होंने उत्साह से कहा, “हुजूर, अब आगे की आपने क्या सोची है? फिर से राणा प्रताप से युद्ध करना हो तो हम तैयार हैं, अब तो मानसिंह प्रधान सेनापति नहीं होंगे?”

नबी खाँ की बात अकबर को चुभ गई। मतलब कीका राणा ने हार मान ली है? ऊपरी तौर पर बड़ी सहजता से अकबर ने नबी खाँ को कहा। नहीं हुजूर, वह अपने को विजयी समझता है। उस मगरूर, घमंडी राणा को सबक सिखाना ही चाहिए। अभी भी वह खुद को मेवाड़ का राणा ही समझता है। न ताज, न तख्त, न फौज, न धन। अब उसके पास राजधानी भी नहीं है। उस पर अधिकार पा लेना बहुत ही आसान है, हम तो ऐसों को यूँ ही चुटकियों में मसल डालेंगे। दाहिने हाथ का अँगूठा और बीच की उँगली से फटाफट चुटकियाँ बजाते हुए नबी खाँ ने कहा।

“नबी खाँ जैसा आप कह रहे हैं उतना चुटकियों से होनेवाला यह कार्य नहीं है। राणा उसी वक़्त मिल गया होता तो मिल जाता अब हाथ लगना कठिन है। यह युद्ध सबक देनेवाला साबित हुआ।”

“यह बहुत अच्छा हुआ प्रसन्न होकर शाहबाज खाँ बोला, आशा है उसने अब अच्छा सबक सीख लिया होगा।”

उसका सबक सीखना उसके लिए अच्छा है, हमारे लिए नहीं। अकबर ने शान्ति से धारदार स्वर में बोला, “शाहबाज खाँ पराजय से जो सबक लेता है उसकी विजय निश्चित होती है।” अब अपने लिए प्रताप को पराजित कर मेवाड़ को जीतना और भी कठिन हो गया है।

अकबर का यह कठोर और स्पष्ट वक़्तव्य सुनकर सभी उपस्थित आश्चर्यचकित हो गए।

“और एक बात।” कुछ ही क्षणों में उस शान्ति को भंग करते हुए अकबर ने फिर से कहा, “आज से मानसिंह के लिए हमारी ड्योढ़ी ‘बन्द’ है। अब हम ही

मेवाड़ का अभियान अपने हाथों में लेंगे।"

हल्दी घाटी के युद्ध में हुई दारुण पराजय की चुभन अकबर के मन में गहराई में समाई थी, नागफनी के काँटे की तरह।

आधी रात में कभी राणा जी जागे और अपनी शैया पर उठकर बैठे। अभी रात कितनी शेष है इसका अन्दाज लेने का उन्होंने प्रयास किया। दीपदान की ज्योति से कोई अन्दाज नहीं लग रहा था अत: पलंग से उतरकर पैरों में मोजे पहन दालान के पूर्व की ओर वाली खिड़की के समीप आ खड़े हुए। आनन्द देनेवाली ठंडी हवा का स्पर्श उन्हें छू गया। महीन सफेद कपड़े अँगरखे में अधिक ठंडापन महसूस हुआ। पास में रखे हुए पात्र के जल में प्रक्षालन कर वह ठंडा जल उन्होंने पिया और उतने से ही उन्हें बहुत उल्लास का अनुभव हुआ। "पानी जैसा दूसरा सुख कोई नहीं" यही बात उनके मन में आई। वे अटारी पर आ गए।

बाहर दूर जहाँ तक नजर जा रही थी अँधेरा फैला हुआ था। थोड़ी ही देर में अँधेरे में ही वे चारों ओर देखने लगे।

हल्के चन्द्रमा के प्रकाश में, अँधेरे में डूबी हुई दूर की पर्वताकृति उन्हें किसी दुर्ग के समान प्रतीत हुई। पहाड़ के पेड़ों पर बीच-बीच में चमकनेवाले जुगनू सृष्टि के विशाल, विराट दुर्ग के प्रहरियों जैसे अपना काम बड़ी मुस्तैदी से निबाह रहे थे। उतनी जगह छोड़ दें तो बाकी का वातावरण बड़े ही कमाल का शान्तिपूर्ण था। "शान्तता ने यदि रूप लेने की सोची तो वह ऐसी ही नजर आएगी" राणा जी को प्रतीत हुआ।

इतने शान्त, स्तब्ध वातावरण में राणा जी के मन जैसी कोई अदृश्य निराकार शक्ति जागृत होगी तभी उनके मन के बन्ध कहीं जुड़ते जा रहे थे, और गूढ़, अज्ञान वातावरण से उनका तादात्म्य स्थापित हो रहा था। स्वयं का अस्तित्व किसी से एक रूप होता हुआ उन्हें एहसास हो रहा था। हवा का कोई झोंका उनके कुन्तलों को छू जा रहा था। कभी ठंडी हवा रोम-रोम में सिहरन-सी उठ रही थी। ये सारी बातें उनकी किसी गिनती में नहीं थीं। सृष्टि की चेतना उनके मन की अज्ञात संवेदनाओं से धीरे-धीरे कल्याण की बात कर रही थी। उन्हें जगा रही थी। सृष्टि के सूक्ष्म-से-सूक्ष्म कणों में भरी हुई अतीन्द्रिय शक्ति उनका रोम-रोम पुलकित कर रही थी मन के रन्ध्र-रन्ध्र में समा रही थी।

काल जैसे क्षण-भर को थम गया था। सृष्टिकर्ता ने कुम्भक कर विश्व का स्पन्दन थोड़ी देर के लिए रोककर रख लिया था। सभी शक्तियाँ केन्द्रित हो गई थीं, बाहर का संसार और राणा जी का मन एकाकार हो गया था—स्तब्ध शान्त, शून्य...

अँधेरे का कलेजा काटते हुए दूर मुर्गे ने बाँग दी और थमे हुए, जमे हुए काल ने गति पकड़ी। सृष्टिकर्ता का प्राणायाम समाप्त हो पूर्ववत चलना शुरू हो गया, अधिक चैतन्यता के साथ। धीमी-धीमी अमृत गन्ध लेकर आनेवाला समीर प्रसन्नता

का बिखराव करता हुआ आ रहा है, राणा जी को यही प्रतीत हो रहा था कि—

"रुके हुए इस क्षण बिना जीये, सम्पूर्ण आयुष की गति निरर्थक है। पुनर्जन्म यदि सचमुच अस्तित्व में है और एक जन्म के बाद दूसरा जन्म आरम्भ होने के बीच का कोई काल होता है तो यही रुका हुआ क्षण!"

राजद्वार पर शहनाई-नगाड़े के स्वर गूँजने लगे। वैतालिकों के मधुर स्वरों में प्रात:कालीन रागिनियों ने वातावरण के मांगल्य को शतगुना बढ़ा दिया।

प्रात: दर्शनार्थ आई हुईं अजवन्दे बाई सा को देखकर राणा जी ने प्रसन्नता से कहा, "आज लक्ष्मी हाथों के अग्रभाग में नहीं देखनी पड़ी, प्रत्यक्ष ही दर्शन हो गए।"

महारानी के हृदय में पारिजात खिल गया। महल का दालान शुभ्र स्वच्छ-प्रकाश से भर उठा।

सूर्योदय होकर दो घटिका बीत गई। राणा जी ने सुबह की प्रातविधी निबटाकर जलपान ग्रहण किया ही था कि भामाशाह जी का आगमन हुआ। उनका अभिवादन स्वीकार कर राणा जी ने उनके लिए गोरस लाने का संकेत किया। भामाशाह जी द्वारा लाई हुई खबर ने प्रात:कालीन प्रसन्नता को और कलश पर पहुँचा दिया। वे बोले—

"मानसिंह के जाते ही अपनी सेना ने कुँवर अमर सिंह के नेतृत्व में गोगुन्दा पर अधिकार किया। चार दिनों से सेना गोगुन्दा के इर्द-गिर्द घेरा डाले हुए थी। उन्होंने तुर्कों के रास्तों की इतनी नाकेबन्दी की कि तुर्की सैनिक परेशान हो गए। कुँवर मान सिंह के निकल जाने पर इस पहाड़ी मार्ग के आसपास के जंगलों में भी वे घूम-फिर न सकने के कारण उनके बड़े बुरे हाल हो रहे थे। भीलों की टोलियाँ जो आक्रमण कर रही थीं वह अलग ही था। तुर्की सैनिकों का राजमहल के बाहर आते और मौका साधकर भाग जाते। बचे हुए सैनिकों पर स्वयं के अश्व और ऊँट मारकर खाने की नौबत आ गई। अपने सैनिकों ने घात लगाकर सुप्रभात में रणसिंघा फूँका। दरवाजा खोलकर बाहर निकलनेवाला सवार किसी तरह शस्त्र चलाकर भाग जाने के लिए तत्पर होते। दो-तीन घटिका युद्ध चलता। सारी सेना दीन-दीन करती हुई दीनावस्था में ही पलायन कर गई। अब आप स्वत: गोगुन्दा चलिए और आगे की व्यवस्था देखें।" अपनी हकीकत बयाँ कर भामाशाह जी ने कहा।

दिन के दूसरे प्रहर में राणा जी एवं भामाशाह जी ने गोगुन्दा की तरफ कूच किया। गोगुन्दा की हानि नहीं हुई थी; उलटे उसके चारों ओर तैयार खन्दक खोदकर तटबन्दी प्राप्त हुई। केवल पन्द्रह दिनों की अवधि में गोगुन्दा शत्रु के अधिकार से वापस प्राप्त करने में राणा जी की सेना को यश मिला।

"हमें अब थोड़ा भी समय गँवाना ठीक नहीं।" राणा जी ने भामाशाह जी से कहा, "शत्रु लौट गया है परन्तु उसकी छाया अभी समाप्त नहीं हुई है। नई योजना बनाकर वह अपने पर नये दमखम से आक्रमण कर सकता है। उसकी गतिविधियों पर नजर रखना जरूरी है।"

"राणा जी, राजपूतों के संघटन की दृष्टि से हम आसपास के राज्यों में भ्रमण करेंगे," भामाशाह जी ने कहा।

"बलदेव जी को भी आप अपने साथ ले जाएँ।"

उसके लिए बलदेव जी के कार्य की जवाबदारी किसी दूसरे को सौंपी जानी आवश्यक है।

"वह जिम्मेदारी ताराचन्द जी स्वीकारेंगे। बलदेव जी की योजनाएँ तैयार हैं ही। प्रमुख पद की जिम्मेदारी ताराचन्द जी को सँभालनी होगी।" राणा जी ने कहा। "हम ताराचन्द जी को वैसा सन्देश देते हैं। वे इस जिम्मेदारी को उत्तम ढंग से निबाहेंगे। और कोई आज्ञा?" भामाशाह जी ने प्रश्न किया।

"भामाशाह जी, महता अगरचन्द और हेमरत्न सूरी जी को हमारी भेंट के लिए कुम्भलगढ़ बुलवा लीजिए।"

"जैसी आज्ञा।" भामाशाह जी ने कहा। राणा जी के मन में क्या योजना है इसका अन्दाज भामाशाह जी से करते नहीं बन रहा था।

कुँवर मानसिंह के गोगुन्दा से निकल जाने पर गोगुन्दा पर अधिकार करने का निश्चय हुआ। गोगुन्दा के आसपास की पर्वत श्रेणियों में राणा जी की सेना बिखरी हुई पर तैयार किए हुए जाल में फँसकर न निकल सकने की-सी हो गई थी। ऊपर से सेनाधिकारी और सैनिकों के बीच सतत संघर्ष हो रहा था।

"युद्ध से सही-सलामत लौट आए अपने सैनिकों की सूची तैयार करें" ऐसा हुकुम किसी सेनानायक ने दिया तो तत्काल दूसरा कहता—

"पहले रसद कितनी बाकी है जाँचकर देखें।"

"मतलब भुखमरी से भी मृत हुए सैनिकों के नाम की सूची बनाना आसान होगा," शक्ति सिंह का उपहास सुनकर मानसिंह क्रोधित हुए। "कुँवर शक्ति सिंह आप बादशाह की सेना के साथ यहाँ आए हैं इसे ध्यान में रखें, किसी भी क्षण हम आपको वापस भेज सकते हैं।" हमारे ध्यान में एक ही बात है कि हम अपने पिता और ज्येष्ठ भ्राता की राजधानी में रह रहे हैं, जाने का समय आया तो बादशाह की सेना पर ही आएगा।

मानसिंह ने बहस बढ़ाई नहीं। जासूदा ने प्रातः ही अकबर का सन्देश दिया था और उन्हें ही वापस जाना पड़ सकता था। यह उनके लिए अनुकूल था। राणा प्रताप ने गोगुन्दा जीत लिया इस नाकामी, शिकस्त की बदनामी उन पर नहीं आए ऐसा मानसिंह के मन में आया। शक्ति सिंह भी यहाँ न रुके प्रत्यक्षतः उन्हें ऐसा लग रहा था पर वे कुछ भी नहीं कर सकते थे।

आज मानसिंह की यह इच्छा भी पूरी हुई। राजमहल के एक दालान में दीवाल पर चित्रित किए गए उत्तेजक उन्मादक दृश्य की ओर नजर जाते ही शक्ति सिंह को शर्म महसूस हुई। कुँवर मानसिंह ने इस सन्धि का उपयोग कर उन्हें छेड़ा।

"पिता की विलासप्रियता का प्रमाण देखकर आपको शरमाने-लज्जित होने का कोई कारण नहीं शक्ति सिंह।"

"खबरदार!" शक्ति सिंह के शब्दों से दालान की दीवारें भी काँप गईं। मानसिंह आप सेनापति हैं, हम सैनिक। आपके पद का मान रखने के लिए हम शान्त हैं। दूसरे किसी ने ये शब्द उच्चरित किए होते हमने जबान खींचकर हाथ में दी होती।"

"इतना अभिमान किसलिए? आपके पिताजी स्वर्गवासी हो गए और बन्धु वनवासी, अब क्या बचा है? यहाँ से आगे मेवाड़ बादशाह का मांडलिक बनकर ही रहना है।"

शक्ति सिंह के हृदय में प्रतिशोध की लपट-सी उठी पर बाह्यतः स्वतः पर नियंत्रण रखते हुए उन्होंने शान्तिपूर्वक कहा, "मानसिंह आपके बादशाह और आपका मांडलिकत्व आपको ही मुबारक हो। हम इस जगह पर अब रहेंगे नहीं।"

पर्वतीय प्रदेश के घने जंगल में घूमते-घूमते शक्ति सिंह थक गए। उनके घोड़े के मुख पर झाग आ गया था। सूर्योदय से वे घूम रहे थे। जिस जगह पहुँचना था, वह जगह मिल ही नहीं रही थी। घने जंगल में आम, करंजी, खैर, पीपल, वट और गूलर के पेड़ पहचाने जा रहे थे, शेष कितने ही वृक्ष शक्ति सिंह के लिए नये थे।

महाराणा प्रताप सिंह अपने साथियों के साथ आवरगढ़ में हैं यह निश्चित जानकारी शक्ति सिंह को ज्ञात हुई थी। ज्येष्ठ भ्राता के भेंट की चाह में लगे हुए शक्ति जी पाँच-छह घटिका से इसी परिसर में अपने अश्व पर सवार हो घूम रहे थे पर आवरगढ़ तक पहुँचने का मार्ग उन्हें नहीं मिल रहा था। अन्त में बहुत अधिक थक जाने पर अपने अश्व के साथ रुक गए, एक घने वृक्ष के नीचे विश्राम हेतु रुके। एक ही दिशा में उड़नेवाले पक्षी और दौड़ते जा रहे मृगशावक देखकर, यहीं कहीं पानी होगा ऐसा अन्दाज कर, अश्व की लगाम हाथ में पकड़ पैदल-पैदल ही आगे बढ़ने लगे। उनका अन्दाज सच निकला। स्वच्छ, निर्मल, स्फटिकवत जलवाला झरना। सामने झर रहा था। शक्ति सिंह ने सारे श्रमों का जीवन के उस चैतन्यमय रूप को देखकर शमन हो गया।

ठंडे पानी से हाथ-पैर धोकर, पेट-भर पानी पीकर शक्ति सिंह को काफी तरोताजा महसूस हुआ, उनके प्यासे घोड़े को भी जल प्राशन कर, थोड़ा आराम करने पर आगे की दौड़ के लिए बल मिला।

शक्ति सिंह फिर से घोड़े पर सवार होनेवाले थे कि उनके पैरों के समीप जमीन पर एक बाण आकर चुभा। बाण के पीछे लगे हुए पंखों के पर से वह भीलों ने मारा है यह शक्ति सिंह ने पहचाना। वे उस बाण की तरफ देख रहे थे। तभी पेड़ पर से तीर-कमान हाथ में लिये हुए एक तेरह-चौदह साल का लड़का उनके सामने खड़ा हुआ। बदन पर ले-देकर थोड़े से वस्त्र, गले में जंगल की बेलें, कन्धे पर तरकश, गले में, कलाई में कौड़ियों की माला, बाएँ हाथ में धनुष, कपाल से लिया हुआ

दाहिने कान के पास गठान बाँधकर बित्ता-भर खुली हुई जंगली बेलों की गुँथी हुई माला, कमर में बर्छी, छोटी आयु में भी चेहरे पर आत्मविश्वास और स्वाभिमान की छटा से बड़ा ही आकर्षक प्रतीत हो रहा था।

"मैं शक्ति सिंह, हमें राणा जी के पास ले चलो," उन्होंने कहा।

लड़का कुछ भी न बोलते आपादमस्तक शक्ति सिंह का निरीक्षण करने लगा। धीरे-धीरे उसके चेहरे पर का सन्दिग्ध भाव समाप्त होने लगा। क्षण-भर वह स्थिर नजरों से कुँवर शक्ति सिंह की तरफ देखते हुए खड़ा रहा। अचानक उसने उन पर झपट्टा मारा और शक्ति सिंह को कुछ समझ में आने के पहले उनके दोनों हाथ खींचकर दृढ़ता से बाँध दिया।

'उसके गले में पड़ी बेलों का प्रयोजन यह था।' शक्ति सिंह के मन में आया। उन्होंने जरा भी प्रतिकार नहीं किया। लड़के ने उन्हें अश्वारूढ़ होने में मदद की। शक्ति सिंह ने उससे बोलने का प्रयास किया परन्तु वह उनकी ओर विस्फारित नेत्रों से देखता हुआ खड़ा रहा। वह अब कुछ बोलेगा ऐसा उसकी मुखमुद्रा से लगा, पर दोनों हाथों की अंजलि मुख पर रखकर उसने कौए की तरह कर्कश आवाज निकाली। उस निःशब्द वातावरण में वह आवाज गूँजी। तत्काल उसे प्रत्युत्तर भी मिला और दो बार वैसी ही आवाज सुनाई दी। लड़के ने शक्ति सिंह के घोड़े की लगाम हाथ में ली और खामोशी से जंगल की दिशा में चलने लगा।

अपने प्रदेश के घने जंगल में छह कोस घेरे का परकोटा बनाकर रहनेवाली सुरक्षित बस्ती है, ये शक्ति सिंह को आवरगढ़ के परिसर में आने पर ही पता चला। यहाँ से उत्तर दिशा में डेढ़ कोस पर कोल्यारी नामक गाँव था। हल्दी घाटी के युद्ध में जख्मी हुए योद्धाओं को यहीं लाया गया था। यहाँ भरपूर साफ पानी था और आँवला, आम, करंजी (कंजा) अटेड़ी, कारया ऐसे अनेक वृक्षों से यह जंगल भरा हुआ था।

हम यहीं के हैं, फिर भी दिशादर्शक के बिना यहाँ तक पहुँच नहीं पाए, शत्रु को तो इस ठिकाने की राई-रत्ती भी कल्पना कर सकना सम्भव नहीं है। शक्ति सिंह को यह महसूस हुआ और अपने भाई के प्रति अभिमान महसूस हुआ।

अचानक ही शक्ति जी को देखकर राणा जी को जो आनन्द हुआ उसका वर्णन ही सम्भव नहीं है। दोनों बड़ी देर तक एक दूजे के आलिंगन में बँधे रहे। शक्ति, थक गए होंगे थोड़ी देर आराम करें, भोजनोपरान्त विस्तार से बातें करेंगे।

शक्ति सिंह को सचमुच आराम की सख्त जरूरत थी। अपनी सारी चिन्ताएँ भूलकर वे, राणा जी के छत्रच्छाया में निश्छल, निरागस बालक की तरह निद्रालीन हो गए।

कभी-कभी अपने विचारों की दिशा गलत हो जाती है। हम गलत निर्णय ले लेते हैं, गलत उद्देश्यों तक पहुँच जाते हैं। फिर वह गलती निबाहते रहना हमारा आपद्धर्म होता है। वह अपनी मजबूरी नहीं रहती बल्कि प्रतिष्ठा होती है। ऐसा ही कुछ कुँवर सिंह के साथ हुआ होगा। नहीं तो गोगुन्दा हाथ में आते ही उन्होंने वहाँ विध्वंस किया

होता, प्रजा की लूट की होती। सैनिकों को केवल मांस और आम्रफलों पर ही गुजारा करने को विवश किया होता।

"इसका अर्थ यह लिया जाए कि मानसिंह के बारे में आपके मन में द्वेष नहीं है।

निश्चित! बन्धु व्यक्ति का गुस्सा करके कुछ भी साध्य नहीं होता। व्यक्ति अच्छा है या बुरा यह तय करना बड़ा कठिन होता है। अपने को ही अपनी परीक्षा नहीं होती। दूसरे के गुण-दोषों की चर्चा करने के पहले अपने को तीसरे व्यक्ति की दृष्टि से आत्म-परीक्षण करना सीखना आवश्यक है। मानसिंह के बारे में द्वेष न किया जाए ऐसी कई बातें हैं शक्ति जी।"

"कौन सी राणा जी?" शक्ति सिंह ने उत्सुकता से पूछा।

"दस साल पहले चित्तौड़ पर आक्रमण के समय राजा भगवानदास और कुँवर मानसिंह अकबर की सेना में थे। चित्तौड़ का विध्वंस देखकर उनकी स्थिति दयनीय हो गई थी, यह हमारे दूतों ने बताया था और एक बात ध्यान में लीजिए शक्ति सिंह, पहली ही भेंट में उन्होंने हमें सावधानी बरतने की सलाह दी थी।"

कुँवर अमर सिंह को याद आया—मानसिंह द्वारा युद्ध की बात करते ही पिताजी के मुख पर मन्द हँसी उभरी थी। 'अब भेंट रणांगण में ही' यह धमकी न होकर सावधानी बरतने की सूचना थी। उनके मुख से यह सहज उद्‌गार निकले।

"अर्थात यही आशय था। अन्यथा अकबर अपने पर आक्रमण करने की सोच रहा है यह अकबर ने हमें सहज में ही पता नहीं लगने दिया होता। हमें युद्ध की तैयारी के लिए समय भी नहीं मिला होता। हम बच गए, इतने लोग भी बच गए, क्या पता बचे भी न होते। हल्दी घाटी के युद्ध में प्रमुख सेनापति होने पर भी, अपना पलड़ा भारी होने पर भी मानसिंह ने अपने सैनिकों पर बन्दूक चलाने की अनुमति तुर्कों को नहीं दी। हम युद्धक्षेत्र छोड़कर गए हैं यह मानसिंह को ज्ञात होगा ही, फिर भी उन्होंने हमारा पीछा करने किसी को भी नहीं भेजा। इस तरफ से उन्होंने आँखें मूँद ली। युद्ध खत्म होते ही तुरन्त गोगुन्दा की ओर नहीं जाएँगे यह अन्दाज भी उन्होंने लगाया होगा, तो भी उन्होंने कुम्भलमेर की ओर न जाते हुए गोगुन्दा की ओर मोर्चा मोड़ दिया? इन सारे प्रश्नों के जवाब एक ही दिशा में हमें तर्क करने को बाध्य करते हैं कि मानसिंह ही क्या कोई भी राजपूत मेवाड़ के खिलाफ मन से शस्त्र उठा नहीं सकता।"

"भामाशाह जी! मानसिंह को उस समय प्राणदान देने से मेवाड़ को लाभ ही हुआ नहीं क्या?" राणा जी ने कहा।

"हाँ, यह हमारी पूँजी है।" भामाशाह जी ने कहा, "इसका उपयोग कर लेना चाहिए।"

"यह सब साध्य होना महत्त्वपूर्ण है। यह कैसे सम्भव होगा?" बीरम देव जी ने पूछा।

"इसके लिए एक सुनिश्चित योजना हमारे पास है," राणा जी ने कहा, "भामाशाह जी यह योजना आप कार्यान्वित करें। नजदीक के राज्यों में भ्रमण कर जितने सम्भव हों उतने शासकों को संगठित करें। उनकी सभा आयोजित करें, हम सबसे बातचीत करेंगे।"

"आप अपने साथ बलदेव जी को भी ले जाएँ।" राणा जी ने आज्ञा दी। "हल्दी घाटी के युद्ध में हमारे अनेक आत्मीय और स्नेही काम में आ गए। अत्यधिक जीवन हानि हुई। इसके आगे ऐसी घटनाओं की पुनरावृत्ति न हो इसकी चिन्ता करनी चाहिए। हमारी माताजी कुशल हैं न?" बीच में ही याद आकर राणा जी ने पानखा के ठाकुर रायभान जी से पूछा।

"सब कुशल है राणा जी! वैद्यराज का इलाज चालू है और अब पूंजा जी के भतीजे भी जड़ी-बूटी की दवाइयाँ दे रहे हैं।"

"बढ़िया! अब हमें माताजी की कोई चिन्ता नहीं," राणा जी ने निश्चिन्ततापूर्वक कहा। "अब इसके आगे अकारण ही हानि न हो यह ध्यान में रखें। इस युद्ध में हमारे मन पर बड़े जख्म हुए हैं।"

"देह पर भी कम जख्म नहीं हुए हैं! आप तो प्रत्यक्ष यमपाश तोड़कर आए हैं दादा सा," शक्ति सिंह ने कहा।

"ये चोट तो अभिमान करने योग्य हैं परन्तु मन पर होनेवाले आघात अत्यन्त पीड़ा देनेवाले हैं। वे किसी को दिखाई भी नहीं देते भाई!"

"राणा जी हमने आप पर ऐसे अनेक घाव किए हैं—हम आपके अपराधी हैं।" शक्ति सिंह ने पश्चात्ताप के स्वर में कहा।

"हमारे कहने का यह तात्पर्य नहीं था शक्ति!" हमने सहज रूप में ही कहा। "सच पूछो तो हम सभी नियति के हाथों का खिलौना होते हैं। यह सारा संसार यानी बड़ा शतरंज का खेल है और हम सब इस चौपड़ की गोटियाँ हैं। सुष्ट और दुष्ट शक्तियाँ खेलनेवाली हैं। जिसका दाँव अपने लिए पड़ता है वही अपने पर हुकुम चलाती है और वैसे ही हम व्यवहार करते हैं। इसी कारण हमारे हाथों से आश्चर्यजनक घटनाएँ घटती हैं, अपराध घटित होते हैं। या फिर हमें सहज सूझे हुए विचार भी मूलभूत और युगों तक हमेशा टिकनेवाले होते हैं। ऐसा अगर नहीं होता बन्धु तो अपना बचपन पितृप्रेम से वंचित नहीं रहा होता। आप तुर्कों के यहाँ चाकरी करने न गए होते। शक्ति जी जरीवाली किनारी हमारे आयुष रूपी वस्त्र पर लगी है इसीलिए जीवन में आवाहन और प्रति आवाहन है। जीने-मरने का भी अर्थ है अन्यथा आयुष मरुस्थल हो गया होता, क्षितिज तक फैला हुआ रेगिस्तान और सर पर विशाल गगन, बाकी कुछ नहीं" राणा जी ने गम्भीरता से कहा।

"वीरान जीवन ही अलग प्रारब्ध होगा दादा सा; आप मेवाड़ के महाराणा होकर भी आपका राज सिंहासन पत्थरों-चट्टानों का ही हो, आपके जैसे स्नेही शासकों ने, हमारे जैसे बन्धु ने आपके दुश्मनों से दोस्ती करके आपके हिस्से में यह कठिन परिस्थिति भला क्यों?" शक्ति जी ने उद्वेगजन्य निराशा से कहा।

"नियति से दो हाथ करना यही राजपूतों का धर्म है। आवाहन और संकट ही राजपूतों के जीवन के अविभाज्य अंग हैं। शक्ति जी आप ऐसी निराशा के विचार मन में न लाएँ। अपरिचित तुर्क भी अपने देश का विशाल रेगिस्तान पार कर हमारा देश हमसे छीनने के लिए आए हैं। हम तो रेगिस्तान में ही जन्म लिये लोग हैं। आप

छाँव की चाह न करते हुए, जलनेवाले पैरों की भी चिन्ता न करते हुए चलते रहें। रेगिस्तान में ही शुभ कमल खिलानेवाले चरण ही धन्य होते हैं बन्धु! क्षत्रियों का, शासकों का, उससे भी बढ़कर मानवता का स्वीकार किया हुआ धर्म छोड़ना नहीं चाहिए। बाकी सब एकलिंग जी के हाथों में है। शक्ति जी अब आप हमारे साथ ही रहनेवाले हैं ना?"

"नहीं दादा सा, 'हम आपको जो सम्भव होगा वह सहायता करेंगे। मेवाड़ की रक्षा भी करेंगे परन्तु आपके पास नहीं रहेंगे। अन्यथा मुझ जैसे अपराधी को आश्रय दिया यही एकमात्र निमित्त आक्रमण करने के लिए अकबर को पर्याप्त होगा'।"

"हमें इसकी परवाह नहीं। हम अपने प्राण भी आपके लिए बाजी पर लगा देंगे बन्धु।"

"हम आपका स्नेह जानते हैं दादा सा, पर हमारे साथ रहनेवाले हमारे सरदार, योद्धा, सैनिक सभी को अकबर के दरबार में रहकर विलासी जीवन जीने की आदतें लग गई हैं। आपके सैनिक अत्यन्त सीधे-सादे हैं, उनकी आवश्यकताएँ बहुत ही कम हैं। आपके सैनिक तो अपना रोज का भोजन भी एक स्थान पर बैठकर ग्रहण नहीं करते। साफ कपड़े में बाँधकर कमरबन्द में खोंसकर रखते हैं और समय मिलने पर अश्व पर बैठकर ही भोजन कर लेते हैं ऐसा कष्टमय जीवन हमारे सैनिकों को सहन नहीं होगा।"

"सच है शक्ति सिंह, हमारे सैनिकों को किसी भी प्रकार के सुखोपभोग की लालसा नहीं है। हमारे सैनिक कुशल, चतुर, ईमानदार हैं। जीवन का प्रत्येक क्षण देश के लिए ही खर्च हो ऐसी उनकी इच्छा है।" राणा जी ने अपने सैनिकों के बारे में सराहना मिश्रित गर्व से कहा।

"इसीलिए हम कह रहे हैं दादा सा, आपके पास हम नहीं रहेंगे। आज मेवाड़ को अनुशासनबद्ध सैन्यबल की आवश्यकता है, निकम्मी भरती की नहीं।"

"सही कहा शक्ति जी, कहाँ से इतना ज्ञान पाया?" राणा जी ने बड़े दुलार से अपने छोटे भाई की ओर देखते हुए कहा।

आपकी छत्रच्छाया से निकल जाने पर संसार की पाठशाला में दूसरों की चाकरी में हमारे स्वभाव की परतें पूरी तरह बदल गईं। कुछ-कुछ बातें अनुकूल समझकर स्वीकार कर लेनी होंगी यह हमने मेवाड़ छोड़ते समय तय कर लिया था। तभी से यह ज्ञान हम प्राप्त कर रहे हैं।

"शक्ति हमें आप पर अभिमान महसूस होता है; पर अब आप कहाँ जाएँगे?"

"फिलहाल तो किसी छोटे से प्रान्त पर अधिकार कर लेंगे, फिर उसकी सीमाएँ बढ़ाएँगे। निष्कासित व्यक्ति के लिए मेवाड़ के द्वार बन्द रहते हैं ये इसी से प्रस्थापित होगा।"

"मतलब फिर से एक बार अपना वियोग अपरिहार्य ही है। हम आपको आशीर्वाद के साथ एक वचन भी देते हैं। इसके आगे युद्ध में सेना के अग्रभाग में हमारे ही वंशज रहेंगे। राणा जी से आगे बोला नहीं गया।"

"हम भी वचन देते हैं, हमारे पुत्र-पौत्र ही नहीं आत्मीय भी अपना सर्वस्व मेवाड़ के महाराणा जी के चरणों में समर्पित करेंगे।"

"बन्धु..."

"आप दुखी न हों दादा सा, कभी-कभी नियति अपने को कर्तव्य कर्म के चक्रव्यूह में एकाकी छोड़ देती है। इसमें से अपने को लौटते नहीं बनता। हम भी ऐसे ही फँस गए हैं, इसमें से जब रास्ता मिलेगा तभी देखा जाएगा। दादा सा, जाने के पहले माताजी की भेंट लेने की इच्छा है।"

'तथास्तु!'

शक्ति सिंह ने माताश्री जयवन्तीबाई सा से मिलने की इच्छा व्यक्त की। तभी, कितने दिनों में अपनी माताजी से भेंट नहीं हुई है यह राणा जी ने महसूस किया। युद्ध के घमासान में युद्ध शुरू होने के पहले उन्हें प्रणाम कर आशीर्वाद लिया था। उसे भी काफी समय व्यतीत हो गया। एकलिंगी जी के पहाड़ से कुम्भलमेर आते वक़्त माताजी अस्वस्थ थीं। रात-ही-रात में उन्हें जल्दी निकलकर आना पड़ा। बीरम देव ने सबकी उत्तम व्यवस्था की हुई थी। माताजी को घोड़े पर बैठकर प्रवास करना सम्भव नहीं था, डोली ले जाने की सुविधा नहीं थी, एक साथ चार-पाँच लोग जाने से शत्रु के मन में शंका उत्पन्न होती। ऐसी परिस्थिति में ठाकुर रायभान जी आगे आए, उन्होंने माताजी को पीठ पर बैठाया और शत्रु से बचते हुए, पत्थर-चट्टानें, पेड़-पौधे, गड्ढे पार करते हुए वे कुम्भलमेर पहुँचे। इस घटना का विस्मरण होना राणा जी के लिए सम्भव नहीं था।

अनपेक्षित शक्ति सिंह को देखकर जयवन्तीबाई सा को अत्यधिक आनन्द हुआ। पैरों के समीप बैठे हुए शक्ति जी के माथे पर लम्बे समय तक वे स्नेह से हाथ फेरती रहीं, मानो इतने दिनों के वात्सल्य की भरपायी कर रही हों। शक्ति जी को बड़े प्यार से पास बिठाकर जयवन्तीबाई सा ने उसकी पूछताछ की। रनिवास की जानकारी ली, बच्चों को आशीर्वाद दिए। ऐसे प्यार से युक्त, बड़प्पन के आत्मीय स्पर्श और रिश्तों के लिए व्याकुल हुए शक्ति सिंह को जयवन्ती माताजी का स्पर्श संजीवनी दे रहा था।

"माताजी, हमारे बन्धु फिर से हमें छोड़कर जा रहे हैं। हम एकत्र न रहें शायद यही विधि का विधान है।" राणा जी ने दुख से कहा।

"जिसका जिससे जितना पूर्व जन्म का साथ होता है उतना ही साथ प्राप्त होता है, आगे ईश्वर की इच्छा। साथ में रहने पर भी लगातार साहचर्य मिलेगा ही ऐसा भी कहाँ है?"

"आपका कहना सच है माताजी। हम ही आज कितने दिनों में आपसे भेंट करने आए हैं। आपकी तबीयत की खबर हम लेते रहते हैं पर प्रत्यक्ष मुलाकात का संयोग नहीं जुट पाता। इस कारण आप नाराज तो नहीं हैं न?"

"नहीं प्रताप सिंह, राजकर्ता को जैसी अनेक बातें अपरिहार्य रूप से सहन करनी पड़ती हैं वैसे ही उनके आप्तजनों को भी। हम आपकी भावना समझते हैं। सामान्य व्यक्ति प्रवाह प्रतीत होता है, भावनाओं के प्रवाह में वह वेग से बहता जाता है। आप जैसे लोगों का जीवन समुद्र की तरह होता है, कितना ही उफान आया तो भी मर्यादा नहीं छोड़ेगा, अपनी अथाहता को बाँध नहीं लाता। मेवाड़ाधिपति दुखी होकर कैसे चलेगा?"

"विषादग्रस्त नहीं माताजी, हम आपके उपदेश से वंचित हो जाते हैं इसी बात का दुख है। आज शक्ति जी के बहाने आने के कारण बड़ा समाधान मिला।"

"माताजी हमें भी कुछ कहना है," शक्ति सिंह ने कहा।

"यह तो बचपन जैसा व्यवहार हुआ न," हँसते हुए जयवन्तीबाई सा ने कहा, "चित्तौड़ में रहते हुए भी आप ऐसा ही करते थे। एक भी चीज कुँवर जी को मिली कि आपको भी मिलनी ही चाहिए ऐसा आग्रह होता।"

"और वह मिलती भी थी," बचपन की मधुर यादों ने उल्लसित होते हुए बच्चों की तरह लड़ियाते हुए शक्ति सिंह ने कहा, "आज भी हमें उपदेश चाहिए ऐसा आग्रह होता।"

उनके इस हाव-भाव को देखकर तीनों ही खुले दिल से सालों बाद हँसे।

"इस समय हम आपको क्या कहेंगे सगत जी।" जयवन्तीबाई ने गम्भीरता से कहा, "अब हम पके हुए पत्ते हैं, आज हैं, कल को नहीं रहेंगे। दूधो नहाओ, पूतों फलो, यही आपके बारे में हमें लगता है, सुखी रहें, अच्छे रहें, खुशहाल रहें। व्यक्ति परखिए। अज्ञानी, अश्रद्धावान और संशयी स्वयं ही नष्ट होते हैं और स्वार्थ-परमार्थ भी नष्ट करते हैं। ऐसे लोगों से सावधान रहें। अपने कर्तव्य पर स्वार्थ की अशुभ छाया पड़ने न दें। जैसे वितंडावाद से जीवन के प्रश्न हल नहीं होते, वैसे ही बिना बोले भी प्रश्न हल नहीं होते। कह-सुनकर, समझा-बुझाकर ही हल होते हैं। एक-दूसरे को समझकर और बड़े मन से दूसरों की गलतियों को माफ करने की व्यावहारिक पद्धति को अपनाकर ही हल होते हैं। प्रेम की तरह ही अपनापन भी अन्धा होता है। आँखों पर प्रेम का भी परदा नहीं होना चाहिए और न तिरस्कार का। प्रताप सिंह ने कभी शत्रु का तिरस्कार नहीं किया इसलिए वे यश पाते गए।"

शक्ति जी और प्रताप सिंह माँ का यह उपदेश हृदय में सँजोकर रख रहे थे।

निकलते वक़्त जयवन्तीबाई सा ने रनिवास के लिए दिए भरपूर जरीवाले वस्त्र, उपहार आदि देखकर शक्ति सिंह का मन असंख्य कोमल स्मृतियों से भर गया। वो यादें और माँ के आशीर्वाद इनका पाथेय लेकर शक्ति सिंह ने प्रयाण किया। गोगुन्दा में उनकी सेना उनकी प्रतीक्षा में रुकी थी।

आज सुबह से ही किरण देवी के मन में अलग ही व्याकुलता घिर रही थी। यह अस्वस्थता किस सन्दर्भ में है यह वे समझ नहीं पा रही थीं।

यमुना देवी के कक्ष में वे पहुँचीं तब यमुना देवी अपनी सखियों के साथ देवदर्शन के लिए गई थीं। अपनी लाडली ननद के कमरे में जाकर उन्होंने आराम किया। सामने के चन्दन के मेज पर रखे हुए एक लिफाफे की ओर सहज ही उनका ध्यान गया। यमुना देवी ने यह लिफाफा किसके लिए तैयार किया होगा, यह उन्हें समझ में नहीं आ रहा था।

हँसते-खेलते-खिलखिलाते हुए सखियों सहित यमुना देवी कक्ष में लौटीं तब अपने भाभी सा को विचारमग्न अवस्था में बैठा हुआ देखकर वे धीमे से बोलीं—

"भाभी सा क्या हो गया? आप ऐसी उदास क्यों?" यमुना के आगमन से विचारों की तन्द्रा से जागृत हुई किरण देवी ने कहा—

"देवी, यह विशेष लखोटा..."

उनका वाक्य पूरा होने से पहले ही यमुना देवी ने कहा—

"भाभी सा...हमें माफ कीजिए। ऐसा साहस हमें करना नहीं चाहिए था। पर हमारा मन..."

"आपके मन का पता चल गया देवी। आपके दादा सा को वह बतलाना अब हमारा कर्तव्य हो गया है।"

"भाभी सा..."

"हाँ देवी, अब यह पत्र हम आपके दादा सा को दिखाएँगे और वे ही जो कुछ निर्णय लेना चाहेंगे, लेंगे।" किरण देवी ने कहा और उसी क्षण लिफाफा लेकर वे पृथ्वीराज जी के कक्ष में पहुँचीं। किसी भी प्रकार की प्रस्तावना न करते हुए उन्होंने वह पत्र अपने पति के सम्मुख रखा। उनकी इस कृती से आश्चर्यचकित हुए पृथ्वीराज जी पढ़ने लगे—

'श्री रामे जयतु'

कुँवर अमर सिंह

प्रणाम,

हम इस द्वंद्व में पराजित हो गए। शरीर ने आखिरकार चिरन्तन आत्मा को मात दे दी। देहबुद्धि से किए गए कार्य को मान्यता प्राप्त हो गई कुँवर जी। आत्मा और देह इनका झगड़ा क्या पुरातन है? होगा सम्भवत: अन्यथा मन में संघर्ष न हुआ होता? आत्मा को देह के कारावास में रहना पड़ा या देह को आत्मा की नजरकैद में रहना पड़ा? अनेक अनुत्तरित प्रश्न हैं कुँवर जी हम आपके यश की राह में आड़े नहीं आते, आना भी नहीं चाहते। इसीलिए हमें लगता है कि हम आज परास्त हो गए। हमारे सुन्दर, सुकुमार शरीर ने, इस लावण्य ने, यौवन ने हमारा घात किया है। हम यदि सुन्दर स्वरूपवाले न होते तो बहुत अच्छा होता। हमारी आत्मा आपके चरणों में और देह दूसरी जगह ये कैसे सम्भव है? कुल-मर्यादा और धर्म का बन्धन क्या सिर्फ शरीर के लिए ही होते हैं? आत्मा को शरीर का बन्धन और शरीर को रूढ़ि और परम्पराओं का बन्धन होता है। देह यदि अस्तित्व में न हो तो आत्मा किसका होगा या अपना मन कहाँ जुड़ना चाहिए इसका विचार किसी ने किया होता क्या?

जनरीति तो है वह इस जड़ देह से ही सम्बद्ध है, फिर प्रतिष्ठा भी देह के लिए ही मर्यादित होती है क्या? हमारी देह सुन्दर अतः हम सुन्दर, क्या आप भी देह को ही महत्त्व देते हैं कुँवर जी? देह सुन्दर न होती तो हमें क्या किसी के हृदय में स्थान मिला होता? देह के नष्ट होने पर उससे जुड़ी हुई स्मृतियाँ भी नष्ट हो जाएँगी क्या?

कुँवर जी, हम आपको यह सन्देश शीघ्रता से भेज रहे हैं वह आप हमारा संयोगिता की तरह हरण करें इसलिए नहीं उलटे हमारी अगतिकता, लाचारी आपके ध्यान में आ जाए इसलिए। आपका प्रत्यक्ष परिचय नहीं होने पर भी सिसोदियाओं के चारणों द्वारा आपकी कीर्ति हमारे कानों तक पहुँची और हमने मन में आपका वरण कर लिया।

हमारे दादा सा ने हमारा विवाह करने की योजना बनाई है। वे जहाँ नारियल भेजेंगे वहाँ बिना शिकायत विवाह करने की हमने ठानी है। अब अपनी मुलाकात असम्भव ही है, फिर भी मन की बात खुले रूप में कहने के लिए हम यह सन्देश भेज रही हैं। हममें विरोध करने का धैर्य नहीं, ऐसा आप न समझें। हमारे दादा सा भी हमारे मन के खिलाफ हमें विवाह के बन्धन में जकड़ देंगे ऐसा भी नहीं है। परन्तु हम ऐसी जिद भी नहीं करेंगे क्योंकि उस कारण आपका राज्य संकट में आ जाएगा। हम इस देह की विडम्बना सिर्फ इसीलिए सहन करनेवाले हैं कि आपकी प्रतिष्ठा में बाधा न पहुँचे। इसीलिए खुद के हाथों से अपनी भावनाओं का जौहर करेंगे, मेवाड़ के महाराणा का सत्त्व हरण न हो इसीलिए। आपके पिताजी दृढ़प्रतिज्ञ हैं, कृत संकल्प हैं। जिस कुल का अकबर से सम्बन्ध है उनसे वे रोटी-बेटी का व्यवहार करेंगे नहीं। आप से हो सकनेवाली हमारी शादी को वे नकार नहीं देंगे पर कदाचित् इस कारण वे दुखी होंगे। प्रश्न आपके सुख-दुख का नहीं है, या राणा जी की भावनाओं का भी नहीं है। प्रश्न है तो सिसोदिया वंश की इज्जत का, बप्पा रावल के वारिस का। कुँवर जी, आपके समान कितने ही कालप्रवाह में आएँगे, जाएँगे भी पर आपके पिता जैसे प्रणवीर बड़ी मुश्किल से निर्मित होते हैं।

व्यक्तिगत प्रतिष्ठा और मान-अपमान की कोमल भावनाओं से राष्ट्र कई गुना बड़ा होता है यह हम जानते हैं, यदि यह देह देश के लिए समर्पित करना सम्भव हुआ तो हम निश्चित ही करेंगे। वैसे भी युद्ध के दाँव-पेच में हमारे जैसे प्यादों की बलि दी ही जाती है। हमारा जीवन-पुष्प हमने आपके चरणों में समर्पित किया हुआ है।

कभी तो अपनी भेंट होगी इस आशा में जीनेवाली...

यमुना देवी

किरण देवी द्वारा दिया हुआ यमुना देवी का पत्र पढ़ते ही पृथ्वीराज जी ने अपनी पत्नी की ओर साभिप्राय देखा। किरण देवी की नजर झुक गई। उन्हें झेंप-सी लगी और वे गवाक्ष से बाहर की ओर देखने लगीं।

"रानी सा आप दुखी न हों, इसमें आपका कोई दोष नहीं। देवी का कदापि नहीं।" पृथ्वीराज जी ने कहा।

"अपनी भगिनी पर नाराज तो नहीं हुए न आप!" किरण देवी के मन का दबाव कुछ हल्का हुआ।

"रानी सा, हमें यमुना देवी के प्रति गर्व का अनुभव होता है। उन्हें आपने अपनी देखरेख में बड़ा किया है, उत्तम संस्कार प्रदान किए हैं। हम आप पर भी अभिमान करते हैं। हम अपनी बहन को राणा प्रताप के यहाँ निश्चित भेजेंगे, वे हमारे मौसेरे भाई हैं, उन्हें खुशी ही होगी," पृथ्वीराज जी ने कहा।

"हमारे काका सा दृढ़प्रतिज्ञ हैं, वे देवी को स्वीकार करेंगे नहीं।"

"पुत्रवधू के रूप में स्वीकार नहीं करेंगे परन्तु योद्धा के रूप में निश्चित ही स्वीकार करेंगे। देवी हमारी पत्नी की भगिनी होने पर भी महाराणा प्रताप ने सौतेला भाव माना नहीं।" राणा जी के प्रति गौरव का भाव पृथ्वीराज के शब्दों से ध्वनित हो रहा था।

"मतलब आप देवी को योद्धा के रूप में भेजनेवाले हैं, पुरुष वेश में? फिर उनके विवाह का क्या?"

"रानी सा यमुना देवी को कुँवर अमर सिंह के सिवाय किसी दूसरे से विवाह करना स्वीकार नहीं है। हम उनके मन के खिलाफ उनका विवाह अन्यत्र कहीं करना नहीं चाहते। हमारा लिया गया निर्णय पूर्णतया योग्य है," पृथ्वीराज ने दृढ़तापूर्वक कहा।

"नाजुक, सुकुमार, मुकुलिका युद्ध की वह्नि में।"

"ये आप कह रही हैं किरण देवी? उनकी बातचीत बीच में ही रोकते हुए पृथ्वीराज बोले, आप सिसोदिया वंश की कन्या। एक शूर क्षत्राणी, ऐसी क्षत्राणी जिनके वंश में तीन-तीन जौहर हुए हैं। महारानी पद्मिनी बाई सा कितनी सुकोमल थीं, वे जौहर की ज्वालाओं में झुलसीं नहीं। हमारी देवी उतनी भी सुकुमार नहीं हैं। आपके धैर्य के सामने प्रत्यक्ष अकबर ने भी साष्टांग प्रणाम किया, माता कहकर सम्बोधित किया। उन किरण देवी को यमुना देवी के सुकुमार तरुणाई की चिन्ता...।"

"यह किरण देवी नहीं, उनके हृदय में निवास करनेवाला माँ का वात्सल्य बोल रहा है," किरण देवी ने संकोच से कहा।

"माता का वात्सल्य ही याद करना है तो रानी, आपकी पन्नादाई को याद करें। चौहान वंश की उस माता ने भावी राजा को बचाने के लिए अपने पुत्र को कर्तव्य की बलिवेदी पर बलि दी।"

"क्षमा करें स्वामी। इससे आगे हम ऐसा नहीं कहेंगे।"

"आपने सच कहा या फिर हमारी परीक्षा ली? जो हो हमें दरबार में जाना चाहिए। शुभबेला देखकर हम यमुना देवी को रणधीर सिंह के साथ रवानगी करेंगे।"

पृथ्वीराज जी की पीठ मुड़ते ही यमुना देवी दालान में आईं और किरण देवी के गले में बाँहे डालते हुए बोलीं, भाभी सा, हमने आपकी बातें सुनीं।

"ऐसे पति-पत्नी का सम्भाषण चोरी से सुनते हैं क्या?"

झूठे गुस्से से उन्हें डाँटते हुए किरण देवी ने कहा।

"वह बातें मैंने सुनीं तो क्या हो गया? हमारे बारे में ही थीं न?" यमुना देवी ने शरारत से कहा...।

"हम जाने ही वाले हैं आपके काका सा की ओर सैनिक की वेशभूषा में।"

किरण देवी गम्भीर हो गईं। निष्पाप, अबोध, अल्हड़, किशोरवय की यमुना देवी की ओर देखते-देखते उनके नेत्र डबडबा गए। उनकी ओर देखते ही यमुना देवी ने कहा—

"यह क्या भाभी सा, आपकी आँखों में आँसू? हमसे कोई गलती हुई क्या? नहीं देवी, ये आनन्दाश्रु हैं।" किरण देवी ने कपोलों पर बहकर आए आँसुओं को धीमे से पोंछते हुए कहा।

"आनन्दाश्रु?" ननद की बला हमेशा के लिए टली इसलिए?

"नहीं देवी, ये आँसू आपके भाग्य की सराहना करने आए हैं। बहुत ही कम लोगों के भाग्य में अपने पति के उद्‌देश्य के लिए प्राणोत्सर्ग करना लिखा होता है।"

"भाभी सा एक प्रश्न पूछूँ? आपने हमें आज तक न जाने कितने शूरवीर पुरुषों और स्त्रियों की कथाएँ बतलाई हैं। अभी दादा सा कह रहे थे वह पन्नादाई वाली कथा कभी बतलाई नहीं? और अकबर ने कब आपको मातृस्थान पर माना यह भी हमें मालूम नहीं।"

"देवी, वह बात याद करके तो आज भी मन दुखी होता है।"

"आपको यदि दुख होता है तो रहने दीजिए भाभी सा, हमारा कोई आग्रह नहीं।"

"ऐसा नहीं है देवी, आपको नहीं तो किसे बताएँगे? अब तो आप हमारे वंश में जानेवाली हैं। आपको ये सारी बातें मालूम होनी ही चाहिए।"

"बतलाइए न भाभी सा, हम सुनने को आतुर हैं," यमुना देवी ने बालहठ की तरह कहा।

उनकी इस मुद्रा पर स्मित कर किरण देवी ने कहा, "हम अन्त:पुर में ही बैठेंगे। पूर्वजों की पराक्रम गाथा सुनकर आपका हृदय अभिमान से भर उठेगा।"

"हमारे प्रपितामह महाराणा सांगा," किरण देवी बतलाने लगीं—

"संग्राम सिंह का वैभवशाली राजध्वज चित्तौड़गढ़ पर बड़े शान से फड़कता हुआ राजपूतों की यशोगाथा दसों दिशाओं को बतला रहा था। राणा संग्राम सिंह ने केवल भारत के नहीं तो खैबर दर्रे के उस पार से आनेवाले तुर्कों से भी मुकाबला किया। आक्रामकों से भारतभूमि की रक्षा करने के लिए इस देश के सभी धर्मों, जाति, प्रान्त के शासकों को मेवाड़ के ध्वज के नीचे एकत्रित किया। वह समय निरन्तर युद्ध, बलिदान, अखंड श्रम का था। काल ने महाराणा सांगा जी को अपना ग्रास बना लिया और राज्य के वारिस सम्बन्धी विवादों की शृंखला आरम्भ हो गई..." किरण देवी विगतकाल में खो गईं, उनकी आँखों के सामने दृश्य साकार हो उठा।

महारानी कर्मवतीबाई सा आसनस्थ हुईं। दरबार का वातावरण नि:शब्द हो गया। महारानी जी ने अपने सामन्तों, सरदारों की ओर कटाक्ष करते हुए कहा—

"चित्तौड़ के निष्ठावान साथी यहाँ एकत्र हुए हैं। चित्तौड़ की आज की स्थिति

बड़ी कठिन है। अपने दिवंगत महाराजा की इच्छा से आप सभी अवगत हैं। हमारे पुत्रों को रणथम्भौर और आसपास का प्रदेश देकर उन्होंने रतन सिंह को—अपने सौतेले पुत्र को चित्तौड़गढ़ सौंपा था। रतन सिंह के निधन से अनेक संकट हमारे सामने खड़े हैं..."

"क्षमा करें रानी सा, अपनी राय सामने रखने की अनुमति दें।" रणमल राठौड़ ने कहा।

"सम्बन्धित हो तो जरूर रखें" कर्मवतीबाई सा ने अनिच्छा से अनुमति दी।

"आपकी प्रस्तावना को लेकर ही है महारानी सा" रणमल आगे बोले, "जिस समय महाराणा विक्रमजीत सिंह का आपने राजतिलक किया उसी समय हम चित्तौड़ का आश्रय छोड़कर जानेवाले थे, उसका कारण आप जानती हैं, फिर भी हम उसका पुनरुच्चार करना चाहते हैं बाई सा, आपके पुत्र को चित्तौड़ का स्वामित्व मिलने तक आप रुकीं नहीं। उसके पहले आपने बाबर से सम्पर्क साधा था। अपने पुत्र को स्वामित्व देने के लिए आप इस देश के चिरशत्रु से समझौता करने की सोच रही थीं।"

"योग्य बोले रणमल जी" राम सिंह ने कहा, "बाई सा जिनसे सामना करते हुए आपके पतिदेव को मृत्यु प्राप्त हुई, उन्हीं से आप मेल स्थापित करें? वह भी सत्ता की लालसा से? राणा संग्राम सिंह ने दिल्ली, मालवा, गुजरात इन तीनों ही शासकों का पराभव किया था। मालवा के मेहमूद को पराजित कर विजयचिह्न के रूप में राणा जी ने मेहमूद का जो रत्नजड़ित मुकुट और सोने का कमरबन्द बड़े गौरव से चित्तौड़ लाया वही आपने बाबर को दिया और तो और रणथम्भौर दुर्ग भी आप उनके अधीन करनेवाली थीं...।"

रणमल जी की बात बीच में ही रोककर रानी सा बोलीं, "जो हो गया सो हो गया उसकी ऐसी...।"

"आज उसकी चर्चा होनी ही चाहिए," राम सिंह ने अपनी बात छोड़ी नहीं।

"बाबर को यद्यपि आपने ये वस्तुएँ दीं नहीं फिर भी गुजरात के सुलतान बहादुरशाह को समझौते में आपने वह रत्नजड़ित मुकुट, सोने का कमरबन्द, मुहम्मद खिलजी का जीता हुआ मालवा का सम्पूर्ण प्रदेश, सौ अश्व, दस हाथी, और ऊपर से इनाम के रूप में काफी नगद रकम भी दी। उस समय आपको हममें से किसी की भी मदद की आवश्यकता प्रतीत नहीं हुई। आपने हुमायूँ को अपना राखीबन्द भाई बनाया और अब आज जब हुमायूँ ने सहायता नहीं की तब हमें आमंत्रित कर रही हैं? ये सारी बातें नजरअन्दाज करके हम आपकी मदद क्यों करें?"

"इतने पर यह रुका नहीं रानी सा, इस अपमानजनक समझौते से भी आपके पुत्र की आँखें नहीं खुलीं। उनका व्यवहार अविवेकपूर्ण, स्वभाव क्रूर और जीवन विलासी है ही। चित्तौड़ का राज्य यह हम सामन्तों, सरदारों की सलाह से चलाया जानेवाला राज्य है। चित्तौड़ के सार्वभौम शासक का भी इस पर अधिकार नहीं चलता यह आपको मालूम होते हुए भी आपने ये मध्यकाल के सारे निर्णय स्वयं के स्वार्थ

के लिए एकतरफा क्यों कर लिये? मीरा काकी सा को गढ़ छोड़ने को आपने ही विवश किया। अब आप किस नाते से सहायता की अपेक्षा कर रही हैं।" रात बाघ सिंह बड़े ताव से बोले।

बाघ सिंह को शान्त कर वृद्ध सरदार, रावत भीम सिंह रानी सा की ओर मुड़कर बोले, "जब पिता या माता अपने स्वार्थ के कारण पुत्र के दुर्गुणों की ओर आँखें बन्द कर पुत्र को मातृभूमि की अपेक्षा अधिक महत्त्व देते हैं, तब युद्ध निश्चित होता है, टाला नहीं जा सकता। इस युद्ध में विजय मिले या पराजय, सर्वनाश ही राह ताकता रहता है, इस बात की हम आपको याद दिला दें तो गलत नहीं होगा?"

"आज आप कुछ भी कहें वह गैर नहीं साबित होगा रावत जी," महारानी कर्मवती बाई सा अपराधी स्वर में बोलीं, "इस सारे प्रमाद के लिए हम आपसे क्षमायाचना करते हैं। आप चित्तौड़ के सच्चे रक्षक और सच्चे शासक हैं। राणा अयोग्य निकले इसलिए आप अपनी राजधानी शत्रु के अधिकार में तो नहीं देंगे? राज्य का स्वामी अयोग्य, विलासी या अपात्र निकला। अत: आप सम्पूर्ण मेवाड़ का बलिदान देंगे क्या? आप देशभक्त हैं। हम आज से चित्तौड़ की बागडोर आपके हाथों में सौंप रहे हैं। विक्रम और ऊदा इन दोनों पुत्रों को हम अपने भाई के पास बूँदी भेजेंगे। अब निर्णय आपके हाथों, गढ़ के लिए लड़ेंगे या बहादुरशाह को सौंप देंगे।"

पश्चात्तापदग्ध कर्मवती की प्रार्थना सुनकर सरदार बाघ सिंह के हाथों में चित्तौड़ का नेतृत्व सौंपने का निर्णय लिया गया। युद्ध लड़ा गया, परन्तु राजपूतों की मर्यादित सैन्य शक्ति का विशेष उपयोग नहीं हुआ। अन्त में महारानी कर्मवतीबाई सा ने तेरह हजार स्त्रियों सहित जौहर किया।

बहादुरशाह को ध्वस्त, उजड़ा हुआ गढ़ मिला वह भी थोड़े समय के लिए। राजपूतों ने फिर साल-भर में अपना दुर्ग अपने अधिकार में ले लिया। इस समय इन लोगों ने एक स्वर से एक मुख से निर्णय लेकर अल्पवय के कुँवर उदय सिंह का राजतिलक किया और महाराणा संग्राम सिंह के भाई पृथ्वीराज के दासीपुत्र बणवीर की संरक्षक के रूप में नियुक्ति की। इस कारण चित्तौड़ की तकदीर का पलड़ा विनाश की ओर झुक गया। बणवीर विक्रमजीत सिंह से भी अधिक क्रूर निकला। उसने विक्रमजीत सिंह का विश्वास अर्जित करके विश्वासघात से उनको मार डाला और अपना राज्य निष्कंटक करने के लिए उदय सिंह के महल की ओर निकला।"

किरण देवी यमुना देवी को बतलाते हुए क्षण-भर रुकीं।

"फिर क्या हुआ भाभी सा?"

किरण देवी की वाक्गंगा में भीगकर चित्तौड़ तक पहुँच गई यमुना देवी जागृत हुईं और उन्होंने कहा, "जिनके जीवन की डोर बलवान होती है, उसकी रक्षा करने ईश्वर किसी-न-किसी रूप में खड़ा रहता है इसकी प्रतीति हमारे पितामह के जीवन पर दृष्टिपात करने से होता है देवी।" किरण देवी आगे बतलाने लगीं, "पन्नाधाय हमारे

पितामह की पालनकर्त्री थी। उसका बेटा और महाराणा उदय सिंह एक ही आयु के थे। उसे उसके पति ने बणवीर उदय सिंह के महल की ओर आ रहे हैं यह सूचना दी। अब क्या करना? यह प्रश्न उस माँ के सामने खड़ा हुआ चित्तौड़ के राणा को, भावी वारिस को कैसे बचाया जाए? समय बहुत कम। पन्नाधाय ने क्षण में निर्णय लिया, निद्रस्थ उदय सिंह को उठाया उन्हें साधारण पहनावा पहनाया। अपने पुत्र को बुलाकर सारी बातें समझाकर बतलाईं। उसे उदय सिंह का पोशाक, अलंकार आदि से सुसज्जित करके उदय सिंह के पलंग पर सुलाकर जैसे-तैसे बदन पर शॉल ओढ़ाई ही थी कि उतने में ही बणवीर की आहट सुनाई पड़ी। पन्नाधाय ने उसाँस ली। क्षण-भर पहले ही उदय सिंह गुप्त द्वार से उसके पति के साथ बाहर निकले थे। कुछ भी घटित हुआ नहीं इस मुद्रा में वह उदय सिंह के पोशाक, अलंकार उठाकर रखने लगी। बीच में ही रोशनी का खयाल कर उसने उदय सिंह के पलंग की दिशा बदल दी। सोये हुए पुत्र के चेहरे पर पड़नेवाली रोशनी धीमी हो गई।

हृदय को पत्थर बनाकर अपने पुत्र के मृत्यु की राह देखनेवाली माँ महल के दालान ने, दालान की दीवारों ने, वहाँ के गवाक्षों ने सम्पूर्ण विश्व को पहली बार ही दिखलाई।

कुछ ही क्षणों में बणवीर हाथों में चमकती तलवार लेकर उदय सिंह के शैयागृह में दाखिल हुआ। डर से, अपराधी भाव से काले पड़े चेहरे के साथ, पसीने से लथपथ शरीर, थरथराते हाथ-पाँव ऐसी स्थिति में उसने चारों ओर देखा। कोने में सकुचाती हुई खड़ी पन्नादाई डर से काँप रही थी। चिल्लाने के लिए भी उसके मुँह से शब्द नहीं निकल रहे थे। उसकी नजरों को भी नजर देने का धैर्य बणवीर में नहीं था। कहीं भी न देखते वह देशद्रोही, घातकी, क्रूर नराधम आगे बढ़ा।

"खच्च...एक ही घाव में सर धड़ से अलग। पन्ना के किशोरवय पुत्र के मुख से शब्द तक निकलने का अवसर नहीं मिला। पुत्र ने कंठ पर और माँ ने हृदय पर एक ही समान घात सहन किया। पुत्र का मस्तक धड़ से अलग हो गया। माँ के हृदय पर कर्तव्य का कवच होने से वह जम गया। पुत्र के शव की व्यवस्था करने की जिम्मेदारी पति को सौंपकर वह माँ अपने स्वामी की रक्षा करने के लिए छुपते-छुपाते कुम्भलमेर की दिशा में निकली।"

"सचमुच ये माता-पुत्र धन्य हैं।" यमुना देवी के मन में आया पर मुख से शब्द उच्चरित नहीं हुए। सिर्फ गालों पर कब से अश्रु प्रवाहित हो रहे थे।

कान्हा और कल्लू दोनों ही मजे से जंगल में घूम रहे थे। चाँदनी में घूमें वैसे वे दोपहर की धूप में घूम रहे थे। धूप में तपी काया, हाथ में बाँस की लाठियाँ, सिर पर काठियावाड़ी साफा, अँगरखा और सलवार। दोनों के ही चेहरे ताँबे की तरह लाल नजर आ रहे थे और आनन्द से खिले हुए दिख रहे थे। कान्हा के चेहरे पर नजर आ रहा आत्मविश्वास का भाव, बड़े-बड़ों को भी लज्जित करनेवाला था। उसका

दोस्त कल्लू सीटी बजाता हुआ चल रहा था और बीच में ही मस्ती में आकर उसने गाने की एक धुन छेड़ी।

हेली नावरी असवारी
सज्जन राणो आवे छे।
राणो आवे छे,
हिन्दु पत भाणो आवे छे॥

"वाह! क्या बढ़िया धुन छेड़ी रे," कान्हा ने प्रशंसा करते हुए कहा।

"कभी-कभी गाता हूँ, होली में, उत्सवों में। अरे मुझे अलगोजा भी बजाना आता है।"

"अच्छा? कभी बतलाया नहीं।"

"कब बतलाता? अपनी पहचान हुई वह लड़ाई के कारण ही और तब फुरसत कहाँ?"

"फुरसत तो अभी भी मिलनेवाली नहीं कल्लू," कान्हा ने गम्भीरता से कहा।

"बलदेव जी तो कह रहे थे कि अब यह अकबर लगातार युद्ध करेगा। राणा जी को हैरान करेगा।"

"कान्हा, तुमने अकबर को देखा है? कैसा दिखता है वो?"

"अरे, मैं कैसे देखूँगा? उसे किसी ने भी नहीं देखा। मैंने तो तुर्कों को भी नहीं देखा। अपने-अपने घोड़ों पर से दौड़ते हुए जब वे जाते हैं, तब उनके सिर पर की टोकनी और पीठ पर की ढाल इतना ही नजर आती है।"

"पर वे किसलिए मेवाड़ में आए?" कल्लू ने निरागस रूप में पूछा।

वे क्यों हमारा देश हथियाना चाहते हैं? हमारे लोगों को वे क्यों मारते हैं?

हमारे घर में पड़ोस के कांक्रोली गाँव का राम सिंह आया था वो बतला रहा था कि "तुरक आ गया कि पूरा गाँव सूना हो जाता है। गाँववाले छुपकर बैठ जाते हैं। 'तुरक आ गया, तुरक आ गया' कहते हुए जान बचाते हुए भागते हैं। तुरक उन्हें लूटते हैं, जलाते, मारते, पीटते हैं। उनकी तलवारें हमेशा रक्त से रंजित रहती हैं। कान्हा लड़ाई राजा-राजाओं में, सैनिक-सैनिकों में होती है फिर वे अपने जैसे किसी के भी बीच में न आनेवाले गाँव के निवासियों को क्यों मारते हैं?"

"तुम्हारे इन प्रश्नों के उत्तर मुझे नहीं मालूम कल्लू हम बलदेव जी से पूछेंगे वे बतलाएँगे।"

बातें करते-करते चढ़ाई खत्म कर वे सपाट मैदान पर आ गए।

"बलदेव जी ने कितनी बार बतलाया कि चढ़ाई चढ़ते वक़्त बोलिए मत पर आपकी आदत जाती नहीं" हाँफते हुए कल्लू ने कहा।

मैदान में से चलकर वे थोड़े आगे गए ही थे कि घोड़ों के हिनहिनाने की आवाज सुनाई दी। लगातार तीन बार वह आवाज आते ही वे जरा चौंके, आसपास जरूर कोई गडबड़ है! उनके मन में बात आई न आई कि फिर वही आवाज तीन बार आई।

गोगुन्दा की ओर जानेवाले रास्ते के पास से आनेवाली आवाज सुनकर कान्हा कल्लू का हाथ पकड़कर तेजी से आवाज की दिशा में दौड़ने लगा। वे दोनों दौड़ते-दौड़ते उनकी हमेशा की तय जगह बड़ के पेड़ के नीचे आए। आसपास रहनेवाले उनके कुछ मित्र भी वहाँ पहुँचे थे। सभी सम्भवत: बड़ के तने के पास वे छिपकर बैठे थे। पीछे पहाड़ था। सामने से आनेवाला प्रत्येक व्यक्ति नजर आ रहा था। थोड़ी ही देर में पूरी शान्ति छा गई, अब कोई आएगा नहीं, हरेश्वर कूदकर नीचे उतरा सब उसके आसपास इकट्ठे हो गए, यह भी उनकी हमेशा की पद्धति थी। आसपास के सभी लोगों के एकत्र होने पर हरेश्वर पेड़ से उतरता था। यह उनका गुप्त स्थान था। किसी के आने पर लुकाछिपी का खेल खेल रहे हैं ऐसा बतलाते।

इकट्ठा हुए लड़के दबे पाँव से बड़ के पेड़ का चक्कर लेकर पीछे के पहाड़ पर चढ़ने लगे। थोड़ी ही दूर पर एक नैसर्गिक गुफा थी। सब उस गुफा में गए। रघुनाथ, कान्हा, कल्लू, हरेश्वर, राम सिंह, माधो और करण ये सातों मतलब राणा जी का विश्वासपात्र गुप्तचरों का दल था। वे सब मिलकर इतने विविध प्रकार के काम करते थे कि उनके बिना सेना का भी काम पग-पग पर रुक जाता था।

"किसलिए बुलाया हरेश्वर?" कान्हा ने पूछा।

"बतलाता हूँ। बतलाने के लिए ही तो बुलाया है।" हरेश्वर उन सबकी उत्सुकता बढ़ाने के लिए पल-भर को रुका। हरेक का चेहरा "अब बतलाता है कि नहीं?" इस भाव से आपूरित हो गए।

हरेश्वर का चेहरा खिल गया। अपनी होशियारी प्रदर्शित करता हुआ वह बोला, "गोगुन्दा जाने की राह पर, पहाड़ की उतराई खत्म हुई कि गाँव की तरफ एक थाना है। 'उसमें कौन सी बतलाने की बात है?' हमको भी जानकारी है" राम सिंह बीच में ही बोला।

"अरे सुनो, पहले उसे पूरा बतलाने तो दो," रघुवीर ने डाँटते हुए कहा, "हाँ, अब बतलाओ, उस थाने की क्या खास बात है?"

"उस थाने के पास तुर्क हैं," हरेश्वर ने गुप्त बात का विस्फोट किया।

"क्या?" सबके सब करीब-करीब चिल्लाए, "धीरे रे, नहीं तो कोई आएगा।" उन्हें शान्त करते हुए हरेश्वर ने आगे कहा, "उस थाने के आगे जो चार बड़े-बड़े पेड़ हैं न, उनके नीचे आठ-दस तुर्क रहते हैं।" थाने की तरफ उँगली दिखाकर वे कोई बातचीत कर रहे थे।

"पर वे तुर्क हैं कैसे मालूम?" कान्हा ने शंका जाहिर की।

"मैंने उनका बोलना सुना, एक मेंढ़ को पकड़ने मैं उधर गया था। वे बातें कर रहे थे, बादशाह अकबर वगैरह कुछ कह रहे थे। ऊपर से उनके कपड़े, उनकी दाढ़ी, जालीवाली टोपियाँ..."

"बहुत पास से उन्हें देखा है क्या तुमने?" कल्लू ने कुतूहल से उसके पास जाकर पूछा।

"इतने पास से भी नहीं," हरेश्वर ने हँसते हुए कहा, होंगे चार हाथ अन्तर पर।"

वे लगातार थाने की ओर देखकर बातें कर रहे थे।

"अब क्या करना?" हरेक की जबाँ पर यही प्रश्न था।

"इसीलिए तो तुमको बुलाया है, क्या करना है? राणा जी को सूचना देना है क्या?"

"उन्हें सूचना मिलने तक तुर्क निकल भी जाएँगे।"

"हम ही उन्हें भागने को प्रेरित करेंगे? वे आठ-दस लोग हैं, और उनके पास कितनी बड़ी-बड़ी तलवारें हैं।" हरेश्वर चिन्ता के स्वर में बोला।

"फिर भी हम उन्हें भगा सकते हैं," कान्हा ने पूरे विश्वास के साथ कहा।

"कैसे?" हरेक ने आश्चर्य से पूछा।

"देखो हरेश्वर! वो चार बड़े पेड़ हैं न उन पर शहद के चार-छह बड़े-बड़े छत्ते हैं।"

"हाँ हैं। कल ही मैंने देखे। शहद इकट्ठा करना चाहिए ऐसा पिताजी ने भी उस दिन कहा था।" माधो ने कहा, उस पर कान्हा उत्साह से बतलाने लगा, "गुलेल से पत्थर मारकर मधुमक्खियों को भगाएँगे। वे तुर्कों के बदन पर टूट पड़ेंगी। फिर क्या? सिर पर पाँव रखकर वे भागे ही समझो।"

"यह सब सच है, पर हम बड़े लोगों से पूछे बगैर खुद ही कैसे ऐसा कर सकते हैं..." रघुवीर जरा सोच में पड़ गया।

"पर पूछोगे किससे? राणा जी कुम्भलमेर में हैं, भामाशाह जी, बलदेव जी के साथ बाहर गए हुए हैं, ताराचन्द जी से पूछें?" करण ने कहा।

"वे भी नहीं हैं, उन्हें अभी ही मैंने जाते देखा।"

"फिर क्या करना? उन तुर्कों ने अपने थाने पर हमला किया तो? हमारा जीता हुआ थाना अपने हाथों से फिर चला जाएगा।" कान्हा ने कहा।

एकदम निर्णय लेते हुए हरेश्वर ने कहा—

"राम सिंह, माधो और करण, तुम तीनों ही जाकर शत्रु की खबर देने की व्यवस्था करो। उस तरफ के तीसरे कमरे में ढोलकी रखी है। वे ढोल बजाकर खबर देते ही हमारे सैनिक आएँगे। तब तक हम सब मधुमक्खियों का छत्ता तोड़कर उन्हें परेशान करते हैं।

यह योजना सभी को मंजूर हुई? थोड़ी देर में हरेश्वर आदि गूलर के पेड़ के पास पहुँच गए। पेड़ पर सचमुच चार-पाँच मधुमक्खियों के छत्ते थे। तुर्क अपने-अपने घोड़े चरने के लिए छोड़कर आराम से बैठकर पेड़ के नीचे किसी चर्चा में लगे हुए थे। ये चारों पहाड़ के ऊपरी किनारे पर थे। चट्टानों से नीचे के पेड़ दिख रहे थे। यदि इन छत्तों को तोड़ना होगा तो दाहिनी ओर की कन्दरा से विशिष्ट कोना साधकर पत्थर मारो तभी निशान सही जगह लगनेवाला था। ऊपर से कहीं भी छत्ते नजर नहीं आते थे, गुफा बहुत सँकरी थी। सबसे छोटे डीलडौल वाला कल्लू किसी तरह कन्दरा में बैठा और गुलेल हाथ में लेकर उसने निशाना साधकर एक के बाद दूसरा तीर मारा जाए ऐसे ही गुलेल से शीघ्रता से पत्थर फेंके। मधुमक्खियों के छत्ते पर पड़े और वे सजग हो गईं। क्षण-भर में ही वे भिनभिनाती हुई तुर्कों पर झूम गईं। कल्लू कन्दरा में

ही छिप गया। पेड़ के नीचे बैठे हुए सैनिकों को क्या हुआ यह समझने के पूर्व ही मधुमक्खियों ने हमला कर दिया। अपने-अपने शस्त्र सँभाल किसी तरह वे उठकर अश्वों की दिशा में दौड़ने लगे। सिर्फ मधुमक्खियाँ ही नहीं अब हरेश्वर, कान्हा और रघुनाथ के गुलेलों से निकले पत्थर भी उनका पीछा करने लगे। उन सबकी परेशानी, हड़बड़ी बढ़ गई। अब मक्खियाँ अश्वों को भी डंक मारने लगीं। हजारों मधुमक्खियों के कारण नाकों में दम आ गया। इतने में ही विशिष्ट संकेत देनेवाले ढोल की आवाज कानों में पड़ी और सैनिक भयभीत हो गए। अब अपनी खैर नहीं यह उन्हें स्पष्ट महसूस होने लगा। किसी तरह अश्वारूढ़ हो मक्खियों को मारने का प्रयास करते हुए वे वहाँ से भाग जाने की तैयारी में थे, इतने में ही जंगल से दौड़ते हुए भीलों की फौज आ गई और उनकी रही-सही हिम्मत भी पस्त हो गई।

उनकी हालात देखकर चट्टान पर खड़े हुए चारों हँस-हँसकर लोट-पोट हो रहे थे।

गोगुन्दा से निकले हुए कुँवर मानसिंह के मन में असंख्य विचारों का चक्र मधुमक्खियों के छत्ते की तरह चल रहा था। स्वयं लिया हुआ निर्णय योग्य है या अयोग्य बार-बार वे परख रहे थे। अपना मन दोनों ओर से इतने तर्क देता है कि किसी भी एक पक्ष से निर्णय दे पाना कठिन हो जाता है, ऐसा ही अनुभव मानसिंह को हो रहा था।

गोगुन्दा आकर आठ दिन हो गए फिर भी राणा प्रताप जी का ठिकाना ज्ञात नहीं हो पाया और उन्हें जीवित या मृत अकबर के सम्मुख उपस्थित करते बना नहीं, इस बदनामी का ठीकरा अपने ही माथे पर फूटा और गोगुन्दा से अजमेर लौट जाने की आज्ञा प्राप्त हुई। विचार करते-करते राणा प्रताप से हुई भेंट मानसिंह को बार-बार याद आ रही थी। अन्तःकरण में गहरे जाकर उन शब्दों की प्रतिध्वनि उठ रही थी।

"एक ही ध्वज के नीचे पूरा देश एकत्र करना होगा तो वह ध्वज तुर्कों का ही क्यों? हमारा क्यों नहीं?"

राणा जी के मन का यह हेतु अगर साध्य हुआ होता और यदि हमने साथ दी होती तो हल्दी घाटी के युद्ध का नतीजा अलग ही हुआ होता, यह सोच मन में उत्पन्न होकर उनकी काया रोमांचित हो उठी।

हल्दी घाटी के युद्ध में राणा प्रताप के लिए प्राणों का बलिदान देकर प्राणपण से लड़नेवाले प्रत्येक वीर का उन्हें स्मरण हो आया और युद्धक्षेत्र की घमासान लड़ाई का दृश्य आँखों के सामने साकार हो गया। राणा जी के मामा सा पाली के मानसिंह जिस त्वेष से शत्रुओं पर टूट पड़े थे वह याद कर मानसिंह को उस परिस्थिति में सव्यसाची अर्जुन के शरसन्धान की याद आ गई। महाराणा प्रताप सिंह को चारों ओर से अकबर के सैनिकों से दीन-दीन करते हुए घेरा और सारे सैनिक किसी सिंह पर गिद्धों का हमला हो ऐसे ही जख्मी राणा पर टूट पड़े। उस समय मानसिंह के हृदय में असंख्य भालों से एक साथ वार किए जाने की तरह वेदना हुई। इसके आगे क्या होता है इसके बारे में विचार वे कर ही रहे थे कि उन्होंने झालाधिपति मानसिंह को

राणा जी के समीप पहुँचा हुआ देखा और वे निश्चिन्त हुए। झालाधिपति इतनी शीघ्रता से निर्णय लेकर राणा जी को युद्धभूमि से वापस भेज देंगे और राणा जी चले जाएँगे ऐसा उन्हें लगा नहीं था।

क्रोधित हुए शेर की तरह झालाधिपति मानसिंह द्वारा दी हुई वह टक्कर कुँवर मानसिंह हाथी के हौदे से देखी थी। हौदे को छूकर गया राणा जी का भाला उन्हें याद आया। "राणा जी का वार रामबाण की तरह अपना लक्ष्य साधने में समर्थ होगा, पर निशाना चूक गया और हमारे प्राण बच गए," कुँवर मानसिंह के मन में आया।

महाराणा प्रताप की रक्षा के लिए ही तो मानसिंह के प्राण गए थे। कुँवर मान सिंह को राणा जी ने प्राणदान दिया था। घटना के यादों में समाहित मानसिंह अपने घोड़े से धीमे-धीमे अजमेर की ओर कूच कर रहे थे।

अजमेर पहुँचकर भी मानसिंह की अकबर से भेंट नहीं हो सकी। अजमेर की सरहद में प्रवेश करते ही शाहबाज खाँ की भेंट हुई। अपने अश्व की गति सँभालते हुए, दुआ-सलाम न करते हुए उसने बड़े घृणित ढंग से पूछा, "कहाँ तशरीफ ले जा रहे हो सेनापति मानसिंह?"

"हुजूर ने हाजिर होने का हुकुम दिया था।" मानसिंह ने उसके स्वर की ओर ध्यान न देते हुए कहा।

"भूल जाइए, आपके लिए अब हुजूर की ड्योढ़ी बन्द है। जाओ आमेर लौट जाओ फर्जद मानसिंह नहीं तो कीका राणा की ओर जाओ। शहंशाह के प्यार का अच्छा सिला दिया आपने। बहुत खफा हैं बादशाह सलामत आपसे।"

शाहबाज खाँ के मन का विष आखिरकार बाहर आ ही गया।

इस अपमानजनक वक़्तव्य से कुँवर मानसिंह की क्रोधाग्नि भड़क उठी, तलवों से मस्तिष्क तक आग लग गई। क्रोध की एक प्रचंड लहर शरीर में व्याप्त हो गई। बड़े ही महत प्रयास से किसी तरह अपना क्षोभ सँभालते हुए आवेग रोकते हुए वे बोले—

"क्या कहते हो, खान साहब! हमें तो यकीन नहीं होता।"

"तो देख लो शाही फरमान।" अपने हाथों से फरमान उनकी आँखों के सामने फड़काते हुए शाहबाज खान ने कहा और वह फरमान कुँवर जी के हाथों में ठूँस अपने घोड़े को दौड़ाते हुए उसने प्रस्थान किया।

"घोड़े पर बैठे-बैठे ही मानसिंह ने फरमान खोला। सचमुच उनके लिए आगामी आदेश तक दरबार में न आने का बादशाह का हुकुम था। मानसिंह के क्रोध की सीमा नहीं रही। अपने जाति बान्धवों से बैर लेकर उन्होंने इस युद्ध में सहभाग लिया था, उनके खिलाफ शस्त्र उठाया था, उसका यह फल?"

अब अजमेर जाने का कोई अर्थ नहीं है। मानसिंह ने अपना अश्व मोड़ा और उनके पीछे-पीछे उनके भाई माधो सिंह एवं अन्य अंगरक्षकों ने भी अपने-अपने अश्व पीछे लौटाए। सेना को पहले ही आमेर की ओर भेजने के स्वयं के निर्णय के कारण उन्हें कुछ हल्का लगा। अश्व आमेर की दिशा में दौड़ने लगे। नगर में प्रवेश करते ही गोविन्ददेव जी के मन्दिर की ओर जब अश्व मुड़ा तब अपने भाई को एकान्त

की आवश्यकता है यह जानकर माधो सिंह ने अंगरक्षकों के साथ कुँवर मानसिंह के आने की सूचना देने राजभवन की ओर प्रस्थान किया।

आमेर के राजभवन में मानसिंह का यथोचित स्वागत हुआ। हल्दी घाटी के युद्ध में अकबर की सेना विजयी हुई, उसने राणा प्रताप की सेना को मार भगाया। इसका श्रेय प्रमुख सेनापति के रूप में मानसिंह को दिया गया। तो भी इस स्वागत से मानसिंह मन से प्रसन्न नहीं हुए। अकबर के दरबार में अपयश प्राप्त, शत्रु से मिला हुआ अयोग्य सेनापति, इसी रूप में उनकी प्रतिमा बनी हुई थी तो जनसामान्य की दृष्टि में राणा प्रताप की तुलना में वे देशद्रोही, विलासप्रिय और गद्दार ठहराए गए थे।

राजभवन में हुआ स्वागत यह महज औपचारिक स्वागत है अन्यथा राणा प्रताप की पराजय किसी को भी अच्छी नहीं लगी है यह बात मानसिंह के सहज ही ध्यान में आ गई, क्योंकि यह स्वागत उतना ही रूखा-सा था। इस असन्तोष की आग उनके हृदय में जल रही थी और ऊपर से शक्ति सिंह ने समय पर निर्णय लेकर महाराणा प्रताप के प्राणों की रक्षा की बस इसका सन्तोष ही उनके जले हुए मन को राहत दे रहा था।

कुम्भलमेर के गढ़ पर आकर आज राणा जी को चार दिन हो गए थे। गढ़ के भीतर का दुर्ग 'कटारगढ़' राणा जी को अत्यन्त प्रिय था। आज भी वे गढ़ के राजप्रासाद के अटारी पर आकर खड़े थे। इस जगह से आसपास का सम्पूर्ण परिसर अपनी नजरों के सम्मुख आ रहा है उन्हें ऐसा प्रतीत हुआ।

"अपने पितामह के प्रपितामह, महाराणा कुम्भा द्वारा बनवाया हुआ यह कुम्भलगढ़" राणा जी के मन में आया। पूर्वजों के द्वारा निर्मित इस सुरक्षित स्थान पर हम शंकारहित निश्चिन्तता में रह रहे हैं। शतकों पूर्व की यह रचना संरक्षण और वास्तव्य दोनों ही दृष्टि से उत्कृष्ट है। दुर्ग के शिल्पकार 'मंडन' के बारे में राणा जी के मन में प्रशंसा के भाव उत्पन्न हुए। नये ढंग से देख रहे हों वैसे वे दुर्ग देख रहे थे। अनेक पर्वत शृंखलाओं और नैसर्गिक पहाड़ी गुफाओं, नुकीली चोटियों आदि का कुशलता से उपयोग कर लेने के कारण गढ़ स्वाभाविक रूप से ही सुरक्षित हो गया था। परिसर के ऊँचे भाग पर मन्दिर, प्रासाद और आवास की व्यवस्था की गई थी, तो समतल भूभाग पर खेती की जाती थी। उतार का उपयोग ऐसी खूबसूरती से किया गया था कि बाहर से सीढ़ी लगाकर भी कोई उस पर चढ़ने का प्रयत्न न कर पाता। भरपूर परकोटा, बड़े-बड़े बुर्ज और अनेक द्वारों से युक्त चौड़ी चहारदीवारी का निर्माण किले की सुरक्षा के लिए किया गया था। एक ही समय में अनेक सैनिक और अश्वारोही जा सकते थे।

महाराणा कुम्भा के जिस महल के अटारी पर प्रताप सिंह खड़े थे वह महल महाराणा कुम्भा के सादगी का आदर्श था। जिस महाराणा ने देश और जनता की सुरक्षितता के लिए इतना बड़ा दुर्ग निर्माण करने के लिए बेशुमार धनराशि खर्च की

थी, उन्होंने अपना महल अत्यन्त सामान्य बनवाया था। राणा जी का मन अपने पूर्वजों के प्रति आदर से भर उठा।

आकाश में आषाढ़ के मेघों की भीड़ थी। सफेद और मटमैले रंग के विविध आकारों के ये मेघ आकाश में मुक्त विचरण कर रहे थे। मटमैले रंग और नीले रंग का मेघ आकाश को काली छटा-सी दे रहा था तो कुछ सफेद रंग के गोलाकार बादल एक साथ आकर समुद्र की लहरों का रूप धारण कर रहे थे।

सूर्य किरणों के तेज से चमकता शुभ्र मेघ माथे पर आने लगा और राणा जी की नजरों को रुपहले किनारे से सजा काला मेघ स्पष्ट दिखाई देने लगा।

मेघों की इस लुका-छिपी का खेल देखने में राणा जी कितने समय से लगे हुए थे इसका उन्हें भी अन्दाज नहीं लगा।

प्रतिहारी ने आकर भामाशाह जी के आने की सूचना अगर न दी होती तो वे ऐसे ही कितनी देर मेघमाला निहारते रहते।

भामाशाह जी, ताराचन्द जी, अगरचन्द महता और हेमरत्न सूरी का आगमन होते ही राणा जी के अतिथि-गृह में निवास कर रहे पंडित चक्रपाणि मिश्रा और कमर सिंह आसिया को भी बुलवा लिया। तब तक जैत्र सिंह और बलदेव भी राणा जी के खाजगी दालान में आ गए। आज विशेष रूप से क्यों बुलवाया गया है, इसका कारण क्या होगा यही प्रश्न हरेक के मन में घुमड़ रहा था। इनके मन की भावना जानकर राणा जी ने कहा, "आज हमने आपको विशेष परामर्श लेकर महत्त्वपूर्ण निर्णय लेने के लिए आमंत्रित किया है। भामाशाह जी अब आपको राजपूतों के संघटन के लिए बाहर निकलना पड़ेगा। तब प्रशासन की व्यवस्था कर उसे योग्य हाथों में सौंपने के लिए हम आपको तकलीफ देनेवाले हैं।"

भामाशाह जी ने कहा, "आप अपनी योजना बताएँ।"

"नरबन्द जी को कुम्भलमेर का, अगरचन्द जी को गोगुन्दा का और आचार्य सूरी जी को मंडल प्रान्त का मुख्तियार पत्र देने का निश्चय हमने किया है। इसमें आपकी सहमति वांछित है।"

'राणा जी' हेमरत्न सूरी जी भाव-विह्वल होकर बोले, "हम पर आपने आकाश-सा विश्वास व्यक्त किया ये बड़ी बात है। सच पूछिए तो यह अधिकार पूरी तरह से आपका है।"

'आचार्य जी, राणा जी ने कहा, "आपने यह जिम्मेदारी स्वीकार की, अब हम निश्चिन्ततापूर्वक अपने कार्यों के लिए भ्रमण कर सकेंगे।"

"राजा जी, आप हमारे पालनकर्ता हैं। आप गिरि, कन्दराओं में मारे-मारे फिरेंगे और हम नगर में निवास करें यह हमें उपयुक्त नहीं लगता। यह राज सिंहासन आपके सिवाय..."

"नरबन्द जी," उन्हें बीच में ही रोकते हुए राणा जी ने कहा, "सभी राजकर्ताओं

के भाग्य में राजसिंहासन और राजप्रासाद लिखे हुए नहीं होते। हमारे पितामह के लिए वे नहीं थे, पिताजी के लिए भी नहीं थे, वैसे ही हमारे लिए भी नहीं है। यह हरेक का अपना-अपना नसीब होता है। इस बारे में आप दुख न करें। हम आपके साथ हैं। सच पूछिए तो दिल्ली का राजसिंहासन भारत सम्राट का होना चाहिए और उस पर हम ही इस देश के वारिसपुत्र के रूप में विराजमान हों यही हमारा स्वप्न है।"

"आपकी भावना हम समझ सकते हैं राणा जी।" अगरचन्द जी बोले, "हम आपकी इस भावना पर जान निछावर करते हैं। राजव्यवस्था के बारे में आप निश्चिन्त रहें।"

"आपकी ओर से हमें यही अपेक्षा थी अगरचन्द जी," राणा जी ने बाद में करम सिंह की ओर मुड़कर बोले, "काका सा, आपके इतिहास लेखन में कोई अड़चनें तो नहीं हैं न?"

"नहीं राणा जी, आपके घराने का सम्पूर्ण दस्तावेज हमारे हाथों में आ गया है, आप चिन्ता न करें।" कमर सिंह ने कहा।

"गोगुन्दा में राजतिलक होने पर हमने पंडित चक्रपाणी मिश्र को 'राज्याभिषेक पद्धति' इस विषय पर ग्रन्थ रचना करने की जिम्मेदारी सौंपी थी।" राणा जी ने सबको सम्बोधित करते हुए कहा, "वह कार्य पूरा होने की सूचना देने के कारण हमने उन्हें भी यहाँ निमंत्रित किया है। पंडित जी आपको कोई समस्या तो नहीं है ना?"

"नहीं राणा जी," पंडित चक्रपाणि मिश्र बोले, "आपकी कृपा से सब कार्य व्यवस्थित रूप से चल रहा है। इसके बाद हमारे लिए क्या आज्ञा है?"

"इस ग्रन्थ-रचना के बाद आप जनसामान्य के लिए शुभाशुभ मुहूर्त के सन्दर्भ में लेखन करें। वैसे ही राजस्थान के लिए उपयोगी हो ऐसा कृषि सम्बन्धी ग्रन्थ निर्माण करें, उसके आधार पर नि:सर्ग प्रदत्त सम्पत्ति का अधिक-से-अधिक उपयोग करना सम्भव हो।"

"जैसी आज्ञा राणा जी, हम यह कार्य बिना देर किए पूरा कर लेंगे," पंडित जी ने निश्चयपूर्वक कहा।

"युद्ध की प्रचंड काली छाया के नीचे सारी जिम्मेदारियाँ आप सबको पूरी करनी पड़ रही हैं इसकी हमें जानकारी है। ग्रन्थ निर्मिति के लिए आवश्यक शान्तता पूर्ण काल उपलब्ध नहीं है फिर भी आप अवश्य ही यह कार्य पूरा कर लेंगे इस पर हमारा विश्वास है।"

"आपका विश्वास अनुचित नहीं है," पंडित जी ने कहा, "अनुकूल परिस्थिति में तो सभी कार्य करते हैं उसमें कोई आवाहन नहीं होता। प्रतिकूल परिस्थिति से दो हाथ कर, संकटों की कसौटी पर उतरकर अपनी योग्यता निर्विवाद रूप से सिद्ध करने की हमारी भी आपकी ही तरह जिद्द है।"

राणा जी की नजरों के सामने सुनहरी किनारा रखनेवाले कृष्ण मेघ तैरने लगे। सहज स्मित करते हुए उन्होंने कहा, "पंडित जी हम आपकी तरह विद्वान नहीं हैं पर हमको लगता है रुपहले किनारे से चमक उठनेवाले कृष्णमेघ सुख की वर्षा करते होंगे।"

चक्रपाणि मूलत: माथुर ब्राह्मण हैं। मिश्र जी उनके पूर्वज महाराणा कुम्भा के राज्यकाल में राज्यसभा में पुराणवाचक का कार्य करते थे। चक्रपाणिजी चारों ही वेदों, आठों पुराणों, छह शास्त्रों और अर्थशास्त्र के प्रकांड पंडित हैं। ज्ञान-विज्ञान के अध्ययन से वे आज राज्य ज्योतिषी के पद पर आसीन हैं।

भामाशाह बलदेव जी को बतला रहे थे और पंडित चक्रपाणि मिश्र के व्यक्तित्व से उनकी बुद्धिमत्ता स्पष्टत: झलक रही थी। इस कारण कुतूहल से बलदेव जी ने उनके बारे में भामाशाह जी से जानकारी चाही थी। आज प्रात: से ही हवा और रोशनी की कमीवाला उष्ण वातावरण था इस कारण अश्वारोहण का आनन्द दोनों को ही लेते नहीं बन रहा था।

"भामाशाह जी वह देखिए कितने सारे मोर," बलदेव जी ने बालकों की तरह उत्साह से भामाशाह जी को मोरों का वह समूह दिखाया। चार-पाँच वट वृक्षों के नीचे की सपाट भूमि पर ढेर से मोर खड़े थे। आषाढ़ मेघों की घनी छाया देख वे आनन्दोत्सव मना रहे थे। भामाशाह जी के लिए यह दृश्य परिचित था परन्तु बलदेव जी के लिए यह एक अद्‌भुत, अनुपम नेत्रोत्सव था।

सुन्दर रत्नजड़े पंखों को फैलाकर नृत्यरत मयूरों की ओर बलदेव जी अश्व रोककर, खोए हुए से सुध-बुध भूलकर देख रहे थे। नीले कपाल पर राजमुकुट की तरह कलगियाँ, गाढ़े नीले रंग की सुडौल ऊँची गर्दन, पीठ पर तराशे हुए से नक्काशीदार हरे रंग के पंख और हरे-पीले रंग का मिला-जुला पंखों का समूह शोभायमान था। हरेक पंख के किनारे पर आँख बनी हुई थी और आँख के मध्यभाग में जामुनी और काले रंग से मिली-जुली हृदयाकृति बनी हुई थी। उसके इर्द-गिर्द नीला रंग और उसके बाद गाढ़ा कत्थई रंग का गोला, पंख के आखिर में अर्धचन्द्राकृति बाण के आकार के किनारे नजर आ रहे थे।

कुछ मोर अपने पंख फैलाए हुए खड़े थे। कुछ ने खाली अपनी पूँछ लम्बी फैलाकर रखी थी। बीच में ही अपनी मोटी चोंच से कुछ उठाकर खा रहे थे। देखते-देखते एक मयूर को नृत्य करने की लहर आई और उसने बड़ा केकारव कर गर्दन ऊँची की। सिर की कलगी पन्ने से बनी पगड़ी की तरह चमक रही थी। आलस्य झटककर उसने पूरे पंख फैलाए। पैरों से ताल देते हुए वह अपने चारों ओर चक्कर लेते हुए नृत्य करने लगा। स्थान, समय की सीमा भूलकर बीच में ही वह स्थान के इर्द-गिर्द घूमता, बीच में ही एक ही जगह पर पैर पटककर शिकायत करता तो कभी चार कदम आगे जाकर फिर पीछे आता। कभी अपनी नीलाभ्र ग्रीवा मोड़कर स्वयं के राजवैभव की ओर अभिमान से देखता। उसकी यह आकर्षक नृत्य-मुद्रा देखकर बलदेव जी आश्चर्यचकित हो गए। इस अपूर्व मनोहारी दृश्य को अनिमेष नेत्रों के माध्यम से वे हृदय में सँजोकर रख रहे थे।

बलदेव जी ने राजकीय कार्यों के निमित्त काफी भ्रमण किया था। जैत्र सिंह के साथ भी उन्होंने प्रवास किया था पर कभी इतना अलौकिक दृश्य उन्हें देखने को

नहीं मिला था। आज आषाढ के मेघों की कृपा से इस अपूर्व दृश्य का आनन्द उन्हें उपभोग करने का सौभाग्य मिला।

अचानक ही भामाशाह जी का घोड़ा हिनहिनाया और नृत्यमग्न मयूर की तन्द्रा भंग हुई और वह तथा अन्य मोर घबराकर जल्दी से आसपास के पेड़ों पर उड़कर हरे पत्तों के बीच छिपकर बैठ गए।

भामाशाह जी अश्व पर से उतरे और मोर जहाँ नाच रहे थे उस जगह पर गए। नाचते-नाचते नीचे गिरे हुए मोरपंख उन्होंने उठाए और अपने अश्वों की जीन के बाजू में सामान के लिए रखी हुई थैली में रख दिए।

बलदेव जी कुतूहल से यह सब देख रहे हैं ऐसा महसूस होते ही भामाशाह जी ने कहा, "ये मयूरपंख औषधीय गुणों से युक्त हैं। हल्दी के साथ इनका उपयोग कर चोट पर बाँध देने से जख्म जल्दी भर जाती है।"

कुछ देर पहले देखे हुए मयूर नृत्य का आनन्द बलदेव जी के चेहरे पर अभी भी परिलक्षित हो रहा था। मयूर जहाँ छिपे बैठे थे उन वृक्षों की ओर फिर-फिर मुड़कर देखते हुए अपने घोड़े को एड़ लगाते हुए उन्होंने कहा, "ऐसा अनुपम दृश्य हम पहली बार ही देख रहे हैं। अपनी तरफ हमने माल-डोक पक्षी देखे हैं, सफेद लम्बी गर्दनवाले।"

"राजस्थान में मोर बहुतायत में हैं।" बलदेव जी की बराबरी में अपना अश्व लाते हुए भामाशाह जी बोले, "हमने भी आज के जैसा तल्लीन होकर यह सौन्दर्य अनुभव नहीं किया था। ऐसी छोटी-छोटी आनन्ददायी घटनाओं से सुख बीनने की सन्धि आज तक जीवन में कभी नहीं मिली।"

बातें करते-करते वे डूँगरपुर पहुँच भी गए।

डूँगरपुर में बहुत ही उत्कृष्ट स्वागत हुआ। राणा जी के मित्र आए हैं अत: खूब आनन्द से, प्रेम से अतिथि-सत्कार हुआ। राणा जी का युद्ध-कौशल्य और उनकी सुदृढ़ भूमिका इसका वहाँ की जनता को बड़ा गौरव था। हल्दी घाटी के युद्ध का वर्णन सुनने आबाल-वृद्ध सभी उत्सुक थे। विशाल प्रांगण में इकट्ठे हुए प्रजाजनों को भामाशाह जी युद्ध का हूबहू वर्णन सुना रहे थे। वह सुनते समय वृद्धों की आँखों में प्रशंसा के दीप जल रहे थे, तो तरुणों के चेहरे पर स्वाभिमान की छटा खिली हुई थी और बच्चों के मन उत्सुकता से भर उठे थे। बीच-बीच में राणा जी की जय-जयकार से आसमान गूँज रहा था।

रात्रि के भोजनोपरान्त भामाशाह जी ने अपने आगमन का प्रयोजन स्पष्ट कर, राणा जी की सहायता के लिए डूँगरपुर के रावत आसकरण का आवाहन किया। इसके पहले डूँगरपुर के रावतों ने सिसोदियाओं को मदद की थी। राणा जी के हल्दी घाटी के युद्ध का भी आसकरण ने समर्थन किया था।

"किसी बड़े युद्ध के बाद फिर से खड़ा होना, शक्ति बढ़ाना और बलवती टक्कर

देना, यह कठिन ही है। इसमें अधिक अड़चनें तो आएँगी ही।" रावत आसकरण जी ने कहा।

"कोई भी काम करें उसमें अड़चनें तो आएँगी ही।" भामाशाह जी ने अपना पक्ष रखा। "किसी सामान्य से व्यक्ति ने भी निश्चित की हुई छोटी-सी बात भी पूर्णत्व को ले जाने की सोची तो उसमें असंख्य रुकावटें निर्मित होती हैं। राज्य विस्तार यानी बड़ा कार्य। इस कार्य की अड़चनों को देखते हुए ही हमने यह कार्य कइयों के सहकार्य से करने का निश्चय किया है। रावत जी, कार्य जितना बड़ा, रुकावटें भी उतनी ही ताकतवर होंगी। उन्हें पार कर कार्यसिद्धि कर लेना ही सच्चे पुरुषार्थ का लक्षण है।"

"परन्तु भामाशाह जी, हम कितने सामान्य, कमजोर और बादशाह की सेना कितनी ताकतवर, उनके शस्त्र..."

"रावत जी," भामाशाह ने कहा, "ताकत शस्त्रों में नहीं होती, वह तो कलाई में होती है, वह व्यक्तियों की संख्या में नहीं होती, वह होती है व्यक्तियों के मनोधैर्य में।" व्यक्ति मन में ठाना तो सम्पूर्ण पृथ्वी किसी गेंद की तरह उठा सकता है सिर्फ तीव्र इच्छा होना आवश्यक है। हमारे दस आदमी भी बादशाह की फौज से हजार गुना बढ़कर हैं। स्वयं को साधारण, क्षुद्र एवं नाचीज मानकर क्षत्राणी के दूध का अपमान न करें।"

"आपका कहना योग्य है भामाशाह जी। हम आपके साथ हैं। महाराणा प्रताप सिंह ने हम पर विश्वास दिखाकर हमें याद किया इसके लिए हम उनके प्रति कृतज्ञ हैं। महाराणा सांगा के साथ हमारे पितामह उदय सिंह खंडवा के युद्ध में सैसन्य गए और उसी में उन्हें वीरगति प्राप्त हुई। हमारा यह स्नेह का रिश्ता हम निश्चित रूप से बनाए रखेंगे।"

रावत आसकरण जी ने मदद का आश्वासन तो दिया ही, इसके अतिरिक्त बहुत-सी सम्पत्ति भी राणा जी को भेंट की।

डूँगरपुर से बाँसवाड़ा जाने पर भी हमें यही अनुभव हुआ। यहाँ तो महाराणा प्रताप सिंह का नाम भगवान एकलिंगी जी के नाम की तरह श्रद्धा से स्मरण किया जाता है। राणा जी के आदर्शों की, स्वतंत्रता प्रेम की, युद्धनीति की और असीम धैर्य की सम्पूर्ण राजस्थान में प्रशंसा होती है। बाँसवाड़ा के शासक मेवाड़ से अपनी परम्परागत मैत्री व्यक्त करने की सन्धि मिलने की मानो राह ही देख रहे थे। राणा जी के लिए सहायता करना कर्तव्य है यही उनकी दृढ़ भावना थी।

अपने मुहिम के अगले चरण में भामाशाह जी ने देवलिया, सिरोही, ईडर और जलोर के शासकों की भेंट लेने का निश्चय किया था और डूँगरपुर से बाँसवाड़ा आते-आते आठ दिन लगे।

सावन के आगमन की आहट महसूस हुई और सम्पूर्ण वातावरण में समग्रतः

बदलाव आया। इस बार आषाढ़ में वरुण ने कृपा की। आषाढ़ धन मनमुराद बरसे और भूमि हरीतिमा से युक्त हो गई। छोटे-छोटे गाँवों से जाते हुए भी इस परिवर्तन का चमत्कार भामाशाह जी और बलदेव जी को आह्लाद दे रहा था। सपाट पथरीली और बंजर भूमि से जाते हुए जो अकेलापन प्रतीत हुआ था वह अब कहीं का कहीं भाग गया था। जगह-जगह पर घास उग जाने के कारण मेढ़ें चराने के लिए आनेवाले गड़ेरिये और उनके गानों से, अलगोजे के सुरों ने वातावरण को चैतन्यता से भर दिया था।

लगातार प्रवास की थकान दूर करने सघन वृक्ष की छाया में बैठे हुए बलदेव जी को मेढ़ों का झुंड दिखाई दिया। छोटी आँखोंवाली, मध्यम वय की, गोल पोंगे की तरह कानोंवाली मेढ़ें देखकर वे मेढ़ों के उस समूह का सूक्ष्मता से निरीक्षण करने लगे। कुछ के चेहरे पर काले रंग के बाल थे तो कुछ के चेहरे पर अलग रंग के बाल थे। कुछ मेढ़ों के गले के नीचे गद्दी-सी थी तो कोई उठावदार नाकवाली सुडौल थीं।

"हमारे प्रदेश में इन मेढ़ों को 'सोनाडी' कहते हैं। बलदेव जी को निरीक्षण करता हुआ देखकर भामाशाह जी ने कहा। "वैसे बीकानेरी, मारवाड़ी, कोठवाड़ी, जैसलमेर, मालपुरी ऐसे भी प्रदेशानुसार नाम हैं।"

बलदेव जी ने हँसकर कहा, "भामाशाह जी अपने प्रदेश से दूर रहने पर हम लगातार अपने प्रदेश के चिह्न, प्रतीक ढूँढ़ते रहते हैं, ऐसा ही हमारी स्थिति हो गई है। हमारे प्रदेश में भी मेढ़ें पाली जाती हैं पर सीमित मात्रा में, बकरियाँ ज्यादा मात्रा में पाली जाती हैं। यहाँ मेढ़ों की संख्या अधिकांश नजर आती है।"

"वे कम पानी के साथ रहने में सक्षम हैं, यही उनके महत्त्व का कारण है," भामाशाह जी ने कहा, "बलदेव जी हमारे जलरहित प्रदेश में ऐसे ही प्राणी रह सकते हैं। ठंड के दिनों में यहाँ की मेढ़ें लगातार दस-बारह दिन बिना पानी के रह सकती हैं।"

"प्रकृति एक बड़ी जादूगर है न भामाशाह जी?" बलदेव जी ने कहा, "सृष्टि की रचना का यह रहस्य मानवीय बुद्धि के लिए अगम्य है। कोई भी अत्यन्त सामर्थ्यवान मनुष्य आज तक इस निर्मिति का रहस्य उजागर नहीं कर सका।"

"आपने बिलकुल सही कहा बलदेव जी," भामाशाह जी ने कहा, "सृष्टि के विराट रूप की ओर देखने पर लगता है कि उसके सामने अपना अस्तित्व कितना क्षुद्र, नगण्य है, अपनी कुशलता विशाल विश्व के सामने एक बालू के कण के सदृश है, फिर भी मनुष्य को अपने कर्तव्य का बड़ा अभिमान और गरूर महसूस होता है। इसीलिए पर्यटन करना चाहिए, विश्व की विशालता का अनुभव लेना चाहिए और अपनी लघुता को पहचानकर उस महावीर की शरण स्वीकार करना चाहिए।"

काफी देर तक दोनों बातें करते रहे। वृक्षों की छाया जैसी लम्बी होने लगी वैसे वे उठे, "अब पास के किसी गाँव में आश्रय ढूँढ़ना चाहिए" भामाशाह जी के मन में यह बात आई।

'डबरा' नाम के उस छोटे से गाँव में उत्तम नस्ल के अश्वों पर बैठे राजपुरुष कुतूहल का विषय बन गए। बलदेव जी और भामाशाह जी के गाँव में प्रवेश करते ही समूचा गाँव उनके चारों ओर एकत्र हो गया। सादी धोती, अँगरखा और पगड़ी पहने हुए पुरुष, धोती का एक छोर कमर के चारों ओर लपेटा हुआ रहता। इक्का-दुक्का व्यक्ति चूड़ीदार पाजामा, कुर्ता और अचकन पहने हुए दिखाई दे रहा था और सिर पर पगड़ी या साफा जरूर बाँधा हुआ था। सबकी मूँछें अकड़ी हुई-सी नजर आती थीं। दाढ़ी बढ़ी हुई थी और बीचोबीच माँग निकालकर पीछे की ओर मुड़ी हुई थी। राणा जी को अपवादस्वरूप छोड़कर सभी राजस्थानी दाढ़ी पर बड़े प्रेम करनेवाले दिखाई दे रहे हैं, बलदेव जी के मन में आया।

डूँगरपुर, बाँसवाड़ा के राजघराने के आतिथ्य के बाद यह चन्द्रमौली स्वागत भी बलदेव जी को सुख प्रदान कर गया। गाँव के मुखिया ने उनका अत्यन्त प्रेम से स्वागत किया। राणा जी के साथियों में वे राणा जी की प्रतिमा निहार रहे थे। उन्होंने अतिथियों की आवभगत अपनी हैसियत के अनुरूप की।

मुखिया जी का घर छोटा-सा पर सुडौल सुन्दर था। बाँस के पट्टियों की दीवारें और काँटेवाले पत्तों का छप्पर बनाया गया था। चारों तरफ खुली जगह छोड़कर ही रक्षा के लिए काँटे, बाँस आदि का इर्द-गिर्द घेरा बनाया था। साफ, सुन्दर, लीपा-पुता घर, दीवारें, आँगन सभी आकर्षक प्रतीत हो रहे थे। घर के बाहर बाँस की बनी हुई चौकोर चौखट भी रखी थी जिस पर मोर या तोते का चित्र खींचा हुआ था।

बारिश के चिह्न नजर आते ही मुखिया ने अपनी बैठक घर के अन्दर परिवर्तित कर दी अन्यथा बारह महीनों में से दस महीने नीले आकाश के नीचे ही वास्तव्य रहा करता। मुखिया जी का घर भीतर से सुन्दर चित्रकारी से सजा हुआ था। दीवारों पर चित्र थे और दरवाजों की चौखटों पर अनुरूप कलात्मक साज-सज्जा। कई जगह रंगीन नग जड़े थे, कहीं काँच, आईने के टुकड़े जड़े गए थे। हाथी, मोर, ऊँट, तोते इनकी आकृतियाँ थीं, तो बेलबूटी भी दिख रही थी। कोने में आला भी सुसज्जित था, वहाँ सम्भवत: पैसों की पेटी रखी जाती होगी क्योंकि उस पर सिन्दूरी रंग से शुभ-लाभ लिखकर स्वस्तिक का चिह्न खींचा गया था। अत्यन्त सामान्य आदमी का घर बड़ा ही खूबसूरत आकर्षक, प्रसन्न और कलात्मक परिलक्षित हो रहा था। बैठक में शुभ्र सफेद चादरें बिछी हुई थीं, गद्दियाँ, तकिए, मसनद सभी सफेद रंग में सज्ज थे। पास में ही हुक्का और पायदान रखा गया था। मक्के की रोटी, बथुए का साग साथ में रायता। सादा पर अत्यन्त स्वादिष्ट भोजन, राणा जी का यह धनी महाराज, जमीन पर बैठकर अति सामान्य व्यक्ति के घर उनकी थाली में भोजन कर रहा है। राज्य के अधिकारी और प्रजा इनमें इतना करीबी रिश्ता रहा तो राजकीय कार्यों में उठनेवाले कितने सारे प्रश्न उठेंगे ही नहीं और यदि उठे भी तो उनका निराकरण सहज ही हो जाएगा। मुखिया जी की थाली में भोजन कर रहे भामाशाह जी को देखते हुए बलदेव जी के मन में आया।

एक थाली में भोजन यह राजस्थान का शिष्टाचार है। राजस्थान के लोग पानी

पीते हुए गिलास मुँह से नहीं लगाते, ऊपर से पीते हैं। परन्तु खाएँगे एक ही थाली में। इस एकत्रित भोजन को किसी ने नकार दिया तो वे इसे स्वयं का अपमान समझते हैं। शुरू-शुरू में ऐसा एकत्र भोजन करना बलदेव जी को बड़ा कठिन प्रतीत हुआ, पर धीरे-धीरे आदत पड़ गई। प्रेम की भावना हम सहज गति से अंगीकार कर लेते हैं, यह सच है।

देखते-देखते आकाश फिर से बादलों से रहित हो गया। बारिश की आशा तो छोड़ ही दी उसके कोई चिह्न भी शेष न रहे। राजस्थान का यह हमेशा का अनुभव रहा है। ऐसा ही चकमा देकर बारिश दूर जाती है और कभी-कभी तो इतनी दूर चली जाती है कि अगले वर्ष ही आती है।

वह छोटी-सी बस्ती फिर से आँगन में आ गई, खाटें बिछाई गईं, चौपड़ के दाँव रचे गए। हुक्का या चिलम खींचते हुए सभी मंडली खेल में रम गई। थोड़ी देर पहले बारिश के चिह्न भी नजर नहीं आ रहे, सोचकर उनके चेहरों पर जो निराशा के मेघ नजर आ रहे थे, वे भी मनोरंजन की खुशी में लुप्त हो गए। दाँव रंग में आया और बीच में ही किसी ने तान छेड़ी—

म्हारो रंग रंगीलो राजस्थान,
म्हारो प्यारो प्यारो राजस्थान!

भामाशाह जी इस सबसे दूर अलिप्त अपनी लेखन-सामग्री लेकर बैठे हुए थे। बीते आठ दिनों के भीतर उन्होंने राणा जी को तीसरा सन्देश भेजा। वे अपना कर्तव्य पूरी वफादारी से निभा रहे थे। आज भी उन्होंने पत्र-लेखन पूरा किया उसे लिफाफे में बन्द किया, मुखिया को बतलाकर एक युवक को बुलवाया।

"घोड़े पर बैठना आता है?" उन्होंने पूछा।

"जी।"

"रास्ता बतलाया तो सन्देश ले जाओगे?"

"हाँ" एक ही शब्द में उत्तर मिला।

"लिखना-पढ़ना आता है?" भामाशाह जी ने पूछा।

उसने गर्दन स्वीकृति में हिलाई। भामाशाह जी ने उसे चिट्ठी दी और विश्राम हेतु लेटे।

अविश्रान्त कार्य में निमग्न रहना यह भामाशाह जी का स्थायी भाव था।

दूसरे दिन प्रात:काल से ही भामाशाह जी और बलदेव जी के अश्व ताजे हो फिर से दौड़ने लगे।

"भामाशाह जी, कल से एक प्रश्न लगातार मन में चक्कर काट रहा है, पूछूँ क्या?" बलदेव जी ने कहा।

"इसमें इजाजत की क्या जरूरत?" भामाशाह जी ने हँसकर कहा। भामाशाह जी

का बातूनी, मिलनसार, शिष्ट-सभ्य स्वभाव उनके सहवास के कारण बलदेव जी के परिचय का हो गया था और उन्हें भाता भी था।

"औपचारिकतावश नहीं परन्तु तत्त्वत: पूछता हूँ," बलदेव जी ने कहा, "कल रात आपने उस छोटे से गाँव के आदमी को राणा जी के पास सन्देश लेकर भेजा, उस पर पूरा विश्वास किया, उसे पढ़ना आता है फिर भी महत्त्वपूर्ण सन्देश ऐसे... क्षमा करें भामाशाह जी पर मन में शंका आई इसीलिए..." आगे क्या बोला जाए वे कुछ सोच न पाए।

भामाशाह जी हँसे, "बलदेव जी सीधी-सादी भोली-भाली जनता कभी भी विश्वासघात नहीं करती। विश्वासघात करते हैं सत्ताधारी या सत्ता की लालसा रखनेवाले। कोई भी रहस्य कहीं भी उजागर कर उसके बदले में अपना स्वार्थ साधते हैं। इसीलिए सामान्य व्यक्ति के साथ सन्देश भेजना हमें अधिक सुरक्षित लगता है। ऊपर से सन्देश सांकेतिक भाषा में है। शत्रु को क्या आपको भी वह समझ में नहीं आएगा। ले जानेवाला हरकारा तो कभी भी लिफाफा खोलेगा नहीं।"

"किस आधार पर?" बलदेव जी को इस विश्वास पर आश्चर्य प्रतीत हुआ।

"बलदेव जी, हमने जो उस आदमी के साथ दिया है उसे ध्यान से देखा है क्या? उस पर एक कोने में साढ़े चौहत्तर ऐसी संख्या लिखी है।"

"हाँ, यह तो काफी लिफाफों पर होता है, उसका क्या प्रयोजन?" बलदेव जी ने उत्सुकता से पूछा।

भामाशाह जी एकदम गम्भीर हो गए। उनकी नजर दूर कहीं टिक गई, मन में मेघों की गर्जना होने के चिह्न मुख पर स्पष्ट दिखाई देने लगे। श्वास की गति बढ़ गई और काँपते स्वर में वे बोले—

"बलदेव जी, उदय सिंह के महाराणा रहते हुए, अकबर ने चित्तौड़ पर आक्रमण किया उस समय स्त्रियों ने जौहर किया, पुरुषों ने केसरिया बाना पहना। दुर्ग का दरवाजा खोलकर चित्तौड़ की सेना अकबर पर टूट पड़ी। दुष्ट वृत्ति के तुर्क केवल सेना से युद्ध करके रुके नहीं, जो दिखेगा उस सजीव को मारने का उपक्रम उन्होंने चालू रखा। फलत: जीवन उद्ध्वस्त हो गया।"

"चित्तौड़ के बाद अकबर के गजदल ने राणा जी की सेना को पैरों के नीचे रौंदने का जो उपक्रम आरम्भ किया था, वह अत्यन्त अशोभनीय प्रकार था। निरपराध जनता को तकलीफ नहीं देंगे," यह वचन देने के बाद भी अकबर की सेना क्रूर जानवरों के झुंड के समान निरपराधियों पर टूट पड़ी, सजीवों पर भी और निर्जीवों पर भी। राणा जी की संस्कृति का, राजपूत संस्कृति का जो भी लक्षण दिखा उसे नष्ट किया। भोले बालक, जर्जर वृद्ध, अपंग व्यक्ति, स्त्रियाँ कोई भी इस अत्याचार से बचे नहीं। राजपूतों के वंश फिर निर्मित न हो सकें इसलिए गर्भवती स्त्रियों के उदर पर नृत्य करके उदरस्थ गर्भों के प्राण और माताओं के प्राण सैनिकों ने लिये।

ब्रह्मास्त्रों से भी नहीं होता ऐसा नरसंहार जो उस समय घटित हुआ। स्वयं के द्वारा किए गए नरसंहार की श्रेष्ठता प्रमाणित करने के लिए अकबर ने हुकुम दिया—

"मरे हुए सभी पुरुषों के गले में डले यज्ञोपवीत उतारकर उनकी ढेरी बनाकर हिन्दू धर्म का यह चिह्न जला डालें।"

हुकुम का पालन यथावत किया गया। यज्ञोपवीतों का ढेर किसी ने गिना वह साढ़े चौहत्तर मन निकला। अकबर के विजय का ढिंढोरा पिटवाया गया और देश के कोने-कोने में घुमाया गया।

"अकबर ने साढ़े चौहत्तर मन जनेऊ पहननेवालों पर विजय हासिल की।" इतने काफिरों को मारने के कारण अकबर गाजी साबित हुआ। उनके अनुयायियों के बीच श्रेष्ठ सिद्ध हुआ। अपना श्रेष्ठत्व सिद्ध करने के लिए अनेक लोगों के प्राण उसने लिये। इस विजय का आनन्दोत्सव मनाया गया।

ये सारी बातें महाराणा उदय सिंह के कानों तक पहुँचीं। राणा जी ने विष का यह कड़वा घूँट पचाया और उसका औषधीय प्रयोग भी किया। दरबारी फरमान जारी किया। राजस्थान के कोने-कोने में वह पहुँचा—

"इसके बाद जब कोई एक व्यक्ति दूसरे को गुप्त सन्देश भेजेगा तब लिफाफे पर साढ़े चौहत्तर यह संख्या लिखे। यदि ले जानेवाले ने वह पत्र पढ़ा तो उसके माथे पर इतने यज्ञोपवीत धारण करनेवाले पुरुषों की यानी करीब-करीब तीस सहस्त्र पुरुषों की हत्या का पाप चढ़ेगा।"

इतना बड़ा पाप कौन माथे पर लेगा? इसलिए कोई भी इस आँकड़े के लिखे बन्द लिफाफे को खोलकर पढ़ता नहीं। जो जिसका है उसे सही-सलामत मिलता है। इससे दो फायदे हुए। एक तो सन्देश की विश्वसनीयता बढ़ी और दूसरे इस संख्या के सतत आँखों के सामने रहने से अकबर के दुर्भाग्यपूर्ण आक्रमण की याद ताजी रहकर जाज्वल्यमान देशप्रेम का अंगारा मेवाड़वासियों के हृदय में सतत धधकता रहा।

भामाशाह जी बोलते हुए रुके और बलदेव जी हृदय हिला देनेवाली इस करुण कथा को सुनकर सुन्न हो गए। उनकी मति अवरुद्ध हो गई। महाराणा उदय सिंह की बुद्धिमत्ता, योजकता और कल्पकता अर्थात प्रतिभा सम्पन्नता, युक्ति से काम लेने की योग्यता, संयोजकता को देखते हुए उनके मन में राणा के प्रति और ही आदरभाव द्विगुणित हो गया।

कुँवर अमर सिंह कुम्भलगढ़ के महाद्वार पर स्थित 'हनुमान पोल' के पास जा पहुँचे तब सूर्योदय होकर दो घड़ी का समय हो चुका था। महाद्वार के पास स्थित प्राचीन हनुमान मन्दिर की पूजा समाप्त कर पुजारी लौटने के लिए निकले ही थे। कुँवर जी को देखकर वे रुक गए। कुँवर जी उन्हें देखते ही पैदल चलने लगे और उन्हें प्रणाम कर मन्दिर में गए। देवदर्शन पर प्रसाद ग्रहण करते हुए पुजारी जी के पैरों पर झुके। युवावस्था में आए हुए राजकुँवर अमर सिंह को देखकर पुजारी जी को वात्सल्य प्रेम की तीव्र अनुभूति होने लगी। उन्हें आशीर्वाद देते हुए उनकी आँखें डबडबा गईं। बचपन में अपने आसपास बदन, कन्धों पर खेले हुए बच्चे बड़े होते हैं, कर्तव्यवान

योग्य बनते हैं और जैसे माथे पर की छाँव बड़ी होकर पैरों के नीचे से निकल जाती है वैसे ही देखते-देखते एक दिन इस संसार से निकल जाते हैं। राजस्थान के राजघराने में जन्म मतलब अल्पायुष का शाप।

"काका सा, कौन से विचारों में खो गए आप?" उन्हें ऐसा स्तब्ध खड़ा देखकर कुँवर अमर सिंह ने पूछा।

"आपका ही विचार कर रहे थे। कितने बड़े हो गए आप। आपकी तरफ देखना भी हो तो गर्दन ऊँची करके ही देखना पड़ता है।"

कुँवर जी हँसे और राणा जी के महल की ओर निकले। राणा जी अपने खास दालान में उनकी राह देख ही रहे थे। आज काफी दिनों बाद पिता-पुत्र एकलिंग जी के दर्शन करने जानेवाले थे। आज एकलिंग जी का अभिषेक होनेवाला था।

पिता-पुत्र के अश्व समानान्तर दौड़ रहे थे। अंगरक्षक सरदार काफी पीछे रह गए। रनिवास से निकली पालकियों और डोलियों के साथ कुछ सैनिक थे। थोड़ी बारिश हो जाने के कारण वातावरण में प्रसन्नता झलक रही थी। कुम्भलगढ़ को पीछे छोड़ अश्व अब एकलिंगी पहाड़ की ओर दौड़ रहे थे। पहाड़ी के माथे पर पशुओं का झुंड चर रहा था। सुबह के मन्द समीर के स्पर्श से चैतन्यता बिखर रही थी।

अचानक राणा जी ने कहा, "कुँवर हमारे मौसरे भाई, पृथ्वीराज राठौड़ आपको याद है।"

"हाँ पिताजी, वे उत्तम कवि हैं, वे ही न?"

"हाँ, वही। वे अकबर के दरबार में बड़े पद पर हैं। उनकी पत्नी यानी आपकी भगिनी है।"

"हमारी भगिनी?"

"बन्धु, शक्ति सिंह की वे कन्या हैं। वे भी उत्तम कवयित्री हैं।"

"हमने तो उन्हें देखा ही नहीं।"

"उनकी आपकी मुलाकात हुई नहीं यह सच है। कल दिल्ली से जो सवार आया है उनके साथ आपकी भगिनी ने आपके लिए राखी भेजी है।"

"पिताजी..." अमर सिंह का स्वर व्याकुल हो गया।

"इस रक्षाबन्धन के दिन तुम्हें तुम्हारी बहन मिली होती तो बहन की कमी पूरी हो गई होती।"

"एकलिंगी जी की हम पर कृपा हुई। हम उस सवार के साथ बहन के लिए नजराना भेजना चाहते हैं।"

"जरूर भेजिए। भामाशाह जी को बतलाकर जो योग्य प्रतीत हो, नजर करें। उनकी और अपनी प्रतिष्ठा के अनुरूप भेंट भेंजें।" राणा जी ने कहा।

बातें करते-करते आसपास का बदला हुआ सृष्टि का रूप निहारते हुए अश्वारोही एकलिंग जी के मन्दिर के पास पहुँच गए। बप्पा रावल के कार्यकाल में बनवाया हुआ यह मन्दिर चट्टानों, बड़े-बड़े पत्थरों के बीच था और पर्वत श्रृंखलाओं के बीच से मन्दिर तक जानेवाला मार्ग सहज ही नजर नहीं आता था। प्रवेशद्वार से भीतर

जाने पर विस्तृत अहाता, साफ-सुथरा परिसर नजर आता और गर्भगृह में एकलिंग जी का वास दिखाई देता।

"हरितस ऋषि के आशीर्वाद से बप्पा रावल और उनके वंशजों को यह भूमि मिली थी। राजपद प्राप्त हुआ था। इस भूमि की सेवा की, विरासत बप्पा के द्वारा आगे आनेवाली वंशजों को प्राप्त हुई। यह राज्य, यह भूमि एकलिंग जी की अमानत है, आप सिर्फ सारा कारोबार देखेंगे। आप उनके दीवान, इसलिए इस राज्य की व्यवस्था प्रामाणिक रखना यह आपका कर्तव्य है। अपनी आवश्यकताओं की पूर्ति के लिए उपयुक्त साधन आप रखें और बाकी जनता के कल्याणार्थ खर्च करें।"

पिताजी द्वारा बचपन में बतलाई हुई ये बातें अमर सिंह को याद आ रही थीं। समझ आने के साथ ही यह सीख मन में प्रतिबिम्बित की गई थी। प्रत्येक पीढ़ी में पिता अपने पुत्र को दीक्षा की तरह इस धार्मिक व्रत के पालन की शिक्षा देता था। अमर सिंह को भी यह नियम जल्दी ही आनेवाली पीढ़ी को देने का श्रेय मिलनेवाला था।

सूर्य की किरणें प्रखर नहीं थीं। आकाश मेघों से आच्छादित था। इस कारण घुड़-दौड़ सहज ही की जा रही थी। उदयपुर की व्यवस्था देखना आवश्यक था। आसपास के चौकियों की खबर रखनी भी जरूरी थी। वहाँ के अमीर अधिकारियों की अड़चनों का विचार करना महत्त्वपूर्ण था। इसके अतिरिक्त बीच-बीच में चौकियों को भेंट देकर राजकीय व्यवस्था ठीक है, इसका प्रमाण भी देना आवश्यक था। अमीर-प्रतिष्ठित, प्रभावशाली लोगों से परिचय होना तथा अपने राज्य की सीमा की जानकारी होना कुँवर जी के लिए अत्यन्त महत्त्वपूर्ण था।

भोजनोपरान्त ताम्बूल का आस्वाद लेते, विश्राम करते हुए कुँवर अमर सिंह सहज ही बोले, "पिताजी, इस महल में आने पर सुरक्षितता और शान्तता महसूस होती है और प्रसन्नता का एहसास होता है।"

अचानक मन में शंका उठ खड़ी हुई हो, ऐसे उन्होंने पूछा, "पिताजी प्रत्येक दुर्ग के महल उस समय के महाराणा के नाम से या राणामहल के नाम से पहचाने जाते हैं। यदि ऐसा है तो इस महल का नाम 'मोतीमहल' क्यों पड़ा? इस नाम के हमारे कोई पूर्वज हमारे सुनने में नहीं आए हैं।

कुँवर अमर सिंह के सहज उद्गारों से राणा जी के हृदय में तीव्र वेदना उठी। पूर्व स्मृतियाँ जागृत हो गईं, वे गम्भीर हो गए। शून्य नजरों से खिड़की से दूर तक फैली हुई पर्वत श्रृंखलाओं और उसके पीछे के आकाशीय खंड को निहारते हुए उन्होंने कहा, "बिलकुल यही प्रश्न हमने भी अपने पिताजी से पूछा था कुँवर जी।" "फिर? क्या उत्तर दिया था पितामह ने?" कुँवर अमर सिंह ने कुतूहल से पूछा। "उन्होंने कहा था कुँवर, पन्नादाई ने अपने जिस पुत्र का बलिदान देकर हमारे प्राणों की रक्षा की थी, उसका नाम 'मोती सिंह' था।"

भावातिरेक से महाराणा प्रताप सिंह का कंठ अवरुद्ध हो गया।

राणा जी की घायल नजर उसके बाद कितनी देर तक हल्दीघाटी के दर्रे, खाइयों में झालाधिपति मानसिंह के रूप को ढूँढ़ रही थी।

यमुना देवी का कुम्भलमेर जाना जैसे ही निश्चित हुआ वैसे ही किरण देवी और पृथ्वीराज जी दोनों को ही भावना के आवेग को सँभालना कठिन हो गया। पृथ्वीराज जी की पत्नी की वह बहन थी। इस दम्पती ने बचपन से इनका पालन-पोषण किया था। पृथ्वीराज की द्वितीय पत्नी चम्पादेबाई भी यमुना देवी की अच्छी घनिष्ठ मित्र थीं। एक तरफ कुँवर अमर सिंह के सहवास में जीवन व्यतीत करने का आनन्द था तो दूसरी तरफ अपनी प्रिय भाभी सा से विलग होने का दुख यमुना देवी को अस्वस्थ बना रहा है।

यमुना देवी को अपने ज्येष्ठ भ्राता के विश्वास स्नेही के साथ दिल्ली से कुम्भलमेर या उदयपुर तक का प्रवास करना था और वह भी पुरुष के वेश में, अश्वारूढ़ होकर। बचपन में आत्मसात की हुई अश्वारोहण विधा और रोज की आदत अब उपयोगी साबित होगी। अन्यथा यह यात्रा अकेली स्त्री के लिए तुर्कों के वर्चस्व काल में कर पाना कठिन है इसकी अनुभूति उन्हें थी।

प्रवास की पूर्व तैयारी एक दिन पहले ही पूरी हो गई थी। प्रात:काल का झुटपुटा होते ही दोनों अश्व निकले। अपने प्रिय व्यक्ति से दूर निकल जाएँगे कहना आसान होता है पर प्रत्यक्ष में पैर निकलना बहुत कठिन होता है यह यमुना देवी को प्रतीत हुआ। किशोरवय की कुमारिका पुरुषवेश धारण कर जब अश्वारूढ़ हुई उस समय अपनी ननद का यह रूप भी अत्यन्त आकर्षक है यह किरण देवी को महसूस हुआ। मस्तक पर धारण की लाल-पीली मारवाड़ी पगड़ी बड़ी ही जँच रही थी। छरहरे बदन पर, बहुमूल्य रेशमी कपड़े से बने किमखाब के अँगरखे पर बाँधे गए कमरबन्द के कारण बहुत ही भला लग रहा था। जरी का काम किए हुए जामुनी रंग के मखमली ढीले-ढाले अँगरखे से उनका यौवन भले ही छुप रहा था पर फिर भी चेहरे पर कोमलता, सुडौल आँखें, नाक, धनुषाकार भौंहें, पतली कमान, होंठों पर अनार की लाली, गालों पर स्त्री-सुलभ लज्जा की लाली, आँखों में समाया हुआ कुतूहल ये सब उनके सुन्दर, सुकुमार होने की गवाही दे रहे थे। उनका यह सलोना रूप देखकर किरण देवी को और भी प्रेम, ममता हो रही थी। मन-ही-मन उन्होंने यमुना की नजर उतार ली। यमुना देवी के प्रयाण करने का समय जैसे-जैसे पास आने लगा, वैसे-वैसे किरण देवी का हृदय व्याकुल होने लगा।

"अपनी लाडली ननद से कुछ बोलना हो तो बोल लें," पृथ्वीराज ने किरण देवी से कहा, "बाद में शिकायत न करें।"

प्रत्यक्ष में पत्नी को उद्देश्य कर कहे गए वाक्य से उन्होंने अपने मन को सचेत किया। मन में अनेकानेक प्रकार की भावनाएँ और असंख्य विचार, प्रसंग एकत्र हो भीड़ जैसी स्थिति निर्मित कर देते हैं। कुछ बतलाने और बोलने की इच्छा होती है पर

"गिरा अनयन नयन बिनु पानी" अर्थात वाणी के पास नेत्र नहीं और नेत्रों के पास वाणी नहीं" यह स्थिति हो जाती है। किरण देवी और पृथ्वीराज ओर देखकर चम्पादेबाई को यही अनुभव हो रहा था। जिसे जन्म दिया हो, उसका लालन-पालन किया हो उस कन्या के समान इस ननद को बिदा करते हुए किरण देवी का मन बार-बार क्रन्दन कर रहा था। उसे ऐसे एकाकी अकेले भेजने की पीड़ा मन को साल रही थी।

किरण देवी के मन में यमुना देवी की 'बिदाई' अलग ही थी। स्थान-काल का भान भूलकर वे अपनी कल्पना में ही रम गईं।

राठौड़ महल का नववधू जैसे श्रृंगार किया गया। हँड़िया, झूमर, पत्तों, फूलों के हार, तोरण, ऊँचे गलीचे, दीपदान, मीनाकारी किए गए विविध प्रकार के पात्र, विविध आकार के दीपों की सहायता से की गई रोशनाई। महल पूरा जगमगा रहा था। दास-दासियों की दौड़भाग आरम्भ हो गई। ऊँचे वस्त्र, अलंकार पहनी हुई ललनाओं की हड़बड़ी, गड़बड़ी मची हुई थी। लता-पल्लवों से सजा हुआ, जरीवाले कपड़ों की कनातों से मंडप शोभायमान हो रहा था। खास कन्नौज से लाए हुए इत्रों से और धूपदान में लगे धूप, अगरबत्तियों की सुगन्ध की पवित्रता से युक्त हो गया था और बारात आने की वार्ता से सुख, सन्तोष, आनन्द की लहर छा गई। सभी आमंत्रित बारात देखने दौड़ पड़े। दूल्हा देखने के लिए दौड़भाग होने लगी, पर दूल्हा दिखा ही कहाँ? अश्वारूढ़, रुआबदार युवक के चेहरे पर जूही के फूलों का सेहरा था और उन नाजुक फूलों की मोहित करनेवाली सुगन्ध यहाँ से भी किरण देवी को आकर्षित कर रही थी। 'इन फूलों जैसी ही अपनी देवी' वधू के वेश में पूजन के लिए बैठी हुई यमुना देवी को देखकर किरण देवी के मन में आया।

गाढ़े अनार के रंग का सोने के तारों से कढ़ी बेलबूटियों वाला खास आमेर के कलाकारों द्वारा बनाया गया वधूवेश, अधखिले गुलाब के पुष्प के बीचोबीच ओस कण जैसा सुन्दर दिखाई देता है वैसे ही यमुना देवी का नाजुक गुलाबी गोरा चेहरा इस वेश में खिल रहा था, भला लग रहा था। माथे से लेकर पैरों की उँगलियों तक पहने विविध रत्नाभूषण और स्वर्णालंकार उस वेश पर जगमगा रहे थे। माथे पर हीरे से जड़ी हुई बिन्दी और मस्तक पर झुककर दर्शन लेने की आशा में भाल प्रदेश पर थमे हुए सौभाग्य चिह्न, उसे पकड़कर कुन्तलों की कमान की तरह मुड़े हुए माणिकों की बेल, नाक में हीरे जड़ी हुई नथनी, उसमें पन्ने जड़ी हुई कानों तक पहुँचनेवाली, बारीक कलियोंवाली बेल, गहरे अनार के रंग की छटावाले माणिकों से बने हुए कर्णाभूषण गर्दन हिलने के साथ डोल रहे थे और सम्पूर्ण चेहरे पर अपनी आभा बिखेर रहे थे। छोटे-छोटे हीरे और पन्नों से जड़े हुए कान की किनारी ढाँकनेवाला सोने का कान, कर्णाभूषण से निकलकर केशभूषा के मध्यभाग में थमे हुए मूँगे और मोतियों की बेलें, गले में झूलनेवाली नवरत्नों की माला; सोने में जड़ा हुआ माणिक का जगमगाता, जड़ाऊ कंठाभूषण, उसमें बीच में जड़ा हुआ हीरा कंठकूप में बैठा

हुआ अपनी श्रुति से यमुना देवी के लावण्य को उजला बना रहा था।

सुवर्ण की मेखला पर जड़े हुए छोटे-बड़े पाँचू, माणिक, नीलम, पुखराज, हीरे, मोती, गोमेद चमकदार गहने बनानेवाले कुशल हाथों की प्रशंसा कर रहे थे। हाथों की उँगलियों में नौ रत्नों की अँगूठियाँ हाथों में रची हुई लाल चटक मेहँदी। सोने की और जड़ाऊ कारीगरी की हुई हाथीदाँत के मीनाकारी किए हुए लाख के कंगन उसके सुकोमल प्रकोष्ठों के सुडौलपन से प्रतिस्पर्धा कर रहे थे। विवाह का चूड़ा बाहुओं को शोभा दे रहा था। दो कदम भी जब यमुना देवी चलतीं तो पैरों के नूपुर और कटि की मेखला रुनझुन कर रही थीं। कमलपुष्पों की आकृतियों से सजाई हुई, सुन्दर पारदर्शक अनार के रंग की चुनरी ने यमुना देवी के वधूवेश पर एक अलौकिक साज चढ़ाया हुआ था। निष्णात कलाकार की समर्थ तूलिका से चित्रित नववधू का चित्र अचानक मानो सजीव हो गया हो वैसे ही यमुना देवी की कमनीय आकृति परिलक्षित हो रही थी।

लज्जा से झुके हुए आसक्त नेत्रों में संसार के सुखस्वप्न थे। कुँवर अमर सिंह का उम्दा रूप था और मन में नाजुक कोमल भावनाएँ। आसपास की स्त्रियाँ बन्ना-बन्नी गा रही थीं, ढोलक बज रहा था। बीच में ही किसी ने उठकर नृत्य की शुरुआत की और कन्याओं और कुलवधुओं ने उसमें सम्मिलित होकर उल्लास का वातावरण बना दिया।

विवाह मंडप में उत्साह, उल्लास की धूम मची हुई थी, लग रहा था आनन्द का उफान ही लेकर बारात आई हो। सभी एक दूजे से स्नेहालिंगनबद्ध हो गए थे। तोरण छूकर कुमकुम तिलक की रस्म भी पूरी हो गई थी, अब सिर्फ प्रतीक्षा थी तो वधू के आगमन की। पान-सुपारी, जलपान, हुक्का-पानी, मेवा-मिठाई और मान-सम्मान के वस्त्रों का देना-लेना सम्पन्न हुआ। स्वादिष्ट मिठाइयों की सुगन्ध चारों ओर फैल गई थी।

विवाह की शुभ घड़ी करीब आ गई। मंगलवाद्यों की मधुरध्वनि और शुभ मंगल के घोष में विवाह-विधि सम्पन्न हुई। छेड़छाड़, हँसी-मजाक, ठिठोली, परिहास का मानो उफान आ गया। फेरे हुए, भोजन और रात-भर चली हुई विवाह की रस्मों में आनन्द उल्लास के साथ रात बीत गई। झुटपुटा होते ही बिदाई की बेला आ गई और स्त्रियाँ बिदाई के गीत, शुभाशीर्वाद के कवन गाने लगीं, डोली आ गई। शरमीली, संकोची स्वभाव की यमुना देवी अपने पिता सम बन्धु के चरणों में झुकीं। माँ स्वरूपा भाभी की बाँहों में उनके कन्धों पर मस्तक रख अपने मन की वेदना व्यक्त करने लगीं। अपना बचपन ढूँढ़ने लगीं। किरण देवी का स्नेहिल हाथ उनकी पीठ सहलाकर मानो दिलासा दे रहा था, काफी देर यह सान्त्वना चलता रहा, तभी पृथ्वीराज जी ने कहा, "देवी अब भाभी की भेंट समेटे, निकलने में देरी हो रही है।"

किरण देवी ने यमुना को हृदय से लगाया और मजबूरी में अपने से दूर किया। उनकी

आँखों से आँसुओं का पर्दा जब हटा तभी उन्हें एहसास हुआ कि "यमुना देवी का विवाहोत्सव यह उनके मन में छिपा हुआ, पलकों में सजा हुआ स्वप्न ही था।"

यथार्थ सामने खड़ा था। पुरुष के वेश में यमुना देवी के रूप में बारातियों के बिना, विवाह के बिना ही ससुराल अकेले ही जाती हुई कन्या की बिदाई के रूप में।

फतेहपुर से उदयपुर की ओर जानेवाला नजदीक का मार्ग छोड़कर वे दोनों अश्व मथुरा की ओर मुड़े। यमुना देवी की मथुरा-वृन्दावन जाकर कृष्ण के दर्शन कर ही आगे जाने की जिद न पृथ्वीराज टाल सके और न रणबहादुर सिंह ही। मथुरा नगरी के समीप पहुँचते-पहुँचते यमुना देवी के मन में नटखट, खिलाड़ी, छेड़छाड़ करनेवाला कृष्ण-कन्हैया साकार होने लगा। "यही रास्ता होगा, यहीं कृष्ण ने गोपियों को मथुरा के बाजार जाते हुए रोका होगा।" यह यमुना देवी के मन में आया और उनकी आँखों के सामने कृष्णमूर्ति, कृष्ण की रासलीला, गोपियाँ, होली के रंग, मुरली छा गई। सभी अनोखी, भानेवाली, आकर्षित करनेवाली हृदय में बेचैनी, छटपटाहट जगा रही थीं।"

'कृष्ण की जगह कुँवर जी को देखो नहीं' मन में कहा। वैसे ही यमुना देवी मोहित हुईं और एक दीर्घ निःश्वास छोड़ते हुए उन्होंने खुद को सँभाला। पुरुषवेश देखा और मन के सारे विचार झटककर अपना घोड़ा रणबहादुर सिंह के अश्व के साथ यमुना नदी की ओर मोड़ा।

यमुना का मधुर शीतल जल पीकर सवार ही नहीं उनके घोड़े भी तरोताजा हो गए। अपने सुकुमार कदमों के कारण यमुना के जल में उठनेवाली तरंगें देखते हुए यमुना के विशाल जल की ओर देखते हुए यमुना देवी एक विशाल प्रस्तर पर बैठी थीं।

रणबहादुर सिंह खरहरे से अश्वों की सफाई करने, दाना-पानी देने में लगे हुए थे। यमुना के विशाल जल की ओर देखते हुए यमुना देवी उस कुलप्रिया से मन की बात करने लगीं।

"सखी हम दोनों ही समान हैं। अपने वल्लभों से मिलने के लिए निकली हुईं। तेरा अच्छा है, गई कि सीधे रत्नाकर की विशाल बाहुओं में विश्राम करोगी। परन्तु हमारा वैसा नहीं है। हम दूर से ही अपने प्राणसखा को देखकर समाधान मानेंगे। तुम्हारे जल की तरह हमारे कदमों को भी मिलने की असीम उत्कंठा है पर वह सुख स्पर्श से परे ही है। उनके समीप रहने के लिए हम सतत व्याकुल रहते हैं पर कर्तव्यों की शृंखलाएँ हमें बाँधे रखती हैं। कब होगा सखी हमारा मिलन? इस जन्म में क्या वह सम्भव होगा? यमुने, तुम्हारी तरह ही हम भी रमणी हैं। अनेक सरिताओं का सागर से मिलन हुआ है और वैसे ही कितनी पत्नियाँ भी होंगी। जैसे तुम गंगा माँ के सहारे रत्नाकर के सहवास में रम जाओगी वैसे ही हम भी उनकी बड़ी पत्नी का आधार लेकर अप्रत्यक्ष रूप से उनके सान्निध्य में रहने का सुख प्राप्त करेंगे, तुम्हारी तरफ देखकर ही हमें यह सूझा। हमारी तरफ वे देखेंगे क्या? धत, नाम क्या पूछती हो? ऐसे कोई अपने प्राणसखा का नाम बतलाता है क्या और क्या तुम्हें मालूम नहीं? वीर

पराक्रमी चंडप्रतापी मेवाड़ाधिपति महाराणा प्रताप सिंह के ज्येष्ठ कुँवर हैं वो पर यह रहस्य मन में ही रखना किसी से कहना नहीं। कहीं भी भूलकर बोलना नहीं और हाँ तुम्हारी तरंगों को भी खामोश रहने को कहना, नहीं तो वार्ता के तुषार सब दूर फैला देंगी और करेंगी हमारी बदनामी। हम बदनाम हुए तो भी एक बार चलेगा पर कुँवर जी को किसी भी तरह की आँच नहीं आनी चाहिए।"

यमुना के नीले जल की पृष्ठभूमि पर काले प्रस्तर पर बैठी हुई यमुना देवी, किसी सुन्दर संगमरमरी शिल्प जैसी नजर आ रही थीं। जल में डालकर बहते जल प्रवाह से चला हुआ उनका खेल देखकर रणबहादुर सिंह का दिल भर आया। किसलिए इस सुकुमारी ने सती का कठिन व्रत स्वीकारा? कैसा विकट आयुष चुना, कितना कठिन रास्ता यमुना के प्रवाह जैसे उनके मन में आया। यमुना देवी की वह भावसमाधि उनसे भंग नहीं की जा रही थी पर दिन ढलने के पहले मंजिल तक पहुँचना जरूरी था।

रणबहादुर सिंह ने विचारों को विराम दिया और यमुना देवी को चलने का संकेत।

दक्षिण राजस्थान की मुहिम सफल कर भामाशाह जी और बलदेव जी के लौटते ही महाराणा प्रताप सिंह को काफी आश्वस्ति मिली। राजपूतों के एकीकरण की अभिनव कल्पना को अनेक शासकों ने मन से स्वीकार किया और उसका स्वागत किया। सभी खुलेआम महाराणा प्रताप की सहायता न भी कर सके तो भी हृदय से सभी ने इस संघर्ष को समर्थन और सहारा दिया। अकबर का वर्चस्व यह राजपूतों के गले में फँसा फन्दा ही था परन्तु अकेले प्रत्यक्ष में सामना करने का बल बहुत ही कम शासकों में था। राणा जी की संघटन योजना अनेक लोगों को दिलासा दे रही थी।

ईडर में खुद महाराणा प्रताप सिंह के ससुर शासक होने के कारण उनका सहयोग प्राप्त होने में कोई बाधा नहीं थी। सिरोही के शासक सुरताण और जालौर के ताज खाँ ने भी राणा जी के इस कार्य में स्वयं को झोंक दिया। कुछ भी हो जाए तो भी अकबर का आधिपत्य स्वीकार नहीं करेंगे और किसी भी परिस्थिति में तुर्कों के अधीन नहीं रहेंगे ऐसा निर्णय उन्होंने किया।

भामाशाह जी से यह सारी वार्ता सुनते हुए महाराणा प्रताप सिंह, जैत्र सिंह, कुँवर अमर सिंह, ताराचन्द, प्रधान महाराणा जी, बीरम देव जी आदि के मन प्रफुल्लित हो गए। अपेक्षा से ज्यादा इस अभियान को सफलता मिली थी।

"घर के मुखिया की नाराजी होने पर छोटे-बड़े सभी दुश्मन बन जाते हैं, ऐसा अनेक लोगों का हमेशा का अनुभव रहा है। जो अधिक सामर्थ्यवान है उसकी ओर लोगों का आकर्षण अधिक होता है यह भी संस्कार का न्याय है पर अपवादस्वरूप कभी-कभी घूमते हुए घर के निवासी ही स्थिर रखते हैं और शक्ति की अपेक्षा लोग सत्य का ही साथ देते हैं यह अनुभव हमें इस अवधि में आया।" भामाशाह जी ने कहा।

"आपके विचारों का भी थोड़ा विरोध हुआ या नहीं?" जैत्र सिंह ने उत्सुकता से पूछा।

"करीब-करीब नहीं," बलदेव जी ने कहा। "कुछ व्यक्तियों के मन में अनेक आशंकाएँ आईं। जीत के बारे में और अकबर के सामर्थ्य के आगे हम टिक पाएँगे या नहीं इस सम्बन्ध में। भामाशाह जी ने शंकाओं का उचित निराकरण किया।"

"आपको कैसे लगी हमारी राजस्थान की भ्रमण-यात्रा?" राणा जी ने पूछा।

"अप्रतिम! सृष्टि के अलग-अलग रूपों से सजा हुआ यह प्रदेश हमें बहुत अधिक भाया," बलदेव जी ने कहा।

"तो भी निरन्तर अपने प्रदेश की खूब याद आ रही थी," भामाशाह जी ने कहा।

"राणा जी," बलदेव जी ने गम्भीरता से उत्तर दिया, "सच में हमें हमारे प्रदेश की बड़ी तीव्रता से याद आ रही थी पर वह केवल सृष्टि का रूप, उसका साम्य और विरोध देखकर नहीं बल्कि उससे बढ़कर एक महत्त्वपूर्ण कारण से।"

"ऐसा कौन सा कारण था बलदेव जी, जिस कारण आप इतनी व्याकुलता का अनुभव कर रहे थे?" राणा जी ने कुतूहल से पूछा।

"राणा जी, नियति के संयोग का आश्चर्य महसूस होता है। हम दक्षिण से आए हैं। जिस वर्ष चित्तौड़ में आपके पितामह, हिन्दू सम्राट संग्राम सिंह का राजतिलक हुआ उसी समय दक्षिण में विजयनगर के सम्राट कृष्णदेव राय जी ने भी राज्यारोहण किया। आपके पितामह को जिस प्रकार बाबर के साथ-साथ गुजरात, मालवा और दिल्ली के सुलतानों से भी युद्ध करना पड़ा। वैसे ही कृष्णदेव राय जी को भी बीजापुर, गोलकुंडा, बीदर, अहमदनगर और वरहाद (बरार) इन स्थानों के बलशाली तुर्की सत्ता से सामना करना पड़ा।

आपके पितामह के निर्वाणोपरान्त दूसरे ही वर्ष कृष्णदेव राय का भी देहावसान हो गया। महाराणा संग्राम सिंह उत्तर भारत के और कृष्णदेव राय दक्षिण भारत के आखिरी वैभवशाली हिन्दू सम्राट साबित हुए। तालिकोट के युद्ध में विजयनगर का साम्राज्य नष्ट हो गया। उसके दो साल बाद अकबर ने चित्तौड़ का विध्वंस करके राजपूतों की सभी आशाओं को भस्म कर दिया। हम आज तक यही वार्ता सुनते हुए आए हैं।

अन्तर इतना ही है कि राणा जी के बिखरे हुए राजस्थान को फिर एकत्र करने के लिए, मेवाड़ की अस्मिता, सम्मान यथावत रखने के लिए और धर्म की रक्षा के लिए आप दीपस्तम्भ की तरह खड़े हैं। आपके दृढ़ संकल्प, कठोर आदर्शों ने ही स्वतंत्रता के अस्तित्व का मुहूर्तस्तम्भ स्थापित करने के कारण आप सभी की आशाओं के बिन्दु बने परन्तु वैसा दक्षिण में कोई नहीं बन पाया। आपके पुरुषार्थ का आदर्श वहाँ भी होता तो वहाँ की सत्ता की मृतप्राय अवस्था पर, मन पर चेतनता का सिंचन हुआ होता।"

बलदेव जी बोलते हुए रुके। उनके इस बोलने से सभी भाव-विभोर हो गए। इस परदेशी प्रवासी ने अपने प्रान्त के बारे में इतनी गहनता से सोचा होगा ऐसा किसी को भी लगा नहीं था।

बलदेव जी के शब्दों में समाई हुई व्यथा सीधे प्रताप सिंह के हृदय को छू गई। उनके मन में निहित बलदेव जी की प्रतिभा और भी उज्ज्वल हो गई। अपनी नजरों के कौतुक से बलदेव जी को नहलाते हुए गौरवान्वित करते हुए राणा जी ने गम्भीरता से कहा, "किसी भी प्रदेश और राष्ट्र की रक्षा करनेवाली शक्ति उस प्रान्त की सर्वसामान्य जनता ही होती है, ऐसा हमें हमेशा लगता रहा है। बलदेव जी आज आपने इसका प्रमाण दिया है। आपके प्रदेश पर आपका प्रेम, आत्मीयता आपके शब्दों से परिलक्षित होती है। स्वदेश के प्रति यह सुहृद भावना कभी भी निष्फल नहीं जाएगी। आपके प्रान्त में भी स्वराज्य की आकांक्षा रखनेवाले दृढ़-निश्चयी, सामर्थ्यवान, वीर्यवान पुरुष निश्चित ही निर्मित होंगे। वे भी स्वातंत्र्यलक्ष्मी के पूजक होंगे। सम्भवत: वे हमसे भी ज्यादा सरस साबित होंगे। इसके लिए हम एकलिंगी जी की प्रार्थना करेंगे, आग्रह करेंगे। किसी भी प्रान्त में अन्याय-अत्याचार हो और उनकी सार्वभौम स्वतंत्रता पर विदेशियों द्वारा आँच लाई जाए इस बात का हमें अत्यधिक रोष है। अभी हम आपके प्रान्त के लिए कुछ भी नहीं कर सकते इस बात का हमें खेद है। यदि सम्भव होता तो हम अपने सम्पूर्ण सामर्थ्य के साथ आपके साथ आए होते जहाँ फिर से कृष्णदेव राय के वारिस का राज्य स्थापित कर राज्य निष्कंटक किया होता पर हमारा भविष्य हमारे हाथों में नहीं। ईश्वर ने हमें यदि उतनी आयु और सामर्थ्य दिया तो हम वह भी अवश्य करेंगे।"

राणा जी के बोलने से वातावरण में गम्भीरता की गहरी छाया व्याप्त हो गई परन्तु बलदेव जी के दूसरे मन पर चन्दन का विलेपन हो गया, शीतलता छा गई। खामोशी से बलदेव जी की आँखों में आनेवाले रमणीय काल का स्वप्न छाने लगा।

श्रावण की फुहारों ने धरती को नवचैतन्य दे मोहक बना दिया। सुस्ताई हुई रमणी जैसे उठकर, तरोताजा हो और प्रसन्नता से पूरे घर में विचरण करने लगती है वैसे ही सृष्टि भी ताजगी से, प्रफुल्लता से भर गई। हरियाली छा गई, फूल खिल गए, पंछी क्रीड़ा करने लगे, पशु हर्षित हो गए और सबके मन उत्साह से भर उठे।

गाँव-गाँव में, घर-घर में झूले बाँधे गए, पर्वों-त्योहारों से प्रसन्नता का साम्राज्य छा गया। जितने गाँव उतनी ही पद्धतियाँ, रीतियाँ दृष्टिगत होने लगीं। जितने त्योहार उतनी ही विविधता दृष्टिगत होती परन्तु मूल भाव एक ही था प्रेम, ठौर-ठौर बिखरा हुआ स्नेह।

"वातावरण का कितना रम्य प्रतिबिम्ब मन के दर्पण में प्रतिबिम्बित होता है।" यमुना देवी के मन में आया—इतने दिन रूखा और उबाऊ प्रतीत होनेवाली यह यात्रा अब कितनी रसपूर्ण और मोहक प्रतीत हो रही है।

मथुरा-वृन्दावन से निकलने पर काफी घुड़दौड़ हो जाने पर एक गाँव के पास

पहुँचते ही जीवन में बिखरे हुए सुन्दर रंग नजर आए। मथुरा के प्रवास के बाद यमुना देवी का मन प्रमुदित हुआ। मथुरा के बाद घने अरण्य में इतने विविध प्रकार के पक्षी थे कि यमुना देवी उनके कलरव में खो जातीं। वृक्षों की छाया में विश्राम के लिए बैठते ही पक्षियों की अनवरत चहचहाट मन मोह लेती। ये अलग-अलग पक्षी कहाँ से कहाँ आते-जाते यह भी एक रहस्य ही था?

फुदकनेवाले इन पक्षियों की तरह ही यमुना देवी का मन कभी घोड़े की तरह तेज गति से दौड़ता तो कभी नि:सर्ग की छटा में रमता धीमी गति से बढ़ता। जलाशयों के किनारों पर क्षण-क्षण उनका मन रमता था। रणबहादुर सिंह उन्हें कहीं भी प्रतिबन्धित नहीं करते थे और न ही उनकी तन्द्रा भंग करते थे। रूढ़ि और परम्परा के पिंजरे में आज तक जकड़ी हुई यह मैना स्वातंत्र्य जीवन का आकंठ आस्वाद लेती हुई सृष्टि का आनन्द भरपूर लूट रही है। देव-दुर्लभ स्वातंत्र्य उसे प्राप्त हुआ है इसमें ही रणबहादुर सिंह राजी थे। राजमहल के बाहर निकली हुई यमुना देवी प्रसन्नता से खिल रही थीं। रणबहादुर सिंह उनके मार्ग के कंटक दूर कर कदमों के नीचे आनन्द की चौघड़ियाँ बिछाना चाह रहे थे।

अरण्य खत्म होने के बाद वन आरम्भ हो गया, घास, पेड़, फूल, पत्ते, पक्षी हवा, पानी, सूर्यप्रकाश सभी मुक्त और बिखरा हुआ-सा था। यह अनुभव भी अलग ही था। यमुना देवी ने यात्रा के ये अनुभव मन में सँजो लिये। मार्ग में दोनों तरफ के वृक्षों के बीच में उड़नेवाले मयूरों के झुंड नजर आ रहे थे, तो कभी आकाश में ऊँची उड़ान भरते गिद्ध भी नजर आ रहे थे। मयूरों का केकारव भी सुनाई पड़ रहा था तो चित्त में कम्पन उत्पन्न करनेवाली गिद्धों की चीत्कार भी सुनाई दे रही थी।

सृष्टि के ये दो रूप। एक अत्यन्त सुन्दर, राजसी, वैभवशाली। उसे देख मन प्रसन्नता से भर जा रहा था और दूसरा उतना ही अमंगल घृणास्पद और दरिद्रता से भरा।

"कितना बड़ा विरोधाभास!" यमुना देवी ने रणबहादुर सिंह से कहा, "एक ही जगह पर ये दो तरह के पक्षी?"

"देवी यही जीवन का वास्तविक स्वरूप है। जीवनरूपी सुवर्ण मुद्रा के ये दो पहलू हैं।" रणबहादुर सिंह ने कहा, "जीवन केवल एकतरफा होकर काम कैसे चलेगा? उसमें सारे रंग होने ही चाहिए। अपना जीवन किस रंग में रँगाना है यही हमें तय करना होगा। मनचाहे रंग मिल गए तो अच्छा, नहीं मिल पाए तो जो मिल गए हैं उन्हें ही खिलाना चाहिए, दूसरे रंग मिलाकर। जहाँ जीवन है वहाँ मृत्यु अवश्यम्भावी है। सृजन और संहार यही सृष्टि की निर्धारित दिनचर्या हैं। देवी, यह प्रदेश यानी सृष्टि के दो छोर हैं। हवा में अत्यन्त ऊष्मा और उतनी ही ठंड होती है। मथुरा-वृन्दावन में गोधन भरपूर होता है। ऊष्मा बढ़ी कि जानवर मृत्यु के मुख में समाते जाते हैं इस कारण गिद्धों के समूह बढ़ते जाते हैं।" रणबहादुर सिंह ने कहा।

"सुन्दर जीवों पर टूट पड़नेवाले घृणित गिद्ध जैसे जीवनदायी संस्कृति नष्ट करनेवाले बड़प्पन हाँकनेवाले तुर्क।" अनजाने में हुई तुलना से यमुना देवी का मन दुखी हो गया।

"दो दिनों बाद हम आमेर प्रान्त में पहुँचेंगे देवी। वहाँ हमारे एक स्नेही रहते हैं। 'तीज' करीब आई है अगर हम उनके यहाँ रुके तो चलेगा क्या?" रणबहादुर सिंह ने पूछा।

"हमें वहाँ का वास्तव्य पसन्द आएगा काकी सा, वहाँ की तीज बहुत प्रसिद्ध है ना?" यमुना देवी ने उत्साह से कहा।

"हाँ, वहाँ की तीज देखने दूर-दूर से लोग आते हैं।" रणबहादुर सिंह ने कहा, "प्रत्येक नवविवाहिता की यह ख्वाहिश रहती है कि पति उसे तीज दिखाने लेकर अवश्य जाएँ।"

रणबहादुर सिंह ने सहज ही कहा और यमुना देवी की आँखों के सामने साकार हुई कुँवर अमर सिंह की रणबाँकुरी मूर्ति। आमेर का श्रावण तृतीया उत्सव देखने की इच्छा और भी अधिक तीव्र हो गई। बचपन से राजस्थान से बाहर रहने के कारण यहाँ के त्योहारों से उनका निकटता से परिचय नहीं हो पाया था।

रणबहादुर सिंह के स्नेही के घर में यमुना देवी को थोड़ा भी परायापन नहीं महसूस हुआ। आतिथ्य प्रवीण, स्नेहिल राजकुँवर और खुले स्वभाववाले लक्ष्मण सिंह के सान्निध्य में यमुना देवी को पृथ्वीराज और किरण देवी की बड़ी तीव्रता से स्मृति हो आई। सच पूछिए तो इस त्योहार में नवविवाहिता मायके जाती हैं ताकि सखियों के साथ यह आनन्दोत्सव मना सकें। परन्तु यमुना देवी ससुराल की राह पर जा रही थी कभी भी मायके न आने के लिए।

अलगोजा और बीन इनके मधुर स्वरों में आकर्षक सुबह आनन्द की सौगात लेकर आई। सुस्नात, लावण्यमयी यमुना देवी के मुख पर प्रसन्नता का छिड़काव होने के कारण वह भी प्रफुल्लित दिखाई दे रही थीं। उनकी आहट लगते ही रंगोली खींचनेवाली राजकुँवर ने पीछे मुड़कर देखा। यमुना देवी के सादे वेश को देखकर वे बोलीं, "देवी आज तीज है ऐसा सादा परिवेश कैसे चलेगा? यह देखिए हमने आपके लिए लाया हुआ खास पहनावा। आप पहले इसे पहनकर देखें।

राजकुँवर जी ने यमुना देवी के लिए लाया हुआ पहरावा खोला। गहरे गुलाबी रंग का घेरदार सुन्दर घाघरा, उस पर जरी का काम, किनारे पट्टी पर बेलबूटे, खड़ी जरी की रेखाओं में कशीदे का काम की हुई नन्ही-नन्ही सुडौल कलाकारी। पूरे बदन पर जरी-बूटे का काम किया हुआ था और काँच का काम की हुई कंचुकी, बट्टों से सजी हुई रेशमी बन्धेज की चुन्नी।

यमुना देवी ने वह पोशाक परिधान किया और राजकुँवर जी द्वारा दिए हुए सारे गहने भी पहने। राजकुँवर ने उनके बालों को भी पुष्पमालाओं से सजाया। चाँदी की चौकी पर बिठाकर राजकुँवर बाई यमुना देवी के गोरे गुलाबी हाथों पर कुशलता से मेहँदी रचाने लगीं। मेहँदी रचे हुए हाथों को देखते हुए यमुना देवी अटारी में सुस्वर गीत सुनते हुए खड़ी थीं—

आई आई सावनिया तीज गौर ओऽऽऽ
रमवा निझरवा जी म्हारा राज ओऽऽऽ

"चलिए देवी तीज पूजने को चलना है न।" राजकुँवर के शब्दों से सजग हुई यमुना देवी ने उनकी ओर देखकर मोहक हास्य किया और माथे पर आई घुँघराली लटों को कलाई से पीछे किया। मेहँदी सचमुच बड़ी ही सुन्दर रची गई थी। मोर पंख की नाजुक बारीक लकड़ी से खींची गई यह नक्काशी उनकी हथेलियों की शोभा बढ़ा रही थी।

घाघरे के घेर उँगलियों से सँभालती हुई वे अटारी की सीढ़ियाँ उतरने लगीं, मानो कोई स्वप्नसुन्दरी आकाश से उतरने लगी हो।

झूले पर बैठी हुई किशोरी लज्जा से चूर-चूर हो गई थी और सखियाँ खुशी से तालियाँ बजाती हुई आनन्द से हँस रही थीं, उसे झुला रही थीं, छेड़ रही थीं और हाथ में रखे हुए गजरे का नाजुक आघात उसकी बाँह पर कर रही थीं।

'बीते कार्तिक में ही उसका परिणय हुआ' राजकुँवरबाई बतलाने लगीं, "कल ही मायके आईं और इन सखियों के घेरे में फँस गईं। पति का नाम लिये बिना उनकी छुट्टी बनाम मुक्ति होना सम्भव नहीं?"

यमुना देवी को यह बड़ा मनोरंजक लगा। पति का नाम लेने की कल्पना से अनुरक्त और बड़ी महिलाओं की उपस्थिति में घबराई हुई मोहक किशोरी की इस छेड़छाड़ को देखती वे भी सखियों की मसखरी में सम्मिलित हो गईं, 'सवारी आ गई, सवारी आ गई' कहते हुए सभी महिलाएँ दौड़ीं, तब कहीं किशोरी को छूट मिली। बड़ी तेज आवाज में ढोल-ताशे बज रहे थे। बीच-बीच में अलगोजा और बीन सुनाई दे रही थी। छोटे बच्चे भी शोर करने लगे 'सवारी आई, सवारी आई।' सचमुच सवारी आ रही थी 'तीजा माता की सवारी' सामने वाद्य बजानेवाले मस्तमौला ग्रामीण युवक थे और उनके पीछे सजे हुए घोड़े-हाथी थे। उनके पीछे भाव-विभोर होकर घूमर नाचनेवाली अल्हड़ कुँवारी युवतियाँ थीं...

म्हारी घूमर छे नखराली—
ए माय, गौरी घूमर रमवा म्है,
जास्याँ—
ओ रजरी...

बीच में ही वे नृत्यांगनाएँ नीचे झुककर चक्कर लेतीं तो उनके घाघरों का घेर विशाल कमल पत्तों की तरह फैल जाता था।

यमुना देवी सुध भूलकर देख रही थीं और गानेवालियाँ सुध बिसरा गा रही थीं—

घूमर रमवा म्है जास्याँ, ओ म्हाने रमतां ने—
काजल टीकी ल्या दो ए माय,

घूमर रमता म्है जास्याँ ओ रजरी
घूमर रमवा म्है ज्यासाँ...

नृत्य करती हुई आगे गईं रमणियों के पीछे से खास 'तीज की सवारी' आई। चित्रकार ने अपनी कूँची से मानो मूर्ति सजीव कर दी थी। देखते-देखते यमुना देवी सुध-बुध खो बैठीं। वहाँ की भीड़-भाड़, ढोल, शहनाई, नगाड़ों की मिली-जुली आवाज। आनन्द का जयघोष, उत्सव का आनन्द, समृद्धि का उत्सव, हृदयों की समृद्धि और प्रेम से सिक्त हृदय ऐसा ही रमणीय वातावरण दृष्टि में समा रहा था।

सारी धूमधाम खत्म होने के बाद यमुना देवी थकी हुई लौटीं। राजकुँवर जी की गप्पें सुनते-सुनते न जाने कब निद्रादेवी की गोद में विश्राम करने लगीं।

अजमेर में अकबर के छावनी में आज सुबह से अच्छी भागदौड़ मची हुई थी। बादशाह सलामत की शाही सवारी शिकार के लिए निकलनेवाली थी। शिकार के लिए हाथी, घोड़े, सैनिक, बारूद और शस्त्रास्त्रों की इतनी तैयारी क्यों? इनसे अकबर के साथ जानेवाले सैनिकों को कुछ भी लेना-देना नहीं था। उन्हें क्या जो काम बतलाया वे उसे ही करते और जिसका अन्न खाते उनका ही गुणगान करते। रुकने को कहा तो रुक जाते, लड़ने को कहा तो लड़ते और मरने को कहा तो मरते। मनुष्य के जीवन अकबर के लिए कौड़ियों के मोल था। भगवानदास जी सोच रहे थे इतने में अकबर का बुलावा आया।

"आइए, राजा जी, तशरीफ लाइए," डेरे में प्रवेश करते ही राजा भगवानदास को अकबर ने कहा, "राजा जी आप भी तैयारी कीजिए। हमारे साथ चलना है।"

"हम? हम आज तक कभी भी शिकार को आपके साथ नहीं गए!" भगवानदास ने आश्चर्य से कहा।

"तो अब चलिए!" अकबर उनकी ओर भेदक दृष्टि से देखते हुए बोला, "कभी तो शुरुआत करनी ही होगी न?"

"बड़ी शिकार की मुहिम दिख रही है," राजा जी विषय बदलते हुए बोले। "काफी मात्रा में फौज साथ में जा रही है इसलिए पूछने की गुस्ताखी की।"

"हाँ, राजा जी मुहिम बड़ी और महत्त्वपूर्ण है काफी दिनों की भी है। शिकार भी तो बड़ा ही है?"

"कौन से इलाके में जाने का इरादा है?"

"सोच रहे हैं कि मेवाड़ के इलाके में ही जाऊँ। जीते हुए मुल्क को देखना भी होगा और शिकार भी होगी। एक पन्थ दो काज। आप क्या कहते हैं राजा जी?" अकबर ने व्यंग्य से भगवानदास जी की नजरों से नजर भिड़ाते हुए पूछा।

राजा जी की मति खो गई। क्षण-भर को क्या उत्तर दें यह उन्हें समझ में नहीं आ रहा था। वैसे अन्तस्थ कुटिलता उनके समक्ष प्रत्यक्ष थी।

हाँ जी...हाँ जी...बड़ी नेक बात है। अपने को सँभालते हुए भगवानदास जी बोले, "आप सही बोल रहे हैं हुजूर। शिकार मिले न मिले, जीता हुआ प्रदेश तो निश्चित ही देखा जा सकेगा।"

"शिकार भी मिलेगा और अच्छा-खासा मिलेगा।" 'भी' पर जोर देते हुए एक-एक शब्द जोर देकर उच्चरित करते हुए अकबर ने कहा, "हम कच्चे खिलाड़ी नहीं हैं राजा जी, शिकार तो हमारे बाएँ हाथ का खेल है। छोड़िए इन बातों को, आप तैयारी कीजिए।"

अकबर ने मुलाकात का समापन किया।

दोनों ही चतुर पुरुष एक-दूसरे को पूरी तरह पहचान चुके थे।

अकबर के सामने बिछे शतरंज के चौपड़ पर एक तरफ से हाथी और दूसरी तरफ से ऊँट ने राजा को शह दी थी।

भगवानदास जी की अनुभव-सम्पन्न नजर अपने से ही हँसी।

अकबर स्वतः मेवाड़ की ओर चलकर आ रहा है यह वार्ता, अरावली के जंगल के सभी पशु-पक्षियों ने एक-दूसरे को बतलाई और एक कोकिला ने तान लेकर राणा जी के कानों पर भी डाली।

"इस बात की कल्पना राणा जी को पहले से ही थी," बलदेव जी ने कहा, "इतनी जल्दी में, हल्दी घाटी के युद्ध के बाद सिर्फ दो-ढाई महीने में ही यह हलचल होगी ऐसा जरूर नहीं लग रहा था।"

"बलदेव जी!" जैत्र सिंह ने कहा, "शत्रु को सँभालने के लिए समय न देते हुए, उन पर तत्काल आक्रमण किया तो विजय की सम्भावना अधिक होती है यह अकबर को ज्ञात था। साथ ही हमारी सेना की प्राणहानि भी उन्हें अवश्य ज्ञात होगी। हमारा सैन्यबल कम है इसीलिए वह प्रचंड सेना लेकर आ रहा है।"

"हल्दी घाटी के युद्ध की सम्पूर्ण वार्ता उसे व्यवस्थित रूप से अवगत की जा चुकी है जैत्र सिंह" बलदेव जी ने कहा, "इस युद्ध की सम्पूर्ण और व्यवस्थित जानकारी लाने के लिए अकबर ने महसूद खाँ नाम के खास पसन्दीदा अमीर को भेजा था।"

"वाह! बलदेव जी आपने तो बिलकुल सही जानकारी हासिल की है ऐसा प्रतीत होता है। नाम सहित आपको अकबर के लोगों की गतिविधियाँ मालूम हैं।" जैत्र सिंह ने प्रशंसा के स्वर में कहा।

बोलते-बोलते दोनों ही राणा जी के महल में पहुँचे। सेवक की सूचना के अनुरूप राणा जी के खास महल में गए। भामाशाह, ताराचन्द, अमर सिंह, बीरम देव जी सब उनके पहले ही वहाँ पहुँच गए थे।

"अकबर की फौज कभी भी अजमेर से मेवाड़ के लिए कूच करेगी," बिना किसी प्रस्तावना के राणा जी ने विषय प्रारम्भ किया। "दिखावे के लिए यद्यपि अपने शिकार का बहाना सामने किया है तथापि उसका हेतु विदित है। साफ शब्दों में कहें

तो अकबर प्रचंड फौज के साथ मेवाड़ पर चढ़ाई करने आ रहा है। उसके प्रतिकार की योजना हमें बनानी हैं।"

"राणा जी," भामाशाह ने कहा, "अकबर गोगुन्दा की दिशा में कूच करेगा। कुम्भलमेर या उदयपुर की ओर नहीं यह निश्चित है।"

"मतलब साफ है," कुँवर अमर सिंह ने कहा, "अकबर को हमारे पिताजी को कैद करना है। पिताजी गोगुन्दा में हैं इसीलिए वह गोगुन्दा में आनेवाला है।"

"कुँवर जी जो आशंका व्यक्त कर रहे हैं उसे नकारा नहीं जा सकता।" बीरम देव जी ने उद्‌गार व्यक्त किए, "इस मुहिम में विजयी होकर राणा जी को कैद करेंगे ही ऐसा विश्वास अकबर का है।"

"ऐसी उनकी इच्छा है," जैत्र सिंह ने बीरम देव के विधान में सुधार करते हुए कहा, "राणा जी को कैद करने की इच्छा अकबर की हो परन्तु वह मन से डरा हुआ है। राणा जी के डर से हमेशा सावधान बना रहता है।"

"ऐसा आपको किस आधार पर लगता है जैत्र सिंह?" कुँवर अमर सिंह ने पूछा, "अकबर की प्रचंड सेना और शिकार को निकलने का बहाना यही बता रहा है। अकबर के सैनिक आँखों में तेल डालकर घूम रहे हैं। कहीं से भी राणा जी के आदमी आएँगे इस दहशत से वे ग्रस्त दिखाई देते हैं।" जैत्र सिंह ने खुलासा किया।

कुछ क्षण शान्ति बनी रही।

"जैत्र सिंह अकबर का सैन्य बल प्रचंड है यह चिह्न इष्ट नहीं है," राणा जी ने गम्भीरता से कहा।

"आप चिन्ता न करें राणा जी, अपना एक सैनिक शत्रु के सौ सैनिकों पर भारी है," सेनापति ने गवाही दी।

"हम उस उद्‌देश्य से नहीं कह रहे," राणा जी ने कहा, "हमारा अपनी सेना पर पूरा विश्वास है। इस क्षण हम जनता की दृष्टि से विचार कर रहे हैं। अकबर की सेना आते वक़्त गाँव और घर नष्ट करेंगे, खेत उजाड़ेंगे, जनता पर अन्याय, अत्याचार करेंगे, स्त्रियों की दुर्गति करेंगे, इसलिए हम कह रहे थे कि तत्काल समस्त जनपदों में खबर पहुँचाने की व्यवस्था करें। जनता को अरावली के पहाड़ी इलाकों में आश्रय लेने के लिए कहें। अभी अपने पास एक सप्ताह की अवधि है। अजमेर से अकबर की सेना तत्काल निकलेगी ऐसा लगता नहीं। उतने समय में शत्रु के आने का मार्ग सम्पूर्णतया उजाड़ डालें। चित्तौड़ को घेरते समय उपयोग में लाई हुई यह विधि फिर से उपयोग में लानी होगी।"

"यह कैसे सम्भव है? अभी तो फसल ले-देकर ऊपर आई है अभी कटाई की उपयुक्त बेला आई नहीं है, ऐसे समय में खेती नष्ट करना यानी?"

"कुँवर जी," अमर सिंह की ओर मुड़कर राणा जी ने कहा, "हमने कटाई के लिए बचाकर रखे हुए खेत क्या अकबर के सैनिक वैसे ही रहने देंगे ऐसा आपको लगता है? शत्रु के प्रदेश का ज्यादा नुकसान करना, जलाना, लूटपाट करके प्रजा का मनोधैर्य नष्ट करना और अपना शासक हमारी और हमारी सम्पदा की रक्षा करने में

असमर्थ हैं, यह असुरक्षितता की भावना प्रजा के मन में निर्माण करना युद्धनीति का एक हिस्सा है। अकबर और उनके पहले तुर्कों ने यही नीति अपनाई है।"

"आपकी आज्ञा की तत्काल तामील की जाएगी राणा जी।" भामाशाह जी ने कहा, "प्रजा को अपने आदेश सविस्तार दिए जाएँगे। हम तुरन्त यह व्यवस्था करते हैं। भामाशाह जी इस बार हमें धनसंचय की भी व्यवस्था करनी होगी। नये शस्त्रास्त्र बनाने होंगे। घोड़े खरीदने होंगे। पूंजा जी की सेना को कहकर कुछ हाथियों को पालतू बनाना सम्भव हुआ तो उनकी भी आवश्यकता है। बोलते-बोलते राणा जी रुक गए। अश्व और हाथी का नाम लेते ही 'चेतक' और 'रामप्रसाद' की याद आकर वे व्याकुल हो गए।"

राणा जी की मन:स्थिति हर किसी को महसूस हुई और सबकी नजरों के सामने उम्दा 'चेतक' और सुलक्षणों से युक्त 'रामप्रसाद' आ गए।

"राणा जी गुजरात और मालवा प्रान्त में आक्रमण करने के लिए सैनिकों की टुकड़ियाँ तैयार कर धनसंचय करें और वैसे ही जितना हो सके तुर्कों के थानों को लूटा जाए ऐसी हमारी इच्छा है।" परिस्थिति की गम्भीरता को परखते हुए भामाशाह जी ने कहा, "आपकी आज्ञा चाहिए।"

"आपकी योजना योग्य है भामाशाह जी, अकबर का युद्ध यदि राजपूतों की सेना के बल पर है तो हमारा युद्ध उनके द्रव्य के बल पर होने में क्या आपत्ति है? सिर्फ इस क्रिया में स्त्रियों को, निरपराधों को, वृद्धों को यत्किंचित् भी आँच न पहुँचे इस बात की सावधानी लेने को सैनिकों को अवश्य बतलाएँ। हमारे पास हमारे सैनिकों की इस प्रकार की शिकायत आई तो किसी पर भी दया नहीं की जाएगी।" महाराणा प्रताप सिंह ने चेतावनी दी। राणा जी की चेतावनी कितनी कठोर होती है इसकी हर किसी को कल्पना थी। प्रजा का यह वत्सल पालनकर्ता अपराधियों के लिए जमदग्नि का अवतार था।

"आप इस कालावधि में किस जगह वास्तव्य करेंगे?" बलदेव जी ने पूछा, "अकबर की सेना से आपका आमना-सामना किस जगह पर होगा?"

बलदेव जी का प्रश्न सभी के लिए अचानक ही था। इस दृष्टि से किसी ने भी विचार नहीं किया था। जहाँ शत्रु से मुलाकात होगी वहीं उससे दो-दो हाथ करना है, आज तक यही क्रम था। इसमें निर्णय लेने का प्रश्न ही नहीं था। "यह कैसा प्रश्न?" ऐसा सबका दृष्टिकोण देखते ही बलदेव जी शर्मिन्दा हुए। कहीं "हम कुछ गलत ही तो नहीं बोल गए? ऐसा उनके मन में आया। राणा जी को बलदेव जी की अस्वस्थता का आभास हुआ और औरों के मन का भ्रम भी।"

"बलदेव जी का प्रश्न उपयुक्त है," राणा जी ने सभाजनों का सम्भ्रम दूर करते हुए बलदेव जी को नजरों से आश्वासन देते हुए कहा, "इस समय इस प्रश्न का विचार सयुक्तिक ही नहीं बल्कि अत्यावश्यक है। इसका हमने विचारपूर्वक निर्णय लिया है।" बाकी के लोगों को विचार करने के लिए थोड़ी फुरसत देकर राणा जी ने आगे कहा, "अकबर जिस समय मेवाड़ प्रदेश में प्रवेश करेगा उस समय हम

अरावली पर्वत के घने जंगलों में होंगे और अपनी सेना अकबर की सेना से किसी भी स्थान पर युद्ध नहीं करेगी।"

"युद्ध करेगी नहीं?" करीब-करीब हरेक की जबान से इस वाक्य का सहज उद्‌गार व्यक्त हुआ।

"हाँ, अपनी सेना युद्ध नहीं करेगी, सिर्फ शत्रु के ठिकानों पर, थानों पर, सैनिकों की टुकड़ियों पर छिप-छिपकर हमले करेगी। शत्रु को हैरान-परेशान करेगी, नाक में दम लाएगी पर आमना-सामना करके प्राण नहीं गँवाएगी। इसके बाद के प्रत्येक आक्रमण के समय इसी युद्धनीति का अनुसरण करने की हमारी इच्छा है। शत्रु का ज्यादा-से-ज्यादा नुकसान करके अपनी सेना को कम-से-कम क्षति हो इस बात की ही सावधानी लेना आवश्यक है। अपने सैनिकों के प्राण अनमोल हैं उन्हें कौड़ियों के मोल गँवाना नहीं है।"

राणा जी की बात सभी उत्सुकता से, पूरी श्रद्धा से, ध्यान देकर सुन रहे थे। "अभी जो हमने बात कही उस पर आप सभी दृष्टि से विचार करें और उसमें जो भी त्रुटि या सुधार आपको समझ में आए तो आप जरूर सुझाएँ। उसके अनुसार उसमें आवश्यक बदलाव किया जा सकेगा," राणा जी ने स्पष्ट किया।

"राणा जी, आपने प्राप्त परिस्थिति का गम्भीरता से, गहराई से विचार किया है। हम और अधिक क्या बताएँगे?" जैत्र सिंह ने कहा, "आप जो भी निर्णय लेंगे वह योग्य ही होगा ऐसा हमारा दृढ़ विश्वास है।"

जैत्र सिंह के वक़्तव्य से सभी सहमत हैं ऐसा उनके चेहरे से स्पष्ट हो रहा था। उनकी ओर मन्दस्मित करते हुए राणा जी ने कहा—

"सद्य:परिस्थिति में हमारा विचार था निर्णय सिर्फ गलती या सही यही हो सकता है, अनेक पीढ़ियों के बीत जाने पर काल की कसौटी पर जब यह परिस्थिति परखी जाएगी तभी योग्य, अयोग्य की परख समाज करेगा। योग्य होगा तो आनेवाली अगली पीढ़ी के लिए मार्गदर्शक साबित होगा, अयोग्य होने पर नष्ट हो जाएगा। किसी भी प्रश्न का उत्तर काल ही देता है। हम जो कहते हैं वह इसीलिए ही कहते हैं।"

राणा जी के स्वभाव के इस अनोखे पहलू का बलदेव जी को दर्शन हुआ। "स्वयं की योग्यता को नम्रता से स्वीकार करनेवाला यह नरशार्दूल, कितना भी समय क्यों न बीत जाए आदर्श ही साबित होगा।" उनके मन में यही आया।

अकबर अजमेर से निकला, सेना के साथ, सगर्व, सजग और हरेक कदम फूँक-फूँककर डालता हुआ अकबर की सेना गोगुन्दा की ओर कूच कर रही थी। दो दिनों में ही दूरी तय कर अकबर गोगुन्दा पहुँचा। किसी भी स्थान पर राणा प्रताप की सेना से सामना बिना हुए अकबर अपने लवाजमे सहित सुरक्षित गोगुन्दा पहुँच गया। तभी से उसके मन में आशंका उत्पन्न हुई कि इतनी सहजता से राणा प्रताप ने हमें गोगुन्दा पहुँचने कैसे दिया, जरूर कुछ-न-कुछ रहस्य इसमें है। राणा प्रताप का डर मन में अनवरत बनाए रखकर ही उसने मार्ग क्रमण किया। एक मुकाम से दूसरे मुकाम जाने से पहले अकबर की गिनी-चुनी सेना ही आगे बढ़ती थी और मार्ग

सुरक्षित है यह निश्चित हो जाने पर ही वह स्वत: उस रास्ते से कूच करता था। यदि आक्रमण हुआ तो, सैनिक मुकाबला करेंगे ही।

अकबर सही-सलामत गोगुन्दा पहुँचा। उसी दिन राणा जी के महल के दालान में अपने अमीर-उमराव, मांडलिक और सेनानायकों की बैठक आयोजित की।

राजा भगवानदास जी, कुतुबुद्दीन खाँ, फखरुद्दीन सैयद अब्दुल खाँ, सफदर खाँ, मिर्जा खाँ, जैन खाँ, राय सिंह सभी सभा में उपस्थित थे।

"राजा भगवानदास जी आपको इस इलाके की पूरी जानकारी है। कीका राणा गोगुन्दा छोड़कर पहाड़ों में छिपा है। पहाड़ में आश्रय लेने की अपेक्षा हमारी शरण में आया होता तो हमने उनका राज्य भी वापस लौटाया होता और ऊपर से हमारी सूबेदारी भी दी होती। वह नामुराद, नापाक राणा हमारी सुनता ही नहीं, हम भी उसका मुलाहिजा नहीं रखेंगे। पहाड़ों में जाकर उसे खोजकर लाओ। अपने साथ कुतुबुद्दीन खाँ को भी ले जाओ।" अकबर ने आदेश दिया। भगवानदास जी स्वीकारार्थ सर हिलाया। स्वयं जब मूसल में सिर दिया तो पड़नेवाले घावों की गिनती करने में क्या फायदा?

"फजल खाँ" अपने दूसरे सेनानायक की तरफ मुड़कर अकबर ने हुकुम दिया, "वह काफिर राणा गुजरात की ओर भाग सकता है। आप खुद तत्काल कुछ सेना लेकर जाओ और गुजरात के राजमार्ग पर कड़ा पहरा बैठा दो। कड़ी सुरक्षा होनी चाहिए।"

"जी हुजूर ऐसा ही होगा।" फजल खाँ ने हामी भरी, "उस रास्ते से परिन्दा भी पर नहीं मार सकेगा।"

"गोगुन्दा के पूरब में मोही नाम का गाँव है। हमने उधर से आते वक़्त वहाँ से पहाड़ में जानेवाला रास्ता देखा था।" अकबर ने आगे कहा, "उस रास्ते पर तीन हजार सैनिक तैनात करें। शाहरूख खाँ आप ये मोर्चा सँभालें।"

"बहुत अच्छा हुजूर," इसमें कौन सी बड़ी बात है! ऐसे स्वर में शाहरूख खाँ जवाब दिया।

"हमारे हुकुम की तुरन्त तामील हो। इस कार्य में लापरवाही होना हमें नहीं चलेगा।" अकबर ने जोर देकर कहा।

अपनी दृष्टि से गोगुन्दा का सख्त इन्तजाम कर अपनी सेना आसपास के प्रान्त में बिखेरकर अकबर ने सभा बरखास्त की।

राणा जी के आदेश का पालन तत्परता से होने लगा। मेवाड़ की जनता ने सपाट भूभाग छोड़कर अरावली की गोद का आश्रय लिया। पर्वतीय प्रदेश जागृत हो रौनक युक्त हो गया। जैसे शरद ऋतु में आकाश में चाँदनी खिली हो वैसे ही अरावली पर्वत मेवाड़ की प्रजा के आगमन से खिल गया। आबाल-वृद्धजनों के आवागमन से अरावली का कण-कण रोमांचित हो गया। आज तक अपने से दूर गए हुए ये अपने बच्चे अब गोद में आने से उसे भी वात्सल्य की तीव्रता महसूस होने लगी, मानो ज्वार-सा आ गया हो। वहाँ के वृक्षों के पत्ते-पत्ते में फूल-फल झूलने लगे, झरने वेग से बहने लगे। हवा

घाटियों में सीटियाँ-सी बजाने लगी। आदित्य ने कौतुक करते हुए चारों ओर किरणों का प्रसार कर दिया। चन्द्रमा ने चाँदनी बिखेर दी। हमेशा पक्षी सुबह-सुबह विभिन्न दिशाओं में उड़े कि प्रदोष काल तक ही लौटते और तब तक वातावरण शान्त और खामोश बना रहता। अब दिन-भर छोटे बच्चे और पशु चहलकदमी करते। पशुओं को दूर चराने के लिए ले जाने की आवश्यकता ही नहीं थी। सब पर्वत पर ही रहते थे! धीरे-धीरे बस्तियाँ, गाँव बसने लगे, आवश्यकता की वस्तुएँ बनने लगीं। नि:सर्ग के ज्ञान के पाठ लिये-दिये जाने लगे।

बड़-पीपल के पेड़ों पर छोटे बच्चों के झूले टाँगे गए। देवी-देवता, तीज-त्योहार, नृत्य-गायन सब अरावली की साक्षी से होने लगे। सारंगी, जन्तर, रावण हत्था, एकतारा, बाँसुरी, अलगोजा, शहनाई, मोरचंग इन वाद्यों का स्वर, मृदंग, ढोल, नगाड़े, नौबत, खँजड़ी, मँजीरा, तेरहताली, थाली, खड़ताल इन वाद्यों का ताल और गायकों के स्वर इन्होंने मिलकर निर्जन में सुन्दर लय का निर्माण किया, इस लय में पूरा परिसर नाग की तरह सम्मोहन में डोलने लगा। मीराबाई के भजन गाए जाने लगे। रात्रि में मनोरंजन के लिए तुर्रा-कलंगी-खयाल, गबरी, रामलीला इत्यादि कार्यक्रम किए जाने लगे। बहुरुपिये घूमने लगे, भाँड़ मनोरंजन करने लगे, मेवाड़ की प्रजा गाँव से भी अधिक सुखी और आनन्द में नजर आने लगी। अरावली के सान्निध्य के साथ उनके प्राणप्रिय राणा भी उनके साथ लगातार वास्तव्य कर रहे थे। इसका भी परिणाम होगा। अन्यथा राणा जी दुर्ग पर गढ़ में और प्रजा भूमि पर। दोनों में बहुत अधिक अन्तर रहा करता।

मैदानी और पठारी प्रदेश उजड़ा हुआ, वीरान, शुष्क, तबाह और बरबाद-सा जन-शून्य दृष्टिगत हो रहा था।

दूर-दूर तक कोई भी व्यक्ति नजर नहीं आ रहा था और सृष्टि भी मूक, उदास तथा एकाकी, अकबर के आगमन का तीव्र निषेध करती हुई-सी प्रतीत हो रही थी, दाना-पानी की बात ही छोड़ें। राणा जी को ढूँढ़ने गए अकबर के सैनिक घोड़ों से दौड़-भागकर, हैरान-परेशान-हताश से खाली हाथ लौटते, अकबर की नाराजगी का सामना करते।

पर्वत घाटियों से जाने का प्रयत्न करने पर कहीं से भी भीलों की टोलियाँ अकबर के सैनिकों पर टूट पड़तीं। कभी विषबुझे तीरों की वर्षा होती तो कभी गुलेल से छूटे हुए पत्थरों का सामना करना पड़ता। उस समय वस्तुत: जान बचाकर भागना पड़ता। अकबर के सैनिकों को लगने लगा 'आओ फिर से लड़ाई करें, मारेंगे या मरेंगे' इस असुरक्षित जीवन से वे ऊब गए। उनकी हमेशा की शैली के सामने यह जिन्दगी निरर्थक लगने लगी। लोगों को मारना, फसलें जलाना, बस्तियाँ ध्वस्त करना, जानवर मारकर खाना, आबाद परिसर उजाड़ना, स्त्रियाँ हाथ में पड़ते ही उनकी बेइज्जती करना, बच्चों को डराकर दहशत निर्माण करना यह उनके पसन्दीदा काम थे। उनमें से अब उन्हें कुछ भी करते नहीं बनता था, सिर्फ हाथ मलते बैठना या फिर राणा प्रताप को जंगल में ढूँढ़ना उनका नसीब बन गया।

"अकबर को गोगुन्दा आए दो महीने हो गए," बलदेव जी बतला रहे थे, "राणा जी को कैद किए बिना मेवाड़ छोड़ेंगे नहीं ऐसा उसका निश्चय है।" "फिर तो उसे जन्म-भर मेवाड़ में ही रहना होगा," जैत्र सिंह ने कहा।

"कुछ भी हो जाए, राणा जी को कैद करना उसके लिए सम्भव नहीं है।" बोलते-बोलते उनकी नजरों के सामने पन्द्रह दिनों के पहले का प्रसंग जैसे का तैसा खड़ा हो गया।

राणा जी द्वारा माचीन गाँव के पास के पहाड़ में तात्कालिक रूप से तैयार किए गए महल के अन्त:पुर में रानियाँ और सरदार-सामन्तों की स्त्रियाँ सुरक्षित थीं। मात्र राणा जी गोगुन्दा से आधे कोस की दूरी पर बसी हुई एक छोटी-सी बस्ती में वास्तव्य कर रहे थे। जनता को इतना आनन्द हुआ कि वे अपने गाँव को 'राणा गाँव' कहने लगे। राणा जी के सारे-के-सारे साथी उनके साथ थे। बस्ती के दक्षिण में स्थित घने जंगल में एक बड़े पेड़ के नीचे राणा जी अपने साथीदारों के साथ आगे की योजनाएँ और हलचलें निश्चित कर रहे थे। राणा जी ने जान-बूझकर ही यह स्थान चुनकर सबको यहाँ एकत्र किया था क्योंकि घने अरण्य और जंगली जानवरों की बहुलता से इधर किसी के भी आने की सम्भावना नहीं थी।

इस योजना की कोई भी खबर जिसे नहीं थी वह अकबर, कुतुबुद्दीन खाँ और भगवानदास जी को गोगुन्दा से पर्वत घाटियों के बीच भेजकर उन्हें छका रहा था। जंगल में मिलनेवाले भीलों के बच्चे जान-बूझकर अकबर के सैनिकों को गलत दिशा यानी अधिक भयंकर जंगल में भेजकर उनकी फजीहत कर रहे थे।

गोगुन्दा से निकला हुआ एक दल कुतुबुद्दीन खाँ के नेतृत्व में राणा जी को ढूँढ़ रहा था। भेड़ के बच्चे को कन्धे पर ले जानेवाला एक लड़का दिखते ही कुतुबुद्दीन खाँ ने उसे रोका 'ए छोकरे रुक'। लड़का रुका, कन्धे पर झूलनेवाला भेड़ का बच्चा उसकी गर्दन पर विश्राम कर रहा था और उसके दोनों पैर कन्धे से गले में आए हुए थे। गले से जैसे हार निकालते हैं वैसे उस पिल्ले को उतारकर उसने जमीन पर रख वह चौदह-पन्द्रह साल का लड़का सीधी गर्दन कर कुतुबुद्दीन खाँ की नजरों से नजर मिलाकर खड़ा रहा। उस कोमल-कोमल पिल्ले को लालच-भरी निगाह से देखनेवाले एक सैनिक की ओर क्रोधित कटाक्ष डालते हुए भौंहें ऊँची कर, हाथ के इशारे से पूछा—

"क्या है?"

"राजा कहाँ रहता मालूम?" कमाल के मीठे स्वर में कुतुबुद्दीन खाँ ने पूछा।

लड़के ने नकार में सिर हिलाया।

कुतुबुद्दीन ने इशारे से उसे अपने पास बुलाया और कहा, "ये स्वर्णमुद्रा लो और वह पिल्ला मुझे दो।"

लड़का गुस्सा हुआ। कुतुबुद्दीन खाँ के हाथ पर एक जोरदार थप्पड़ मारकर उसने मुद्रा उड़ा दी और अपने पास खड़े पिल्ले को हृदय से लगा लिया।

अरे मैं मजाक कर रहा था। मत दो पिल्ले को पर मुद्रा तो ले लो। अँगरखे के खीसे से दो-चार मुद्राएँ निकालते हुए कुतुबुद्दीन खाँ ने कहा—

"सिर्फ राजा कहाँ हैं ये बता, ऐसी खूब सारी मुद्राएँ मैं तुझे दूँगा।"

दाहिनी ओर गर्दन टेढ़ी कर अपनी बड़ी-बड़ी आँखों से वह एकटक कुतुबुद्दीन खाँ की तरफ देखता रहा। "यह लड़का गूँगा है क्या?" ऐसी शंका कुतुबुद्दीन खाँ के मन में हुई।

"बोलना आता है क्या?" उसने पूछा।

लड़के ने कुछ भी न बोलते हुए घोड़े की ओर उँगली उठाई। "अश्व चाहिए। चढ़ना आता है क्या उस पर?" कुतुबुद्दीन खाँ ने जैसे ही कहा सारे सैनिक हँस पड़े। इस बातचीत में उनका अच्छा-खासा मनोरंजन हो रहा था।

लड़के ने जलती हुई नजरों से कुतुबुद्दीन खाँ की ओर देखा। भेड़ का बच्चा नीचे रखकर आगे बढ़कर उसने कुतुबुद्दीन खाँ के हाथ से घोड़े की लगाम छीन ली और देखते-देखते कूदकर अश्व पर सवार हो गया और एड़ लगाते ही दौड़ने लगा।

लड़के ने खड़े हुए सैनिकों के बीच बिना किसी दिक्कत के घोड़े को घुसा दिया। उन सबकी मुसीबत हो गई और उनके घोड़े चिल्लाते हुए इधर-उधर दौड़ने लगे। लड़के ने कमर में लपेटा हुआ चमड़े का चाबुक निकाला और अपने इर्द-गिर्द गोल-गोल घुमाना आरम्भ कर दिया परिणामत: पास आनेवाले सैनिकों पर सटासट चाबुक पड़ने लगे। सैनिक पास आकर जैसे-जैसे पकड़ने की कोशिश करते वैसे-वैसे उनकी और भी परेशानी बढ़ जाती। कभी वह लड़का घोड़े को पिछले दो पैरों पर खड़ा कर अपने को बचाता तो कभी वहीं पर दाएँ-बाएँ मुड़कर अपनी रक्षा करता।

सैनिकों की टुकड़ी तोड़कर वह कब जंगल में प्रविष्ट हो गया यह किसी को पता भी नहीं चला। सबने अपने-अपने घोड़े की लगाम खींचकर जहाँ के तहाँ खड़ा किया। उस छोटे से बच्चे ने उन्हें अच्छी शिकस्त दी थी। कुतुबुद्दीन खाँ का एक घोड़ा ही वह ले गया था। हाँफते हुए अपनी-अपनी तलवारें म्यान में डालकर वे थोड़ा सुस्ता रहे थे तभी इस घने जंगल में कोई टोली अचानक आक्रमण कर दे, आकस्मिक चढ़ाई कर दे, वैसे ही न जाने कितने भील तीर-कमान लेकर उन पर टूट पड़े। खुद को सँभालकर शस्त्र चलाने का भी मौका उन्हें नहीं मिला। वह छोटी-सी जगह तत्काल रणक्षेत्र में परिवर्तित हो गई। चीख-पुकार, हो-हल्ला, चीत्कार-चिंघाड़ की आवाजों से वो जंगल गूँज गया। कुतुबुद्दीन खाँ को कुछ भी समझ में नहीं आ रहा था। इधर-उधर देखते हुए वह आलसी व्यक्ति की तरह खड़ा रहा, उसी वक़्त उसका ध्यान उस भेड़ के बच्चे की ओर गया। उसने वह पिल्ला उठा लिया। सामने घमासान युद्ध हो रहा था। जैसे पेड़ उखड़कर गिर गए हों वैसे ही सैनिक अश्वों पर धराशायी हो रहे थे। आखिर उन सैनिकों ने वहाँ से भागने में ही भलाई समझी। भील भी उनके पीछे दौड़े।

झटके के साथ कुतुबुद्दीन खाँ के हाथ के भेड़ के बच्चे को उसने खींच लिया और खुद को सँभालने तक उसके सिर पर जोरदार चोट पहुँची। कुतुबुद्दीन खाँ जब

होश में आया तब सब ओर शान्ति थी। उनके सभी सैनिक इधर-उधर बिखर गए थे। जख्मी, बेहोश अथवा मृत अवस्था में। बड़े कष्ट से कुतुबुद्दीन उठकर खड़ा हुआ। अपने सैनिकों की परिस्थिति ध्यान से देखने लगा।

उसके ध्यान में आया कि मेरे सहित किसी की भी कमर में शस्त्र नहीं है और एक भी अश्व नहीं।

किसी तरह, पैदल-पैदल पर्वत लाँघते हुए, थककर चूर हो, गलित गात्र उन सैनिकों की टुकड़ी गोगुंदा में अकबर के पास जब पहुँची तब उनमें पानी माँगने का भी दम नहीं था।

"प्रत्येक समय थोड़े-बहुत अन्तर से ऐसे ही हमलों का सामना करना पड़ेगा तुर्कों को," जैत्र सिंह ने कहा।

"राणा जी की खोज करनेवाली हर टुकड़ी को मुँह की खानी पड़ेगी बलदेव जी, और कोई खास बात?"

"विशेष खास बात यानी यह कि हल्दी घाटी के युद्धस्थल का निरीक्षण करने के लिए अकबर स्वयं जानेवाले हैं ऐसी वार्ता सुनी है। हम यह युद्ध जीत सकते हैं या नहीं इसकी खोज करनी होगी।" बलदेव जी ने कहा।

"इस मौके का अपने लिए कोई उपयोग हो सकता है क्या?"

"बहुत तो नहीं। एक तो राणा जी अभी उदयपुर की तरफ हैं। दूसरे अकबर के पास प्रचंड फौज होगी।"

"तो भी अपने अस्तित्व की एक झलक दिखाने में क्या हर्ज है।" जैत्र सिंह ने कहा।

"आपका हेतु हमारी समझ में आया पर वह कैसे सम्भव है?" बलदेव जी ने शंका व्यक्त की।

"हमारे मन में एक योजना है, वह आपको ठीक लगती है क्या, देखिए।"

बाद में काफी देर तक प्रताप सिंह के अन्तरंग स्नेही, अकबर को कैसी शह देना इसकी योजना बना रहे थे।

अल-बदायूँनी, अबुल फजल, कविराज फैजी, फखरुद्दीन, सैयद अब्दुल खाँ और भगवानदास जी के साथ अकबर ने हल्दी घाटी का युद्धक्षेत्र देखने की दृष्टि से प्रातःकाल को ही कूच किया। अपने अश्व पर सवार होकर अकबर घटनास्थल का निरीक्षण कर रहा था। इस स्थान की जानकारी देने का कार्य अल-बदायूँनी किसी कुशल खबर देनेवाले की तरह कर रहा था—

"हुजूर, अपनी सेना मांडलगढ़ से निकलने की खबर राणा प्रताप को मिलते ही वह कुम्भलगढ़ से निकला और लोसिंग आ पहुँचा। पहले हम उसी जगह जाएँगे।"

अकबर के अनुमति देते ही सारे अश्व लोसिंग की दिशा में दौड़ने लगे। लश्कर

लवाज में सहित लोसिंग पहुँचे अकबर ने मन-ही-मन राणा जी की कलपता की सराहना की। चारों ही दिशाओं में पर्वत श्रृंखलाओं ने नैसर्गिक तटबन्दी की हुई थी और बीच में सिर्फ पड़ाव डाला जा सके इतना ही मैदानी प्रदेश, आसपास कुएँ और साफ पानी के स्त्रोत थे।

"आलमपनाह, अपना पड़ाव यहाँ से पाँच कोस पर था। हम अब उस जगह जाएँगे। हमने अजमेर से निकलकर मांडलगढ़ पहुँचे, वहाँ से दो दिन का सफर कर बनास नदी के किनारे, खामणपुर के पास मोलेला गाँव में हमने अपना पड़ाव डाला। चौड़ा मैदानी भूभाग और नदी के पानी की सुविधा यही हमारा वहाँ रुकने का उद्देश्य था। अल-बदायूँनी आगे बतला रहा था कि "वहाँ से दूर तक निगरानी कर हम अपनी युद्ध की योजनाएँ बनाते थे। लोसिंग से 'मोलेला' जाते वक़्त बीच में पड़ता है हल्दी घाटी का दर्रा।" बदायूँनी एक जगह रुककर, उँगली निर्देश करता हुआ बोला, "हुजूर इन दोनों पहाड़ों की मिट्टी का रंग हल्दी जैसा है, इसलिए इस जगह को हल्दी घाटी कहते हैं।"

अकबर ने अश्व रोककर घाटी का निरीक्षण करना आरम्भ किया। साधारणतया आधे कोस लम्बी पर्वत के बीच की वह सँकरी राह थी। दो पर्वतों के बीच किसी तरह एक अश्वारोही जा सके इतनी ही चौड़ी थी। इस पैदल राह के दोनों तरफ खैर, थुअर, टोमरू, इन जंगली वनस्पतियों के वृक्ष थे; काँटोंवाली झाड़ियाँ और चारों ओर बड़ी-बड़ी चट्टानें तथा पर्वतमालाओं का घेरा था।

"इस जगह पर दरिया के मुख पर राणा प्रताप ने एक सुरक्षा चौकी बनवाई थी। बदायूँनी ने आगे बतलाया, "इस कारण अपनी सेना शत्रु को सहज ही में दिख सकती थी पर उनकी सेना सुरक्षित रहा करती थी।"

अकबर निरीक्षण कर रहा था और प्रताप की योजना और युद्धनीति को मन-ही-मन सराह भी रहा था। अपना मुकाबला सामान्य शत्रु से न होकर एक चतुर, युद्धनिपुण, मुस्तैद, बुद्धिमान, सिद्धान्तप्रिय, वीर पुरुष से है यह बात वह समझ गया।

इसी मैदान में हमारी मुठभेड़ राणा की सेना से हुई थी, थोड़ा आगे बढ़ने पर बदायूँनी ने कहा।

हल्दी घाटी से उत्तर आने पर एक ऊबड़-खाबड़ चौड़ा मैदान था। मैदान के तीनों तरफ से पर्वत श्रृंखलाएँ थीं। वह स्थिति देखकर अपने सैनिकों को क्यों पीछे हटना पड़ा यह अकबर को सहज ही समझ में आया। ये मैदान छोड़कर राणा प्रताप की सेना अकबर की सेना के पीछे प्राणों की बाजी लगाकर दौड़ी न होती तो कभी भी पराजित नहीं होती, यह भी उस चतुर योद्धा की समझ में आ गया। आसपास का घना जंगल और ऊँची गहरी जमीन का भी प्रताप सिंह की विजय में बड़ा हिस्सा था यह बात भी उसे ध्यान में आ गई। मदरसे में जाकर प्राप्त किए ज्ञान की अपेक्षा अनुभव और व्यवहार से मिलनेवाले ज्ञान से मनुष्य अधिक समृद्ध हो सकता है, अकबर इसका उत्तम उदाहरण था।

"अपनी सेना बनास नदी के उस पार भाग गई थी जबकि राणा प्रताप की सेना ने

उनका वहाँ तक पीछा किया। दूर तक फैले हुए मैदान की ओर संकेत करते बदायूँनी अकबर को बतला रहा था, वह तो अच्छा हुआ कि मिहत्तर खाँ ने आपके आने की खबर फैला दी, नहीं तो हम सब बेमौत मारे जाते।"

बदायूँनी बतला रहा था, पर अकबर का ध्यान बिलकुल नहीं था। उसी नजरों में दिख रही थीं अपनी युद्ध क्षेत्र से भाग जानेवाली सेना और उनका पीछा करनेवाले युयुत्सु राजपूत योद्धा। मिहत्तर खाँ की अफवाह के कारण पीछे लौटी हुई तुर्की-सेना राजपूतों की तलवारों की बलि चढ़ गई। इतना ही समाधान था कि उनकी ओर से असंख्य राजपूत लड़ रहे थे और तुर्कों की अपेक्षा वे ही ज्यादा मारे गए थे।

"यहाँ तो बस खून-ही-खून था। रक्त का तालाब ही बन गया था।" अल-बदायूँनी का बयान जारी था। "इसी जगह प्रताप के तीन हजार घोड़े, दो हजार पैदल, सौ हाथी और सौ वदित्र वादक व्यूह रचना किए तैनात थे और यहीं राजा मानसिंह ने अपने चार हजार सैनिक इकट्ठे किए थे।" अल-बदायूँनी ने कहा।

मानसिंह का नाम निकलते ही अकबर के माथे की सलवटें भगवानदास जी की वैसे ही अबुल फजल की नजरों से छूटी नहीं।

अश्वों की टापों का एकरस आवाज वातावरण में गूँज रहा था। अकबर अपने साथियों सहित मोलेला गाँव की दिशा में कूच कर रहा था।

अल्पावधि में ही कनातें तानकर मोलेला गाँव में अकबर के लिए अस्थायी खेमा तैयार किया गया। कुछ घुड़सवार आगे भेजकर भगवानदास जी ने ही यह व्यवस्था की थी। इससे अकबर सन्तुष्ट हुआ। अकबर की सवारी मंच पर आसीन हुई और लोगों ने गाँव में जाकर अपनी व्यवस्था कर ली। भोजन का प्रबन्ध हो रहा था। मंच पर विश्राम कर रहे अकबर के मंच के पास एक सैनिक मुस्तैदी से तैनात था और दूसरा उसके पैर दबा रहा था।

"या अल्ला, या मौला, या खुदा" ऐसी पुकार सुनाई पड़ने के कारण सभी अकबर के खेमे की ओर दौड़े। अकबर गुस्से से आपादमस्तक काँप रहा था। इस तरह उसका नाराज होना इसके पहले किसी ने भी कभी नहीं देखा था।

"क्या हुआ? क्या हुआ?" का शोर हुआ। खेमे में लोग इकट्ठा हुए।

अकबर के दाहिने हाथ में रत्नों से जड़ी मुट्ठीवाला खंजर था और बाएँ हाथ में बड़ा सा लिफाफा था। दोनों वस्तुओं को हाथ में ऊँचा उठाकर, अकबर उनकी तरफ जैसे जहरीले साँप को देखा ऐसे देख रहा था। राजा भगवानदास जी आगे आए उन्होंने भीड़ हटाई। कुछ खास लोगों को छोड़कर बाकी लोगों को बाहर रुकने की आज्ञा दी। तैनात पहरेदारों को और सेवकों को भीतर बुलाया। अकबर का कन्धा पकड़कर धीरे से मंच पर बिठाया। सेवक संकेत मिलते ही पानी लेने गया।

कुछ ही क्षण में स्थिति सँभली। अकबर भी सँभल गया। तो भी उसकी मुखमुद्रा घबराई हुई और नजर डरी हुई-सी परिलक्षित हो रही थी। राजा जी ने मंच पर रखे

चाकू की ओर अकबर की नजर जाते ही जैसे धक्का लगा हो ऐसे शरीर पर रोएँ खड़े हो गए। डर-सा गया, सहमा दृष्टिगत होने लगा। जल पीने के उपरान्त अकबर की नजर भगवानदास जी की ओर जाते ही उसका क्रोध फिर से उफन पड़ा, "देखा, देखा आपने राजा जी!! तुम्हारे राणा की ये हिम्मत! ये मजाल कि हमसे ठिठोली करें।"

"क्या हो गया जहाँपनाह। हमें कुछ समझ में नहीं आ रहा? स्पष्ट नहीं हो रहा?"

"क्या हुआ? क्या नहीं हुआ पूछो...देख रहे हो...ये खंजर और ये खलीता। खंजर मारकर कोई ये लिफाफा हमारे मंच पर सिरहाने लटकाकर रखा था। वह यदि हमारे सीने में घोंप देता तो? पुनः थर्राते हुए अकबर ने कहा।"

"क्या है बादशाह सलामत इसमें?" भगवानदास जी बोले।

"देखो तो...देखो, पढ़ो और सुनाओ हमें" उस खलीते की ओर उँगली निर्देश करते हुए अकबर ने कहा। जैसे वे वस्तुएँ सजीव होकर उन्हें दंश करनेवाली थीं।

भगवानदास जी ने खलीता उठाया, खोला। बड़े और स्पष्ट शब्दों में सन्देश था। राजा जी पढ़ने लगे—

'जलालुद्दीन मुहम्मद अकबर
भारत सम्राट होने का स्वप्न छोड़ दे।
यह देश हमारा है
असावधान शत्रु पर वार करना अधर्म है
अन्यथा यही खंजर
तुम्हारे हृदय की गहराई नाप सकता था
जय एकलिंग जी'

अकबर क्रोध के अतिरेक से आगबबूला-सा हो गया। गुस्से के कारण उसका चेहरा विकृत हो गया कि उसकी ओर देखा भी नहीं जा रहा था। इस घटना की छानबीन करने के लिए भगवानदास जी ने सेवकों को बुलवाकर डाँटते हुए पूछताछ की।

"हुजूर को थोड़ी देर झपकी लगी, हम दरवाजे पर आकर खड़े हो गए।" सिरहाने और पायताने में तैनात सैनिकों ने बतलाया।

खेमे की सम्पूर्ण तलाशी ली गई। आसपास का प्रदेश ढूँढ़ा जा चुका था परन्तु चाकू घोंपकर जानेवाला व्यक्ति कौन था, कहाँ से आया, कैसे गया, किसी को भी पता नहीं चल सका।

"कुछ पता भी नहीं चल पाएगा।" हाथ पीछे बाँधकर फेरियाँ लगाते-लगाते अकबर ने स्वयं से ही कहा, "ऐसे आते हैं, कमबख्त, जैसे कोई छलावा हो।"

कान्हा की चपलता सचमुच तारीफे-काबिल थी। कनात के नीचे से बिल्ली के पाँवों की तरह खामोशी से जाकर बिना आवाज किए खंजर मंच में घोंपकर वह हिरण की गति से वापस लौट गया था। दरवाजे के समीप खड़े हुए सैनिकों को भी खबर

न हुई। अकबर की नींद खुलकर वह जाग जाए इसलिए जाते-जाते कौए की तरह कर्कश चिल्लाना भी वह भूला नहीं। बाद में फिर देखनेवालों की भीड़ में सम्मिलित होकर अकबर का क्रोध से पैर पटकना देखा वह अलग ही।

अपने सभी मित्रों को वह बार-बार यह किस्सा बतला रहा था। उसका चेहरा खुशी से खिल रहा था। आँखों में आत्मविश्वास चमक रहा था। बोलने में ओज और हाव-भाव में विजय का आनन्द व्यक्त हो रहा था।

"बलदेव जी ने नहीं कहा, नहीं तो खंजर मैं अकबर के हृदय में ही मारकर उसे खत्म ही कर डालता।" और पकड़े गए होते तो? कल्लू ने आँखें विस्फारित करते हुए पूछा। अब कान्हा उसके लिए बहुत बड़ा व्यक्ति था क्योंकि उसने प्रत्यक्ष अकबर को देखा था।

"पकड़ा गया होता तो मर जाता, शहीद हो जाता।" कान्हा ने सहज ढंग से कहा।

इस काम के लिए बलदेव जी ने उसका चयन किया। इसी बात का उसे गौरव महसूस हो रहा था। अपनी जिन्दगी की सार्थकता महसूस हो रही थी, सिर्फ उसे ही नहीं तो उसकी माँ को, चचेरे-मौसेरे भाई-बन्धुओं को और वह जिस बस्ती में रहता था, उस बस्ती को भी कृतज्ञता का एहसास हो रहा था क्योंकि राणा जी के लिए कार्य करना यही उनके जीवन का ध्येय था।

गप्पें लड़ाते हुए वे लड़के एक छोटी पर्वत शृंखला पर बैठे थे। वहाँ से आसपास का रम्य परिसर नेत्रों को बड़ा सुखकर प्रतीत हो रहा था। सूर्य का ताप कुछ शान्त हो चला था। दोपहर के समय पेड़ के नीचे बैठकर गप्पें लड़ाना और आसपास की निगरानी करना दोनों ही काम सहजता से हो रहे थे।

"अरे कान्हा...वह देखो...वह गड़ेरिया" कल्लू अचानक चिल्लाया।

"कहाँ रे कहाँ?" सबने हल्ला करते हुए कल्लू के पास भीड़ की।

सचमुच एक गड़ेरिया अपनी भेड़ें मैदानी प्रदेश में चराने के लिए लेकर आया था। पन्द्रह-बीस भेड़ें उनके पीछे हाथ में लाठी लिये घूमनेवाला गड़ेरिया। वे आश्चर्यचकित होकर एक-दूसरे को देख रहे थे, "क्या करना?" कान्हा ने पूछा।

"क्या मतलब? जैत्र सिंह को बतलाना," हरेश्वर ने कहा।

"यह आया ही कैसे भेड़ें लेकर?" रघु ने शंका व्यक्त की। "राणा जी का स्पष्ट आदेश होने पर भी इसने हिम्मत कैसे की?"

उसे थोड़ा बल देते हुए राम सिंह ने कहा, "अपनी कोई भी हरकत शत्रु को दिखे ऐसा न हो। एक भी व्यवसाय मैदानी प्रदेश में नहीं करना यह राणा जी का स्पष्ट आदेश क्या उसे मालूम नहीं होगा?"

"उसके माता-पिता ने क्या उसे रोका नहीं होगा? क्या है देखना ही चाहिए।" कान्हा ने बड़ी जिम्मेदारी से कहा, "चलो जैत्र सिंह को बताएँगे।"

पूरा झुंड बन्दरों की तरह कूदते-फाँदते सीधे जैत्र सिंह के सम्मुख पहुँचा। गड़ेरिये की सूचना जैत्र सिंह के लिए भी आश्चर्य की थी। आज तक किसी की भी हिम्मत राणा जी के आदेश को भंग करने की नहीं हुई थी।

आज यह कैसा घटित हुआ?

जैत्र सिंह को भी सोचने को विवश किया। इस आकस्मिक घटना का कोई औचित्य नजर नहीं आ रहा था। एक सेवक को भेजकर उन्होंने गड़ेरिये को हाजिर करने के लिए कहा।

गड़ेरिया अच्छा-खासा मुँहजोर था। स्वयं ने कोई अपराध किया है इस बात का उसे जरा भी एहसास नहीं था, भेड़ें चराने के लिए मुझे कहाँ जाना यह बतलानेवाले आप कौन? ऐसा रुख उसने अपनाया, वैसे ही जैत्र सिंह चिढ़ गए। उन्होंने उस लड़के को नजरकैद में रखकर दूसरे दिन राणा जी के सामने पेश करने का आदेश सैनिकों को दिया।

राणा जी से पायलागी करके वह गड़ेरिया नीची गर्दन कर खड़ा हो गया। राणा जी उससे बार-बार पूछ रहे थे।

"हमारा आदेश तुमने क्यों भंग किया?"

कोई जवाब नहीं।

"तुम्हें हमारा आदेश मालूम था क्या?"

"जी अन्नदाता।"

"फिर तुमने आदेश का उल्लंघन क्यों किया?"

लड़का चुप्प।

तुम मेवाड़ के ही रहनेवाले हो न?

"हाँ!" लड़के ने ऊँची गर्दन कर अभिमान से उत्तर दिया।

"हम कौन हैं यह जानते हो?" राणा जी ने प्रेमपूर्वक प्रश्न किया।

"जी, राणा जी, आप हमारे अन्नदाता महाराणा प्रताप सिंह" राणा जी को आदर से वन्दन करते हुए लड़के ने कहा।

"हमारे बारे में तुम्हारे मन में कौन सी भावना है? गुस्से की?"

"नहीं अन्नदाता, आप हमारे स्वामी हैं। हम आपके चरण के दास।"

"फिर भी तुमने हमारा आदेश भंग किया?"

"लड़के ने फिर से मुँह बन्द कर लिया मानो नमक-पानी का कुल्ला कर रहा हो।"

"हमारा दिया हुआ आदेश गलत था क्या?"

"नहीं अन्नदाता।"

"फिर तुम क्यों भेड़ें चराने के लिए मैदानी प्रदेश में गए?"

फिर खामोशी।

"इस अपराध की सजा तुम जानते हो?"

"हाँ, प्राणदंड की सजा है," वही सजा दीजिए और इस पूछताछ से मुक्ति दिलाएँ, उसके चेहरे पर यही भाव था। कहीं भी पश्चात्ताप की भावना या दया की भीख माँगने का भाव नहीं था।

"तुमने अपराध किया है?" राणा जी ने फिर पूछा।

"हाँ अन्नदाता," उसने नम्रता से स्वीकार किया।

राणा जी को क्या किया जाए यही समझ में नहीं आ रहा था।

"किए हुए अपराध का तुम्हें पश्चात्ताप नहीं हो रहा है?"

"नहीं अन्नदाता...वह अपनी भूमिका पर दृढ़ था।"

"हमें ऐसा नहीं करना चाहिए था ऐसा तुम्हें जरा भी महसूस नहीं होता?" राणा जी ने वही सवाल शब्द बदलकर पूछा।

"नहीं अन्नदाता, उलटे..." थोड़ा वह रुका।

"उलटे क्या? जो तुमने किया वह सही था यही लगा तुम्हें?" लड़के ने स्वीकृति दर्शाते हुए गर्दन हिलाई।

सबके दिमाग में क्रोध की लहर दौड़ गई। राणा जी फिर भी शान्त थे।

सचमुच उनका संयम तारीफ के योग्य था।

राणा जी ने फिर पूछा, "हम तुम्हें क्षमा करेंगे ऐसा लगा?"

"नहीं अन्नदाता वैसी उम्मीद भी नहीं थी। आप सजा ही दें।" पहली बार ही वह लड़का एक साथ दो वाक्य बोला।

राणा जी ने क्षण-भर उससे आँख मिलाकर देखा। लड़का बेपरवाह ही खड़ा था। राणा जी के उसकी तरफ देखते ही उसने नजरों से अभिवादन किया, उसकी दृष्टि आदर से झुक गई।

राणा जी ने उसे आपादमस्तक निहारा। उनकी नजरों से लड़का रोमांचित हो उठा। उससे नजर हटा भामाशाह जी की ओर मुड़ते हुए राणा जी ने कहा, "भामाशाह जी इस लड़के ने जान-बूझकर अपराध किया है इस बात का हमें पूरा विश्वास है।"

राणा जी क्षण-भर रुके। लड़के का चेहरा प्रसन्न हो गया, उसने अत्यन्त आदर के साथ राणा जी की ओर देखा। उसके चेहरे के सूक्ष्म परिवर्तन राणा जी देख रहे थे।

"पर भामाशाह जी" राणा जी ने आगे कहा, "इस लड़के की आयु और यह पहला ही अपराध ध्यान में रखते हुए हम इसे क्षमा करते हैं। इसे छोड़ दें।" लड़के के चेहरे का रंग फीका पड़ गया और सब मानो आश्चर्यचकित हो गए। राणा जी अपलक दृष्टि से लड़के को देख रहे थे। वह घबरा-सा गया था, उसका चेहरा उतर गया और आँखें भर आईं। राणा जी के पैरों के समीप लोटता हुआ-सा, बेचैनी से कहने लगा, "ऐसा मत कीजिए, कठोर दंड दीजिए, अन्नदाता, कठोर शासन कीजिए।"

उस लड़के का आक्रोश देखकर कान्हा, कल्लू आदि लड़के भी आश्चर्यचकित हो गए। यह दूसरा आश्चर्य ही था कि राणा जी ने अपराधी को दंडित नहीं किया। इसी तरह अपराधी ने 'दंडित किया जाए' इसके लिए आग्रह करना भी आश्चर्य ही था। ऐसा न कभी घटित हुआ और न देखा।

'गड़ेरिया लड़के की मिन्नतें शुरू ही थीं।' "शासन करें अन्नदाता, अपराधी को सजा दें। मुझे मृत्युदंड देकर मेरा शव नगर के परकोटे पर टाँगकर रखें," ऐसा आग्रह वह बार-बार कर रहा था।

"हम तुम्हें दंडित करें, ऐसा आग्रह क्यों कर रहे हो?" आखिरकार राणा जी ने उससे पूछा।

"अन्नदाता यदि आप मुझे क्षमा करनेवाले होंगे तो मैंने व्यर्थ में ही अपराध किया और आपकी आज्ञा का उल्लंघन करने का पाप माथे पर लिया।" सिसक-सिसककर लड़का रोने लगा और नीचे बैठकर घुटनों के बीच चेहरा डाल हिचकियाँ लेने लगा। राणा जी उसके पास गए, उसकी पीठ पर हाथ फेरा। राणा जी के स्पर्श से वह खुश हुआ। उसे और भी अधिक भावातिरेक महसूस हुआ और वह हिचकियाँ लेकर रोने लगा। राणा जी ने उसके मन का तनाव कम होने दिया, उसे हाथ पकड़कर उठाया, चेहरे पर रखे हाथ दूर किए, उसको सान्त्वना दी, बैठने को आसन दिया और सेवक को पानी लाने का संकेत दिया। पानी पीकर वह कुछ शान्त हुआ।

राणा जी ने कहा, "बतलाओ बेटा शान्ति से बतलाओ, क्या बात है? सजा न होने का तुम्हें इतना दुख क्यों हो रहा है?" हिचकियाँ रोकते हुए लड़का बोलने लगा, उसकी व्यथा सब आश्चर्यचकित होकर सुन रहे थे।

'अन्नदाता' आँखें पोंछ, दृढ़-निश्चय से वह बोला, "आपने सब बस्तियाँ उजाड़ने का आदेश दिया।" आपके दिए हुए आदेश का सभी ने पूरी निष्ठा, ईमानदारी का पालन किया पर बाहरी प्रदेश से आए हुए दूसरे प्रान्तों के नये सौदागर और व्यापारी कहने लगे, "कुछ नहीं होता, व्यापार करो, खेती करो, धन प्राप्त करो। तुर्कों से अपने को और ज्यादा द्रव्य की प्राप्ति होगी।"

हमारी बस्ती के लोगों ने आपके आदेश की याद दिलाई, सजा मिलेगी यह भी बतलाया। तब वे लोग बस्तीवालों को बतलाने लगे, "कुछ होता नहीं, ऐसे आदेश निकलते ही रहते हैं, पर सजा नहीं होती। अपराधी छूट भी जाते हैं। हम पकड़े जाएँगे ऐसा नहीं है। पकड़े भी गए तो राणा जी की मदद कर सकोगे। तुम्हारा राणा बेचारा अकेला जंगलों में दर-दर भटक रहा है, राज्य नहीं, राजधानी नहीं, कुछ भी नहीं।"

बस्ती के लोगों में से किसी ने भी उनका कहना माना नहीं पर मेरे पिता को डर लगा। "यदि बार-बार कहने से लोगों ने आदेश तोड़ने का तय किया और राणा जी के कार्य में रुकावट आई तो क्या करना?"

पिता ने मेरी माँ से कहा। माँ ने मुझसे कहा—

"कचरू तुम जाओ राणा जी का आदेश भंग करो। वे तुम्हें दंड देंगे। तुम्हारा शव चौराहे पर टाँगकर रखेंगे।"

पिता ने कहा, "मैं जाता हूँ, वह छोटा है।"

माँ ने उत्तर दिया, "छोटा है इसलिए भेजना है। लोगों को यह समझ में आएगा कि अपराधी को दंड मिलता ही है। छोटे-बड़े का मुलाहिजा न रखते हुए ही दंड दिया जाता है, फिर लोग अपराध करने से घबराएँगे। मैंने माँ का कहना माना, अपराध किया, अब आप मुझे मृत्युदंड देकर मेरा शव टाँगकर रखिए। मेरे अपराध को क्षमा करने पर मुझे जन्म-भर अपराध के बोझ तले दबे रहना पड़ेगा। मेरे माता-पिता की दी हुई कुर्बानी व्यर्थ जाएगी। लोगों को विदेशियों का कहना सच प्रतीत होगा। वे बिना डरे अपराध करेंगे। मैं जरूर अपनी नजरों में अपराधी बनूँगा।" अन्नदाता मेरी माँ कहती है, "खुद की नजरों में अपराधी रहना और अपराध भावना मन में रखकर

जिन्दा रहने से मृत्यु को स्वीकार करना ज्यादा अच्छा।"

"मुझे सजा दीजिए अन्नदाता...सजा दीजिए।"

कचरू का बोलना रुकने के बाद भी काफी देर तक लोग नि:शब्द थे। हमने सुना, देखा वह सच है इस पर क्षण-भर उन्हें विश्वास नहीं हो रहा था। कचरू का बोलना, उसकी छटपटाहट, उसकी स्वामिभक्ति उसका और उसके माता-पिता का स्वदेश प्रेम सब सुननेवालों के हृदय को छू गया।

राणा जी ने कहा, "कचरू, अब तो हम तुम्हें बिलकुल भी सजा नहीं दे सकते; पर यदि सजा दी नहीं तो तुम्हारे माता-पिता की उदात्त भावनाओं का अपमान होगा, हम क्या करें? तुमने तो हमें धर्मसंकट में डाल दिया है।"

"मुझे सजा दें अन्नदाता, आप निरपराधी को दंड नहीं कर रहे हैं। आप बुरा न मानें। मैं अपराधी हूँ। उद्देश्य कितना भी उदात्त क्यों न हो फिर भी अपराध अपराध ही होता है। अपराधी को शासन किया जाना चाहिए। ऐसा मुझे मेरी माता ने यहाँ आते हुए कहा। मुझे क्षमा नहीं माँगनी चाहिए यह सोचकर उसने मुझे समझाया मुझे दंड अवश्य दें अन्नदाता।"

कचरू बड़ी ही बेचैनी से बोल रहा था, उसकी युक्तियों के सम्मुख किसी का भी कुछ तर्क नहीं चल रहा था। आखिरकार कर्तव्य कठोर मन और दुखी अन्त:करण से राणा जी ने कचरू को दंड देने का निर्णय जाहिर किया।

स्वयं की प्रतिज्ञा कायम रखने के लिए अपने पुत्र की बलि देनेवाले राजा श्रीयाल और सती चांगुणा की कथा राणा जी ने बचपन में माँ से कई बार सुनी थी।

राजकर्ता के आदेश के लिए, उसकी प्रतिज्ञा बनाए रखने के लिए, देश को बचाने के लिए, जनता ने खुद के हाथों से, अपने एकमात्र पुत्र की बलि देने की घटना यहीं, इसी भूमि में घट सकती है।

कचरू को देखते-देखते राणा जी के मन में आया।

गोगुन्दा में खाली बैठकर नहीं चलेगा। खुद कुछ करना ही चाहिए यह बात ध्यान में आते ही अकबर ने आखिर राणा प्रताप की खोज में जंगलों और पहाड़ी इलाकों में जाने का निश्चय किया।

अपनी विशाल सेना गोगुन्दा में रखकर स्वयं अकबर कुछ गिनती की सेना के साथ राणा जी को ढूँढ़ने निकला है, यह वार्ता ज्ञात होते ही महाराणा प्रताप सिंह ने अपनी सेना को सतर्क किया, सुरक्षा के और कड़े इन्तजाम किए।

अरावली का पर्वतीय प्रदेश अकबर अपनी सेना सहित छान मार रहा था पर राणा क्या, उसकी परछाईं भी नजर नहीं आ रही थी। पर्वत, घाटियाँ, ऊँचे-नीचे प्रदेश, नदी, नाले, घने जंगल और भी कठिनाइयाँ, रुकावटें पार करते-करते आखिरकार अकबर उदयपुर पहुँचा। उदयपुर में राणा जी के सैनिकों से छोटी-सी लड़ाई होकर अकबर ने उदयपुर पर कब्जा कर लिया। कुछ दिन वहाँ रुककर फखरुद्दीन और जगन्नाथ

को वहाँ का मुख्तियारनामा देकर फिर अकबर राणा जी की खोज में निकल पड़ा।

अरावली पर्वत श्रृंखला में भटकते हुए अकबर ने मेवाड़ के ईशान और वायव्य दिशा में अपने थाने स्थापित किए।

ये सारी जानकारियाँ राणा जी तक रोज बड़ी तेजी से पहुँचती थीं। इस कारण अकबर को बार-बार शह और जहाँ से अकबर की समीपता का एहसास हो वहाँ से सुरक्षित ढंग से दूसरी जगह पहुँचना उनके लिए सम्भव होता था। राणा जी को बचाने के लिए जनता अपने प्राणों की बाजी लगाने के लिए तैयार थी। भीलों की अनेक टुकड़ियाँ अरावली के पहाड़ों में आठों प्रहर जागकर पहरा दे रही थीं। पर्वतों के बीच का घना जंगल, गड्ढे, घाटियाँ अकबर को अत्यन्त कष्टप्रद लगती थीं पर यही राणा जी के लिए आधार साबित हो रही थीं।

राणा जी कहीं भी रहें, अकबर की हलचल की खबर देनेवाली एक सशक्त पंक्ति राणा जी के पास थी और वह थी पूंजा जी के भीलों की पंक्ति। ढोलों की सहायता से या विविध प्रकार की चीख-पुकार, चिल्लाहट के माध्यम से उनका सन्देश एक पर्वत से दूसरे पर्वत तक पहुँचाने में समर्थ होते थे। उसका आशय कोई राणा जी को स्पष्ट कर बतलाते थे।

अकबर गोगुन्दा से दूर अरावली की बस्तियों में राणा प्रताप को ढूँढ़ते घूम रहा था। उसके सैनिक उसके साथ घूमते हुए छोटी-छोटी बस्तियाँ बसाकर वहाँ रहनेवाले मेवाड़वासियों के दैनन्दिन कामों में रुकावटें डालते थे।

भामाशाह जी के साथ माचीन गुफा की ओर लौटते हुए राणा जी गम्भीरता से बोले, "हमको गोगुन्दा पर आक्रमण करने की तैयारी करनी चाहिए।"

हमारी दृष्टि से भी यह अत्यन्त आवश्यक है। गोगुन्दा के आसपास की बस्ती के लोग तुर्की सैनिकों की लगातार हलचलों से परेशानियों का सामना करते हैं।

"यह वार्ता अकबर के कानों में जाए इसकी व्यवस्था करें," राणा जी के ऐसा कहते ही भामाशाह भी क्षण-भर आश्चर्य में आ गए।

"उसका अपने को फायदा होनेवाला है," भामाशाह जी के चेहरे पर प्रश्नवाचक भाव देखकर राणा जी ने स्पष्ट किया। अभी अकबर पर्वत प्रदेश में अपनी सेना लेकर घूमने से अनेक प्रश्नों का हमें सामना करना पड़ रहा है। हम गोगुन्दा पर आक्रमण करने का विचार रखते हैं, यह यदि अकबर को ज्ञात हुआ तो वह अपने से लड़ने के लिए गोगुन्दा में ससैन्य वापस आएगा। और इस तरह जंगल में रहनेवाली प्रजा के साथ होनेवाला उपद्रव बन्द हो जाएगा।"

बात करते-करते राणा जी माचीन गुफा के पास आ पहुँचे।

राणा जी की योजना अचूक साबित हुई। दो महीने पर्वतीय प्रदेश में भटककर ऊबा

हुआ अकबर राणा प्रताप गोगुन्दा पर आक्रमण करने के विचार में है ऐसी खबर सुनते ही वह सेना सहित गोगुन्दा लौट आया।

मेवाड़ आकर चार महीने हो गए पर राणा प्रताप का कोई पता ही नहीं चला। नुकसान भी बहुत हुआ। सेना ऊब गई, शस्त्र खत्म होने लगे परन्तु अकबर की आशा अभी खत्म नहीं हुई थी। आज नहीं तो कल राणा प्रताप हाथों में आएँगे ही। इस बात का अकबर को विश्वास था कि अगर गोगुन्दा पर राणा प्रताप ने आक्रमण किया तो निश्चित ही कैद होगा। इस आशा से फिर से गोगुन्दा में आकर रुका। उसने सेना को सजग रहने का इशारा दिया और भगवानदास जी को बड़ी सेना लेकर बाँसवाड़े के प्रताप सिंह और डूँगरपुर के रावत आसकरण को अपना मांडलिकत्व स्वीकार करने के उद्‌देश्य से रवाना किया। "न जाने उनका राजपूती खून उफान में आया और उन्होंने राणा प्रताप को पूर्वसूचना भेजी तो।" अकबर के मन में आया।

मेवाड़ आकर यमुना देवी को दो महीने हो गए। तो भी उनकी राणा जी से प्रत्यक्ष भेंट सम्भव नहीं हो सकी थी। अकबर के मेवाड़ में आने के कारण राणा जी को अरावली पर्वत का आश्रय लेना पड़ा, इसी कारण भामाशाह जी ने यमुना देवी की व्यवस्था अपने ही परिवार में की। वे राणा जी और यमुना देवी की भेंट का अवसर ढूँढ़ने लगे।

कार्तिक पूर्णिमा की पुष्कर यात्रा पास आते ही यात्रा को जाने की इच्छा रनिवास द्वारा व्यक्त करते ही राणा जी ने सहज ही अनुमति दे दी। तीर्थयात्रा को गए हुए रनिवास की महीने-डेढ़ महीने कोई चिन्ता नहीं थी, बीरम देव जी उनकी चिन्ता करने में समर्थ थे। यह मौका साधकर भामाशाह जी ने यमुना देवी को भी रनिवास के साथ तीर्थयात्रा भेजने की अनुमति माँगी और उन्हें भी तीर्थयात्रा के लिए भेजा।

अब तक सम्पूर्ण माह में अकबर की हलचलों पर नजर रखकर गोगुन्दा और उदयपुर को फिर से अपने अधिकार में लेना सम्भव था।

कुँवर मानसिंह की माताश्री ने यमुना देवी का अतिशय प्रेम से स्वागत किया। कुँवर अमर सिंह की पत्नी फूलकुँवर जी को यमुना देवी का खुला प्रेमपूर्ण स्वभाव बड़ा अच्छा प्रतीत हुआ। उनकी यमुना देवी से अच्छी मित्रता हो गई। पुष्कर की यात्रा यानी 'दूसरा कुम्भ का मेला ही' यमुना देवी जी को अपनी भाभी सा किरण देवी के शब्दों की याद आई। सम्पूर्ण भारतवर्ष में ब्रह्मदेव का एकमात्र मन्दिर यहीं पुष्कर तीर्थ में है। यहीं ब्रह्मदेव की सुन्दर पूजा सम्पन्न होती है। यहाँ की दीपदान की परम्परा भी अत्यन्त पुरातन काल से चली आ रही है।

किरण देवी की बतलाई हुई बातों का यमुना देवी प्रत्यक्ष अनुभव ले रही थीं।

"तू तो म्हारी साँची भायली हो गई रे" फूलकुँवर बाई ने यमुना देवी से कहा। वे दोनों, पुष्कर तीर्थ का सुन्दर परिसर निहारती हुई भ्रमण कर रही थीं। सामान्य यात्रियों के रूप में पूरा रनिवास बीरम देव जी के साथ, मुख्य यात्रा के बहुत पहले ही पहुँच गया था। मेवाड़ में अभी परदे की प्रथा नहीं चली थी। कुल, शील, विनय

के स्वाभाविक परदे में ही स्त्रियाँ सुरक्षित थीं। अभी भी मेवाड़ में स्त्रियों की ओर टेढ़ी निगाह से देखने की ताकत एक भी पुरुष में नहीं थी। "स्त्री यहाँ हमेशा ही रक्षणीय और वन्दनीय है" यह विचार-संस्कार मेवाड़ के पुरुषों की हड्डियों, मज्जा में समाया हुआ और रक्त में जैसे प्रवाहित होता है। ऐसे पुरुष जिनके आत्मीय हों उन्हें कैसा डर?"

ये तीनों सरोवर मतलब ब्रह्मदेव के हाथों से जमीन पर गिरे हुए तीन कमलपुष्प हैं। फूलकुँवर बाई बतला रही थीं, "एक बार ब्रह्मदेव ने यज्ञ करने का निश्चय किया। उसके लिए लाए हुए कमलपुष्पों में से तीन यहाँ गिर गए, उनसे ही ये तीन सुन्दर जलाशय बन गए। ये ज्येष्ठ पुष्कर, मध्यम पुष्कर और कनिष्ठ पुष्कर कहकर पहचाने जाने लगे। ज्येष्ठ पुष्कर की महिमा सर्वाधिक है। इन तीनों ही पुष्करों की परिक्रमा की तो अपनी जो भी चाहत हो वह पूर्ण होती है पर उसके लिए चौबीस कोस पैदल चलना पड़ता है।" फूलकुँवर जी बड़ी रसपूर्ण वाणी में बतला रही थीं।

"जीजी हम भी करें क्या यह परिक्रमा?" यमुना देवी ने पूछा।

"पूर्ण परिक्रमा? चौबीस कोस की? इतनी लम्बी यात्रा तुम्हें सहन होगी?" उनकी कोमल और नाजुक काया की ओर देखते हुए फूलकुँवर जी ने आश्चर्य से कहा।

"हाँ, निश्चित ही सहन होगी।" यमुना देवी ने दृढ़ता से कहा।

"हम अनुमति ले लेंगे," यमुना देवी ने विश्वास व्यक्त किया और कुँवर अमर सिंह की माताजी से अनुमति मिल गई।

सुबह होने के एक प्रहर पहले ही नहा-धोकर यमुना देवी और फूलकुँवर बाई पुष्कर तीर्थ पर गईं तो भी यात्रियों की भीड़ थी ही। गन्ध, फूल, अक्षत आदि षोडशोपचार पूजा के उपरान्त दोनों ने वटवृक्ष के पत्तों पर छोटे-छोटे दीप रखकर जल में छोड़े। सुबह होने के पहले ही जलाशयों में तैरनेवाले उन दीपों की शोभा अवर्णनीय थी। ऐसा लग रहा था मानो वे छोटे-छोटे दीप अपनी नन्ही ज्योतियों के जलाशयों में पड़नेवाले प्रतिबिम्ब हँस रहे थे। लहरों पर आनन्द से डोल रहे थे। गगन मंडल में हौले से उदित होनेवाले बाल रवि की कोमल किरणें, जलाशय की दीपज्योति और उनके जलाशय में पड़े हुए प्रतिबिम्ब इन सबने मिलकर बुने हुए सुनहरे रेशमी वस्त्र की परिधान कर सृष्टि सुन्दरी अखिल विश्व में सम्राज्ञी की शान में विचरण कर रही थी।

यमुना देवी को मथुरा के समीप यमुनाजल की याद आई। दोनों हाथ जोड़कर आँखें बन्द कर जलाशय के घाट पर बैठी थीं और हवा तथा सूर्य-किरणें उनकी कुन्तल राशि से धीमे-धीमे खेल रही थीं।

"कौन-सी कामना की देवी, पुष्कर राज के पास?" उनकी भावमग्न मुद्रा को देखते हुए फूलकुँवर जी ने पूछा।

"परिक्रमा करके आने पर बतलाऊँगी।" फूलकुँवर बाई सा का हाथ पकड़कर

उन्हें उठाते हुए यमुना देवी ने कहा, "उठिए जीजी, देर हो गई। धूप बढ़ेगी, चौबीस कोस चलना है।"

अस्त होते तारों से बातें करते, उगनेवाले दिनकर को बन्धु की तरह रक्षा करनेवाला मानकर वे परिक्रमा के लिए निकलीं। यमुना देवी को पुष्कर परिक्रमा सुखकर प्रतीत नहीं हुई तो दुश्वार भी नहीं लगी। बराबर चलनेवाले पुजारी, भाट, भक्त, चारण, भजन और कवन आदि गा रहे थे। उनके गायन ने पैरों को गति दी और मन को आह्लाद से भर दिया।

मेवाड़ में आनेवाले प्रत्येक मार्ग पर वेश बदलकर मेवाड़ के वीर तैनात थे। आने-जानेवालों की अच्छी तरह निगरानी करने के लिए कचरू के बलिदान के बाद राणा जी ने यह कठोर आज्ञा दी थी। शत्रु के हाथ जनसामान्य में सम्मिलित न हो जाए इसलिए यह व्यवस्था बलदेव जी को बहुत अच्छी लगी। राणा जी के कितने निर्णय बलदेव जी के मन के अनुरूप ही उतरते थे। कचरू के बलिदान के बाद उसके पिता को राणा जी ने न्याय विभाग में उच्च अधिकारी का पद दिया, तब उन्होंने भामाशाह जी से कहा था—

"भामाशाह जी शहीदों के खाली स्मारक बनाकर और उनके बलिदान का केवल स्मरण कर कर्तव्य पूरा नहीं होता। उनके परिवार के भरण-पोषण की व्यवस्था होना और उन्हें राज्यकर्ताओं द्वारा और समाज की ओर से सम्मानपूर्वक व्यवहार मिलना, साथ ही उनके बलिदान की आनेवाली पीढ़ी को याद दिलाना यह अधिक महत्त्वपूर्ण है। कचरू के घर में कोई भी कमी नहीं पड़नी चाहिए। उन माता-पिता का इकलौता बेटा बलि चढ़ गया, वह स्थान मेवाड़ के सभी पुत्रों को पूरा करना चाहिए।"

राणा जी के निर्णय "विचारों की सुदृढ़ता और कर्तव्य की सच्चाई होने के कारण ही वे राजस्थान की शोभा हैं," बलदेव जी के मन में आया।

बलदेव जी अकेले ही अश्व पर सवार हो गोगुन्दा के समीप के परिसर में भ्रमण कर रहे थे। राजा जी की अनेक यादें और व्यक्तित्व के कितने पहलू बलदेव जी की नजरों के सामने स्पष्ट हो रहे थे। अकेले होने पर बलदेव जी की दृष्टि के सम्मुख हमेशा पुरानी घटनाएँ साकार होतीं और वे उनमें समाहित हो जाते।

राणा जी के विविध रूप बलदेव जी की नजरों के सामने तैरने लगे, एक-एक प्रसंग सजीव होने लगा।

भगवानदास जी को डूँगरपुर-बाँसवाड़े की ओर भेजकर अकबर गोगुन्दा आकर रुका और राणा जी ने गोगुन्दा की दिशा में अपने अश्वों की नजर भी पलटने नहीं दी। गोगुन्दा के आसपास रहकर राणा जी ने इतने दिन अकबर को हैरान-परेशान कर डाला। व्यर्थ में ही समय, शक्ति और सम्पत्ति का अपव्यय करने की अपेक्षा

अन्य कई योजनाओं को हाथ में लेना अधिक श्रेयस्कर है, ऐसा परिपक्व विचार कर अकबर ने वहाँ से प्रयाण करने का निश्चय किया। उसे भी अब एक महीना व्यतीत हो गया और मानसिंह पर गोगुन्दा की जवाबदारी सौंपकर अकबर के गुजरात की ओर प्रयाण करने की वार्ता राणा जी तक पहुँची। तब राणा जी ने मेवाड़ के सामन्तों, सरदारों की एक सभा माचीन गुफा के उस पार के पठार पर बुलाई।

"अकबर गुजरात की दिशा में कूच कर रहा है इसका अर्थ यह नहीं कि उसने मेवाड़ का पीछा छोड़ दिया है, ऐसा नहीं कहा जा सकता," बल्कि राणा जी ने कहा कि "उलटे यह सावधानी बरतने का इशारा समझना चाहिए।"

'अलबत्ता' जसवन्त सिंह ने कहा, "कोई निश्चित योजना की रूपरेखा बनाकर ही अकबर ने गोगुन्दा छोड़ा होगा।"

मनोहरदास जी राठौर ने अपना मत व्यक्त करते हुए कहा, "राणा जी अकबर खाली हाथ लौटनेवाला नहीं है। कुछ भी हासिल किए बिना वह मेवाड़ छोड़ेगा नहीं। उसकी हलचलों से वह कौन सी चाल चलेगा, इसका अन्दाज सही-सही लगना चाहिए।"

क्षण-भर विचार कर राणा जी ने कहा,"यद्यपि निश्चित बतलाना सम्भव नहीं है फिर भी कुछ अन्दाज तो लगाया ही जा सकता है। डूँगरपुर और बाँसवाड़े पर अकबर ने विजय प्राप्त कर ली है। हम अकबर की जगह पर होते तो क्या किया होता?"

अर्थात अवश्य ही "आसपास का प्रदेश जीता होता" जैत्र सिंह ने कहा। "अकबर भी यही करेगा ऐसा हमारा अन्दाज है। सिरोही, बूँदी, ईडर, जालौर यहाँ हमारे मित्र हैं। वे हमारी सहायता न करें इसलिए अकबर पहले उनके राज्य अपने अधीन करने का प्रयत्न करेगा।"

"ऐसे समय में हमारी कौन-सी भूमिका होनी चाहिए," सुन्दरलाल जी ने पूछा।

"वर्तमान में उदयपुर और गोगुन्दा फिर से अपने अधिकार में लेने के अतिरिक्त और कुछ नहीं।" राणा जी ने कहा, "अकबर के अधीन गए हुए राज्य, उन राज्यों के शासक अकबर के पीठ फेरते ही फिर से उन पर अपना अधिकार स्थापित करेंगे। बहुत लम्बे समय तक वे अकबर की सत्ता टिकने नहीं देंगे। ऐसी योजनाएँ उनकी पीछे ही बन चुकी हैं। यदि किसी ने मदद माँगी तो हम हैं ही। बलदेव जी आप प्रत्यक्षतः जाकर अपने थानों पर अकबर के वापस लौटने की खबर दीजिए। जहाँ मौका मिले वहीं अकबर को पाठ पढ़ाने में कोई कसर नहीं छोड़नी है, ऐसा भी बतलाइए।"

'जैसी आज्ञा' कहकर बलदेव जी निकले तो सही, पर अकबर इसी मार्ग से लौटेगा कैसे कहा जा सकता है, यह शंका उनके मन में आई। उस तरफ ध्यान न देकर बलदेव जी कार्य करने निकले। दो चौकियों पर सन्देश देकर उन्होंने अपने अश्वों को गति दी।

राणा जी का अन्दाज बिलकुल सही निकला। अकबर ने राय सिंह को सिरोही पर

आधिपत्य स्थापित करने के लिए भेजा। इससे सिरोही के मार्ग में आनेवाले राणा जी के थाने सजग, जागरूक हो गए और इस मौके का फायदा उठाने की योजना बनाने लगे। सिरोही के राव सुरत्राण आबू के पहाड़ पर निकल गए। राय सिंह ने पीछा करके आखिर उन्हें अकबर के सामने खड़ा किया।

बूँदी में सफदर खाँ के नेतृत्व में सेना गई हुई थी। उन्हें अपयश स्वीकार करना पड़ा। जैत खाँ कोका के नेतृत्व में अकबर ने पुनः दूसरी सेना भेजी। बूँदी के युवराज दुर्जन सिंह ने उन्हें भी धूल चटाई। दुर्भाग्य से उनके पिता सुजन सिंह और बन्धु पहले ही मुगल सेना में थे इसलिए उन्हें जैसी चाहिए वैसी मदद न मिलने के कारण उन्होंने तत्काल शरणागति स्वीकार कर ली।

राणा जी के अन्दाज के अनुसार ही योजना बनाई और वह काफी मात्रा में यशस्वी भी हुई। अकबर की योजना के अनुसार राणा जी के आसपास के सभी राज्य उसके अधीन आ जाने से राणा जी अकेले पड़ेंगे और जब मेवाड़ पर तुर्कों का आक्रमण होगा तब एक भी शासक उनकी सहायता के लिए नहीं होगा, ऐसी स्थिति निर्मित हो गई।

राणा जी से स्नेह-सम्बन्ध जुड़ जाने के कारण और राणा जी का आदर्श लगातार नजरों के सामने होने के कारण दूसरे शासकों ने भी प्राणहानि होने नहीं दी। केसरिया और जौहर करके अकारण वीर योद्धाओं, राजपूत वंशों के नररत्नों को जन्म देनेवाली माताओं के जीवन का अन्त नहीं होने दिया। अस्थायी रूप से पीछे हटकर अकबर के मुड़ते ही अपने-अपने राज्य स्वतंत्र कर लिये। अकबर के लिए फिर आक्रमण करना और जीवन-हानि सहन करना यही एक रास्ता शेष रहा।

राणा जी के साथ सभी शासकों ने शक्ति एकत्रित कर अकबर के मेवाड़ से प्रयाण करने के उपरान्त अपने-अपने राज्य स्वतंत्र कर लिये। राणा जी को गोगुन्दा और उदयपुर का अधिकार तो सहज ही में मिल गया। उन्होंने मेवाड़ प्रान्त में स्थित सभी तुर्की थानों को बन्द किया और आगरे में आने-जानेवालों का मार्ग भी बन्द कर दिया। इस कारण मेवाड़ के तुर्कों को सहायता नहीं मिली और मेवाड़ से लौटकर भी जाना सम्भव नहीं हुआ।

इस अवधि में राणा जी ने क्षण-भर भी आराम नहीं किया। उन्हें और उनके सैनिकों को युद्ध का वेश भी उतारने का अवसर नहीं मिल पाया। मेवाड़ में विद्यमान प्रत्येक तुर्की थाना नष्ट करना और मेवाड़ का प्रदेश पुनः स्वतंत्र कराना यही मुहिम राणा जी ने अपने हाथों में ली और उसे पूरा किया।

फतेहपुर सीकरी पहुँचे हुए अकबर के पीछे-पीछे राणा प्रताप के विजय की वार्ता पहुँच गई और उसी क्षण से अकबर की नींद उड़ गई।

थोड़ा-सा भी एकान्त मिलते ही राणा जी कुम्भलमेर गढ़ पर आगे की व्यवस्था देखने लौटे। उसके पहले ही बलदेव जी और भामाशाह जी कुम्भलमेर के निकट पहुँचे हुए थे।

"इतनी बार गढ़ पर आने पर भी यहाँ के जैन और शिव मन्दिर हमने नहीं देखे भामाशाह जी! बलदेव जी बोले, हर बार यहाँ आना युद्ध की धमाचौकड़ी में ही होता है, अब जरा एकान्त मिला है। साथ ही मिश्र जी से भी भेंट करनी है। इस मौके का लाभ हमें लेने दें।"

"अवश्य ही, आप ही क्या हमें भी कितने दिनों से इन मन्दिरों के दर्शन का सौभाग्य मिला नहीं है। इन मन्दिरों की छत्रच्छाया में, युद्ध की छाया में भी आचार्य जी का लेखन अबाधित रूप से चल सकता है," भामाशाह जी ने कहा।

बातें करते-करते वे दोनों केलवाड़े की बस्ती की चढ़ाई चढ़कर दुर्ग के पश्चिम की ओर से 'आरोह पोल' तक आ पहुँचे। आधा कोस आगे जाने पर आनेवाला 'हल्लापोल' लाँघकर मुख्य प्रवेश द्वार से उस तरफ पहुँचे। अरावली पर्वत का जो सपाट मैदानी प्रवेश तटबन्दी के भीतर नैसर्गिक रूप से निर्मित हो गया था, वहीं अनेक जैन और शैव मन्दिर बने थे। शिव मन्दिर के समीप एक विशाल सभागृह में बलदेव जी और भामाशाह जी पहुँचे। उसी मन्दिर के दूसरे दालान में पंडित चक्रपाणि मिश्र अपना ग्रन्थ लेखन कर रहे थे। उनका कार्य पूरा होने में थोड़ा समय था। उनके कार्य में बाधा न आए इसलिए दोनों ही सभामंडप के एक सुन्दर चित्रकारी से युक्त खम्भे के पास आकर बैठ गए। मन्दिर का परिसर साफ-सुथरा और शान्त था और वातावरण आह्लाददायक था।

बलदेव जी ने कहा, "भामाशाह जी कई दिनों से आपसे एक प्रश्न पूछना चाहता था।"

"अवश्य पूछें, हमसे सम्भव होगा तो हम जरूर उसका उत्तर देंगे," भामाशाह जी ने कहा।

"भामाशाह जी आप जैन धर्म के अनुयायी हैं, आपका धर्म अहिंसा का महान पुरस्कर्ता। ऐसा होते हुए भी आप राणा जी के साथ युद्धभूमि पर व्यस्त हैं। यह प्रचंड हिंसा आपके धर्म को मान्य है क्या? बलदेव जी का प्रश्न सुनकर भामाशाह जी क्षण-भर को स्तब्ध हो गए। फिर बोले, हिंसा तो किसी भी धर्म को मान्य नहीं है। 'अहिंसा परमोधर्मः' ऐसा सभी धर्म कहते हैं। धर्म जैन हो, बौद्ध हो या हिन्दू, हरेक अहिंसा, सत्य, ब्रह्मचर्य और अपरिग्रह, इन चार तत्त्वों पर आधारित हैं। हरेक में अहिंसा को प्रथम स्थान दिया गया है, जिस निष्ठा से संन्यासी व्यक्ति इस धर्म का पालन कर सकता है उतनी निष्ठा से गृहस्थाश्रमी व्यक्ति नहीं कर सकता। इसलिए हमारे धर्म में संकल्प करके की गई हिंसा निषिद्ध मानी गई है। शिकार, मांस-भक्षण इन सबसे हमें मनसा, वाचा, कर्मणा दूर रहने को कहा गया है। सिर्फ आत्मरक्षण के लिए या फिर उदर निर्वाह के लिए अगर हिंसा करनी पड़ती है तो वह क्षम्य है। श्री जी की आज्ञा समझकर देश-रक्षण के लिए शस्त्र उठाकर युद्ध करना धर्म है।"

"आपका कहना सही है भामाशाह जी" उनकी स्पष्ट उक्ति से प्रभावित हुए बलदेव जी ने कहा। स्वधर्म जैसे सच्चा धर्म है वैसे ही हम जीवन के जिस उद्देश्य को स्वीकार कर लेते हैं उसके प्रति अपना कर्तव्य यह अपना धर्म और उसके पालन

के लिए जीवन का उत्सर्ग करना यह उस कर्तव्य का पालन होता है। निर्मिति के लिए विध्वंस अपरिहार्य है ऐसा गीता भी बतलाती है। भामाशाह जी आपने हमें यह सब कितने सरल शब्दों में स्पष्ट करके बतलाया!

"यह राजा जी के साथ रहने का प्रभाव है। स्वयं के धर्म की रक्षा करने में आनेवाली सभी विपदाएँ भी राणा जी ने स्वीकार कीं। बलदेव जी राजस्थान का यह पहला ही शासक है जिसने देवस्थानों पर, मठों पर, धार्मिक संस्थाओं पर अकारण सम्पत्ति खर्च नहीं की। पहले प्रत्येक शासक अपार धन-सम्पदा, जमीन, मठ-मन्दिरों में साधु-संन्यासी एवं पुजारियों के लिए दान करते थे। इसके अतिरिक्त दान, वर्षासन, स्वर्णतुला इत्यादि से पुरोहितों की सम्पत्ति में वृद्धि होती थी। यद्यपि राष्ट्र की सम्पत्ति जरूर कम होती थी। इतनी अकूत सम्पत्ति का राष्ट्र की आपदा निवारण हेतु कोई उपयोग नहीं हो पाता था, क्योंकि एक बार जो दान रूप में सम्पत्ति दे दी उसे वापस लेने की आज्ञा हिन्दू धर्म नहीं देता। आज इस घड़ी में हमें अपनी सम्पत्ति की आवश्यकता है परन्तु फिर भी ऐसी सम्पत्ति राणा जी के उपयोग में नहीं आ सकती।" 'देश और भगवान के लिए यह शरीर समर्पित करना ही धर्म है' राणा जी की इसी सीख का हम अनुसरण करते हैं।

मिश्र जी के 'विश्ववल्लभ' नामक ग्रन्थ का लेखन पूरा हो गया था। हल्दी घाटी के युद्ध के परिणाम अभी पूरी तरह से समाप्त नहीं हुए हैं। तुर्कों द्वारा दिए हुए हृदय के जख्म अभी हरे ही हैं, घाव अभी भरे नहीं हैं। वहीं अकबर फिर से मेवाड़ पर आक्रमण करने आ गया। उसके लौट जानेवाले अश्वों की टापों के नाद अभी भी वातावरण से मिटे नहीं हैं। ऐसी प्रतिकूल परिस्थिति में भी मिश्र जी ने उत्तम ग्रन्थ का निर्माण किया। उदकार्गल निरूपण से लेकर पत्र-पुष्प के रंग-गन्धों में, स्वाद में दूसरी जाति के फल-फूलों का पौधा रोपकर परिवर्तन करने की सम्पूर्ण प्रक्रिया का नौ अध्यायों वाले इस ग्रन्थ का लेखन उत्कृष्ट उपलब्धि थी।

"राणा जी ने युद्ध की आँच वाङ्मयीन कृतियों पर नहीं पड़ने दी, यह इसका अनुपम प्रमाण है।" बलदेव जी के मन में आया। महाराणा प्रताप यानी आदर्श का सही मापदंड यह समीकरण सिद्ध हो गया था।

नवरोज के उत्सव का आज आखिरी दिन था। इतने उत्साह से, आनन्द से और भीड़-भाड़ से खिला हुआ यह परिसर कल से शान्त, स्तब्ध होनेवाला था। लगातार आठ दिनों से आग्रह करने पर भी किरण देवी को नहीं आती देख फूलवती अपनी अन्य सहेलियों के साथ निकल गई और किरण देवी उत्सव देखने जाने को तैयार हुईं। वे स्वयं तैयार नहीं हुईं, तैयार हुईं वे राजदरबार से आए हुए आदेश के कारण। आज तक इस उत्सव में जाने की बारी उन पर आई नहीं थी। बीकानेर से पृथ्वीराज जी के आने पर काफी दिन उन्होंने अपनी पत्नी को इस उत्सव में भेजना टाला पर आज स्वयं अकबर ने पालकी भेजी और उनकी पत्नी ने नवरोज का उत्सव देखने जाने का

आग्रह सहित आज्ञा भी दी। व्यर्थ में कलह को आमंत्रण क्यों देना इसलिए पृथ्वीराज जी ने भी अपनी पत्नी को उत्सव में जाने के लिए राजी किया।

निःसर्ग प्रदत्त सौन्दर्य प्राप्त रमणी अकेली ही अन्यमनस्क-सी उत्सव में घूम रही थी। पहले ही आने में देर हो गई थी फिर सखियाँ भी साथ में नहीं थीं, केवल एक दासी साथ में थी। इस वजह से किरण देवी मन से अस्वस्थ थीं।

एक बड़े भव्य और विशाल चौक में यह मेला लगा हुआ था। मुख्य पर्व के नौवें रोज नवरोज होता था। यह दिन महिलाओं के मेल-मिलाप का था। मेल-मिलाप के स्थान पर ऊँची दीवारों का निर्माण कर उन पर कनातों का आच्छादन किया था। जमीन पर जाजिम बिछाकर मखमली कालीन बिछाए गए थे। दीवालों पर बड़े-बड़े पूर्णाकृति दर्पण लगे थे। आने-जानेवाली ललनाएँ उनमें अपना स्वतः का रूप देखकर सौन्दर्य पर मुग्ध हो रही थीं। मेले में ललनाओं के विश्राम हेतु जगह-जगह पर विविध प्रकार के मंचक और प्रस्तरों के या काँच के पात्रों में मेवे-मिठाई और कहीं स्फटिक पात्रों में मद्य भी रखा गया था।

नर्तकियों के नृत्य-गायन की पार्श्वभूमि पर सितार, बीन, ताऊस, सारंगी आदि वाद्यों का कर्ण मधुर मेल मन को प्रसन्नता प्रदान कर रहा था। नजर जहाँ रुकती वहीं पुरन्ध्री। तुर्क और क्षत्रिय रमणियों का इधर-उधर आवागमन चल रहा था। अमीर-उमरावों की स्त्रियाँ, बादशाहों की बेगमें, शहजादियाँ, बहुमूल्य साटन में बनी किमखाबी, मखमली वस्त्र परिधान कर मुक्त रूप से विहार कर रही थीं। बालाएँ, युवतियाँ, प्रौढ़ाएँ, किशोरियाँ सभी आयु की स्त्रियाँ नीले, पीले, ताम्र, श्वेत आदि रंगों के परिधान, अनेक प्रकार के अलंकार और सुगन्धयुक्त इत्रादि सर्वांग में लगाकर मन्थर गति से इधर से उधर परिभ्रमण कर रही थीं।

एक संगमरमरी मंचक पर बैठकर किरण देवी यह आकर्षक दृश्य देख रही थीं, परन्तु उनका मन उसमें यत्किंचित् भी रम नहीं रहा था। घर लौटने की उनकी बड़ी तमन्ना थी। क्योंकि उनके आते समय डोली में चढ़ते वक़्त दाहिने पैर में चोट लगने के कारण वे अस्वस्थ थीं। दासी को लौट चलने के लिए पालकी बुलवाने के लिए, उसे ढूँढ़ने लगीं तभी उनका ध्यान एक तरफ व्यापारियों द्वारा सजाई गई उस वीथिका की ओर गया जहाँ अनेक व्यापारी स्त्रियों ने अलग-अलग तरह के मूल्यवान वस्त्र बिक्री के लिए रखे थे। "आपको चाहिए तो एकाध चुनरी आप भी खरीदें," ऐसा पृथ्वीराज जी के कहे जाने पर भी उन्हें वहाँ जाने की इच्छा नहीं हुई और आसपास दासी भी नजर नहीं आई। धीरे-धीरे मेला समाप्त होने लगा। मध्याह्न से आई हुई ललनाएँ लौटने लगीं। किरण देवी अपनी दासी को ढूँढ़कर हैरान-परेशान हो गईं, आखिर पालकी तक जाने का विचार करते ही दासी नजर आई। कोई अलंकार खरीद रही थी इसीलिए देर होने की क्षमा माँगकर वह पालकी लेने बाहर गई।

दासी जिस दिशा में गई उसी दिशा की ओर देखती किरण देवी खड़ी थीं। आठ-दस कदम वे चलकर आगे बढ़ीं भी पर उन्हें कहीं भी जाने का मन नहीं हो रहा था। फिर से वापस लौटकर वे चबूतरे पर आकर बैठीं। पीछे कुछ आहट-सी प्रतीत हुई,

तो उन्होंने मुड़कर देखा तो अचानक उनकी नजरें एक वृद्ध स्त्री पर पड़ीं। वृद्धत्व के कारण चेहरे पर सलवटों का जाल बिखरा हुआ था। माथे की चुनरी में से चन्देरी बाल झाँक रहे थे, दाँत गिर जाने के कारण पोपला मुँह नजर आ रहा था फिर भी चेहरे का तेज उसके उच्च कुल की गवाही दे रहा था। साधारण सा पर साफ वेश परिधान की हुई उस स्त्री ने किरण देवी के मन में अकारण ही नजदीकी निर्मित कर दी। किरण देवी ने स्वयं उसे आवाज दी।

"बेटी, तुम अकेली ने ही मुझे रोका। बाकी किसी का भी ध्यान नहीं गया मेरी तरफ।" अपने माथे पर का बोझ नीचे उतारती वह वृद्धा बोली, "नवरोज का मेला उन खास स्त्रियों का ही मेला है। इसमें राजपूत स्त्रियाँ अवश्य आती हैं इसलिए उनके लिए खास ये कटारें बेचने आई हूँ। पर देखती हूँ ये सब वस्त्रालंकारों के मोह में जकड़ी हुई हैं। मूल टेक छोड़कर सौख्य के मृगजाल की ओर उनकी दौड़ है, घोर कलयुग है बेटी, घोर कलयुग।"

किरण देवी को उसके बारे में और भी अधिक कुतूहल प्रतीत होने लगा। वर्तमान परिस्थिति में उसका आधार भी लगने लगा। उसे दासी के आने तक रोकने के उद्देश्य से किरण देवी ने कहा, "माई, आप कुलीन घराने की दिखाई दे रही हो, इस बाजार में ये कटारें बेचने कैसे आई हो?"

तुम्हारे जैसी लड़कियों, बच्चियों की मदद करने। बेटी, मैं तो पका हुआ पत्ता हूँ कभी भी झड़कर गिरना ही है पर मेरे दो कोमल फूल तोड़कर परमेश्वर ले गया। मैं 'खींची चौहान' वंश की क्षत्राणी। मेरे दोनों लड़के युद्ध में काम आ गए। पोतों की ओर देखकर मैं दिन निकाल रही हूँ..."क्या बताऊँ बेटी मैं इन तुर्कों के राज्य में बहू-बेटियों की इज्जत पर हमला होता आया है। एक बहू तुम्हारी तरह नवरोज देखने गई तो लौटकर ही नहीं आई। दूसरी पति के साथ सती हो गई। दो छोटे पोते हैं उन्हीं के लिए जीती हूँ। मेले में खोई बहू मेले में ही मिलेगी इस आशा से मैं हर दिन नवरोज आती हूँ पर वह कहीं नजर नहीं आती। जिस दिन गुम हुई थी उस दिन उसके पास कटार नहीं थी। किसे मालूम उस पर कैसी, कौन-सी मुसीबत आ पड़ी। अगर कटार होती तो शायद स्वयं का शील बचा सकती। इसीलिए मैं कटारें बेचती हूँ। यह क्या बेटी? तुम्हारी भी कमर में कटार नहीं दिख रही है, क्या घर में भूल गई?"

किरण देवी ने चौंककर देखा तो सच में उनकी कमर में कटार नहीं थी। आज तक ऐसा नहीं हुआ था। वह अस्वस्थ हो गईं। वृद्धा उनकी ओर देख रही थी, उसके नेत्रों में वात्सल्य बरस रहा था। उसमें कारुण्य की छटा दिखाई दे रही थी। उनकी न देखी हुई बहू किरण देवी की नजरों के सामने छा गई और वे सिहर गईं।

किरण देवी ने बाहर घने होनेवाले अन्धकार की ओर देखा। यह कटार उनके लिए आशा की किरण लेकर आई थी। अपनी कटार घर में कैसे रह गई यही विचार कर रही थीं। हाथ में जितनी स्वर्णमुद्राएँ आईं उतनी देकर किरण देवी ने कटार खरीद ली।

"बेटी, इतनी स्वर्ण मुद्राओं में तो सभी कटारें आ जाएँगी, गिनी-चुनी मुद्राएँ ही दो।"

किरण देवी हँसकर बोलीं, "माई, इन कटारों का मोल कितना है ये आपको नहीं समझ में आएगा। इसके सामने मेरा दिया मूल्य कुछ भी नहीं है।"

अभी भी दासी आई नहीं थी परन्तु दूर से पालकी आती हुई दिखाई दी। मुक्ति का विश्वास डालते हुए किरण देवी डोली में चढ़ीं, मस्तक की चुनरी एक कोने में अटकी और खींचते वक़्त फट गई और किरण देवी के मन में अशुभ के सोच की छिपकली रेंगने लगी। कहीं से कुत्ते के रोने की आवाज भी सुनाई दी तो उनका हृदय और भी थर्रा गया। वाहकों को जल्दी चलने का आदेश दे, वे थोड़ा पीछे होकर विश्राम की मुद्रा में बैठ गईं।

ईश्वर चिन्तन करते हुए किरण देवी कितनी देर डोली में बैठी रहीं पता नहीं, बीच में ही अजान सुनाई देने के कारण उन्होंने परदा हटाकर देखा तो रास्ता अनजान-सा लगा। वाहकों को रुकने के लिए उन्होंने कहा तो वे और ही जल्दी चलने लगे। किरण देवी धड़कते दिल पर काबू रखकर सोचने लगीं तो उन्हें लगा ये कहार भी हमेशा के नहीं हैं। घर लौटने की जल्दी में और अशुभ की चिन्ता में वह जो सामने आई उसी डोली में बैठ गईं। उनका हृदय बैठने-सा लगा। यह निश्चित ही गलती नहीं थी। 'दासी बाहर रुकी है', यह न पूछते हुए भी कहार ने बतलाया था, परन्तु दासी डोली में आई नहीं थी। आशय यह कि परस्पर योजनाबद्ध रूप से उनका अपहरण किया जा रहा था।

किरण देवी का हाथ अनायास कटार की ओर गया और उनके मन में आया "माँ गौरी तूने ही प्रत्यक्षतः कटार दी है, अब तुम पर हमारी रक्षा की जिम्मेदारी है।" मन-ही-मन में उन्होंने कहा और बाएँ हाथ की अनामिका में हीरे की जड़ी हुई मुद्रिका है या नहीं इस बात की निश्चिन्ती कर ली। किरण देवी जो भी प्रसंग सामने आता है उसका सामना करने के लिए सज्ज हो गईं।

कहार रुक गए और बड़े से सदन के दरवाजे के भीतर आकर डोली उतरी। किरण देवी बाहर आईं, सर्वत्र स्तब्ध और भयावह वातावरण था, "डोली यहाँ क्यों लाई? हमें हमारे पति के गृह जल्द ही ले चलो..." किरण देवी ने डाँटते हुए आज्ञा दी।

"बाई सा आपको यहीं लाने की हमें आज्ञा थी। आप इस दरवाजे से भीतर जाएँ।"

किरण देवी को कुछ समझ में आए इसके पहले ही वाहकों ने डोली उठाई, महाद्वार से बाहर निकलकर भली बड़ी साँकल उसमें अटका दी। किरण देवी के सम्मुख कोई दूसरा पर्याय ही नहीं था। स्वयं के कर्तृत्व पर विश्वास रख, परमेश्वर का स्मरण करती हुई वे उजाड़, सुनसान इस परिसर में क्या होगा इसका विचार करते हुए रुक गईं।

किरण देवी को ज्यादा देर रुकना नहीं पड़ा। कुछ ही क्षणों में किसी की पदचाप उन्हें सुनाई दी और अचानक ही उन्होंने ओढ़नी का घूँघट अधिक लम्बा किया और कटार पर की पकड़ कड़ी कर दी।

"सुभान अल्लाह! क्या नजाकत है। हे रमणी, तुम्हारे पृष्ठभाग की मूर्ति ही इतनी

कमनीय और खूबसूरत है कि तुम्हारी सूरत न देखते हुए भी तुम पर हम आशिक हो गए होते।"

"निर्लज्ज व्यक्ति!...स्त्री के सम्बन्ध में व्यक्त किए गए तुम्हारे ये उद्गार तुम्हें नर्क में पहुँचाने के लिए पर्याप्त हैं," गुस्से से फनफनाती किरण देवी ने कहा, "तुम कौन हो यह मालूम नहीं पर कोई भी हो तो भी हमें सम्मान से पतिगृह भेजने में ही तुम्हारी भलाई है।"

"अच्छा! तो आप हमें नहीं जानतीं। हाँ जानोगी भी कैसे? पराजितों की पत्नियों को जीतनेवालों की पहचान होती ही नहीं। यह तुम्हारा घमंड क्षण-भर में नष्ट हो जाएगा। अब तुम हमारे सुसज्ज, सुशोभित, विलासी शैयागृह में जाओगी। तुम्हारी आभा उसी दालान में उजलेगी किरण देवी।"

किरण देवी कुछ भी नहीं बोलीं। उनकी नजर अपनी मुद्रिका के हीरे पर थम गई और कटार पर की पकड़ मजबूत हो गई। "एक बार नजर उठाकर तो देख लो, हमें तसल्ली होगी और हम आपके लिए क्या कर सकते हैं, इसका अन्दाजा तुम्हें खुद-ब-खुद हो जाएगा।"

"हमें तुम्हारी ओर से कुछ भी नहीं चाहिए, देगा भी तू क्या? पतित भिखारियों के पास देने लायक कुछ भी नहीं होता," किरण देवी ने यत्किंचित् भी विचलित न होते हुए कहा।

"हम! पतित? भिखारी? भारत सम्राट शहंशाह अकबर के बारे में यह उद्गार! नादान औरत क्यों अपनी मौत को बुलावा दे रही हो?" "यानी तुम्हीं वह अकबर हो। कइयों से तुम्हारे नापाक इरादों के बारे में सुना था, आज प्रत्यक्षतः अनुभव किया। राजपूतानी वह भी सिसोदिया कुल की रमणी के नाखून की ओर भी देखना बहुत बड़ा अपराध है जलालुद्दीन मुहम्मद अकबर, तुमने तो पाप वासना की दृष्टि से हमारी ओर देखा। अब तुम जिन्दगी में कुछ भी नहीं देख सकोगे।" बोलते-बोलते किरण देवी विद्युतगति से मुड़ी और हाथ की कटार से लक्ष्य साधकर अकबर पर वार किया। उसके बख्तर पर टकराकर कटार नीचे गिरी। ऐसा कुछ घटेगा इसकी कल्पना जिसे नहीं थी वह अकबर बड़ी जोर से चिल्लाया। सारे दरवाजे खोलकर फटाफट जल्दी-जल्दी सैनिक बाहर आ गए।

रणचंडिका की तरह किरण देवी खड़ी थीं, नीचे गिरी हुई कटार शीघ्रता से उठाकर उन्होंने ऐसे आविर्भाव में दाहिने हाथ में ऊँचे उठाई कि किसी भी क्षण वह अकबर के कंठ का भेदन कर सके। सैनिकों को कुछ भी स्पष्ट नहीं हो रहा था। अकबर मन से डरा हुआ था। उसके हृदय को मृत्यु के हाथों ने स्पर्श किया था। जमी हुई-सी अवस्था में पल-भर की भी देर किए बिना वह किरण देवी के पैरों पर गिर पड़ा और कहने लगा, "माँ मुझे क्षमा कीजिए,...मैं तुम्हारी शरण में हूँ, मुझे जीवनदान दीजिए।"

शरण कहते ही किरण देवी ने कटार पर पकड़ा हुआ हाथ असहाय रूप से अपने-आप नीचे किया। अत्यन्त क्रोध से उनकी काया थरथरा रही थी। साक्षात

महिषासुर मर्दिनी ही उनके रूप में प्रतिभासित हो रही थीं।

अकबर की ओर से नवरोज का मलिन घिनौना उत्सव बन्द करवाने का अभिवचन लेकर किरण देवी सम्मानपूर्वक अपने घर लौटीं।

यमुना देवी बतला रही थीं और मेवाड़वासी स्तब्ध होकर सुन रहे थे—

"पातिव्रत्य, स्त्रीत्व, सिसोदिया वंश का नाम-कीर्ति, और राजपूतों की अस्मिता इन सबकी भाभी सा ने रक्षा की। नवरोज के उत्सव मेले में छद्म वेश में जाकर राजपूत रमणियों के सौन्दर्य का आकंठपान करना और जो स्त्री नजरों में समा गई उसका हरण कर उसे अपने हरम में रवाना करना यह उस उत्सव के पीछे का कुटिल हेतु ही भाभी सा ने नष्ट कर डाला। इसके पहले अनेक स्त्रियों की अकबर ने विडम्बना की थी, कितनों ने खुदकुशी कर ली थी और कितनों की बादशाह के हरम में रवानगी हुई थी इसकी कोई गणना ही नहीं थी। उस दिन अकबर की नजर भाभी सा की ओर मुड़ी। भाभी सा को भ्रष्ट कर सिसोदिया कुल को कलंक लगाकर, शक्ति सिंह और महाराणा प्रताप सिंह से अप्रत्यक्ष रूप से बदला लेना यही उसका उद्देश्य था। राणा जी हमारी भाभी सा ने अपने वंश को जो योग्य था ऐसा ही आचरण किया ना!" यमुना देवी ने राणा जी की ओर देखते हुए कहा।

प्रताप सिंह प्रस्तर की मूर्ति की तरह निश्छल हो गए थे। इतना कठोर पाषाण भी नहीं होगा। क्रोध के आवेग से उनके नासिका रन्ध्र फड़कने लगे, भाल पर की नसें तड़कने-सी लगीं, हाथों की मुट्ठियाँ तन गईं और आँखों से अंगारे बरसने लगे। अचानक राणा जी उठकर खड़े हो गए। उनका चेहरा दृढ़-निश्चयी हो गया। माथे की शिराएँ सामान्य हो गईं। "यमुना देवी हमें शपथ है तुम्हारे सतीत्व की और मेवाड़ के स्त्रियों की पवित्रता की। जब तक हमारी जान में जान है तब तक मेवाड़ की कोई भी स्त्री तुर्कों की वासना की बलि नहीं जाएगी।"

क्षण-भर रुककर राणा जी ने आगे कहा, "केवल राजस्थान की पवित्र भूमि से तुर्कों को नामशेष करने के लिए ही नहीं बल्कि समस्त भारतवर्ष को उनकी दुष्ट छाया से दूर करने के लिए हम कटिबद्ध हैं।" बोलते-बोलते म्यान से अपना पवित्र खड्ग निकालकर राणा जी ने मस्तक से लगाया और खड्ग पकड़े हुए हाथ को ऊँचा कर निश्चयपूर्वक प्रतिज्ञा की—

हे दसों दिशाओ सुनो, हे गगनस्थ देवताओ सुनो,
हे अष्ट दिक्पालो सुनो, हे स्वर्गस्य पितरो सुनिए,
चराचर सृष्टि के सजीव निर्जीवो सुनो
अरावली की पर्वत श्रृंखलाओ सुनो
मेवाड़ के पुत्रो सुनो
हम
बप्पा रावल के वंशज
सिसोदिया कुल के कुलदीपक
महाराणा संग्राम सिंह के पौत्र

और
महाराणा उदय सिंह के पुत्र—
महाराणा प्रताप सिंह
प्रतिज्ञा करते हैं कि...

अरावली की सब पर्वत श्रेणियों में स्वर गूँजने लगे, "प्रतिज्ञा करते हैं कि...हम प्रतिज्ञा करते हैं कि...प्रतिज्ञा करते हैं कि...प्रतिज्ञा करते हैं कि...हम प्रतिज्ञा करते हैं कि—

तुर्कों के अत्याचार और दासता से जब तक हम हमारी भूमि को, जनता को, गोधन को और ब्रह्म वृन्दों को मुक्त नहीं करा लेने तब तक हम मेवाड़ के राणा के रूप में राज सिंहासन या कोई भी सुखासन स्वीकार नहीं करेंगे। सोने-चाँदी जैसी धातु के पात्रों में भोजन ग्रहण नहीं करेंगे। सुख-शैया पर शयन नहीं करेंगे। वृक्ष के पर्ण पर भोजन करेंगे। मेवाड़ पूरी तरह जब तक स्वतंत्र नहीं हो जाता तब तक पल-भर का भी आराम नहीं करेंगे। यह हम सूर्यवंशीय क्षत्रिय कुलोत्पन्न महाराणा प्रताप सिंह की प्रतिज्ञा है। जब तक चन्द्र-दिवाकर है हमारी प्रतिज्ञा झूठी नहीं साबित होगी। यदि इन शब्दों से हम बेईमान हुए तो एकलिंग जी महाराज हमें दंडित करेंगे।"

महाराणा प्रताप सिंह बोलते-बोलते रुके।

सबके नेत्र राणा जी की ऊर्जावान उज्ज्वल मूर्ति पर टिक गए। वृक्ष की शाखाओं ने सरसराकर तथास्तु कहा। प्रत्येक के मन में आया कि ये शब्द ऐसे ही गूँजते रहेंगे। संवत्सरों के बाद संवत्सर ही क्या, पीढ़ियों के पीछे पीढ़ियाँ बीत जाएँ तो भी, युगों के बाद युग भी बीत गए तो भी, काल कितनी ही द्रुत गति से दौड़े तो भी।

राणा जी ने इस 'भीष्म प्रतिज्ञा' का पालन प्रतिज्ञा लिये हुए क्षण से बड़ी ही एक निष्ठा से किया। उनके साथियों ने और मेवाड़ की जनता ने अपना जीवन राणा जी के कदमों का अनुसरण करते हुए कठिनतम मार्ग पर मोड़ दिया। अब वह प्रतिज्ञा केवल एक आदमी की प्रतिज्ञा न रहकर सामूहिक कठोर तपस्या बन गई। इस तप, तेज से ही अकबर का सम्राट का पद डगमगा गया।

विजयादशमी का उत्सव समाप्त कर महाराणा प्रताप सिंह ने कुम्भलमेर से कूच किया तो वे सीधे पहुँचे गोगुन्दा। गोगुन्दा के आसपास के घने जंगलों से घिरी हुई मायरा और माचीन की गुफाओं में आश्रय लेने। राणा जी के साथ उस समय जसवन्त सोनगरा, सुन्दरदास राठौड़, मनोहरलाल राठौड़, मुकनदास राठौड़, सुजो सिंघल, कूपो सिंघल (भांडावत), भांड सोनगरा, महतो नरबद, जयमल माँगलिते और उनका भतीजा था। इस वास्तव्य में बहुत-सी योजनाओं पर पुनर्विचार करना था। अकबर के हालचाल की खोज-खबर लेने गए बलदेव जी की राह देखते-देखते दो दिन व्यतीत हो गए। आज किसी भी परिस्थिति में बलदेव जी खबर सहित लौटने ही चाहिए थे। उनकी सुरक्षा की चिन्ता राणा जी के मन में होने लगी थी। पर प्रान्त का यह

व्यक्ति अपने यहाँ आश्रय लेने आकर हमारे लिए ही जान की बाजी लगाकर काम कर रहा है। उसका बाल भी बाँका नहीं होना चाहिए। राणा जी के मन में विचारों का तूफान चल रहा था।

असमय में मुर्गे का बाँग देना मतलब कान्हा के लौट आने का चिह्न था। राजा जी ने तत्काल सेवक को भेजा। कान्हा बलदेव जी का सन्देश लेकर आया। उन्हें लौटने में एकाध दिन और लगेगा, यह सन्देश दिया। आज की रात्रि में विशेष महत्त्वपूर्ण सूचना मिलने की सम्भावना थी इसलिए राजा जी को माचीन गुफा में ही वास्तव्य करना आवश्यक था।

अकबर के दरबार में बलदेव जी आज पहली बार ही जानेवाले थे। शहीम बेग नाम के एक व्यक्ति से उनका सहज परिचय हुआ। शहीम बेग अकबर के चहेते अमीर खानजमाँ अलीकुल खाँ के खास लोगों में से थे। उनकी सिफारिश से ही बलदेव जी और कान्हा दोनों ही दरबार में जानेवाले थे अर्थात वे मुस्लिम नागरिकों की वेशभूषा में थे। माहताब खाँ ऐसा खुद का नाम बतलाकर बलदेव जी ने बीते आठ दिनों से शमीम बेग की मित्रता हासिल की थी। दक्खन से आने की बात कहने के कारण भाषा की कमजोरी खप गई।

अकबर का दरबार सचमुच किसी सम्राट को उपयुक्त हो वैसा ही प्रतीत हो रहा था। रत्नजड़ित स्वर्ण सिंहासन, सुगन्धियुक्त इनकी खुशबू, नेत्र को भानेवाली सजावट और पग-पग पर वैभव का नजारा परिलक्षित हो रहा था। वे वहाँ के रीति-रिवाज अकबर के शिष्टाचार प्रथाएँ आदि अनुसारयुक्त थे। सभी मनसबदार उनकी पोशाकें धारण कर शस्त्रों से सज्जित होकर अपने-अपने स्थान पर नम्रता से खड़े थे। हाथ बाँधकर, नतमस्तक होकर खड़े हुए ऐसे अमीर-उमराव इसके पहले दरबारियों ने देखे नहीं थे। उन्हें कुछ भी पूछा जाए तभी वे दरबार में बोलते थे। अकल्पित शालीन एवं अनुशासित दरबारी वातावरण देखकर बलदेव जी को भी आश्चर्य महसूस हुआ। शहीम बेग अचानक दरबार से उठकर जाने के कारण दरबार में काफी लम्बे उपस्थित रहने की इच्छा होने पर भी बलदेव जी के लिए यह सम्भव नहीं था। वे भी उसके पीछे-पीछे दरबार के बाहर निकले। शहीम बेग उन्हें लेकर घूमते-घूमते एक जगह रुका—

"यहाँ रात में मुशायरा है। आप चलेंगे हमारे साथ? बादशाह के सभी साथी आएँगे रात में।" शहीम बेग ने पूछा। बलदेव जी ने तत्काल हामी भरी और 'देर होगी' ऐसा सन्देश कान्हा के साथ राणा जी को भेजा।

मुशायरा रात में था। अकबर के सरदार एकत्र होंगे, मद्यपान करेंगे और मन में आई सारी बातें बोलेंगे। इससे अच्छा मौका फिर कब मिलनेवाला था?

मुशायरे का दीवानखाना सुशोभित था। हँड़िया, रोशनदान, ऊँचे कालीन, परदे, अतिथि अभ्यागतों के लिए जलपान से सुरापान और हुक्कापान की भी योजना थी।

तुर्की शायरों के लिए सुग्रास भोजन और हिन्दू कवियों के लिए मेवा-मिठाई की व्यवस्था थी।

रात में देर से लोगों के जमने की शुरुआत हुई। बादशाह के सरदार-मनसबदार, अमीर-उमराव और शहर के अनेक रईस मुशायरे में इकट्ठे हुए। बलदेव जी शहीम बेग के पास बड़े अदब से बैठे।

रात चढ़ने लगी मुशायरे में रंग चढ़ने लगा। 'वाह-वाह!', 'सुभान अल्लाह', 'खूब!', 'मेहरबाँ', 'मुकर्रर', 'बहुत खूब', 'बढ़िया' ऐसे शब्दों से वातावरण सराबोर हो गया। बलदेव जी का ध्यान था शहीम बेग के स्नेही की ओर। वे आपस में बातें कर रहे थे। बलदेव जी कान देकर सुन रहे थे। धीरे-धीरे मुशायरे के शब्द पीछे पड़ गए और बातचीत बढ़ने लगी।

किसी का दमदार हाथ कन्धे पर पड़ा वैसे ही बलदेव जी चौंक गए। अकबर का एक सरदार उनकी ओर संशयी नजरों से देखते हुए कुछ पूछ रहा था। बलदेव जी के कुछ समझ में नहीं आ रहा था। उन्होंने इधर-उधर शहीम बेग को खोजा वह कहीं भी नहीं दिखा। मुशायरा खत्म हो गया, बलदेव जी को ध्यान नहीं रहा और वे पकड़े गए। बलदेव जी के हृदय की धड़कन बढ़ गई, खुद को संयमित रख उन्होंने खुद का नाम और शहीम बेग के बारे में बताने की शुरुआत की पर उसे विश्वास नहीं हो रहा था। उसने बलदेव जी को हाथ पकड़कर बाहर निकाल दिया।

दोनों ही रास्ते पर आए। सुबह का झुटपुटा हो चुका था। पास में कोई नहीं था। बलदेव जी ने मन कड़ा किया, स्वत: को कैसे छुड़ाया जाए इसका विचार करते हुए वे उस सरदार के साथ चलने लगे, अभी भी सरदार की पकड़ उनकी कलाई पर ही थी। वे लोग किसी तरह एक नुक्कड़ पर पहुँचे ही थे कि 'अल्ला हो-अल्ला हो' ऐसी जयकार करते चिमटा बजाते हुए एक फकीर उनके पीछे से आया। सरदार सहज ही आगे बढ़े हुए फकीर के सामने झुका और "अल्ला की मेहरबानी, अल्ला का फजल है" ऐसा कहते हुए फकीर ने आशीर्वाद के लिए उठाए हुए हाथ से चिमटे का जोरदार प्रहार सरदार के सिर पर किया। अचानक हुए प्रहार से वह गिर गया, पर गिरते-गिरते खुद को सँभालते हुए उसने कमर की कटार फकीर की ओर फेंकी, दोनों ही जख्मी होकर गिर पड़े।

क्षणार्ध में घटी हुई घटना से बलदेव जी अचेत हो गए। दूसरे ही क्षण होश में आकर उन्होंने फकीर को कन्धे पर उठा लिया और सुरक्षित स्थान पर पहुँचे।

तुर्की वेश के घुड़सवार देखकर रोकी गई राह पहचानने में बलदेव जी को सुविधा हुई और बलदेव जी राणा जी से भेंट के लिए गए। उन्हें देखते ही राणा जी आश्वस्त हुए।

"वह फकीर कौन था?" उनसे सारी हकीकत जानकर राणा जी ने आश्चर्य से पूछा।

"पता नहीं," बलदेव जी ने कहा, "हमने उसे अपने साथ लाया है, अभी भी वह मूर्च्छितावस्था में है।"

राणा जी ने सेवकों को आज्ञा दी। वे जख्मी फकीर को उठाकर लाए, उसके मुख पर गुलाबजल छिड़का, उपचार किए। थोड़ी देर में वह होश में आया।

अपने सामने साक्षात राजा जी को देखकर उसके नेत्र आश्चर्यचकित हो गए। आँखों में जल भर आया और राणा जी के चरण स्पर्श करते हुए वह उठकर बैठने का प्रयत्न करने लगा। "नहीं-नहीं, उठो नहीं, इतने से ही तुम्हें मेहनत होगी।" भामाशाह जी ने कहा।

दुग्धपान के उपरान्त थोड़ी राहत महसूस हुई।

"तुम हो कौन?" भामाशाह जी ने प्रश्न पूछा।

गहरी आवाज में रुकते-रुकते वह बतलाने लगा, "मैं एक सीधा-साधा बहुरुपिया हूँ, अपने दोस्त से बाजी लगाई। बाजी के लिए ही वेश बदलकर मुशायरे में गया। सहज ही इनकी तरफ ध्यान गया। वे भी वेश बदलकर आए हैं यह समझकर और अधिक ध्यान दिया। सरदार ने जब इन्हें पकड़ा और ले जाने लगा वैसा ही धोखा देखकर तत्काल मैंने फकीर का वेश बदला और इनके प्राण बचाने के लिए गया।"

"तुमने किसके प्राण बचाए ये मालूम था?" राणा जी ने पूछा।

"नहीं अन्नदाता! पर वे अपने हैं और उनकी जान खतरे में है यह समझ में आया।" बहुरुपिये ने कहा।

"अगर शत्रु होते तो?"

"हम बहुरुपिये आदमियों को पहचाननेवाले होते हैं। अलग-अलग रूप लेना होता है इसलिए लोगों का निरीक्षण करते हैं। हमारी नजर धोखा नहीं देती। औरों की नजरों से भले ही छूट जाएँ पर हमारी नजरों से इनके छिदे हुए कान छूट नहीं सकते थे। हमारी गलती नहीं हुई, हमने योग्य व्यक्ति को ही बचाया, इनके कारण ही तो आपके चरण हमें दिखाई दिए," बहुरुपिया भाव-विह्वल स्वर में बोला।

उससे भी अधिक राणा जी का गला भर आया, वे गद्गद हो उठे। अगर यह समय पर न पहुँचा होता तो? उसे यह सब न सूझा होता तो? राणा जी को कल्पना ही करते नहीं बन रही थी।

"बलदेव जी अपनी जान पर इतने उदार न हुआ कीजिए। आपके परिवार को क्या जवाब देता अगर कहीं कुछ गलत हो गया होता," राणा जी ने कहा।

उनकी नजरों के सामने वल्लभदास जी, रणमर्दन सिंह, चरण सिंह, पूरब सिंह, वीर केतु इनके चेहरे सम्मुख आ गए।

इनमें से हरेक ने हँसते हुए देश के लिए बलिदान किया था। अकबर द्वारा अश्वों पर बाँधकर भेजे गए उनके निर्जीव शरीर आज भी राणा जी को रोमांचित कर देते थे। वे सिहर उठते थे।

"राणा जी, हमें आज प्राप्त हुई वार्ता इतनी मूल्यवान है कि उसके सामने हमारे जीवन का कोई मूल्य नहीं है। वह वार्ता आप तक पहुँचाने के लिए हमारा जीवित रहना आवश्यक था। जीवन इन्होंने हमें दिया, हम इनके ऋणी हैं। बचा सवाल परिवार

का तो हमारा बलिदान ही उनका अभिमान है।" जाज्वल्य देशभक्ति का यह जागृत रूप अनिमेष नेत्रों से राणा जी देखते ही रह गए।

बलदेव जी द्वारा लाई हुई खबर बड़ी जबरदस्त थी। अकबर ने मेवाड़ पर आक्रमण करने के लिए बड़ी फौज खड़ी की थी। इस फौज का नेतृत्व शाहबाज खाँ के पास था उनके साथ राजा भगवानदास, कुँवर मानसिंह, सैयद हाशिम, पायन्दर खाँ मुगल, सैयद कासिम, सैयद राजू, उगल असद, तुर्कमान, गाजी खाँ बख्शी, शरीफ खाँ, अदगह, मिर्जा खाँ खानखाना। गजरा चौहान ऐसे दिग्गज सेनाधिकारी कभी भी मेवाड़ पर आक्रमण कर राणा जी का वध करने का मौका ही ढूँढ़ रहे थे। सेना मेरठ से निकलते तक इस योजना की वार्ता कानोंकान न होने देने की विशेष खबरदारी अकबर ने ली थी। इस मुहिम की वार्ता राणा प्रताप तक पहुँचेगी नहीं और उन्हें पर्वत राजों का आश्रय लेने, विविध योजनाएँ बनाने के लिए समय नहीं मिलेगा, यह उसने ध्यानपूर्वक देखा। मेवाड़ में अब अकबर को कोई रुचि नहीं है ऐसा वह प्रदर्शित कर रहा था और अकबर की ओर से हम निश्चिन्त हैं ऐसा राणा जी दिखा रहे थे। इन समान बलवाले शत्रुओं के दाँव-पेच देखते हुए रणचंडी हँस रही थी।

राणा जी की सेनाओं की मोर्चेबन्दी इतनी गुप्त और सामान्य-सी नजर आती थी कि उनकी खबर मेवाड़वासियों को भी सहज ही नहीं लगती थी, फिर शत्रुओं की तो बात ही दूर थी। राणा जी के आदेशानुसार मेवाड़वासियों के सारे व्यवहार अरावली के आधार से व्यवस्थित चल रहे थे।

शाहबाज खाँ ने मेवाड़ में घुसते ही अपने सारे दाँव-पेचों के द्वारा प्रताप सिंह को बन्दी बनाने और जान से मारने के प्रयत्नों की पराकाष्ठा कर दी। अनेक प्रयत्न करके भी जब सफलता नहीं मिली तब उन्होंने अकबर से अधिक सेना की माँग की। शेख इब्राहिम फतेहपुरी इस मातबर सरदार के नेतृत्व में काफी बड़ी सेना शाहबाज खाँ की मदद के लिए मेवाड़ की ओर रवाना हुई।

राणा जी को उनके निवासस्थान पर सारी वार्ताएँ पहुँच रही थीं। कुम्भलमेर की दिशा में शाहबाज खाँ की गतिविधियाँ शुरू हैं, यह भी वे जान रहे थे। इस बार राणा जी की हलचलों का केन्द्र स्थान कुम्भलगढ़ होने से शाहबाज खाँ का पैंतरा योग्य ही कहा जा सकता था।

रास्ते की सारी बस्तियाँ सुनसान करने का राणा जी का आदेश कितना उपयुक्त था यह बार-बार प्रतीत हो रहा था। तुर्क सैनिकों के लिए उद्ध्वस्त करने योग्य, नष्ट करने योग्य कुछ भी रास्ते में नहीं था उलटे उन्हें अपनी युद्ध-सामग्री और रसद भी अजमेर से लानी पड़ रही थी। वह भी बड़ी सावधानी से। रास्ते में वह कब लूटी जाएगी इसकी कोई निश्चिन्तता नहीं थी।

जैत्र सिंह को अचानक आया देखकर राणा जी को थोड़ा आश्चर्य ही लगा। थोड़ी देर पहले ही वे राणा जी से मिलकर गए थे।

जैत्र सिंह का अभिवादन स्वीकार कर राणा जी ने उनसे पूछा, "आइए जैत्र सिंह, जाते ही पीछे लौटने लायक कौन-सी खबर आपको मिली?"

"वार्ता सचमुच महत्त्वपूर्ण है," आसनस्थ होते हुए जैत्र सिंह बतलाने लगे, "शत्रुपक्ष से एक अकल्पनीय समाचार ज्ञात हुआ, उसे ही बतलाने आपके पास आया था।"

थोड़ा-सा रुककर राणा जी के चेहरे की ओर प्रश्नार्थक दृष्टि से देखते हुए जैत्र सिंह ने कहा, "गोगुन्दा के दक्षिण में अभी जो अपना थाना है, उससे पाँच कोस की दूरी पर शाहबाज खाँ का खेमा है। कल वहाँ एक सभा ली गई और उस सभा में राजा भगवानदास और कुँवर मानसिंह ही नहीं सभी हिन्दू सेनाधिकारियों को अजमेर वापस भेजने का निर्णय प्रमुख सेनापति के रूप में शाहबाज खाँ ने लिया है।"

"वह भला क्यों?"

"वे हिन्दू सेनाधिकारी अकबर से बेईमानी कर उन्हें धोखा देकर राणा प्रताप की मदद करते होंगे इस बात का संशय उन पर व्यक्त किया गया है।"

"इस वार्ता की पुष्टि कर ली?"

"हाँ राणा जी! इसके सिवा अन्य सेनाधिकारियों के अनुसार यह सीधा अकबर की आज्ञा का उल्लंघन करना है।"

"यह आज्ञा का उल्लंघन है या अकबर के मन की भी यही इच्छा है, इस बात की सच्चाई, अकबर की प्रतिक्रिया इस पर क्या होती है इस पर से स्पष्ट होगी।" राणा जी ने कहा।

"अपने आक्षेपों पर बिना किसी प्रतिक्रिया के, कोई भी शिकायत न करते हुए मानसिंह और भगवानदास जी यह अपमान सहन कर सेना से निकल जाने की तैयारी में हैं, यह आश्चर्य की बात नहीं है क्या?"

"आश्चर्य जरूर है, पर हमें यह अपेक्षित ही था। शुरू से ही हमें लग रहा था कि कुँवर जी और भगवानदास जी जैसे सच्चे राजपूत मेवाड़ के विरुद्ध शस्त्र उठाएँगे नहीं। हल्दी घाटी के युद्ध में उनकी मजबूरी थी। अभी मौका मिलते ही उन्होंने उसका फायदा उठा लिया बस इतनी ही बात है।" सारी घटनाएँ राणा जी की अपेक्षानुरूप ही घटित हो रही थीं। "अभी कुछ दिनों तक ऐसे ही नसीब ने साथ दिया तो शाहबाज खाँ को मेवाड़ की भूमि से भगाना सम्भव होगा।" राणा जी के मन में आया।

पृथ्वीराज जी को खुशी में देखकर किरण देवी को आज काफी दिनों बाद बहुत अच्छा लगा। यमुना देवी के मेवाड़ आगमनान्तर वे सतत उदास रहते। अन्यमनस्क अवस्था में वे गवाक्ष से बाहर देखते कितनी देर खाली बैठे रहते। जितना जरूरी होता उतना ही सम्भाषण करते। भोजन पर से तो उनकी रुचि ही खत्म हो गई थी।

किरण देवी को देखकर जब वे दिल से हँसे तो किरण देवी के मन का बोझ कम हुआ।

"आज दरबार में कुछ खास हुआ है, ऐसा लग रहा है।"

"हाँ रानी साहिबा आज हम बहुत खुश हैं। खानखाना ने हमारा दिल खुश किया।" अपना दरबारी पोशाक उतारकर साफ सफेद, पैरों तक झूलता अँगरखा और सलवार चढ़ाते हुए वे किरण देवी से बातें कर रहे थे।

दासी फलाहार लेकर आई, उसके पीछे-पीछे चम्पा देवी भी आईं। वहाँ किरण देवी को देखकर वे लौटने लगीं? जैसे ही किरण देवी ने उन्हें रोका। पृथ्वीराज जी ने भी आग्रह करते हुए कहा, "आइए रानी सा, आपको हम बतलाना चाहते हैं अर्थात आपको फुरसत होगी तभी" पृथ्वीराज जी आज मौज-मस्ती की मन:स्थिति में परिलक्षित हो रहे थे।

"आज दरबार में एक चारण आया था" पृथ्वीराज रंग में आकर बतलाने लगे, उसने बहुत सुन्दर रचना पेश कर अलिजाँ को निहायत खुश कर दिया। हुजूर ने भी उस चारण के लिए नजराना पेश करने को कहा। वजीरे-आलम नजराना लेकर आए। सम्राट ने तश्तरी को स्पर्श कर नजराना दिया, थोड़ी गर्दन झुकाकर चारण ने नजराना स्वीकार कर पास के एक सैनिक को पकड़ने दिया। अपनी पगड़ी निकाली और वह भी सैनिक को दी और बाद में शाही रिवाज के अनुसार बादशाह को झुककर कोरनिश किया। मुजरा करके खड़े होने पर उसने अपनी पगड़ी चढ़ाई। उसके इस कृत्य से आश्चर्यचकित हुए शहंशाह ने उससे कहा, "यह कैसी हरकत? पगड़ी क्यों निकाली?"

इस पर उस चारण ने अभिवादन से कहा, "हुजूर, ये पगड़ी मेवाड़ की है। मेवाड़ के महाराणा प्रताप सिंह ने खुश होकर मेरे मस्तक पर इसे बाँधी है। आपको मुजरा करते समय आपके सामने झुकना पड़ सकता था। राणा प्रताप की पगड़ी का मान हमने रखा। "यह सुनकर अकबर निश्चित ही क्रोधित हुआ होगा?" चम्पा देवी बाई सा ने पूछा।

बादशाह क्रोध से लाल-पीले हुए परन्तु उन्होंने उस चारण को सजा नहीं दी।

"आश्चर्य की बात है," किरण देवी ने कहा। वे अकबर के बारे में कुछ भी सुनने को राजी नहीं रहती थीं पर आज मेवाड़ के चारण की बात निकली इसलिए रुकीं।

"आश्चर्य की बात तो इसके भी आगे है," पृथ्वीराज जी ने कहा।

शहंशाह ने अपना क्रोध सँभाला और दरबारी कवि रहीम खानखाना से वे बोले, "रहीम, अब तुम भी मान-सम्मान के बारे में अपने कुछ जौहर दिखाओ ताकि ये काफिर जाकर कीका राणा को जवाब में बताएगा।"

शीघ्र कवि खानखाना ने तुरन्त कहा, "सुनो भाई, अपने राणा से जाकर हमारा पैगाम देना, कहना—

मान सहित विष खाय के, सम्भु भये जगदीस।
बिना मान अमृत पिये, राहु कटायो सीस॥

वाह! वाह! क्या दोहा है! पृथ्वीराज वह दोहा फिर से याद कर बोले—

मान सहित विष खाय के, सम्भु भये जगदीस।
बिना मान अमृत पिये, राहु कटायो सीस॥

किरण देवी हमारे जैसे मांडलिक राजाओं पर बड़ा अच्छा व्यंग्य खानखाना जी ने किया और राणा जी का जो सम्मान हुआ वह अलग ही।

अकबर की अपेक्षा थी कि खानखाना उनकी स्तुति के कुछ दोहे चारण को सुनाएगा यानी अपने-आप अपमान धुल जाएगा पर हुआ उलटा ही।

'स्वामी' अचानक चम्पा देवी बाई सा ने पूछा, "हमने अनेक बार आपके मुँह से सुना कि सम्राट अकबर महाराणा प्रताप सिंह को 'कीका राणा' कहकर सम्बोधित करते हैं। हमें इस सम्बोधन का अर्थ समझ में नहीं आया।"

पृथ्वीराज जी बहुत गम्भीर हो गए। वे बोले, "रानी सा आप बीकानेर की हैं इस कारण मेवाड़ प्रान्त के सम्बोधन आप नहीं जानतीं। मेवाड़ में एकलिंग जी की पहाड़ी के आसपास जो गिर्वा की बस्ती है वहाँ छोटे बच्चों को 'कीका' सम्बोधित करने की प्रथा है। वहाँ के लोग राणा जी को प्रेम से 'कीका' यानी अपना प्रिय लाड़ला पुत्र इस अर्थ से सम्बोधित करते हैं। बादशाह ने उसका व्यंग्यात्मक प्रयोग किया है। सब राजपूतों के सामने अपने से आयु में दो वर्ष बड़े राणा जी को 'बच्चा' या 'लड़का' ऐसे छोटे, हलके सम्बोधन से क्या हम बोल सकते हैं? और वह भी अपना बड़प्पन प्रदर्शित करने के लिए। जाने दीजिए रानी सा यह विषय, आपकी जीजी को इस बात के कारण बड़ा दुख होता है। दूसरों के लिए क्षुद्र-सी लगनेवाली बात उनके हृदय में शल्य की तरह चुभती है। अपने काका सा पर उनका प्राणों से ज्यादा प्यार है, वे नाराज होंगी।"

"नहीं स्वामी, हम नाराज नहीं," किरण देवी बोलीं। "आपने चम्पा देवी बाई सा की शंका दूर की अच्छा ही किया। आज हम अत्यन्त समाधानी हैं। राजदरबार में कोई अकबर को भी उसकी 'औकात' दिखानेवाला है। खानखाना भाई सा को हमारा प्रणाम बतलाइए।" किरण देवी मन:पूर्वक बोलीं और उसके स्मित से पृथ्वीराज जी के कक्ष में आया हुआ गाम्भीर्य का बादल छँट गया।

शाहबाज खाँ का दिमाग खराब होने की नौबत आ गई थी। मेवाड़ में आकर करीब-करीब छह महीने हो रहे थे फिर भी राणा प्रताप का कोई ठिकाना नहीं लग रहा था। एक जासूस बड़ी मुश्किल से पिछले महीने राणा जी के कुम्भलगढ़ में होने की खबर ला सका था। ज्यादा पूछताछ करने कोई मुसाफिर भी रास्ते में नजर नहीं आता था। एक महीने पूर्व खबर मिलकर भी कोई उपयोग नहीं था क्योंकि कुम्भलगढ़ किस दिशा में है, वहाँ तक कैसे पहुँचते हैं आदि जानकारी, उसके आदमियों को जंग पछाड़ करके भी नहीं मिल सकती थी।

मेवाड़ के आदमी ऐसे अदृश्य हो गए थे जैसे वहाँ कभी कोई था ही नहीं। 'यह कीका राणा आदमी है कि भूत-प्रेत' ऐसी आशंका आजकल शाहबाज खाँ को होने लगी थी। अजमेर से रसद मँगवाई जाती तो उसमें से भी आधी भीलों द्वारा लूटी हुई मिलती, इकट्ठे हुए शस्त्र टूटे हुए मिलते, कड़कड़ाती ठंड में जंगलों, वनों में रहने

की नौबत आने पर कहीं भी आवास उपलब्ध नहीं होता। ऐसी स्थिति में दिन बिताकर शाहबाज खाँ ऊब गया था। अब कब लौटकर जाता हूँ ऐसा उसे लगने लगा था। अब ठंड कुछ कम होने लगी थी पर जानलेवा धूप शुरू होने के पहले लौटना जरूरी था।

उसमें भी उसने अकबर की आज्ञा लिये बिना ही राजा मानसिंह वगैरह को वापस भेज दिया था। बादशाह सलामत इस बारे में सवाल-जवाब करेंगे, वैसे ही मानसिंह और भगवानदास जी इस घटना को अपनी तौहीन समझकर कुछ-न-कुछ बखेड़ा खड़ा करेंगे इस बात की चिन्ता लग रही थी, डर-सा लग रहा था। पर सौभाग्य से ऐसा कुछ घटित नहीं होकर यह घटना सही-सलामत निपट गई। इस तनाव के कम हो जाने से अब विचार करने की फुरसत मिली थी।

"कुम्भलगढ़ का रास्ता कैसे ढूँढ़ा जाए?" रह-रहकर यही प्रश्न शाहबाज खाँ के मन में घूम रहा था। शान्ति से विचार करने की सोचकर वह डेरे से बाहर निकलकर आ गया और अश्वारूढ़ होकर अकेला ही जंगल रौंदता हुआ निकला।

अचानक आई सुगन्ध ने उसकी तन्द्रा भंग की। खुशबू, चन्दन की, चमेली की खुशबू। शाहबाज खाँ इस सुगन्ध का पीछा करने लगा। उसकी नजर दूर तक की खोज करने लगी।

एक मालन काफी दूर से आ रही थी। सर पर टोकरी थी, हाथ में गजरे थे। उन फूलों का ही वह जादू था। जंगल में सुगन्ध बिखरी हुई थी। उसकी टोकरी में गुलाब, चमेली, चम्पक आदि अगणित पुष्प थे।

मालन दूर निकल गई तब शाहबाज खाँ होश में आया। उसके खुराफाती दिमाग में एक अद्वितीय योजना ने जन्म लिया। इस खुशी में वह अपने डेरे की ओर जल्दी से लौटने लगा।

शाहबाज खाँ की छोटी-से-छोटी गतिविधियों पर भी राणा जी का गुप्तचर विभाग नजर रखता था। सुबह के रम्यकाल में अपना अमीरी पोशाक न पहनकर सादे वेश में शाहबाज खाँ कहीं जा रहा है, यह कान्हा को समझ में नहीं आ रहा था। वह इस पेड़ से उस पेड़ पर कूदता-फाँदता उसका पीछा कर रहा था। दो-तीन दिन से यही क्रम जारी था। परन्तु बीच में ही कभी शाहबाज खाँ दिखाई नहीं देता था और कान्हा को लौटना पड़ता था। आज ऐसा न हो यह सोचकर उसने पूंजा जी का नाती तंटया भील को साथ में लिया था। वह कान्हा से अधिक चपलता से पेड़ों पर कूद लगाता था। किसी बन्दर को भी लजा दे ऐसी अचूक कूद उसकी होती।

गहरा काला शरीर, सफेद दाँत और कमर में छोटा-सा चिथड़ा, कन्धे पर तीरकमान और पीठ पर तरकश ऐसी थी उसकी शोभा। परन्तु कभी भी उसका निशाना चूका हो ऐसा कभी अपवाद रूप में भी नहीं हुआ। बन्दरों की तरह दाँतों से कीच-कीच आवाज करते हुए मजे से वह इस पेड़ से उस पेड़ पर बढ़ रहा था, कान्हा काफी पीछे पड़ गया था।

अपना पीछा हो रहा होगा यह शाहबाज खाँ को सपने में भी खयाल नहीं आता, इतने खामोशी से बिना मालूम हुए यह काम जारी था। शाहबाज खाँ एक गुफा के पास रुका। उस गुफा के ऊपर लगे हुए पीपल के पेड़ पर तंटया भील रुका। शाहबाज खाँ कहाँ रुका यह कान्हा ने जान लिया परन्तु इस जानकारी का अब कोई फायदा नहीं था क्योंकि उसे यह समझ में आ गया था कि वह वहाँ एक महिला से बातें करते खड़ा था।

"सम्भवत: इसी के लिए अपना वेश बदला ताकि लोगों को ये हरकतें पता न चलें," कान्हा के मन में यह बात आई और दोनों ही पीछे लौट गए।

दो-चार दिनों में ही शाहबाज खाँ के पड़ाव पर हलचल शुरू हो गई। डेरा स्थानान्तरित हो गया। राणा प्रताप की खोज से ऊबकर मेवाड़ छोड़कर जा रहा है शायद यह राजपूतों को लगा पर जल्दी ही यह अन्दाज भी झूठा साबित हुआ। बादशाह की सेना निकली जरूर पर अजमेर की ओर नहीं बल्कि केलवाड़ा की दिशा में।

राणा जी के लिए यह आश्चर्य का धक्का था। सेना इधर मुड़ी कैसे? उसे केलवाड़े का मार्ग कैसे मिला? सारा गुप्तचर विभाग सजग हुआ। खबरियों में लाई गई सूचनाएँ परखी जाने लगीं। कहीं कोई घटना छूट तो नहीं गई इसकी जाँच- पड़ताल होने लगी।

कान्हा और तंटया दोनों को भी एक ही समय में स्वयं देखी हुई और सहज जानकर छोड़ दी हुई घटना याद आई। दोनों ही बलदेव जी की तरफ दौड़े। बलदेव जी सोच में पड़ गए। बादशाह की सेना ने आक्रमण किया हुआ मार्ग पीछे जाकर जाँचकर देखा। सूक्ष्मता से देखने पर सूत्र मिला। बादशाही सेना के पुराने डेरे से आगे निकले हुए मार्ग पर जगह-जगह सूखे हुए फूलों की ढेरियाँ बड़े करीने से जान-बूझकर रखी गई थीं।

यह साजिश देखते ही तंटया भील अश्वारूढ़ हो जंगल की ओर भागा। दिन के चौथे प्रहर के पूर्व उसके घोड़े पर विश्वासघाती मालन का शव था। पर उसे देर हो गई थी। दूसरे ही दिन शाहबाज खाँ की प्रचंड सेना केलवाड़ा आ पहुँची।

तीसरे दिन केलवाड़ा और नाडोल इन दोनों ही दिशाओं से कुम्भलगढ़ की नाकेबन्दी हो गई। शत्रुओं का घेरा पूरी तरह जकड़ा गया और फिर से एक बार मेवाड़ का सिंह थाना बन्द हो गया।

एक दशक की कालावधि में ही इतिहास की पुनरावृत्ति हो गई। चित्तौड़ जैसा ही जबरदस्त घेरा कुम्भलगढ़ के आसपास चारों ओर पड़ गया। कुम्भलगढ़ पिछले शतक से अजेय था। घना जंगल और आसपास की पर्वत-श्रृंखलाओं ने इस दुर्ग को अपने बाहुपाश में बाँधकर उसके एक पत्थर तक को आज तक धक्का नहीं लगने दिया। एक महीने से राक्षस की तरह अड्डा बनाकर बैठा हुआ शाहबाज खाँ उस पर मात करने का स्वप्न देखता हुआ मनसूबे रच रहा था। आज तक हर आठ दिन

में गढ़ पर आक्रमण करके शाहबाज खाँ ने चार बार अपने पैरों पर पत्थर मार लिया था पर प्रयत्न करना छोड़ना उसे मंजूर नहीं था। गढ़ पर फिर से एक बार गुप्त बैठक का आयोजन किया गया। सुरक्षा की दृष्टि से भामाशाह जी को चुने हुए साथियों के साथ राजकोष लेकर मालवा के रामपुरा भेजना तय हुआ। इतने बड़े घेरे से बचकर जिम्मेदारी से कोष सुरक्षित ले जाना कठिन काम था। परन्तु कठिन काम करने में ही उन्हें अत्यधिक आनन्द और आवाहन महसूस होता। राजपूतों को ऐसे ही कठिन काम करने योग्य प्रतीत होते थे।

भामाशाह जी अपने बन्धु ताराचन्द जी के साथ कुम्भलगढ़ से किस तरह निकले, किस ढंग से घेरा पार कर, कौन से मार्ग से रामपुरा से रावदुर्गा के सुरक्षित आश्रय में पहुँचे, यह शत्रु तो दूर खुद कुँवर सिंह भी नहीं समझ सके। इतनी गुप्त और सटीक योजनाएँ राणा जी तैयार करते थे।

अभी गढ़ काफी दिनों तक लड़ाया जा सकता था पर खतरा कम हो इसलिए ऐसे ही गुप्त ढंग से बीरम देव ने रनिवास की कुम्भलगढ़ से बाहर जाने की व्यवस्था की। इतना बड़ा राजपूत परिवार कानोंकान खबर न होते सुरक्षित स्थान पर स्थानान्तरित हो गया। शाहबाज खाँ के आक्रमण जारी थे। राजपूत उनका बड़ी मुस्तैदी से मुकाबला कर रहे थे। महाराणा कुम्भा जी के आवास में हम पूरी तरह सुरक्षित हैं इस बारे में राणा जी निश्चिन्त थे।

गढ़ को घेरा पड़कर अब दो महीने पूरे हो गए थे। शाहबाज खाँ का जीवटपन तारीफे-काबिल था। पूरे छह महीने दूसरे प्रान्त में जंगल, वन घूमते हुए और दो महीने किसी एक दुर्ग को घेरकर बैठना सामान्य योग्यता के आदमी के सामर्थ्य के बाहर की बात थी।

वसन्त ऋतु के आगमन की सूचना देनेवाली प्रात:कालीन हवा राग भूपाली गा रही थी। बीते दो-चार दिनों पहले ही कोयल ने अपनी तान छेड़कर वसन्तागमन की खबर दे दी थी। सम्पूर्ण वातावरण आह्लाददायक था।

ऐसे समय में देर रात में राणा जी के कक्ष के दीप जल रहे थे। जैत्र सिंह, बलदेव जी, सिंघल कुपो भांडावत, राणा जी के छोटे मामा भाण सोनगरा, नरबन्द मेहता आदि मान्यवर राणा जी के साथ आगे की योजनाओं की रूपरेखा तैयार करने में लगे हुए थे।

उधर शाहबाज खाँ के डेरे में पहरेदार सैनिक बदलने से परेशान होकर निद्रादेवी के पाश से स्वयं को बचाने का प्रयत्न कर रहे थे।

नीरव स्तब्धता में अचानक शोर मच गया। एक भयंकर विस्फोट की आवाज से आसपास का वातावरण गूँज गया। क्षण-भर क्या हो गया, यह किसी को पता नहीं चला।

जब पता चला तब गढ़ पर अत्यन्त चिन्ता का और शाहबाज खाँ के डेरे में खुशी का वातावरण हो गया। एक ठसकर भरी हुई तोप किसी की लापरवाही से दुर्घटनावश

दागी गई और गढ़ पर जगह-जगह आग लगकर भयंकर स्थिति निर्मित हो गई।

अकल्पित आए हुए इस संकट से कुम्भलगढ़ हिल-सा गया, घबरा गया।

प्रेत के सर पर रखा मक्खन खाकर जश्न मनानेवाले तुर्क इस बड़े हादसे से समाधानी होकर विजय का आनन्द मना रहे थे।

दागी हुई तोप ने यद्यपि विध्वंस अधिक नहीं किया तो भी गढ़ की लड़ाई के लिए कठिन परिस्थिति का निर्माण कर दिया। जिस जगह रसद और शस्त्रों का भंडार था, वहाँ तोप के गोले गिर जाने के कारण युद्ध-सामग्री भस्म हो गई।

गढ़ पर सब जगह चिन्ता का वातावरण बन गया। अचानक उत्पन्न हुई इस परिस्थिति का फायदा शाहबाज खाँ न उठाए यह आश्चर्य की बात होगी। तत्काल बाहर से आक्रमण हो गया। गढ़ पर दागी गई तोप की दुर्घटना के पीछे शाहबाज खाँ का ही हाथ होगा ऐसा बलदेव जी को बार-बार लग रहा था। पर इस विचार को व्यक्त करने के पहले उन्होंने इस बात की गुप्त रीति से जाँच करने की सोची।

शाहबाज खाँ के आक्रमणों का मुकाबला करते-करते राजपूत तंग हो गए। अब फिर कैसे युद्ध करना यह समस्या भयंकर रूप से खड़ी हो गई। राणा जी के महल के खास दालान में प्रत्येक के मन में गढ़ की सुरक्षा की चिन्ता और गाम्भीर्य दिखाई दे रहा था।

वर्तमान में कुम्भलगढ़ के शासक राणा जी के मामा भाण सोनगरा ने इस गम्भीरता को भंग किया।

'राणा जी' उन्होंने कहा, "परिस्थिति फिर से चित्तौड़ को घेरने जैसी निर्मित हो गई है। गढ़ का बचना ही कठिन है। खाद्य-सामग्री के समाप्त होने पर भूखे मृत्यु के मुख में समाने की अपेक्षा युद्ध में वीर मरण स्वीकार करना श्रेयस्कर है ऐसा प्रतीत हो रहा है।" 'आपने योग्य विचार सामने रखा' जसवन्त जी सोनगरा ने कहा, "अब गढ़ का दरवाजा खोलकर युद्ध करना यही एकमात्र रास्ता बचा है।"

"पर इसके पहले आपका सुरक्षित रूप से मालवा में भामाशाह जी के घर रामपुरा पहुँचना आवश्यक है राणा जी," महता नरबन्द जी ने कहा, "किसी भी परिस्थिति में आप शत्रु के हाथ न लगें इस बात की पूरी खबरदारी रखनी चाहिए।"

राणा जी गम्भीर थे। चेहरे पर शान्त स्थिर भाव थे पर माथे पर तनी हुई शिराओं में और नेत्रों की आरक्तता मन में उठनेवाले बड़वानल के चिह्न प्रदर्शित कर रही थी। अपने साथियों की चिन्ता और शाहबाज खाँ की प्रचंड सेना के पराक्रम से वे परिचित थे। कुम्भलगढ़ को बचाने का कोई मार्ग सामने नहीं था।

"आपके मन का दुख हम समझ सकते हैं राणा जी," सुजो जी सिंघल ने कहा। गढ़ छोड़कर जाना आपको उपयुक्त नहीं लगता हम यह जानते हैं परन्तु वर्तमान स्थिति में यही एकमात्र निर्णय है। बलदेव जी और जैत्र सिंह के साथ आप सुरक्षित स्थान पर कूच करें गढ़ पर अधिकार मिलने का आनन्द हम क्षण-भर भी उपभोग करने नहीं देंगे।

सुजो जी के कहने पर प्रतिवाद करने की कोई जगह ही नहीं थी। अपने अमात्य

के निर्णय का मान रखना ही राणा जी के हाथों में था। कुम्भलगढ़ छोड़ने का निर्णय लेते वक़्त राणा जी को होनेवाली असह्य वेदना उनके मौन से ही अधिक मुखरित हो रही थी।

राणा जी के सुरक्षित अज्ञात स्थल पर पहुँचने का सन्देश मिलते ही राणा जी के मामा भाण सोनगरा जी ने कुम्भलगढ़ का महाद्वार खोलने का निर्णय लिया। उसके पहले उन्होंने करम सिंह असिया, पं. चक्रपाणि मिश्र और किले में रहनेवाले रहवासियों की सुरक्षित अलग-अलग बस्तियों में रवानगी की। किला करीब खाली ही था। गढ़ शत्रु के अधिकार में न जाए इसलिए प्राणों की बाजी लगानेवाले अपने पराक्रम को दाँव पर लगानेवाले योद्धा जिजीविषु होकर भी मोक्ष प्राप्त थे, भवबन्धन से मुक्त थे।

शाहबाज खाँ की सेना ने पुनवासी की बदली भरी रात में सागर गर्जना करनेवाली लहरों की तरह किले के तट पर आक्रमण किया। व्यर्थ ही में समय गँवाने में कोई अर्थ नहीं यह जानकर किले का महाद्वार खोलकर शत्रु पर टूट पड़ने का आदेश राव भाण सोनगरा ने अपनी सेना को दिया। घनघोर युद्ध हुआ आखिरी सैनिक के धरातीर्थ पर गिरने पर ही शाहबाज के सैनिकों को गढ़ में प्रवेश करना सम्भव हुआ। वैसे भी अब वहाँ था ही क्या? महाराणा प्रताप तो छोड़िए उनकी आहट पाना भी सम्भव नहीं था। शाहबाज खाँ निराश हो गया। एक मरणासन्न सैनिक से बार-बार पूछने पर राणा जी गोगुन्दा के किले में गए हैं यह पता चला। उधर कूच करने की सोची तब तक राणा जी बाँसवाड़ा गए हैं यह खबर मिली। दोनों समाचारों से शाहबाज खाँ पसोपेश में पड़ गया, फिर भी कुम्भलगढ़ की व्यवस्था का भार गाजी खाँ बख्शी को सौंपकर खुद महाराणा प्रताप सिंह का पीछा करने निकला।

कल कुम्भलगढ़ जीता और आज प्रात:काल शाहबाज खाँ की सेना गोगुन्दा आ पहुँची। मध्याह्न में गोगुन्दा जीतकर आँधी की तरह उदयपुर की ओर निकली। रात-ही-रात में उन्होंने उदयपुर पर कब्जा किया और शाहबाज खाँ महाराणा प्रताप सिंह को बन्दी बनाने के लिए जंगल-जंगल भटकने लगा। जिस-जिस मार्ग से वह जा रहा था उस-उस मार्ग में आनेवाली सजीव सृष्टि को नष्ट करता, बस्तियाँ होने पर उन्हें लूटकर अथवा जलाकर ही आगे बढ़ रहा था।

कुम्भलगढ़ से निकलकर महाराणा प्रताप सीधे मंडल गए। वहाँ हेमरत्न सूरी के पास पहुँचे। तुर्की सैन्य से युक्त गोगुन्दा, उदयपुर की ओर मुड़ना राणा जी के लिए सम्भव नहीं था। उस मरणासन्न सैनिक ने भी शाहबाज खाँ को गलत दिशा की ओर इंगित किया था।

शाहबाज खाँ के द्वारा गोगुन्दा, उदयपुर को जीत लेने की वार्ता राणा जी को जब मिली तब अपने सैनिकों को सम्बोधित करते हुए उन्होंने कहा, "शाहबाज खाँ सचमुच बहादुर है। जिस तत्परता से उसने गोगुन्दा और उदयपुर पर झंझावाती आक्रमण किया, वह तत्परता उसके नाम में निहित बाज नाम की शोभा के अनुरूप है। यह झपट्टा किसी दूसरे को साधना सम्भव नहीं होता।"

राणा जी के इस वक्तव्य पर हेमरत्न सूरी जी उनके गम्भीर मुख की तरफ देखते ही रह गए। अपनी कठिन परिस्थिति का, संकटों का, अपने राज्य के शत्रु के हाथ में चले जाने का दुख, उनकी प्रशंसक मुद्रा पर परिलक्षित नहीं हो रहा था। क्षण-भर प्राप्त स्थिति को भूलकर, राणा जी अपने शत्रु की दिल खोलकर प्रशंसा कर रहे थे। सूरी जी को याद आया—राणा जी ने एक बार सेनाधिकारी बोलते हुए कहा था, "चेहरे पर रखे जाते हैं विजय के चिह्न और दृढ़ आत्मविश्वास।"

अत्यन्त विकट परिस्थिति में भी घने जंगल में राणा जी का वास्तव्य था और इस वास्तव्य में भी प्रसन्न थे। वस्तुत: मेवाड़ का करीब-करीब समूचा भूभाग तुर्कों के अधीन था। जो बचाया वह था उजाड़ और उद्ध्वस्त वीरान मेवाड़। एक बड़े से गूलर के पेड़ के नीचे बैठे हुए राणा जी वर्तमान स्थिति के बारे में सोच रहे थे। उनके साथ आए हुए जैत्र सिंह और बलदेव जी आसपास के प्रदेश में शत्रु की हलचलों की आहट ले रहे थे। "अभी लगातार यही चल रहा है" बलदेव जी के मन में आया कहीं भी निश्चिन्तता नहीं है। आज यहाँ तो कल वहाँ। राजपरिवार बीरम देव जी की देख-रेख में सुरक्षित है इसलिए अच्छा। परन्तु वह भी लगातार यहाँ से वहाँ भटकता रहता है।

"एक बात का हमें सचमुच आश्चर्य ही लगता है," बलदेव जी ने जैत्र सिंह से कहा। सुनते ही जैत्र सिंह की मुद्रा प्रश्नार्थक हो गई।

"राणा जी के सामन्त, सरदार और सहयोगी उनका साथ दे रहे हैं। उनके साथ जंगल में रह रहे हैं। उन्हीं की तरह गीला-सूखा जो भी मिलेगा, उस पर ही गुजारा कर रहे हैं। ऐसी देशभक्ति और राजनिष्ठा एक साथ परिलक्षित होना यह आश्चर्य ही नहीं है क्या?" बलदेव जी ने स्पष्टीकरण दिया।

जैत्र सिंह ने हँसकर कहा, "बलदेव जी, नेता योग्य रहने पर साथ अपने-आप ही मिल जाता है। नेता स्वार्थी हो तो अनुयायी भी केवल स्वत: का स्वार्थ ही देखते हैं। राणा जी, राजपूतों की अस्मिता के लिए, मातृभूमि की स्वतंत्रता के लिए और राजस्थान की पुण्यपावन भूमि की रक्षा के लिए लड़ रहे हैं अपने सुख-चैन के लिए नहीं। किसी भी राज्य के प्रमुख पद पर आसीन होनेवाला व्यक्ति यदि निष्काम कर्मयोगी हो तो साथ के लोग भी उसी मार्ग से जानेवाले होते हैं। होंठों पर परमार्थ और पेट में स्वार्थ रखनेवालों को ऐसे प्राण सखा कहाँ मिलते हैं?"

बलदेव जी ने समाधान से सिर हिलाया। वे दोनों स्नेही राणा जी की दिशा में निकले।

राणा जी का पीछा करते-करते और उन्हें खोजते हुए आसपास का घना जंगल ढूँढ़ते-ढूँढ़ते शाहबाज खाँ के तीन महीने व्यतीत हो गए। उसके सैनिक त्रस्त हो गए। मेवाड़ की कड़क गर्मी उन्हें सहन नहीं हो रही थी। धूप में घूम-घूमकर उनके प्राण व्याकुल हो रहे थे और हवा के थपेड़ों से उनके गाल और होंठ सूखे जा रहे थे। हाथ-पैरों की, पूरे बदन की गर्मी के कारण जलन होती थी। आँखों में भयंकर आग-सी प्रतीत होती थी। जंगली जानवर की तरह पानी में डूबते रहने की अनवरत इच्छा हो रही थी।

दिन-भर भी भटकने के बाद खाली हाथ लौटे शाहबाज खाँ को निद्रा ने बहिष्कृत कर दिया था। तन-मन की तल्खी कम करने के प्रयत्न में उसे एक जबरदस्त कल्पना सूझी।

उस योजना की रूपरेखा बनाने और कार्यान्वित करने के विचारों को क्रियान्वित करने के सोच में शेष रात्रि भी व्यतीत हो गई। क्षण-भर भी आँख न लगी। ऐसा शाहबाज खाँ प्रातःकाल प्रसन्नचित्त से अपने काम पर निकला।

बलदेव जी अभी भी सम्भ्रम में ही थे। पिछले दो दिनों से होनेवाली घटनाओं से उनकी मति जड़ हो गई थी। किसी अद्‌भुत, रमणीय घटना के अनुभव से आश्चर्यचकित हो विमूढ़ से हो गए थे। काफी देर बीत जाने पर भी क्रमशः घटना को क्रमवार याद करके उस प्रसंग में लिपटकर, अद्‌भुत मिठास का आनन्द लूटा जाए, उस वातावरण से बाहर ही न पड़ा जाए ऐसी उनकी स्थिति हो रही थी। आज भी अपने पसन्द के 'पुंडरीक' नामक अश्व पर सवार होकर 'धूलिया' गाँव की तरफ जाते हुए बलदेव जी के मन में सारी घटनाएँ चक्कर लगा रही थीं।

पिछले सप्ताह में राणा जी का चित्त स्थिर नहीं था। कौन-सी चिन्ता अन्तर्बाह्य परेशान कर रही है यह उन्हें समझ में नहीं आ रहा था।

मन की बेचैनी बढ़ रही थी। किसी से भी बात करने में, परामर्श करने में मन नहीं लगने के कारण आज तक जिस निराशा ने मन को छुआ तक नहीं था, वहाँ अचानक आई निराशा ने राणा जी के मन में दहशत का निर्माण कर दिया।

बलदेव जी, "आज तक हम किसी भी बात से इतने व्याकुल नहीं हुए थे परन्तु अब मन कहीं भीतर-ही-भीतर तड़प रहा है, छटपटा रहा है। निराशा का अवसाद हमें घेरना चाह रहा है। ऐसा क्यों हो रहा है यह बिलकुल भी समझ में नहीं आ रहा है।" बलदेव जी के साथ अकेले ही मायरा गुफा में अपने कुलदेवता की पूजा करने आए हुए राणा जी ने बलदेव जी के पास अपने मन की व्यथा कही।

राणा जी की व्याकुलता जानकर बलदेव जी ने कहा, "राणा जी यह स्थिति

तात्कालिक है। कभी-कभी ऐसी उदासी का बादल मन के पटल पर छा जाता है पर उसकी तरफ ध्यान नहीं देना ही सही उपाय है। आप तो प्रत्यक्ष 'धैर्य मेरु' हैं। निष्काम कर्मयोग के दृष्टान्त हैं। आपके मन की यह सम्भ्रमित स्थिति कभी भी नष्ट हो जाएगी। राणा जी हम परमात्मा के चरणों पर मत्था इसलिए टेकते हैं कि अपने माथे पर की चिन्ता का बोझ उसके हवाले करने के लिए। सहज ही यह कृति घटित होती है। आपके कुलदेवता अब आपके सभी संकटों से सकुशल बाहर निकालेंगे, आप चिन्ता न करें।"

"बलदेव जी, ऐसा लगता है कि हमारे पिताजी या मीरा काकी सा ने ही आपके मुख से हमें आशीर्वाद दिया है, धैर्य दिया है।" राणा जी मन:पूर्वक बोल रहे थे, परन्तु बलदेव जी, हमें अत्यन्त दुख हो रहा है कि हमारे कारण हमारी जनता पर संकट आनेवाले हैं। परसों की ही बात लें, हम जिस लोहार के यहाँ रह रहे हैं, उसके बेटे बागड़ू को एक गुप्तचर ने बन्दी बनाकर अकबर के सामने उपस्थित कर दिया। उसने हमारे बारे में थोड़ी भी जानकारी नहीं दी इसलिए अकबर के सेनानी ने उसे सजा दी। बलदेव जी यह घटना आपके सहनशक्ति के परे है। अकबर के कठोर हृदयी सेनानी ने नौजवान बागड़ू को सीधे लोहार की भट्टी में झोंक दिया। कोयले की तरह जलनेवाले उस लड़के के मुख से आखिर तक 'जय चित्तौड़, जय मेवाड़, जय एकलिंगी' के सिवाय कोई दूसरा शब्द नहीं निकला।"

राणा जी की बात सुनकर बलदेव जी काँप गए, उनका कलेजा पानी-पानी हो गया। किसी तरह अपने को सँभालकर वे राणा जी से बोले—

"उसके माता-पिता को यह घटना क्या मालूम नहीं है? वे यत्किंचित् भी विचलित नहीं हुए।"

"उन्हें मालूम है कि हमें दुख होगा इसलिए उन्होंने यह घटना मन में ही रखी। यह घटना सबके सहनशक्ति की सीमा परखनेवाली ही है। हमारे गुप्तचरों ने बात हम तक पहुँचाई। अब बतलाइए कि निष्काम कर्मयोग का दृष्टान्त मैं या वे माता-पिता या उनकी बहू?"

बलदेव जी के पास शब्द नहीं थे। वे इस घटना से आश्चर्यचकित हो गए थे। प्रखर देशभक्ति का यह दूसरा उदाहरण था। कचरू और उसके माता-पिता उनकी आँखों के सामने प्रतिबिम्बित हो गए।

राणा जी और बलदेव जी एक पाषाण पर बैठे थे। शब्द थम गए थे। उसकी सीमा के बाहर की अन्त:करण को छूनेवाली संवेदनाएँ, वे भावना प्रधान पुरुष मौन के आधार से अनुभूत कर रहे थे।

उबेश्वर के पास के 'धार' गाँव से डेढ़ कोस की विकट चढ़ाई चढ़कर शंकर मन्दिर के उतार पर प्रताप सिंह और उनके साथियों का अभी तक का सबसे संरक्षित स्थान था। वहाँ पहुँचते ही राणा जी ने बलदेव जी को आज्ञा दी, "कल अपराह्न काल

में मायरा गुफा में कुलदेवता के सम्मुख हम सभा लेंगे। बलदेव जी आप सबको आमन्त्रित करें।"

बलदेव जी ने हाँ के अर्थ में गर्दन हिलाई और राणा जी को अभिवादन कर वे अपने आवास की तरफ गए।

गोगुन्दा के पूर्व में 'भूयला' गाँव के पास घाटी पार करनी होती है, उसके बाद भी छोटे-बड़े घाट पार करके ही जाना पड़ता है फिर भी चारों ओर से घिरी हुई यह पर्वतीय गुफा सहज ही नजर नहीं आती। हल्दी घाटी के युद्ध के समय यही गुफा राणा जी का शस्त्रागार थी। यहाँ से तीन कोस पर ही स्थित है हल्दी घाटी। मायरा गुफा के पर्वत शिखर से सात-आठ कोस तक का परिसर सहज ही दृष्टिपथ पर आ जाता है परन्तु दस-पन्द्रह कदमों पर खड़े व्यक्ति को यह गुफा दिख नहीं सकती यही इस गुफा का वैशिष्ट्य है।

मायरा गुफा के प्रवेश द्वार से गुफा की संरचना की कल्पना नहीं आती फिर भी गुफा में डेढ़ सौ से दो सौ व्यक्ति सहज ही बैठ सकते हैं, इतनी विस्तृत जगह है। भीतर राणा जी के कुलदेवता, समीप ही मीराबाई के गिरिधर गोपाल। गुफा के बाहर बारहों महीने कलकल बहनेवाला स्वच्छ पानी का झरना। प्यासे जानवरों के कारण भी कोई उसके समीप जाने का साहस नहीं करता था।

अत्यन्त गुप्त रीति से ली गई सभा और उस जगह की वार्ता शत्रुओं तक न पहुँचे इस बात का ध्यान रखते हुए सभी सामन्त-सरदार अलग-अलग रास्ते से अपने अश्व दूर रखकर पैदल ही सादे वेश में गुफा में पहुँचे। इस गुफा का अँधेरे में डूबा हुआ द्वार भी सिर्फ विशिष्ट व्यक्तियों को ही मालूम होने के कारण अपरिचित व्यक्ति गुफा में पहुँच ही नहीं सकते थे। वैसे भी पूंजा जी के लोग इधर-उधर बिखरे हुए थे। उनकी नजरों का पहरा बचाकर कोई कुत्ता भी गुफा की तरफ फटक नहीं सकता था। इतना ही क्या गुफा के रास्ते की ओर मुँह करके भौंक भी नहीं सकता था।

देवी के सम्मुख पद्मासन डालकर बैठे हुए राणा जी के मुख पर उनके मन की ऊहापोह स्पष्ट दृष्टिगोचर हो रही थी। सच देखा जाए तो हमेशा उनके चेहरे पर मूर्तिमन्त दृढ़ता परिलक्षित होती थी। आज वह कम नहीं हुई थी, उस पर चिन्ता की छाया पसरी दीख रही थी।

अपने पुकारते ही एकत्र हुए सहृदयों को देखकर राणा जी के हृदय में स्नेह सागर उमड़ पड़ा।

जैत्र सिंह ने परिस्थिति सँभालने के लिए विषय की शुरुआत की, "राणा जी आज की सभा का प्रयोजन ध्यान में आया नहीं। आज तक की सभाओं में आप एकता की, शत्रुओं से मुकाबला करने की, एकत्र होने की चर्चा करते रहे हैं। आज इनमें से कुछ भी तय नहीं हुआ।"

राणा जी क्षण-भर रुके। उनको अपने मन की बात व्यक्त करने के लिए शब्द नहीं मिल रहे थे। उनकी यह अवस्था देखकर सभा भी तटस्थ हो गई। बलदेव जी के हृदय में वेदना की एक हल्की-सी लहर उठी। राणा जी की इस व्याकुल अस्वस्थता

की वे ही एकमात्र साक्षी थे। उनकी नजरों की दिशा में बलदेव जी ने मुड़कर देखा। ढलती धूप की एक तिरछी किरण गुफा में आ गई थी और जमीन पर इकट्ठे हुए एक तिरछी किरण गुफा के पानी से परावर्तित होकर हिलनेवाले पानी के सायों को प्रतिबिम्बित कर रही थी। प्रकाश के इस पट्टे में छायाओं के रंग, स्फटिक जल की तरंगों का निर्माण कर रहे थे। राणा जी एकटक उसकी तरफ देख रहे थे। देवी की मूर्ति के सामने लगाए हुए दीप की बातियों का प्रकाश राणा जी के हीरे जड़े स्वर्णालंकारों पर गिरकर परावर्तित हो रहा था। राणा जी के मुख पर चल रहा छाया प्रकाश का खेल बलदेव जी निहार रहे थे।

कल रात-भर बलदेव जी की आँख न लगी थी। वही स्थिति राणा जी की भी रही होगी यह उनके पानीदार नेत्रों की रक्तिम छटा से परिलक्षित हो रही थी। बलदेव जी इन नेत्रों की ओर भाव-भरी दृष्टि से देख रहे थे।

बलदेव जी विचारों में डूबे हुए आसपास के वातावरण का अस्तित्व ही भूल गए थे। जैत्र सिंह ने उनके कन्धों को जब स्पर्श किया तब वे तन्द्रा से जागे।

"हमारी जनता को और आप सब लोगों को हमारे कारण होनेवाले कष्ट हमें असह्य हो रहे हैं," राणा जी ने कब इस तरह अपनी बात कहना आरम्भ किया बलदेव जी जान भी न सके। राणा जी गम्भीरता से कह रहे थे, "कल की रात इसी विचार में व्यतीत हुई और इस विचार मन्थन से हम इस निर्णय तक पहुँचे हैं। इस निर्णय का आपके सामने उच्चारण करते समय भी हमें अत्यन्त कष्ट हो रहा है। कठोरता से आज हम आपको बतलाना चाहते हैं..." कहते हुए राणा जी के होंठों की थरथराहट, गले की भरभराहट, अकारण तनी हुई शिराएँ, मन के भावों को व्यक्त करने में होनेवाले कष्ट को स्पष्ट कर रही थीं। उनका यह रूप देखकर बीरम देव जी के होश ही उड़ गए और जैत्र सिंह की मानो अँतड़ियाँ ऐंठने लगीं, औरों के भी नेत्र डबडबा गए।

राणा जी अत्यन्त संयमित स्वर में बोले, "हमने आपको जिस प्रेम के अधिकार से हमारी मदद करने के लिए यहाँ मेवाड़ में बुलाया था, उसी प्रेम से आपको बताना चाहते हैं कि आप अपने घर लौट जाएँ। निरपराध लोगों की मृत्यु का पाप सिर पर लेने की शक्ति अब हममें शेष नहीं रही।" एक बार में यह वाक्य बोलकर राणा जी ने सबकी ओर पीठ फेर दी और हाथ पीछे कर देवी की मूर्ति की ओर एकटक देखते खड़े रहे। वहाँ जो थे उन पर मानो वज्राघात ही हुआ। बलदेव जी को भी उनका यह निर्णय अपेक्षित नहीं था, फिर औरों की क्या बात? वहाँ उपस्थित व्यक्ति जैसे हवा के प्रभाव से चेतनाहीन हो गए। सहज होनेवाली श्वासोच्छ्वास की प्रक्रिया के अतिरिक्त और कोई हलचल करने का दम ही शेष न रहा था। सभी सुन्न होकर बैठे थे। निश्छल, निर्बल और निर्जीव से।

उस भयंकर शान्तता को भंग करती हुई एक करुण पुकार गुफा में गूँजी, "अन्नदाता..."

राणा जी सहित सभी ने पीछे मुड़कर देखा, तब उस गुफा में चेतनता की हुंकार उमड़ी। बागड़ू लोहार हाथ जोड़कर, आँखों से बहनेवाले आँसुओं की परवाह न

करते हुए उसकी शोक में डूबी हुई प्रौढ़ावस्था की ओर झुकी हुई आकृति देखकर सभी के हृदय में घोर पीड़ा हुई। भड़भूँजे द्वारा फोड़े गए चनों जैसा आघात उनके मस्तक पर होने लगा, सर्वांग में झुनझुनी होने लगी।

इस सबकी कोई जानकारी न रखनेवाला बागड़ू तीर की तरह राणा जी के चरणों में लेट-सा गया और खुले गले से रुदन करने लगा। इस घटनाक्रम का कोई अर्थ किसी को समझ में नहीं आ रहा था।

निमिष मात्र में घटी हुई घटना किसी को मालूम न होने से आपस में चर्चा होने लगी। उसे शान्त करते हुए बलदेव जी ने बागड़ू के पुत्र के बलिदान की कथा बतलाते ही वहाँ जो वीर थे, वे सन्तप्त हो गए। पूंजा जी तो क्रोध से उबल पड़े।

उसका नाती तंटया घाव लगे हिंसक पशु की तरह गर्जना कर अकबर को काट डालने की बातें करने लगा। बड़े प्रयास से उसे शान्त करना पड़ा। बागड़ू भी अब काफी सँभल गया। थोड़ी-थोड़ी देर में उसकी सिसकियाँ रोते बच्चे की तरह गूँज रही थीं। थरथराते हुए वह खड़ा हुआ। सबकी तरफ देखते हुए हाथ जोड़कर बड़ी विनम्रता से, भरी हुई आँखों से वह बोला—

"मायबाप आप ही न्याय करें। हम अभागे माता-पिता एक बेटा तो गँवा ही बैठे। अब आप सब निकल गए तो हम बूढ़ों ने किसके मुँह की तरफ देखना? हमें छोड़कर मत जाइए, अब आप ही हमारे बच्चे हैं।"

बागड़ू की दिल पिघला देनेवाली बातें सभी को छू रही थीं। राणा जी का भी चेहरा विचारमग्न हो गया था। यह मौका मिलते ही जैत्र सिंह ने राणा जी से कहा, "राणा जी हम आपके लिए ही यहाँ इकट्ठे हुए हैं। जहाँ आप होंगे वहीं हम रहेंगे। हमारा स्थान आपके चरणों के पास ही है, कहीं और हम नहीं जाएँगे।"

बागड़ू फिर राणा जी की ओर झुकते हुए बोला, "अन्नदाता, जहाँ राजा के कदम पड़ते हैं वहीं नन्दनवन खिलता है। उदयपुर छोड़कर, गोगुन्दा का वैभव छोड़कर, आपकी सारी जनता इस गिरि-कन्दराओं में आई न? सिर पर की यह छाँव अगर खत्म हो गई हो तो कोई प्रश्न नहीं।"

वह एक सामान्य लुहार अपनी जीवन-भर की श्रद्धा और जीने का तत्त्वज्ञान सबके सामने सीधी-सरल भाषा में रख रहा था।

"राणा जी आप इस एकतरफा, आत्मघाती निर्णय तक क्यों पहुँचे? हम आपके बिना कैसे तरेंगे? आप ही हमारे स्वामी हैं।" भामाशाह जी ने कहा।

"भामाशाह जी कोई भी अकेला व्यक्ति किसी भी समाज का स्वामी नहीं होता वह समाज का केवल एक छोटा-सा घटक होता है। जो पुरुष स्त्री की रक्षा नहीं कर सकता वह कभी भी योग्य शासक नहीं होता। अब हमें भी लगने लगा है कि अकारण ही हमने अपने राज्य के लिए आप जैसे मूल्यवान हीरे, माणिक दाँव पर क्यों लगा दिए? हमें अपनी अमूल्य दौलत का मोह है। यह दौलत गँवाकर हम कंगाल नहीं होना चाहते।"

"राणा जी राज्य तो जुए में भी दाँव पर लगाया जा सकता है तो स्वतंत्रता के

लिए क्यों नहीं? स्वतंत्रता के लिए, इस भूमि के लिए और एकलिंग जी के दीवान के लिए लड़ते हुए मृत्यु आ गई तो यह हमारा सौभाग्य ही होगा। मृत्यु के लिए रोना क्यों? कीका, अरे एक का श्वास रुका तो क्या हवा थम जानेवाली है? मृत्यु से आत्मा का नाश थोड़े होता है।"

"यह कौन बोला?" राणा जी ने बागड़ू की ओर आश्चर्य से देखा, यह सीधा-साधा आदमी जीवन का इतना बड़ा तत्त्वज्ञान बतला सकता है? या इसके द्वारा कोई महान आत्मा हमें यह ज्ञान दे रही है? राणा जी को मीरा काकी सा याद आईं। सामान्य व्यक्ति ही अलौकिक व्यक्ति का मार्ग प्रशस्त करते हैं। लंका में जाने के लिए छोटे-छोटे बन्दरों ने ही सेतु बनाकर दिया था। नींव में लगे हुए अनगढ़ पत्थर ही जमीन पर खड़े दुर्ग का आधार होते हैं। राणा जी मन-ही-मन काकी सा के शब्द याद कर रहे थे।

"हमें क्षमा करें बागड़ू जी! हम क्षण-भर भटक गए थे। निराश हो गए थे। इसीलिए आपके और कचरू के माता-पिता की भावनाओं का अनजाने में हमसे अपमान हो गया। हमारी प्रतिष्ठा की रक्षा करने के लिए आप चिलया के माता-पिता की तरह दृढ़ बनें।"

"आप भी साक्षात सदाशिव बनें।"

"हमें देवत्व मत दीजिए। उस नीलकंठ में चिलया को जीवित करने का सामर्थ्य था। हम केवल शब्द के धनी हैं। पर अब मेवाड़ के पुत्रों का बलिदान व्यर्थ नहीं जाने देंगे। अब अकबर से टक्कर यही प्रतिज्ञा है। यमुना देवी के लिए की गई प्रतिज्ञा का हमें पल-भर को विस्मरण हो गया था।"

वातावरण सामान्य होने पर अचलदास जी ने कहा, "अधर्म के विरोध में शस्त्र उठाना हर किसी का धर्म है और अन्याय के विरुद्ध शस्त्र यह विशेष रूप से क्षत्रियों का धर्म है। राणा जी कचरू और बागड़ू के माता-पिता पर हुए अन्याय के विरुद्ध हमें शस्त्र उठाना ही चाहिए। जब हम शस्त्र उठाएँगे, इसमें मृत्यु निश्चित ही है। जो अधर्म की तरफ खड़ा होता है वह सम्पूर्ण मानव-जाति का शत्रु होता है। मानव मात्र के लिए, देश की संस्कृति के लिए और बलिदान करनेवालों के सम्मान की रक्षा के लिए युद्ध आवश्यक है। पार्थ के मन में जो सम्भ्रम निर्माण हुआ था वही विषाद के रूप में आपको घेरना चाह रहा था, वह दूर हुआ यह अच्छा हुआ। मृत्यु का इतना विचार करना उचित नहीं। जन्म-मृत्यु दोनों ही ईश्वराधीन हैं। जीवन यानी अनेक बातों का सन्तुलन होता है। मारनेवाले या बचानेवाले हम कौन? साक्षात श्रीकृष्ण को भी पार्थ के पुत्र के प्राण बचाना सम्भव नहीं हुआ। राणा जी श्रेष्ठ कार्य के लिए योग्य समय पर मृत्यु प्राप्त होना सभी के भाग्य में नहीं होता। जिनको अवसर मिल जाता है, उनके लिए दुख नहीं, आनन्दोत्सव मनाया जाना चाहिए। आप ध्येयाकांक्षी हैं। ध्येय प्राप्ति के लिए बड़ी उड़ान लेने की इच्छा रखते हैं। ऊँची उड़ान मारनेवाले मन के पंखों की काट-छाँटकर उसे व्यवहार की चौखट में बिठाने का प्रयत्न न करें। स्वयं पर अन्याय न करें।"

वैसे अचलदास जी कम बोलनेवाले थे पर इस बार बिलकुल भाव-विह्वल होकर बोल रहे थे। राणा जी के प्रति उनकी आस्था शब्द-शब्द से व्यक्त हो रही थी। वातावरण स्वच्छ हो गया था। बीरम देव जी ने कहा, "राणा जी हम इकट्ठे हुए हैं तो आगे की योजना तय कर लें।"

यह आवश्यक है पर उसके लिए एक बाधा है। राणा जी ने मूलत: अपने सहज कोमल स्वर में कहा, "अभी ही दो युद्ध हमें करने पड़े हैं इसमें सैन्यबल की कमी तो हुई है। साथ ही राजकोष भी रिक्त हो गया होगा। अब फिर से शस्त्र, युद्ध-सामग्री, अश्व, हाथी, गोला-बारूद आदि की व्यवस्था करना आवश्यक है। हमारी आर्थिक स्थिति स्पष्ट होने के बाद आगे की योजना तय करेंगे।"

राणा जी ने सभा की समाप्ति की और निश्चिन्त मन से सामन्त, सरदार जैसे आए थे वैसे ही गुप्त रूप से उबेश्वर जा पहुँचे।

एक प्रहर रात के बीत जाने पर भी भामाशाह जी नहीं आए। प्रदोष काल से राणा जी, बलदेव जी, जैत्र सिंह, ताराचन्द जी और कुँवर अमर सिंह राणा जी के कक्ष में उनकी प्रतीक्षा में थे। भामाशाह जी के अपने निवास-स्थान पर नहीं लौटने के कारण चिन्ता हो रही थी। हर बात अविलम्ब करनेवाले भामाशाह जी को आने में लगनेवाले विलम्ब के कारण प्रतीक्षा चिन्ता में रूपान्तरित हो गई और आगे बढ़नेवाला प्रत्येक पल युग की तरह लगने लगा। आखिर बलदेव जी और जैत्र सिंह ने भामाशाह जी को ढूँढ़ने का तय किया।

कुछ भी हासिल न होते हुए लौटे जैत्र सिंह और बलदेव जी को देखकर राणा जी का दिल बैठ गया। भामाशाह जी की चिन्ता ने उन्हें ग्रस लिया। सभा यद्यपि समाप्त हो गई फिर भी वे पाँचों भामाशाह जी की प्रतीक्षा करते बैठे रहे, बिना कुछ बोलते, गम्भीर और चिन्तायुक्त।

रात-भर किसी को भी आँख नहीं लगी। आकाश में लाली नजर आते ही फिर से ढूँढ़ने निकलना तय कर राणा जी के सहित सभी तैयार हो गए। तभी बाल अरुण की कोमल किरणों के साथ भामाशाह जी ने राणा जी के दालान में प्रवेश किया। राणा जी को अभिवादन करने के लिए झुके हुए भामाशाह जी को प्रताप सिंह ने दृढ़ आलिंगन में बद्ध कर लिया।

बहुत कुरेदकर पूछने के बाद भी भामाशाह जी ने, "एक स्नेही के पास गया था, वहीं देर हो गई, क्षमा करें राणा जी" इसके अतिरिक्त अपने बारे में कुछ भी नहीं कहा। पर फिर भी उनका उतरा हुआ चेहरा, थका हुआ शरीर और नेत्रों का खोयापन कुछ और ही कह गया। फिर कभी बताएँगे ऐसा मन में समाधान कारक उत्तर सोचकर राणा जी ने सभा का प्रयोजन स्पष्ट किया, "भामाशाह जी आप मेवाड़ के अर्थपटलिक हैं। आज तक अपना कितना द्रव्य खर्च हुआ है? अब आपको राजकोष का अन्दाज लेना चाहिए। द्रव्य कितना है, उसके बल पर हम कितने समय तक डटे रह सकते

हैं। सैनिक, अश्व, गज, अपने साथ के कारीगर इनके पालन-पोषण की जिम्मेदारी हम पूरी कर सकते हैं या नहीं?"

"क्षण-भर सोचकर भामाशाह जी ने कहा, "राणा जी इस बार खर्च तो अत्यधिक हुआ है। बस्तियाँ उद्ध्वस्त की गईं, फसलें नष्ट की गईं, किसी भी साधन से आय नहीं हुई बल्कि अपनी सारी आवश्यकताएँ पूरी करने का भार भी राजकोष पर ही पड़ा। फिर भी आप चिन्ता न करें। अपने पास अभी काफी मात्रा में द्रव्य है। एकाध बड़ा युद्ध अभी भी हम सहज ही जीत सकते हैं।"

"और उसके बाद?" राणा जी ने पूछा।

"उसकी व्यवस्था की चिन्ता, एकलिंग जी को।"

"भामाशाह जी एकलिंग जी तो हैं ही पर समझें कि दुर्भाग्य से हमने यह युद्ध भी गँवा दिया तो हमारे पास क्या होगा? सैनिकों का वेतन, प्रजा के लिए की जानेवाली व्यवस्था, अश्वों और हाथियों की सुविधा, इतने बड़े राजपरिवार की व्यवस्था, शस्त्रों का खर्च यह सब कैसे हो सकेगा?"

"उसकी आप चिन्ता न करें, सब व्यवस्थित होगा और यदि खुदा न खास्ता जन्म-मृत्यु की ही बेला आई तो पुश्तैनी हीरे-जवाहरात बहुत हैं।" भामाशाह जी ने कहा।

"इसके अतिरिक्त और भी बुरा प्रसंग आया तो गहने हैं ही," बलदेव जी ने कहा।

"बलदेव जी राजपूत कभी भी स्त्रीधन स्वीकार नहीं करते। उसे छीनकर हम जीना भी नहीं चाहते, उसके एवज में जीवन नष्ट कर देंगे।" राणा जी यह हम नहीं कह रहे हैं, अन्तःपुर से यह आया प्रस्ताव हमारी अर्द्धांगिनी ने हमें बतलाया। राज्य पर आए संकट से हमारे अलंकार बड़े नहीं हैं। राज्य रहा तो ढेर से अलंकार मिलेंगे पर राज्य ही गया तो अलंकारों की क्या कीमत? हमारा सबसे बड़ा अलंकार यानी रक्षा के लिए रणक्षेत्र में लड़नेवाले हमारे सम्बन्धी ही हैं। यदि बुरा समय आया तो आपका हमारे अलंकारों पर पूरा अधिकार है। दौलत और अलंकारों के लिए हमने क्षत्रियों का वरण नहीं किया बल्कि उनकी क्षात्रवृत्ति को ही वरा है।" दो दिनों पूर्व ही यह सन्देश हमें मिला है।

"राणा जी सहित सभी लोग अवाक् रह गए, इसके पहले कभी ऐसा वक़्त नहीं आया था?" राणा जी ने व्यथित स्वर में कहा।

"आया था राणा जी," जैत्र सिंह ने कहा। "आपके कारण ही यह समय आया है ऐसा आप समझ रहे हों तो यह योग्य नहीं है। इसके पूर्व भी निर्णायक युद्धों के समय रनिवास जौहर की अग्नि में भस्म हो जाता था। आपने एक बार भी ऐसा वक़्त रनिवास की स्त्रियों पर नहीं आने दिया बल्कि अपने राज्य की रक्षा के कार्य में उनका सहयोग स्वीकार किया।"

"आपको भी अन्तःपुर की वार्ताएँ ज्ञात होने लगी हैं!" राणा जी ने स्मित करते हुए कहा, "हमें तो कोई भी, कुछ भी नहीं बताता।"

"आप उस राह जाते ही कहाँ हैं? जब रनिवास में जाते हैं तब युद्ध की वार्ताओं पर बातचीत करना उन्हें भाता नहीं!"

कारण?

"कारण यह कि आपकी प्रिय पत्नी, सखी और प्रिय सब कुछ आपके भाले या तलवार ही हैं। उन्हीं का गुणवर्णन रनिवास को सुनना पड़ेगा!" बलदेव जी ने वातावरण का तनाव कुछ हल्का किया।

इस युक्ति से खुले दिल का मुक्त हास्य कितने दिनों बाद मेवाड़ की भूमि में गूँजा अन्यथा युद्ध और शत्रु! "आपका हमारी अपेक्षा अकबर पर ही अधिक प्रेम है," रतनाबाई सा के झूठे गुस्से के स्वर राणा जी को याद आए। "कैसे?" ऐसा उन्होंने पूछा था। "रात-दिन उन्हीं का विचार, हमेशा उन्हीं का स्मरण करते रहते हैं इसलिए!" इस उत्तर को सुन राणा जी दिल खोलकर हँसे थे। अपनी रानी साहिबा की हाजिरजवाबी याद कर अभी भी उनके मुख पर हँसी की छटा छा गई।

मगर भामाशाह जी इस मनोरंजन में सहभागी नहीं हुए। दूर कहीं खोए हुए हैं यह बलदेव जी के ध्यान में आया। उन्होंने भामाशाह जी से इस बारे में पूछने का तय किया।

भामाशाह जी को अकेले में पूछने की नौबत बलदेव जी पर आई ही नहीं। राणा को अभिवादन कर बाहर निकलने पर काफी देर सारे अश्व एक साथ चल रहे थे। अन्त में जैत्र सिंह और बलदेव जी ही शेष रह गए। तभी भामाशाह जी ने अचानक कहा—

"आप दोनों ही आज हमारे साथ हमारे घर चलें। आज भोजन हमारे साथ करें।"

"भामाशाह जी आज अचानक...।"

"अचानक नहीं। कब से आपको आमंत्रित करने की सोच रहे थे। आज संयोग आया है।"

भामाशाह जी के कथन में सहजता नहीं थी।

बलदेव जी ने कहा, "भामाशाह जी, आप हमसे कुछ छिपाने का प्रयत्न कर रहे हैं।"

"भोजनोपरान्त हम वही बतलानेवाले हैं," भामाशाह जी ने गम्भीरता से कहा। कुछ विपरीत घटने की आशंका जैत्र सिंह के मन में घनीभूत होने लगी परन्तु उन्होंने भामाशाह जी के मन के अनुसार ही करने की सोची।

भोजनोपरान्त ताम्बूल का आस्वाद लेते और विश्राम करते हुए बलदेव जी और जैत्र सिंह की ओर मुड़कर भामाशाह जी ने कहा, "हमने आपको आज एक खास परामर्श लेने के लिए बुलाया है।"

"वह हमारे ध्यान में आया है भामाशाह जी, हम कब से आपकी अस्वस्थता का कारण जानने को उत्सुक हैं। निःसंकोच आप हमारे पास अपना मन खुला करें, हम आपके बन्धु जैसे ही हैं।"

"यह जानकर ही हमने आज आपको बुलाया है, हम क्षण-भर में आते हैं," कहकर भामाशाह जी उठकर भीतर चले गए।

जब वे लौटे तो उनके साथ उनकी पत्नी मगनबाई, बन्धु ताराचन्द जी और उनकी पत्नी रमियाबाई भी थीं। सब बैठक पर आसीन हुए। घर के लोगों को भी

भामाशाह जी का एक दिन और रात बिना किसी कारण के घर के बाहर रहने का रहस्य ज्ञात नहीं था। उनके बताए कारणों से किसी का भी समाधान नहीं हुआ। आज भामाशाह जी बताने लगे—

"उस दिन हम माचीन गुफा से बाहर निकले। विचारों की दौड़ में जिधर हमारा अश्व ले जा रहा था उसी तरफ हम जाने लगे। सम्भवत: दिशा भी गलत हो गई होगी। पैरों की पदचाप सुनकर मुड़कर देखा तो कोई हम पर हमला कर, आँखें बाँधकर कहीं ले जाने लगे। थोड़ी ही दूर जाने पर हमारे मस्तक पर लाठी का प्रहार हुआ और अचानक बेहोशी ने घेर लिया। हमने जब आँखें खोली तब" बतलाते-बतलाते भामाशाह जी की नजरों के सामने दृश्य साकार हुआ—

भामाशाह जी ने जब आँखें खोलीं तब वे एक कोने में गठरी की तरह, हाथ-पाँव बँधे हुए अवस्था में पड़े थे और कोई भी गतिविधि करने में सर्वथा असमर्थ थे। हाथ-पाँव की डोरियाँ और भी ज्यादा कसी हुई थीं। काफी देर केवल पड़े रहने के सिवा वे कुछ भी नहीं कर सके। हत्यारों की तरह नजर आनेवाले दोनों सैनिक भामाशाह जी अभी भी बेहोशी में ही हैं, यह समझकर एक-दूसरे से बातें कर रहे थे, "अब इसका क्या करना है? उठा के तो लाए हैं?" एक ने कहा।

"कुछ ज्यादा नहीं करना, इसे खरीदना है।" दूसरे ने कहा।

"यह मेवाड़ की औलाद है। सूअर जैसी सख्त जान। खरीदी नहीं जाएगी।"

"छोड़ो भी ये किस्सा यहाँ कौन इसके पीछे पड़ेगा? बाद में देखेंगे, चलो सो जाते हैं।"

वे दोनों वहाँ से निकल गए। रात-भर ऐसे ही पड़ा रहना होगा क्या? इसका विचार भामाशाह जी कर रहे थे तभी "अस्सलाम आलेकुम भामाशाह जी! ठीक हैं न अब आप?" मीठे स्वर में किसी ने पूछा हालाँकि पूछनेवाले का चेहरा या आकृति कुछ भी भामाशाह जी को दीख नहीं पाई। दालान के एक कोने में वे पड़े हुए थे। बोलनेवाला जहाँ खड़ा था वहाँ थोड़ा भी उजाला नहीं था। भामाशाह जी ने कोई भी जवाब नहीं दिया।

"कैसे हैं आप भामाशाह जी?" फिर से पूछे जाने पर भामाशाह जी ने किसी तरह उठने का प्रयत्न किया। उनकी पीठ के पास आकर किसी ने हाथ-पैरों की रस्सियाँ खोलीं, उनके मुड़े हुए पैर खुले।

उन्हें तत्काल पानी का पात्र दिया गया। कितनी देर भामाशाह जी ऐसे बँधे थे, किसी को पता नहीं पर काफी देर हो गई है ऐसा उनके जलपात्र को देखते ही होनेवाली स्थिति से ज्ञात हुआ। कब से उनका गला प्यासा था, पात्र का जल उन्होंने ग्रहण किया और क्षण में ही उन्हें चक्कर आ गया।

भामाशाह जी जब फिर से जागे तब रात पृथ्वी पर उत्तर चुकी थी। वे शाही पलंग पर लेटे हुए थे। आसपास वैभव के निशान बिखरे हुए थे। उन्हें जागा हुआ देखकर दौड़भाग होने लगी। शमादान में मन्द-मन्द ज्योति प्रकाशित हो रही थी। इत्र की मन्द-मन्द सुगन्ध बिखर रही थी। भामाशाह जी को प्रसन्नता हुई। एक दासी ने फलाहार लाया, दूसरी गोरस लेकर आई। एक दासी उनके समीप बड़े अदब से खड़ी

हुई थी। पास ही में कहीं सारंगी पर गौरी राग के धीमे स्वर छेड़े जा रहे थे। भामाशाह जी ने फलाहार और गोरस को नकार दिया।

"अब कैसी है तबीयत आपकी?" फिर से प्रश्न पूछा गया और प्रश्न पूछनेवाला व्यक्ति भी सामने आया। अकबर का मातबर सरदार अब्दुल रहीम खानखाना उनकी खातिरदारी कर रहा था, भामाशाह जी से बात करने का प्रयास कर रहा था। भामाशाह जी कुछ भी बोले नहीं परन्तु खानखाना ने अपने बादशाह की प्रशंसा आरम्भ कर दी।

करीब-करीब तीन-चार घड़ी के उसके वक़्तव्य का आशय था, "भामाशाह जी को महाराणा प्रताप को छोड़कर अकबर की ओर आना चाहिए और आज की तरह के सुखोपभोग जीवन-भर प्राप्त करना चाहिए। सागर, घाटियों, जंगलों, वनों में कष्ट सहना यही जिन्दगी नहीं है। उनके जैसे गुणवान व्यक्ति की अकबर कितनी कदर करेंगे उसकी कोई सीमा ही नहीं। अकबर ऐसे ही रत्नों की खोज में सतत लगा रहता है। भामाशाह को अपने राणा को समझाना चाहिए अगर वह नहीं माना तो भामाशाह जी को प्रताप को छोड़कर अकबर के पास आ जाना चाहिए। उस दरिद्र भिखारी के पास क्या है? उसके पास तो दोनों वक़्त की रोटी का भी ठिकाना नहीं। ऐसी स्थिति में बलवानों का ही सहारा लेकर अपना हित साधना चाहिए।" इसके अतिरिक्त और कोई आशय कतई नहीं था।

भामाशाह जी को विचार करने का समय देकर खानखाना निकल गया। जाते वक़्त किए गए संकेत के अनुसार सेवक ने भामाशाह जी के पास एक सुवर्ण आसन पर एक बड़ी चाँदी की तश्तरी रखी। उसका आच्छादन हटाया। तश्तरी में अनेक स्वर्ण मुद्राएँ, चमकनेवाला जरी से युक्त अँगरखा, सलवार, सोने के तारों से लाल मखमल पर कशीदा काढ़कर तैयार मोजड़ी, कमरबन्द, पगड़ी और कई अलंकार थे।

भामाशाह जी के ध्यान में आया कि उनके कमर में बँधी तलवार निकाल ली गई थी और कटार भी उनके पास नहीं थी। उन्हें नि:शस्त्र किया गया था। अचानक वाद्यों के स्वर वातावरण में गूँजने लगे। नूपुरों की झनकार सुनाई दी और नाजुक पदन्यास करती हुई एक नर्तकी भामाशाह जी के पास आई। कमर तक झुककर उन्हें मुजरा कर दो गोल चक्कर लेते हुए दालान के मध्यभाग में बिछाए हुए चटक लाल रंग के हूरानी कालीन के बीच में आकर खड़ी हुई। फिर झुककर भामाशाह जी को प्रणाम कर वह बैठ गई। तंग सलवार, पारदर्शी कुरता, जरीकाम से युक्त जैकेट, आपादमस्तक अलंकारों से सजी उसकी कमनीय काया। उसका आकर्षक चेहरा और मस्तानी अदाकारी, चेहरे पर डाले हुए पारदर्शी घूँघट से भी स्पष्ट दिखाई दे रहा था। चुनरी पकड़े हुए हाथ को छोड़कर बायाँ हाथ कान पर रख, दाहिने हाथ से मोहक अदाएँ करते हुए उसने गाने की शुरुआत की—

बतियाँ करत रस ली...कन्हरवा
...सुधबुध तनकी...
भूऽऽ गऽऽईऽऽऽ हम
साँवरी सूरत नैन चमकचित

खैंचत रात का ऽमऽ का ऽजऽ
धर...

गौरी राग से निबद्ध बन्दिश सुनते-सुनते दिलकश स्वर के प्रभाव से भामाशाह जी के नेत्र मुँद गए और नेत्रों के सामने साकार हो गया...गिरिधर गोपाल का मन्दिर और मन में गूँजने लगे, जोगिया के आर्त स्वर...

मैं तो गिरिधर के घर जाऊँ।
गिरिधर म्हारो साँचो प्रीतम, देखत रूप लुभाऊँ॥
मैं तो गिरिधर के घर जाऊँ॥

सामने का वैभवयुक्त महल, साज-सज्जा, जगमगाहट, चकाचौंध कुछ भी भामाशाह जी को दीख नहीं रही थी। उनकी नजरों के सामने था अरावली का घना जंगल, मायरा-माचीन गुफाएँ, अस्वस्थ राह देखते राणा जी।

भामाशाह जी को अकबर की बुद्धि पर तरस आया कि "किससे बदले में क्या पाने का यह प्रयास है।" भामाशाह जी के मन में आया, इस वैभव के बदले अकबर को हमारी स्वामिभक्ति चाहिए। कुबेर का खजाना भी हमारी स्वामिभक्ति खरीद नहीं सकता, यह स्वामिभक्ति की पहचान रखनेवाला व्यक्ति अनुभव कर सकता है। स्वामिनिष्ठा और देशप्रेम सिर्फ एक ही नाप से नापा जा सकता है, "बलिदानों के इस वैभव में मोहित होकर हम अपना देश और राणा जी को छोड़कर जाएँगे, हम क्षुद्र भौतिक सुख के लिए अपनी अस्मिता गिरवी रखेंगे ऐसा अकबर ने सोचा ही कैसे? स्वतंत्रता के मार्ग पर चलनेवालों का मार्ग कंटकों का होता है और शैया धरती होती है और सुख होता है आत्मोत्सर्ग का, हम कंटकाकीर्ण मार्ग से जाएँगे, मृत्यु का सामना करनेवाला कठिन मार्ग स्वीकार करेंगे पर स्वतंत्रता, देशभक्ति और स्वामिनिष्ठा की राह छोड़ेंगे नहीं। जंगल-वन की स्वच्छन्द स्वतंत्रता के सामने इस सुख की क्या कीमत?"

विचारों के मन्थन से जागृत हुए भामाशाह जी सजग हो गए। विलासी उत्तेजक फिर भी आर्त स्वर में अभी भी गीत की पंक्ति गूँज रही थी—

बतियाँ करत रसीलीऽऽऽ कान्हरवा।

भामाशाह जी ने चारों तरफ देखा, रात गहरी होती जा रही थी। मादक वातावरण का नशा अकबर को खुश करनेवालों को और अधिकारियों को मस्त बना रहा था। वे रँगीले जवान अर्धोन्मीलित नेत्रों से वातावरण का आस्वाद ले रहे थे। भामाशाह जी का हाथ पास की तश्तरी में रखी स्वर्णमुद्राओं को लगा। उन्होंने अँजुरी भरकर उस गणिका पर उड़ेल दी। खुशी में आए हैं ऐसा प्रदर्शित करते हुए जरीवाला अँगरखा अपनी पहनी पोशाक पर परिधान किया। सहज उठकर वे दालान के द्वार में आकर खड़े हुए।

आसपास का आहट लेते वक़्त भामाशाह जी को प्रतीत हुआ कि व्यवस्था अत्यधिक सख्त नहीं है। उन्हें अँगरखा पहनते देखनेवाले खुशी से हँस रहे थे। कैसे जीता? यह भाव उनके चेहरे पर था। वे निश्चिन्त हो गए।

रात्रि और भी गहराई। भामाशाह जी बाहर निकले। पीछे अभी भी स्वर गूँज रहे थे—

साँवरी सूरत नयन चमकचित—
खैंचत—सब काऽ मऽऽन ऽ...

थोड़ी ही दूरी पर पीठ दूसरी ओर किए हुए खड़ा तुर्की सैनिक को देखते ही भामाशाह जी की चाल बढ़ गई। दबे पाँव से छलाँग लेकर उन्होंने तुर्की सैनिक पर हमला किया। निःशब्द वह धराशायी हो गया। उसकी कमर की म्यान निकालकर अपना अँगरखा उसके निर्जीव शरीर पर हलके से उढ़ाकर भामाशाह जी आगे बढ़े। पास ही पेड़ से बँधा घोड़ा देखते ही वे उस पर आरूढ़ होकर देखते-देखते आँखों से ओझल हो गए। रात-भर जंगल रौंदते हुए सबेरे-सबेरे राणा जी के चरणों के समीप पहुँच गए।

इस घटना का गवाह, सद्गुणों को चाहनेवाला, नीति का पुरस्कर्ता, अँधेरे में पेड़ के पीछे खड़ा था—अब्दुल रहीम खानखाना। भामाशाह जी को इसकी कल्पना भी नहीं थी।

भामाशाह जी का अश्व सुरक्षित दूरी पर पहुँच गया है इस बात की पुष्टि होते ही खानखाना ने अपने अश्व का वेग बढ़ाया और उस पर आरूढ़ हो स्मित कर वह धीमी गति से चलने लगा।

सहज रूप से उसके होंठों पर आया हुआ दोहा वातावरण में निनादित हो रहा था—

जो रहीम उत्तम प्रकृति, का करि सकत कुसंग।
चन्दन विष व्यापत नहीं, लपटे रहत भुजंग॥

अपनी हकीकत बताकर जैसे ही भामाशाह रुके वैसे ही जैत्र सिंह, बलदेव जी सब किसी बुरे स्वप्न से जाग गए।

"इस घटना से हम अस्वस्थ हो गए थे और आपको कब ये घटना बताएँ ऐसा हमको हो रहा था। हमारी मनःस्थिति उस समय कैसी हो गई थी, यह हम बता ही नहीं सकते।"

"आपने आज हमें यहाँ बुलाया, हम पर विश्वास किया, आपकी हमसे क्या अपेक्षा है? ताराचन्द जी दृढ़ता से अपने बन्धु से पूछा। वही हम बताना चाहते हैं। हमने आपकी भाभी जी को यहाँ इसीलिए बुलाया है," अपनी पत्नी की तरफ देखकर भामाशाह जी ने कहा।

"हम आपकी क्या मदद कर सकते हैं?" भामाशाह जी की पत्नी मगनबाई ने पूछा।

"आप ही हमारी मदद कर सकने में समर्थ हैं," भामाशाह जी बोले, बलदेव जी, राणा जी के आर्थिक व्यवहार सँभालने का काम हमारे पिताजी के पास था यह भी हमें हमारे हाथों में बही आते तक मालूम नहीं था। हमारे पास के राजकोष में रखी हुई प्रत्येक कौड़ी-दमड़ी का भी हिसाब लिख रखा है। इसका प्रमाण यह बही है। यही बही आज आपके सामने अपनी पत्नी को सौंप रहे हैं। कल को यदि हमारा कुछ भला-बुरा हुआ तो...भामाशाह जी बोलते-बोलते रुके फिर सँभलकर बोले, "हमारी पत्नी से आपका परिचय होना चाहिए। वे आप लोगों में से किसी के भी हाथों वह बही सुपुर्द करेंगी। राजकोष कहाँ रखा है, वहाँ तक कैसे पहुँचना है, गुप्त दरवाजे कैसे खोलना है, यह हमारे अतिरिक्त हमारी पत्नी ही जानती हैं।"

"भामाशाह जी," ताराचन्द जी ने कहा, "भला-बुरा होने की बातें किसलिए? आप और भाभी जी ही यह व्यवस्था सँभालनेवाले हैं।"

"नहीं देवर जी उनकी बात सही है," मगनबाई ने कहा, "अकबर ने एक बार छोड़ दिया तो हर बार ऐसा ही होगा, ऐसा नहीं है। साम-दाम-दंड-भेद सब आजमा कर देख लिया गया है। अब दंड का ही अवलम्ब लेगा। ऐसे समय में हम अपने जीवन की निश्चिन्त आश्वस्ति नहीं दे सकते। हमारे खानदान में अभी तक किसी ने भी गद्दारी नहीं की है और इसके आगे भी करेंगे नहीं।" स्पष्ट शब्दों में मगनबाई द्वारा रखे हुए विचार सुनकर जैत्र सिंह भी दंग रह गए।

"भामाशाह जी," जी जैत्र सिंह ने कहा, "हम आपके बालों को भी धक्का नहीं लगने देंगे। आप ऐसे अशुभ विचार मन में न आने दें।"

"आप हमारी रक्षा करेंगे यह हम जानते हैं। फिर भी हमारा यह निर्णय पक्का है। राणा जी के पूर्वजों से हमें समय-समय पर द्रव्य मिलता रहा है। अनेक बार तुर्कों के ठिकानों पर किए गए हमलों में मिली सम्पत्ति में से भी चित्तौड़ के शासकों ने हमें काफी हिस्सा दिया है। वह द्रव्य हमारे पास सुरक्षित ढंग से रखा गया है। इस जिम्मेदारी से हम मुक्त होना चाहते हैं। आपसे यही उम्मीद है कि आप हमें इस कार्य में सहायता करें।"

"हम? वह कैसे?" बलदेव जी ने पूछा।

"हम आपसे एक विनती करते हैं कि कुछ भी हो जाए, हमें शत्रुओं ने गिरफ्तार किया था इसका उल्लेख आप राणा जी से न करें।" भामाशाह जी ने कहा।

"भामाशाह जी, यह क्या इतना सहज-सरल है? राणा जी की नजरों के प्रभाव के सामने हम असत्य भाषण कैसे कर सकेंगे?"

"असत्य भाषण हम भी नहीं करेंगे। आप सिर्फ मौन का पालन अवश्य करें। कभी-कभी सत्य प्रकट करना भी श्रेयस्कर नहीं होता।"

"आपने बतलाया नहीं इसलिए सत्य छिपकर थोड़े ही रहेगा? सत्य जानने के लिए हमें ज्ञात नहीं ऐसे राणा जी के कितने गुप्तचर मेवाड़-भर में बिखरे हुए हैं।"

"यह हम भी जानते हैं जैत्र सिंह। इसके साथ ही 'यद्यपि शुद्धं, लोक विरुद्धं न

कथनीयं, न करणीयं' यह वचन भी जानते हैं। राणा जी को जब स्वयं ही ये बातें पता लगेंगी तो लगेंगी। हभ खुद इसकी वाच्यता नहीं करेंगे यह निश्चित है। हमारा मन कितना भी शुद्ध क्यों न हो तो भी इसकी गवाही हमारे अतिरिक्त और कौन देगा? इस बात की राणा जी के सामने चर्चा करके उनका मन दुखाना, प्रजा के मन में किन्तु-परन्तु का निर्माण करना, या अकबर के गुप्तचरों की वार्ता अकबर तक पहुँचाकर अर्थ का अनर्थ होना, यह सब हमें टालना है। इसलिए हम आपको तकलीफ दे रहे हैं..."

"भामाशाह जी, तकलीफ की बात बोलकर हमें शर्मिन्दा न करें। राणा जी के समान ही हमें आपका भी अभिमान है।" बलदेव जी ने कहा।

भामाशाह जी के घर से प्रेमपूर्ण आतिथ्य का अनुभव लेकर निकलते वक़्त, मगनबाई ने आरती कर उनकी कलाई पर रेशमी स्नेह सूत्र बाँधे। तब से बलदेव जी और जैत्र सिंह भामाशाह जी के चिरऋणी हो गए।

बलदेव जी को लगा—तुर्कों ने हमें लूटा, एक दृष्टि से यह अच्छा ही हुआ अन्यथा इतने ऋणानुबन्ध हमारे नसीब में कहाँ से जुड़ते?

बलदेव जी की आँखों के सामने उनकी बहन गौरी आ गई, तुर्कों ने...

राजकोष के बारे में इतनी विस्तारपूर्वक जानकारी मिलने पर भी राणा जी के मन की अस्वस्थता का दूर न होना राणा जी को स्वयं ही इसका रहस्य अवगत नहीं हो रहा था। क्षण-भर विचार करने पर यह बात ध्यान में आई कि, "स्वयं की यह अस्वस्थता राजकोष से सम्बद्ध नहीं थी; वह भामाशाह जी के बारे में चिन्ता के कारण थी। उसके सामने कोष की भला क्या बिसात?" ले-देकर आधी घड़ी व्यतीत हुई भी नहीं, वैसे ही विश्वासपात्र गुप्तचर भीतर आया।

गुप्तचर के चेहरे पर के उद्ध्वस्त भाव, नेत्रों की उदासीनता और होंठों का थरथराना कुछ भयंकर घटित होने को दर्शा रही थी।

"क्या हो गया जोधा जी?" राणा जी ने चिन्ता से पूछा।

"श्री जी, जो चाहें सजा दें पर अपनी आँखों से देखी हुई घटना असत्य है यह हम पर दोष न लगाएँ।"

"क्या हुआ? हमें समझ में नहीं आया, स्पष्ट बोलें।"

"कैसे स्पष्ट बोलें? जिह्वा ही जब दगाबाज हो गई तो बोलेंगे कैसे?"

"जोधा जी, विलम्ब न लगावें हम भी बेचैन हो रहे हैं आपके इस व्यवहार से।"

"राणा जी," मन कड़ा करके जोधा जी ने कहा, "कल मध्याह्न से आज उषाकाल तक भामाशाह जी अकबर के कब्जे में थे।"

"क्या?" असम्भव सुन लिया हो वैसे ही राणा जी ने कहा।

"हाँ, श्री जी, हमने स्वयं उन्हें अकबर के इलाके से लौटते हुए देखा।"

"कब?"

"उषाकाल के पहले, रात्रि की एक प्रहर शेष रहने में।"

"कैसे थे?"

"कहीं भी भी खोए हुए से, उद्ध्वस्त से, थके हुए, बड़े संयम से आते हुए। वे जिस अश्व पर आरूढ़ थे वह अश्व उन्होंने मेवाड़ में प्रवेश करने के पूर्व ही छोड़ दिया। उन्हें ढूँढ़ते हुए उनका अश्व आसपास ही होगा। वे उस पर सवार होकर आपके पास पहुँचे।"

"इसका प्रमाण?"

प्रमाण है श्री जी। उनके छोड़ दिए अश्व पर तुर्कों की मुहर है और यह तलवार भी अपने यहाँ बनाई जानेवाली पद्धति की नहीं है।

राणा जी ने, जोधा जी द्वारा लाई हुई तलवार का निरीक्षण किया। वह भामाशाह जी की 'सिरोही' तलवार नहीं थी।

राणा जी के मुख पर चिन्ता के भाव और भी गहरे हो गए। नेत्रों में लाली उतर गई, मुट्ठियाँ तन गईं।

"श्री जी, हमें..."

"अनुमति है, आप जाइए..."

"भामाशाह जी के लिए आदेश?"

"उसकी आवश्यकता नहीं जोधा जी। भामाशाह जी को हम अपने से ज्यादा पहचानते हैं," राणा जी ने दृढ़ स्वर में कहा।

भामाशाह जी के घर में जैत्र सिंह के साथ निकले हुए बलदेव जी बार-बार घटी हुई घटना का विचार कर रहे थे। देश के लिए, राज्य के लिए, स्वतंत्रता के लिए और स्वामी के लिए ही अपना सर्वस्व अर्पण करने निकला हुआ भामाशाह जी का परिवार बलदेव जी को आप्तजनों से भी करीब का लगा। उनकी कलाई पर मगनबाई द्वारा बाँधी हुई राखी उनके मन में जीवन के सन्दर्भ जगाने लगी। स्नेही, संगी-साथी, आप्तजन, पड़ोसी सभी की बलदेव जी को बारम्बार याद आ रही थी। अन्यथा राणा जी के सहवास में किसी भी बात की कमी महसूस नहीं हुई थी।

जैत्र सिंह भी मौन थे। वे भी इस घटना के प्रकार से मूक-से हो गए थे। दोनों ही विचारों के आवर्तन में विचरण करते हुए किसी समय 'चूलिया' गाँव तक पहुँच गए।

महाराणा प्रताप सिंह अभी तक यहाँ पहुँचे नहीं थे। वैसे भी उनके आगमन के लिए काफी समय था। जैत्र सिंह से बातें कर सकें इसलिए राणा जी की अनुमति लेकर बलदेव जी जैत्र सिंह के साथ प्रात:काल ही भामाशाह जी के घर से निकले थे। चूलिया ग्राम में प्रवेश करने के पूर्व एक पुरातन शिवमन्दिर के विस्तृत प्रांगण में नीम के नीचे एक स्वच्छ प्रस्तर पर वे विश्रामस्थ हुए। बलदेव जी के इच्छा व्यक्त करने पर भामाशाह जी के बारे में जैत्र सिंह बतलाने लगे—

"भामाशाह जी के पिता श्री भारमल जी चित्तौड़ के विश्वासी सामन्तों में से एक थे। महाराणा संग्राम सिंह ने अलवर से अपने पुत्र विक्रमादित्य के संरक्षणार्थ

विशेष रूप से उन्हें बुलाया था। उसके लिए उन्होंने भारमल जी को रणथम्भौर दुर्ग के अधिपति के रूप में नियुक्त किया था और महाराणा उदय सिंह को राज्यप्राप्ति के बाद एक लाख का पट्टा भी प्रदान किया था। चित्तौड़ की तलहटी में पाउनपोल के पास भामाशाह जी की गजशाला थी और दुर्ग पर उदय सिंह के महल के सामने तोपखाने के पास प्रशस्त हवेली थी। महाराणा उदय सिंह के साथ जब हम चित्तौड़ से निकले तब भामाशाह जी का भी परिवार हमारे साथ था। यह हमने आपको पहले भी बतलाया था। उदयपुर आने पर भी यह परिवार राजपरिवार के समीप ही रहता था। वे जिस चन्द्रमन्दिर के पास रहते थे, वह जगह 'दीवाण जी की पोल' इस नाम से आज भी पहचानी जाती है। मेवाड़ के सम्पन्न परिवारों में भामाशाह जी की गणना होती है।"

बलदेव जी के लिए यह सारी जानकारी नई थी। उनकी नजरों के सामने भामाशाह जी की मूर्ति खड़ी हो गई। राजपूतों की संघटना के लिए राजस्थान-भर भ्रमण करनेवाली मूर्ति। उस समय अपनी सम्पन्न स्थिति के बारे में बातचीत करना तो दूर उलटे यह लक्ष्मीपुत्र सामान्य प्रजा से इतना समरस हो जाता कि मानो उन्हीं का आप्त हो।

चूलिया ग्राम में राजा जी का स्वागत इतने वृहद स्वरूप में हुआ कि दूर-दूर तक उसकी गूँज होकर कहीं अकबर की सेना राणा जी की गिरफ्तारी के लिए आ न जाए इसकी शंका कई लोगों के मन में उठने लगी। प्रजा का मन भी दुखी न करते बनता था। उनका प्रेम ठौर-ठौर प्रदर्शित हो रहा था।

आयोजन के उपरान्त थोड़ी निश्चिन्तता महसूस होते ही भामाशाह जी ने राणा जी से मुलाकात की। अमर सिंह, सिंहो, कचरो, कल्याणदास, साहसमल, पूरणमल, गोपाल ये राणा जी के कुँवर भी इस समय राणा जी के साथ थे। राणा जी का ऐसा एकत्र हुआ परिवार कितने वर्षों बाद जैत्र सिंह देख रहे थे।

कपिला षष्ठी के इस योग का अवसर साधकर भामाशाह जी ने अपने मन की इच्छा राणा जी के सामने व्यक्त करने की मनोकामना करते ही बलदेव जी ने भी उसका स्वागत ही किया। सवाल यह था कि राणा जी के पास यह विषय कैसे निकालें!

"आज प्रात:काल ही आप दोनों का आगमन हुआ है बलदेव जी, कुछ विशेष?" राणा जी ने बलदेव जी की ओर देखते हुए पूछा।

"विशेष कुछ नहीं राणा जी! सहज ही काफी दिनों में ऐसे निवान्त रूप से भ्रमण किया नहीं था," बलदेव जी ने कहा।

"भामाशाह जी आप अपने राजकोष के बारे में सविस्तार निवेदन सादर करनेवाले थे?" राणा जी ने इच्छा व्यक्त की।

"हाँ राणा जी! उसके पहले आपसे एक और निवेदन करना चाहते हैं, अनुमति दें।" भामाशाह जी ने राणा जी से निवेदन किया।

"उसमें अनुमति माँगने जैसी क्या बात है भामाशाह जी? आज आप इतने विचलित

क्यों हैं? कुछ देर पहले भी विचारों में डूब से गए थे, आपकी प्रकृति तो ठीक है न? कोई शारीरिक व्याधि...?"

"नहीं राणा जी सब कुशल है, आप हमारी चिन्ता न करें। आपके सामने चिन्ता करने योग्य कई विषय हैं, हम बिलकुल नगण्य हैं। हमारे लिए आप कष्ट न करें, राणा जी आपसे एक अलग ही विषय पर बोलना था।"

"अवश्य बोलें भामाशाह जी, मन में किसी भी प्रकार की आशंका न रखते हुए बोलें।" भामाशाह जी इतनी प्रस्तावना क्यों कर रहे हैं यह उन्हें समझ में नहीं आ रहा था।

"राणा जी," भामाशाह जी ने कहा, "आपके सामने अनेक समस्याएँ हैं, इनमें से सबसे बड़ी समस्या है द्रव्य की, यह हम जानते हैं। राजकोष के सम्बन्ध में शेष धन की जानकारी हमने दे दी है। आपको तत्काल द्रव्य की व्यवस्था करना आवश्यक है। द्रव्य व्यवस्था हुए बिना सैन्य व्यवस्था करते नहीं बनेगी और इस व्यवस्था के बिना अपने थाने हमें वापस कैसे मिलेंगे? उन पर कब्जा करना अत्यावश्यक है।"

आपका मशवरा अत्यन्त योग्य है भामाशाह जी, मशवरे के अनुरूप योजना भी तैयार होगी। उसके क्रियान्वयन में कोई अड़चन हो तो बताएँ।

"अड़चन कोई भी नहीं राणा जी, सिर्फ आपकी स्वीकृति की प्रतीक्षा है।"

"आपका प्रस्ताव स्पष्ट रूप से बतलाएँ, योग्य होने पर हम स्वीकृति देंगे ही।"

"राणा जी, भामा शाह योग्य ही परामर्श देंगे।" कुँवर कान्हा ने कहा।

"हाँ कुँवर, कोई भी योजना जाने बिना स्वीकृति देने की हमारी पद्धति नहीं है। जिन मर्यादाओं की स्थापना हमने की है उनका उल्लंघन हम खुद भी नहीं करते।" राणा जी ने स्पष्ट किया, "भामाशाह जी, आप अपनी योजना बताएँ।"

भामाशाह जी ने ताराचन्द जी को संकेत किया, अनेक सेवक ताराचन्द जी के साथ दालान में आए। हरेक के हाथ में बड़ी-बड़ी रुपयों की थालियाँ थीं। उन थालियों पर मखमली आच्छादन थे। सैनिकों को बड़े अदब से नजराना जैसे रखा जाता है वैसे ही वे थालियाँ राणा जी के आसन के सम्मुख रखीं। राणा जी को और उपस्थित लोगों को अभिवादन कर निकल गए। यह क्या हो रहा है, राणा जी को इसका रहस्य स्पष्ट नहीं हो रहा था। उन्होंने प्रश्नवाचक मुद्रा से भामाशाह जी की ओर देखा। बलदेव जी और जैत्र सिंह के भी ध्यान में इस नजराने का प्रयोजन स्पष्ट नहीं हो रहा है। कल की बातचीत में इस प्रकार के नजराने का उल्लेख भी नहीं था।

भामाशाह जी ने स्वयं सारी थालियों पर के आच्छादन खोले। वे जैसे-जैसे आच्छादन खोल रहे थे वैसे-वैसे सारे-के-सारे चकित हो रहे थे। हरेक थाली के ऊपर तक भरे हुए सोने की मुद्राएँ और चाँदी के सिक्के थे। सारे आच्छादन निकलने पर दालान में चारों ओर सोने और चाँदी की रुपहली आभा फैल गई। सूर्य की किरणें उन पर गिरकर खरे सोने की मुद्राएँ चमकने लगीं और देखनेवालों के नेत्र चौंधिया गए।

इस दीप्ति सम्मोहन से सर्वप्रथम जागृत हुए थे महाराणा प्रताप सिंह।

"यह क्या है भामाशाह जी?" राणा जी ने अचम्भे से पूछा।

"यही हमारी योजना है श्री जी। यह द्रव्य हम आपके चरणों में राष्ट्र के कार्य

के लिए अर्पित करना चाहते हैं। आप कृपया इसको स्वीकार करें।"

"भामाशाह जी हमें अभी भी स्पष्ट नहीं हो रहा। यह चमत्कार कैसा? आपने इतना द्रव्य कहाँ से प्राप्त किया?"

"शासक के नाते से यह प्रश्न पूछने का आपका अधिकार मान्य करते हुए भी हम विनती करना चाहते हैं कि आप लाभ को ध्यान में रखें। कारणों की खोज करने की तकलीफ न करें।"

"भामाशाह जी...आप यह...।"

"राणा जी हम पर विश्वास रखें। किसी भी वाममार्ग से प्राप्त की गई सम्पत्ति हम आपके चरणों में अर्पण नहीं करेंगे। यह सम्पत्ति अर्जित है और उस पर का करभार भी अदा किया गया है। इस द्रव्य को स्वीकार कर उपकृत करें।"

"भामाशाह जी, यह सम्पत्ति राष्ट्रकार्यार्थ अर्पण कर, देनेवाले ने हमें उपकृत किया है। मेवाड़ प्रान्त का शोभादायक ऐसा वीर कौन है यह आप हमें बताएँ। हम स्तम्भ-पर उनकी प्रशस्ति अंकित करने की व्यवस्था करेंगे।"

"राणा जी, यह दौड़धूप दिखावा किसलिए? कितनी सम्पत्ति ऐसी मिलती है कि जिसके देनेवाले का नाम भी हम ध्यान में नहीं रखते। निःसर्ग ने हमें यह वायु, जलसम्पदा, प्रकाश, गगन, सागर इतना सब कुछ दिया है। अरावली पर्वत की ऊँची-ऊँची चोटियाँ, उनकी छत्रच्छाया में निवास स्थान मिला भला उसके लिए प्रकृति की प्रशंसा में गीत गाने के लिए कभी किसी ने स्तम्भों का निर्माण किया है। शिलालेख क्या उत्कीर्ण किए गए हैं? अपने सतत चलनेवाले युद्धों में जाने कितने अनाम वीर अपना जीवन उत्सर्जित करते हैं उनके लिए कहाँ और कितने स्तम्भों का निर्माण किया जाता है? उसकी आवश्यकता भी नहीं है। पुत्र ने अपनी माँ के चरणों में अपने जीवन-भर की कमाई समर्पित की तो क्या उसके लिए कहीं उसका नाम अंकित किया जाता है? एक सामान्य धरतीपुत्र ने अपनी माँ के रक्षणार्थ किए गए ये अल्प से प्रयत्न हैं बल्कि यह उनका कर्तव्य ही है।"

"आप जो कह रहे हैं वह सारा सच हो तो भी देनेवाले का नाम जाने बिना हम इतना द्रव्य स्वीकार नहीं कर सकते," राणा जी ने स्पष्ट शब्दों में व्यक्त किया। भामाशाह जी स्तब्ध हो गए, वे क्या करें यही समझ में नहीं आ रहा था। बलदेव जी और जैत्र सिंह भी बड़े अचम्भे में पड़ गए। राणा जी ने एक बार नहीं कहा तो वह काले पत्थर की रेखा होती है यह सब जानते थे। क्षण-भर चुभनेवाली शान्तता व्याप्त हो गई। आखिरकार बलदेव उठे, राणा जी को प्रणाम करके बोले, "राणा जी! इस द्रव्य के दाता का नाम बतलाना चाहते हैं।"

"अवश्य! हमें नाम का पता चलना अत्यन्त महत्त्वपूर्ण है। किसने बतलाया इसका महत्त्व नहीं। भामाशाह जी आपको कोई एतराज तो नहीं है न?" राणा जी ने पूछा।

भामाशाह जी कुछ भी नहीं बोले। तब प्रसंग देखकर बलदेव जी ने कहा, "राणा जी जिनको एतराज है उन्हीं से आप एतराज पूछ रहे हैं! भामाशाह जी कभी भी स्वयं का नाम बतलाने नहीं देंगे।"

"स्वयं का नाम? भामाशाह जी इसका अर्थ...इसका अर्थ...आपने यह सारा द्रव्य...। भामाशाह जी हमें कुछ सूझ नहीं रहा है। यह सब क्या हो रहा है? हमें विस्तार से बतलाइए।" राणा जी बलदेव जी की ओर देखते हुए बोले।

"राणा जी," बलदेव जी ने कहा, "भामाशाह जी ने अपनी पूरी पैतृक सम्पत्ति राणा जी को युद्ध के लिए समर्पित कर दी। आप वह स्वीकार करेंगे नहीं इसलिए हम आपसे यह कह रहे हैं, अन्यथा हमने भी बताया नहीं होता।"

"राणा जी आसन से उठे, भामाशाह जी के पास जाकर उन्होंने अपने इस स्नेही को दृढ़ आलिंगन दिया। भामाशाह जी के नेत्र भर आए। राणा जी के स्पर्श से वे कृतकृत्य हो गए। खुद को सँभालते हुए भामाशाह जी राणा जी से दूर हुए। उन्हें अभिवादन करते हुए बोले, "आपने हमें धर्मसंकट में डाल दिया राणा जी, हम जो देना चाहते हैं वह धन कोई हमारा नहीं है। वह भी आपके पूर्वजों ने हमारे पिताजी को दिया हुआ था, कुछ युद्धों में आपने पुरस्कार के रूप में दिया हुआ है और बचा-खुचा द्रव्य लूट में से आपका दिया हुआ हिस्सा है। हमने कुछ नहीं किया। वक़्त आया इसलिए जिसका उसे अर्पण कर दिया। नदी के पाट में नदी के ही जल से अर्घ्य दिया जाए, पत्तों और फूलों से वृक्ष की पूजा की जाए वैसे ही है, उसके शिलालेख क्यों? स्तम्भ क्यों? इसमें हमारा भला क्या योगदान?"

राणा जी अपने इस स्नेही की ओर अपलक देख रहे थे। उनके मन में कौन सी भावनाएँ उमड़ रही थीं क्या कहा जा सकता था; वे मानो स्वयं को ही खो बैठे थे भामाशाह जी के इस नये रूप में।

भामाशाह द्वारा की हुई आर्थिक सहायता से राणा जी को भरपूर आधार प्राप्त हुआ। सेना जुटाना, शस्त्रों की निर्मिति, अश्वों की खरीदी, जनता के हित के कार्यों को सम्पादित करना इन सबको गति मिली। उत्साह से मेवाड़ प्रान्त चैतन्यमय हो गया।

पूरे मेवाड़ में भामाशाह जी की ही चर्चा हो रही थी। भामाशाह जी के किए हुए त्याग की चर्चा हर कोई दूसरे से बड़े अभिमान से कर रहा था। भामाशाह जी कहीं भी दिखते तो जनता उनका अभिवादन करने लगती। इस सारे प्रकार से भामाशाह जी को बड़ा संकोच होता। उनकी दृष्टि में कुछ भी विशेष न करते हुए भी मिलनेवाले सम्मान से वे दम घुटने जैसा महसूस करने लगे। कानोंकान से फैलती यह वार्ता अकबर के कानों तक भी पहुँची। अकबर के दरबार में हर दिन नये-नये रूप में, विकृत स्वरूप में ये बातें फैलने लगीं।

"राणा प्रताप तो पूरा भिखारी हो गया," कोई कहता।

"अच्छा! अभी तक तो बड़ा घमंड था उसमें, अब कैसे लड़ेगा हमसे?" दूसरा पूछता।

"क्या सचमुच कीका राणा अकेला पड़ गया क्या?" कोई पूछता।

"होगा ही! आसपास के सारे शासक दरबार के सम्माननीय हैं, अब कौन मदद

करेगा? पैसा चाहिए, सेना चाहिए।"

"उसके मंत्री ने दिया न उन्हें द्रव्य? की न मदद?" किसी ने पूछा कि स्वयं की बड़ी जानकारी है यह दिखाते हुए दूसरा कहता।

"की होगी, ऐसी कितनी करेगा? इस मदद से राणा के परिवार के दो वक़्त का खाना भी मिल जाए तो भाग्य। बड़ी ही दैन्यावस्था आ गई है मेवाड़ के राणा पर।"

"वह तो होना ही था! बादशाह से बैर मोल लेने का और क्या अंजाम होगा?"

अकबर की प्रशंसा करने का एक भी अवसर न छोड़नेवाला कासिम मौका मिलते ही बोला।

राणा के सम्बन्ध में होनेवाली चर्चाओं को पूँजी के रूप में कैसे उपयोग में लाया जाए इस बारे में विचार करते हुए अकबर महल की अटारी पर खड़ा था।

राणा जी अब केवल दो दिन ही चुलिया ग्राम में थे। रविवार की शाम को दूसरी ओर कूच करने का तय हुआ। शनिवार की सुबह हमेशा की ही तरह हुई पर सूर्योदय के होते ही गाँव में बहुत चहल-पहल बढ़ गई। ग्रामीणों के जत्थे गाँव में आने लगे। राणा जी ने जैत्र सिंह को छानबीन करने के लिए भेजा। कुछ ही देर में जैत्र सिंह वापस आए, उन्होंने खबर दी कि यह आपकी प्रजा आपके दर्शनों के लिए गाँव के महादेव मन्दिर के पास एकत्रित हुई है।

"हमारे दर्शनों के लिए? किसलिए?"

"निश्चित मालूम नहीं राणा जी पर उनकी आपस की चर्चा के कारण गम्भीर जान पड़ता है।"

"ठीक है। हम उनसे मिलेंगे, चलें भामाशाह जी।" राणा जी तत्परता से मन्दिर के पास जाने को निकले।

"भामाशाह जी, बलदेव जी और जैत्र सिंह के साथ राणा जी महादेव के मन्दिर के पास पहुँचे तब मन्दिर का परिसर लोगों से भरा हुआ था। जिधर देखो उधर आदमी-ही-आदमी नजर आ रहे थे। छोटे-बड़े, प्रौढ़, वृद्ध, पुरुष और स्त्रियाँ सभी उपस्थित थे। कुछ घुटनों तक धोती पहने हुए, अँगरखा, पगड़ी ऐसे वेश में तो कुछ सलवार और अँगरखा पहने हुए।

भामाशाह जी को देखते ही प्रजा उनकी तरफ दौड़ी। आनेवाला प्रत्येक व्यक्ति भामाशाह जी के पैरों पर मस्तक रख उनका वन्दन करने लगा। क्या हो रहा है, राणा जी को यह रहस्य स्पष्ट नहीं हो रहा था। राणा जी को अभिवादन करना छोड़कर सब भामाशाह जी की ओर क्यों दौड़ रहे हैं यह बलदेव जी को भी समझ में नहीं आ रहा था।

मन्दिर में कोलाहल, शोरगुल होता देख मन्दिर के पुजारी गुरव ने शंखनाद किया और उसके साथ ही सब-के-सब एकदम शान्त हो गए। मन्दिर के प्रांगण में इकट्ठे हो गए। राणा जी ने सहकारियों सहित बरामदे में आकर प्रजा का अभिवादन स्वीकार कर कहा, "आप पहले शान्त हो जाएँ। हम देवदर्शन करके आते हैं तब तक जो मुखिया हमसे बात करनेवाले हैं वे तय कर लें।"

राणा जी मन्दिर में गए। तीर्थ प्रसाद ग्रहण करते समय उन्होंने पूछा, "विश्वदेव जी यह सब क्या हो रहा है?"

गुरव ने अदब से कहा—"अन्नदाता हम कुछ नहीं जानते। अचानक ही प्रजा इकट्ठी हुई। भामाशाह जी और आपका वह जय-जयकार कर रही थी। हमने ही दूत को सन्देश लेकर आपकी तरफ भेजा। हमसे प्रजा कुछ बोलती नहीं, आप ही प्रत्यक्षत: उनका मन्तव्य जान लें।"

राणा जी और भी अधिक पसोपेश में पड़े, बरामदे में जब आए तो जनता शान्ति से धरती पर बैठी थी। चार-पाँच व्यक्ति बड़े ही अदब के साथ राणा जी से सम्भाषण करने के लिए झुककर हाथ बाँधे हुए खड़े थे। एकत्रित हुए करीब-करीब सभी के नेत्र अश्रुपूरित और चेहरे चिन्ताग्रस्त थे। राणा जी के आते ही प्रजा ने उनकी जय-जयकार की पर कुछ ही क्षणों में वहाँ शान्ति का साम्राज्य हो गया। चेहरे पर का गाम्भीर्य और भी गहरा गया।

खड़े हुए व्यक्तियों को राणा जी द्वारा संकेत करते ही एक बोलने लगा, "अन्नदाता, हम आपकी प्रजा हैं और आप हमारे पालनकर्ता। पर वक़्त आया तो हम आपकी खातिर अपने प्राण भी अर्पण करेंगे, धन की तो कोई बिसात ही नहीं। हम गरीब हैं पर आपके ही बच्चे हैं, ऐसा वक़्त ही क्यों आया? हम जिन्दा हैं, आपको कोई कमी नहीं पड़ने देंगे। बाल-बच्चों समेत आपके लिए कुर्बानी करेंगे; पर आप भूखे-प्यासे न रहें, कष्ट बेहाली न सहन करें।"

उसके शान्त होते ही, दूसरा व्यक्ति आगे बढ़ा। भामाशाह जी की तरफ नजर घुमाते हुए राणा जी को अभिवादन कर कहने लगा, "भामाशाह आप महान हैं। हमारे अन्नदाता को आपने जीवनदान दिया, उन्हें धन-दौलत दी, आप हमारे देवों के भी देव बन गए।" आँखों में आया हुआ पानी अपनी धोती के किनारे से पोंछकर उसने आगे कहा, "दाता, हमारी जाति की कोई भी पीढ़ी आपको भूलेगी नहीं। अन्नदाता, आपका जीवन इन्होंने बचाया, हम भी वही करेंगे। लोग कहते हैं कि आप पर भी भूखों मरने की नौबत आ गई थी। आपके कुँवर के हाथों की रोटी जानवर छीन ले रहे हैं, आपके पास अन्नधन नहीं है, अन्नदाता अभी हम खप नहीं गए हैं। हमारे घर क्या नहीं हैं? हमारा राणा यदि भूखा रहता है तो हम कैसे कौर मुँह में डालेंगे? दो दिन चूल्हा घर में नहीं जला, हमें दूर क्यों समझा? और हाथों की अँजुरी में मुँह छिपाकर वह रोने लगा।"

राणा जी को कुछ भी बोलने का अवसर न देते हुए तीसरा वृद्ध आगे आया और राणा जी को प्रणाम कर बोलने लगा, "अन्नदाता, हमारी अड़चन हो रही हो तो पूरी प्रजा को देवी के सामने बलि दे दीजिए पर तुर्कों की शरण न जाएँ।"

"अन्नदाता, आप ही तुर्कों की शरण में गए तो हम क्या करेंगे? अपने भगवान, अपना धर्म कैसे बचाएँगे? अपनी माँ-बेटियों की इज्जत कैसे बचाएँगे? मेवाड़ की मिट्टी यह अप्रतिष्ठा कैसे सहन करेगी?"

राणा जी के कुछ समझ में नहीं आ रहा था। उनके कुछ बोलने की शुरुआत

करने के पहले ही इस वृद्ध ने इशारा किया; एक-एक पुरुष और स्त्री देवदर्शन के लिए आएँ वैसे ही राणा जी के पास जाने लगे। अनेक हाथ उनके चरण स्पर्श कर जाने लगे। कुछ ही देर में प्रजा फिर से अपनी जगह पर जा शान्तिपूर्वक राणा जी की प्रतिक्रिया की प्रतीक्षा करने लगी। सबके नेत्र अब डबडबाए थे। कुछेक की तो सिसकियाँ भी सुनाई पड़ रही थीं।

राणा जी और उनके साथी अवाक् होकर देखते ही रहे। राणा जी के पैरों के समीप छोटी-बड़ी रंग-बिरंगी गठरियों का ढेर उनके घुटनों तक आ पहुँचा था।

राणा जी को ऐसी सम्भ्रमित अवस्था में देखकर रतनाबाई आगे आईं। राणा जी ने आश्चर्य से पूछा, "माई यह सब क्या है?"

"यह हमारी गंगाजली। बेटा, जीवन-भर की पूँजी देश-कार्य के लिए समर्पित की, ये सारा ले लो पर तुर्कों की शरण में मत जाओ।"

"कौन तुर्कों की शरण में जानेवाला है माई, हम? हम तुर्कों की शरण में गए तो तुम्हारे करण सिंह का बलिदान व्यर्थ नहीं चला जाएगा? हल्दी घाटी के युद्ध में जिन्होंने अपने प्राण गँवाए हमारे उन वीर योद्धाओं की आत्मा को शान्ति कैसी मिलेगी? जय सिंह यह सब क्या चल रहा है? आप स्पष्ट कर बताएँ।"

राणा जी की आज्ञा सर-माथे पर स्वीकार कर जय सिंह ने सारी घटना बतलाना आरम्भ किया। उन्होंने भी रुकते हुए, डबडबाई हुई आँखों से, बेचैनी से राणा जी से निवेदन किया, उससे बलदेव जी को कुछ घटनाएँ उजागर होने लगीं और प्रजा के व्यवहार का भी बोध होने लगा।

भामाशाह जी ने राणा जी को जो अपार धनराशि अर्पित की वह वार्ता दालान से बाहर जाते ही मानो उसके पंख लग गए। जहाँ गई वहाँ उसका नया रूप दिखाई देने लगा। उसमें परदेशी प्रवासियों ने भी और वृद्धि की। अलग-अलग कथाएँ फैलने लगीं।

"राणा जी पर बेहाली, कष्ट, तकलीफ सहने की बेला आ गई, उन्हें दो वक़्त का भोजन भी प्राप्त करना कठिन हो गया है।"

"राणा जी घास से बनी रोटी पर गुजारा करने लगे हैं।"

"राणा जी के बच्चे भूखे रह रहे हैं।"

"अमर सिंह के कुँवर जी के हाथ की रोटी बिलाव ने छीन ली।"

"राणा जी अकबर की शरण में जानेवाले हैं।"

"राणा जी ने अकबर की क्षमा-याचना का खलीता भेजा है।"

"मेवाड़ अब अकबर की शरण में जानेवाला है।"

"हम गुलाम होंगे अकबर के।"

"राणा जी मांडलिक होंगे; फिर अपने घोड़े दागे जाएँगे।"

"स्त्रियों की विडम्बना होगी।"

जय सिंह द्वारा बतलाई हुई प्रजा की बेसिर-पैर की प्रतिक्रियाएँ सुनकर राणा जी से लेकर सभी आश्चर्यचकित हो गए। प्रजा का शासक के प्रति असीम प्रेम का सागर गठरियों के रूप में फैला हुआ था, उसका कारण यही था।

ये ऐसी अफवाहें किसने फैलाईं? इसका क्या प्रयोजन है? यह प्रश्न सबके मन में घुमड़ रहा था परन्तु राणा जी बड़ी शान्ति से इस बात का अन्वयार्थ लगा रहे थे। चतुर अकबर ने उनकी प्रजा का शस्त्र के रूप में उपयोग किया था। राणा जी के कंगाल होने की खबर फैलाई तो मेवाड़ की प्रजा घबरा जाएगी और राणा जी को छोड़कर दूसरे प्रान्त में वास्तव्य करेगी; इस कारण राणा जी को मिलनेवाला बहुत बड़ा सहारा समाप्त हो जाएगा। प्रजा की मदद पर टिका हुआ यह राज्य सहज ही भरभराकर गिर पड़ेगा। स्वातंत्र्यसिद्धि के लिए खड़ी की गई इमारत ढह जाएगी। राणा जी के प्रति प्रजा का विश्वास उड़ जाएगा। अकबर की यह चाह मेवाड़ की जनता ने धूल में मिला दी थी। रैयत का राणा जी को छोड़ना तो दूर ही रहा बल्कि वह उनकी मदद के लिए तत्पर थी...।

राणा जी अपने-आपसे विस्मित से हो गए, अब समय गँवाकर कोई उपयोग नहीं है यह एहसास होते ही शोरगुल मचाती जनता को शान्त करते हुए, राणा जी ने अपने विचार व्यक्त किए—

"मेवाड़ के सुपुत्रो, मेवाड़ का यह राणा बप्पा रावल का वंशज मर जाएगा पर शत्रु के सामने झुकेगा नहीं यह बात ध्यान में रहने दीजिए। हम पर जरा भी दैन्यावस्था आई हुई नहीं है यह आप हमसे ज्यादा जानते हैं। आप सब जिस प्रदेश में निवास करते हैं वहाँ फल, फूल, धान्य, पानी, शिकार सभी विपुल मात्रा में उपलब्ध हैं और अपने पास की जमीन उपजाऊ है। यह जानते हुए भी हम पर भूखे मरने की नौबत आएगी इस बात पर आप सबने विश्वास ही कैसे कर लिया? हम पर अखंड प्रेम करनेवाली हमारी जनता हमें दो समय खाना नहीं खिलाएगी ऐसा कभी होगा क्या? फिर भूख के समय भूसा और सोने के लिए चट्टान ऐसी स्थिति हम पर आएगी ही कैसे?

आप सब यहाँ तक आए और हमारे प्रेम के खातिर घर का सोना-रुपया-पैसा लेकर आए। वस्तुतः आपका प्रेम ही हमारी शक्ति है और एक ही क्या दस अकबरों से भी लड़ना हुआ तो भी हमारे मेवाड़ के लिए और तुम्हारे जैसे देशभक्त, स्वामिनिष्ठ प्रेमी रैयत के लिए हम लड़ेंगे। अभी यह सारा धन वापस ले जाइए। हम अभी दो दिन यहीं हैं।"

राणा जी का कथन जनता को रास आया पर किसी ने भी अपना धन राणा जी के चरणों के पास से उठाकर ले जाना उचित नहीं समझा? 'हमारा गिलहरी का हिस्सा' ऐसा कहते हुए प्रजाजनों के निकल जाते ही राणा जी गम्भीर हो गए।

"राणा जी हम..." भामाशाह जी ने बोलने का प्रयत्न किया; पर उन्हें रोकते हुए राणा जी ने कहा—

"भामाशाह जी अब वक़्त नहीं है। यह द्रव्य राजकोष में अलग से ही रहने दें। उसका क्या करना यह बाद में देखेंगे। पहले बाँसवाड़े की ओर कूच करने की व्यवस्था करें।"

बाँसवाड़े की ओर कूच करते ही राणा जी ने साथियों के मन का सम्भ्रम दूर किया। हम दो दिन यहीं रहेंगे यह बतलाने के पीछे का उद्‌देश्य क्या ऐसा जैत्र सिंह के पूछते ही राणा जी ने कहा, "प्रजा को गलत दिशा में ले जाने में अकबर को सफलता नहीं भी मिली फिर भी काफी अंशों में उसे उसके उद्‌देश्य में सफलता प्राप्त हुई।" राणा जी सविस्तार आगे कहने लगे—

"जनता घबराए नहीं या तुर्कों से डरे नहीं तो भी सारे लोग हमारी मदद के लिए आए इससे भी अकबर का उद्‌देश्य सिद्ध होगा ही। हमारा ठौर-ठिकाना ढूँढ़ना उसके लिए सम्भव है, सम्भवतः एकत्रित हुई प्रजा में भी अकबर के संवाददाता रहने की सम्भावना है। इसीलिए हम दो दिन यहीं रहेंगे इस बात की जनता को आश्वस्ति दी।"

"राणा जी, हम एक खेल और खेल सकते हैं," बलदेव जी ने कहा।

"वह कौन सा?" जैत्र सिंह ने उत्सुकता से पूछा।

बलदेव जी बतलाने लगे और बाकी अन्य लोग योजना पर विचार करने लगे।

"यह योजना बहुत सुन्दर है," भामाशाह जी ने कहा।

"परन्तु उसमें बहुत खतरा भी है..." राणा जी ने कहा।

"उसकी आप चिन्ता न करें। हम ये खतरा स्वीकारेंगे।" ताराचन्द जी ने कहा।

"इसमें हमें चुनौती महसूस हो रही है।"

अपने सहकारियों के आग्रह के सामने राणा जी का कुछ न चला।

आखिर में उन्होंने उस योजना को मान्यता दी।

"अब हमें छप्पय के पास के पहाड़ पर जाना चाहिए। आगे की योजना यह है कि शाहबाज खाँ पंजाब की ओर निकला है तो हमें अपने थाने वापस लेने हैं। इसके लिए शीघ्र ही सभा लेने की व्यवस्था करें।"

राणा जी के मन में अब कौन सी योजना होगी इसी बात का विचार करते-करते सभी के अश्वों की गति थोड़ी धीमी हो गई।

राणा जी की विपन्नावस्था की कथाएँ अकबर के दरबार में भी प्रस्तुत होने लगीं। अब कीका राणा शरण में आएगा ही इस बात पर अनेक लोगों का विश्वास होने लगा। इन खबरों ने तो एक दिन शिखर ही हासिल कर लिया। अकबर के दरबार में अचानक प्रवेश कर दूत ने खबर लाई, "हुजूर, सन्देशा है, कीका राणा से लाया हूँ।"

अकबर क्षण-भर को आश्चर्यचकित! क्या हुआ दरबार में किसी को भी समझ में नहीं आया। दूत खलीता हाथ में लेकर अकबर के सामने इनाम प्राप्ति की प्रतीक्षा में खड़ा था।

"देखो क्या है?" अकबर ने आज्ञा दी।

वजीर सामने आया, दूत के हाथ से खलीता लेकर पढ़ने लगा, "हम अब अत्यन्त त्रस्त हो गए हैं। हमारे पास न सैन्यबल है और न आर्थिक बल शेष है। हमारी विनती स्वीकार कर भारत सम्राट महान अकबर के अधीन होने की हमारी

इच्छा पूरी करें। फिलहाल हमारे सारे मंत्री भी हमारे पास नहीं हैं और हम सेना का भी पालन-पोषण करने में असमर्थ हैं अत: विनती स्वीकार कर हमें एक मौका दें। हम आपको शिकायत करने का मौका नहीं देंगे।"

सन्देश पढ़ते-पढ़ते दूत अकबर की प्रतिक्रिया निहार ही रहा था। अकबर ने खुश होकर अपने गले की मोतियों की माला निकालकर दूत की ओर फेंकी। दूत ने दौड़कर बीच में ही उसे झेल लिया और सर-माथे पर लगाते हुए अपने अँगरखे के जेब में डाल दी। अकबर के दरबारी भी बहुत खुश दिखाई दे रहे थे परन्तु इसमें भी चेहरे पर कहीं दूत के प्रति ईर्ष्या की भावना नजर आ रही थी। कीका राणा को पकड़वाने का श्रेय हर कोई चाहता था।

पृथ्वीराज राठौड़ जी को विचारमग्न देख अकबर ने पूछा, "क्यों पृथ्वीराज जी आप बिलकुल चुपचाप बैठे हो? खुश नहीं हैं क्या हमारी इस जीत पर?"

"जीत हो तो खुश रहूँ," पृथ्वीराज जी ने उत्तर दिया। यह सन्देश राणा जी की ओर से आया है इस बात का हमें अभी भी विश्वास नहीं।

"विश्वास नहीं तो देख लो, लिखावट तो पहचानते हो न भाई की?" अकबर ने आवाहन दिया।

पृथ्वीराज जी ने आगे बढ़कर खलीता हाथ में लिया। एक दृष्टिक्षेप डालते हुए उन्होंने कहा, "खाविन्द हम गलत नहीं, यह खलीता बनावटी है, मेवाड़ का नहीं।"
"असम्भव! लिखावट तो कीका जैसी है! हमारा जासूस गलत नहीं हो सकता।"
"लिखावट राणा जी जैसी है इसीलिए तो यह खलीता बनावटी है ऐसा हम नम्रतापूर्वक कह सकते हैं। खलीता खुद राणा नहीं लिखता जहाँपनाह! वह तो अपने अमीरों से लिखवा लेता है।" अमीर की लिखावट राणा प्रताप जैसी है परन्तु खुद के हस्ताक्षर भी वैसे ही कैसे होंगे?"

"आपको धोखा हुआ है हुजूर, यह खलीता मेवाड़ के राजघराने की राजमुद्राओं से अंकित नहीं है। हम यह बात साबित कर सकते हैं।"

"लो करते रहना साबित," अब अकबर चिढ़ गया और त्रस्त होकर बोला, "आठ दिन के भीतर साबित करके दिखाओ।"

पृथ्वीराज जी आगे कुछ भी नहीं बोले पर उनके वक्तव्य से अकबर के दरबार में शेष राजपूत मन में बड़े प्रसन्न हुए। राणा प्रताप ने शरण नहीं लेनी चाही और न ही मांडलिकत्व स्वीकार करना चाहिए ऐसा हरेक के मन में महसूस हो रहा था।

बलदेव जी द्वारा सोची हुई युक्ति सच में बड़ी कामयाब रही। दो दिन राणा जी चुलिया गाँव में हैं यह वार्ता सभी के बीच प्रसारित हो गई। मेवाड़ की जनता के झुंड चुलिया गाँव की ओर आने लगे। इनमें अनेक तुर्की सैनिक भी प्रजाजन बनकर आ रहे थे।

आजकल राणा जी मन्दिर में भी आते समय युद्ध की वेशभूषा में क्यों आते हैं, इस बात का रहस्य पुजारी गुरव को भी समझ में नहीं आ रहा था। साथ ही वे

ज्यादातर बोलते ही नहीं थे, उनकी जनता को उनकी यह चुप्पी भी बड़ी खटकती थी। "राणा जी बड़े चिन्तित हैं" इस बात की सुगबुगाहट जनता में प्रचारित हो जाने के कारण प्रजा की सहानुभूति और भी बढ़ गई और धन की पोटलियाँ बढ़ने लगीं।

गुरुवार सुबह की पूजा-अर्चा निपटाकर भोजनोपरान्त राणा जी मालवा की ओर प्रस्थान करेंगे यह तय हुआ। राणा जी ने प्रजाजनों से बिदा ली। इतनी स्नेहिल जनता को छोड़कर जाना बहुत ही कठिन था। उनका गला भर आया। उनसे ज्यादा कुछ कहा नहीं गया। आज तक काम आए हुए अपने आप्तजनों की स्मृति से वे दुखी हो गए। भीगे कंठ से, प्रजा से बिदा लेकर राणा जी ने अपनी सेना सहित जब कूच किया तब मध्याह्न बेला हो चली थी। दिन में भी ठंड होने के कारण वातावरण आह्लाददायक था। सवार वनविहार के लिए जा रहे हों ऐसी सहजता से चले जा रहे थे। गप्प-शप्प, हँसी-मजाक, मनोविनोद इन सबमें कितना मार्ग पार हो गया, पता नहीं चला। रास्ते में पड़नेवाले छोटे-छोटे गाँवों में कहीं-कहीं विवाह समारोह चल रहे थे। छोटे से वर को गोद में लेकर बैठे पिता और नन्ही-सी वधू को सँभालते हुए मामा नजर आ रहे थे।

"मामा को ही अपनी भानजी के विवाह की तैयारी करनी होती है, उसके वस्त्र, अलंकार जुटाने होते हैं अतः बहन के द्वारा कन्या को जन्म देने की खबर सुनते ही भाई चिन्तित हो उठता है। भाई जितना धनवान है उतनी ही कन्या की शादी धूमधाम से होती है, जैत्र सिंह बतला रहे थे। बलदेव जी के लिए सारी परम्पराएँ नई ही थीं। हरेक बात वे कुतूहल से जानना चाह रहे थे और छोटी-छोटी जानकारी ले रहे थे। जैत्र सिंह, भामाशाह जी और कभी-कभी खुद राणा जी भी उनकी जिज्ञासा शान्त करते।

आनन्द से चले जा रहे इस दल पर अचानक एक मोड़ पर शत्रु सेना टूट पड़ी। राणा जी का दल दिखने में भले ही शान्त प्रतीत हो रहा था पर जागरूक था। क्षण-भर में ही शस्त्र सँभाल योद्धा तुर्की सेना पर टूट पड़े।

शान्त, मन्द आह्लाददायक वातावरण अब घमासान लड़ाई के शोर से गूँजने लगा। ग्रामवासियों के रूप में शादी के निमित्त से एकत्रित हुए योद्धाओं को अपने पर आक्रमण करते देख तुर्क सैनिक आश्चर्यचकित हो घबरा से गए पर तत्काल ही सँभलकर उन्होंने राणा जी पर आक्रमण कर दिया। शस्त्रों की खनखनाहट से निर्भय-निरापद अरण्य के थलचर, जलचर घबड़ा गए। किलकिलाहट, चीख-पुकार, आर्त चीत्कार से पूरा वातावरण गूँजने लगा।

नकली युद्ध की तरह तीन-चार घड़ी में ही यह युद्ध समाप्त हो गया। एक योद्धा ने राणा जी पर हल्का-सा वार किया परन्तु उसका अश्व उन्हें लेकर चारों तरफ दौड़ रहा था। उसका पीछा जारी था। युद्ध की परछाइयाँ परिलक्षित हो रही थीं। राणा जी हाथ में तो आए नहीं; पर तुर्की सेना का काफी नुकसान हुआ। कुछ सैनिक भाग गए या राणा जी के अधिकारियों के हत्थे पड़ गए।

राणा जी को यह घटना बतलाते कान्हा, कालू, हरेश्वर, रघुनाथ सबके-सब हँसते-हँसते लोटपोट हो रहे थे। शादी के बाराती बनकर गए हुए योद्धाओं ने जब तुर्की सेना पर शस्त्र उठाए तो वह कैसे घबरा गई और भागते-भागते उसे जमीन कम पड़ी यह बतलाते हुए उनकी फजीहत का आनन्द ये बालवीर ले रहे थे। कल्लू की आँखों में तो हँसते-हँसते पानी ही आ गया था। हँसते-हँसते ही वह बोल रहा था।

"राणा जी, उन तुर्कों को जब यह पता चलेगा कि जिन्हें पकड़ा है वे राणा जी न होकर ताराचन्द जी हैं तो वे चक्कर खाकर गिर ही जाएँगे।"

"हाँ भाई हाँ!" कान्हा ने कहा, हम शत्रु के पीछे-पीछे ही जा रहे थे। राणा जी के साथ उनके साथी भी इसी मार्ग से जाएँगे, उनका दर्शन हम लेंगे ऐसा कहते हुए हमने उन्हें डोंडी गाँव के पास आने के लिए विवश किया और फिर हमने आव देखा न ताव बस देखा कि पटका और उठा कि फिर पटका, भागा की पकड़ा, तुर्कों की आफत आई और अपनी हुई फतह।"

राणा जी के आसपास ही मँडराकर, उनके साथ का आनन्द लूटकर और भोजन कर वह बालगोपाल मंडली फिर कुछ नये साहसी कार्य को ढूँढ़ने निकल पड़े।

"इस समय तक तुर्कों का थाना हमारी सेना ने अपने अधिकार में ले ही लिया होगा। उनके मन में आया, बलदेव जी की योजना एकदम सही थी, फतह हो गई इसलिए ठीक रहा। ताराचन्द जी भी मालवा में सुरक्षित पहुँच गए यह वार्ता मिल जाने के कारण मन को चैन नहीं आया तो एक और चिन्ता...मन में आते ही राणाजी सहम गए।

"एकलिंग जी! आपको ही चिन्ता, आप ही मार्ग दिखाएँ। हमें अपने साथी गँवाने नहीं हैं।" राणा जी ने मन-ही-मन कहा। दूर कहीं मन्दिर में घंटा नाद हुआ और राणा जी के हाथ जुड़ गए।

जासूस द्वारा लाया हुआ राणा जी का पत्र झूठा है इस बात की पृथ्वीराज जी को निश्चिन्तता थी पर इसका प्रमाण कैसे दें इस बात की चिन्ता में जब वे डूबे थे उसी समय किरण देवी ने प्रवेश करते हुए कहा—

"आप अभी तक यहीं! आपको न जाने कितने सन्देश दरबार से आए, आप क्या जानेवाले नहीं हैं?"

"जब तक हम अपनी समस्या सुलझा नहीं पाते तब तक किस मुँह से दरबार में जाएँ?" पृथ्वीराज जी उदास स्वर में बोले।

आप चिन्ता कर स्वयं को क्लेश न दें। उस पर एक उपाय हमें मिला है। यही बतलाने हम आए थे।"

"आपको उपाय मिल गया? आपने पहले ही क्यों नहीं बतलाया?"

"आपने हमें बोलने ही कहाँ दिया?" किरण देवी ने कहा।

"अब तो रानी सा जी को बतलाना चाहिए।" पृथ्वीराज ने कहा, "उपाय अत्यन्त

आसान है। आप हमारे काका साहब को जानते ही हैं। वे कभी भी असत्य भाषण नहीं करते। आप उन्हीं से ही पूछें सत्य क्या है?" किरण देवी ने कहा।

"आपका उपाय अच्छा है रानी सा इसके द्वारा हमें राणा जी के मन में हमारी भंगिनी के सम्बन्ध में विचार जानने का भी अवसर प्राप्त होगा। हम महाराणा प्रताप सिंह को प्रत्यक्ष ही सन्देश भेजते हैं।"

"हमारे काका सा आपके कवित्व की भी अत्यन्त तारीफ करते रहते हैं, आप काव्य में ही सन्देश लेखन करें।"

"ठीक है, हम अभी ही राणा जी को अपना सन्देश भेजते हैं।" पृथ्वीराज जी ने कहा और उसी समय लेखन साहित्य लेकर तैयारी में लग गए।

पृथ्वीराज जी के जासूस आने की खबर पहुँचते ही राणा जी को अत्यन्त प्रसन्नता हुई। यमुना देवी हर्षित हो गईं। भाभी सा की सौगात, ज्येष्ठ भ्राता का सन्देश? क्या होगा इस सन्देश में? यमुना देवी के साथ सभी की उत्कंठा अपनी चरम सीमा पर जा पहुँची।

गूलर की शीतल छाया में, आसमान के गुम्बद के नीचे, वल्लरियों से सुशोभित गिरिकानन में राणा जी का दरबार लगा हुआ था। भास्कर की आभा इस अद्वितीय सभा मंडप को आलोकित कर रही थी।

'श्री जी' भामाशाह जी ने कहा, "पृथ्वीराज जी के स्नेही द्वारा खबर लेकर आने के कारण हमने शीघ्रता से इस सभा का आयोजन किया है। उन्हें आरम्भ करने की अनुमति दें।"

राणा के इशारे से पृथ्वीराज जी के स्नेही रणमल्ल के आते ही सबने उठकर उनका स्वागत किया और उन्हें सम्मान आसन प्रदान किया गया। राणा जी ने कुशल-क्षेम पूछने के पश्चात, रणमल्ल जी ने सन्देश का लखोटा राणा जी को सुपुर्द किया। यमुना देवी के लिए आए सन्देश को उन्हें सुपुर्द कर राणा जी ने लखोटा भामाशाह जी को दिया। लखोटा की मुहर निकालकर भामाशाह जी ने खलीता पढ़ना आरम्भ किया—

"महाराणा प्रताप सिंह, जलालुद्दीन मुहम्मद अकबर दिल्ली के बादशाह हैं। उन्होंने आधे से अधिक भारतवर्ष जीतकर सेना व द्रव्य लूट लिया है। उनका सामर्थ्य बहुत अधिक है। आपका सैनिक सामर्थ्य सूरज के सामने जुगनू के समान ही है। आपकी आर्थिक स्थिति शोचनीय है इसलिए आप दिल से दुखी हो गए होंगे और अकबर के सम्मुख समर्पण करने की इच्छा आपके मन में उद्भूत हुई होगी ऐसा हमें कदापि प्रतीत नहीं होता। बादशाह की बाह्य शक्ति को आपके पास विद्यमान आत्मशक्ति सहज ही परास्त कर सकती है। अकबर ने भारतभूमि पर साम्राज्य स्थापित करने की इच्छा को लेकर काफी भूभाग अपने अधिकार में ले लिया है परन्तु भारतवर्ष की आत्मा आज भी आपके रूप में मुक्त है। आपका और अकबर का यह संघर्ष शक्तिशाली, विस्तृत परकीय साम्राज्य और राष्ट्रगौरव इनके बीच का संघर्ष है। आपने यदि अपने मुख से अकबर को 'बादशाह' सम्बोधित किया तो सूर्य

पश्चिम को ही उदित होगा। राणा जी यह हमारा ही नहीं सम्पूर्ण भारतवर्ष का स्वर है। आपकी शरणागति का दुख हमारे अकेले का दुख न होकर हमारे शब्द यानी एक प्राचीन और विशाल जाति के स्वरों की सम्मिलित हुंकार है। एक प्राचीन राष्ट्र के जीवन-मरण का निर्णय आपके निर्णय पर अवलम्बित है। आपने क्या वस्तुतः अकबर के समीप खलीता भिजवाया है? अब हम क्या करें? अपनी मूँछों पर ताव दें या अपने शरीर के टुकड़े-टुकड़े कर डालें। आप कोई भी निर्णय दें हम वह स्वीकार करेंगे।"

पातल जो पातसाह, बोल मुख इता बयण।
मिहर पिछम दिस माँह, उग कासपराव उत॥ 1॥
पटकूँ मूँछाँ पाण, कै पटकूँ निज तन करद।
दीजे लिख दिवाण, इण दो महली बात इक॥ 2॥

आप हमारी स्पष्ट उक्ति से रुष्ट नहीं होंगे ऐसा हमारा विश्वास है।

आपके बन्धु,
पृथ्वीराज राठौड़
बीकानेर

भामाशाह जी ने सन्देश पढ़कर पूरा किया। सभासदों की नजरें राणा जी पर टिकीं। राणा जी के मुख पर सन्तोष के भाव थे। भामाशाह जी की ओर मुड़कर राणा जी ने कहा, "भामाशाह जी, खलीते का क्या अनधिकृत व्यवहार है इसका शीघ्र ही निर्णय करें। हम पृथ्वीराज जी के सन्देश को शीघ्र ही उत्तर देनेवाले हैं, अमात्य।"

"जी, श्री जी हम तत्पर हैं, आप सन्देश कथन करें।" अमात्य ने कहा उन्होंने अपने सामने के पत्र पर लेखनी से लिखने की शुरुआत की—

॥ श्री राम जयतु॥
॥ श्री गुणेस प्रसादातु॥ ॥ श्री एकलिंग प्रसादातु॥
स्वस्त

श्री पृथ्वीराज जी, माचीण रा डेरा सुधाने महाराज श्री राणा प्रताप सिंह। अमात्य जी का इतना लिखना होते तक राणा जी ने बतलाने की शुरुआत की, "पृथ्वीराज जी, आपका आत्मीयता से भरा सन्देश प्राप्त हुआ। परम सन्तोष मिला। आपकी व्यक्त की हुई भावना हमारे हृदय को छू गई। आपके सन्देश से ही अकबर के दरबार में घटी हुई घटना का खुलासा हुआ। भारतवर्ष के बारे में आपकी भावना उपयुक्त है अतः पृथ्वीराज जी आप अपनी मूँछों पर अवश्य ताव दें। सूर्य पूर्व से उगेगा आप निश्चिन्त रहें। हमारी ओर से तुर्की को आपका दिया हुआ जवाब सर्वथा यथातथ्य है।

तुरक कुहासी मुख पतो, इण तन सूं इकलिंग।
उगें जाँही ऊगसी, प्राची बीच पतंग॥ 1॥

खुसी हुन्त पीथल कमध, पटको मूँछाँ पाण।
पछतर है जैन पनवे, कलमाँ सिर के बाण॥ 2॥
सांग मूंड सहसी सको, समजस जहर सवाद ।
भड पीथल जीतो भला, बैठा तुरक सूँ बाद॥ 3॥

हम अगर लिखी बातों की सच्चाई जाँच करके आपको सन्देश भेजेंगे। आपका हमारे सम्बन्ध में विश्वास दरबारी राजपूतों के सम्मुख आपने व्यक्त किया एतदर्थ हम आभारी हैं। आपकी भगिनी कुशल मंगल हैं। बाकी क्षेम।

आपके बन्धु
राणा प्रताप सिंह

खलीता बन्द होकर उस पर मुहर लगी। यथायोग्य सत्कार कर रणमल्ल जी को नगरद्वार तक छोड़ने स्वयं भामाशाह जी गए। राणा जी और राजपूत इनके पारस्परिक दृढ़विश्वास को देखकर बलदेव जी विस्मित हो गए। यह दृढ़विश्वास जिस मेवाड़ का रक्षक है, उसकी ओर टेढ़ी निगाह से देखने का सामर्थ्य किसी में नहीं।

अकबर द्वारा जीते हुए थाने पुनः प्राप्त करने के प्रयत्न जल्दी आरम्भ हो गए।

बाँसवाड़े के मार्ग से छप्पय के आसपास की गिरि-कन्दराओं में पहुँचे हुए राणा जी के योद्धा आदेश की प्रतीक्षा में रुके हुए थे। भामाशाह जी के द्रव्य समर्पण ने सेना को बल प्रदान किया। नये जोश से आक्रमण की योजनाएँ बनने लगीं और राणा जी स्वतः छप्पय प्रदेश में पहुँच गए, युद्ध के मोर्चे बनाए जाने लगे। तुर्कों द्वारा कब्जा किए गए दिवेर पर प्रथम आक्रमण करने का तय किया गया।

दिवेर की जिम्मेदारी अकबर ने सुलतान खाँ नामक मुगल मुख्तार को सौंपी थी। राणा जी की सेना ने उनके थाने पर जबरदस्त आक्रमण किया। घमासान लड़ाई आरम्भ हो गई। तुर्की सेना को राणा जी के योद्धाओं से लड़ते-जूझते नाक में दम आ गया।

कुँवर अमर सिंह और सुलतान खाँ की आपस में अच्छी ठन गई। दोनों एक दूसरे पर टूट पड़े। अमर सिंह को सुलतान खाँ की तलवार ने जख्मी किया। अब मूर्च्छित होकर गिरते हैं क्या इस आशंका में अमर सिंह का मन ग्रस्त था इतने में ही किसी ने उन्हें सँभाल लिया और अपनी सशक्त बाहुओं का सुदृढ़ कवच उनके इर्द-गिर्द खड़ा कर दिया। अश्वारूढ़ रहते ही उनके मुख में राजवैद्य जी ने दवाई की मात्रा डाल दी।

अमर सिंह की जब चेतना जागृत हुई तभी सुलतान खाँ आक्रमण करने के लिए तत्पर होता दिखाई दिया। हाथ में जो आया वही भाला अमर सिंह ने पूरी ताकत से सुलतान खाँ की दिशा में फेंका। सुलतान खाँ को बेधकर उसके अश्व के आर-पार निकल गया। सवार सहित अश्व धरती पर धराशायी हो गया और तुर्की सेना में भगदड़ मच गई।

स्वयं को बचाने के लिए जिस योद्धा ने प्रयास किया उसका मुखावलोकन भी अमर सिंह न कर सके। उसकी देह अश्वों की टापों से क्षत-विक्षत हो गई थी। अमर सिंह को सकुशल देखकर राणा जी के साथ वहाँ पहुँचे हुए बलदेव जी के भी नेत्र भर आए। अमर सिंह के युद्ध-कौशल्य का परिचय शत्रु के शरीर में घुसा हुआ भाला दे रहा था, तो राणा जी के देखते-ही-देखते एक योद्धा ने शत्रु के हाथी का एक पैर तलवार के एक ही वार में तमाम कर डाला। शौर्य प्रदर्शित करते, धरती पर रुधिर समार्जन करते हुए मेवाड़ की सेना आगे बढ़ रही थी। अकबर की सेना उसी गति से पराजित हो रही थी। अन्त में शत्रुसेना वस्तुत: युद्धभूमि से भाग खड़ी हुई। राणा जी का दिवेर पर अधिकार तय हो गया। गँवाया हुआ राज्य फिर से वापस मिलने का मुहूर्त आ गया।

"दिवेर से कुम्भलगढ़ पास ही था पर पहले हम हमीरसरा के थाने पर आक्रमण कर वहाँ तक पहुँचेंगे।" राणा जी आगे की योजना बतला रहे थे। यहाँ से कुम्भलगढ़ की ओर हमें कूच करने में सुविधा होगी, हम वैसा ही आदेश देंगे, आप हमेशा तैयार रहें।"

"राणा जी पहले अपने को कुम्भलगढ़ पर कब्जा करना आवश्यक है। उसी लक्ष्य को सामने रखकर योजना बनाना उपयुक्त रहेगा।" भामाशाह जी ने कहा, "यही योजना हमारे मन में भी है" भामाशाह जी का साथ देते हुए राणा जी ने कहा, "फिलहाल हमीरसरा अधिकार में लेकर कुम्भलगढ़ की दिशा में सेना को कूच करना चाहिए ऐसी हमारी मनीषा है।"

"आप निश्चिन्त रहें कुम्भलगढ़ मिल ही गया समझ लीजिए।" मेहसाण जी ने राणा जी से कहा। क्षण-भर को रुककर वे आगे बोले,"श्री जी इसके पूर्व हमें हमारे मन की बात आपके सामने रखने की अनुमति दें।" "आप हमारे लिए पितृवत हैं, अपना मनोदय व्यक्त करें, इसके लिए अनुमति की क्या आवश्यकता है?" राणा जी ने कहा।

"श्री जी अब हम थक गए हैं," मेहसाण जी ने कहा, "इसी कारण प्रधानमंत्री पद के सूत्र दूसरे हाथों में सौंपकर हम अब आयु मर्यादा के अनुरूप जो सम्भव होगा वही दूसरे कार्य करने की इच्छा रखते हैं। प्रधानपद की धुरी आज तक हमने अनेक वर्षों से सँभाली। अब योग्य व्यक्ति हमारी नजरों में है अत: हमें प्रधान की जिम्मेदारी से मुक्त करें।" मेहसाण जी की बात बीच में ही रोकते हुए राणा जी ने कहा, "आप ऐसा विचार न करें। आप अभी लम्बे समय तक हमारा पथप्रदर्शन करनेवाले हैं। हम आपको सहज ही मुक्त करनेवाले नहीं हैं। आपके अनुभवों की हमें नितान्त आवश्यकता है।" दालान में गाम्भीर्य की छाया व्याप्त हो गई।

"चिन्ता न करें, प्रसंग पर हम आपके चरणों में उपस्थित होंगे ही। परन्तु अब आज्ञा दीजिए।"

"प्रधानमंत्री पद की जिम्मेदारी किसके कन्धों पर रखना चाहते हैं इस रहस्य का उद्घाटन हुआ नहीं," राणा जी ने कहा।

श्री जी, व्यक्ति योग्य ही है, यह आपको भी उपयुक्त प्रतीत होगा और वह योग्य व्यक्ति हैं भामाशाह जी।"

राणा जी के साथ सभा तटस्थ हो गई। भामाशाह जी अत्यन्त अस्वस्थ हो गए। वे अवाक् होकर कभी राणा जी की ओर तो कभी मेहसाण जी की ओर देख रहे थे। ऐसे प्रस्ताव की भामाशाह जी ने क्या, किसी ने भी अपेक्षा नहीं की थी। तटस्थ सभा की ओर देखकर मेहसाण जी ने आखिर में कहा, "श्री जी, भामाशाह जी की प्रखर देशभक्ति देखकर हम उन्हें उसी समय पुरस्कार देनेवाले थे। हमसे भी पहले हमारी प्रजा ने भामाशाह जी का अनुकरण कर उन्हें योग्य पुरस्कार दिया है, अब बड़े होने के नाते हम पन्तप्रधान पद का सम्मान उन्हें देने की इच्छा रखते हैं। जिसने अपने सारे पुरस्कार श्री जी के चरणों में रख दिए उन्हें हम क्या देंगे? तो भी आज हमारी इतनी इच्छा पूरी करें। भामाशाह जी आप भी इसे हमारा आशीर्वाद समझें।"

भामाशाह जी सामने आए। मेहसाण जी को प्रणाम कर हाथ जोड़कर खड़े हुए भामाशाह जी के नेत्रों में कृतज्ञता प्रदर्शित हो रही थी। मुख पर संकोच के भाव थे। नम्रता से उन्होंने कहा, मेहसाण जी आपने हम पर अत्यधिक स्नेह व्यक्त किया, इतना बड़ा पारितोषिक हमें दिया। हम कृतज्ञ हैं, पर हम यह जिम्मेदारी वहन करने में समर्थ हैं ऐसा हमें नहीं लगता। राज्य की यह जिम्मेदारी आपने ही आज तक सामर्थ्यपूर्वक वहन की। अभी भी आप ही वहन करें।"

बीच में ही राणा जी ने कहा, "अब हमारा निर्णय सुनें। मेहसाण जी कुछ समय के लिए आप प्रधानमंत्री पद की जिम्मेदारी सँभालें। भामाशाह जी आपके साथ रहेंगे। जिस समय उन्हें राज्य का यह दायित्व स्वीकार करने का आत्मविश्वास प्रतीत होगा, उसी समय उन्हें स्वतंत्र रूप से यह दायित्व दें।"

राणा जी की यह सलाह उपस्थित सभी लोगों को जाँची। भामाशाह जी को भी पसन्द आई और मेहसाण जी ने भी इस योजना के सामने स्वीकृति प्रकट की। बलदेव जी चुटकी से निपटारा करनेवाले राजनेताओं की ओर देखते ही रहे। ऐसे न जाने कितने प्रसंग उनके मन की मंजूषा में सँजोए हुए थे।

कुम्भलगढ़ पर मेवाड़ का आदित्य चिह्नांकित लालवर्णी ध्वज फहराया और राणा जी की सेना ने जो हमला बोला तो चाँवड़, जावर, छप्पय, बागड़ ये सारे प्रान्त अपने कब्जे में कर लिये। चाँवड़ पहुँचते ही राणा जी को बहुत सुरक्षित महसूस हुआ। राणा जी के अश्वों के खुर चाँवड़ की भूमि पर अंकित हुए और वह रोमांचित हो उठी। जैसे यह भूमि उनकी ही प्रतीक्षा कर रही थी। चाँवड़ का परिसर भी राणा जी की प्रतीक्षा कर रहा था। उनके आगमन से चाँवड़ की सृष्टि भी आलस्य झटककर तरोताजा हो उठी। अमृत सिंचन से मानो वह चैतन्यमय हो गई। राणा जी भी सृष्टि की इस भूमिका पर मोहित हो गए, यहीं का दाना-पानी अपना है यह उन्होंने मन-ही-मन जान लिया। चाँवड़ को उन्होंने पटरानी का स्थान दिया। राजधानी का मान

दिया और राज्यकार्य का मुहूर्त आरम्भ किया।

गाँव की सीमा पर स्थित चामुंडा माता के मन्दिर का जीर्णोद्धार राणा जी ने किया। चित्तौड़ में मीरा मन्दिर में जैसे वे रमते थे वैसे ही राणा जी का मन चामुंडा माता के चरणों में रमने लगा।

मेवाड़ के कई प्रान्तों पर मेवाड़ के अधिपति राणा जी ने आधिपत्य प्रस्थापित कर लिया। मेवाड़ के योद्धाओं के उत्साह को मानो उफान-सा आ गया था। क्या करें, क्या न करें ऐसी स्थिति हो गई। वे सीधे मालवा गुजरात के भी तुर्की सैनिकों के शिविर पर आक्रमण करने लगे।

आश्विन पूर्णिमा के शुभ मयंक पर जैसे कलंक हो ऐसे ही राणा जी के कीर्तिचन्द्र पर कलंक लगता है कि क्या ऐसा उस दिन योद्धाओं को लगने लगा। मन में भी जिसकी कल्पना नहीं थी ऐसी घटना घटित हुई।

मालवा पहुँचे हुए सेना के प्रमुख अधिकारी ने वार्ता लाई, "भामाशाह जी के बन्धु ताराचन्द जी की 'बस्सी' में पंजाब से लौटनेवाली शाहबाज खाँ की सेना से मुठभेड़ हो गई। सुबह-सुबह शाहबाज को शुभसगुन और ताराचन्द को असगुन हुआ। दोनों सेनाएँ एक-दूसरे के सामने खड़ी श्वानों की तरह गुर्रा रही थी और एक दूसरे पर हावी होने का प्रयत्न करती खड़ी हुई थीं। क्षण-भर में ही दोनों एक-दूसरे से भिड़ गईं और तलवारों की खनखनाहट गूँजने लगी। एक दूजे के तलवारों की पत्तियाँ टकराकर अग्निपुंज चमकने लगे। उनमें से एक ताराचन्द जी पर गिरा और वे जख्मी हो गए। राणा जी की सेना मदद के लिए पहुँचने के पहले ही ताराचन्द जी ने युद्ध गँवा दिया। उनके प्राण राव चैनदास जी ने बचाए। जख्मों का उपचार किया। उन्हें अपने साथ ले गए। अब उनकी ही देख-रेख में ताराचन्द जी उपचार और आराम कर रहे हैं।"

भामाशाह जी ऊपर से शान्त दिखाई दे रहे थे पर राणा जी के मन की स्थिति उनके नेत्र व्यक्त कर रहे थे। ताराचन्द जी की चिन्ता, उनका मन कचोट रहा था। राणा जी ने बलदेव जी को बुलाकर ताराचन्द जी से मिलकर उनकी कुशलता और वर्तमान की खबर लाने के लिए भेजा, तभी राणा जी के मन को शान्ति मिली।

"डूँगरपुर के शासक आसकरण और बाँसवाड़े के शासक राव प्रताप की क्या खबर है?" राणा जी के पूछते ही मेहसाण जी ने कहा, "श्री जी, वे दोनों शासक अकबर से जाकर मिल गए हैं। आपको दिए गए वचन को बरकरार न रख वे अकबर के गुट में उनके विश्वस्त सरदार के रूप में अपनी शान दिखा रहे हैं।"

"शत्रु की ओर से मिले मान-सम्मान का इतना अहंकार? शत्रु की बैसाखी होकर उनका राज्य बढ़ाने का यह प्रयत्न राजपूतों के सामर्थ्य का, जिद का और क्षत्रियत्व

का सरासर अपमान है। इसकी सजा इन्हें अवश्य ही मिलनी चाहिए। रावत मानसिंह यह जिम्मेदारी आपको ही पूरी करनी है।"

"आज्ञा श्री जी, इस अभियान पर कब निकलना है इतना बता दें।"

"मुहिम के पहले हम उन शासकों से बातचीत करेंगे। आपसी बातचीत की सारी सीमाओं को लाँघने पर ही युद्ध का निर्णय लें। किसी भी मार्ग से क्यों न हो पर डूँगरपुर और बाँसवाड़ा मेवाड़ के अधीन आना अत्यावश्यक है, क्योंकि उसी मार्ग से अकबर की सेना मेवाड़ आ पहुँचेगी। इस धोखे को समूल नष्ट करना जरूरी है।"

"श्री जी, हम भी भामाशाह जी सहित आपसी बातचीत के लिए जाने की इच्छा रखते हैं।" अमर सिंह ने कहा। उनके इस कथन को राणा जी ने सहज स्वीकृति दी। "अमर सिंह अब राज्य के क्रियाकलापों में कुशल होने ही चाहिए।" उनके मन में यह बात आई। बची हुई आवश्यक योजना की रूपरेखा खींचकर राणा जी ने सभा बरखास्त की।

चाँवड़ को अपनी हलचलों का मध्यवर्ती स्थान के रूप में निश्चित करने के बाद राणा जी काफी निश्चिन्त हो गए। यहाँ से राज्य के सारे कामकाज के सूत्र संचालित करने में सुविधा होगी, सेना को समर के लिए तैयार रखना सम्भव होगा और यहाँ तक तुर्कों के आक्रमण भी कम होंगे। इन सब बातों से राणा जी को काफी दिनों बाद दिलासा मिला था।

महाराणा प्रताप सिंह की ओर से आए दूत इस नाते भामाशाह जी के साथ आए राजपुरुष का, बाँसवाड़ा में राव प्रताप सिंह ने उत्तम स्वागत किया परन्तु उनकी बात सुनने से पूरी तरह इनकार किया उलटे अकबर की योग्य नीति, उसका होनेवाला लाभ यही भामाशाह जी को राजी करने का पूरा प्रयत्न किया।

आप बाँसवाड़े के शासक हैं। राणा जी को मदद करने का आपने हमें वचन भी दिया था। ऐसी स्थिति में आपका यह दृष्टिकोण उपयुक्त नहीं जान पड़ता। अपने राज्य का शत्रु से संरक्षण करना होता है। आप शत्रु के हाथों अपने खजाने की चाबियाँ सौंप रहे हैं। अपने आप्त एवं स्वकीय जनों की ओर पीठ फेरकर दुराचरण का आश्रय ले रहे हैं। भामाशाह जी उन्हें विचारों से परावृत करने के लिए प्रयत्नशील थे।

"अमात्य, आप राणा जी का प्रभाव हमारे सामने न रखें। राणा प्रताप जी के पास अब द्रव्य, शक्ति, सैन्य कुछ भी शेष नहीं रहा है। किसके बल पर वे हमें हमारे सम्राट के विरुद्ध जाने और उनसे बैर करने के लिए कह रहे हैं।" राव प्रताप सिंह ने कहा।

राणा जी आपको अकबर का विरोध करने के लिए कह रहे हैं क्योंकि उनके पास अतुलनीय उत्साह है। उत्साह शक्ति श्रेष्ठ शक्ति है।

उत्साह प्रभावयेत्रूत्साह: श्रेयान,
अल्पो-पि चास्य दंडस्तेजसा कृत्यकरो भवति।

ऐसा प्राचीन आचार्यों ने कब से बतलाकर रखा है। उत्साहशक्ति और प्रभावशक्ति इनमें उत्साह श्रेष्ठ है। उत्साही राजा की थोड़ी-सी भी सेना पराक्रम के कारण अपना कार्य सिद्ध कर लेती है। यह बात आपके स्मरण में नहीं है, इस पर आप विचार करें। भामाशाह जी ने पुन: कहा। भामाशाह जी के समझाने का बाँसवाड़े के शासक पर यत्किंचित भी प्रभाव नहीं पड़ा। उनका बड़प्पन असफल रहा। डूँगरपुर में योग्य प्रभाव पड़ेगा सोचकर इसी आशा में भामाशाह जी बाँसवाड़े से डूँगरपुर गए, पर वहाँ भी उसी प्रकरण की पुनरावृत्ति हुई। राव आसकरण किसी भी परिस्थिति में अकबर के विरोध में जाने को तैयार नहीं थे। मीठे वचनों से अकबर ने आसकरण जी को सम्मोहित कर रखा है, ऐसा प्रतीत हो रहा था।

अकबर की नीति अत्यन्त प्रभावोत्पादक है यह इन दोनों शासकों से भेंट करने पर जान पड़ा। भामाशाह जी ने राणा जी को सम्बोधित करते हुए कहा, "स्वयं की विवेकबुद्धि का राई-रत्ती भी प्रयोग नहीं करना ऐसा मानो उन्होंने तय ही कर रखा है। परकीयों की अँजुली से ही पानी पीने की वृत्ति राजपूत शासकों में इतनी अधिक बढ़ गई है कि देखकर मन उद्विग्न हो जाता है। निराशा के काले मेघ चारों तरफ घेरे हुए हैं और आशा की किरणों को आच्छादित कर रहे हैं।"

"ऐसे कृष्ण मेघों को रुपहला किनारा भी प्राप्त होता है भामाशाह जी। आपके जैसे स्वामिभक्त हलाहल से भरे हुए स्वर्ण कलश पर मोहित नहीं होते। अन्यथा खानखाना के प्रभावपूर्ण स्वागत के बावजूद स्वच्छ निर्मल बना रहनेवाला आपके समान अष्टपहलुओं वाला जवाहर खोजने पर भी ढूँढ़ पाना कठिन है। आपके ऊपर आया हुआ प्रसंग हमसे छिपा रहेगा ऐसा आपको क्यों लगा? उस समय आपने 'मधु तिष्ठति जिह्वाग्रे ह्रदये तु हलाहल' ऐसी भूमिका रखनेवाले अकबर के मोहजाल में न फँसते हुए अपने विवेक से निर्णय लिया था न!"

"राणा जी आपसे यह घटना हमने..."

"जान-बूझकर छुपाकर रखी यह हम समझ सकते हैं। इस सम्बन्ध में हम आपको दोषी भी नहीं मानते। जो आपने किया वह योग्य ही था। हमें आपका अभिमान प्रतीत होता है।" राणा जी के मुख पर वह परिलक्षित हो रहा था। भामाशाह जी इस स्तुति से संकुचित हो गए।

उन्हें क्या बोलें यह सूझ ही नहीं रहा था। उनका यह मनोविभ्रम देखकर राणा जी को बड़ा आनन्द आया, उनका संकोच कम करने के लिए राणा जी ने वार्तालाप मूल विषय पर लाते हुए कहा—

"डूँगरपुर का क्या अनुभव रहा?"

"बहुत समय नहीं लगा।" भामाशाह जी भी सहज स्वर में बोले, "राव आसकरण जी हमसे वार्तालाप करने के लिए हिचकिचा रहे थे। अकबर की दहशत में मानो वे व्यवहार कर रहे थे। बड़ी सावधानी से बातचीत कर रहे थे।"

"हाँ!" स्वयं से विचार करते हुए राणा जी ने उद्गार व्यक्त किए, "आशय यह कि करीब-करीब यह योजना असफल ही सिद्ध हुई।"

"नहीं राणा जी भामाशाह जी खाली हाथ ही नहीं लौटे" जैत्र सिंह ने कहा, "वे जो कार्य अंगीकार करते हैं उसे यशस्वी बनाने के लिए प्राणों की बाजी लगा देते हैं यही भामाशाह जी की खासियत है।"

"इस योजना में यश अपने हाथों से फिसला नहीं, राव आसकरण के पुत्र साहसमल जी को अपने साथ लेकर आए हैं। उन्हें अपनी ओर शामिल करना ही इस योजना में सम्भव हुआ," भामाशाह जी ने कहा। "यह तो बड़ी मूल्यवान उपलब्धि हुई। उन्होंने आपके साथ आने के लिए सम्मति कैसे प्रदान की?" राणा जी ने कुतूहल से पूछा।

"अपने पिता के द्वारा अकबर का मांडलिकत्व स्वीकार कर लेना उन्हें अच्छा नहीं लगा अत: वे अपने राज्य से निकल गए थे। हमारी तरह ही उन्होंने गिरि-कन्दराओं का आश्रय लिया था। हमने उन्हें उनके साथियों सहित आपके चरणों में लाया है। सम्प्रति वे अतिथि कक्ष में विश्राम कर रहे हैं। भामाशाह जी ने निवेदन किया। अब उनके लिए क्या आज्ञा है? उन्हें दरबार में कब बुलाया जाए?"

उनसे हम बाद में बातचीत करेंगे, प्रथमत: उनके बारे में आप क्या मन्तव्य रखते हैं, उनसे किसी सम्बद्धता से आप जुड़े हैं क्या? किसी पद के लिए वचनबद्ध हैं क्या?

"नहीं श्री जी, आपकी ओर से उन्हें हमने सिर्फ अभयदान दिया है।"

"ठीक है, हम उन्हें राज्य वापस प्राप्त करने के लिए सहायता करेंगे। डूँगरपुर अकबर के मांडलिकत्व से स्वतंत्र करके उसके शासक के रूप में साहसमल जी को घोषित करेंगे।"

"आपका विचार बिलकुल सही है श्री जी, यही नीति अपना सामर्थ्य बढ़ाने में सहयोगी होगी।"

राणा जी ने भी युद्ध की सूक्ष्म-से-सूक्ष्म जानकारियाँ दीं और तदनन्तर उस दिन की सभा बरखास्त हुई।

बारिश की तेजी समाप्त हुई। बीच-बीच में कभी-कभी आनेवाली फुहारें भी बिरली ही रह गईं। सृष्टि का यह रम्य परिवर्तन देखते हुए राणा जी को सहज ही मीरा काकी सा के शब्द याद आ गए—

सूली ऊपर सेज हमारी, सोवण किस बिध होय।
गगन मंडल पर सेज पिया की, किस बिध मिलणा होय॥

मन के गलियारे में कोई बिना शब्दों के गुनगुनाया और मीरा काकी सा का आशीर्वाद लगातार अपने साथ है इस बात का एहसास राणा जी को तीव्रता से हुआ।

"शासक की जिन्दगी यानी सूली पर की रोटी। क्षण-भर का ध्यान बँटते ही कल्पान्त हो सकता है और साध्य हमेशा क्षितिज पर टिका हुआ रहता है। उसी की प्राप्ति के लिए जीवात्मा की व्याकुलता है। मनुष्य के मन में उच्च आकांक्षाओं का बीज कौन बोता है? अन्य शासकों की तरह जैसी स्थिति है उसमें ही समाधान मानकर रहना या बहनेवाली हवा की तरफ पीठ करके जीना, हमारे लिए असम्भव-सा है। परिस्थिति से झगड़ते हुए साहस तक पहुँचना ही एकमात्र साधन होता है। जिन्दगी से समझौता करते हुए सूली पर का यह जीवन, सुख-शैया में परिवर्तित करना हमें कभी भी अच्छा नहीं लगा। दूसरों की जिन्दगी हमारी तकदीर से बाँधकर हम उनका भी जीवन दुष्कर बना देते हैं क्या हम? मीरा काकी सा की कृष्ण प्रीति और हमारी स्वतंत्रता प्रीति का रूप क्या एक ही है? हमारे संघर्ष का भी रूप ऐसे ही गगनमंडल की तरह असीम है? काकी सा की और हमारी समर्पित भावना एक जैसी है क्या? अशोक, हर्षवर्धन, चन्द्रगुप्त भी इसी संघर्ष से गुजरे परन्तु अन्त में उन्होंने क्या साधा? सुरम्य कथाएँ! देदीप्यमान इतिहास की? जो आनेवाली पीढ़ियों में उपेक्षित रहकर, इतिहास में सम्मिलित होकर काल्पनिक साबित होंगी। पुराणों की बानगी समझकर केवल उल्लेख करने के तौर पर उनका उपयोग किया जाएगा, हमारे आदर्श कालबाह्य समझकर धिक्कारे जाएँगे? देशभक्त अपना अनमोल जीवन यही साधने के लिए समर्पित करते हैं क्या? देशभक्तों की अस्मिता, उनके आदर्श यदि व्यर्थ ही जानेवाले हों तो फिर यह हठधर्मिता क्यों? हाँ, यह हठधर्मिता मिट्टी से नाता बतलाने के लिए ही है। मेवाड़ की मिट्टी और ऊँचे हिमशिखर एक ही समय में क्यों आवाज देते हैं? हमें लगातार क्यों बेचैनी प्रतीत होती है? अब तो तुर्कों के आधिपत्य से देश का काफी हिस्सा वापस मिल गया है। यश:श्री ने सोने के कदमों से जीवन में प्रवेश किया है। विजयमाला हाथ में लेकर वह हमारे स्वागतार्थ सज्ज है तथापि हमारे मन में बेचैनी क्योंकर है? सभी साथी प्राणपण से साथ निभा रहे हैं फिर भी हमारी स्थिति त्रिशंकुवत क्यों है? मीरा काकी सा, पिताजी, मामा सा, झाला मानसिंह, हकीम खाँ सूर ऐसे साथ छोड़कर गए लोगों की याद भला क्यों सताती है? छूटे हुए साथियों के स्मृतियों में खोकर हम जो आज हमारे साथ हैं उनकी निष्ठा की उपेक्षा तो नहीं कर रहे हैं? जो कदम मार्ग पर बढ़ते-बढ़ते आधे में ही रुक गए उनका। शल्य मन में रखकर जो आज हमारे साथ चल रहे हैं उन कदमों को तकलीफ तो नहीं दी? 'मेरे तो गिरिधर गोपाल दूसरो न कोई' ऐसा काकी सा बार-बार कहती थीं वैसे ही हमें मेवाड़ और मेवाड़ की स्वतंत्रता, सिर्फ इसी का विचार छोड़कर बाकी के विचार दूर क्यों नहीं करते बनते? प्रताप यानी मेवाड़ और मेवाड़ मतलब प्रताप यह अद्वैत बना क्यों न रहे?" उनके मन की यह उथल-पुथल उनके सिवा सिर्फ खामोश आकाश को ही महसूस हो पाती।

'राणा जी' बलदेव जी के सम्बोधन से राणा जी के विचारों का क्रमभंग हुआ।

बलदेव जी अभिवादन कर खड़े थे। राणा जी को गतिविधियों में उनके अस्वस्थ मन की दशा उन्होंने भाँप ली, वे बोले, "राणा जी, जोधपुर के राव चन्द्रसेन जी आपसे भेंट करना चाहते हैं। अनुमति दें।"

"राव चन्द्रसेन जी का आगमन मेवाड़ में होनेवाला है यह हम तक खबर पहुँची थी, आगमन की वार्ता पहुँची नहीं थी," राणा जी ने कहा।

प्रातःकाल ही राव चन्द्रसेन जी का आगमन हुआ है। उनका स्वागत और उनके साथियों की, सेना की व्यवस्था होते तक यह विलम्ब हुआ क्षमा करें," बलदेव जी ने कहा।

"हमारे अतिथि कक्ष में हम चन्द्रसेन जी से मिलेंगे।"

राव चन्द्रसेन जी से हुई मुठभेड़ राणा जी को याद आई। राणा जी का राजतिलक हुआ, उसके दशक पूर्व राव चन्द्रसेन मारवाड़ के शासक बन गए थे। उनके दोनों भाई राम सिंह और दया सिंह ने अकबर का मांडलिकत्व स्वीकार कर लिया था, इस कारण नाराज होकर चन्द्रसेन जी ने मारवाड़ छोड़कर वन में आश्रय ले लिया था। चन्द्रसेन जी भी औरों की तरह अकबर का मांडलिकत्व स्वीकार कर जोधपुर का राज्य प्राप्त कर सकते थे पर उन्होंने भी महाराणा प्रताप सिंह की तरह अपने आसपास के सीमित भूभाग पर अपनी सेना सहित अनेक वर्षों तक अकबर को टक्कर दी। उनसे मुठभेड़ करने में अकबर का काफी समय और सैन्य शक्ति नष्ट हुई थी। "उनकी उस लड़ाई का राणा जी को भी कई बार लाभ हुआ था," राणा जी के मन में आया।

राव चन्द्रसेन आपकी सहायता के लिए आना चाहते हैं यह वार्ता राणा जी को विश्वस्त गुप्तचरों से पहले ही ज्ञात हो चुकी थी, अब प्रत्यक्ष भेंट हो रही थी।

औपचारिक अभिवादन के बाद चन्द्रसेन जी ने कहा—

"महाराणा प्रताप सिंह आप अकबर की विराट सेना से सालोंसाल जूझते रहे, यह हम सुनते आए हैं। हमें आप पर बड़ा गौरव महसूस होता है। आपके साथ इस लड़ाई में हम भी सहभागी हों ऐसी हमारी इच्छा है। आपने डूँगरपुर और बाँसवाड़े के शासकों को सजा देने का जो निर्णय लिया है वह भी हमें विश्वस्त गुप्तचरों द्वारा ज्ञात हुआ। राजस्थान की पवित्र भूमि का रक्षण करने के कार्य में आपकी सहायता करने की इच्छा लेकर हम यहाँ तक आए हैं। हमारे प्रस्ताव पर आप अपना मन्तव्य व्यक्त करें।"

चन्द्रसेन जी बोलते हुए रुके। राणा जी ने साभिप्राय सभा की ओर निगाह डाली। सबकी ही नजरों में आश्वासन तैरने लगा वैसे ही राणा जी ने राव चन्द्रसेन जी से कहा, "राव चन्द्रसेन जी हम इस बारे में अपना निर्णय इसी क्षण नहीं दे सकेंगे। विचार के लिए आज का दिन दें, कल प्रातःकाल हम अपना मनोगत सूचित करेंगे। हमारी ओर से आपको योग्य निर्णय प्राप्त होगा, इस बारे में निश्चिन्त रहें।"

राव चन्द्रसेन जी ने इस बात को तत्काल मान्यता दी और सभा क्षेमकुशल की अनौपचारिक बातचीत होकर समाप्त हो गई।

रावत मानसिंह जी के आधिपत्य में रणभेरी बजी और राणा जी के योद्धा राव चन्द्रसेन जी की सेना सहित डूँगरपुर और बाँसवाड़े के शासकों पर हमला करने कूच कर दिए। बाँसवाड़ा और डूँगरपुर के शासक इकट्ठे होकर राणा जी की सेना को पराजित करने के उद्देश्य से जोश में, अकबर की सेना की मदद से निकले।

दोनों सेनाएँ सोम नदी के तट पर आमने-सामने आईं। युद्ध आरम्भ हुआ। डूँगरपुर और बाँसवाड़े की सेना की मदद के लिए तुर्की सेना भी काफी मात्रा में आ पहुँची। आमने-सामने युद्ध करने का सोचते ही राजपूतों के उत्साहरूपी सागर की लहरों का चन्द्रमा तक की ऊँचाई पर पहुँचना तय था। युद्ध के दाँव-पेच, पराक्रम की सीमाएँ, शौर्य का आविष्कार सब चरम सीमा पर पहुँच गया। हरेक की गतिविधियों में वह व्यक्त हो रहा था।

राणा जी के योद्धा पराजित होने के लिए आए ही नहीं थे। विजय श्री को खींचकर ले जाने के सिवाय वे मेवाड़ को लौटनेवाले ही नहीं थे। पराक्रम की शर्त पूरी कर उन्होंने अपना वचन सत्य सिद्ध किया और लौटे वे विजयोत्सव के आनन्द में ही।

राणा जी का मेवाड़ आज फिर एक बार आनन्द में नहा उठा। राव मान जी के पुत्र के बलिदान का शल्य जरूर हरेक के मन को पीड़ा दे रहा था।

महाराणा प्रताप सिंह को इस विजय ने अकबर को फिर से एक बार पराजय की चोट पहुँचाई। कुछ भी करके प्रताप के यश की घुड़-दौड़ रुकना ही चाहिए, अकबर के मन में आया।

प्रचंड सेनासागर और विपुल धनराशि लेकर शाहबाज खाँ ने फिर से मेवाड़ के सिंह को पराजित करने के लिए जोश से मेवाड़ में प्रवेश किया। साथ में गाजी खाँ, मुहम्मद हुसैन, मीरजाद, शेख तिमूर बख्शी, अली खाँ ये चतुर, रणकुशल सेनानायक भी थे।

शाहबाज खाँ द्वारा मेवाड़ में प्रवेश करने के पहले ही प्रताप सिंह ने अरावली पर्वत के सघन कानन का आश्रय ले लिया। शाहबाज खाँ ने साम-दाम-दंड-भेद सबका अवलम्ब लेकर मेवाड़ पर आधिपत्य स्थापित करने का जी-जान से प्रयत्न आरम्भ कर दिया। येन-केन-प्रकारेण मेवाड़ के राणा को पराजित करना शाहबाज खाँ के लिए अपरिहार्य था। अन्यथा उसे स्वयं को ही मृत्युदंड अंगीकार करना होता।

पानी की तरह पैसा खर्च करने पर भी राजपूत को बाँधना सम्भव नहीं है यह बात कुछ ही दिनों में शाहबाज खाँ ने जान ली। प्रताप सिंह से प्रत्यक्षतः आमना-सामना न होने पर भी मेवाड़ के थानों पर कब्जा कर फतेहपुर सीकरी में अकबर के पास शाहबाज खाँ को जाने में पूरा एक महीना लगा।

अकबर उद्विग्न था ही। राणा प्रताप को पराजित कैसे करें यह उसे समझ में नहीं आ रहा था। ज्यों-ज्यों उनके दमन के प्रयास किए जाते त्यों-त्यों राणा जी का यश जलती हुई मशाल की ज्वालाओं की तरह अधिकाधिक उफान पर आ रहा था। आज शाहबाज खाँ के लौटने की खबर पहुँची थी और प्रत्यक्ष भेंट की प्रतीक्षा थी। उसके लाई खबरों के आधार पर आगे की योजनाएँ बनाई जानेवाली थीं। प्रत्येक क्षण अकबर के हृदय की धड़कन बढ़ा रहा था। आखिर में शाहबाज खाँ के आगमन की खबर आते ही अकबर की उत्सुकता चरम पर जा पहुँची।

शाहबाज खाँ के आगमन की खबर लेकर आनेवाले खोजी को उसने तत्काल दालान में भेजने को कहा। भीतर आकर कुर्निसात कर खड़े हुए शाहबाज खाँ को अकबर ने उतावले होकर पूछा—

"क्यों खाँ साब कैसे मिजाज हैं कीका के? उसे बन्दी बना ही लिया होगा आपने?"

शाहबाज खाँ की नजर झुक गई। अकबर के चुभते बोलों से अपमानित होकर भी शान्ति से उसने कहा, "हुजूर, हम उसे बन्दी नहीं बना पाए और न ही उसको मार सके। खता माफ हो जहाँपनाह।"

"तो फिर क्या बात बनी?" अकबर ने चिढ़कर कहा, "हमने ताकीद दी थी—खाली हाथ लौटे तो गर्दन उड़ा दी जाएगी। फिर भी आपने खाली हाथ लौटने की जुर्रत की।"

"रहम हुजूर, हम आपको अपनी कठिनाई ही बतलाने आए हैं। गिड़गिड़ाते हुए शाहबाज खाँ ने कहा।

"कैसी दिक्कत? तुम लोगों को तो बहाना चाहिए। क्या परेशानी है वह बतलाइए, हमारा समय बर्बाद न करें।" अकबर ने रुखाई से कहा। परवरदिगार, कीका हाथ नहीं आ रहा है। अब हमें इस्लाम का सहारा लेना पड़ेगा, किसी के धर्म पर आँच आती है तो अनायास ही जुबान खुलती है, अब तो टेढ़ी उँगली से ही घी निकालना होगा।" शाहबाज खाँ बड़े उत्साह से सलाह दी।

अकबर विचार करने लगा। "शाहबाज खाँ कह रहा है वैसी धर्म पर आँच लाकर युद्ध जीता नहीं जा सकता। मेवाड़ के बारे में तो यह प्रश्न उठता ही नहीं है। ऐसे में प्रजा और भी अधिक भड़क जाएगी। विशेषत: हमें 'दीन-ए-इलाही' की स्थापना करने पर तो यह विचार करते भी नहीं बनेगा। धार्मिक कट्टरता का विचार करना भी धोखे का है और वह योग्य भी नहीं दिखाई देगा। बल्कि इसके कारण सर्वसामान्य प्रजा के मन में हमारे बारे में नफरत निर्मित होगा और इस कारण अपने मांडलिक बने हुए राजपूत एक होकर अगर कीका से मिल गए तो युद्ध के बिना ही उसकी जीत हो जाएगी। राणा प्रताप के पास सामान्य जनता का बल है इसीलिए वह इतने लम्बे समय से हमसे जूझने के लिए समर्थ रहा है। मांडलिक राजपूतों की सेना अपनी ओर से लड़ती है वह केवल अपने स्वामी की आज्ञा पर ही परन्तु अनिच्छापूर्वक ही। धार्मिक विभाजन के कारण दूसरे राजपूत मांडलिकों की सहानुभूति भी गँवा बैठेंगे। हम अनिच्छा से ही सही पर उनका पूजा-पाठ, धर्म चला लेते हैं इसलिए ठीक है।

वरना हमारी सेना के बलबूते पर मेवाड़ विजय केवल असम्भव है। या अल्ला ये कैसी दुविधा है।"

अकबर को सोच में पड़ा देख शाहबाज खाँ बड़ा खुश हुआ। अब हम मेवाड़ में धार्मिक सख्ती कर सकेंगे। मृत्यु का भय राजपूतों को नहीं है पर धर्म डुबाने की बात कहने पर ही मेवाड़ की प्रजा राणा का ठिकाना बता देगी। ये काफिर ही अपने घरों में राणा को पनाह देते हैं। इनका साथ छूटते ही राणा अकेला पड़ेगा फिर उसे हम सहज ही पकड़ सकेंगे—नहीं पर उसे पकड़ने की अपेक्षा मार ही डालेंगे नहीं तो वह हाथों से छूट जाएगा। शाहबाज खाँ दिवास्वप्न देखने लगा।

"शाहबाज खाँ" अकबर के शब्द कानों में पड़ते ही शाहबाज खाँ जागृत हुआ।

"आज्ञा हुजूर," कहते हुए मुस्तैदी से अकबर की आज्ञा-पालन करने को तैयार हुआ।

"आप किसी भी राजपूत पर इस्लाम की सख्ती नहीं करेंगे। यदि आपने धार्मिक जुल्म किया तो हमारी सहिष्णु प्रतिभा मिट्टी में मिल जाएगी। हाथों पकड़ी चिड़िया छोड़कर उड़ती चिड़िया के पीछे मत भागो, दोनों उड़ जाएगी। तीन माह मेवाड़ में रहकर तुम कुछ नहीं कर पाए। अब आराम करो, आगे क्या करना है यह हम देखेंगे।" अकबर ने दृढ़तापूर्वक कहा।

कसमसाते चेहरे से शाहबाज खाँ अकबर के दालान से बाहर निकला, सभी आशाओं को तिलांजलि देते हुए।

मेवाड़ से शाहबाज खाँ की पीठ फेरते का महाराणा प्रताप सिंह ने तुर्कों के आधिपत्य में गए हुए सभी थानों को वापस लौटाने में सफलता प्राप्त कर ली। मेवाड़ की उथल-पुथल से अव्यवस्थित हुई संरचना को सुव्यवस्थित करने के प्रति लक्ष्य केन्द्रित करना आवश्यक था। जब तक शाहबाज खाँ मेवाड़ में था तब तक राणा जी ने आराम से रहने की सोची और वही निर्णय लिया। शाहबाज खाँ का कोई भी विरोध न करते हुए गुप्त ढंग से अपनी शक्ति बढ़ाने, शस्त्र और सैन्य जमा करने का कार्य जारी था। इस काल में राव चन्द्रसेन जी उनके साथ थे। उन्होंने भी सैन्य और शस्त्रबल जमा किया। राणा जी की सलाह लेकर अपनी सेना के साथ अकबर के विरुद्ध लड़ने का पक्का मनसूबा बना लिया। उनके साथ देवीदास और कल्ला भी थे। चन्द्रसेन जी की युद्धनीति अलग थी। गुलामी के विरुद्ध लड़ने के लिए अपने आसपास के शासकों की मनोवृत्ति तैयार करने में राणा जी को यश मिला था। वैसे ही मेवाड़ की जनता का पूर्ण सहयोग भी प्राप्त हुआ था। ऐसे कदम चन्द्रसेन जी ने नहीं उठाए थे। उन्होंने मारवाड़ में ही विद्रोह किया और इसके लिए लगनेवाली दौलत और शस्त्र सामग्री भी मारवाड़ की प्रजा से लूटकर प्राप्त की व मारवाड़ छोड़कर सिरोह, मेवाड़, डूँगरपुर, बाँसवाड़ा ऐसा भटक रहा था। राणा जी ने उनकी युद्धनीति की त्रुटियाँ उन्हें बतलाईं और इसके बाद के कदम कैसे उठाने चाहिए यह भी स्पष्ट किया। हम मेवाड़ को जैसे

क्षण-भर भी भूले नहीं वैसे ही आप भी मारवाड़ से एक रूप होवें, ऐसी सलाह भी दी।

कृतज्ञतापूर्वक राणा जी से विदा लेकर राव चन्द्रसेन जी अपनी सेना सहित अकबर की सेना के विरुद्ध विद्रोह करते हुए अजमेर तक पहुँचे। अजमेर में ही दोनों सेनाओं की मुठभेड़ हुई। राणा जी को राव चन्द्रसेन जी के विजय की निश्चिन्तता प्रतीत नहीं हो रही थी फिर भी वे शान्त थे। इस युद्ध में मेवाड़ कुछ काल शान्त रहेगा बस इतनी-सी बात।

दो दिनों के भीतर ही दूत ने खबर लाई, "राव चन्द्रसेन जी जब अजमेर पहुँचे तक उनका सामना करने के लिए अकबर ने पयन्द मुहम्मद खाँ के आधिपत्य में विशाल सेना तैयार रखी थी। अकबर की इस सेना का पलड़ा चन्द्रसेन जी की सेना पर भारी पड़ा और चन्द्रसेन जी को डूँगरपुर में अपने बहनोई रावल आसकरण जी के यहाँ आश्रय लेना पड़ा।"

इससे भी महत्त्वपूर्ण खबर यानी, "शाहबाज खाँ के युद्ध कौशल्य पर प्रसन्न होकर अकबर ने उसे फिर से मेवाड़ पर आक्रमण करने के लिए भेजा है। वह कभी भी मेवाड़ आ पहुँचेगा।"

रावत मानसिंह जी के डूँगरपुर अभियान के बाद आसकरण जी के पुत्र साहसमल महाराणा प्रताप के आश्रय में आए थे। वे कुछ दिन रहकर फिर अपने राज्य में लौट गए। रावल आसकरण जी और साहसमल जी में मतभेद थे ही। अपने पिता ने डूँगरपुर अकबर के अधीन कर दिया यह साहसमल जी को बिलकुल भी अच्छा नहीं लगा। अकबर की सेना को शह देने के लिए उन्होंने राणा जी की ओर दूत भेजा। उस दूत से राणा जी बातचीत कर रहे थे। "श्री जी, कुँवर साहसमल जी ने आपके लिए सन्देश भेजा है, उसे सादर करने की अनुमति दें।" राणा जी की अनुमति मिलते ही दूत ने अपने स्वामी को सन्देश कथन किया। बलदेव जी को उनका मतितार्थ स्पष्ट हुआ। साहसमल जी ने राणा जी से सहायता की प्रार्थना की थी। उसमें विनती थी, "राणा जी हम डूँगरपुर में विद्यमान तुर्की सेना को निकालना चाहते हैं। इस मंसूबे को हमारे पिताजी की सहमति नहीं है इस कारण हमारे पास पर्याप्त सैन्यबल भी नहीं है। आप हमें मदद करें, अपने कुशल योद्धा हमारी सहायता के लिए भेजें। हम आपको खर्च के लिए चार हजार मेमूदी सिक्के देंगे।"

राणा जी ने भामाशाह जी को निर्णय का भार सौंपा। भामाशाह जी अब प्रधानमंत्री थे। उन्होंने विचारपूर्वक इस योजना को मान्यता देकर साहसमल जी के दूत के साथ अपनी चुनी हुई कुशल सेना को रवाना किया।

"अपने योद्धाओं के सहायता के बल पर साहसमल जी ने डुँगरपुर से तुर्की सेना को मार भगाया, उसके साथ ही रावल आसकरण जी भी वहाँ से निकल गए। फिर भी एक कठिनाई साहसमल जी के राजतिलक होने में है, अब आप ही निर्णय दें।" जैत्र सिंह ने राणा जी से कहा।

"सम्प्रति राव चन्द्रसेन जी डूँगरपुर में हैं। वे महल में थे। उन्होंने साहसमल जी का राजतिलक करने से इनकार किया। उनके कहने के अनुसार जब तक आसकरण जी—उनके बहनोई जीवित हैं तब तक वे इस राज्य के शासक साहसमल जी को नहीं मानेंगे।"

"उनका कहना बहुत गलत नहीं है। भामाशाह जी, अपनी सेना को वापस बुला लें।" राणा जी ने कहा।

भामाशाह जी अचरज में पड़ गए। उनके व्यवहार के अनुरूप साहसमल जी ने जो कार्य करने के लिए द्रव्य दिया है वह कार्य हम करें। ऐसा उनके कहते ही राणा जी ने कहा, "भामाशाह जी द्रव्य के आधार पर मिली हुई या दी हुई सहायता मतलब केवल व्यवहार होता है। साहसमल जी के साथ जो हुआ वह व्यवहार और चन्द्रसेन जी से जो है वह है स्नेह। स्नेह व्यवहार की अपेक्षा श्रेष्ठ होता है। महत्त्व भी स्नेह को दिया जाना चाहिए, व्यवहार को नहीं।"

"श्री जी, आपका कहना बिलकुल सही है। राव चन्द्रसेन जी अपने स्नेही हैं परन्तु साम्प्रत वे साहसमल जी के मार्ग की अड़चन भी हैं।" अपने ही दाँत और अपने ही होंठ, ऐसे में किसको महत्त्व देना ऐसा सम्भ्रम निर्माण हो गया है, तब क्या किया जाए? संकट के समय दोनों को ही सहायता करना अत्यन्त आवश्यक नहीं है क्या? अब दोनों की सेनाएँ एक-दूसरे के विरोध में युद्ध के लिए खड़ी हैं तो क्या किया जाए?" भामाशाह जी ने राणा जी से सलाह माँगी।

"भामाशाह जी," राणा जी ने कहा, "इस समय हमें राव चन्द्रसेन जी के कथनानुसार उन्हें डूँगरपुर में रहने देना चाहिए। इस कारण चन्द्रसेन जी और आसकरण जी दोनों ही अपनी ओर रहेंगे। साहसमल जी तो पहले से ही हमारी ओर आए हुए हैं। उनको समझाया जा सकता है।"

"राणा जी, साहसमल जी का राजतिलक हुआ नहीं तो हमें चार हजार मेमूदी सिक्के नहीं मिलेंगे। ये सिक्के अपनी दृष्टि से बड़े महत्त्व के साबित होनेवाले हैं। जासूसी के लिए काफी लोगों को भेजना होगा। अपने कोष में अब तुर्की सिक्के अधिक नहीं बचे हैं। तुर्क प्रदेश में व्यवस्था करने के लिए जो क्रय-विक्रय करना होगा उसमें ये सिक्के व्यवस्था हेतु उपयोगी होंगे।"

"उसकी भी कोई व्यवस्था हो जाएगी, भामाशाह जी जैसे चतुर मंत्री हमारे पास होने पर हमें व्यर्थ चिन्ता करने की क्या आवश्यकता है। द्रव्य होना या न होना यह तो सामान्य बात है पर स्वतंत्रता के लिए जूझनेवाले व्यक्ति रत्नवत हैं। रत्न डालकर दमड़ियाँ जमाने की बदनसीबी क्यों? अपनी सेना वापस बुलाएँ, इस कारण आसकरण जी का रोष भी हम पर नहीं रहेगा। इसके अतिरिक्त पिता के जीवित रहते हुए उन्हें हद पार करके या मारकर पुत्र को गद्दी पर बिठाने की हमारी परम्परा नहीं है। आसकरण जी के बारे में साहसमल जी की भी भावना ऐसी नहीं है। उनका आक्षेप सिर्फ डुँगरपुर अकबर के स्वाधीन करने पर है। आसकरण जी ने डूँगरपुर स्वतंत्र रहने दिया तो साहसमल जी उनके साथ हैं ही।

जब एक ही खेल का दाँव खेलकर जीता जा सकता है तो बार-बार पासे क्योंकर फेंके जाएँ?"

राणा जी की दूरदृष्टि, कूटनीति और आसपास के शासकों से सौहार्दपूर्ण सम्बन्ध प्रस्थापित करने की चतुरता का पुन: प्रत्यय सब दरबारियों को आया।

राणा जी का अन्दाज सही साबित हुआ। राणा जी की सेना के लौट जाने पर रावत आसकरण जी ने राव चन्द्रसेन जी से मौका देखकर अपनी भावनाएँ व्यक्त कीं। राव चन्द्रसेन जी का सन्देश उन्हें आया।

"आप डूँगरपुर छोड़कर जाएँगे नहीं इस बात का हमें विश्वास था ही और महाराणा प्रताप सिंह के विरोध में शस्त्र उठाएँगे नहीं यह हम जानते थे। हमें महाराणा प्रताप सिंह से सम्बन्ध-विच्छेद करना नहीं था और राणा जी को आपसे। इसीलिए हम स्वयं होकर डूँगरपुर से निकल आए। जो भी घटित होता है वह एकलिंग जी ही घटित करवाते हैं इसी कारण वह उपयुक्त ही होता है। राणा जी को जब यह वार्ता मिली तो वे निश्चिन्त हुए। बहुत-सी घटनाएँ अनुकूल घटित हो रही थीं।

अनेक बार अजमेर जाकर ख्वाजा मुईनुद्दीन चिश्ती की दरगाह पर अकबर ने मन्नत माँगी थी पर कोई फायदा नहीं हुआ। राणा प्रताप पकड़े नहीं गए।

मेवाड़ में नवरात्रि का उत्सव आरम्भ हुआ वैसे ही अकबर फिर अजमेर पहुँचा। दरगाह पर मत्था टेक, नाक रगड़कर उसने मन्नत माँगी और वह साँभर लौटा। पहुँचते ही शाहबाज खाँ को मेवाड़ कूच करने का उसने हुकुम दिया। शाहबाज खाँ मेवाड़ पर तीसरी बार आक्रमण करनेवाला था।

शाहबाज खाँ के आक्रमण की खबर मिलते ही महाराणा प्रताप सिंह ने फिर से अपने लवाजमे के साथ अरावली पर्वत की गुफाओं का आश्रय लिया। उन्हें अपने जनपदों की चिन्ता थी। लोक बस्ती का उद्ध्वस्त होना और प्रजा को विध्वंस सहन करने के लिए बाध्य करना उनके मन को उपयुक्त नहीं प्रतीत होता था। अरावली पर्वत की तराई में फैले सघन जंगलों में राणा जी को ढूँढ़ने का शाहबाज खाँ का कार्य अविरत चल रहा था। उसका एकमात्र उद्देश्य राणा प्रताप को पकड़ना ही होने के कारण घने-से-घने गिरि-कन्दराओं में उनकी खोज करने का निर्णय शाहबाज खाँ ने लिया। अरावली के जंगल में ही शाहबाज खाँ हमें खोज रहा होगा ऐसा मन-ही-मन सोचकर राणा जी अरावली पर्वत से निकलकर सोढ़ा प्रदेश के पहाड़ों में जा पहुँचे। वहाँ 'लोयाना' में राव धूला के अतिथि के रूप में रहे। राव धूला ने उनका सत्कार-सम्मान तो किया ही और अपनी कन्या से उनका विवाह भी कर दिया।

बलदेव जी और जैत्र सिंह लगातार राणा जी के साथ थे। भामाशाह जी और ताराचन्द जी मेवाड़ की राज्य-व्यवस्था में लगे हुए थे। इस कारण शाहबाज खाँ ने मध्य मेवाड़ के महाराणा प्रताप के अधीन गए हुए तुर्की थाने अपने कब्जे में कर लिये। प्रताप सिंह को नजरबन्द करना सम्भव नहीं हो रहा था। अकबर का आदेश

तो कठोर था ही पर उससे भी दुष्कर कार्य था महाराणा प्रताप सिंह की छाया का भी पता लगाना।

महाराणा प्रताप ने जीते हुए तुर्की थाने फिर से वापस लाने के अतिरिक्त शाहबाज खाँ के हाथ से कोई विशेष कार्य नहीं हुआ यह ध्यान में आते ही मन-ही-मन उस पर नाराज होकर अकबर ने शाहबाज खाँ को मेवाड़ से वापस बुलाया। उसके बदले रुस्तम खाँ को भेजा। उसके द्वारा राणा प्रताप के विरुद्ध कोई मुहिम सफल होगी यह अकबर को आशा थी।

ये सारी वार्ताएँ राणा जी तक पहुँच रही थीं।

लोयाना से निकलकर चाँवड़ को लौटने की योजना राणा जी ने बनाई। दूसरे दिन प्रात:काल ही चाँवड़ की ओर कूच करने का तय हुआ। तभी रातोंरात खबर आई कि रुस्तम खाँ अजमेर से मेवाड़ की ओर आने के लिए निकला है। चाँवड़ की ओर जाने का इरादा राणा जी को फिर से स्थगित करना पड़ा। राणा जी ने अपने साथियों को लेकर लोयाना छोड़कर मेवाड़ की गिरि-कन्दराओं में जाने का निर्णय लिया। लोयाना से निकलकर ले-देकर दस-बारह कोस सेना गई भी नहीं थी कि बलदेव जी का दूत विशेष खबर लेकर आया।

"शेरपुन्या के कछवाहों ने विद्रोह किया है। उसे शान्त करने के लिए अजमेर का सूबेदार रुस्तम खाँ निकला है।"

तत्काल राणा जी ने मार्ग बदल दिया। राणा जी की सेना चाँवड़ की दिशा में कूच करने लगी।

राणा जी सकुशल चाँवड़ पहुँचे। ले-देकर दो महीने बीत गए। राज्य की व्यवस्था स्थिर करने में कैसे समय व्यतीत हो गया और मेवाड़ में वैशाख की तल्खी कब फैल गई यह पता ही नहीं चला। पशु, पक्षी, पेड़, पत्ते, फूल, सब उदास दिखने लगे। मध्याह्न में भी धूप में घूमनेवाली भेड़ें भी छाया की खोज में भटक रही थीं। ऐसी परिस्थिति में भी राणा जी की योजनाएँ क्रियान्वित हो रही थीं। राणा जी ने राजधानी का सम्मान चाँवड़ को देने से पुलकित भूमि पर श्रमिकों के हाथ सतत श्रम कर रहे थे। राणा जी के परिवार को तुर्की आक्रमण से बचाने के लिए प्रयत्नरत थे।

सुन्दर, भव्य राजमहल, सरदार-सामन्तों के महल, हवेलियाँ, सर्वसाधारण सैनिक और नागरिकों के घर, छोटे-बड़े दालान, चबूतरे, अश्वशालाएँ, गजशालाएँ आदि निर्माण कार्य जारी थे। राजप्रासाद के सामने ही चामुंडा देवी का मन्दिर बनाया गया।

राजा और प्रजा को सुरक्षितता, आवश्यक सुख-सुविधाएँ उपलब्ध हों ऐसे भवनों का निर्माण हो इस उद्देश्य से राणा जी ने भामाशाह जी से कहा, "महाराणा कुम्भा और हमारे पिताजी म्हाराणा उदय सिंह के काल में निर्मित की गई वास्तुओं का अध्ययन करने के लिए शिल्पकारों का एक पथक कुम्भलगढ़, उदयपुर और चित्तौड़ को रवाना किया जाए। निर्माण होनेवाले भवन उन शिल्पकला के आधार पर बनने दें। सभी भवनों में सुख-सुविधा की अपेक्षा सुरक्षितता की ओर अधिक ध्यान हो। जिस समय ये वस्तु निर्मित हुई उस काल में और आज की स्थिति में

परिवर्तन हो गया है इस परिवर्तन को ध्यान में रखकर ही योग्य ऐसे भवनों को निर्मित करें। प्रत्येक भवन में सुरक्षितता होगी और समय पड़ने पर स्वयं की रक्षा के लिए चाँवड़ छोड़ने की स्थिति आई तो बचाव के मार्ग भी होने चाहिए। इस बात का स्मरण बना रहने दें। ऐसी हमारी आज्ञा वास्तुविदों को स्पष्ट और बारीकियों के साथ पहुँचाएँ।

केवल कर्तव्य नहीं तो राष्ट्र के निर्माण कार्य में अपना हिस्सा समझकर कुशल कारीगर और श्रमिक भवन निर्मिति का कार्य पूर्ण कर रहे थे। नई राजधानी के निर्माण कार्य में अपना योगदान उन्हें सुख प्रदान कर रहा था। रुचि के अनुरूप कार्य विभाजन कर उसके अनुरूप समर्थ व्यक्ति की योजना किए जाने पर वह व्यक्ति अपना पूरा चातुर्य और कौशल्य की बाजी लगाकर काम करते हैं यह बात राणा जी अच्छी तरह जानते थे।

राणा जी की भेंट की आज्ञा का कारण विचार करते हुए ताराचन्द जी राणा जी के दालान में आए। इस समय राणा जी को कौन-सा कार्य आ पड़ा इसका उन्हें अन्दाज नहीं हो रहा था? राणा जी के दालान में प्रवेश करते समय भी यही विचार उनके मन में उमड़ रहा था। उनका अभिवादन स्वीकार कर राणा जी ने कहा, "ताराचन्द जी आज हमें आपसे एक महत्त्वपूर्ण कार्य के लिए मिलना था। आपको सौंपा जानेवाला कार्य हमेशा से अलग है।"

"आज्ञा श्री जी" नम्रता से ताराचन्द जी ने कहा, "आप बताएँ कार्य पूरा होगा।"

"ताराचन्द जी, सिसोदिया वंश के अनेक वीरपुरुषों और वीरांगनाओं की शौर्यगाथा आगे आनेवाली पीढ़ी के लिए प्रेरणादायी सिद्ध हो इसके लिए हम उनकी वीरश्री युक्त यशोगाथाओं की निर्मिति करना चाहते हैं। महारानी पद्मिनी बाई सा, गोरा और बादल इनकी स्मृति अमर करने के लिए आप अपना मशवरा दीजिए।" ऐसे कार्य की जिम्मेदारी स्वयं पर आएगी ऐसा ताराचन्द जी को नहीं लगा। वे विचारमग्न हुए।

महारानी पद्मिनी बाई सा और गोरा-बादल इनके बारे में ताराचन्द जी को भी अत्यधिक आदर था। विचारों के अन्त में ताराचन्द जी को एक कल्पना सूझी। उन्होंने नम्रतापूर्वक राणा जी से कहा, "आल्हा-उदल की तरह, महारानी पद्मिनी बाई सा का चरित्र और गोरा बादल की यशोगाथाएँ काव्य-रचना के रूप में लिखी जाएँ। इनमें महारानी पद्मिनी बाई सा का उज्ज्वल चरित्र और गोरा बादल का पराक्रम विशेष रूप से उभरकर प्रदर्शित होगा। हमारे मतानुसार इसके लिए आचार्य हेमरत्न सूरी जी के सदृश योग्य व्यक्ति कोई दूसरा नहीं है।"

"ताराचन्द जी आपने हमारे मन की बात कही। ऐसा ही कुछ हो यही विचार हमारे मन में आया था। यह सम्पूर्ण जिम्मेदारी हम आप पर सौंपते हैं।" राणा जी ने सन्तोष से कहा।

राणा जी की अनुमति लेकर ताराचन्द जी सीधे हेमरत्न सूरी जी के महल में

गए। सूरी जी ने भी राणा जी की कल्पना का स्वागत किया और इस कार्य को शीघ्र ही पूरा करने का संकल्प किया।

कृतसंकल्प के अनुरूप हेमरत्न सूरी जी ने अल्पावधि में ही 'गोरा-बादल पद्मिनी चउपाई' यह अपना ग्रन्थ मंडल गोगवाड नामक ग्राम में विक्रम संवत् 1645 श्रावण शुक्ल पंचमी के दिन प्रकाशित किया।

धूप की तेजी अभी कम नहीं हुई थी कि अजमेर से खबर आई कि कछवाहों को पराजित करने गया सूबेदार रुस्तम खाँ शेरपुर के युद्ध में मारा गया। मेवाड़ पर होनेवाले आक्रमण की छाया यद्यपि तत्काल टल गई थी फिर भी अब्दुर्रहीम खानखाना की अजमेर के सूबेदार के रूप में नियुक्ति होकर अब उसके ही हाथ में मेवाड़ पर आक्रमण करने के सूत्र सौंपे गए हैं यह वार्ता मेवाड़ तक पहुँची। अब्दुल रहीम खानखाना अकबर का स्नेही, दरबारी कवि, लड़ैया और सबसे खास यानी बहराम खाँ का पुत्र था। अकबर की उस पर विशेष कृपा थी। अकबर के साथ और शाहबाज खाँ के साथ मेवाड़ पर आक्रमण में भी उसका सहभाग था। अकबर ने स्वयं उसे अधूरी रही मेवाड़ की मुहिम पूरी कर राणा प्रताप को कैद करने का कार्य सौंपा। उसके अन्दाज के अनुसार मेवाड़ में अपनी सहायता करने के कारण यह योद्धा राणा प्रताप का सहज ही दमन कर सकेगा।

खानखाना के सहृदय भावुक मन में राणा प्रताप के प्रति श्रद्धा रहने के कारण वह धर्मसंकट में पड़ा। पर अकबर का सूबेदार होने के कारण राजाज्ञा का उल्लंघन करना भी असम्भव था, इसलिए मेवाड़ पर आक्रमण करने की योजना बनाना आरम्भ कर दिया।

उसने अपना परिवार-कबीला शेरपुर में रखा और वह महाराणा प्रताप की खोज में निकला। यह वार्ता महाराणा प्रताप सिंह को मिलते ही वे दोलाणा की दिशा में निकल गए। खानखाना का ध्यान दूसरी ओर बँटाने के लिए अमर सिंह के नेतृत्व में योद्धाओं के दल ने शेरपुर पर आक्रमण करने का तय किया।

कुँवर अमर सिंह के आधिपत्य में मेवाड़ के योद्धा शेरपुर की ओर कूच करनेवाले हैं यह ज्ञात होते ही यमुना देवी के हृदय में हलचल मच गई। अमर सिंह का पराक्रम जैसा उन्होंने देखा था वैसे ही उन पर आया हुआ प्राणान्तक प्रसंग भी अनुभव किया था। उस समय बलदेव जी के पास आग्रह कर दिवेर के युद्ध में खुद का सहभाग तय कर लिया था। बलदेव जी को इस साहसी, शूर पर जिसे मूँछें भी नहीं आई हों ऐसे कोमल युवा पर अतिशय स्नेह प्रतीत हो रहा था। यमुना देवी भी काका सा, काका सा कहते-कहते उनके इर्द-गिर्द मँडराती रहती हैं। बलदेव जी इसीलिए अदब से और आदर से सम्बोधित करनेवाले, काका सा कहकर निकटता साधनेवाले सुकुमार पर नाज करते। आज बलदेव जी और राणा जी समवेत ढोलान गए हुए थे। अतः यमुना देवी को कुछ भी नहीं सूझ रहा था।

"किस चीज का विचार कर रही हो देवी," फूलकुँवर बाई सा ने पूछा और अपने ध्येय तक पहुँचने का मार्ग यमुना देवी को प्राप्त होते ही वे खुश हुईं। फूलकुँवर बाई सा के दोनों हाथ अपने हाथों में लेकर उनके साथ चक्कर लगाते हुए वे बोलीं, "जीजी, हम आज बहुत खुश हैं, आज हमें पुरस्कार चाहिए ही।"

"अरे वाह, खुश तुम हो और पुरस्कार हम दें? यह तो उलटा ही न्याय है, तुम्हें ही हमें पुरस्कार देना चाहिए। खुश हुईं, तो खुशी का कारण तो बताओ और छोड़ो हमें चक्कर आ जाएगा। इन दिनों में..."

फूलकुँवर बाई सा शर्मसार हो गईं। उनका आशय ज्ञात होते ही यमुना देवी की खुशी को और भी अधिक उफान आ गया वे बोलीं, "कैसे चोर पकड़ाया? अब तक बतलाईं नहीं न आपने यह खुशखबरी। अब तो बिना पुरस्कार दिए आपको छोड़ेंगे ही नहीं, अन्यथा आपका यह रहस्य कुँवर जी को जाकर बतला दूँगी।"

"हाय दैया! नहीं, कुछ भी नहीं बताना।"

"फिर हमारे पुरस्कार की बात करें, शरारती मुद्रा में यमुना देवी ने कहा। तो तुम यूँ नहीं मानोगी। उसके सामने नाटकीय रूप में फूलकुँवर बाई सा ने कहा, कबूल, पुरस्कार पक्का, क्या माँगना है माँगो।"

यमुना देवी की खुशी दालान-भर बिखर गई अपने ही चारों ओर एक बार चक्कर लगाकर बोलीं, "अब बनी ना बात! जीजी देखो अपनी बात से पलट तो नहीं जाएँगी न? नहीं, राजपूतानी भला वचन से कैसे फिरेगी। माँगो जो माँगना हो। कुँवर अमर सिंह की पत्नी हैं हम और क्यों देवी इतना क्या माँगनेवाली हो? हमारे कुँवर जी को तो नहीं माँगोगी न? देखो बाई, सहेली से सौत तो नहीं बनोगी। फूलकुँवर बाई सा ने कहा।

"नहीं जीजी, ऐसा कुछ नहीं होगा पर माँगनेवाले हैं एक साथीदार ही।"

"साथीदार? भला किसलिए?"

"युद्ध क्षेत्र में जाने के लिए जीजी, हमें हमारे कुँवर जी के योद्धाओं के साथ युद्धभूमि पर जाने की तमन्ना है, बल्कि जिद है हमारी। हम शेरपुर के युद्ध में तलवार की झनझनाहट दिखाना चाहते हैं।" यमुना देवी ने गम्भीरता से कहा।

यमुना देवी के बोलने से फूलकुँवर बाई भी सोच में पड़ गईं। यमुना देवी की हमेशा की शरारती मुद्रा होगी ऐसा उन्हें लगा पर अब उन्हें यमुना देवी के प्रौढ़ मन का दर्शन हुआ। यमुना देवी के दिलखुलास व्यवहार में कहीं किसी दुख का काँटा विद्यमान है ऐसा उन्हें हमेशा लगता था पर जब-जब यह विषय निकलता तब-तब यमुना देवी का रूप कुछ अलग ही नजर आता। फूलकुँवर बाई सा के कन्धों पर मस्तक रख उन्होंने अपनी भावनाओं को व्यक्त किया। कई बार पूछने के बाद भी आँसुओं की बारिश का कारण क्या है यह फूलकुँवर बाई सा को समझ में नहीं आया। आखिर उनके लिए कुछ निश्चित करने का आश्वासन फूलकुँवर बाई सा के दिए जाने पर ही वे शान्त हुईं।

अपना आश्वासन फूलकुँवर बाई सा ने सच किया। उनके बन्धु राणा जी की सेवा में थे। वे अमर सिंह के साथ शेरपुर की मुहिम पर भी जानेवाले थे। उनकी विनती

कर राखी की शपथ देकर फूलकुँवर बाई सा ने यमुना देवी को मुहिम में शामिल करवा दिया तब उन्हें अच्छा लगा। इस योजना के बारे में भाई-बहन के अतिरिक्त किसी को भी मालूम नहीं था।

शेरपुर में तुर्की सेना और अमर सिंह की सेना का जब सामना हुआ तब दोनों ही सेनाएँ एक-दूसरे पर टूट पड़ीं। इस मुठभेड़ में एक योद्धा इतनी कुशलता से जूझ रहा था कि कुँवर अमर सिंह को भी आश्चर्य लगा। अपने दल का यह वीर योद्धा कौन है? यह उन्हें भी पता नहीं था। पाँच-पाँच बलशाली सेनानायकों से वह अकेला जूझ रहा था। प्रसंग की गम्भीरता पहचान अमर सिंह सहायता के लिए आगे बढ़े पर पहुँचने तक एक जानलेवा वार लगकर वह अनामिक योद्धा धरती पर गिरने लगा, अमर सिंह ने उसे अपने अश्व पर से सँभाला। बाँहों में विश्राम कर रहे उस वीर का चेहरा उन्हें परिचित-सा लगा। उस पर शोभायमान अपरिमित समाधान का भाव वे देख रहे थे कि अमर सिंह के हाथों की कटार योद्धा के शिरस्त्राण को लगकर उसका शिरस्त्राण गिर पड़ा और उनके पीछे लम्बी केशराशि की रेशमी लड़ियाँ नीचे आ गईं। कुँवर सिंह अवाक् रह गए। मूर्च्छितावस्था में पड़ी उस युवती को लेकर वे अपने ठिकाने आए।

मूर्च्छितावस्था दूर करने के प्रयत्नों में यमुना देवी के कमरबन्द में बँधा कुँवर सिंह को लिखा गया पुराना खत अमर सिंह के हाथों लगा। यमुना देवी कुछ पलों के लिए होश में आईं। कुँवर अमर सिंह को अपने समीप देखकर वैसे भी स्थिति में उनके चेहरे पर स्मित झलका। अन्तर्मन की इच्छा पूर्ण हो गई थी। तत्काल उन्होंने कुँवर जी की चरणधूलि मस्तक पर लगाई। उस परमसौख्य के क्षणों में उन्होंने सौभाग्यालंकार पहनकर वीरगति प्राप्त की।

यमुना देवी के अचेतन देह के पास से, उनकी स्मृति में डूबे हुए मन को बड़े कष्ट से सँभालकर अमर सिंह फिर से युद्धक्षेत्र में निकले। इस सामान्य-सी छिटपुट लड़ाई में व्यर्थ ही यमुना देवी की बलि दी गई। कुँवर अमर सिंह जब युद्ध क्षेत्र पहुँचे तब युद्ध करीब-करीब समाप्तप्राय हो चला था। कुछ ही क्षणों में अमर सिंह के सैनिकों के आगमन होते ही खानखाना का परिवार अमर सिंह के अधीन हो गया।

अमर सिंह बड़े पसोपेश में पड़ गए, अब इस परिवार के बारे में क्या निर्णय लिया जाए उन्हें समझ में नहीं आ रहा था। आज तक कभी ऐसा घटित नहीं हुआ था। किसी युद्ध में शत्रु के कबीले को अपने अधीन लेकर उनकी जिम्मेदारी निबाहने का प्रश्न खड़ा ही नहीं हुआ था। इस स्थिति से कैसे मार्ग निकाला जाए यह उन्हें स्पष्ट नहीं हो रहा था। राणा जी की सलाह लेना सम्भव नहीं था। वे बहुत दूर ढोलान के पहाड़ में थे।

"अभी इस परिवार को बन्दी बनाकर चाँवड़ ले जाया जाए, राणा जी ही इस सम्बन्ध में निर्णय लेंगे।" ऐसा विचार मन में कर उन्होंने खानखाना के परिवार को चाँवड़ की ओर ले जाने की आज्ञा अपने सैनिकों, योद्धाओं को दी। यमुना देवी

के अलौकिक प्रेम के साक्षात्कार का पारस स्पर्श उनके मन को हो रहा था, इस अस्वस्थता के कारण ही सम्भवत: खानखाना के परिवार के सम्बन्ध में निर्णय उन्हें लेते नहीं बना यह सच है।

"अपनी प्रतिज्ञा के लिए इस सुकुमारी ने समर्पण किया अब तो अपनी प्रतिज्ञा जान से भी बढ़कर निबाही जानी चाहिए" ढोलान के पहाड़ से लौटने पर राणा जी के मन में आया, "सखी, सौत भी हुई होती तो भी चलता पर देवी ऐसी हमें छोड़कर क्यों गई? तुम कुँवर जी की सच्ची सहेली साबित हुईं। उनके साथ जीवन नहीं बिता सके इसलिए उनकी बाँहों में मृत्यु को स्वीकार किया।" यमुना देवी की वीरगति और अमर सिंह को उन्होंने लिखा पत्र का समाचार ज्ञात होने पर फूलकुँवर बाई सा यमुना देवी के लिए शोक अभिव्यक्त कर रही थीं।

पृथ्वीराज जी को क्या जवाब दें इस विचार में राणा जी खोए थे।

अपने कुटुम्बियों का राणा जी के आधिपत्य में जाने की वार्ता सुनकर खानखाना अस्वस्थ हो गया। राणा जी की ओर से अपने परिवार को धोखा हो सकता है ऐसा स्वप्न में भी उसने सोचा नहीं था, पर दूत प्रत्यक्ष घटित हुई घटना बतला रहा था। राणा प्रताप सिंह ढोलान गए हैं ऐसा ज्ञात होते ही खानखाना ढोलान की दिशा में मुड़ा था। ले-देकर दस-बारह कोस पहुँचने के पहले ही कुँवर अमर सिंह ने शेरपुर पर आक्रमण कर दिया था। सारी उलझनें सुलझाने के लिए शेरपुर पहुँचना आवश्यक था। खानखाना ने शेरपुर की ओर कूच किया।

खानखाना शेरपुर जब पहुँचा तब राणा जी का जासूस उनके इन्तजार में ही था। खानखाना के आते ही अदब से अभिवादन कर उसने राणा जी के सन्देश की थैली उनको सौंपी।

खानखाना ने राणा जी का सन्देश पढ़ा।

अब्दुर्रहीम खानखाना जी, आदाब!

आपका परिवार सुरक्षित है। कुँवर अमर सिंह ने आपके परिवार को अपने अधीन लेने की गलती की, इस बारे में हम शर्मिन्दा हैं। कुँवर जी को इस गलती के लिए माफी मिलेगी ऐसी उम्मीद है। जैसे ही हमें यह सन्देश पहुँचा तत्काल हमने आपके परिवार को सम्मानपूर्वक आपकी ओर भेजने की आज्ञा दी। आपके तरफ की स्त्रियाँ हमारी माँ-बहनें ही हैं। उन्हें ससम्मान विदा किया है।

—महाराणा प्रताप सिंह

राणा जी का सन्देश पढ़ते-पढ़ते खानखाना के नेत्रों से आनन्दाश्रु प्रवाहित होने लगे। जिस राणा की माँ-बहनें हमारे हुजूर के राज्य में सुरक्षित नहीं हैं वह बड़े मन से हमारी बहू-बेटियों की इज्जत की रक्षा करता है। सचमुच राणा प्रताप महान हैं। खानखाना ने राणा जी के जासूस का हालचाल जाना, उसकी व्यवस्था की। खानखाना

की बेगमें राणा जी के औदार्य का वर्णन उत्तेजित होकर रही थीं।

खानखाना ने जासूस के हाथों सन्देश भिजवाया—

महाराणा प्रताप सिंह

आप सच्चे अर्थों में प्रतापी हैं। हमारा परिवार आपके महलों में सुरक्षित रहेगा ऐसा हमारा विश्वास था। अमर सिंह के बारे में हमारे मन में कोई दुराग्रह नहीं है। हम अपनी भावनाएँ काव्य-पंक्तियों में व्यक्त कर रहे हैं, स्वीकार करें।

धर्म रहसी, रहसी धरा, खप जासी सुरसाण।
अमर विसम्भर उपरो, राखौ नह जो राण॥

—रहीम

"हे मेवाड़ के महाराणा, तुम्हारा धर्म और तुम्हारी धरा हमेशा के लिए अबाधित रहेगी। उस विश्वम्भर पर अटल विश्वास रखो। तुम्हारे ये दिन भी निकल जाएँगे।"

बलदेव जी को राणा जी का यह रूप देखकर बड़ा समाधान महसूस हो रहा था। उनके इस बात का उल्लेख करने पर राणा जी ने कहा, "बलदेव जी, इसमें कौन सी विशेष बात है? हमने अपना कर्तव्य ही किया। जो मानवोचित कर्तव्य है, उसकी क्या तारीफ! ऐसे में बिना प्राप्ति की उम्मीद के काम न करने की प्रवृत्ति बढ़ती है।"

अब्दुल रहीम खानखाना के बारे में घटी घटना अकबर के कानों में पड़ते ही "अपना यह भी सेनानायक राणा प्रताप को नजरकैद नहीं कर सकता" यह बात मन-ही-मन उसने स्वीकार कर ली। अकबर ने खानखाना को अजमेर के सूबेदार पद पर ही रखा परन्तु जगन्नाथ कछवाहा को ससैन्य मेवाड़ भेजने का तय किया। इसके सिवाय राणा प्रताप की पराजय के लिए दूसरा पर्याय नहीं था।

"राजा जगन्नाथ कछवाहा ये भगवानदास जी के अनुज," महाराणा प्रताप सिंह अपने साथियों को आनेवाले युद्ध की योजना समझाकर बतला रहे थे। "हल्दी घाटी के युद्ध में वे अकबर की ओर से कुँवर मानसिंह के आधिपत्य में लड़े थे।"

"उनसे होनेवाले युद्ध के लिए दाँव-पेच बनाने ही होंगे," जैत्र सिंह ने कहा।

"जैत्र सिंह, राजा जगन्नाथ कछवाहा के साथ बख्शी मीर जफरबेग आनेवाले हैं इसकी खबर आपके कानों तक पहुँची ही होगी। वह मेवाड़ में आते ही विध्वंस की शुरुआत करेगा। इस दृष्टि से हमें भी कुछ ठोस कदम उठाने होंगे। बलदेव जी, जफरबेग की योजनाओं की जानकारी प्राप्त करने का प्रयत्न करें।"

"जैसी आज्ञा राणा जी। हम तुरन्त ही वह व्यवस्था करेंगे। जगन्नाथ कछवाहा के साथ सैयद राजू भी है ऐसी खबर है," बलदेव जी ने कहा।

जगन्नाथ कछवाहा को शह कैसे दी जाए? इसकी निर्णायक योजना तैयार होकर सभा बरखास्त हो गई।

मेवाड़ ने ठंड की चादर ओढ़ ली थी। जगन्नाथ कछवाहा ने मेवाड़ में प्रवेश किया तब गहरे कुहरे का साम्राज्य फैला हुआ था। मार्ग भी खोजना कठिन हो रहा था, वहाँ आक्रमण तो असम्भव प्रतीत हो रहा था। ऐसी प्रतिकूल परिस्थिति में कछवाहा अपनी योजना क्रियान्वित कर रहे थे। मध्य मेवाड़ में आने के क्षण के साथ ही महाराणा प्रताप ने कब्जा किए हुए थाने अपने अधिकार में लिये।

आरम्भ में 'मोही' थाना तुर्कों के कब्जे में गया इसके बाद मांडलगढ़ और मदारिया ये थाने तुर्कों के अधिकार में गए। मांडलगढ़ की व्यवस्था सैयद राजू को सौंपकर जगन्नाथ कछवाहा राणा प्रताप की खोज में निकले। जहाँ-जहाँ राणा जी के होने की सम्भावना थी वहाँ-वहाँ राणा जी को ढूँढ़ा, पर हर बार खाली हाथ लौटना पड़ा। इसके अतिरिक्त कुछ भी हासिल नहीं हुआ।

महाराणा प्रताप सिंह ने अपना युद्ध का पैंतरा बदला। चित्तौड़ के मार्ग से मोही की ओर जाकर तुर्कों ने कब्जा किए हुए थानों को पुनः प्राप्त करने की योजना बनाने के प्रयत्नों में वे लगे। सैयद राजू को उनका सामना करने के लिए फिर से मोही की ओर जाना पड़ा। पर उसके वहाँ पहुँचने तक राणा जी चित्तौड़ के आसपास के पहाड़ों में निकल गए। सैयद राजू निराश होकर फिर से मांडलगढ़ लौट गया।

राणा जी कुम्भलगढ़ पर पहुँचे होंगे ऐसी कल्पना कर जगन्नाथ कछवाहा ने कुम्भलगढ़ पर आक्रमण किया पर वहाँ राणा जी की परछाईं तक नजर नहीं आई। इस कारण हताश हुए कछवाहा जहाँ कहीं संशयी व्यक्ति नजर आते वहीं राणा जी के बारे में पूछताछ करने लगे पर राणा प्रताप का कोई सुराग नहीं हासिल हुआ।

उसी समय मांडलगढ़ से सैयद राजू राणा जी को ढूँढ़ने कुम्भलगढ़ पहुँचा तब किसी भी तरह ही आहट दिए बिना प्रताप सिंह कुम्भलगढ़ से चित्तौड़ की ओर गए ऐसा पता चला। सैयद राजू ने भी अपना मोर्चा चित्तौड़ की ओर मोड़ दिया। राणा प्रताप का नाखून भी न दृष्टिगत हुए सैयद राजू को लौटना पड़ा। उसी समय कछवाहा की सेना भी राणा जी को ढूँढ़कर लौट रही थी। दोनों सेनाएँ फिर इकट्ठी हुईं। दोनों सेनाओं के सैनिकों ने प्रताप सिंह को ढूँढ़ने के लिए गिरि-कन्दराएँ पैरों तले रौंद डालीं पर कहीं भी राणा जी नजर नहीं आए। मार्ग में दिखाई देनेवाले किसी भी व्यक्ति को रोककर, कष्ट देकर, छल करके वे राणा प्रताप का 'अता-पता' पूछ रहे थे पर परिणाम शून्य ही रहा।

"अरे? राणा जी अभी-अभी चित्तौड़ की ओर जाते दिखाई दिए।"

"नहीं, राणा जी तो अभी-अभी गोगुन्दा की दिशा में जाते दिखे।"

जिसने जिधर बतलाया उधर जगन्नाथ कछवाहा और सैयद राजू अपनी-अपनी सेनाएँ लेकर दौड़ रहे थे।

"राणा प्रताप यहाँ नहीं।"

"राणा प्रताप वहाँ नहीं।"

"राणा प्रताप कहीं भी नहीं।"

"अभी तो यहीं थे।"

"इतने में कहाँ पहुँचे होंगे?"

जगन्नाथ कछवाहा और सैयद राजू राणा जी को ढूँढ़-ढूँढ़कर परेशान हो गए। आखिर में उन्होंने उनके मार्ग में आनेवाले मेवाड़ प्रान्त को उद्ध्वस्त करना आरम्भ कर दिया।

'खिसियानी बिल्ली खम्भा नोचे दूसरा क्या?' उन लोगों की जल्दबाजी, भागदौड़ देखकर भामाशाह जी ने स्वयं से कहा। लगातार ग्यारह महीने यह लुका-छिपी चलती रही। मेवाड़ का परिचय होने के अतिरिक्त कछवाहा के हाथों में कुछ भी नहीं आया। उसी समय सम्राट अकबर ने मानसिंह को काबुल-कन्धार की मुहिम पर भेजने का निर्णय लिया है। यह ज्ञात होते ही जगन्नाथ कछवाहा ने मेवाड़ से अपनी सेना सहित निकलना श्रेयस्कर समझा। अपने पाँव पीछे निकाल लिये।

महाराणा प्रताप सिंह को पकड़ने का अकबर का यह प्रयत्न भी नाकामयाब रहा। अपने दालान में वह स्वयं से ही कह रहा था, "हमें यकीन है कि ये लोग कीका को नहीं पकड़ पाएँगे। जो बात हमारे भी बस की नहीं हो पाई उसे दूसरा कोई अंजाम दे पाएगा, यह हमने कैसे सोच लिया?" खुद पर ही नाराज होते हुए उसने विचार किया, "अब बस हो गई यह जानलेवा भागदौड़। इसमें ही खजाना खाली होने की नौबत आ गई है। कछवाहा को ससैन्य वापस बुलाने का निर्णय अकबर ने लिया।"

जगन्नाथ कछवाहा फतेहपुर सीकरी लौटे तो सारे पाश लपेटकर ही लौटे। अकबर ने मेवाड़ का विचार मन से निकाल देने का निर्णय लिया है यह जानते ही मेवाड़ ने छुटकारे की साँस ली।

मेवाड़ आज सुख की निद्रा अनुभव लेनेवाला था।

जगन्नाथ कछवाहा और सैयद राजू ने उद्ध्वस्त किए मेवाड़ की पुन: स्थापना करने का कार्य राणा जी ने तत्काल जैत्र सिंह को सौंपा और स्वयं गोगुन्दा में एक विराट सभा के आयोजन की तैयारी में लग गए।

"चित्तौड़गढ़ छोड़कर करीब 18 वर्षों की अवधि गुजर जाने पर आज गोगुन्दा में बड़ी सभा का आयोजन किया जा रहा है।" जैत्र सिंह ने कहा, "चित्तौड़ छोड़ने के बाद प्राप्त हुई यह पहली विश्रान्ति है। लगातार युद्ध, उसकी तैयारी, शोर-शराबा, आक्रमण और प्रतिआक्रमण का दौर जारी है।"

"आप इस संघर्ष से थक गए हैं जैत्र सिंह?" बलदेव जी ने पूछा।

"नहीं बलदेव जी, हम जरा भी थके नहीं हैं। उलटे युद्धों की इतनी आदत हो गई है कि युद्ध के बिना चैन नहीं पड़ता।"

"युद्ध तो अटल है। उसके सिवाय अपनी भूमि का संरक्षण कैसे करेंगे? अभी तुर्कों के अधिकार में गए हुए अपने 36 थाने हमने वापस ले लिये हैं। सिर्फ चित्तौड़-मांडलगढ़ शत्रु के अधिकार में हैं। राणा जी को वे वापस मिले बिना चैन नहीं पड़ेगा। बारह वर्षों से लगातार लड़कर, प्रचंड सेना होने पर भी, अनेक राजपूतों का सहयोग

प्राप्त अकबर के हाथों में आज क्या बचा है? सिर्फ दो थाने और मेवाड़वासियों के शाप" बलदेव जी बोले। वे दोनों दो दिनों बाद होनेवाली सभा का आमंत्रण देने में लगे हुए थे।

विजयोत्सव और संघर्ष समाप्ति के आनन्द से उल्लसित लोग सभा में बड़ी मात्रा में उपस्थित थे। इन 18 वर्षों में राणा जी को साथ देनेवाले वीर, जो धरा पर समर्पित हो गए उनके वंशज, आसपास के मेवाड़ से स्नेह सम्बन्ध रखनेवाले शासक और प्रजा आनन्द के उत्साह में थी। सबको राणा जी के राजतिलक के अवसर पर गोगुन्दा में हुई सभा याद आ रही थी परन्तु दोनों में बड़ा अन्तर था। उस समय राणा जी का राजतिलक हुआ था और इस भूमि के लिए सर्वस्व अर्पण करने की प्रतिज्ञा उन्होंने की थी।

अनुभव की परिपक्वता से राणा जी का व्यक्तित्व अधिक प्रभावी दिखाई दे रहा था। सभा को सम्बोधित करने के लिए जब वे खड़े हुए तब उनके मुख पर कार्यपूर्ण करने का समाधान दृष्टिगत हो रहा था, तो चित्तौड़ अप्राप्य रह जाने की पीड़ा भी परिलक्षित हो रही थी। सुहृदों को सम्बोधित करते हुए राणा जी ने कहा—

"आज हम फिर से एकत्र हुए हैं। आज की शान्तता की शाश्वस्ति नहीं थी। एकलिंग जी के आशीर्वाद से हमारे मातबर सामन्त सरदारों ने, कुशल योद्धाओं ने, मेवाड़वासियों ने अपने बल पर यह क्षण प्राप्त किया है। सभी लोगों की सहायता से हम भूमि की स्वतंत्रता बनाए रख सके। सूर्य वंश का पराक्रम, तेज, निष्ठा और कर्तव्यपरायणता के आधार पर मेवाड़ का स्वामित्व बनाए रख सके। खोई हुई स्वतंत्रता वापस प्राप्त करना, स्वतंत्र रूप से अपने राज्य की स्थापना करना और चारों ओर फैली अराजकता की आग में अपनी पूर्वापर से चली आई स्वतंत्रता बनाए रखना, इन बातों में फरक है। इसके लिए योद्धाओं ने प्राणों की बाजी लगाई, पराक्रम की पराकाष्ठा की और स्वाभिमान से स्वतंत्र व्यक्ति के रूप में जीने का अधिकार प्राप्त किया। यह मातृभूमि के लिए उन्होंने किया कर्तव्य ही था यह सच है पर विपरीत समय में जहाँ रीति का ही अभाव नजर आता है वहाँ कर्तव्य की बात तो दूर ही रहती है। इसीलिए हमारे सामन्तों, सरदारों, प्रजा ने हमारे स्नेही शासकों ने मेवाड़ के ध्वज के नीचे एकत्र होकर जो टक्कर दी उसका कोई सानी नहीं। अपनी उज्ज्वल गाथा आगे की पीढ़ी में सुवर्ण अक्षरों में लिखी जाएगी या नहीं इसकी गवाही हम नहीं दे सकते फिर भी मेवाड़ की भूमि का प्रत्येक कण, अरावली पर्वत की हरेक चट्टान, वृक्षवल्लियाँ मेवाड़ की यशोगाथा युगों-युगों तक जतन करके रखेंगी। यहाँ आनेवाले हरेक व्यक्ति को इसकी अनुभूति होगी यह हम निश्चित रूप से कह सकते हैं।

जिन्होंने हमारे साथ बराबरी से इस संग्राम में कार्य किया है उनके प्रति हम अन्तर्मन से कृतज्ञ हैं। यह व्यक्त करने में हमारी वाणी असमर्थ है। इस एहसान को उतार पाना असम्भव ही है।

आज तक सभाएँ केवल युद्ध नीति और युद्ध की योजनाएँ बनाने के लिए ही आयोजित की जाती रही हैं। आज की यह सभा मेवाड़ की राज व्यवस्था को पूर्ववत

बनाने के लिए आयोजित है। आपने जैसे युद्धक्षेत्र में हमारी सहायता की वैसे ही मेवाड़ की सुव्यवस्था बनाए रखने के लिए, राज्य शासन के सुचारु क्रियान्वयन के लिए भी आपका साथ हमें मिलेगा इस बारे में हम नि:शंक हैं।

राणा जी बोल रहे थे और प्रजाजन अन्तर्मन से कान लगाकर सुन रहे थे। श्री जी का यह नया रूप नई आकांक्षाएँ समझने को आतुर थे। काफी देर से राणा जी की वाणी का प्रवाह जल की तरह कलकल करता बह रहा था और उसमें सभी सभाजन अवगाहन कर रहे थे। राणा जी की भावनाएँ आज मेघों की तरह बरस रही थीं। राजकार्यों के अनेक मनसूबे रचे जा रहे थे। प्रजाजनों के हितार्थ, मेवाड़ की सुरक्षितता, कलागुणों की रक्षा करने की, मेवाड़ की समृद्धि और प्रगति की योजनाएँ सम्मुख रखी जा रही थीं। राणा जी की वाणी से हो रहे मौक्तिकों को मेवाड़वासी हृदय की मंजूषा में अत्यन्त मृदुता से आग्रहपूर्वक सँजो रहे थे।

इस प्रसंग पर राणा जी ने अपने हाथों योद्धाओं का सम्मान किया, सम्मान के वस्त्र, अश्व, पगड़ी और शस्त्र देकर। पूंजा जी द्वारा किए कार्यार्थ उन्हें 'राणा' यह उपाधि दी। झाला मानसिंह जैसे वे सर हाथों पर लेकर जूझे और जिन्होंने अपने जीवन का सर्वस्व बलिदान किया उनके साथ-साथ औरों का भी स्वतंत्रता संग्राम का योगदान समझकर उन्हें सेना में अग्रभाग में स्थान दिया। अनेकों को मान के वस्त्र देकर उनका सम्मान किया। इसके अतिरिक्त उन्हें या उनके वंशजों को पट्टे दिए तो भी राणा जी को सन्तोष हुआ नहीं यह निश्चित।

प्रजाजनों के बारे में स्थिति ऐसी थी कि कोई लाखों के मूल्य की वस्तुएँ भी दें तो भी इस सम्मान के सामने वह तुच्छ थीं। राणा जी के हाथों मिलनेवाला रस्सी का कड़ा भी उनके लिए अनमोल था। आज तो सम्मान मिल रहा था, प्रजा के नेत्रों से कृतज्ञता झलक रही थी।

चाँवड़ में आने के बाद से हिरण की गति से दिन भाग रहे थे। कार्यों की अधिकता बढ़ गई थी, उसमें से अवकाश मिलना कठिन ही था। करीब-करीब 20 वर्षों की घमासान लड़ाई के बाद राणा जी को विश्राम प्राप्त होगा ऐसा प्रतीत हो रहा था पर अब तो भागदौड़ और भी बढ़ गई थी। वस्तुत: जो कार्यव्रती होते हैं उनके माथे विश्राम, निद्रा, स्वस्थता, शान्तता ये बातें लिखी ही नहीं होतीं।

राणा जी को भी हाथ में लिये कार्यों की चिन्ता थी ही फिर भी वे अदम्य उत्साह से कार्य कर रहे थे। क्षण-भर का भी आराम न करते हुए राणा जी ने मेवाड़ की व्यवस्था की और व्यापार उद्योग के लिए अलग-अलग प्रान्तों से सम्बन्ध स्थापित किए। यातायात के मार्ग प्रशस्त किए। सिरोही के राव सुरत्राण राणा जी के विशेष स्नेही थे। विकट परिस्थिति में राणा जी को सभी अर्थों में मदद करनेवालों में से वे एक थे। जब सिरोही पर तुर्की आक्रमण हुआ तब राणा जी ने सहायता के लिए किया आवाहन स्वीकार किया। उन्होंने यह निर्णय लिया है यह ज्ञात होते ही 'अगर' और 'सगर' ये

उनके बन्धु उनसे मिलने आए। अभिवादन की औपचारिकता सम्पन्न होने पर राणा जी द्वारा उनकी क्षेम-कुशल पूछते ही अगर जी ने कहा, "राणा जी राव सुरत्राण की सहायता के लिए आप सेना भेजनेवाले हैं ऐसा ज्ञात हुआ है क्या यह वार्ता सच है?"

"हाँ अगर जी, अपने को सहायता करनेवालों ने यदि सहायता की आवाज दी तो उनके लिए जो सम्भव हो वह करना क्या उचित नहीं है क्या?"

"आपका कहना उचित है राणा जी अन्य समय में यह भावना ठीक है पर इस समय...?"

"इस समय? इस समय ऐसा क्या घटित हुआ अगर जी हमारे ध्यान में आया नहीं।" राणा जी ने आश्चर्य से पूछा।

"इस समय सिरोही पर आक्रमण करनेवाली तुर्की सेना में बन्धु जगमाल और उनके सैनिक भी सहभागी हैं।" सगर जी ने कहा, "इसलिए आप राव सुरत्राण को सहायता करने के निर्णय पर पुनर्विचार करें, ऐसा हमें मन से लगता है।"

राणा जी गम्भीर हो गए। विचारों में डूब गए। इन दोनों बन्धुओं को क्या उत्तर दें यह उन्हें समझ में नहीं आ रहा था। उन्हें ऐसा विचारमग्न देखकर वे निर्णय का सचमुच फिर से विचार कर रहे हैं ऐसा सोचकर अगर जी ने फिर से कहा, "राणा जी तुर्क क्या और सुरत्राण क्या। दोनों ही आपके लिए पराये हैं पर जगमाल आपके बन्धु हैं।"

राणा जी ने दोनों की ओर पैनी निगाहों से देखा, वे घबरा गए। अगर जी पक्ष सँभालते हुए बोले, "नहीं, हम उनकी तरफदारी नहीं कर रहे हैं। उन्होंने तुर्कों से मिलने का अपराध किया है..."

"नजरअन्दाज कर दिया जाए ऐसा वो प्रमाद नहीं है अगर जी फिर जिस वक़्त मेवाड़ अत्यन्त विकट परिस्थिति में था, उस वक़्त बन्धु जगमाल को उनसे कुछ भी देना-लेना नहीं था। राव सुरत्राण ने जरूर हमारी सहायता की यह हम कदापि भूलेंगे नहीं। हम कृतघ्न नहीं, हमारा निर्णय यथावत है।"

राणा जी के निश्चय के सामने अपना कुछ भी चलेगा नहीं यह उन दोनों को पूरी तरह मालूम था।

वे जैसे आए वैसे ही लौट गए।

कुछ ही दिनों में राव सुरत्राण से हुए युद्ध में लड़ते-लड़ते जगमाल सिधार गए फिर भी राणा जी ने इस युद्ध से अपना हाथ निकाल नहीं लिया। इसी कारण नाराज होकर अगर और सगर ये राणा जी के बन्धु तुर्कों से जा मिले। विधिलिखित कोई भी टाल नहीं सकता यह सच है।

आनन्द के, कर्तव्यपूर्ति के और स्वजनों के सहवास में दिन पलों की तरह गति से भागते हैं और मनस्ताप वाले, उद्विग्नता वाले, संकट के क्षण युगों-युगों जैसे धीमी गति से रेंगते हुए से व्यतीत होते हैं इस बात की प्रतीति राणा जी को क्षण-क्षण हो रही थी। जगमाल तुर्कों से जा मिले तब उनके साथ उनके स्नेही, साथी और आश्रित भी गए। जगमाल की मृत्यु का कारण राणा जी हैं ऐसा मन में रख सगर-अगर भी तुर्कों

की ओर चले गए। इस घटना से राणा जी का मन दुखी हो गया।

राणा जी के दरबार में जासूदा ने खबर लाई—

"जाड़ा मेहड़ू ये जगमाल के हितचिन्तक और आश्रित थे। अगर-सगर तुर्कों से जा मिले तब जाड़ा मेहड़ू ने उन्हें सन्देश भेजा—

हाथी बँध घणा, घणा खैमरबँध
कसूं हजारी गरब करो।
पातल राण हसैं त्या पुरसां
माडे महला पेट भरो॥

जासूद आगे बताने लगा, "अपने पद्यों के माध्यम से मेहड़ू जी ने स्पष्टतः कहा, "आपके पूर्वज गजपति और अश्वपति के रूप में प्रसिद्ध हैं। आप अकबर जैसे विदेशी शासक के तीन हजारी, पंच हजारी मनसबदार के रूप में कैसे गर्वानुभव करते हैं? भाड़ेवाले सैनिक के रूप में राजमहल में पेट भरने में ही कर्तव्य की इतिश्री माननेवालों को महाराणा प्रताप हँसेंगे नहीं क्या? उनकी कविता का मर्म अवगत होते ही दोनों बन्धु शर्मिन्दा हुए पर क्या फायदा? पहुँचे वे अकबर के दरबार में ही न?" जासूद ने कहा, "राणा जी को जगमाल जी के चारण का आश्चर्य लगा।" मेवाड़ के चारण की यही विशिष्टता है कि अपने स्वामी को भी दुराचरण के लिए स्पष्टता से जवाब माँगने वे आगे-पीछे नहीं रहते।" राणा जी ने उस चारण के लिए पुरस्कार भेजा।

"आज का दिन एकलिंग जी ने जासूद के आने के लिए निश्चित किया है क्या" भैसरोडगढ़ से जासूद को आया हुआ देखकर राणा जी को लगा। परन्तु मन में आए हुए विचार क्षणार्ध में ही नष्ट हो गए। जासूद का चेहरा कुछ अलग ही बात कह रहा था, उसके व्याकुल नेत्रों में कोई करुण कहानी थी। राणा जी के कुछ पूछने के पहले ही उसने हृदय को झकझोर देनेवाली बात बताई, "राणा जी, सगत जी हमें छोड़कर चले गए।"

"शक्ति सिंह गए?" राणा जी के मन पर प्रचंड आघात हुआ। चाँवड़ स्थिर हो जाने पर शक्ति को अपने पास बुला लेने का विचार उनके मन में आया था और दो दिनों पूर्व ही अपने मन की यह बात बलदेव जी से कही थी। जासूद के लाए सन्देश से उनके मनसूबे के जड़ पर ही आघात हुआ।

शक्ति सिंह के देहावसान का सनाचार ज्ञात होने के बाद से राणा जी का मन उदास हो गया था। अपने जीवन में बन्धु के सहवास का वियोग झेलना पड़ा था पर अब यह चिर-वियोग ही है। शक्ति सिंह के देहावसान का समाचार ज्ञात होते ही उनके विविध रूप उनकी नजरों के सम्मुख साकार हो रहे थे। माताजी जैवन्तीबाई को मिलकर उनका उपदेश लेकर मेवाड़ से दूर जानेवाला। चेतक की मृत्यु का अपना दुख सुसह्य करनेवाला, पुरोहित जी की मृत्यु से व्याकुल हुआ रूप, शिकार में निष्णात, अचूक भाला फेंकनेवाला, हमें गुरु के स्थान पर माननेवाला, पिताजी ने और स्वयं के द्वारा निष्कासित करने पर खामोशी से वनवास भोगनेवाला शक्ति सिंह। अब इस बन्धु के

दुख से हमें ही स्वयं को सँभालना होगा राणा जी सोच रहे थे। बार-बार उनका गला भर आ रहा था और मन दुखी, कातर हो रहा था। दादा सा! आवाज कानों में पड़ी और राणा जी चमक गए। शक्ति के सिवाय हमें ऐसी आवाज कौन लगाएगा, उन्होंने पीछे मुड़कर देखा। बीरम देव जी अश्रुपूरित आँखों से खड़े थे।

"आइए बीरम देव जी, आज अचानक..."

"आपको दादा सा कहा क्षमा करें परन्तु बन्धु शक्ति सिंह की बहुत याद आ रही है। आपको भी क्लेश हो रहा होगा इसीलिए यहाँ आया। अचानक दादा सा कहा। वैसे सच्चे अर्थों में यह अधिकार शक्ति जी का है।"

"ऐसा नहीं बीरम देव जी, वे ही अकेले हमें दादा सा कहते थे इसीलिए इस सम्बोधन से उनकी स्मृतियाँ जुड़ी हुई हैं।"

"राणा जी, उनके जाने का हमें अत्यधिक दुख है। गए वे शक्ति जी न होकर बीरम देव थे, शक्ति जी हमारे रूप में आपके पास मौजूद हैं ऐसा समझें।"

"बीरम देव जी, आप भी हमें शक्ति इतने ही प्रिय हैं। अब किसी को भी गँवाना नहीं है। जगमाल, अगर और सगर खफा होकर गए। कान्हा और कल्ला हल्दी घाटी के युद्ध में काम आए। आप बन्धुप्रेम देने पास में हैं, अशुभ का स्पर्श भी आपको न हो," राणा जी ने रुँधे कंठ से कहा।

बीरम देव जी आगे आए। राणा जी को प्रणाम करने झुके। राणा जी ने उन्हें अपने हृदय से लगा लिया। शक्ति जी की कमी मानो वे पूरी करना चाह रहे थे। काफी समय ऐसा ही बीत गया। चैतन्य होकर बीरम देव जी ने कहा, "राणा जी शक्ति जी के पुत्र..."

"बीरम देव जी उसकी चिन्ता न करें। जैत्र सिंह और बलदेव जी उनके लिए सन्देश लेकर रवाना हो गए हैं। एक-दो दिनों में वे वापस आएँगे भी। शक्ति जी के सारे कुँवर मेवाड़ में रहेंगे।" राणा जी ने कहा और शक्ति सिंह के पुत्रों को कौन-कौन से प्रान्तों के पट्टे देना है इसके बारे में सोचने-विचारने लगे।

एक-दो दिनों में भाण, अचलदास, बल्लू, भगवानदास, जोधा, दलपत, भूपत, मालदेव, चतुर्भुज, बाधा, मांडण और राज सिंह ये सारे कुँवर राणा जी से मिलकर गए। अपने सिर पर पिता की छत्रच्छाया विद्यमान है यह भावना उन्हें धैर्य प्रदान कर गई।

चाँवड़ में दिन कुछ भी राहत नहीं दे रहे थे, एक के बाद एक ऐसी घटनाएँ घटित हो रही थीं। राणा जी के कुँवर जी के विवाह हो रहे थे। राणा जी को पुत्र, स्नुषा, पौत्र इन सबके सहवास में थोड़ा ही सुख का समय क्यों न हो बिताना सम्भव हुआ। ऐसे ही प्रजा के सुख की चिन्ता राणा जी लगातार करते रहते। मेवाड़ के शासक होने पर प्रताप सिंह को कोई-सी भी शासन व्यवस्था का अनुकरण करते नहीं बना। लगातार तुर्कों से जूझना ही एकमात्र उद्देश्य सामने रखकर मेवाड़ की व्यथा देखनी पड़ रही थी। चाँवड़ में आने के बाद से युद्ध से कम-से-कम अभी मुक्ति थी इसीलिए राणा

जी ने चाँवड़ के आसपास विश्वस्त अधिकारियों की नियुक्ति कर अपनी राजधानी को सुरक्षित कर लिया। "राणा जी ने निर्माण किए हुए राजभवन यानी युद्धकालीन स्थापत्य कला के नमूने हैं" जानकारों द्वारा की गई यह चर्चा कानोंकान भारतवर्ष में फैल गई। "राणा जी द्वारा विकसित की हुई चित्रशैली, चित्रकला के इतिहास में चाँवड़ शैली के रूप में संसार-भर में प्रस्थापित होगी," ऐसा कहकर मेवाड़ में आनेवाले मुसाफिर उनकी स्तुति करते। जावरगाँव में बागड़ी मिश्रित मेवाड़ी भाषा में 'गीतगोविन्दाख्यान' की रचना हो रही थी। चाँवड़ के इस राज्यकाल की उन्नति को देख राणा जी के चारित्रिक गुण इसी काल में व्यक्त हुए और उनका उत्तम आविष्कार मेवाड़ की राजधानी चाँवड़ के रूप में दिखा। मेवाड़ से और अन्य प्रान्तों से कलावान, गुणवान व्यक्तियों को मेवाड़ में सम्मानपूर्वक बुलवाकर उनमें निहित प्रतिभा कलागुण, निपुणता पहचानकर राणा जी ने उन्हें अपने यहाँ रख लिया।

राणा जी के बारे में धन्योद्गार मेवाड़ या अन्यत्र सुनाई पड़ते ही उनके सामन्तों-सरदारों और अधिकारियों को बड़ा गौरव प्रतीत होता।

मीराबाई के भजनों का गायन करने के लिए राणा जी ने अपने दरबार में अनेक गायकों की विशेष रूप से नियुक्ति की थी। यह उनकी विशेष श्रद्धा और व्यक्तिगत रुचि को दर्शाता था।

कर्तव्य का समाधान और स्थिरता के आनन्द से शिथिलता न आए इसलिए नियति सतर्क थी। शाश्वत सत्य को न भूलें इसलिए नियति ने मेवाड़वासियों पर प्रहार किया। अचानक खबर आई—

"भामाशाह जी के बन्धु ताराचन्द जी भी कालवश हो गए।"

"हमें प्रिय लगनेवाले व्यक्ति एकलिंगी जी को भी प्रिय लगते हैं," ऐसा विचार मन में आकर राणा जी का चित्त विचलित हो गया।

साथ छोड़कर चले गए व्यक्तियों की स्मृतियाँ बारम्बार मन-पटल पर खींची जाती हैं। भावनाओं के रंग उनमें भरे जाते हैं और अन्त में मृत्युरूपी शाश्वत सत्य से इस विभ्रम की दुनिया उद्ध्वस्त होती। राणा जी बार-बार बेचैन होते। आखिर में उन्होंने तय किया, इन स्मृतियों को मूर्तरूप दिए बिना मन:शान्ति नहीं मिलेगी।

विचार पक्का हुआ।

निश्चय ने जड़ पकड़ी।

उत्तमोत्तम संगमरमरी पाषाण जमा हुए।

उन्हें फोड़ने के लिए दूर-दूर से शिल्पी आए।

कलाकार आए।

मूर्तिकार आए।

शिल्पकार आए।

छेनी पर हथौड़े से चोट होने लगी। शिलालेख अंकित किए जाने लगे। समाधियाँ बनाई जाने लगीं। नवीन मूर्तियाँ निर्मित होने लगीं। पुरानी, खंडित, भंग हुई मूर्तियों का विसर्जन हो गया। न चोट करनेवाले हाथ थके और न चोट सहन करनेवाले पत्थर

ही थके। राणा जी के नेत्रों में समाधान परिलक्षित होने लगा। मन में चाँदनी खिली, हृदय में भावोन्मेष उमड़ पड़ा और राणा जी के क्षण कृतकृत्य की भावना से रँग गए।

वही रंगत मेवाड़-भर व्याप्त हो गई। कोकिला की छेड़ी सुमधुर तान ने मानो इसकी पावती दे दी। सृष्टि ने भी राणा जी का अभिनन्दन किया।

"जय एकलिंगी जी।"

"महाराणा प्रताप की विजय हो।"

घोषणाएँ होने लगीं और अरावली के पर्वतों में प्रतिध्वनित होकर जयनाद आठों दिशाओं में फैल गया और लौटकर मेवाड़वासियों की आत्मशक्ति बन गया।

दिन के बाद दिन व्यतीत हो रहे थे। चाँवड़ में स्थिर हो जाने के बाद से राणा जी का दिनक्रम निश्चित हो गया। "राजा उद्योग मग्न हुआ तो उसके अधीन रहनेवाले सभी उद्यमशील हो जाते हैं। इसके उलटे राजा निश्चिन्त रहा तो सेवक भी आलसी हो जाते हैं," इस वचन को सत्य जानकर राणा जी अनवरत विविध कार्यों में व्यस्त थे।

प्रात:काल सूर्योदय के एक प्रहर पहले राणा जी शहनाई, नगाड़े आदि मंगल वाद्यों की मधुर ध्वनि और भाटों की प्रात:कालीन गीत सुनते-सुनते निद्रा से जागते। आज कौन-कौन से कार्य पूरे करने हैं उनका और शास्त्रों का मनन करते। बाद में स्नान-संध्यादि नित्यकर्म सम्पन्न कर शिवमहिम्न स्तोत्र का पाठ करने के पश्चात अर्थप्रधान से पैदावार उत्पत्ति, जमा-खर्च ब्योरा सुनते। इसके अनन्तर पुरवासियों और जनपदों की शिकायतें, सूचनाएँ सुनते। दिन के तीसरे प्रहर में भोजन निपटाकर थोड़ा समय शास्त्र का अध्ययन करते थे। वसूली में इकट्ठा हुआ द्रव्य स्वीकार कर विविध विभागों के प्रमुखों को कार्य का वितरण करने का कार्य करते। मध्याह्न में मंत्रियों के साथ मंत्रणा और शासन से सम्बद्ध जासूसों द्वारा लाई गई गुप्त सूचनाओं का अध्ययन कर, महत्त्वपूर्ण कार्य करने का क्रम राणा जी का था।

दरबार का काम राणा जी श्रेष्ठतम रखते थे और द्वार पर कोई भी रुकावट न होने के कारण सामान्य-जन भी राणा जी तक पहुँचते। सभी कार्यों की वे शीघ्रता से व्यवस्था करते। कोई भी कार्य टालना या दीर्घ अवधि के लिए छोड़ना उनके स्वभाव में नहीं था।

सायंकाल थोड़ा समय विहार करके आने के बाद अश्वशाला, गजशाला के अश्वों, गजों आदि की देखभाल, सैनिकों की पूछ-परख वे करते। प्रत्येक सैनिक को इसकी प्रतीक्षा रहती। जिस पथक के सैनिकों से वे बातचीत करते उन्हें धन्यता महसूस होती। सन्ध्योपासना समाप्त कर राणा जी रात्रि के प्रथम प्रहर में जासूसों से मुलाकात करते। उसके अनन्तर स्नान, भोजन व अध्ययनादि के बाद संगीत का श्रवण करते हुए दो प्रहर निद्रा लेते।

राणा जी की इस श्रेष्ठ दिनचर्या के कारण सभी अधिकारी, मंत्रीगण और प्रजाजनों का राणा जी के बारे में आदर अधिकाधिक बढ़ रहा था। 'यथा राजा तथा प्रजा' इस

न्याय के अनुसार प्रजा भी कार्यक्षम और तत्पर हो गई और मेवाड़ की कीर्ति में भी वृद्धि हुई। राणा जी की यश:कीर्ति की सुगन्ध दिग्दिगन्तों तक चन्दन के सुवास की तरह व्याप्त हो रही थी। फिर भी राणा जी ने स्वत: पर अंकुश रखने के लिए आचार्य की भी योजना बनाई थी। कभी-कभार यदि अपने हाथों से कोई प्रमाद घटित हो गया तो सचेत करने के लिए यह योजना थी। लगातार युद्धों के अग्निदिव्य से बाहर निकलते राणा जी का आचरण आदर्श राजकर्ता के रूप में बहुत ही उल्लेखनीय रूप में विकसित हो रहा था।

माघ के महीने का ठंडक कम हो रही थी और फाल्गुन में सृष्टि नये-नये रंगों से खिलने लगी। अपने पसीने और अथक श्रम के परिणामस्वरूप खड़ी फसल को देखकर कृषक बन्धु हर्षित हुए। जगह-जगह, गाँव-गाँव से लोगों के झुंड-के-झुंड अलग-अलग रंग के, गन्ध के, रुचि के, गीत गाते आनन्दोत्सव मना रहे थे इसमें और रंग होलिकोत्सव ने भर दिए। होलिकोत्सव के रंग मिल जाने के कारण मेवाड़ की धरती को भी उत्साह का उफान आ गया। मेला लगा, कलाकार सज गए और महाराणा प्रताप सिंह से लेकर सामान्य व्यक्ति तक सब एक हो गए। प्रेम की वर्षा से और होली के रंगों से अन्तर्बाह्य रँग गए।

होलिकोत्सव के रंग उतरे भी नहीं थे कि चैत्र मास का आगमन हो गया और मेवाड़ की हर युवती, किशोरी, बालिका सभी को गणगौर पूजने की लगन लग गई और स्वर सर्वत्र गूँजने—

खेलण दो गणगौर भँवर म्हाने खेलन दो गणगौर
म्हारी सखियाँ जोवे बाँट हो भँवर म्हाणे खेलण दो गणगौर।

'गौर' या 'गौरी' यह पार्वती का ही रूप है। उसका पूजन विवाहित स्त्रियों के लिए अखंड सौभाग्य का वरदान होता है। चैत्र में सोलह दिन इस व्रत का सुहागिनें और कुमारी कन्याएँ अनुष्ठान स्थापित करती हैं। प्रात:काल ललनाएँ उद्यानों में जाकर सुन्दर फूल चुनतीं, जलाशयों से जलकुम्भ भर लातीं। पुष्प और दुर्वांकुरों से घट सुशोभित कर पूजास्थान पर जातीं। पूजा सामूहिक होती। गुटों-गुटों में जलाशयों से पूजन के लिए जानेवाली युवतियों के सुमधुर कंठों से गीत सुनना और उनका आनन्दोत्सव आँख भरकर देखना यह नेत्रों के लिए नयनोत्सव ही था।

खोल ए गणगौर माता, खोल एक किवाड़ी
बारै अभी थारी पूजण हाली
राई सी भौजाई दे कान कँवर सो बीरो।

इन गीतों से स्त्री के मन की भावनाएँ सहज ही प्रस्फुटित होतीं।

"चैत प्रतिपदा से चैत्र शुद्ध तृतीया तक स्त्रियाँ ये पूजापर्व मनाती हैं। होली की

राख और गोबर को मिलाकर कंडे बनाए जाते हैं। साज-सिंगार की हुई ललनाएँ, शंकर-पार्वती की पूजा करती हैं। आज इस पूजा पर्व की समाप्ति है।" जैत्र सिंह बतला रहे थे, "बलदेव जी इतने वर्ष हम युद्ध की छाया में जी रहे थे, इस कारण आपको इस उत्सव के आनन्द का उपभोग करते नहीं बन पाया। आज हम इस उत्सव को देखने चलेंगे। सायंकाल गणगौर का जुलूस निकलेगा। स्वत: राणा जी इस आनन्दोत्सव में शामिल होनेवाले हैं।"

बलदेव जी के मन में यह प्रख्यात उत्सव प्रत्यक्ष देखने की इच्छा थी ही। चाँवड़ का उत्सव विशेष प्रेक्षणीय होगा ही। सायंकाल गणगौरी का जुलूस निकला। पुरुषवर्ग अपने-अपने घरों के छज्जों से देख रहे थे। जुलूस चाँवड़नगरी से बाहर निकला और जलाशय के पास रुका। वहाँ महाराणा प्रताप सिंह अपने सरदार सैनिकों के साथ पहले ही पहुँचे थे। जुलूस जलाशय के पास पहुँचते ही राणा जी सहित सभी ने गौरी को उत्थापन दिया और अभिवादन कर बाद में नौका में आसनस्थ हुए।

"यह राजपूत रमणियों की स्वतंत्रता का सच्चे अर्थों में गौरव है," बलदेव जी के मन में आया। राणा जी नौका से और नगर के हजारों पुरुष किनारे पर रुककर बहुत उत्सुकता से आयोजन देख रहे थे।

बलदेव जी देख रहे थे। जिधर देखो उधर सौन्दर्य का चलता बोलता रूप नजर आ रहा था। आपादमस्तक साज-शृंगार की हुई रमणियाँ कपोलों पर झूलनेवाले उनके कुन्तल और नागिन की तरह झूलनेवाली लम्बी वेणी, उनकी हंस की तरह गति, नूपुरों की झनकार। सारी स्त्रियाँ प्रेम लीन होकर गौरी की प्रतिमा के इर्द-गिर्द फेरियाँ ले रही थीं। ताल के साथ नृत्य, गायन में मग्न थीं। गौरी स्तुति, उसका अन्नपूर्णा का स्वरूप, प्रेम, शौर्य और पूर्वजों के गौरव का उल्लेख इन गीतों में था। महाराणा और उनके सरदार किनारे-किनारे से नौकाएँ खेते हुए प्रसन्नता से यह उत्सव निहार रहे थे।

यह सुन्दर दृश्य देखते हुए बलदेव जी को सुकुमार, कोमल यमुना देवी की याद आई और इस आनन्द में उनकी कमी का शल्य चुभा। "महाराणा प्रताप सिंह और कुँवर अमर सिंह के मन में भी यह वेदना कसक रही होगी," बलदेव जी के मन में आया।

उत्सव का पर्व समाप्त हुआ और रोजमर्रा के सारे कार्यों को गति मिली। दैनन्दिन के कार्य पूर्ववत आरम्भ हुए। राणा जी का राज्य सच्चे अर्थों में आदर्श राज्य था। प्रजा सुखी थी, आनन्दमग्न थी। कमी थी तो चित्तौड़गढ़, मांडलगढ़ की। एक बार ये दोनों क्षेत्र आधिपत्य में आए तो पिताजी का स्वप्न साकार होगा। सम्पूर्ण मेवाड़ मेवाड़वासियों का ही रहेगा। उस पर पुन: अपना आदित्य चिह्नांकित रक्तवर्णी ध्वज लहराने लगेगा। इस ध्वज के नीचे सारे राजपूत एक होंगे। एक होकर सम्पूर्ण शक्ति से हम तुर्कों पर आक्रमण करेंगे। उन्हें इस भारतभूमि से नेस्तनाबूद करने का अपने पितामह, महाराणा सांगा का स्वप्न साकार करेंगे।

राणा जी मनसूबे रच रहे थे। उनकी नजरों के सामने इस सुन्दर स्वप्न का मूर्तरूप

साकार हो, उनका तन-मन पुलकित हो गया। राणा जी आज तक केवल मनोराज्य में ही कभी रमे नहीं थे बल्कि सतत वास्तविकता में ही विचरण कर रहे थे। आज पहली ही बार उन्होंने भव्य दिव्य मनोराज्य की रचना की। यह मनसूबा साकार हो इस कामना से वे मन-ही-मन एकलिंग जी के सम्मुख नतमस्तक हुए।

राणा जी के मन की यह ऊहापोह सिर्फ बलदेव जी के ध्यान में आई। उनकी अस्वस्थता का कारण बलदेव जी को नहीं समझ में आ रहा था। आज दरबार में भी राणा जी का मुख म्लान दृष्टिगत हो रहा था परन्तु रोज के व्यवहार नियमपूर्वक व्यवस्थित चल रहे थे। अन्य किसी को राणा जी की इस अस्वस्थता की कल्पना थी या नहीं मालूम नहीं।

सायंकालीन पूजा के पहले राणा जी हमेशा की तरह विहार करने गए नहीं, अपने ही दालान में बैठे रहे।

"विहार से चित्त उत्साहित होता है, आप पर उदासीनता की छटा क्योंकर राणा जी?" बलदेव जी के पूछते ही राणा जी विचारों की तन्द्रा से बाहर आए। तत्काल हँसकर बलदेव जी का स्वागत करते हुए राणा जी ने कहा— "आइए बलदेव जी, आज काफी दिनों बाद ऐसी इतमिनान से मुलाकात हो रही है।"

आसन ग्रहण करते हुए बलदेव जी ने कहा, "राणा जी यह हमारे प्रश्न का उत्तर नहीं है। आपके मन का दुख क्या हमें पता नहीं चलेगा?"

"ऐसा कोई भी विशेष दुख नहीं है बलदेव जी, चित्तौड़ का विचार चल रहा था।"

"चित्तौड़ अभी भी तुर्कों के आधिपत्य में है यह वास्तविकता आपको चुभती है यह हम जानते हैं पर इसके लिए आप उसका विचार न करते हुए चित्तौड़ वापस प्राप्त करने की योजना क्यों नहीं बनाते? बलदेव जी ने कहा।

"बिलकुल सही बोले बलदेव जी।" राणा जी ने उत्साह से कहा, सम्भवत: इतनी आयु युद्ध क्षेत्र में बीतने के कारण हमें युद्ध के बिना चैन नहीं पड़ता। इसके अतिरिक्त यमुना देवी के लिए ली हुई प्रतिज्ञा भी हमने अभी पूरी नहीं की है। राजमहल की यह वस्तुस्थिति हमें चुभती है। आप जैसा कह रहे हैं वैसे ही युद्ध की सिद्धता स्थापित करने से हमें स्वस्थता प्राप्त होगी। हम अभी ही इस योजना को लागू करेंगे। भामाशाह जी, जैत्र सिंह, बीरम देव जी इन्हें हमारा सन्देश भेजें।

राणा जी का सन्देश पहुँचने के पहले ही भामाशाह जी राणा जी के दालान में आए। वे राणा जी के लिए मनोविनोद का प्रस्ताव लेकर आए थे। राणा जी की अस्वस्थता और चिन्ता उनकी भी नजरों से छूटी नहीं थी। अपने राणा जी की अस्वस्थता दूर करने की योजना इस स्वामिभक्त, कर्तव्यनिष्ठ, चतुर और दूसरे के मन की बात जाननेवाले मंत्री ने बनाई थी।

भामाशाह जी ने मृगया के लिए जाने का प्रस्ताव रखते ही सबके मन प्रमुदित हो गए। अवश्य ही बलदेव जी को अधिक आनन्द हुआ नहीं यह उनकी मुद्रा दर्शा

रही थी पर उन्होंने योजना पर आक्षेप नहीं लिया। "बलदेव जी चलिए हमारे साथ। अभी तक आपने मृगया देखी तक नहीं होगी," जैत्र सिंह ने कहा।

क्षमा करें जैत्र सिंह पर मृगया में हमारा मन रमेगा नहीं। मृगया के लिए आने की अपेक्षा हम राणा जी की अनुमति लेकर द्वारका जाना चाहते हैं। वहाँ की व्यवस्था के लिए राणा जी ने हमें कुछ सूचनाएँ दी थीं, वे कार्य कहाँ तक हुए हैं वह देखकर आएँगे, बलदेव जी ने कहा।

राणा जी ने बिना कोई विशेष बाधाएँ, रोक लगाते हुए अनुमति दी और बलदेव जी की द्वारका जाने की तैयारी करने की आज्ञा सेवकों को दी साथ ही औरों को मृगया की अनुमति दी।

बलदेव जी को द्वारका जाने की अनुमति तो राणा जी ने दे दी परन्तु जाते वक़्त उन्हें रह-रहकर बलदेव जी की याद आ रही थी। व्यर्थ में ही उन्हें द्वारका जाने दिया यह विचार मन में आकर वे अस्वस्थ से हो गए। इतना दलबल साथ होने पर भी उन्हें अकेलापन महसूस हो रहा था। सभी सवार मनोविनोद के लिए निकलने के कारण मजे में थे और आराम से एक-दूसरे से गप्पें मारते हुए प्रकृति के सौन्दर्य को देखते हुए जंगल में घूम रहे थे। ऋतुओं में होनेवाले सृष्टि के परिवर्तन को सभी ने अनुभूत किया था पर प्रकृति के इस प्रसन्न रूप को सम्मोहित करनेवाला प्रभाव अब तक महसूस नहीं किया था। "अपना मन जैसा होता है वैसा ही संसार दिखता है यह सच है। बीते आठ वर्षों में जिन्दगी जरा स्थिर हुई है और अपने लिए और रनिवास में बिताने के लिए समय मिलता है इसलिए रनिवास की स्त्रियाँ भी प्रसन्न हैं" राणा जी के मन में विचार आए और उनके मन की अस्वस्थता थोड़ी कम हुई। अचानक राणा जी का ध्यान आकाश में उड़नेवाले पक्षियों के समूह की ओर गया और उन्हें याद आई शक्ति जी के साथ की हुई शूकर के शिकार की तथा उनके वियोग की। "आज ही अचानक उनकी याद क्योंकर आई?" राणा जी के मन में आया और उन्होंने याद करने का प्रयत्न किया, "इसके पहले कब मृगया के लिए गए थे? ओह! कितने साल बीत गए। कुँवर पद के अनन्तर चित्तौड़ में रहते हुए एक-दो बार गए होंगे। जब से चित्तौड़ छोड़ उदयपुर के परिसर में आए हैं तब से मृगया नहीं हुई। अकबर के चित्तौड़ विजय के बाद तो सभी बातों पर से मन उचट गया था," मन-ही-मन विचार करते हुए राणा जी को एहसास हुआ।

थोड़ा-बहुत नहीं पूरे इक्कीस वर्ष वे लगातार युद्ध में लगे रहे। अनवरत भागदौड़ और तनाव। मृगया तो दूर, सादा विश्राम और विहार भी समयाभाव में न हो पाया बल्कि युद्धमय आयुष ने इसके लिए फुरसत ही नहीं थी। "आज ही हमें अपनी जिन्दगी का सार-संक्षेप याद आ रहा है?" राणा जी के मन में फिर से आया।

राणा जी यहाँ से थोड़ा आगे जाकर दक्षिण की ओर मुड़े ताकि पनघट के पास पहुँच जाएँ। राणा जी को विचारमग्न देखकर भामाशाह जी ने उनसे संवाद साधने के

हेतु से कहा, "पनघट पर सायंकाल जानवरों के आने की सम्भावना है नहीं तो हाँकें लगाकर जंगल जगाना होगा।"

राणा जी ने भामाशाह को कोई उत्तर नहीं दिया। एक स्मित कर वे पुनः अपने विचारों में डूब गए। हाथी पर हौदी में बैठे हुए हिलते शरीर के साथ ही उनका मन भी आन्दोलित हो रहा था। पीछे किए हुए विचार फिर-फिर स्मृति-पटल पर आ रहे थे। राणा जी स्मृतियों में उलझ रहे थे। मृगया के लिए निश्चित की गई जगह पहुँचते ही सभी उत्साह से नीचे उतरे। अल्पाहार एवं जल प्राशन कर वे तरोताजा होकर मृगया के लिए जत्थे-जत्थे में निकले। अश्वों की टाप, हिनहिनाना और हाथियों के चिल्लाने से जंगल की शान्तता भंग हुई। हिरण, खरगोश, बारहसिंगे, सूअर आदि मृगया के लिए आए हुए लोगों के शस्त्रों की बलि होने लगे। उनकी भी ध्वनियाँ वातावरण में समाहित होने लगीं। अचानक बन्दरों का झुंड डर से किचकिचाता, आवाज करता तेजी से पेड़ों पर से कूदते-फाँदते गया। पक्षियों का विशिष्ट आवाज अचानक बढ़ा और थम गया। जंगल के प्राणी, पक्षी जीवन में स्तब्धता छा गई। जब भयानक शान्तता छा गई—तब यह एहसास हुआ कि जंगल के अनभिषिक्त सम्राट के आगमन की वह सूचना थी, "बाअदब बामुलाहिजा होशियार" कहनेवाली। राणा जी तैयार हो गए, पूस महीने के दिन थे, जल्दी ही सन्धिप्रकाश भी अँधेरे में बदलने लगा। व्याघ्र के आगमन की आहट सुन मानो किरणों ने भी जल्दी ही अपने को समेट लिया।

थोड़ी ही देर में वह उम्दा जानवर शान के साथ पनघट पर आया। उसका डील-डौल, रुतबा, रुआब देख क्षण-भर को राणा जी की नजर उस पर टिक गई। चैतन्य होते ही अपने भाले को तौलते हुए उन्होंने अन्दाज लिया और जानवर भाले की पहुँच के बाहर है यह ध्यान में आते ही भाला अमर सिंह के हाथों में देकर हौद से धनुष उठाया। कितने वर्षों बाद बाण से शिकार करनेवाले थे। धनुष के कोने में लपेटी हुई चमड़े की डोरी छुड़ा सीधे होकर उस पर प्रत्यंचा चढ़ाने लगे। तभी अचानक उनके पेट में तीव्र वेदना उठी पर उसकी ओर ध्यान न देते हुए उन्होंने बाण सज्ज किया, लक्ष्य साधकर बाण छोड़ा। हवा को काटते हुए बाण निकला और थोड़ी असावधानी हो जाने से, हाथ से ढीले हुए धनुष का कोना राणा जी के उदर में जा घुसा। एक जानलेवा वेदना मस्तक तक पहुँचकर राणा जी हाथी पर ही हौदी में पीछे गिर गए और उसी क्षण उनका बाण मर्म पर लगकर व्याघ्र भूमि पर गिरा।

अचानक भगदड़ मच गई। जल्दी-जल्दी मशालें जलाई गईं। राणा जी को असह्य वेदना हो रही थी पर सीत्कार भी न करते हुए वे उन्हें सहन कर रहे थे। होंठ दबाकर तत्काल शंखनाद कर मृगया के लिए आए हुए लोगों को एकत्रित किया गया और जल्दी से हाथी को दौड़ा लवाजिमा चाँवड़ पहुँचने की पराकाष्ठा करने लगा।

राजमहल पहुँचते तक राणा जी को मूर्च्छा ने घेर लिया। तत्काल राजवैद्य जी को बुलाया गया। नाड़ी परीक्षण कर उन्होंने उसी समय उपचार आरम्भ कर दिए। धनुष की प्रत्यंचा ने उदरस्थ अँतड़ियों को अतिरिक्त तनाव देने के कारण वे भीतर-ही-भीतर जख्मी हो गई थीं। उदर में धनुष का कोना चुभने से जख्म हो रक्तस्राव न

हुआ हो ऐसी मन-ही-मन वे कामना कर रहे थे। राणा जी की स्थिति ज्ञात होते ही अन्तःपुर में शोर मच गया, चाँवड़ नगरी पर दुख की छाया व्याप्त हो गई। राणा जी की चिन्ता के कारण सभी के अन्तःकरण दुख में डूब गए।

दो दिन ऐसी ही अत्यन्त चिन्ता में कैसे बीते और तीसरे दिन प्रातःकाल उनकी वेदना थोड़ी शान्त हुई। मूर्च्छा दूर हो वे सम्भाषण करने की स्थिति में आए। मूर्च्छा दूर होते ही उन्होंने अपनी शैया टटोली।

"कुछ चाहिए क्या राणा जी?" राजवैद्य जी ने अदब से पूछा।

"नहीं वैद्यराज जी, हमारी शैया तृणों की ही है न इस बात की पुष्टि की।" राणा जी को उस अवस्था में भी अपनी प्रतिज्ञा का स्मरण हुआ, "हम लम्बे समय तक मूर्च्छित थे क्या?" उन्होंने पूछा।

"हाँ राणा जी। करीब-करीब दो दिन, दो रात। अब आपको कैसा लग रहा है? काफी वेदना हो रही है क्या?"

"वेदना का क्या लेकर बैठे हैं वैद्यराज जी। वे तो हमारी पाँचवीं की ही पूजा में पूजी गई हैं। जख्में और वेदना योद्धाओं के लिए रोज की ही बात है, हमें निश्चित रूप से क्या हुआ है?"

"यह जख्म न दिखनेवाली है राणा जी। उदरस्थ अँतड़ियों में ऐंठन पड़कर वे जख्मी हो गई हैं, धनुष की प्रत्यंचा अधिक तन जाने के कारण।"

"वैद्यराज जी, प्रत्यंचा धनुष की हो या आयुष की, ज्यादा तानी गईं की टूटेंगी ही।"

"ऐसा न बोलें राणा जी!..." भामाशाह, अमर सिंह, बीरम देव जी, जैत्र सिंह मंचक के पास खड़े हैं इसका आभास राणा जी और वैद्यराज जी को भामाशाह जी के उद्गारों से हुआ।

राणा जी की नजर अपने चारों ओर जमे हुए आप्तजनों को निहारने लगी। जैत्र सिंह को उसमें बलदेव जी की प्रतीक्षा दिखी। सलुम्बराधिपति को उसमें अलग ही चिन्ता नजर आई। राणा जी के पास आकर वे बोले—

"राणा जी क्यों इतने चिन्तित हो गए? आप जल्दी स्वस्थ हों, चित्तौड़ विजय की मुहिम कुँवर अमर सिंह के नेतृत्व में ही फतह करेंगे।"

राणा जी ने स्मित किया, हल्के से अपने नेत्र बन्द कर लिये। उन्हें आराम की आवश्यकता है यह जानकर वैद्य जी ने सबको बाहर जाने का संकेत किया। चित्तौड़ और अमर सिंह की चिन्ता राणा जी के मन को खाए जा रही है यह सलुम्बराधिपति को अचूक ज्ञात हो गया था। राणा जी के वे सच्चे साथी थे, उनके अन्तःकरण में वास करनेवाले—उनके अन्तःकरण में उठनेवाले सूक्ष्म विचार तरंग उनके भी पहले अनुभव करनेवाले थे।

राणा जी मंचक पर लेटे थे। उनके मंचक के बाजू में लगाए गए पर्दे के पीछे बैठी हुई अजवन्देबाई सा, चम्पादेवी बाई सा, रत्नावती राणी सा, शाहमती रणकुँवर, फूलकँवर, माधोकुँवर, इन सबके साथ पूरा रनिवास बहू-बेटियों के साथ उनकी वेदना को अपने हृदय में महसूस कर रही थी।

अश्व तेजी से दौड़ रहा था पर बलदेव जी को वह गति अत्यन्त मन्द प्रतीत हो रही थी। स्वयं को इतना अस्वस्थ-सा क्यों लग रहा है यह उन्हें समझ में नहीं आ रहा था। इस समय मुझे यह काम करने नहीं जाना था, बार-बार उन्हें यही लग रहा था। राणा जी जब मृगया के लिए गए तभी यह काम उद्भूत हुआ, आवश्यक भी था। मृगया में जाने के लिए बलदेव र्ज को रुचि नहीं थी, इसीलिए राणा जी की अनुमति लेकर स्वतः उन्होंने इस कार्य की जिम्मेदारी अपने ऊपर ली। परन्तु राणा जी के मृगया जाने पर उनके मन में "राणा जी के साथ मृगया में जरूर जाना चाहिए था।" यही बात आ रही थी। अजीब-सी बेचैनी उनको महसूस हो रही थी। अब उसका कोई उपयोग नहीं था। राणा जी दो दिनों पूर्व ही मृगया के लिए निकल गए थे और आज लौटनेवाले थे इसीलिए जल्दी पहुँचने की आतुरता थी।

बलदेव जी राणा जी के सहवास में इतने दिन थे कि राणा जी के बिना व्यतीत किए दिन अत्यन्त क्लेशकारक लगे। "मैं व्यर्थ ही द्वारका गया, राणा जी के साथ ही जाना था।" फिर से बलदेव जी के नन में आया। आज एक भी क्षण राणा जी के विचारों के बिना व्यतीत नहीं हो रहा था। विचारों के द्वंद्व में वे बार-बार उलझ रहे थे, राणा जी की याद प्रकर्ष से महसूस हो रही थी।

मेवाड़ पहुँचते-पहुँचते उनकी आतुरता और भी अधिक बढ़ गई। सुबह से ही आकाश व्यर्थ ही आच्छादित था। अन्यथा इन दिनों वातावरण बड़ा ही प्रसन्न और आह्लाददायक रहता है। भला आज क्यों उदासीनता का बादल घिर आया है? मानसिक अस्वस्थता यह विचार बार-बार ला रही थी कि स्वयं को राणा जी के साथ मृगया के लिए जाना ही था। उनके मन की चिन्ता मिट ही नहीं रही थी। सुबह के कुन्द वातावरण में ही सबेरा हुआ है ऐसा प्रतीत हुआ। रात्रि में अशुभ स्वप्न देखा था और आज सुबह का अनुभव सारी घटनाओं का वे अर्थ लगा रहे थे पर शिव महिम्न स्तोत्र का पाठ लगातार जारी था।

महिम्नः पारं ते परमविदुषो यद्यसदृशी।
स्तुतिर्ब्रह्मादीनामपि तदवसन्नास्त्वयि गिरः॥

दो-चार चरण सहज ही समाप्त हुए और—

अतवर्यैश्वर्ये स्वय्यनवसरदुः स्थो हताधियः।

के बाद के शब्द अटक गए सो अटक ही गए, मति ही खंडित हो गई। कुछ घटनाओं का बलदेव जी को आश्चर्य लग रहा था। आखिर में किसी तरह मन को समझा-बुझाकर वे अगले पड़ाव पर जाने को तैयार हुए। मेवाड़ को लौटने की जल्दी करने लगे तो सृष्टि ने बादलों की चादर ओढ़ ली। आते वक़्त दन्तविहीन हाथी का दर्शन हुआ। बलदेव जी के मन पर अशुभ की छाया पड़ गई और उस छाया से दूर जाने के प्रयत्न में वे सफल नहीं हो पा रहे थे बल्कि अशुभ की छाया और गहरी होने

का एहसास उन्हें होने लगा। मार्गक्रमण करते समय रास्ते में एक बेडौल हाथी अपनी सूँड़ फैलाकर डरा हुआ-सा अमंगल चीत्कार करता हुआ दिखाई दिया।

"ये सब मन के भ्रम हैं," ऐसा कहकर बलदेव जी ने वे सारे विचार झटक दिए और आगे बढ़े।

चाँवड़ नगरी में ग्रामदेवता के मन्दिर के पास बलदेव जी का अश्व लड़खड़ाया, उसका सामने का दाहिना पैर घुटने के पास मुड़ गया और वह नीचे बैठता है कि क्या ऐसा लगा। तब तक उसने अपने को सँभाल लिया। शरीर का सन्तुलन सँवर गया पर मन का सन्तुलन जरूर बिगड़ गया।

सीमा पर ही चामुंडा माता का मन्दिर होने से बलदेव जी ने प्रथमतः मन्दिर में प्रवेश किया। वहाँ की नीरवता मन की अस्थिरता, अस्वस्थता बढ़ा रही थी। क्षण-भर भी विलम्ब न लगाते हुए बलदेव जी ने अपना अश्व राणा जी के महल की ओर मोड़ा। महाद्वार पास आते ही—

मृत्युंजयाय रुद्राय नीलकंठाय शम्भवे।
अमृतेशाय शर्वाय महादेवाय ते नमः॥

ऐसा महामृत्युंजय का जप कानों में पड़ा और बलदेव जी ने अश्व वैसा ही छोड़कर राणा जी के दालान की ओर दौड़ लगाई। जाप जारी था।

मृत्युंजय महारुद्र त्राहिमाम शरणागतम्।
जन्म मृत्यु जरा व्याधो मुच्यते कर्म बन्धनेः॥

शब्द स्पष्ट होने लगे और बलदेव जी को कल से घटी हुई घटनाओं का पता लगने लगा। दालान के द्वार में खड़े हुए बलदेव जी ने दरवाजे की चौखट का आधार लिया न होता तो वे नीचे ही गिर जाते। मंचक पर महाराणा प्रताप सिंह को मूर्च्छितावस्था में पड़ा देखकर बलदेव जी शक्तिहीन हो गए। आँखों के आगे अँधेरा छा गया और पैरों के नीचे की जमीन खिसकने लगी। लड़खड़ाते पैरों से बलदेव जी पलंग तक पहुँचे और राणा जी के चरणों पर लोट गए। भामाशाह जी ने यदि हल्के से उन्हें सँवारा न होता तो वे भी मूर्च्छित हो गए होते इतना उनके मन पर राणा जी को मूर्च्छित देखकर आघात हुआ था। अब तक की जिन्दगी में कभी भी क्षण-भर भी विश्राम के लिए राणा जी कभी पलंग पर लेटे हों ऐसा बलदेव जी को याद नहीं था। आज की उनकी इस अवस्था का मेल वे नहीं जोड़ पा रहे थे। आखिर में भामाशाह जी ने अस्वस्थता का कारण स्पष्ट किया। बलदेव जी सुनते ही सुन्न हो गए। "युद्धों में इतने जख्म झेलनेवाला यह नरकेसरी केवल धनुष की प्रत्यंचा खींचते समय जख्मी हो जाए!" उनको विश्वास नहीं हो रहा था।

चिन्तामग्न मुद्रा में राणा जी के आसपास सरदार-सामन्त बैठे थे और बलदेव जी चरणों के पास थे। दाहिने-बाएँ अमर सिंह और भामाशाह जी राणा जी के चरणों के पास बैठे थे। बलदेव जी छोटे बालक की तरह हिचकियाँ लेते हुए विलाप कर

रहे थे। आँखों के सामने घर लुट गया, जलाया गया, माँ की मृत्यु हुई। तुर्कों ने गौरी पर अत्याचार किया। किसी तरह तीनों बच्चे तथापि बलदेव जी ने स्वयं को सँभाला था परन्तु आज तो सर्वस्व गँवा बैठे हुए की तरह वे उखड़ से, हतोत्साहित से हो गए थे।

भामाशाह जी ने और जैत्र सिंह के प्रयत्न करने पर भी बलदेव जी राणा जी के चरणों से दूर होने को राजी नहीं हुए। राजवैद्य जी अपने प्रयत्नों की पराकाष्ठा कर रहे थे पर मूर्च्छा दूर होने का नाम ही नहीं ले रही थी। बलदेव जी ने मन-ही-मन सभी देवी-देवताओं को मनौतियाँ बोलीं। राणा जी के पास से हटना तो दूर रहा बलदेव जी ने पानी की बूँद भी ग्रहण नहीं की। सभी के प्रयास व्यर्थ गए। बलदेव जी अपनी जिद पर कायम थे।

प्रात:काल से आधी रात तक राणा जी के चरणों के पास बैठे बलदेव जी को झपकी लगी। उनका मस्तक राणा जी के चरणों के समीप पलंग पर टिक गया।

राणा जी से भेंट होने के बाद से आज तक के उनके अनेकानेक रूप बलदेव जी के नेत्रों के सम्मुख तैरने लगे। पहली भेंट में श्री विष्णु की तरह नजर आए राणा जी, अपनत्व से पूछताछ करनेवाले राण जी, चेतक के लिए रुदन करनेवाले राणा जी, शक्ति सिंह के लिए व्याकुल होनेवाले राणा जी, यमुना की मृत्यु से दुखी हुए राणा जी, टोडरमल जी को स्पष्ट उत्तर देनेवाले राणा जी, "आपके साथ आए होते, कृष्णदेव रायजी के वारिस का राज्य निष्कंटक किया होता, ईश्वर द्वारा हमें उतना आयुष देना चाहिए, उतना सामर्थ्य देना चाहिए" यह कहकर अपने लिए व्याकुल हुए राणा जी बलदेव जी की आँखों के सामने नजर आने लगे। अचानक चिर-परिचित 'बलदेव जी' ऐसी पुकार कानों में पड़ने का आभास बलदेव जी को हुआ।

"बलदेव जी...।"

बलदेव जी डरकर जाग गए। क्षण-भर क्या हुआ, यह उन्हें समझ में नहीं आया? राणा जी की ओर नजर जाते ही वह चैतन्य हुए, होश में आए। उनका आनन्द आसमान छूने लगा। राणा जी की मूर्च्छा दूर हो गई थी। बलदेव जी तत्काल राणा जी के पास पहुँचे। आनन्दाश्रुओं से उनके नेत्र भर आए। राणा जी के पलंग पर उनके समीप बैठे हुए बलदेव जी को अन्य किसी आप्तजनों से बात करने का मन नहीं हुआ। उन्हें सिर्फ चाहिए थे राणा जी के सहवास के क्षण। राणा जी का दाहिना हाथ अपने बाएँ हाथ में लेकर प्रेम से थपथपाया। इस प्रेमपूरित स्पर्श से वैसी स्थिति में भी राणा जी को समाधान हुआ, उनके चेहरे पर हँसी दृष्टिगत हुई। बलदेव जी को तो जैसे स्वर्ग मिल गया। अन्य लोगों को आवाज देने का उनका इरादा जानकर राणा जी ने उन्हें नेत्र संकेतों के द्वारा रोका, क्षीण-दुर्बल स्वर में परन्तु स्पष्ट रूप से वे बोलने लगे—

"बलदेव जी घड़ी-भर अकेले ही रुकिए। केवल आपसे ही बात करनी है। अपने मन की बात आपको ही बतानी है।"

"राणा जी दुखी न हों। विश्राम करें। प्रकृति ठीक हो जाने पर आराम से सम्भाषण करेंगे," बलदेव जी ने धीमे से कहा।

"नहीं बलदेव जी," राणा जी का स्वर आर्द्रता से भीग गया। अब हमें इतनी फुरसत मिलेगी ऐसा लगता नहीं।"

"ये क्या, ऐसा आप बच्चों की तरह व्याकुल हो गए तब औरों की क्या कथा?"

हम आपसे दूर जा रहे हैं यह सच है पर जाते हुए अपना मन आपके सामने हल्का करनेवाले हैं। कुछ-कुछ लोगों पर अकारण ही प्राण जुड़ जाते हैं, स्नेह सम्बन्ध स्थापित हो जाते हैं, हमारा आपके सम्बन्ध में वैसा ही हो गया है, बोलते-बोलते राणा जी की साँस फूलने लगी। बलदेव जी द्वारा दिया हुआ घूँट-भर जल पीकर वे बोले, "बलदेव जी, ऐसे व्याकुल न हों, मन दुखी न करें। आपने कभी भी विश्राम नहीं किया। अब हमेशा के लिए वियोग। यदि आप ऐसे व्याकुल-व्यथित होने लगे तब भला हम कैसे बोलें?" फिर बलदेव जी की भरी हुई आँखें देख राणा जी ने कहा।

"आप ऐसा न बोलें राणा जी। अन्त:करण को असह्य यातना होती है। सूर्य ही अस्त हो गया तो हम किसकी आशा से जीवित रहें?"

"बलदेव जी, जब तक आज का सूर्य अस्त नहीं होगा तब तक कल का सूर्योदय कैसे देखने को मिलेगा? आपने तो आज तक हमसे भी ज्यादा अनन्त योजनाएँ सहज की हैं।" बोलते-बोलते राणा जी के मन:चक्षुओं के सामने बलदेव जी का पुत्र खड़ा हुआ। दिवेर के युद्ध में पराकाष्ठा के साथ लड़ते-लड़ते धरातीर्थ पर गिरा हुआ रामदेव और स्वयं के युद्धक्षेत्र में रहने पर भी उसे बचा न सकने का शल्य उन्हें स्मरण हो आया। अमर सिंह पर का वार स्वयं पर कुशलता से झेलनेवाला रामदेव। "रामदेव की मृत्यु से उस समय भी बलदेव जी के नेत्र ऐसे ही अश्रुपूरित हो गए थे पर वे पुत्र के शौर्य और अभिमान के कारण हुए थे और आज केवल हमारे वियोग की कल्पना से यह शक्तिशाली पुरुष ढह गया है।"

राणा जी मन में विचार कर रहे थे।

राणा जी को अचानक चुप हुआ देखकर बलदेव जी का धैर्य समाप्त हो गया। उन्होंने सेवक को संकेत करते ही जैत्र सिंह, भामाशाह जी, अमर सिंह आदि के साथ राजवैद्य जल्दी से दालान में आए। गतस्मृतियों का तनाव मन पर असह्य हो जाने के कारण राणा जी को ग्लानि आ गई। इस सुस्ती में भी वे मन की घालमेल रोक नहीं पा रहे थे। उन्हें आभास हुआ कि मीरा काकी सा बुला रही हैं। गिरिधर गोपाल की मुरली के नाद का, चेतक के फुरफुराने का, जय सिंह, शक्ति सिंह, यमुना देवी, मामा सा, हकीम खाँ सूर, रामशाह जी तँवर आदि का दरबार भरा हुआ होकर उनकी ही प्रतीक्षा में है ऐसा लगकर भी माया के पाश अमर सिंह के आसपास गुँथे हुए थे।

अचानक राणा जी के हृदय में पीड़ा की लहर उठी। अमर सिंह का विचार आकर उन्हें ऐसा प्रतीत हुआ कि वह स्वत: के पितामह के सदृश विलास की ओर झुकनेवाली वृत्ति लेकर आया है। चित्तौड़ और मांडलगढ़ अभी भी तुर्कों के ही अधिकार में है। उदासी बढ़ रही थी। क्षण-क्षण में श्वास तेज होने लगा।

पास ही बैठे हुए राजवैद्य जी ने औषधि की मात्रा घिसकर राणा जी को चटाई उसने असर किया और राणा जी का श्वास पूर्ववत चलने लगा।

चाँवड़ नगरी में उदासीनता के बादल छा गए। दो दिनों में एक भी घर चूल्हा नहीं जला। बाल-बच्चों के मुख में दो निवाले किसी तरह डालकर प्रजा ने निर्जला उपवास ही किया। अपने-अपने देवी-देवताओं की मनौती मानी। मन्दिर-मन्दिर मृत्युंजय जाप का अनुष्ठान प्रतिष्ठित किया। पूरे नगर में धीर-गम्भीर शब्द गूँज रहे थे—

मृत्युंजयाय रुद्राय नीलकंठाय शाम्भवे।
अमृतेशाय शर्वाय महादेवायते नमः॥

आधे से अधिक प्रजा राजमहल के इर्द-गिर्द आकर बैठी थी। एकलिंग जी पर गोरस का अभिषेक हो रहा था। राणा जी की उदासी धीरे-धीरे दूर होने लगी। आसपास खड़े सामन्त-सरदारों की ओर देखकर राणा जी को धीरज लगा। ग्लानि की यादें अभी भी स्मृति पटल पर पीछा कर रही थीं। जैत्र सिंह को पास बुलाकर राणा जी मन्द स्वर में कुछ बतलाने लगे।

जैत्र सिंह ने खुद दालान के बाहर जरूर कुछ ही समय में एक सुवर्ण मंजूषा लाई और राणा जी के पलंग पर रखी। राणा जी ने अमर सिंह को संकेत करते ही सबके सब राणा जी के समीप एकत्रित हो गए। अमर सिंह को अपने पास बिठाकर राणा जी ने अपना क्षीण हाथ उनकी पीठ पर फेरने का असफल प्रयास किया। उनका हाथ अमर सिंह के अंक में विश्राम करने लगा, अमर सिंह के लिए भावनाओं को सँभालना कठिन हो गया। वे पलंग से उठने लगे वैसे ही राणा जी ने उन्हें थपथपाया। अपने सभी सुहृदों की ओर देखकर राणा जी बोलने लगे—

"अमर सिंह अब आप महाराजा होंगे, जिम्मेदारी से व्यवहार करें। साथीदारों का खयाल रखें। तन-मन बाह्य सुख की ओर न झुकने दें। अपने देश की मर्यादा, अस्मिता, प्रतिष्ठा और नीति स्थिर रखें। हमारे मन की पीड़ा समझ लें। हम चित्तौड़ वापस नहीं ला सके पर आप लाना। हमें वचन दीजिए, मेवाड़ की माटी की शपथ लेकर प्रतिज्ञा करें इससे हमें शान्ति मिलेगी।"

सुवर्ण मंजूषा की ओर उँगली निर्देश करते हुए राणा जी बोले।

राणा जी के वक्तव्य का अमर सिंह के मन पर गहरा प्रभाव पड़ा। उन्होंने आगे बढ़कर मंजूषा में से एक मुट्ठी माटी हाथ में ली, सभी ने अमर सिंह का अनुसरण किया और प्रतिज्ञा की—

"हम यह राज्य, जान में जान रहते हुए तुर्कों के अधीन नहीं होने देंगे।"

"हम प्राणपणों से स्वतंत्रता की रक्षा करेंगे।"

"हम मेवाड़ की रक्षा करेंगे।"

"प्राण गए तो भी हम तुर्कों के आगे नहीं झुकेंगे।"

सभी सुहृद एक के बाद एक प्रतिज्ञा ले रहे थे वैसे-वैसे राणा जी के चेहरे पर स्मित रेखाएँ उभरती जा रही थीं। समाधान से उन्होंने नेत्र मूँद लिये। कुछ ही क्षणों में राणा जी को पुनः थकावट ने घेरा। कहीं तो समाधान, तो कहीं व्याकुलता, तो

कहीं चिन्ता इन भावनाओं ने राणा जी को घेर लिया। बीच में ही अमर सिंह के बारे में चिन्ता लगती, बीच में ही सामन्त, सरदारों की प्रतिज्ञा से समाधान मिलता। ग्लानि जैसे बढ़ने लगी वैसे उनकी आँखों के सामने मन्द, सुनहरी, सात्त्विक आभा फैल गई। उनके सामने शिव चैतन्य साकार होने लगा। प्रकाश के चक्र एक के बाद एक लगातार घूमने लगे। बढ़ते-बढ़ते दालान की छत ने छायापथ का विशाल स्वरूप धारण कर लिया। उसमें से प्रकाश का वलय श्रीहरि के सुदर्शन चक्र की तरह घूमने लगे। नेत्र बन्द भी रह नहीं पा रहे थे और न ही तेज की तरफ देखा जा रहा था। धीरे-धीरे उस तेज से चैतन्य देनेवाले शब्द साकार होने लगे—

"जो कार्य हो ऐसा ईश्वरीय संकेत होता है, उसकी चिन्ता मत करो। कार्य करनेवाला ईश्वर ही है। हम सिर्फ कार्यसिद्धि के लिए चुने गए माध्यम हैं। तुम्हारा कार्य समाप्त हो चुका है। अब इस सांसारिक लोक में मन उलझाओ नहीं। ईश्वर का कार्य करने के लिए दूसरा माध्यम भी मिलेगा। तुम्हारे जाने से कार्य रुकेगा नहीं क्योंकि यह कार्य तुम्हारा नहीं उसका ही है।"

राणा जी के चेहरे पर अत्यन्त सुख, परम सन्तोष और चिरशान्ति विलसित होने लगी। अपने-आप उनकी ग्लानि दूर हुई। राजवैद्य जी ने औषधि की एक मात्रा उन्हें चटाई उससे राणा जी को और अधिक थकावट आ गई। कमल दल खिल गए, हँसी की रेखा परिलक्षित होने लगी, समाधान की चाँदनी विलसने लगी। दालान को चैतन्य ने स्पर्श किया। ज्योति अधिक तेजपुंज हो गई।

नित्य के परिचय का स्मित राणा जी के चेहरे पर फैलते ही सबको आश्वस्ति हुई। सामन्त-सरदार राणा जी की शैया के समीप इकट्ठे हो गए। राणा जी मृदु शब्दों में पं. चक्रपाणि मिश्र जी की ओर मुड़कर बोले, "आचार्य हमें एकलिंगी जी का साक्षात्कार हो गया अब किसी भी तरह की चिन्ता नहीं रही। अनन्तयात्रा के दौर में मृत्यु आत्मा के लिए घड़ी-भर का विश्राम है। वह खत्म होते ही हम फिर स्वराज्य का कार्य करने के लिए सिद्ध होंगे, जहाँ जन्म मिलेगा वहीं। जो अटल है उसका दुख क्यों करें? एकलिंग जी रक्षा करनेवाले हैं।"

बोलते-बोलते राणा जी मौन हो गए। थकावट आ जाने के कारण वे रुक गए होंगे ऐसा मानकर क्षण-भर वहीं स्तब्धता व्याप्त हो गई।

बलदेव जी अनजाने आगे बढ़े। धीमे-से उन्होंने राणा जी के नेत्रदल बन्द कर दिए। राणा जी की आत्मज्योति असीम अम्बर की व्योमगंगा में स्थिर हो गई। आचार्य जी के होंठों पर शब्द आए—

वासांसि जीर्णानि यथा विहाय...
जीवन की बदली शान्त हो गई,
सृष्टि का चैतन्य शान्त हो गया,
वायु का श्वास रुक गया
वसुन्धरा की गति रुक गई
स्तब्ध शून्य एकाकार।

शीतल स्पर्श का स्वीकार
जीवन को मिला हुआ पूर्णाकार।

सत्य परिस्थिति को जानने में लगा काल, युगों की तरह प्रतीत हुआ, और एक ही शोर-चिल्लाहट मच गई।

क्या होती है मृत्यु? क्यों आती है? कैसे आती है?

क्या होता है जीवन? कैसे होता है? कहाँ होता है?

आसपास उठनेवाली तरंगों से किसी को सँभालना ही होता है।

विचारों के आवर्त से निकलना ही होता है।

सत्य को स्वीकारना ही होता है।

कुछ क्षणों पहले ही जीवन सागर के तट पर सूर्यास्त हो गया वह भी राणा जी का। अग्नि का उत्तराधिकार चलानेवाले, सूर्य का तेजस्वी दिग्विजयी प्रतीक अस्ताचलगामी हो गया।

इसी तेज में माधोकुँवर बाई सा की जीवन-ज्योति भी समा गई।

राणा जी का महानिर्वाण हो गया।

राणा जी को गए चार दिन हो गए। मेवाड़ के कोने-कोने में यह वार्ता फैल गई। आँखें डबडबा गईं, गले भर आए, प्राण अकुला गए, सहवास खत्म हो गया। मेवाड़ की मूर्च्छा खत्म नहीं हुई थी। उदासी दूर नहीं हुई थी।

समाधान नहीं हो रहा था।
विश्वास नहीं हो रहा था।
मन मानने को तैयार नहीं था।
पर मन के मानने न मानने से क्या होता?

दिल्ली से आए हुए चारण-कवि दुरसा जी आढा अकबर को भी राणा जी के निर्वाण का दुख होने का कथन करने लगे—

अश लेगो अण दाग
पाग लेगो अण नामी।
ओ गाडा गवडाय
जिको बहतो धुर वामी॥
नवरोजे नह गायो।
नगो आतशा नवली।
न मो झरोखा हेठ
जेथ दुनियाण दहल्ली॥
गहलोत राणा जीती गया

दशन मूँद रशनां डसी।
निशास मूक मरिया नयण
तो मृत शाह प्रताप सी॥

बलदेव जी अब मेवाड़ी भाषा जानने लगे थे। "जिसने कभी अपने अश्व पर तुर्कों की मुहर लगने नहीं दी, जिसने कभी अपनी पगड़ी किसी के भी सामने झुकाई नहीं ऐसे प्रताप के निर्वाण की वार्ता सुनकर अकबर के नेत्रों में भी पानी तैरने लगा, उसने आश्चर्य से दाँतों तले उँगली दबाई।"

बलदेव जी कड़वाहट से हँसे।

मेवाड़ छोड़ने का बलदेव जी का निर्णय पक्का था। मेवाड़वासियों का प्रेम दूर कर वे दक्षिण की ओर जाने के लिए तैयार हो गए तब अनिच्छा से प्रजा उन्हें बिदा देने जमा हुई।

उत्तरायण के कारण उदित होते सूर्य की किरणें बलदेव जी के पृष्ठ भाग की आकृति पर गिरकर दोनों ही ओर से आगे जा रही थीं। प्रकाश के कालीन पर चलने के समान बलदेव जी उनकी पत्नी और पौत्र जा रहे थे।

मेवाड़ छोड़कर जाने को तैयार न होनेवाले अपने षोडश वर्षीय पौत्र का मन रमे, अत: डबडबाती आँखों से वे उसे बतलाने लगे—

"स्निग्धता से जलनेवाला, प्रखर झंझावात में भी स्थिर रहनेवाला पूजागृह का नन्दादीप, भारतखंड में आदर्श का जागृत साक्षात्कार यानी महाराणा प्रताप सिंह..."

प्रतिदिन उगनेवाले सूर्य की किरणें, टिमटिमानेवाले तेजस्वी मेवाड़ का प्रसन्न मरुत, मेवाड़ के कीर्ति सूर्य की प्रणवीर की यशोगाथा बतला रही हैं और युगों-युगों तक वह दिग्दिगन्तों में गूँजती रहेगी इसमें कोई सन्देह नहीं।

सन्दर्भ ग्रन्थ सूची

मराठी ग्रन्थ

अकबर, लारेंस विल्यम, अनु. विश्वनाथ वैशम्पायन
अकबर महान नव्हताच, पु. ना. ओक
असे होते मोगल, श्री ज.स. चैबळ
कौटिल्यीय अर्थशास्त्र, अनु. कंगळे
दिनविशेष, प्र. न. जोशी
दुर्दैवी रंगू, चि.वि. वैद्य
प्रताप सिंह, सोपानदेव
प्रताप प्रताप सिंह, ग.कृ. बोडस
प्रतापी प्रताप सिंह, डॉ. र. जामखेड़कर
प्राचीन व मध्ययुगीन भारत, नि.सी. दीक्षित
पुराभिलेख विद्या, शोभना गोखले
पौर्णिमा-साधुदास, गोपाल गोविन्द मजूमदार
बर्फ आणि वाळू, पु. ना. भावे
भारताचा इतिहास (प्रारम्भापासून ई.स. 1601), प्रा. देशमुख, बरडे, शेख शब्बीर, सोमवंशी
भारताचा इतिहास प्राचीन व मध्ययुगीन (ई.स. 1707 पर्यन्त), श.गो. कोलारकर
भारती इतिहास (संशोधनातील घोड़चुका), पु.ना. ओक
भारतीय मुसलमान—शोध आणि बोध, सेतुमाधव पगड़ी
मध्यकालीन भारत, बारगल ढवळे
महाराणा प्रताप सिंह, दु.आ. तिवारी
महाराणा प्रताप सिंह, डी.एल. शिवलकर
महाराणा प्रताप सिंह, अ.वा. बवरे
महाराणा प्रताप सिंह, ल.न. जोशी
महाराणा प्रताप सिंह, ना.वि. गणपुले
महाराणा प्रताप सिंहाचा (पोवाड़ा), सि. ब. मुचाटे
महाराणा प्रताप व त्यांचे (पूर्वज), बा. शि. कोल्हटकर
मुसलमान रियासत : भाग-2, गो.स. सरदेसाई
मोघल भारत, कदम, देशपांडे, कायन्दे
रक्तध्वज, श.गो. गुप्ते
राजपूताना भीष्म, न. ह. आप्टे
राजपूत संस्कृति, ह.वा. देशपांडे
राजपूत राज्यांचा (उदय व ह्रास), ह.वा. देशपांडे

राजस्थानी साहित्याचा (इतिहास), अनु. सविता जजोदिया
वीरप्रताप, श्री मो. औटी
श्री मत्प्रताप सिंह, ना. कृ. गद्रे
स्वधर्मनिष्ठ धीर (राणा प्रताप सिंह), भा.स. साठे
हळदीघाटीचे युद्ध, सदाशिव दिनकर वझे

हिन्दी ग्रन्थ

अकबर, राहुल सांकृत्यायन
अकबर, आर.सी. सोमानी
आगरचन्द नाहता, अभिनन्दन ग्रन्थ
अमर काव्य वंशावली
आगरे का किला हिन्दूभवन है, पु.ना. ओक
इतिहास के पन्ने (भाग 2), रतिभानु सिंह 'नाहर'
उदयपुर राज्य का इतिहास, पं. गौरीशंकर ओझा
ऐतिहासिक शोध प्रबन्ध, राम वल्लभ सोमानी
ओझा निबन्ध-संग्रह, डॉ. गौरीशंकर हीराचन्द ओझा
कब तक पुकारूँ, रांगेय राघव
कौन कहता है अकबर महान था?, पु.ना. ओक
जयपुर राज्य का इतिहास, डॉ. गौरीशंकर हीराचन्द ओझा
जिनचन्द्र सूरी, आगरचन्द नाहटा
जोधपुर राज्य का इतिहास, पं गौरीशंकर ओझा
डिंगल में वीर रस
ताजमहल या तेजोमहालय, पु.ना. ओक
दलपत विलास
दिल्ली का लाल किला हिन्दू लालकोट है, पु.ना. ओक
पश्चिमी भारत की यात्रा, कर्नल टॉड, अनु. गोपाल नारायण बहुरा
पूर्व आधुनिक राजस्थान, डॉ. रघुवीर सिंह
पूर्व मध्यकालीन भारत, अवध बिहारी पांडेय
प्रणवीर प्रताप, गोकुलचन्द शर्मा
प्रणवीर प्रताप, विनोद
प्रताप, रणवीर सिंह शाक्तावत
प्रताप चरित्र, बाबूराम नारायण
प्रताप सिंह, सतीशचन्द्र मिश्र
प्रतापी प्रताप, हरिशंकर शर्मा
प्रताप प्रतिज्ञा, जगन्नाथ प्रसाद, 'मिलिन्द'
प्राचीन राजस्थानी गीत, सम्पा. डॉ. देवीलाल पालीवाल
फतेहपुर सीकरी—एक हिन्दू नगर, पु.न. ओक
बीकानेर राज्य का इतिहास, पं. गौरीशंकर ओझा
भारत का इतिहास, डॉ. आशीर्वादीलाल शर्मा
भारत का इतिहास, एल. मुखर्जी
भारत का इतिहास, डॉ. मथुरालाल शर्मा

भारत के अमर सेनानी—महाराणा प्रताप, भवान सिंह राणा
भारत के इतिहास की भयंकर भूलें, पु. ना. ओक
भारत के मुगल साम्राज्य, एल.आर. शर्मा, अनु. मथुरालाल शर्मा
भारत सूर्य, दिनेश मिश्र
मध्यकालीन भारत 1000 से 1707, गुप्ता तथा शर्मा
मध्ययुगीन भारत का इतिहास, सत्यनारायण दुबे
महान मुगल अकबर, विसेंट स्मिथ, अनु. राजेन्द्रनाथ नागर
महाराणा का महत्त्व, पं. जयशंकर प्रसाद
महाराणा कुम्भा, हरिविलास शारदा
महाराणा मानसिंह, आर.एन. प्रसाद
महाराणा संग्राम सिंह, मुंशी देवीप्रसाद
महाराणा सांगा, हरिविलास शारदा
महाराणा सांगा, कामनाप्रसाद गुप्त
महाराणा सांगा, नन्दकुमार शर्मा
महाराणा सांगा, नरोत्तम व्यास
महाराणा सांगा, न्यादर सिंह
महाराणा सांगा, नारायण शर्मा
महाराणा सांगा, प्रेमचन्द
महाराणा सांगा, राकेश
महाराणा सांगा, राजेन्द्र बीजा
महाराणा सांगा, राजेन्द्र शंकर भट्ट
महाराणा सांगा, विश्वनाथ
महाराणा सांगा, श्रीराम शर्मा
महाराणा सांगा, सूर्यकान्त त्रिपाठी, 'निराला'
महाराणा प्रताप सिंह, नन्दकुमार देव शर्मा
महाराणा प्रताप सिंह, मुंशी देवीप्रसाद
महाराणा प्रताप सिंह, राधाकृष्ण दास
महाराणा प्रताप स्मृतिग्रन्थ, सम्पा. डॉ. देवीलाल पालीवाल
मीराबाई ऐतिहासिक व सामाजिक विवेचन, डॉ. हुकुम सिंह भाटी
मुगल शासन पद्धति, यदुनाथ सरकार (अनुवादित)
मुगल साम्राज्य का उत्थान और पतन, डॉ. रामप्रसाद त्रिपाठी
मुसलमानी रियासत (भाग 1), गो. स. सरदेसाई (अनुवादित)
मेवाड़ की कथाएँ (भाग 1 से 4), प्रतापनारायण मिश्र
मेवाड़ के स्रोत
मेवाड़ पतन, वीरेन्द्रलाल राय
मेवाड़ मुगल सम्बन्ध, पं. गोपीनाथ शर्मा
मेवाड़ राज्य का केन्द्रीय शक्तियों से सम्बन्ध, जगदीश सिंह गहलोत
युवक भारती, कथा 8, 9,10 की क्रमानुरूप, नाटक, कथा व कविता
राजपूताने का इतिहास, पं. गौरीशंकर ओझा
राजपूताने का इतिहास, जगदीश सिंह गहलोत
राजपूताने का इतिहास, बी.एम. दिवाकर

राजस्थान की सांस्कृतिक परम्परा, डॉ. जय सिंह नीरज, डॉ. भगवतीलाल अग्रवाल
राजस्थान के इतिहासकार, डॉ. हुकुम सिंह भाटी
राजस्थान के इतिहास स्रोत, पं. गोपीनाथ शर्मा
राणा प्रताप सिंह, चन्द्रशेखर पाठक
राणा प्रताप सिंह, द्विजेन्द्रलाल राय
रावल राणा जी री बात
लखनऊ के इमामबाड़े हिन्दू राजमहल हैं, पु.ना. ओक
वीरता एवं शौर्य की भूमि चित्तौड़गढ़, सुनील गोवल
वीर प्रताप, लाला भगवानदीप
वीरभूमि चित्तौड़, राम वल्लभ सोमानी
वीर विनोद, भाग 1 से 5, कविराज श्यामलदास
वीर शिरोमणि महाराणा प्रताप, पं. गौरीशंकर ओझा
सगत रासो, सम्पा. डॉ. हुकुम सिंह भाटी
सिरोही राज्य का इतिहास, पं. गौरीशंकर ओझा
सोनगरा सांचोरा चौहानों का इतिहास, डॉ. हुकुम सिंह भाटी
हल्दीघाटी, मनहर चौहान
हल्दीघाटी, श्यामनारायण पांडेय
हल्दीघाटी, श्यामसुन्दर सुमन
हल्दीघाटी की एक रात, शिशुपाल सिंह
हल्दीघाटी की लड़ाई, हरिदास माणिक
हल्दीघाटी विशेषांक
हिन्दू-मुस्लिम स्थापत्यकला शैली, असगर अली कादरी
हिन्दू विश्व राज्य का इतिहास (भाग 1 से 4), पु.ना. ओक

अंग्रेजी ग्रन्थ

Annual Research Journal of Institute for rewriting Indian (And World) History, Ed. Shri P.N. Oak
Akbar the Great, A.L. Shrivastav, Vol. I
Akbar the Great, A.L. Shrivastav, Vol.II
Fall of Mewad, Dwijendralal Roy, General Editors K.M. Munshi, R.R. Diwakar
History of Mewad, Ram Vallabh Somani
Journal of Rajasthan, Institute of Historical Research, Vol. No.1 Jan.Mar.15
Jaisalmer (The Desert City of Rajasthan), Govt. of Rajasthan
Jain Inscriptions of Rajasthan, R.V. Somani
Letter Mewad, Ram Vallabh Somani
Mewad and Mougal Emperors, Dr. Gopinath Sharma
Muntakhab-OT-Tawarikh, A.L. Badaoni
Mugal Rule in India, S.M. Edwardes / HLD Gaorett
Modern Indian History, Sarkar & Dutta
Prithvi Raj Chauhan & His Times
Rise and Fall of Mugals, Dr. Ramprasad Tripathi
Rajasthan, Ed. Suresh Goyal
The Mogal Empire, Ed. R.C. Majumdar (Bombay 15)
Udaipur (The Lake City of Rajasthan), Govt. of Rajasthan

परिशिष्ट

बाप्पा रावल से महाराणा प्रताप तक की नामावली

1. बाप्पा रावल—छठवीं शताब्दी से मेवाड़ वंश की स्थापना
2. खुम्मण प्रथम
3. मल्लट
4. भर्तुपट्ट
5. सिंह
6. खुम्मण द्वितीय
7. मयाधक (खुम्मण तृतीय)
8. दूसरा भर्तुपट्ट
9. अल्लट
10. नरवाहन
11. शालिवाहन
12. शक्ति कुमार
13. अम्बाप्रसाद (आम्रप्रसाद)
14. विजय सिंह
15. अरि सिंह
16. चूड़ा सिंह
17. विक्रम सिंह
18. रण सिंह (कर्ण सिंह)

(कर्ण सिंह से दो शाखाएँ हुईं—सिसोदिया में राणा शाखा और मेवाड़ में रावल शाखा)

राणा शाखा	**रावल शाखा**
राहप	जैत्र सिंह
माहप	तेज सिंह
लक्ष्मण सिंह	समर सिंह
	रतन सिंह

रतन सिंह की रानी पद्मिनी रतन सिंह की मदद के लिए राणा शाखा के

लक्ष्मण सिंह युद्ध में काम आए। पद्मिनी के जौहर (ई.स. 1303) के बाद 10 वर्ष मेवाड़ पर तुर्कों का वर्चस्व रहा। लक्ष्मण सिंह के सभी वंशजों का कत्ल हो गया। केवल अजय सिंह बचे। उनके दो पुत्र हुए, क्षेम सिंह और सज्जन सिंह। क्षेम सिंह नेपाल और सज्जन सिंह दक्षिण चले गए। वही सज्जन सिंह छत्रपति शिवाजी महाराज के पूर्वज थे। अजय सिंह चित्तौड़ की गद्दी पर बैठने वाले उन्नीसवें राजा हुए। उनके बाद के शासक निम्नलिखित हैं।

19. राणा हम्मी
20. क्षेत्र सिंह (खेतसी)
21. लक्ष्मण सिंह (लाखाराणा)
22. चन्द्रपाल सिंह (चुंडा)
23. मोकल
24. राणा कुम्भा
25. उदाराणा
26. रायमल्ल
27. संग्राम सिंह (राणा सांगा)
28. रतन सिंह (राणा सांगा के तृतीय पुत्र)
29. विक्रम सिंह (रतन सिंह के भाई)
    विक्रम सिंह को उनकी अयोग्य शासन-पद्धति के कारण पदच्युत कर बालक उदय सिंह को गद्दी पर बैठाकर अभिभावक बन दासीपुत्र बनवीर गद्दी पर आया। उसने उदय सिंह को मारने का षड्यंत्र किया पर पन्ना धाय ने उसे बचाया।
30. उदय सिंह फिर राणा थे—अकबर के आक्रमण से चित्तौड़ का विध्वंस।
31. उदय सिंह के नौवें पुत्र जगमाल राणा
32. सरदारों ने जगमाल को पदच्युत कर राणा प्रताप का राजतिलक किया। उन्होंने ई.स. 1572 से 1597 तक 25 वर्षों तक राज किया। इनमें 18 वर्षों तक वे तुर्कों से लगातार संघर्ष करते रहे।

महाराणा प्रताप की जन्म-कुंडली

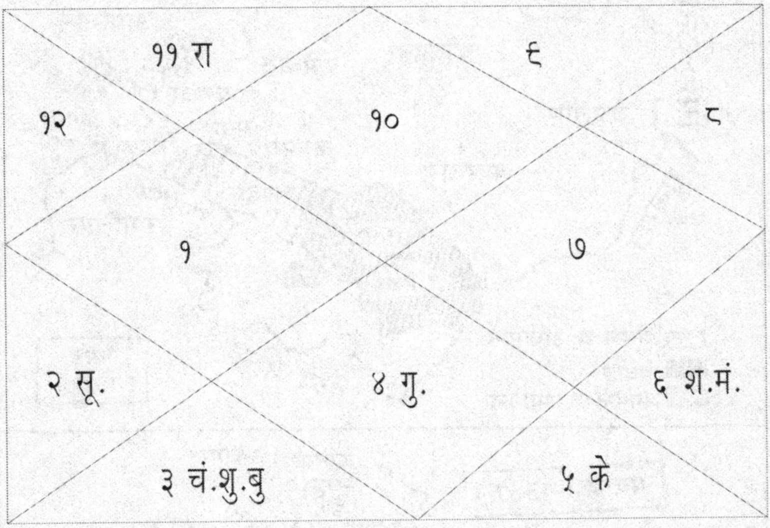

जन्मतिथि—विक्रम संवत् 1597
ज्येष्ठ शुद्ध तृतीया, आद्रा नक्षत्र
सूर्योदय 47 घटका, 13 पल
9 मई, 1570, रविवार

प्रणवीर का पराक्रम क्षेत्र

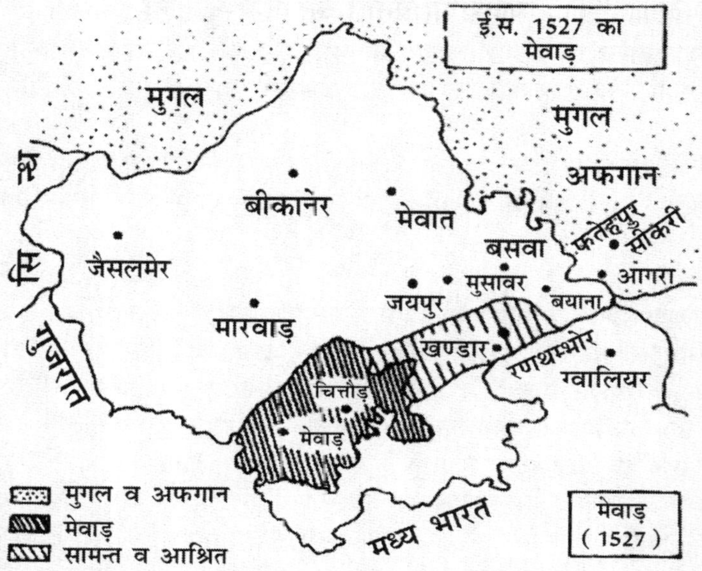

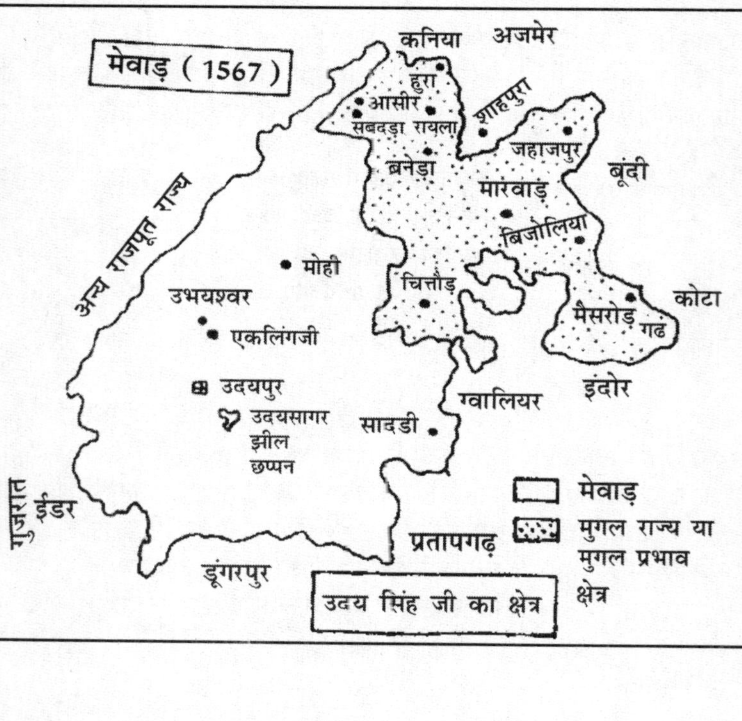

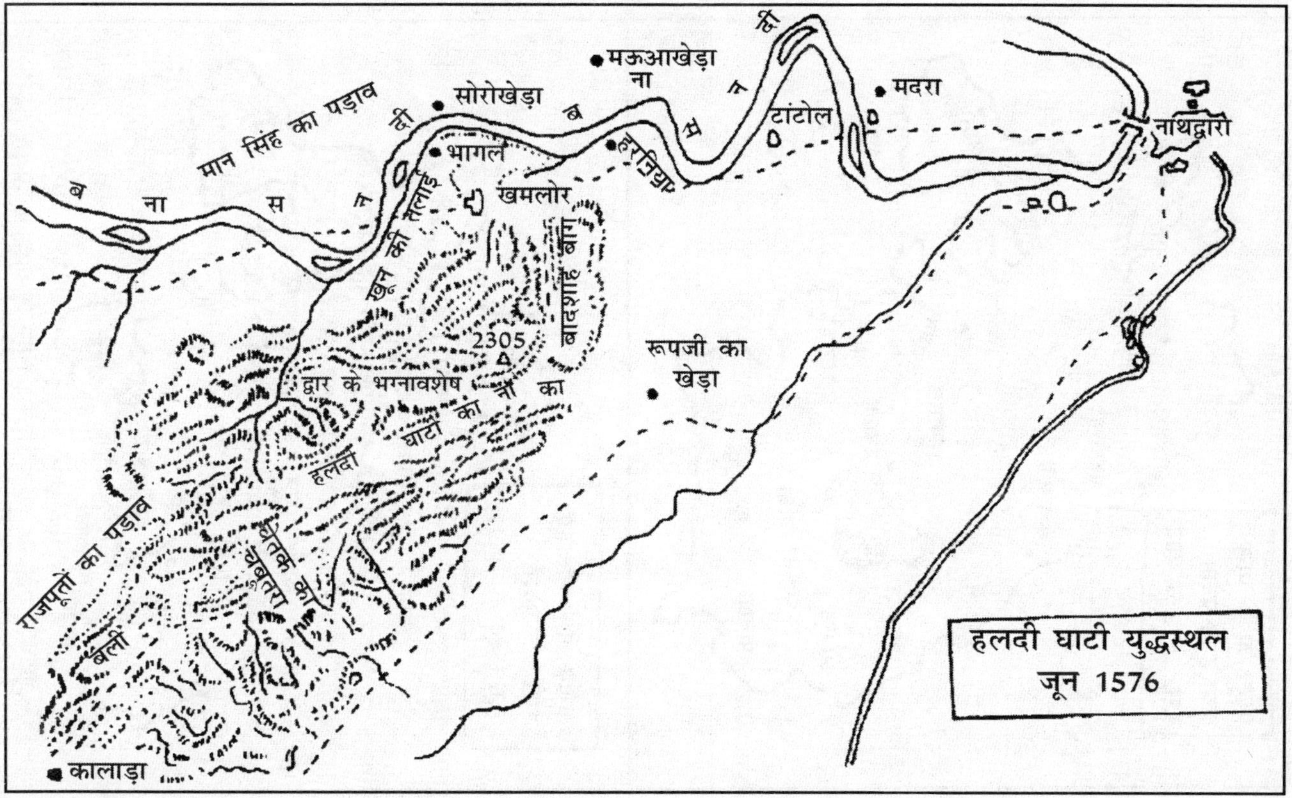

हलदी घाटी युद्धस्थल
जून 1576
मान सिंह का पड़ाव
ब ना स न दी
ना
सोरोखेड़ा
मऊआखेड़ा
मदरा
भागल
खमलोर
हरनियाप
टांटोल
नाथद्वारो
खून की तलाई
बादशाही बाग
2305
द्वार के भग्नावशेष
रूपजी का खेड़ा
हलदी घाटी का
चेतक का चबूतरा
राजपूतों का पड़ाव
बली
कालाड़ा

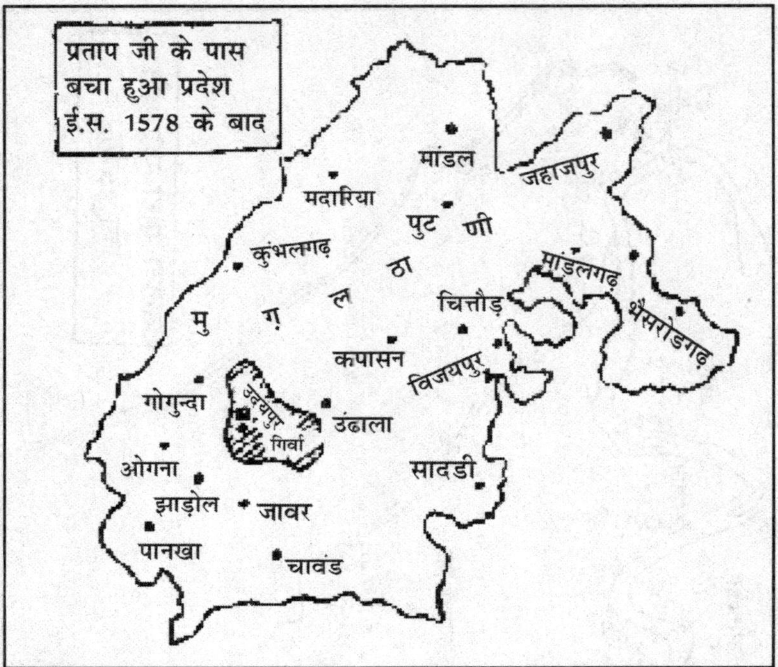
प्रताप जी के पास
बचा हुआ प्रदेश
ई.स. 1578 के बाद
मांडल
जहाजपुर
मदारिया
पुट णी
कुंभलगढ़
मु ग़ ल ठा
मांडलगढ़
चित्तौड़
भैंसरोडगढ़
कपासन
विजयपुर
गोगुन्दा
उदयपुर
उंढाला
गिर्वा
ओगना
सादडी
झाड़ोल
जावर
पानखा
चावंड

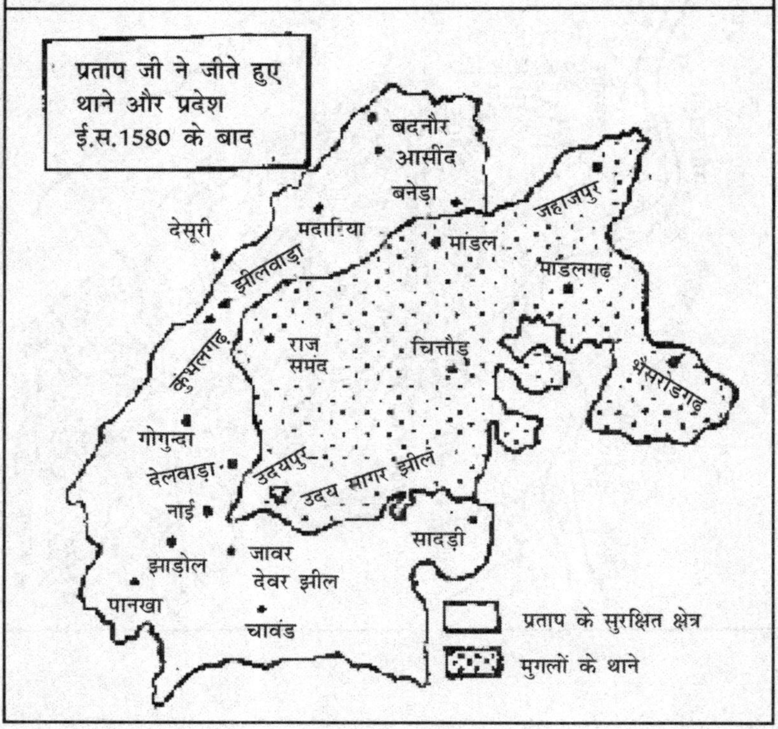
प्रताप जी ने जीते हुए
थाने और प्रदेश
ई.स.1580 के बाद
बदनौर
आसींद
बनेड़ा
जहाजपुर
देसूरी
मदारिया
मांडल
झीलवाड़ा
मांडलगढ़
राज
समंद
चित्तौड़
कुंभलगढ़
भैंसरोडगढ़
गोगुन्दा
देलवाड़ा
उदयपुर
उदय सागर झील
नाई
सादड़ी
झाड़ोल
जावर
देवर झील
पानखा
चावंड
प्रताप के सुरक्षित क्षेत्र
मुगलों के थाने

कृतज्ञता

महाराणा प्रताप के जीवन पर शोधपूर्ण उपन्यास लिखने का निश्चय किया और स्नेही जनों के सम्मुख यह विचार व्यक्त किया। लगभग सभी ने उसका समर्थन किया। डॉ. वि.स. जोग, श्रीमती नीलिमा राजे और मेरे परिवार जनों ने उसका पृष्ठपोषण किया। शिव कथाकार विजयराव देशमुख, प्रा. मधुप पांडेय, श्री मोहनराव अंधारे, आदरणीय राम शेवालकर और श्री बनवारीलाल पुरोहित ने अध्ययन के मार्ग का सुझाव दिया। कछुए की गति से सूची बनाने का काम आरम्भ हुआ।

सौ. शोभाताई उबगडे और श्री मनोहर राव ढोक ने लगातार व्यावहारिक परेशानियों को ध्यान में रखकर, समझा-बुझाकर, जरूरत पड़ने पर नाराजगी दिखाकर अधिकारवाणी से मुझसे यह लेखन करवा लिया।

प्रा. मधुप पांडेय एवं श्री दीनदयाल पुरोहित जी (हितवाद) ने राजस्थान का केवल मार्ग ही नहीं दिखाया अपितु आवश्यकतानुसार साथ आकर बहुत मदद की। श्री पुरोहित जी के साथ उनकी पुत्री के विवाह के निमित्त जैसलमेर गई। वहाँ राजस्थान भ्रमण का अवसर मिला। इस दौरान सौ. मीना ढोक का साथ यानी इस कार्य में बड़ा दिलासा।

राजस्थान में मदद के लिए बहुत हाथ आगे आए, जिनमें महाराणा ऑफ मेवाड़, श्री जी हजूर श्री अरविन्द जी मेवाड़ जैसे दिग्गज, पं. कृष्णचन्द शास्त्री, डॉ. हुकुम सिंह भाटी आदि महानुभावों ने लगातार मदद तो की ही, राजस्थान से पुस्तकें भी भेजीं, लेखन में आनेवाली अड़चनें पत्राचार द्वारा दूर करने का काम अबाधित रूप से चला। ऐसे ही पत्रों द्वारा अनमोल मदद करनेवाले श्री पु.ना. ओक को भुला पाना असम्भव ही है। कितने ही लेखों को उन्होंने अपने खर्च से ज़ेरॉक्स कराकर भेजा। चित्तौड़ के कविमित्र श्री अब्दुल जब्बार की मदद एवं मार्गदर्शन सचमुच अतुलनीय हैं।

यवतमाल के श्री शंकरलाल जी कोठारे का पितृतुल्य मार्गदर्शन प्राप्त होना मेरे लिए सौभाग्य की बात है। स्व. भालजी पेंढारकर के सुपुत्र, मेरे चाचा श्री प्रभाकर राव पेंढारकर का स्नेहिल सम्बल

और मृत्युंजय जैसी कृति के रचनाकार शिवाजी सावन्त की शिवेच्छा से यह उपन्यास धीर-गम्भीर हुआ, यह कहने का मोह संवरण नहीं कर सकती।

जब उपन्यास का काम चल रहा था तब सक्रिय सहायता करने वालों की कमी नहीं थी। श्रीमती नीलिमा लोकरस, डॉ. रामगोपाल सोनी, डॉ. विजय इंगले, श्री मुकुन्दराव नानीवडेकर, सौ. रमा विघ्ने, श्री श्रीकान्त इन्दूरकर, डॉ. विजय जोशी, सौ. सुलभा भागवत, सौ. स्वाती मोहरील, सौ. शशी नाशीकर, श्री अरुण रोडी, श्री रात्मरत्नम, श्री सुरेश लोटे, श्री सुभाष गोखले, श्री रवीन्द्र गुलकारी, कु. ललिता जगदले, सौ. रेखा राठौड़, सौ. मन्दा देशमुख, श्री शरद सिंह गहलोद, श्री सचिन फड़णवीस और किन-किन के नाम बताऊँ।

कु. सुनन्दा दीक्षित, श्री किशोर राव जगदले, विद्या दामले, श्री मनोहर राव बापट एवं सौ. नीलिमा बापट के सहकार के बिना इस उपन्यास का पूरा होना असम्भव था।

प्रा. सुरेश देशपांडे एवं श्री गो.मो. पुरन्दरे ने उपन्यास की पांडुलिपि का वाचन कर जो समाधान व्यक्त किया उससे मेरा पूरा श्रम सफल हुआ।

मेरी माँ सौ. शालिनी राहाणे यानी मेरा स्फूर्तिस्थान, प्रचंड अध्यवसाय का अर्थ क्या है, यह कोई उनसे सीखे। इस कार्यकाल में उन्होंने जो मेरा खयाल रखा, हिफाजत की, उससे बहुत सुविधा हुई।

अनन्त परेशानियों को मात करते जिसकी दिन-रात सहायता मिली वह हमारी कामवाली बाई—आशाबाई सहारे। रात-बेरात कभी मेरी जगने की आहट लगते ही "बाई साब, लिख रही हैं क्या? चाय बना दूँ क्या?" ऐसा पूछनेवाली, मेरी तबीयत की और लगभग सभी बातों की फिकर करनेवाली आशाबाई नहीं होती तो यह उपन्यास और एक साल पूरा नहीं होता।

कब, कौन, कैसे मदद के लिए तैयार रहेगा, यह कह नहीं सकते, इतनी प्रचंड मदद इन छह वर्षों में मिली। उदयपुर में पं. गोपीनाथ शर्मा के संशोधनों की बहुत बड़ी मदद मिली।

म.पा. देव स्मृति लोकशाला एवं कनिष्ठ महाविद्यालय, सी.पी. एंड बेरार कला, वाणिज्य महाविद्यालय, राजाराम वाचनालय, विदर्भ साहित्य संघ इन सभी संस्थाओं के वाचनालयों की मदद के सिवाय एक भी कदम आगे बढ़ना सम्भव नहीं था।

राजा दिनकर केलकर वस्तु संग्रहालय, पुणे; सिटी पैलेस, उदयपुर; जूना राजवाड़ा स्थित वस्तु संग्रहालय, कोल्हापुर में सन्दिग्ध कल्पनाओं को मूर्तरूप प्राप्त हुआ।

इन सभी संस्थाओं के प्रमुखों की मैं अत्यन्त कृतज्ञ हूँ। मेरे परिवारजनों की महाराणा प्रताप पर असीम श्रद्धा होने से पारिवारिक दिक्कतें कपास के फूलों की तरह उड़ गईं।

इस उपन्यास को मूर्तरूप देकर पाठकों के समक्ष प्रस्तुत करने के लिए श्री जगदीशचन्द्र उपाध्याय तन-मन-धन से आगे आए और श्री अनन्त बालमुकुन्द कामठीकर, रवीन्द्र आर्ट्स की मदद से पुस्तक पूर्ण हुई। मूल मराठी संस्करण के लिए श्री विवेक रानडे द्वारा निर्मित मुखपृष्ठ ने मन की उदात्त भावनाओं को जागृत किया। इतने वर्षों का श्रम सार्थक हुआ। इस कार्य में प्रत्यक्ष या परोक्ष रूप से सभी मददगारों के प्रति मेरी कृतज्ञता समर्पित है।

इस उपन्यास में समाविष्ट महाराणा प्रताप का छायाचित्र, सिटी पैलेस, उदयपुर से श्री जी हुजूर अरविन्द सिंह, मेवाड़ द्वारा प्रकाशित, 1997 के कैलेंडर से लिया गया है। श्री जी हुजूर अरविन्द सिंह की अनुमति के बिना यह उत्तम चित्र मिलना सम्भव नहीं था। मैं उनकी ऋणी हूँ।

अन्त में कवि यशवन्त के शब्दों का आधार लेते हुए कहना चाहती हूँ—

गूँथकर पूर्वजों के गुणों को ही गाया मैंने।
सभी सभाजनों ने किया बखान, कृति का।

फिर भी...इस उपन्यास को पूर्ण होते देखने की जिनकी तीव्र मनीषा थी वे मेरे दादा काका स्व. मो.ज्ञा. शहाणे, हमारे निकट स्नेही स्व. शरद दीक्षित एवं महाराणा प्रताप स्मृति प्रतिष्ठान के स्व. हनुमानसिंह राणा की कमी कहाँ से और कैसे पूरी करें? उनकी स्मृति को विनम्र अभिवादन।

प्रणाम!

—सौ. भारती सुदामे